서양 도덕 철학사 1

The Cambridge History of Moral Philosophy
edited by
Sacha Golob, Jens Timmermann

서양 도덕 철학사 1

사샤 골롭, 옌스 팀머만 엮음 / 김성호 옮김

리시오

이 책은 Sacha Golob 과 Jens Timmermann이 엮은 *The Cambridge History of Moral Philosophy* (Cambridge University Press, 2017)을 완역한 것이다.

서양 도덕 철학사 1

사샤 골롭, 옌스 팀머만 엮음 / 김성호 옮김
초판 1쇄 펴낸날 | 2026년 1월 31일

펴낸이 | 김찬우
펴낸곳 | 도서출판 리시오
신고번호 | 제 2019-000095호
신고연월일 | 2019년 5월 27일
주소 | (10401) 경기도 고양시 일산동구 무궁화로 20-18, 하임빌로데오빌딩
       507-42호 (장항동)
전화번호 | 031-812-2401   E-mail | kpaul2@hanmail.net
ISBN | 979-11-93404-09-6 (94190)
ISBN | 979-11-93404-08-9 (세트)

※ 책값은 뒤표지에 표시되어 있습니다.
※ 이 책의 본문에는 문화체육관광부와 한국출판인회의에서
   개발한 'Kopub World 서체'를 사용하였습니다.

공저자 소개[1]

세바스찬 가드너(Sebastian Gardner) 런던 칼리지 대학교 철학과

폴 가이어(Paul Guyer) 브라운 대학교 철학과

사샤 골롭(Sacha Golob) 런던 킹스 칼리지 철학과

러셀 B. 굿맨(Russell B. Goodman) 뉴멕시코 대학교 철학과

스티븐 내들러(Steven Nadler) 위스콘신-매디슨 대학교 정치학과

더들리 놀스(Dudley Knowles) 글래스고 대학교 철학과

피터 니센(Peter Niesen) 함부르크 대학교 정치학과

스티븐 다월(Stephen Darwall) 예일 대학교 철학과

카타르지나 데 라자리-라데크(Katarzyna de Lazari-Radek) 우치키 대학교 철학과

프레드 러시(Fred Rush) 노트르담 대학교 철학과

데이비드 레비(David Levy) 에든버러 대학교 철학과

제프리 레이먼(Jeffrey Reiman) 아메리칸 대학교 철학 및 종교학과

사이먼 로버트슨(Simon Robertson) 카디프 대학교 철학과

캐서린 로웻(Catherine Rowett) 이스트 앵글리아 대학교 철학과

S. A. 로이드(S. A. Lloyd) 서던 캘리포니아 대학교 철학과

A. G. 롱(A. G. Long) 세인트 앤드루스 대학교 고전학과

타마르 루다브스키(Tamar Rudavsky) 오하이오 주립 대학교 철학과

존 마렌본(John Marenbon) 케임브리지 대학교 킹스 칼리지

R. 재커리 매니스(R. Zachary Manis) 사우스웨스트 밥티스트 대학교 신학과

크리스토퍼 매클라우드(Christopher Macleod) 랭커스터 대학교 정치, 철학 및 종교학과

토드 메이(Todd May) 클렘슨 대학교 철학 및 종교학과

외른 뮐러(Jörn Müller) 뷔르츠부르크 대학교 철학과

---

1) [옮긴이 주] 원서에는 공저자들이 영어 자모순으로 등장하지만 옮긴이가 가나다순으로 다시 배열했다.

셰릴 미삭(Cheryl Misak) 토론토 대학교 철학과

스테파노 바신(Stefano Bacin) 밀라노 대학교 철학과

사라 바이어스(Sarah Byers) 보스턴 칼리지 철학과

카챠 마리아 보그트(Katja Maria Vogt) 컬럼비아 대학교 철학과

그레고리 브라운(Gregory Brown) 휴스턴 대학교 철학과

리사 샤피로(Lisa Shapiro) 사이먼 프레이저 대학교 철학과

수잔 멜드 셸(Susan Meld Shell) 보스턴 칼리지 정치학과

장 뤽 솔레르(Jean Luc Solère) 보스턴 칼리지 철학과/프랑스 국립과학연구센터

알렉산드린 슈니윈드(Alexandrine Schniewind) 로잔 대학교 철학과

크레이그 스미스(Craig Smith) 글래스고 대학교 정치 및 사회과학 대학

로버트 스턴(Robert Stern) 셰필드 대학교 철학과

필립 스트래튼-레이크(Philip Stratton-Lake) 레딩 대학교 철학과

안나 아카소이(Anna Akasoy) 뉴욕 시립 대학교 대학원 사학과

벤 에글스톤(Ben Eggleston) 캔자스 대학교 철학과

욘 에릭손(John Eriksson) 예테보리 대학교 철학, 언어학 및 사회학과

사브리나 에버스마이어(Sabrina Ebbersmeyer) 코펜하겐 대학교 철학과

앨런 우드(Allen Wood) 인디애나 대학교 철학과

니콜라스 드 워렌(Nicolas de Warren) 후설 기록보관소 및 펜실베이니아 주립 대학교

제임스 워렌(James Warren) 케임브리지 대학교 고전학과

앨리스테어 웰치맨(Alistair Welchman) 텍사스 대학교 철학 및 고전학과

브래드 인우드(Brad Inwood) 예일 대학교 철학 및 고전학과

불라 추나(Voula Tsouna) 캘리포니아 대학교 철학과

제시 쿠엔호벤(Jesse Couenhoven) 빌라노바 대학교 인문학과

데스몬드 M. 클라크(Desmond M. Clarke) 코크 대학교 철학과

옌스 팀머만(Jens Timmermann) 세인트 앤드루스 대학교 철학과

마이클 파칼룩(Michael Pakaluk) 미국 가톨릭 대학교 경영경제학과

카트린 플릭슈흐(Katrin Flikschuh) 런던 정치경제대학교 정부학과

에드워드 하코트(Edward Harcourt) 옥스퍼드 대학교 케블 칼리지 철학과

로렌스 하탑(Lawrence Hatab) 올드 도미니언 대학교 철학과

제임스 A. 해리스(James A. Harris) 세인트 앤드루스 대학교 철학과

사라 허튼(Sarah Hutton) 요크 대학교 철학과

토비아스 호프만(Tobias Hoffmann) 미국 가톨릭 대학교 철학과

감사의 말

이 책은 60명 이상의 기고자와 심사자가 참여해 오랜 시간에 걸쳐 만들어졌다. 이에 우리는 모든 관계자의 인내에 대해 감사의 말씀을 전하려고 한다. 특히 이 책을 만드는 과정에서 많은 충고와 조언을 해준 애덤슨(Peter Adamson), 호프만(Tobias Hoffmann), 마렌본(John Marenbon), 핑크(Tom Pink), 추나(Voula Tsouna)에게 감사한다. 또한 이 과정 전반에 걸쳐 큰 도움을 준 케임브리지 대학교 출판부의 가스킨(Hilary Gaskin)과 그녀의 동료인 브라운(Daniel Brown), 대드(Gillian Dadd), 사리지안니도우(Christina Sarigiannidou), 스튜어트(Ross Stewart), 무엇보다도 이 책의 편집을 담당한 캐트머(Virginia Catmur)에게도 감사한다.

머리말

사샤 골롭(Sacha Golob)과 옌스 팀머만(Jens Timmermann)

이 책의 목표, 곧 소크라테스 이전 시대부터 현재까지 서양 도덕 사상의 발전 과정에서 등장한 주요 인물들에 대한 정교한 분석을 한 권의 책으로 제공하는 것은 불가능한 작업처럼 보였다. 연대로 보면 이 작업은 거의 삼천 년에 걸쳐 있다. 철학적 해석으로 보면 관련된 인물들 대부분은 이미 수천 개에 이르는 이차 문헌의 주제가 되어 있다―플라톤이나 아리스토텔레스의 경우에는 수천 개의 수준도 훨씬 넘어선다. 이런 시간상의 범위에 걸쳐 윤리 및 메타 윤리 사상의 변화와 발전을 개괄적으로 다루는 일은 어렵지만 우리는 동시에 이 일이 매우 중요하다고 생각하는데―그 이유로 최소한 세 가지를 들 수 있다.

첫째, 가장 명확한 이유로 이 책에서 제공되는 집중적인 분석은 특정 사상가나 학파에 처음 접근하는 누구에게나 자연스러운 방향성을 제공한다. 예를 들면 특정한 시대를 전공한 학자들이 자신에게 익숙한 질문과 논쟁이 전혀 다른 지적 맥락에서는 어떻게 전개되거나 논의되고 아니면 무시되는지를 살펴보려고 할 경우나 현대 윤리와 메타 윤리를 연구하는 사람들이 이런 문제에 대한 현재의 사고를 형성하는, 누적된 역사적 배경을 탐구하려고 할 경우에도 큰 도움이 될 것이다. 우리는 이 책의 모든 장에서 독자들이 철학자의 전문용어나 기술적 장치에 대한 특별한 사전 지식이 없이도 내용에 접근할 수 있도록 만들기 위해 노력했다. 또한 공저자들은 각 장의 끝에 더욱 깊은 연구를 위한 이차 문헌을 제시했으며, 특히 중요한 문헌은 별도로 표시했다.

둘째, 이 책의 장들은 중요 인물이나 학파에 대한 개요를 제공함으로써 훨씬 길고 상세한 저술에서는 쉽게 드러내기 어려운 명료성을 유지한다. 간단히 말해 이는 철학사를 다루면서 가능한 모든 수준에서 접근할 수 있게 만드는 이점이 있으며, 간결함과 최신 연구의 활용을 결합해 이 책의 모든 장들이 독자가 매우 잘 아는 철학자에 대해서도 새로운 통찰을 제공할 수 있으리라고 생각된다.

셋째, 이 책에서는 중요한 개념적 비교를 위한 병렬이 자주 시도된다. 어떤 경우에는 이런 병렬이 공식적으로 인정되며, 이것이 무척 중요한 영향을 미쳐 커다란 논의 주제를 형성하기도 한다. 예를 들면 알베르투스 마그누스와 아퀴나스를 병렬해 '기독교화한 아리스토텔레스주의'라는 주제를 다룬 장이 이에 해당한다. 많은 다른 경우에서도 독자들은 서로 다른 다양한 철학자가 문제, 방법 및 개념을 선택하고 재구성하고 변형하는 것을 보면서 이와 관련된 병렬을 자연스럽게 떠올리게 될 것이다. 때로 이런 병렬은 시대를 넘어서서 주제의 유사성을 보여주기도 한다―예를 들면 안셀무스와 칸트 사이의 유사성과 차이의 복잡한 양상을 드러내기도 한다. 또한 이런 병렬은 '기본적 제약'이라고 불릴 수 있는 것이 어떻게 변화하는지를 보여주기도 하는데, 이런 제약은 특정 시기에 적절한 도덕 이론이나 도덕적 방법이 무엇이어야 하는지를 규제하는 기본적인 가정을 의미한다. 이와 관련되는 특히 두드러진 예는 철학이 계시 종교와 어떻게 상호작용해야 하는가라는 문제인데, 이 문제는 중세 유대 사상에서 시작되어 후기 스콜라 철학을 거쳐 근대의 벨, 칸트 및 다른 철학자들에까지 이르는 논의의 중심에 놓여있다. 이 책에서 제시된, 이런 제약의 전개는 물론 부분적으로 철학 외부의 요인이 —예를 들면 산업화가— 낳은 결과이기도 하다. 여러 철학자와 학파를 한 권의 책에 모아서 다루려는 우리의 시도를 통해 도덕적 지형에서 이런 대규모 변화를 낳는 중요한 개념적 전환에 대한 전반적인 시각을 제공하기를 희망한다.

이 책처럼 편집된 저술은 자주 다양한 기고문의 내용을 요약한 서문으로 시작되는 경우가 흔하다. 하지만 이 책의 범위를 고려할 때 그런 요약은 별 도움이 되지 않으리라 생각되어 우리는 독자들이 각각의 개별 장을 스스로 살펴보도록 남겨두려 한다. 하지만 이 책의 내용에 대한 배경 지식으로 도움이 될만한 세 가지 주제를 간단히 지적하려 한다.

이 머리말의 첫머리에서 우리는 '도덕'에 대한 논의에서 '윤리'에 대한 논의로 유연하게 전환했다. 이런 유형의 전환은 현대의 글쓰기에서 특히 두드러진다. 실제로 이는 상당 부분 현재의 용어 사용에 비추어 강요된 것이기도 하다. 자신이 도덕철학을 연구한다고 생각하는 사람들조차 '메타 도덕'보다는 '메타 윤리'라는 용어를 사용할 가능성이 높다. 이 책에서 논의될 몇몇 철학자와 학파에 대해서도 이런 사정은 거의 동일하게 적용된다. 이 책의 공저자 중 절반 이상이 '윤리'와 '도덕'을 서로 교환 가능한 용어로 사용하고, 이를 관련되는 용어에도 마찬가지로 적용한다는 점을 분명히 밝힌다. 하지만 이 두 용어가 근본적으로 서로 구별된다고 생각하는 학자들도 있다. 예를 들어 하버마스의 저서 『정당화와 적용』(*Justification and Application*)에 등장하는 헤겔과 하버마스의 견해를 비교해 보자. 여기서 두 철학자는 윤리와 도덕이 철학적으로 구별된다는 점에 동의한다. 하지만 이들은 두 개념을 설명하면서 어떤 쪽이 우선하는가에 대해 상반된 견해를 드러낸다. 더욱 넓게 보면 윤리와 도덕을 동일시할 경우 등장하는, 특별하지만 배타적이지는 않은 주제가 한 가지 더 있는데 이는 곧 이 책에서 논의되는 규범적 기준들이 과연 도덕적인 또는 윤리적인(말하자면 존재론적이라기보다는) 최선의 사고인가라는 것이다. 이런 유형의 주제는 특히 현대 철학자들에게서 선명하게 드러난다―예를 들면 마르크스나 하이데거에게서 이런 주제가 폭넓게 논의됨을 발견한다. 이 책에 등장하는 철학 이론은 궁극적으로 '도덕'과 '윤리' 같은 용어를 설명하고 그 경계를 추적하려는 시도이다―이 서론은 오직 이런 주제를 강조하고, 특히 복잡한 문제들을 소개하고, 더욱 깊은 의미에서 번역의 문제를 제기하기 위한 것일 뿐이다. 고대 그리스 또는 독일 관념론 아니면 이차대전 이후 프랑스 철학의 맥락 사이를 오가면서 탐구를 계속할 때 우리는 이런 문제에 직면하지 않을 수 없다.

두 번째 주제는 이 책의 범위와 관련된다. 이 책의 목표는 도덕 철학사 전체가 아니라 서양의 전통 안에서 도덕 철학사를 다루려는 것이다. '서양'이라는 용어는 '도덕'이라는 용어만큼이나 많은 문제를 지니며 논란의 대상이 되지만 우리는 '서양'의 범주를 폭넓게 해석하려 했다. 따라서 이 책에는 예를 들면 중세 이슬람 사상과 같이 서구의 전통적인 사상과 어느 정도 교류하며 존재했던 사상에 대한 논의도 포함된다. 하지만 왜 이 책의 범위를 넓은 의미의 서양을 다루는 것으로 제한했는가? 한 가지 직접적인 이유는 바로 범위 자체 때문이다―동서양의 도덕 사상을 모두 포괄하는 연구가(이런 연구는 무엇이 도덕을 구성하는가라는 문제를 훨씬 더 다루기 어렵게 만들 것이 분명한데) 한 권의 책에서 집중력과 깊이 사이의 적절한 균형에 이르기를 기대하기란 쉽지 않다. 두 번째 이유는 넓은 의미에서 단일 전통, 곧 서양의 전통에 집중하면서 이 전통에 속한 많은 철학자가 자신보다 앞선 많은 철학자의 저술을 읽었거나 적어도 알고 있었던 점을 전제함으로써 이 책은 앞선 철학자와 그의 후계자들이 어떻게 다양한 논증과 개념을 수용하고 비판하며 변형하는지를 추적하고 보여줄 수 있기 때문이다. 그리고 바로 이것이 이 책을 단순히 연대순으로 배열된 목록이나 서로 다른 많은 사람이 다양한 지역에서 다루었던 특정한 개념적 문제에 대한 연구가 아니라 철학사로 만드는 중요한 요소이다 ─ 그리고 많은 수의 공저자가 함께 참여한 이 책에서 이들이 이런 종류의 공통적인 틀을 공유하지 않는다면 연구를 진행하는 일이 아예 불가능할 것이다. 이 점에 동의하면서도 여전히 비서구권 사상가들의 사상사를 이 책에서 배제한 것은 바람직한 일이 아니라는 반박을 제기하는 사람이 있을지도 모른다. 우리는 이런 의견에 공감하지만 그런 실패를 바로잡는 것은 이 책의 과제가 아니라고 생각한다.[2]

마지막 주제는 도덕철학의 독특한 지위 및 그것이 다른 형태의 사고와 상호작용하는 방식과 관련된다. 도덕철학은 철학의 다른 분야들이 지니지 못한 긴급성을 특징으로 한다. 다른 분야의 주제들, 예를 들면 시간의 본질, 개인의 정체성, 인과관계의 가능성 또는 죽음 이후의 삶 등의 주제는 다소 미루어진다 해도 그리 큰 문제가 일어나지는 않으리라고 믿을 만한 충분한 근거가 있다. 심지어 우리는 이들이 아예 명확한 보편적 답변을 허용하지 않는다는 결론에 이를 수도 있다. 반면 도덕적 문제와 관련해서는 사정이 전혀 다르다. 우리가 무엇을 할지에 대한 판단을 보류한다면 사실상 우리는 이미 무언가를 한 셈이 된다. 더욱이 우리는 그것이 정당한지 그렇지 않은지를 알지 못하면서 무언가를 한 셈이 된다. 이런 의미에서 행위는 믿음과는 달리 불가피하다. 그

---

[2] 이 점에 동의하면서도 여전히 비서구권 사상가들의 사상사를 이 책에서 배제한 것은 바람직한 일이 아니라는 반박을 제기하는 사람이 있을지도 모른다. 우리는 이런 의견에 공감하지만 그런 실패를 바로잡는 것은 이 책의 과제가 아니라고 생각한다.

러나 도덕철학과 다른 철학적 또는 비철학적 분야 사이에 뚜렷한 경계는 거의 존재하지 않는다. 다른 많은 영역들—인식론, 형이상학, 신학, 정치철학, 심리학, 교육학, 미학—중에서 어떤 것이 도덕철학과 밀접하게 관련되는지 그리고 도덕철학이 하나의 독립적인 분과로 인식될 수 있는지, 만일 그렇다면 그것이 무엇이라고 불려야 하는지 등은 대체로 역사적 상황에 달려있다. 이 책의 목표 중 하나는 이런 사실을 드러내고, 윤리와 도덕이 특정 사상가의 가정과 목표에 따라 존재론, 정치학, 미학, 수학 등과 어떻게 다양하게 연결되어 왔는지를 보여주려는 것이다.

이 책의 내용에서 분명히 드러나듯이 우리의 삶을 어떻게 이끌어나가야 하는가라는 질문에 대한 대답은 무척이나 다양하다. 예를 들면 행위의 도덕적 지위가 행위자, 공동체, 인류 전체 또는 심지어 더 넓은 존재 집단의 행복에 미치는 영향을 기준으로 판단된다는 가정은 매력적이다—이는 다시 행복은 무엇으로 구성되는가를 묻는 질문으로 이어진다. 또한 인간으로서 우리가 권위를 지닌 어떤 법칙을 준수해야 한다는 가정도 그럴듯하다. 하지만 우리는 이런 법칙이 무엇 때문에 권위를 지니는지, 예를 들면 더욱 높은 어떤 존재나 사회가 이를 우리에게 부과한 것인지 아니면 이런 법칙의 본질에 의해 결정되는지 등을 알고 싶어 할 것이다. 아니면 우리는 어쩌면 합리적인 행위자들 사이의 합의가 좋은 행위를 좋게 만든다고 생각할 수도 있다(이는 여러 가지 가능한 선택지 중 몇 가지를 언급한 것일 뿐이다). 그리고 어떤 관점을 선택하든 간에 도덕철학자가 해결해야 할 더 이상의 문제들이 있다. 우리는 좋은 선택을 뒷받침하는 규범이나 가치를 어떻게 파악하게 되며 또한 어떻게 그것에 따라 행위하게 되는가? 판단이나 이해가 행위와 분리될 수 있는가, 분리된다면 무엇이 그런 작용을 하는가? 도덕적 선함은 가르칠 수 있는 것인가, 그렇다면 어떻게 가르칠 수 있는가? 그리고 이런 질문에 대한 답변 중 어느 것이라도 철학과 신학이 제공하는 여러 결정론과 양립할 수 없는 의지의 자유 개념에 의존하는가? 더 나아가 이런 고차원적이고 구체적인 도덕적 질문에 대해 철학자들과 평범한 도덕적 행위자들의 대답이 일치하지 않는다는 사실은 결국 보편적인 답변이 존재할 수조차 있는지에 대한 회의를 불러일으키기도 한다. 앞서 언급한 이유들에 비추어 이런 회의가 지속 가능한지 그렇지 않은지를 탐구하는 것이 우리의 도전 과제가 된다. 이 책에 수록된 54개의 장은 이런 질문들의 다양성과 풍부함, 그리고 도덕 철학의 역사 속에서 이들을 이해하기 위해 사용된 방법과 접근 방식을 충분히 보여준다고 생각한다.

옮긴이의 말

　　　　　　　　　　　　다소 번거로운 일일지 몰라도 이 책
을 번역하게 된 계기를 잠시 언급하려 한다. 옮긴이가 이전에 번역, 출
판했던 애링턴(R. L. Arrington) 교수의 『서양윤리학사』(서광사, 2003)
가 윤리학 관련 여러 강의의 참고 도서로 채택되고 특히 임용고시의 교
재로 활용되면서 주목을 받아왔다. 동시에 이 책의 내용이 니체에서 마
무리되고 서양 현대 윤리를 다루지 않아 아쉽다는 의견도 자주 들려왔
다. 사실 애링턴 교수는 현대 윤리를 다룬 저서를 계획해 『20세기 윤리
학』(Twentieth Century Ethics)이라는 제목으로 출판 예고까지 했던
터라 옮긴이 또한 이 책이 출판되면 꼭 번역, 소개하리라고 마음먹고
있었다. 하지만 애링턴 교수는 이 책을 완성하지 못하고 2015년 세상
을 떠나고 말았다. 그 후 현대 윤리를 폭넓게 소개한 책을 하나 번역해
야겠다는 생각이 마음의 짐으로 남았는데 좀처럼 적절한 책을 발견할
수 없었다. 예를 들면 유명한 옥스퍼드 핸드북 시리즈 중 한 권으로 출
판된 『옥스퍼드 핸드북—윤리학사』(The Oxford Handbook of the
History of Ethics, ed. Roger Crisp, 2013) 또한 근대 윤리까지는 인
물이나 학파를 중심으로 논의를 전개하다가 현대 윤리는 자유의지나
정의와 평등 등의 주제별로 다루는 바람에 그리 적절해 보이지 않았다.
그러다가 마침내 발견한 것이 바로 현재 번역, 출판하는 『서양 도덕 철
학사』(The Cambridge History of Moral Philosophy, 2017)이다.

이 책은 고대 그리스의 소크라테스 이전 시대부터 현대의 롤스에 이르는, 서양철학 전반에 걸쳐 중요한 도덕철학자나 도덕 이론을 빠짐없이 소개한 방대한 저술이다. 각 철학자나 이론을 전공한, 영미권을 대표하는 학자들이 참여해 각자가 전공한 분야에 관해 쓴 글을 쓰고 이를 적절히 편집해 탄생한 탁월한 저술로 여겨진다. 특히 현대 윤리학 분야에 대해서도 다양한 이론과 조류를 상세히 소개하므로 앞서 『서양윤리학사』의 독자들이 느꼈던 아쉬움을 충분히 보충할 수 있으리라 생각된다.

이 책은 이미 여러 서평을 통해 높은 평가와 찬사를 받아왔고, 서양 도덕철학에 대해 역사적 맥락에서 접근할 때 반드시 참고해야 하는 필독서로 손꼽히지만 옮긴이가 번역하면서 느꼈던 이 책의 장점을 몇 가지 언급하려 한다. 우선 이 책이 다루는 범위가 매우 넓다는 점을 지적하지 않을 수 없다. 이 책에는 서양 도덕철학의 주류에 속하는 여러 철학자나 학파는 물론 기존의 도덕철학사에서 흔히 다루어지지 않던 다양한 철학자와 학파에 대한 소개와 분석이 등장한다. 예를 들면 이 책에는 소크라테스 이전 자연철학자들의 도덕적 태도나 중세 이슬람 세계의 도덕철학, 근대 이성주의와 완성주의, 현대 영국 관념론의 도덕철학을 다룬 장들이 포함되는데 이들은 기존의 다른 책에서는 찾아보기 어려운 내용이다. 이런 분야에 관심이 있는 분들께는 큰 도움을 주고 더욱 깊은 연구를 시작하는 계기를 제공하리라 생각된다. 이 책의 두 번째 장점으로 상세한 참고문헌을 들 수 있다. 이 책에는 각 장마다 상세하면서도 폭넓은 참고문헌의 목록이 등장하는데 이 책이 비교적 최근에 출판되었으므로 최신의 관련 자료들을 발견할 수 있다. 이 또한 각 분야를 전문적으로 연구하려는 분들에게 큰 도움이 되리라 생각한다. 그리고 이렇게 여러 저자가 쓴 글을 편집한 형태의 책에서는 서로 다른 저자가 쓴 글들 사이에 내용과 수준의 차이가 있기 마련이다. 이는 책의 형식상 피할 수 없는 일이지만 이 책에서는 그리 큰 차이를 발견할 수 없다. 각각의 저자들이 나름대로 균형과 조화를 이루어 자신이 맡은 장을 충실히 설명하는데 이 또한 이 책의 커다란 장점으로 생각된다.

앞서 말했듯이 서양 현대 윤리학 부분을 적절히 소개한 책을 번역하려는 마음에서 이 책의 번역을 시작했는데 책이 워낙 방대하고 많은 내용을 다루다 보니 항상 그렇듯이 예정보다 훨씬 더 긴 시간이 걸렸다. 오래 전 맺은 인연을 소중히 여겨 이렇게 부피가 큰 책의 출판을 선뜻 허락하고 또 오랫동안 기다려 주신 도서출판 리시오의 김찬우 사장님께 깊이 감사드린다. 앞으로도 계속 사장님의 후의에 보답할 기회가 주어지기를 바란다. 마지막으로 이 책이 서양 도덕철학에 관심이 있는 모든 분들께 작은 도움이라도 된다면 옮긴이로서는 더 이상 바랄 것이 없다.

2026년 1월 옮긴이 김성호

차례

1장

소크라테스 이전의 윤리학

캐서린 로웻(Catherine Rowett)

소크라테스가 주로 자연을 탐구했던 초기의 철학에서 눈을 돌려 실천적 가치들을 중요시하기 이전에는 아무도 윤리학에 대해 논의하지 않았다는 말을 자주 듣는다. 이런 부정확한 주장이 널리 퍼진 이유를 어쩌면 아리스토텔레스나 키케로의 탓으로 돌릴 수 있을 듯하다.[1] 이 장에서 나의 목적은 이전 기록들을 정확히 해석해 소크라테스 이전 철학자들의 저술에서 윤리적이라고 불릴 만한 내용을 발견하고 탐구한 후 이런 철학자들이 서양 도덕철학의 발전에 기여한 바를, 그리 대단하지는 않지만 흥미로운 주장들을 지적하려는

---

[1] 아리스토텔레스는 분명히 이런 주장을 폈다(『동물의 부분에 관하여』 642a28; 『형이상학』 987b1-4). 또한 Cicero, *Tusculan Disputations* 5.4.10 및 *Academica* 1.5.15 참조.

것이다. 때로 소피스트들도 소크라테스 이전 철학자로 여겨지기도 하지만 이 책의 구성상 소피스트들은 소크라테스와 함께 2장에서 다룰 예정이므로 이 장에서는 소피스트 이전의 윤리적 사고에 초점을 맞추려한다. 이는 또한 이 장에서 다룰 시기가 기원전 5세기 이전임을 의미한다. 논의를 진행하기에 앞서 소크라테스 이전 철학자들의 저술들은 대부분 직접 전해지지 않으므로 이후 학자들의 저술과 이차적인 문헌들(testimonia)을 인용해 이들의 생각과 논증을 재구성할 수밖에 없다는점을 지적하려 한다. 나는 딜스-크란츠(Diels-Kranz)가 사용한 체계를표준으로 삼아 철학자들의 단편을 인용했다.[2]

우리는 소크라테스 이전 철학자들에게서 전통 윤리학에 대한 매우복잡한 형태의 도전을 발견한다. 소피스트들과 소크라테스가 무로부터갑자기 출현한 것은 결코 아니다. 고대 그리스 철학자들은 윤리학에서가장 중요한 '덕'(aretê)의 개념을 탐구하면서 당시 일상어에서 일반적으로 통용되던 개념을 엄밀히 검토하고 재해석했다. 어떤 사회에서든'덕'은 칭찬과 존경의 대상이 되는 특성을 의미하며, 사회가 젊은 구성원들을 교육하고 훈련할 때 표준이 되는 목표로 여겨진다. 현대 사회가사회적 상황에 따라 어떤 행위와 정신적 태도에 덕이라는 특권을 부여하듯이 고대 그리스의 폴리스 중심 문화도 마찬가지였다. 따라서 당시덕이라고 불린 가치들은 윤리학 탐구의 출발점을 제공한다.

고대 그리스에서 훌륭한 가문 출신의 남자아이들은 대개 문법 교사와 음악 교사를 두고 책을 읽는 방법과 시인들의 작품을 베끼고 노래하는 방법을 배웠다. 또한 체육관에서 레슬링을 비롯한 여러 운동을 배웠

---

[2] Diels and Kranz 1951. 이후 등장한 모든 저술과 번역들은 이들의 체계에 따라 인용 출처를 표시한다.

다. 정신과 신체를 훈련하는 일은 소년이 당당한 남성으로 성장하기 위한 필수적인 교육이었다. 이런 훈련의 정신적인 부분을 담당한 것은 호메로스(Homer)와 헤시오도스(Hesiod)의 서사시와 시모니데스(Simonides, 기원전 500년경)의 서정시였다. 기원전 433년경에 쓴 것으로 추정되는 플라톤의 대화편『프로타고라스』에서 등장인물들은 선하기가 얼마나 어려운가에 관해 논의하면서 시모니데스의 시 몇 줄을 인용한다.[3] 등장인물 중 한 사람인 프로타고라스는 제대로 교육받은 사람의 특징은 시에 대해 논의할 능력과 분명히 언급된 바와 그렇지 않은 바를 구별할 능력을 지니는 것이라고 주장한다.[4]『프로타고라스』에서 드러나듯이 이런 논의의 목적은 일차적으로 문학이나 미학적인 것이 아니다. 프로타고라스는 덕과 그것의 획득 가능성에 대한 시모니데스의 견해가 일관성을 지니는지 그렇지 못한지에 대해 고찰한다. 시에 관한 논의는 친구들과 즐거움을 나누기 위한 방법이 결코 아니었다. 그것은 그 자리에 주제로 떠오른 생각들을 비판적으로 사고하고 논의하기 위한 수단이었다. 시인은 논쟁의 상대방, 곧 어떤 의견을 제시하는 인물로 여겨졌다. 지식인들은 한 시인의 견해를 해석하고, 논쟁을 벌이고, 다른 시인의 반대되는 견해와 비교했다. 시인들에 관해 탐구하고 논의하면서 젊은 시민들은 기존의 도덕 규범을 (이런 것이 분명히 존재했음에도) 습관적으로 받아들이는 것이 아니라 새롭게 사고하고 질문을 던지는 방법을 배워나갔다.[5]

---

3) 플라톤, 『프로타고라스』 338e-347b. 플라톤이 인용한 몇 줄 외에 이 시의 다른 부분은 전해지지 않는다.

4) 『프로타고라스』 339a.

5) 호메로스와 핀다로스(Pindar)를 포함한 초기 그리스의 도덕적 사고에 관해서는 McKirahan 1994: 356-63 참조.

신들도 거짓말을 하는가?

호메로스의 서사시에는 수많은 다채로운 인간 군상이 등장하는데 이들은 대부분 큰 실패를 겪은 인물로서 우리가 모범으로 삼아 따르기에는 적합하지 않은 듯이 보인다. 예를 들면 아킬레우스(Achilles)와 아가멤논(Agamemnon)은 말다툼을 벌이는데 그 까닭은 아가멤논이 (집에 아내가 있는데도) 아킬레우스가 전쟁에 승리해서 얻게 된 공주 브리세이스(Briseis)를 (그리스인들이 리르네소스를 포위했을 때 아킬레우스가 브리세이스의 부모와 남편을 죽였는데) 강제로 빼앗았기 때문이다. 이 말다툼이 『일리아스』의 출발점에 해당하는데 작품의 나머지 부분에서도 사정이 나아지는 기미는 별로 보이지 않는다.[6] 마찬가지로 『오디세이아』에서도 다소 교활한 오디세우스(Odysseus)는 어려움에서 벗어나기 위해 얼마든지 거짓말을 하는 약삭빠른 모습을 자주 드러낸다. 호메로스의 서사시에 등장하는 여러 인물 중 일부는 (예를 들면 페넬로페(Penelope)는) 훌륭하지만 다른 일부는 그렇지 않다. 당시의 교사들이 서사시를 교재로 삼아 가르쳤던 까닭은 서사시의 등장인물들이 이상적인 역할 모델을 제시하기 때문은 아니다. 서사시의 가치는 오히려 삶에서 마주치는 어려운 선택의 상황을 극적으로 보여주며, 강건한 성품이 필요하다는 점을 예증하며, 수많은 시련과 불행을 꿋꿋이 견뎌 나가는 인간의 모습을 보여주는 데 있다. 이와 유사한 주제들이 그리스 비극에서도 발견된다 — 예를 들면 아가멤논이 자신의 딸을 희생 제물로 바칠

---

[6] 트로이인들이 아테네인들보다 도덕적으로 더욱 훌륭하다는 점은 거의 틀림없는 듯하다. Mackie 1996 및 Hall 1989 참조. 또한 실상이 이와 다르다는 점을 보이려 하는 19세기의 시도로는 Gladstone 1858 참조.

것인가를 결정해야 하는 경우나[7] 안티고네(Antigone)가 나라를 배반한 오빠의 장례를 준비하는 경우에서[8] 잘 드러난다. 이런 작품들을 읽거나 연극으로 공연하는 학생들은 우리가 삶에서 마주치는 딜레마와 위기를 생생하게 이해할 것이며 불행에 직면해 인간의 존엄성을 유지하는 방법을 알게 될 것이다.

변덕스럽고 잘못을 저지르는 존재로 묘사되는 인간들만이 이런 문제에 빠지는 것이 아니라 신들도 마찬가지이다(신들이 접하는 문제는 더욱 심각한 듯이 보인다). 호메로스가 묘사한 신들은 속임수를 쓰기도 하고, 자신들이 선호하는 자들을 보호하고, 전쟁에서 몹시 불리한 상황에 놓이기도 한다. 그리고 이런 이야기들은 삶에 유익한 교훈을 제공함에 틀림없다. 행운은 변덕스럽고 불운은 '신들의' 작용으로 우리에게 닥치게 된다는 생각은 상당한 설명력을 지닌다. 우리는 이런 생각에서 불공평함이 세계의 형이상학을 구성한다는 것과 같은 단상을 떠올리게 된다. 이런 생각은 어쩌면 오늘날까지도 여전히 받아들여지는, 우리가 겪는 곤경에 대한 윤리적 평가를 반영하는지도 모른다.

다른 한편으로 제멋대로 행하는, 예측 불가능한 행위를 신들의 속성으로 여김으로써 서사시인들은 스스로 잠재적인 비판에 노출된다. 기원전 6세기에 철학자인 동시에 시인인 크세노파네스(Xenophanes)는 유일무이하고, 전능하고, 완전한 도덕적 기준의 역할을 하는 신의 개념을 발전시켰다. 크세노파네스는 자신이 생각한 이상적인 신과 비교할 때 호메로스를 비롯한 다른 서사시인들이 내세운 너무나 인간적인 신

---

[7] Aeschylus, *Agamemnon* 204-27. Nussbaum 1986 참조.

[8] Sophocles, *Antigone*.

들에게서는 심각한 결함이 드러난다고 생각했다.[9] 단편 11에서 그는 다음과 같이 말한다.

> 호메로스와 헤시오도스는 인간들 사이에서
> 비난받을 만하고 흠잡을 만한 모든 것을,
> 곧 도둑질, 간통 그리고 서로 속이기를 신들에게 부여했다.

그의 암묵적인 논증은 다음과 같이 이해된다. (1) 제대로 된 신들은 완전하므로 부정을 저지르거나 속이지 않는다. (2) 호메로스와 헤시오도스의 작품들에서 신들은 비도덕적이고 쉽게 타락한다. (3) 따라서 호메로스와 헤시오도스는 잘못된 신학을 제시한다. 크세노파네스의 추론은 다음의 세 가지 윤리적 전제에 의지하는 듯이 보인다. 첫째, 신의 완전성은 도덕적 완전성을 포함한다. 둘째, 인간들 사이에서 사악한 것은 신들 사이에서도 마찬가지로 사악하거나 아니면 사악해야만 한다. 이는 또한 도덕이 단지 인간이 만들어낸 관습이 아님을 암시한다. 셋째, 우리는 서사시인들을 (비록 그들이 신학 및 도덕과 관련해 전통적인 권위를 지닌다고 널리 알려졌지만) 비판할 수 있다. 신학적, 윤리적 진리를 판단하는 데 추론이 전통보다 (명백히) 우선하기 때문이다.

크세노파네스는 철학적인 시 이외에 만찬 후 여흥을 위한 서정시도 썼는데 현재 두 편이 완전한 형태로 전해진다. 그 중 한 편에서(단편 2) 그는 올림픽 경기에서 우승한 사람에게 큰 영예를 부여하는 폴리스의 가치관이 잘못되었음을 날카롭게 지적한다. 그의 주장에 따르면 이런 일은 어리석은 짓일 뿐이다. 선수의 운동 능력이 그 선수가 속한 도시

---

[9] 이보다 한 세기쯤 후에 플라톤이 쓴 『국가』 3권에서도 이와 동일한 주장이 이어진다.

의 진정한 가치는 결코 아니다. 어떤 선수가 올림픽 경기에서 우승한다고 해도 그가 속한 도시의 법률이 개선되거나 재정이 풍부해지는 일은 일어나지 않는다. 이와 달리 그 도시가 현자에게 통치를 맡기면 진정으로 이익을 얻을 수 있다. 따라서 현자에게 영예를 돌리고 보상해 주어야 한다. 여기서 크세노파네스가 철학자로서 자신의 역할을 생각하고, 그 역할이 유용한 것일 뿐만 아니라 명예로운 것이라고 여긴다는 점은 분명한 듯하다. 현자는 도시의 정치적, 경제적 번영에 기여함으로써 진정한 이익을 낳는다. 특히 그는 새로운 식민지의 정치 체제를 구성하거나 기존의 법률을 개정하기 위해 '현자'를 초청하는, 당시 널리 퍼졌던 관행을 염두에 두는 듯이 보인다.[10]

다른 시에서(단편 1) 크세노파네스는 술 마시는 모임에서 보여야 할 적절한 태도를 묘사한다. 그는 결코 청교도가 아니다. '시종의 도움 없이 집까지 갈 수만 있다면 최대한 마음껏 마신다 해도 부적절한 일이 아니라네.'[11] 다른 한편으로 그는 향연에서 어떤 종류의 이야기를 해야 하는지에 대해 일종의 윤리적 충고를 한다. 그런 자리에서는 티탄족이나 기가스족, 켄타우로스족이 벌인 전쟁에 관해 이야기해서는 안 된다. 이들은 모두 옛사람들이 꾸며낸 허구에 지나지 않기 때문이다. 대신 우리가 생생하게 기억하는, 역사상의 용기 있는 (또는 덕이 있는 — 용기와 덕 사이의 경계는 불분명하다) 행위들에 대해 말하는 편이 좋다.[12]

---

[10] Xenophanes, fr 2.19 DK. 정치나 입법에 관여한 것으로 알려진 철학자들에 대해서는 Aelian, *Varia Historia* 3.17 참조(여기에 크세노파네스는 포함되어 있지 않다).

[11] Xenophanes, frr 1.17-18 DK.

[12] Xenophanes, fr 1.20 DK.

자연법과 인간의 도덕

헤라클레이토스(기원전 500년경)가 남긴 단편들에서는 신에 대한 크세노파네스의 견해와 반대되는 듯이 보이는 내용이 발견된다. 그가 남긴 말들은 무척 모호하고 간략하기 때문에 그의 진의가 무엇인지는 알기 어렵다. 하지만 그가 호메로스와 헤시오도스에 대한 공격을 이어나갔다는 점은 분명하다. 그는 시가 경연에서 호메로스가 (아르킬로코스(Archilochus)도 마찬가지로) 두들겨 맞고 쫓겨나야 한다고 주장한다.[13] 또한 그는 헤시오도스가 '많은 것들을' 가르쳤다는 (이는 아마도 『일과 날』(Works and Days)에 등장하는 여러 실용적 충고를 지칭하는 듯하다) 평판에도 도전한다.[14] 다른 한편으로 헤라클레이토스는 인간의 기준으로부터 신학적인 도덕 기준을 읽어낼 수 없다고 주장한다. 윤리(êthos)와 관련해 그는 '인간의 삶에는 기준이 없지만 신의 삶에는 기준이 있다.'[15] 그리고 '인간들 중 가장 현명한 사람도 신에 비하면 원숭이로 보인다. 지혜에서도, 아름다움에서도 그리고 다른 모든 것에서도.'[16] 따라서 그가 '신에게는 모든 것이 다 아름답고 좋고 정의롭지만 인간들은 어떤 것은 정의롭지 않다고 생각하고 또 어떤 것은 정의롭다고 생각한다'고 말하면서[17] 의미한 바는 어쩌면 우리가 인간의 도덕 기준을 관찰해서는 절대적인 도덕적 진리를 발견할 수 없다는 점인 듯하

---

13) Heraclitus, fr 42 DK.
14) Heraclitus, fr 57 DK. 또한 fr 40 DK에서 그는 지혜는 없이 박식함만을 뽐낸다는 이유로 헤시오도스, 피타고라스, 크세노파네스, 헤카타이오스를 비판한다.
15) Heraclitus, fr 78 DK. 나는 이 단편에서 êthos를 '삶'으로, gnômai를 '기준'으로 번역했다. 하지만 gnômai는 '척도', '지혜' 또는 '판단'을 의미할 수도 있다.
16) Heraclitus, fr 83 DK.
17) Heraclitus, fr 102 DK.

다. 이런 주장은 절대적인 도덕적 진리가 존재하지 않는다는 점을 암시하는지도 모른다. 이와는 달리 해석해 그가 만일 도덕적 진리가 존재한다면 이는 우리 인간이 인식하는 도덕과는 전혀 다르리라는 점을 의미했다고 볼 수도 있다. 다른 단편들에서 그는 신의 도덕과 인간 사회의 관습 사이에 밀접한 의존 관계가 성립한다는 점을 암시하기도 한다. 단편 114에서 그는 인간의 법은 신의 법에 의해 양육되므로 존중되고 옹호되어야 한다고 주장한다. 또한 단편 53에서는 전쟁이 (전쟁을 '왕'이라고 부르면서) 사람들을 노예와 자유인으로 나눈다는 의미심장한 말을 한다.

윤회와 깨끗한 손

이탈리아 남부에서 전개된 초기 철학의 (피타고라스의 전통을 포함해) 대표적인 특징 중 하나는 사후에 영혼이 다른 존재로 (인간이든 아니면 동식물이든) 환생한다는 믿음에 대한 관심이다. 이런 윤회 이론에는 전형적으로 윤리적 요소가 포함된다. 예를 들면 어떤 수준의 엄격한 순수함이나 고결함에 도달하면 윤회에서 벗어나 상위의 삶에 이를 수 있다는 생각이 전제된다.

(기원전 6세기에 활동한) 피타고라스에게서도 윤회 사상이 등장하지만 그에 관한 자료가 무척 제한적이며 자주 손상되어 이를 신뢰할 만한 것으로 재구성하기가 쉽지 않다. 하지만 (기원전 5세기에) 시인 겸 철학자로 활동한 엠페도클레스(Empedocles)에게서 윤회와 관련된 더욱 나은 자료를 얻을 수 있다. 엠페도클레스는 이 세계에 (모든 것들을 한데 묶는) 점점 증가하는 사랑이 지배하는 시기와 (모든 것을 대립하게

만들어 분리하는) 불화가 지배하는 시기가 번갈아 닥치며, 통합과 분리의 시기 사이에 전환의 시기가 있다고 주장한다. 이런 세계 전체의 체계와 더불어 그는 영혼(daimones)에 관한 윤리적 이야기도 전개하는데 이에 따르면 영혼은 불화의 시기에는 추방되어 방황하고 고통받으면서 사랑이 지배하는 시기의 신성한 안식처로 되돌아가기를 염원한다.[18]

만일 이런 사랑과 불화의 순환이 자동으로 이루어져 우주를 지배한다면 빨리 추방 상태에서 벗어나 사랑의 상태로 되돌아갈 기회를 잡으려는 영혼의 자발적인 시도는 어떤 의미를 지닐 수 있는가? 불화에서 벗어나기 위해 우리는 어느 정도까지 분투해야 하는가?[19] 엠페도클레스의 견해를 전제하더라도 어떤 선택의 여유 또는 도덕적 책임의 공간이 반드시 필요한 듯하다. 추방된 영혼의 상태를 묘사하는, 그의 시에 등장하는 주인공에 따르면 우리는 어떤 잘못된 행위를 하면 그것이 낳는 끔찍한 결과에 따라 비난받아 마땅하다. 또한 육식을 죄로 여겨 개탄하는 대목도 있는데[20] 여기서는 동물을 제물로 살육하여 '서로' 먹는 일을 피하라고 강력히 권하는 내용이 등장한다.[21] 이렇게 주장하는 근거는 우리가 죽이고 먹는 동물들 또한 가족의 구성원이라고 생각하기 때문인 듯하다. 그의 논증은 다음과 같은 것으로 보인다. '우리는 자신

---

18) 현재의 논의를 위해서는 엠페도클레스가 우주론과 윤리학에 관한 시들을 개별적으로 분리해서 썼는지 그렇지 않은지에 대한 논쟁을 다룰 필요는 없는 듯하다. 나는 이 두 주제를 서로 관련된 것으로 다루려 하며, 엠페도클레스가 다이몬(daimon)이라는 용어를 통해 의미한 바를 편의상 (그리 부담스럽지 않게) '영혼'으로 번역하려 한다.

19) 이 질문에 대한 더욱 전문적인 (논쟁점을 포함하는) 탐구는 Osborne 2005: 283-308 참조.

20) Strasbourg Papyrus, Ensemble d (이는 아마도 fr 139 DK와 동일하거나 아니면 같은 행을 반복한 내용으로 보인다).

21) Empedocles, frr 136, 137, 138 DK.

의 어머니나 자녀를 먹는 일을 몹시 끔찍하게 여길 것이다. 우리는 어떤 동물을 죽이고 먹으면서 동물은 우리 어머니나 자녀가 아니라고 가정한다. 하지만 사실상 동물도 우리의 어머니나 자녀이거나 얼마든지 그럴 수 있다. 따라서 우리는 동물을 죽이고 먹는 일을 끔찍하게 여겨야 한다.' 물론 그의 논증은 이렇게 명확하게 제시되지는 않고 일종의 신화처럼 소개되어 한탄의 외침으로 마무리된다. 하지만 생명의 존엄성, 살아있는 모든 것들의 친족 관계(또는 무엇이 우리의 친척인지 알 수 없다는 사실) 등이 명확히 제시된다.[22]

현존하는 다른 단편들에서 엠페도클레스는 모든 사람이 친절하고 다정하며, 인간과 동물이 함께 살며, 피를 뿌리는 희생제가 없었던 시절을 회상한다.[23] 이때는 일종의 황금시대였으며, 사랑이 여왕의 지위에 올랐던 시절이다.[24] 현재와는 다른 이런 시대를 우리가 스스로 도덕적 노력을 통해 회복할 수 있는가? 아니면 이는 그저 시대가 바뀌면 자동적으로 도래하는 것인가? 이에 대한 대답은 명확하지 않지만 황금시대가 윤리적으로 우월한 사회라는 점과 참된 인간이라면 누구나 그런 시대를 일종의 이상으로 열망해야 한다는 점은 분명하다.

데모크리토스는 소크라테스를 예견했는가?

소크라테스 이전의 윤리에 대한 탐구는 데모크리토스(Democritus, 기원전 5세기에 활동, 소피스트 및 소크라테스와 동시대 인물)와 더불

---

[22] 이에 대한 더욱 자세한 설명은 Osborne 2007: 3장 참조.

[23] Empedocles, frr 128, 130.

[24] Empedocles, fr 128.3.

어 마무리된다. 그는 무엇보다 원자론으로 유명하지만 동시에 비록 단편적이기는 해도 윤리학과 관련된 자료도 상당히 많이 남겼다.

　데모크리토스의 윤리학에 접근하면서 우리는 두 가지의 문제점에 빠질 위험이 있다. 그 중 하나는 그가 남긴 원전들을 서로 분리된, 도덕적 교화를 위한 진부하고 사소한 언급으로 여겨 그에게서는 어떤 체계적인 윤리학 또는 메타 윤리학 이론도 발견할 수 생각하는 것이다. 또 다른 위험은 이후에 (또는 사실상 동시대에) 전개된 그리스 윤리학의 특징을 데모크리토스가 남긴 자료에 덧씌워 그를 해석하는 것이다. 예를 들면 소크라테스 윤리학에서 등장한 주제들을 전제한 후 데모크리토스를 해석하거나 더욱 일반적으로 한참 후에 그리스 윤리학에서 등장한 내용을 — 특히 윤리적 행위의 궁극 목표를 '행복'(eudaimonia)으로 여기는 — '행복주의'의 증거를 데모크리토스에게서 찾으려는 유혹에 빠지기 쉽다.[25] 하지만 이런 접근 방식들은 문제를 일으킬 수 있다. 이들은 데모크리토스가 직접 언급한 바를 겉핥기식으로 파악하도록 만들어 그의 고유한 특징을 간과하도록 부추긴다. 따라서 나는 데모크리토스의 원전 중 일부를 직접 인용하여 주의 깊게 검토함으로써 그의 특징을 찾아내려 한다. 이렇게 원전을 직접 읽고 검토한 후에야 우리는 데모크리토스에게서 단지 피상적인 수준을 넘어서서 진정 소크라테스적으로 보이는 요소를 발견할 수 있는지 그렇지 않은지를 물을 수 있을 것이다.[26]

---

[25] Annas 2002: 169-82 참조. Osborne 2007: 198-201에는 사형제도와 동물 살육에 관한 자료에서 일종의 공리주의를 발견할 수 있다는 주장이 등장한다.

[26] 우리가 소크라테스와 이후의 윤리적 전통에 의해 오염되지 않은 자료를 접할 수 없다는 점을 지적할 필요가 있다. 이런 전통은 어떤 자료가 살아남았는지에 영향을 미쳤음이 분명하다.

데모크리토스는 자신이 '에우투미아'(euthumia, 이를 '유쾌함'이라고 번역하려 한다)라고 부르는, 어떤 즐거운 심리 상태를 우리가 목표로 삼아야 한다고 주장한다.[27] 이는 그의 저술에 등장하는 전문용어임이 분명하다. 이 단어의 구성요소 중 '투모스'(thumos)는 감정 또는 느낌을 의미하는 듯이 보이므로 나는 이를 심리 상태라고 말했다. 그리고 '에우'(eu)는 '바람직한' 또는 '좋은'을 의미한다. 따라서 에우투미아를 '잘 지냄'이라는 의미로 — 우리 외부의 객관적인 상태라기보다는 주관적인 태도 또는 느낌으로 — 이해한다면 이를 세속적인 성공이나 외부의 상황과 직접 연결할 필요는 없는 듯하다.

그렇다면 '유쾌함'을 우리의 내부, 외부의 상황이 실제로 어떤가와 상관없이 단지 우리 자신에 대해서 느끼는 만족스러운 느낌과 같은 것으로 여겨야 하는가? 이에 대한 대답은 '아니오'인 듯하다. 데모크리토스는 우리가 어떤 종류의 삶을 추구해야 하는지 그리고 무엇에 대해 만족스럽게 느껴야 하는지에 대해 말하려 한다. 이런 삶은 지혜와 덕을 필요로 하며, 우리는 악행과 무지의 삶을 선택해서는 (또는 이런 삶에 만족해서는) 안 된다. 따라서 우리는 천박한 쾌락이나 그런 수준의 만족을 추구해서는 진정한 '유쾌함'에 도달할 수 없는 듯하다. 어쩌면 그는 우리에게 지혜가 부족하면 행운과 불운에 대해 올바른 태도를 선택할 수 없다고 생각하는 듯이 보인다.

하지만 좋은 삶은 공적이나 사적인 영역에서 지나치게 활동적인 삶이 결코 아니다. 이와는 반대로 데모크리토스는 정신적으로 간결한 삶을 통해 공적인 영역에서 동반되는 불운의 위험을 줄여나가야 한다고

---

27) 명사 euthumia 및 이와 관련된 동사 euthumeisthai에 관해서는 Democritus, DK 68 A166, A167, A169(여기서 키케로는 전문용어를 그리스어로 표현한다), B3, B4, B189, B258 참조.

주장하는 듯하다. 플루타르코스(Plutarch)와 스토바이오스(Stobaeus)가 전하는, 비교적 긴 단편에서 데모크리토스는 독자들에게 지나치게 바쁘게 살지 말라로 충고한다.

> 유쾌해지려고 하는 사람은 사적으로나 공적으로나 너무 많은 일로 분주해서는 안 되며, 무슨 일을 선택하든지 그것을 자신의 능력과 본성 이상으로 추구해서도 안 된다. 우리가 조심해야 할 것은 오직 이것뿐이다 — 우리가 불운을 만나 우리에게 적절한 것 이상의 무언가를 하도록 이끌릴 때에도 그것을 하찮게 여겨 능력 이상의 것에 손을 대지 않도록 주의해야 한다. 적절한 크기의 일이 지나친 크기의 일보다 더욱 안전하기 때문이다.[28]

여기서 우리는 누스바움(Martha Nussbaum)이 '선의 허약성'이라는 주제와 관련해 제시한 것과 같은 유형의 생각을 발견한다.[29] 데모크리토스는 우리가 불운에 잘 대처해 전체적인 재앙이나 실패를 겪지 않는 삶의 방식을 발견해야 한다고 주장한다. 불운은 우리를 삶의 행로 밖으로 내몰지도 모른다. 하지만 데모크리토스는 우리가 그렇게 되는 까닭은 지금까지 계속 해왔던 바를 그대로 유지하는 중요한 일을 쉽게 망각하고 불가능한 것을 목표로 삼아 뛰어들기 때문이다. 우리는 큰 일을 행하려고 애쓰는 과정에서 더 많은 것을 잃게 되기도 한다. 그렇다면 절제된 삶을 유지하면서 큰 야망을 품지 않고 평정한 태도를 선택하는 편이 더 나을 것이며, 이를 통해 더욱 큰 것을 (동시에 더욱 위험한 것을) 얻으려는 욕구에 저항할 수 있을 것이다.

---

28) Democritus, DK 68 B3.
29) Nussbaum 1986.

위의 인용문에서 더욱 큰 (하지만 더욱 위험한) 것을 얻을 경우 어떤 보상이 주어지는지에 대해서는 정확한 언급이 없다. 또한 우리 능력 안에 속한 것을 유지하고 절제할 경우에는 어떤 보상이 따르는지에 대해서도 아무 말이 없다. 보상에 관한 내용은 스토바이오스가 상당히 길게 기록한, 같은 주제를 다루는 다른 단편을 통해서 보충된다.

사람들은 적절한 양의 즐거움과 균형 잡힌 삶을 통해서 유쾌함을 얻게 된다.[30] 부족한 것과 과도한 것들은 변화가 심해서 영혼 안에 큰 변동을 일으키기 마련이다. 이렇게 큰 변동을 겪는 영혼은 안정되지도 않고 유쾌하지도 않다.

따라서 우리는 자신이 할 수 있는 것에 주의를 기울이고 주어진 것에 만족해야 한다. 설령 사람들이 원하고 경탄하는 것을 얻게 되더라도 그것에 집착하거나 우리의 정신이 그 안에 살도록 해서는 안 된다. 그 대신 불운으로 곤경을 겪는 사람들의 삶을 바라보고 그들이 얼마나 험한 일을 당하는지를 생각해야 한다. 이렇게 함으로써 우리는 자신에게 주어진 것과 속한 것이 얼마나 대단하고 바람직한 것인지를 깨닫게 된다. 그리고 우리의 영혼은 더 많은 것을 원하는 질병에 더 이상 감염되지 않을 것이다. …

진정 이런 마음의 상태를 유지한다면 우리는 더 유쾌한 삶을 살 것이며, 삶에서 마주치는 적지 않은 재앙들, 곧 질투나 물욕, 악의를 물리칠 수 있을 것이다.[31]

---

30) 여기서 '균형'(symmetry)이라는 용어는 그리스어 summetriê를 직역한 것이다. 이는 안정된 삶을 의미할 수도 있고 아니면 부족함과 과도함의 영역에서 벗어난 삶을 의미할 수도 있다.

31) Democritus, DK 68 B191.

이전의 인용문에 등장하는 '지나치게 크고 더욱 위험한 일'과 현재의 인용문에서 언급된 '사람들이 원하고 경탄하는 것'은 큰 틀에서 같은 것으로 보인다. 여기서 이런 것들은 곤경에 빠진 사람들에게 닥친 불운과 대비된다. 현명한 일은 공적, 사적 영역에서 야망을 추구하는 행위를 피하는 것이다. 야망은 우리를 거대하고 눈부신 성공을 거두도록 이끌지 몰라도 이는 평범한 사람들의 시샘을 불러일으킬 뿐이다. 야망과 관련 없는 것들이 오히려 '적절한' 크기에 속하는데 이렇게 '거대하지' 않은 활동의 대표적인 예는 지적인 덕이나 도덕적 덕을 드러내는 것이라 할 수 있다. 소크라테스와 마찬가지로 데모크리토스도 때로는 잘못된 행위가 무지의 결과라는 점을 암시하기도 하며,[32] 나쁜 짓을 당하는 사람보다 나쁜 짓을 저지르는 사람이 더욱 불행하다거나[33] 안전하게 만족에 이르는 최선의 방책은 자기 통제와 비물질적인 가치에 마음을 쏟는 것이라고[34] 주장하기도 한다. 또한 지혜는 유쾌한 삶의 필수조건이라고 말하기도 한다.[35]

이런 생각들과 소크라테스의 것으로 여겨지는 생각 사이에는 분명히 상당한 유사성이 존재한다. 하지만 주의 깊게 살펴보면 둘 사이의 차이 또한 드러난다. 데모크리토스는 다른 사람의 성공을 부러워하기보다는 성공을 향한 우리 자신의 욕구를 어떻게 절제해 유쾌함을 느낄 것인가에 관심을 보인다. 그리고 진정 좋다고 여겨지는 바에 대해 균형 잡힌 인식을 회복하기 위해 다른 사람의 불운에 주목하라고 충고한다. 이는 우리의 내적인 삶이나 외적인 활동에서 객관적인 성공이나 실패가 아

---

[32] Democritus, DK 68 B83.
[33] Democritus, DK 68 B45.
[34] Democritus, DK 68 B77, 189, 211, 235, 236, 284 등등.
[35] Democritus, DK 68 B216.

니라 주관적인 수용의 태도에 대한 언급이다. 데모크리토스의 관심은 객관적인 정의(正義)나 영혼의 올바름이 아니라 개인의 심리적인 유쾌함에 놓여있다.

　내 생각에 데모크리토스의 이런 관심은 분명히 소크라테스와 크게 다른 듯하다. 소크라테스는 전혀 다른 의미에서 인간 영혼의 건강함에 관심을 보인다. 소크라테스에 따르면 우리가 부정을 저지르고 처벌을 회피함으로써 — 이렇게 하면서 고통을 느끼든 그렇지 않든 간에 — 우리 자신을 객관적으로 손상하는 것보다 더 큰 문제는 없기 때문이다. 소크라테스는 우리 자신에 대해 안도감을 느끼기 위해 다른 사람들의 불행에 주목하라는 식의 주장을 하지 않는다. 그가 '비참한' 사람들이 겪는 불운과 그들의 불쌍한 삶에 대해 말할 때 그는 삶과 영혼의 타락을 허용한 사람들을 지칭하며, 이를 통해 그는 악의 위험성과 영혼의 타락은, 특히 이런 잘못된 상황을 행복하다고 느끼는 일은 결코 우리의 삶과 양립할 수 없다는 점을 강력하게 경고한다. 따라서 데모크리토스가 말하는 '불행한' 사람은 세속적인 부와 권력을 거의 지니지 못한 — 자신에게 어울리는 수준보다 훨씬 적게 지닌 — 사람을 의미하는 반면 소크라테스가 말하는 '불행한' 사람은 세속적인 부와 권력을 지나치게 많이 지닌 사람이다. 이런 폭군이 불행한 까닭은 이런 부와 권력을 언젠가 잃게 되기 때문이 아니라 도덕적 덕을 이미 상실했기 때문이며, 이런 면에서 자신이 얼마나 불행한지조차 파악하지 못하기 때문이다.[36]

　나의 주장이 옳다면 데모크리토스는 약간의 적절한 세속적 성공을

---

[36] 예를 들면 플라톤의 대화편 『고르기아스』에서 소크라테스와 폴루스가 폭군 아르킬라우스에 대해 논의하는 대목을 참조.

이루어 재화를 지니며, 이를 잃을 위험이 없는 비교적 안전한 삶을 영위하며, 설령 이를 잃더라도 크게 고통스러워하지 않는 절제된 태도를 유지하는 것이 개인에게 최선이라고 생각하는 듯하다. 그는 또한 (내 생각에 올바르게) 많은 것보다는 적은 것에 만족하기가 쉬운 일이며, 우리의 삶을 우리보다 못한 다른 사람들의 삶과 비교해 자신의 삶이 그런대로 괜찮다는 점을 인식함으로써 효과적으로 유쾌함에 이를 수 있다고 생각한다. 그는 걱정 없는 삶을 위해 적은 것을 지니는 삶을 추천하는데 이 적은 것에 덕이나 지혜, 우정 같은 비물질적인 요소도 — 이들을 잃을 가능성이 비교적 낮은 — 포함되는지는 논의의 대상이 된다. 이런 면에서 데모크리토스가 내적인 영혼의 건강과 세속적 재화를 철저히 구별하는, 다른 어떤 가치보다도 오직 덕을 위해 어떤 자기희생도 기꺼이 감수할 수 있다고 생각하는 소크라테스의 견해를 분명히 예견한다고 말하기는 어려운 듯하다.

참고문헌

제일 뒤의 * 표시는 특히 중요한 참고문헌임을 나타낸다.

Annas, Julia 2002. 'Democritus and Eudaimonism', in Victor Caston and Daniel W. Graham (eds.), *Presocratic Philosophy: Essays in Honour of Alexander Mourelatos* (Aldershot: Ashgate), 169-82.

Diels, Hermann and Walther Kranz (eds.) 1951. *Die Fragmente der Vorsokratiker*, 3 vols. (6th edn, Berlin: Weidmann).

Gladstone, William Ewart 1858. *Studies on Homer and the Homeric Age* (Cambridge University Press).

Hall, Edith 1989. *Inventing the Barbarian* (Oxford University Press).

Mackie, Hilary 1996. *Talking Trojan: Speech and Community in the Iliad* (Oxford: Rowman and Littlefield Publishers).

McKirahan, Richard 1994. *Philosophy before Socrates* (Indianapolis:

Hackett).

Nussbaum, Martha C. 1986. *The Fragility of Goodness*: *Luck and Ethics in Greek Tragedy and Philosophy* (Cambridge University Press).

Osborne, Catherine 2005. 'Sin and Moral Responsibility in Empedocles's Cosmic Cycle', in Apostolos L. Pierris (ed.), *The Empedoclean Κόσμος*: *Structure, Process and the Question of Cyclicity* (Patras: Institute for Philosophical Research), 283–308.

Osborne, Catherine 2007. *Dumb Beasts and Dead Philosophers*: *Humanity and the Humane in Ancient Philosophy and Literature* (Oxford University Press).*

2장

소크라테스와 소피스트들

A. G. 롱(A. G. Long)

이른바 '소피스트들'은 기원전 5세기 그리스 세계에 등장한, 새로운 유형의 전문 지식인이었다. '소피스트'(그리스어로는 sophistês)라는 명칭은 원래 전문 지식 또는 지혜를 의미할 뿐 지적인 천박함이나 궤변의 사용을 암시하지는 않았다. 소피스트들은 철학적 관심, 특히 인간 삶의 고유한 특징인 언어와 덕, 사회에 대한 관심을 공유했다. 이들은 또한 여러 도시로 옮겨 다니면서 사람들에게 무언가를 가르치겠다는 제의를 했다는 공통점을 지니며 이들이 가르치고 저술한 내용의 지적인 본성 또한 상당한 유사성을 보인다. 하지만 소피스트 개개인과 학생들이 맺은 계약이나 합의를 넘어서서 학교와 같은 제도적인 장치는 없었으며, 그들이 교육을 통해 전달한 어떤 추론 기법이나 성격상의 특성 등을 제외하면 소피스트가 되기 위해 또는 함께 공부하기 위해 반드시 수용해야 하는 이론 같은 것도 없었다. 소피스트들을 혁신가로 만든 바는 그들이 교육한 내용뿐만이 아니라 그런 교육을 가능하게 한 방식이었다. 소피스트들이 학생을 받아들이는 데 필요한 유일한 요소는 바로 선생과 학생이 일정한 수업료를 주고받기로 한 약속이었다. 소피스트들이 시도한 중요한 도전 중 하나는 신화나 서사시 그리고 국가의 법률 등을 수단으로 삼는 전통적인 방식의 교육에 대해 반기를 든 것이었다.

소피스트들은 자주 수사학 전문가로 여겨져 왔다. 그들은 언어에 특별한 관심을 보였지만 오직 이것만이 그들을 대표하는 특징은 결코 아니다. 그들을 적대시하고 비판했던 사람들의 (현재 우리는 이들에게 의존할 수밖에 없는데) 저술에서조차 그들은 덕을 가르치는 인물로 묘사된다. 플라톤이 기록한 소크라테스는 소피스트와 웅변가를 비교하면서 소피스트를 '사람들에게 덕을 교육한다고 주장하는 사람들'이라고 말한다(『고르기아스』519e). 수사학 교사이면서 거의 항상 소피스트로 여겨지는 고르기아스(Gorgias)는 덕을 가르친다고 공언하는 사람들을 조롱했다고 전해진다(플라톤 『메논』95c). 여기서 그는 소피스트들과 또는 다른 소피스트들과 거리를 두면서 자신만의 길로 나아가려는 듯하다. 이 장에서 가장 주의 깊게 다룰 인물은 프로타고라스(Protagoras)와 안티폰(Antiphon)이다.

덕을 가르친다는 소피스트들의 공언은 강력한 반대와 적대감을 불러일으켰는데 특히 당시 그들보다 젊었던 동시대인 소크라테스(기원전 469-399)는 이에 대해 더욱 복잡한 반응을 보였다. 소크라테스는 다음 몇 가지 점에서 소피스트에 반대하는 태도를 분명히 드러낸다. 우선 그는 돈을 받고 직업적으로 하는 어떤 활동도 피하려 한다(그와 함께 토론하면서 시간을 보내는 일은 무료였다). 또한 그는 최소한 소피스트들이 스스로 전문가라고 주장하는 영역과 관련해서 자신이 현명하거나 전문가라고 주장하지 않는다. 그렇다면 소크라테스가 전문적으로 잘 하는 분야가 무엇인가에 대해 플라톤은 서로 다른 몇 가지 설명을 제시한다. 널리 알려진 것으로 소크라테스의 지혜가 자신의 무지를 자각했음에 기인한다는 설명이 있지만(『변론』20d-23b), 다른 곳에서는 그가 사랑이 무엇인지를 인식했다는 주장도 등장하고(『향연』177d-e), 또 다른 곳에서는 그가 다른 사람들이 나름대로 이론을 정교하게 제시하고 이를 적절하게 검토하거나 '평가하도록' 도울 능력을 지닌다는 주장도 등장한다(『테아이테토스』148e-151d, 161b). 소피스트들과는 달리 소크라테스는 자신의 철학을 저술의 형태로 남기지 않았으므로 우리는 다른 사람들에게, 특히 소크라테스를 존경해 그를 주인공으로 한 대화편을 남긴 플라톤, 크세노폰(Xenophon), 아이스키네스(Aeschines), 안티스테네스(Antisthenes), 에우클레이데스(Eucleides), 파이돈(Phae-do) 등에게 의지해 소크라테스를 설명해야 한다. 소크라테스의 생애와 저술에 의미를 부여하는 일은 주로 현존하는 플라톤과 크세노폰의 대화편을 통해 이루어진다는 점을 지적할 필요가 있다.

하지만 소크라테스와 소피스트들 사이에는 중요한 유사점도 발견된다. 특히 소크라테스의 것으로 여겨지는 도덕 이론은 왜 덕을 갖추도록 다른 사람들을 가르치는 일이 — 소크라테스의 경우에는 고무하고 격려하는 일이 — 이성적인지를 보이려 하는데 이런 관점에서 보면 소크라테스는 소피스트들의 논적이 아니라 오히려 동지이다. 현존하는 문헌 중 소크라테스와 소피스트들 사이의 관계가 가장 잘 드러나는 것은 플라톤이 쓴 『프로타고라스』인데 여기서는 이들 사이의 차이점뿐만 아니라 유사점도 논의되며, 소크라테스의 도덕철학이 지닌 여러 측면이, 특히 어느 누구도 의도적으로 그른 행위를 하지는 않는다는 그의 주장이 소피스트들에게도 얼마든지 어울릴 수 있는 것이라는 점이 제시된다. 나는 이런 플라톤의 생각에 따라 소크라테스와 소피스트들이 상당한 유사성을 지닌다는 점을 적절하게 보이려 한다. 하지만 동시에 이런 플라톤의 생각이 소피스트와 소크라테스의 사상에 대한 그 자신의 고유한 해석에 따른 것이라는 점에도 주의를 기울일 필요가 있다.

사회, 정의, 덕에 대한 소피스트들의 견해

소피스트들이 도덕철학에 기여한 바는 대부분 당시 사회에 대한 탐구로부터 파생된다. 그들은 때로는 현실 정치에 참여하기도 하고 (프로타고라스는 투리이(Thurii)에 아테네인들이 건설한 식민지의 법률을 만들었다고 전해진다), 때로는 당시 사회나 정치와 거리를 두기도 했다. 소피스트들은 자신들이 사회와 그것의 관습 및 법률에 관해 논의하기에 알맞은 올바른 경험과 적절한 거리를 동시에 지녔다고 자평했다.

플라톤의 『프로타고라스』(337c-d)에서 소피스트인 히피아스(Hippias)는 자신이 동료 소피스트들을 '그리스에서 가장 현명한 사람들'로, '동료 시민들'로 여기는데 동료들을 서로 분리하려 드는 법과 관습을 비판하려 한다고 말한다.

> 지금 여기 계신 여러분, 나는 여러분이 모두 친족이자 친구이며 동료 시민들이라고 생각합니다 ― 법적으로가 아니라 본성적으로 그렇다는 말입니다. 닮은 것끼리는 본성적으로 친족 간이니까요. 그러나 인간을 지배하는 참주(僭主)인 법은 본성을 무시하고 많은 것을 우리에게 강요합니다.

히피아스는 오직 현명한 사람들만이 '시민임'을 공유한다고 주장한다. 모든 사람들에게 공통적으로 적용되는 바는 시민임이 아니라 참주와 같은 '법'이라고 말하면서 법과 '본성'을 서로 대비한다. '법 또는 관습'(nomos)과 '본성 또는 자연'(phusis) 사이의 대비는 기원전 5세기 그리스 문학과 사상의 핵심 주제였다. 이 주제는 단편의 형태로 전해지는 안티폰의 『진리에 관하여』(On Truth)에서 훨씬 더 상세히 전개된다. 크세노폰은 '소피스트인 안티폰'이 소크라테스와 동시대인이라고 기록했는데 일부 학자들은 그를 아테네에서 수사학자로 활동하다가 기원전 411년 과두정치로 돌아가려는 모의의 주동자로 몰려 처형당한 람누스(Rhamnus) 출신의 안티폰과 동일 인물로 여기기도 한다. 안티폰의 관심을 보였던 진리는 한편으로는 관습과 법 (그리스 단어 노모스는 이 두 요소가 부여하는 강제를 모두 포함한다) 사이의 관계이며 다른 한편으로는 이들로부터 우리가 얻는 이익이다. 그는 법과 관습의 근원을 요약하면서 이들이 우리의 본성보다는 합의로부터 도출된다고 주장한다. 그리고 이런 근원을 비록 관습의 힘이 강력하다 할지라도 이는 합의에 참여한 증인들의 존재에 의존한다는 점을 보이기 위한 근거로 사용한다. 안티폰 자신의 말을 빌리면 '누군가가 법이나 관습을 어기더라도 합의를 통해 이들을 만든 사람들에게 들키지 않는다면 그는 수치심이나 처벌을 피할 수 있을 것이다. 그렇지 않다면 그는 이들을 피할 수 없다.' 하지만 우리의 '본성'은 합의로부터 도출되지 않으며, 따라서 외부의 증인이 있는가 그렇지 않은가와 무관하게 본성은 강력한 힘을 유지한다. 그렇다면 증인이 없는 경우에는 관습이 아니라 본성에 따르는 편이 가장 유리하다. 관습과 본성이라는 두 주인을 동시에 모시는 것은 거의 불가능하다. '관습에 따라 정의로운 것은 대부분 본성과 대립하기 마련이다.'

우리는 안티폰이 독자들에게 관습의 규칙을 내던지고 본성에 따를 것을 촉구하리라고 기대할지 모른다. 하지만 관습/본성 사이의 대립이 더욱 발전된 내용은 안티폰 자신에게서가 아니라 플라톤에게서 발견된다. 플라톤은 당시의 문화에 반대하는 규범성에 큰 관심을 보인 동시에 이런 규범성이 서로 대비되는 형태로 드러날 수도 있다는 점을 잘 알고 있었다. 그는 대화편 『고르기아스』에서 당시의 문화에 반대하면서도 서로 대립하는 두 인물 소크라테스와 칼리클레스를 등장시킨다. 소크라테스에 따르면 불의는 우리에게 큰 손해를 끼치므로 불의를 저지른 사람들은 불의를 배상해야 한다 — 곧 처벌받아야 한다. 그는 불의를 저지른 사람은 고소당해 판결을 받기에 앞서 자기 자신을 감금해야 한다고 주장함으로써 대화의 상대방을 깜짝 놀라게 만든다. 칼리클레스는 자주 소피스트의 생각을 대변하는 인물로 여겨져 왔지만 이런 주장은 근거가 없다. 우리는 플라톤이 전하는 바를 제외하고는 그에 대해 아무것도 알지 못할 뿐만 아니라 그 자신이 소피스트들을 — 최소한 덕을 가르친다고 공언하는 소피스트들을 — 비난하기 때문이다(『고르기아스』 520a). (어쩌면 칼리클레스는 고르기아스처럼 소피스트들을 넘어선 의견을 지니는지도 모른다.) 안티폰과 마찬가지로 칼리클레스는 본성과 관습 사이의 차이가 가장 중요하다고 생각한다. 하지만 그는 안티폰과 달리 관습적인 정의와 근본적으로 구별되는 '본성적' 유형의 정의가 존재한다고 주장한다. '본성은 더 훌륭한 사람이 더 열등한 사람보다, 더 강력한 사람이 더 나약한 사람보다 더 많은 몫을 차지하는 것이 정당하다고 스스로 선언한다'(483c-d). 칼리클레스의 주장에 따르면 본성이 곧 입법자가 된다. 침략자 또는 정복자는 본성의 정의와 본성의 '법'에 따라 행위한 것이다(483e). 충분한 힘과 풍부한 자원을 지닌 개인은 자신의 이익을 증진하기 위해 관습을 짓밟고 무시한다. 그런 개인은 관습적인 법과 도덕에서 벗어나 '본성적' 영역으로 옮겨간다.

반면 안티폰의 『진리에 관하여』에서는 사람들로 하여금 관습을 거부하게 만드는 요소가 관습과 무관한 어떤 정의나 법이 아니라 순전한 자기이익이다 — 들키지 않는다면 사람들은 항상 그렇게 행위한다. 관습과 본성 사이의 대립에 대해 안티폰은 지극히 회의적으로 생각한다. 그는 우리 자신을 법이나 관습에 맞추려는 시도에 대해 침묵한다. 강력한 힘을 통해 관습을 극복하려는 시도는 상상할 수 없다. 법은 그것을 준수하는 사람들을 보호한다고 말할 수 있을지 모른다 — 하지만 안티폰은 오직 범죄가 일어난 **이후에야** 법이 개입한다고 반박한다. 그는 계속해서 법적인 수단을 통해 보상을 받으려는 모든 시도는 도덕적이든 도덕과 무관하든 간에 누군가에게, 곧 증인에게 해를 끼친다고 주장한다. 증언을 위해 증인을 소환하면 증인은 피고에게 (증인에게 아무 해도 끼치지 않은 피고에게 해를 끼침으로써) 나쁜 결과를 낳게 되며 따라서 피고의 증오를 불러일으킨다. 안티폰은 어떤 행동을 촉구하는 대신 계속 불편한 진실을 밝힌다. 그는 모든 인류가 서로 유사하다는 점에 관해 논의하면서도 이런 유사성을 플라톤의 대화편에서 히피아스(Hippias)가 내세운, 모두에게 시민권을 주어야 한다는 주장보다 더욱 확장해 구별 불가능성을 언급하기에 이른다. '우리들 중 처음부터 외국인["야만인"] 또는 그리스인으로 점 찍힌 사람은 아무도 없다. 우리는 모두 코와 입으로 같은 공기를 마신다. 우리는 똑같이 기쁠 때는 웃고 슬플 때는 운다. …' 안티폰은 그리스인이 아닌 사람들을 지금과는 다른 방식으로 대우할 것을 독자들에게 촉구한다. 그렇게 해야 하는 까닭은 그들도 사회에 관한 진리를, 곧 본성이 아니라 법과 관습이 사람들을 '다른 사람들과의 관계에서 외국인으로' 만든다는 사실을 파악할 수 있기 때문이다.

사회에 대한 또 다른 복잡한 논의를 한 인물로 프로타고라스를 들 수 있는데 그의 논의에서도 사회적 관습과 제도의 힘이 핵심 주제로 부각된다. 이제 플라톤의 대화편 『프로타고라스』를 주목해보자. 플라톤은 일반적으로 소피스트들에 대해 적대적이라고 여겨진다. 하지만 플라톤의 눈에도 프로타고라스는 분명히 중요한 철학자로 보였으며 따라서 플라톤은 그의 가르침에 공감하는 설명을 제시할 만한 가치가 있다고 생각했다. 플라톤의 대화편에서 프로타고라스는 덕의 기원과 분배에 관한 유명한 연설을 — 자주 그의 '위대한 연설'로 불리는 — 한다. 여기서 그는 (1) 얼마나 많은 사람들이 덕을 갖추고 있는가, 그리고 (2) 사람들을 덕을 갖추도록 **가르침으로써** 덕이 있도록 만들 수 있는가라는 질문을 제기한다. 프로타고라스는 이런 도덕적 질문에 답하기 위해 사회적, 정치적 관행을 활용하는 특징을 드러낸다. 첫 번째 질문에 대한 그의 대답은 — 신화의 형식을 빌려 제시되는데 — 도시의 모든 구성원들이 덕을 공유할 수 있어야 한다는 것이다. 그는 이렇게 덕을 폭넓게 공유하지 않는다면 시민들이 서로 협력하지 않을 것이고 도시가 존속하지 못하리라고 주장한다. 그리고 이로부터 **모든** 시민들이 의사결정에 참여하는 민주정은 세련되지 못하고 비이성적인 것이 아니라 올바른 제도라는 점을 이끌어낸다. 민주정이 시민들에게 기대하는 자질을 모든 시민이 공유한다는 사실은 도시의 존속을 위한 전제 조건이기 때문이다.

위의 두 번째 질문에 대한 프로타고라스의 대답은 명백히 '그렇다'이다. 그는 덕이 없는 사람들에게 일어나는 일을 이런 대답에 대한 근거로 인용한다. 동료 시민들은 덕이 없는 사람을 변화시킬 수 없다고 여겨 방치하는 것이 아니라 적극적으로 교정하려 하는데 이런 사실은 덕이 교정을 통해 가르쳐질 수 있다는 믿음을 잘 보여준다. 이런 교정은 자주 처벌의 형식을 취하기도 하는데 처벌은 오직 나쁜 행위를 방지할 경우에만 — 따라서 사람들을 이전과는 다르게 바꿀 경우에만 — 합리적이다. (이렇게 처벌의 도덕성을 순전히 사회적 치료의 문제로 여기는 프로타고라스의 관점은 처벌의 문제를 사회적 영역을 벗어나 내세와 관련되는 주제로 다루는 플라톤의 논의와 대비된다.) 프로타고라스에 대한 반박 중 하나는 만일 덕을 가르칠 수 있다면 우리는 훌륭한 부모와 훌륭한 자녀 사이에 상호관계를 기대할 수 있으리라는 주장이다 — 하지만 사실상 이런 상호관계는 존재하지 않는다. 우리는 부모는 훌륭한데 자녀는 그저 그렇거나 불량한 경우를 (또는 이와 반대인 경우도) 자주 발견한다. 하지만 프로타고라스는 이런 사실까지도 자신의 주장을 옹호하는 근거로 교묘하게 이용한다. 위와 같은 상호관계가 없는 듯이 보인다는 사실은 덕을 가르치는 일이 반드시 가정 안에서가 아니라 도처에서 이루어진다는 점을 반영한다. 사실 덕을 가르치는 일은 **모든** 어린이의 교육에서 핵심 부분에 해당하며, 이런 교육은 성인이 되어서도 계속된다. 도시의 법률은 모든 구성원들에게 어떻게 행위해야 하는지를 (더욱 엄밀하게 말하면 어떻게 행위해서는 안 되는지를) 제시하기 때문이다. 이것이 모든 사람들이 받는 교육이라고 전제한다면 훌륭한 부모 밑에서 태어난 자녀들이 특별히 유리하다고 보기는 어렵다. 우리가 보기에 이런 자녀들이 특별히 인상적이지 않다 할지라도 이들은 매일 접하는 교사나 제도로부터 받는 다양한 교육을 받지 못할 경우보다는 훨씬 더 나은 사람이 될 것임에 틀림없다.

프로타고라스의 위대한 연설은 플라톤이 묘사한 프로타고라스의 일부에 지나지 않으며 『프로타고라스』의 다른 대목에서 그는 학생들에게 정치의 영역에서 활발한 활동을 하라고 권고하는 인물로 등장한다. 하지만 플라톤은 프로타고라스가 이런 능력의 발휘 이상의 무언가를 주장했다는 점을 암시한다. 위대한 연설에서 프로타고라스는 사람들이 통제할 수 있는 수준을 넘어서서 힘에 의존하는 인물에 의해 좌우되어서는 안 된다는 점을 보이려 한다 — 모든 사람들은 이미 이를 직관적으로 파악한다. 그리고 그는 사람들이 '덕은 본성이나 행운에서 등장하는 것이 아니라 덕은 가르쳐질 수 있으며, 덕을 지닌 사람은 누구나 신중한 노력을 통해 그렇게 되었음을' 인정한다고 말한다(323c). 본성/관습의 대립을 이렇게 특별한 관점에서 다룸으로써 프로타고라스는 사람들이 자신을 변화시킬 능력을 지니며 교육에 의해 끊임없이 좋은 성품을 형성해 나갈 수 있는 있다는 생각을 고무한다. 소피스트인 프로디코스(Prodicus)는 헤라클레스를 덕과 악덕 사이의 선택에 직면한 인물로 묘사함으로써 덕의 교육 가능성을 지지했다고 한다(크세노폰『소크라테스 회상록』(이하『회상록』으로 약칭) 2.1.34). 헤라클레스가 선택의 기로에서 내린 결정이 헤라클레스 자신의 결정임을 주장하는 소피스트들의 견해는 주목할 만하다.

자기계발 및 덕과 지식에 대한 소크라테스의 견해

이제 우리는 프로타고라스와 같은 소피스트와 소크라테스 사이의 유사성을 제대로 파악할 수 있다. 플라톤의 대화편들과 크세노폰의 저술에서 소크라테스는 동시대인들에게 자신을 계발할 것을 촉구하는 인물로 묘사되는데 여기서 자기계발은 곧 자신의 능력을 향상시키는 것을 의미함이 분명하다. 이런 촉구는 때로는 격려의 형식을 취한다. '소크라테스는 모두가 자기 자신에게 주의를 기울인다면 높은 수준에 도달할 수 있으리라는 신뢰를 주었다'(크세노폰『회상록』1.2.2). 다른 것이 아니라 자기 자신에게 집중해야 한다는 지적은 자기계발에 반드시 필요한 요소이다. '제가 돌아다니면서 한 일이라고는 여러분이 나이 들었든 젊었든 간에 영혼이 최선의 상태가 되도록 자신의 영혼에 주의를 기울여야 하며, 영혼보다 몸이나 재물에 주의를 기울여서는 안 된다고 설득한 것일 뿐입니다'(플라톤 『변론』30a-b). 하지만 여기서도 우리의 영혼을 계발하는 일이 ─ 곧 자신의 도덕적 특성을 계발하는 일이 ─ 가능하다는 점이 전제된다.

소크라테스는 자신이 다른 사람들을 계발하는 중요한 임무를 맡았다고 주장한다. 그리고 소크라테스의 추종자들은 바로 이 점에서 그가 소피스트들과는 분명히 구별된다고 여긴다. 그러나 이런 구별이 얼마나 역사상의 실제 소크라테스를 반영하는지는 불확실하다. 하지만 최소한 소크라테스가 다른 사람들을 다루는 방식에서 자신을 소피스트들과 분명히 구별하려고 시도한다는 점은 믿을 만한 사실로 보인다. 무엇보다도 소크라테스는 자기계발이 오직 **자기 혼자** 그리고 **자기 자신**에 대해 시도하는 계발임을 강조한다. 소크라테스는 너무 많은 것을 제시하지 않으려고 애쓴다. 그의 임무는 원하는 지식이나 특성을 다른 사람들에게 가르치거나 주입하는 것이 아니라 그들이 스스로 자신을 검토하고 개선하도록 이끄는 일련의 질문을 발견하고 던지는 것이다. 그의 방법은 짧은 질문을 던지고 대답을 주고받음으로써 대화의 상대방이 자기모순에 빠지도록 유도하고 (서로 경쟁 관계에 놓인 견해를 드러내고), 이를 통해 윤리적 대상을 확보하는 ─ 이것이 그가 상대방을 자기모순에 빠지도록 만드는 과정의 목표이기도 한데 ─ 식으로 구성된다. 그리고 상대방이 자기모순을 느끼게 만듦으로써 상대방의 무지와 혼동을 드러냄으로써 (이것의 인식론적 속성과 도덕적 속성 사이의 관계는 잠시 뒤에 살펴보려 한다) 소크라테스는 상대방이 '자신에게 주의를 기울이는 일을' 가로막는, 그리고 지금까지 도전받지 않고 유지되었던 상대방의 자기만족을 제거하려 한다.

사람들이 스스로 자기계발의 능력을 지닌다는 소크라테스의 믿음은 무엇을 암시하고 무엇을 설명하는가? 여기서도 소피스트들과의 차이가 발견된다. 소크라테스와 대립하면서 프로타고라스는 당시의 사회를 지지하고, 덕을 가르칠 수 있다는 널리 퍼진 가정을 수용한다. 앞서 살펴보았듯이 이런 접근 방식은 소피스트들의 사상이 지닌 사회학적 특성과 잘 들어맞는다. 반면 소크라테스는 다른 방향으로 — 곧 인간 본성에 관한 심리학으로, 선하거나 덕이 있는 인간이 무엇을 의미하는지를 탐구하는 쪽으로 — 나아간다. 소크라테스의 추종자들은 이런 넓은 영역에서 다양한 이론들을 소크라테스의 주장으로 여겼다. 하지만 기원전 4세기에 여러 사람들이 소크라테스의 철학을 해석해 기록한, 현재 우리가 접하는 문헌들이 과연 있는 그대로의 소크라테스를 반영하는지는 의심하지 않을 수 없다. 어쨌든 소크라테스에게 공감하는 인물들이 그에게 속하는 것으로 여긴 여러 이론들이 이후 철학에 그가 미친 영향의 핵심적인 부분을 차지한다는 점은 분명하다. 이제 그리 널리 알려지지 않은 예로부터 논의를 시작해보자. 소크라테스를 추종했던 파이돈은 현재 전해지지 않는 대화편 『조피로스』(*Zopyrus*)에서 사람들이 어떻게 자신을 계발할 수 있는가를 설명하면서 본성과 교육 사이의 대비를 이용한다. 파이돈은 사람들이 본성적으로 지니기 쉬운 악덕을 교육을 통해 극복할 수 있다고 주장하면서 바로 소크라테스를 이 점을 보이기 위한 예로 활용한다. 파이돈의 대화편에서 한 관상가는 소크라테스의 겉모습이 악덕을 드러내는 듯이 보인다고 주장한다. 이에 동료들이 소크라테스를 조롱하자 다름 아닌 소크라테스 자신이 **본성상** 자신은 악덕을 향한 성향을 타고났지만 교육을 통해 악덕을 피할 수 있었다는 점에 동의한다. 파이돈이 전하는 일화는 한 개인의 성격을 바꿀 수 있는 가능성을 제시한 철학 문헌을 떠올리게 만든다(키케로 『투스쿨룸 논총』 4.80).

소크라테스의 이론에 대한 플라톤의 설명이 특히 큰 영향을 미쳤음은 당연하다. 하지만 플라톤의 대화편들에서 소크라테스의 도덕 이론을 이끌어내는 일은 결코 간단한 문제가 아니다. (워런(James Warren)이 쓴 아래의 3장 참조. 여기서는 통상 소크라테스보다는 플라톤의 것으로 여겨지는 이론들, 예를 들면 형상 이론, 영혼의 불멸성, 영혼 삼분설 등이 주로 논의된다.) 『변론』이나 『고르기아스』, 『크리톤』 등의 대화편에서 드러나듯이 때로 소크라테스는 확고한 결론에 도달하는데 그 까닭은 플라톤이 소크라테스가 내린 결정을 (예를 들면 재판에서 배심원들에게 아첨하지 않으려 하거나 감옥에서 탈출하기를 거부하는 결정을) 명확히 설명하려 하기 때문이다. 하지만 『에우티프론』, 『라케스』, 『프로타고라스』 등의 대화편에서 소크라테스는 확실한 결론은 물론 분명한 중심 주제조차도 제대로 드러내지 않는다. 이런 대화편들에서 그는 어떤 구체적인 도덕 이론을 향한 논의를 전개하는 듯하지만 여러 반박과 난점 때문에 자신이 원하는 결론에 이르지 못한다. 플라톤은 자기 계발에 관한 소크라테스의 주장을 자기 식으로 번역한 문헌을 남겼다. 따라서 독자들은 플라톤의 대화편에 등장하는 문제들을 해결하기 위해 소크라테스와 플라톤을 분리해 생각하지 않으면 안 된다.

소크라테스가 관심을 보인 도덕 이론 중 하나는 덕의 본성 또는 인간 '선함'의 형태이다. 소크라테스에 따르면 다섯 가지의 덕이 존재하는데, 이들은 지혜, 정의, 경건함. 용기 그리고 절제(원어는 sôphrosunê인데 번역이 무척 어려운 용어이다)이다. 하지만 그는 이들 사이의 차이(이렇게 다섯 가지 덕으로 나뉘는 이유는 무엇인가?)보다는 이들의 공통점을(이들 모두를 덕으로 만드는 것은 무엇인가?) 파악하려고 노력한다. 플라톤이 기록한 소크라테스의 대화는 자주 덕의 개념을 일종의 지식 또는 지혜로 여기는 방향으로 나아가는데 여기서 지식과 지혜는 서로 동일한 개념으로 사용된다. 이런 덕의 개념이 소크라테스뿐만 아니라 소피스트들에게도 매력적인 이유는 덕의 획득 방법을 — 곧 덕이 행운이나 본성에 의해서가 아니라 (프로타고라스가 제시하듯이) 의도적인 노력을 통해 얻어진다는 점을 — 암시하기 때문이다. 만일 덕이 순전히 지식이라면 사람들에게 선할 것을 가르칠 수 있을 것이다 — 또는 소크라테스가 덕을 가르치는 교사로서의 활동을 부정한다는 점을 전제한다면 — 선할 것을 배우라고 권장할 수 있을 것이다.

반면 용기는 특히 이런 방식의 해석과 대립하는 것으로 보인다 — 프로타고라스 자신이 주장하듯이 용기는 지식이나 지적인 훈련에서가 아니라 '본성과 영혼을 잘 돌보는 일'에서 생기기(『프로타고라스』351a-b) 때문이다. 하지만 소크라테스는 용기 또한 다른 덕들과 마찬가지로 지식이라고 주장한다. 용기에 대한 대표적인 논의는 플라톤의 대화편 『라케스』에 등장하는데 여기서 소크라테스와 두 장군은 용기를 정의하려고 한다. 그리고 이들은 용기의 개념이 지식 또는 지혜라는 결론에 거의 도달한다. 이들은 용기에 관한 자신들의 논의가 용기 있는 행위의 모든 경우를, 예를 들면 질병에 맞서 싸우는 용기와 같은 것까지도 포괄해야 한다는 점에 동의하면서 (장군 중 한 사람인 라케스는 오직 그리스 군인들에게 전형적으로 기대되는 바를 — 곧 전투에서 굳건히 버티며 적을 막아내는 것을 — 용기로 여긴다) 우선 용기를 '영혼의 인내'로 정의한다. 이들은 '영혼'의 성질에 초점을 맞추면서 한 걸음 더 나아가 용기가 다양한 종류의 행위를 포함할 수 있다고 주장한다. 하지만 소크라테스는 두 장군이 아직 올바른 유형의 정신적인 성질에 초점을 맞추지 못했다고 지적하면서 인내를 진정 칭찬할 만한 것으로 만드는 무언가가 존재함에 틀림없다고 주장한다. 그리고 이것이 바로 지식 또는 지혜라고 말한다. 라케스는 이와 관련된 지식의 종류를 구체적으로 예시하지 못하지만 또 다른 장군인 니키아스는 소크라테스의 지적을 받아들여 용기는 지식을 요구할 뿐만이 아니라 그 **자체**가 곧 지식이라고, 무엇을 두려워해야 하고 무엇을 자신 있게 수행해야 하는지에 관한 지식이라고 주장한다. 무엇이 사람들에게 나쁜지 (따라서 두려워해야 하는지) 또는 무엇이 좋은지 아니면 최소한 사악하지 않은지를 (따라서 두려워할 필요가 없는지를) 알기만 하면 사람들은 올바른 결정을 내리는 데 필요한 대응력을 지니게 될 것이고 더 이상의 '인내'는 필요하지 않을 것이다. 하지만 소크라테스 자신은 덕의 개념을 지식으로 파악하려는 방향으로 나아가려는 시도를 잠시 멈춘다. 그는 이런 지식을 지닌 사람은 용기라는 하나의 덕뿐만 아니라 **모든** 덕을 소유하리라는 점에 반대한다. (하지만 다른 맥락에서는 이런 주장이 바로 소크라테스가 이끌어내려는 결론처럼 보이기도 한다.)

지식으로서의 덕의 개념 그리고 이 개념에 대한 소크라테스의 반박은 (곧 이런 지식을 지닌 누군가가 어떻게 덕을 **완벽하게** 지니지 못할 수 있겠는가?) 오직 지식만이 덕을 갖춘 사람들에게 기대되는 행위와 특성을 보장한다는 점을 암시한다. 하지만 이에 대한 명백한 반박은 사람들이 자신이 행해야 할 바를 잘 알면서도 이와는 다르게 행위하는 일이 얼마든지 가능하다는 것이다. 플라톤의 대화편에 따르면 이런 반박에 대한 소크라테스의 대답은 ─ 곧 아무도 의도적으로 그르게 행위하지는 않는다는 그의 유명한 주장은 ─ 인간 욕구의 대상과 인간 행위의 목적에 관한 대담한 일원론에 기초한다. 모든 사람은 **선한 것**을 원하며, 항상 선한 것을 얻기 위한 방식으로 행위한다. 따라서 악행은 선한 것이 무엇인지를 인식하는 데 실패한 결과이다. 이런 심리학적 주장은 그 자체로 몇몇 사람들은 '악한 것'을 (이에 해당하는 그리스어 원어가 상당히 모호하기는 하지만) 원한다는 생각에 대한 도전으로 여겨지는데 소크라테스는 이런 생각이 틀렸음을 보이기 위해 일종의 양도 논법을 사용한다(플라톤『메논』77b-78a). 만일 이런 사람들이 악한 것이 자신들에게 이익이 된다고 믿는다면 이 경우 그들은 악한 것을 선한 것으로 생각함에 틀림없다. 아니면 이들도 악한 것이 자신들에게 손해가 된다는 점을 인정함에 틀림없다. 하지만 이들도 손해가 자신들을 불행하게 만든다는 점을 인식하지 않을 수 없다. 그리고 오직 이런 사실이 이들의 욕구를 제한한다 — 아무도 불행해지기를 원하지는 않기 때문이다.

하지만 지식을 통해서 파악한 선한 것들의 추구가 덕이 있는 행위에 대한 우리의 직관과 일치한다는 점을 보이는 문제는 여전히 남아있다. 이 문제를 해결하기 위해 소크라테스는 선하며 추구할 만한 가치가 있는 것이 무엇인가를 구체적으로 보여야 한다. 그는『프로타고라스』의 한 대목에서 이런 작업을 행하는데 여기서 그는 아무도 자발적으로 악행을 저지르지는 않는다는 자신의 주장을 옹호하면서 놀랍게도 선한 것을 '즐거움'과 동일시한다 — 아마 이는 그가 자신의 심리학을 함께 대화를 나누고 있는, 그리 지적이지 않은 사람들에게 설득력 있게 설명하기 위한 것으로 보인다. 하지만 설령 지식을 통해 뒷받침되더라도 즐거움의 추구가 반드시 덕이 있는 것인지는 불분명하다. 후에 에피쿠로스주의자들은 정확히 이 점을 확립하기 위해 노력한다. 이제 소크라테스가 생각한 선의 개념을 고찰하고, 이 개념이 선에 대한 소피스트들의 논의와는 어떻게 대비되는지를 살펴보려 한다.

선과 가치 평가

소피스트들과 그 추종자들은 선과 덕 그리고 손해의 개념이 복잡하다는 점을 강조했다는 말을 듣는다. 어떤 맥락 또는 관계에서 이익이 되는 것이 다른 맥락에서는 손해가 되기도 하고, 어떤 사람에게는 덕이 있는 것으로 칭찬받는 행위가 다른 사람에게는 부당한 행위로 비난받기도 한다. 소피스트들은 자신들이 가치 평가에 영향을 미치는 요소들을 무척 폭넓게 파악했다는 점을 자랑스럽게 여겼던 듯하다. 플라톤의 대화편 『프로타고라스』에 등장하는, 다음과 같은 도발적인 주장을 검토해보자.

> 기름은 분명히 모든 식물에게 해가 되고, 인간을 제외한 모든 동물의 털에도 결코 이롭지 않다. 하지만 인간의 머리카락에는 도움이 되고 인간 신체의 다른 부분에 대해서도 마찬가지이다. 좋음이란 심지어 이런 영역에서도 이렇게 복잡하고 다양하다. 사람들의 신체 **외부**에는 기름이 좋지만 신체 **내부**에는 오히려 매우 해롭다. (334b-c)

이는 프로타고라스가 한 말이다. 이 대화편에서 다른 소피스트들과 그 제자들은 이런 지적을 크게 칭찬하는데 플라톤은 아마도 이런 분위기를 소피스트적인 사고 일반과 더욱 밀접히 연결 지으려 하는 듯하다. 이런 대화를 나누던 중 프로타고라스는 다소 갈팡질팡하는 모습을 보이기도 하지만 자신의 언급이 낳을 폭넓은 결과를 충분히 예상한다. 기름은 식물에게는 해롭지만 인간에게는 이롭다. 오직 한 '영역'에만, 곧 기름이 인간에게 낳을 결과에만 집중하더라도 기름이 해로운 동시에 이롭다는 점을 발견할 수 있다.

프로타고라스가 기름과 관계되는 서로 다른 대상들을 — 인간의 머리카락, 식물 등을 — 분명히 제시하면서도 기름이라는 하나의 동일한 요소가 해로운 동시에 이로울 수 있으므로 일종의 역설에 빠진다는 결론을 내리지 않으려 한다는 점은 강조할 만하다. 또한 여기서 논의되는 관계가 기름과 신체 사이의 관계이지 기름과 믿음 사이의 관계가 아니라는 점도 지적할 만하다. 프로타고라스의 논점은 사람들이 기름을 이롭다고 **믿는다거나** 식물이 기름을 해롭다고 믿는다는 것이 아니라 오직 기름이 서로 다른 대상들에게 그리고 인간 신체의 서로 다른 부분에 서로 다른 결과를 낳는다는 사실이다. 어떤 대상이 다른 대상에게 미치는 이익이나 손실은 분명히 실재한다. 따라서 이와 반대로 생각해 기름을 마시거나 하는 일은 단지 어리석은 짓에 지나지 않는다. 이런 생각을 다음의 인용문에 등장하는 주장과 비교해보자.

> 정치의 영역에서는 명예와 불명예, 정의와 불의, 경건함과 불경건함이 사실상 각 도시에, 각 도시가 법률을 제정할 당시 **믿는** 바에 달려 있다. 그리고 이런 문제와 관련해서는 그 무엇도 다른 어떤 것보다도 — 곧 어떤 개인도 다른 개인보다, 어떤 나라도 다른 나라보다 — 현명하지 않다. (플라톤 『테아이테토스』172a)

이 내용도 플라톤이 소피스트들의 견해에 관해, 구체적으로 프로타고라스의 진리관에 관해 언급한 바에서 인용한 것이다. 하지만 여기서 플라톤은 고대 철학자들이 다른 철학자를 평가할 경우 자주 발견되지 않는 다소 망설이는 태도로 이것이 프로타고라스의 **진정한** 주장이 아닐 수도 있음을 암시한다. 이는 오히려 '인간은 만물의 척도'라는 프로타고라스의 경구를 가장 유연한 형태로 드러낸 것이며, 프로타고라스의 주장을 '전적으로' 받아들이지 않는 사람들이 내세운 것일 수도 있다 (172b). 이는 또한 이익이 실재한다는 주장과 연결된다. 정의로운 바나 종교적 관습과 관련해 올바른 바와 대비되는, 어떤 나라에 가장 큰 이익이 되는 바는 그 나라에서 믿는 바와는 무관하다. 『테아이테토스』에 등장하는 다른 대목에서 플라톤은 프로타고라스 자신의 주장이 훨씬 폭넓은 것임을 암시한다. 곧 프로타고라스의 주장은 어떤 주제와 관련해서든 누군가가 믿는 바가 그 사람에게는 참이라는 것이다. 프로타고라스의 철학에 대한 이런 해석은 대화편 『프로타고라스』에 등장하는 그의 철학과는 상당히 다른 모습을 보인다. 그리고 이들 중 어떤 것이 실제 프로타고라스의 견해를 정확하게 반영하는지는 불확실하다.

가치 평가를 복잡하게 만드는 요소를 강조했다는 점은 소피스트들이 실제로 드러냈던 특징에 더욱 가까운 듯하다. 플라톤의 다른 대화편 『메논』에서 고르기아스의 영향을 크게 받은 젊은이로 묘사되는 메논은 덕을 구성하는 요소는 나이와 성별, 지위 등에 의존한다고 주장한다. 자유인에게 덕은 정치적 영역에서 출중한 능력, 친구에게는 이익을 주고 적에게는 손실을 끼치는 기술 등을 의미하는 반면 노예에게 덕은 이런 자유인의 능력을 탐내지 않는 것이다. 또한 여성의 덕은 집안 살림을 잘하고 남편에게 순종하는 것이다(『메논』71e). 소크라테스는 이런 주장에 반대하면서 남성이든 여성이든, 늙은이든 젊은이든 모두 정확히 동일한 특성을 얻음으로써 덕을 갖추게 된다고 주장한다. 정치에서든 가사에서든 다른 어떤 종류든 간에 훌륭한 경영과 관리는 정의와 절제를 필요로 한다 — 이들은 소크라테스가 내세운 덕들 중 두 가지에 해당한다(『메논』72d-73c). 여기서 우리는 플라톤이 묘사한 소크라테스의 모습에 계속 의존할 수밖에 없지만 소크라테스의 또 다른 추종자인 안티스테네스(Antisthenes)가 덕이 남성에게나 여성에게나 모두 같다고 주장했다는 말을 들었다는 사실은(Diogenes Laertius 6.12) 나름 대로 중요성을 지니는 듯하다. 소피스트들은 나이, 성별 등에 따른 차이를 강조함으로써 폭이 좁은 시각을 피하려 했던 반면 소크라테스는 자신의 탐구를 오직 인간의 선을 이해하려는 시도에 집중하면서도 소피스트들과 같은 수준의 포괄성에 도달했다고 말할 수 있다.

플라톤과 마찬가지로 소크라테스도 이익과 손해에 관한 프로타고라스의 지적에 거의 공감을 표시하지 않았으리라고 생각할 수 있다. 하지만 앞서 언급한 플라톤의 경우와 마찬가지로 소크라테스의 태도도 다소 복잡하다. 소크라테스는 소피스트들의 이런 주장을 나름대로 인정하지만 이를 자신의 주장 또는 비판을 정당화하는 데 사용한다. 플라톤과 크세노폰의 기록 모두에서 소크라테스는 '유익한' 것이 — 서로 다른 상황이나 관계 등에 따라 — 또한 해로운 것이 될 수도 있음을 인정하는 모습을 보인다. 크세노폰의 『회상록』에서(4.2.31-6) 이런 내용은 소크라테스가 상대방의 믿음을 무너뜨리려고 길게 대화를 나누는 과정 중에 등장한다. 소크라테스는 대화 상대인 에우티데모스(Euthydemus)를 비판하기 위해 무엇이 좋고 무엇이 나쁜지를 구체적으로 열거한 후 에우티데모스가 좋은 것으로 내세운 요소, 예를 들면 신체적 건강이 어떤 상황에서는 해가 될 수도 있음을 보인다. 심지어 지혜와 행복조차도 손해를 낳기도 한다 — 최소한 행복이 신체적 매력, 강건함, 부와 좋은 평판 등으로 이루어진다고 생각한다면 이런 것들은 모두 해가 될 수도 있다. 플라톤의 대화편에서 소크라테스는 이런 주장을 그렇게 부정적인 것으로 사용하지는 않는다. 소크라테스는 항상 이익을 주는 것으로 생각되는 도덕적, 지적 특성들의 경우에도 예외가 있을 수 있음을 보이는 정도로 사용한다. 크세노폰의 『회상록』에서는 이와 동일한 특성들이 — 건강, 강건함, 아름다움과 부 등이 — 때로는 이익이 되지만 때로는 해로운 것으로 간주된다. 하지만 플라톤이 묘사한 소크라테스는 이런 특성들이 그것을 소유한 사람에게 이익을 낳는지 아니면 손해를 끼치는지를 결정하는 유일한 요소가 있다고 주장한다. 예를 들면 부와 같은 것은 관련되는 지식을 소유한 경우에는 잘 사용되지만 그렇지 않으면 어리석게 낭비되지 않는가? 이제 외부적인 특성에서 눈을 돌려 내부적인 '좋은 성질들을' 살펴보아도 마찬가지이다. 소크라테스는 정신이나 영혼이 지닌 칭찬할 만한 성질들, 예를 들면 강건한 의지나 용감함 등도 최소한 지식이나 지혜를 통해 인도되지 않는다면 해가 될 수도 있다고 주장한다. (플라톤은 소크라테스가 생각한, 일종의 지식으로서의 용기의 개념에 관해 논의하지 않음으로써 이 점을 분명히 드러낸다.) 오직 지식만이 독립적인 선이며 다른 특성들, 곧 용감함 등을 선하게 만든다(『메논』87e-89a; 『에우티데모스』279a-281e 참조). 따라서 지식은 지식과 더불어 사용되는 개별적인 요소들에게 본질적인 선을 부여한다.

소크라테스의 난점 중 하나는 지식을 소유한 개인이 건강이나 부와 같은 요소를 (어떻게 사용해야 할지가 아니라) 추구해야 할지 말아야 할지를 결정해야 하는 순간에 지식을 어떻게 사용해야 하는지에 대한 설명이 부족하다는 점이다. 만일 소크라테스의 주장대로 이런 요소들이 지식을 동반하지 않을 경우에는 전혀 선하지 않다면 우리가 다른 것들이 아니라 이들을 — 예를 들면 질병이 아니라 건강을 — 선택해야 할 아무런 이유가 없는 듯이 보인다. 정확히 이런 난점 — 곧 선하지 않은 것을 추구할 이유는 과연 무엇인가를 제대로 설명하지 못한다는 점 — 때문에 후에 스토아학파는 자신들의 고유한 가치 이론을 전개하게 된다. 스토아학파는 자신들을 소크라테스의 진정한 계승자로 여겼으므로 그들이 소크라테스 윤리학의 난점을 해결하려고 시도했다는 사실은 그리 놀라운 일이 아니다. 하지만 지식 또는 지혜가 특별한 위치를 차지한다는 소크라테스의 주장은 당시 유행한 소피스트적인 사고를 새로운 방식으로 해석한 것이라고 할 수 있다. 비록 스토아학파가 플라톤이나 크세노폰이 기록으로 남긴 소크라테스에게 큰 관심을 보였다 할지라도 그들의 주장은 소피스트들의 사고를 되살린 것으로도 볼 수 있다.

참고문헌

제일 뒤의 * 표시는 특히 중요한 참고문헌임을 나타낸다.

Ahbel-Rappe, S. and Kamtekar, R. (eds.) 2006, *A Companion to Socrates*, Malden/Oxford: Blackwell.

Barnes, J. 1982, *The Presocratic Philosophers*, London/New York: Routledge and Kegan Paul.

Benson, H. H. (ed.) 1992, *Essays on the Philosophy of Socrates*, Oxford University Press.

Bett, R. 2002, 'Is There a Sophistic Ethics?', *Ancient Philosophy* 22, 235-62.*

Boys-Stones, G. and Rowe, C. 2013, *The Circle of Socrates: Readings in the First-Generation Socratics*, Indianapolis/Cambridge: Hackett.

Brickhouse, T. C. and Smith, N. D. 2000, *The Philosophy of Socrates*, Boulder/Oxford: Westview Press.

Broadie, S. 2003, 'The Sophists and Socrates', in D. N. Sedley (ed.), *The Cambridge Companion to Greek and Roman Philosophy*, Cambridge University Press, 73-97.*

Curd, P. and McKirahan, R. D. 2011, *A Presocratics Reader*, 2nd edn, Indianapolis/Cambridge: Hackett.

Decleva Caizzi, F. 1999, 'Protagoras and Antiphon: Sophistic Debates on Justice', in A.A. Long (ed.), *The Cambridge Companion to Early Greek Philosophy*, Cambridge University Press, 311-31.

Kerferd, G.B. 1981a, *The Sophistic Movement*, Cambridge University Press.

Kerferd, G.B. (ed.) 1981b, *The Sophists and their Legacy*, Wiesbaden: Steiner.

Morrison, D.R. 2010, 'Xenophon's Socrates as Teacher', in V.J. Gray (ed.) *Xenophon*, Oxford University Press, 195–227

Morrison, D.R. (ed.) 2011, *The Cambridge Companion to Socrates*, Cambridge University Press.*

Nails, D. 2002, *The People of Plato: A Prosopography of Plato and other Socratics*, Indianapolis/Cambridge: Hackett.

Nehamas, A. 1998 *The Art of Living: Socratic Reflections from Plato to Foucault*, Berkeley/Los Angeles/London: University of California Press.

Notomi, N. 2010, 'Socrates versus Sophists: Plato's Invention?', in L. Rossetti and A. Stavru (eds.) *Socratica 2008: Studies in Ancient Socratic Literature*, Bari: Levante, 71–88.

Pendrick, G.J. 2002, Antiphon the Sophist: The Fragments, Cambridge University Press

Taylor, C.C.W. 2000, *Socrates: A Very Short Introduction*, Oxford University Press.

Vander Waerdt, P. (ed.) 1994, *The Socratic Movement*, Ithaca/London: Cornell University Press.

Vlastos, G. 1991, *Socrates: Ironist and Moral Philosopher*, Cambridge University Press.

Vlastos, G. 1994, *Socratic Studies*, Cambridge University Press.

Woodruff, P. 1999, 'Rhetoric and Relativism: Protagoras and Gorgias', in A.A. Long (ed.), *The Cambridge Companion to Early Greek Philosophy*, Cambridge University Press, 290–310.

3 장

플라톤

제임스 워런(James Warren)

플라톤은 철학사 전반에 거대한 영향을 미쳤는데 윤리학사의 경우 다른 어떤 분야보다 그의 영향력이 더욱 두드러진다.[1] 하지만 플라톤의 저술에서 드러나는 윤리학을 간략히 설명하려는 모든 시도는 두 가지의 중요하고 심각한 난점에 직면하지 않을 수 없다. 첫 번째 난점은 서로 다른 수많은 대화편들에서 철학적 윤리학의 문제들이 다루어지는데 플라톤의 다양한 주장은 자주 서로 팽

이 장의 초고에 대해 유익한 조언을 해준 랜드(Thomas Land), 셰필드(Frisbee Shef-field), 쑤나(Voula Tsouna) 그리고 이 책의 편집자들에게 깊이 감사한다.

[1] 나는 이 글에서 '윤리학'을 넓은 의미로 사용하려 한다. 플라톤은 어떤 행위가 옳은지 또는 의무에 속하는지를 규정하는, 좁은 의미의 '도덕'보다 훨씬 더 폭넓은 영역을 다루기 때문이다.

팽한 긴장과 대립 관계로 드러내는 듯이 보인다는 점이다. (이와 유사한 난점이 플라톤의 철학 저술에 등장하는 다른 어떤 분야에 대한 일반적인 설명을 제시하려 할 경우에도 마찬가지로 등장한다.) 두 번째 난점은 오직 윤리적 문제만을 다루는 대화편은 하나도 없다는 사실이다. 달리 말해 어떤 대화편이 다른 대화편에 비해 윤리적 문제들을 강조한다는 정도의 말은 할 수 있을지 몰라도 거의 모든 대화편에서 가치와 덕에 대한 논의는 항상 매우 자연스럽게 인식론, 형이상학, 정치학, 신학 등에 관한 질문으로 이어진다. 그리고 이것이 바로 플라톤이 철학을 행한 방식이기도 하다. 아마도 그의 저술 중 가장 유명하고 큰 영향을 미친 대화편의 — 곧 『국가』의 — 등장인물들이 논의한 핵심 질문은 '내가 왜 정의로워야 하는가?'와 더불어 이 질문에 답하기 위해 반드시 필요한 선행 질문, 곧 '정의(正義)란 무엇인가?'이다. 하지만 『국가』 중 가장 흥미로운 부분에서 지식과 믿음의 본질에 대한 질문과 가장 기본적인 존재론에 관한 물음이 계속 이어진다. 앞의 질문에 제대로 대답하기 위해서는 이런 문제들을 다루는 것이 반드시 필요하기 때문이다.

플라톤의 윤리적 사고를 다른 영역의 철학적 사고와 분리하는 일이 불가능한 것과 마찬가지로 형이상학이나 인식론에 관한 그의 탐구를 윤리적 결론과 분리하는 일 또한 불가능하다. 지식과 의견에 관해 논의하면서 그는 항상 지식을 지닌 사람에게 지식이 어떤 가치를 지니는지에 대해서도 언급한다. 또한 그는 실재의 기본 구조에 대해 논의하면서 실재가 훌륭하고 조화롭기 위해서는 어떻게 구성되어야 하는지에 대해서도 언급한다. 더 나아가 실재의 본질에 대한 지식을 얻는 일은 철학자에게 중요하고 유익한 결과를 낳는다고 주장한다.

하지만 플라톤의 저술에 등장하는 다양한 윤리적 문제 및 의견과 이런 문제에 대한 플라톤 자신의 생각을 명확히 구별하는 것은 매우 어려운 일인데 그 주된 이유는 두 가지이다. 첫 번째 이유는 바로 '소크라테스의 문제' 때문이다. 플라톤의 여러 대화편에서 '소크라테스'라는 동일 인물은 여러 문제를 다루면서 서로 다른, 심지어 모순적이기까지 한 주장을 펴는데 우리는 이런 모습에 이미 익숙하다. 그리고 이에 대해 어떤 경우는 역사상 실재했던 소크라테스의 견해를 반영하는 반면 다른 경우는 플라톤의 견해를 반영한다는 식으로 받아들인다. 내가 여기서 이 문제를 해결할 수는 없지만 나는 이 글에서 일반적으로 역사상 실재했던 소크라테스의 견해를 반영하는 것이 아니라 플라톤의 견해를 반영하는 것으로 여겨지는 동시에 윤리적 문제들에서 가장 중요한 역할을 담당하는 대화편들을 중심으로 논의를 진행하려 한다.[2] 두 번째 어려움은 플라톤이 선택한 상당히 모호한 저술 방식에서 비롯된다. 이 때문에 플라톤이 가장 중요하게 생각하는 문제는 무엇이며, 그것에 대한 그 자신의 견해는 무엇인지를 분명히 파악하기가 쉽지 않다. 따라서 우리는 이른바 '플라톤의 윤리적 견해'를 탐구하기 위해 그의 저술들에 접근하는 방식에서 수많은 잘못을 저지르기도 한다. 하지만 그의 대화편들은 일련의 이론과 논증, 자극과 도전을 제시함으로써 우리를 항상 더 이상의 반성적 사고로 이끄는 영원한 생명력을 지닌다.

이런 어려움 때문에 플라톤의 윤리적 사고 전반에 대해 간략하면서도 풍부한 정보를 전하는 설명을 제시하는 일은 거의 불가능한 듯하다.[3] 하지만 이런 어려움은 독자들이 직접 참여하는 철학적 기획을 통해 플라톤의 저술에 등장하는 덕의 개념에 접근할 수 있는, 더욱 적극적인 시도를 향한 길을 열기도 한다. 플라톤의 저술들이 공유하는 특징

---

[2] 또한 A. G. Long이 쓴, 이 책의 2장 참조.

[3] Irwin 1995는 플라톤의 윤리 이론과 관련된 모든 대화편들을 포괄하는, 최근 영어권에서 출판된 훌륭한 저술이다.

은 철학적으로 사고하는 것이 무엇인지를 보여주는 모범을 제시한다는 점이다. 어떤 저술은 철학적 사고의 적극적인 전형을 제시함으로써 이를 보이는 반면 다른 저술은 서투르고 혼란스러운 시도와 사악하고 속임수를 쓰거나 잠재적으로 큰 위험성을 포함하는 철학적 사고의 허상을 폭로함으로써 이런 작업을 행한다. 하지만 그의 저술 전체를 관통하는 주장은 훌륭하고 가치 있는 인간의 삶은 결국 철학적 삶이라는 것이다. 가장 강한 의미에서 이 주장은 훌륭한 인간 삶은 철학자의 삶, 곧 철학적 진리를 얻고 그것에 대하여 성찰하는 데 평생을 바치는 사람의 삶임을 의미한다. 반면에 다소 약한 의미에서 이는 훌륭한 인간 삶은 반성적인 철학적 사고를 통해 알려지는 것임에 틀림없다는 견해를 반영한다.

덕과 좋은 삶

플라톤은 소크라테스로부터 윤리적 사고의 전반적인 틀뿐만 아니라 더욱 폭넓게 비판적 탐구와 자기검토의 중요성을 강조하는 태도까지도 물려받았다. 매우 넓은 관점에서 볼 때 플라톤에게서 두 가지의 중요한 윤리적 주제가 발견된다. 누구든지 좋고 행복한 삶을 살기를 원한다는 사실을 보편적으로 인정할 경우 윤리적 탐구의 주요 임무는 과연 무엇이 인간의 삶을 좋은 삶으로 만드는지를 확인하는 것과 가능하면 그런 삶에 이를 수 있는 방법을 행위자에게 추천하는 것이다.[4] 플라톤 또한 여러 대화편에서 칭찬받을 만하고 탁월한 성품의 상태들이 — 곧 덕들

---

[4] 고대 그리스의 윤리적 사고에서 드러나는 일반적인 구조에 대한 상세한 탐구는 Annas 1993 참조.

이 ─ 존재하는데 이들을 소유한 행위자는 바람직한 방식으로 행위하도록 인도된다는 일반적인 견해를 매우 진지하게 탐구한다. 덕을 소유한 사람은 그런 덕을 드러내는 방식으로 행위하는 안정된 성향을 지닐 것이고 따라서 항상 용기 있고, 절제하며, 지혜롭게 행위할 것이다. 이런 견해에 따르면 윤리적 탐구는 다양한 종류의 행위를 권고하고 그 결과를 평가하는 데서가 아니라 어떤 상황에서도 우리를 반드시 올바른 행위로 ─ 그것이 무엇이든 간에 ─ 인도하는 성품의 특성을 확인하고 권고하는 데서 시작되는 것이 분명하다.

이 두 출발점은 덕이라는 특성을 소유한 사람은 좋고 행복한 삶을 살 것을 보장받는다는 주장을 통해 서로 연결된다. 모든 사람은 좋은 삶을 살기를 원하므로 당연히 덕이 있기를 원해야만 한다. 하지만 이 주장은 어쩌면 가장 옹호하기 어려운 주장처럼 보인다. 덕을 갖춘 행위자가 분명히 자신의 행복에 불리한 듯한 방식으로 행위하는 경우들이 많기 때문이다. 용기 있는 사람은 용기 있게 행위한 결과로 극심한 신체적 고통을 겪기도 하고 심지어 죽기까지도 한다. 또한 우리는 정의로운 행위와 이익이 되는 행위 사이의 선택에 직면한 사람을 얼마든지 상상할 수 있다. 길에서 돈을 주웠는데 거짓말을 하고 자신이 가질 것인가 아니면 경찰서에 맡겨 되돌려줄 것인가를 고민하는 사람을 예로 들 수 있다. 하지만 이런 모든 경우들에서 우리는 사실상 이익이 되는 행위와 덕이 있는 행위 사이에 어떤 진정한 대립도 발생하지 않는다는 점을 깨달아야 한다. 덕이 있는 행위는 동시에 행위자에게 이익이 되는 행위이다. 왜냐하면 덕이 있게 행위하고 덕이라는 특성을 소유하는 것은 곧 좋은 삶을 살기 위한 필요충분조건이기 때문이다.

그렇다면 좋은 삶은 행위자가 다양한 탁월한 성품의 상태들을 ─ 곧 덕들을 ─ 소유하고 드러내는 삶이므로 윤리적 탐구는 이런 덕들을 확인하고 이들을 얻기 위한 다양한 처방을 제시하는 데 초점을 맞추어야 한다. 그리고 이와 관련해 플라톤의 대화편들에는 자주 덕에 관한 일반적인 의견과 근본적으로 다른 견해들이 등장한다. 예를 들면 용기가 일종의 덕이므로 모든 사람이 이를 얻고 드러내기 위해 노력해야 한다는 사실에는 일반적으로 동의할지 몰라도 우리는 용기의 본성에 대해 일반적으로 받아들여지는 믿음에 의지해서는 안 되며, 흔히 권력자로 여겨지는 사람들이 진정한 용기를 드러내므로 그들을 존경해야 한다고 가정해서도 안 된다. (대화편 『라케스』는 바로 이 점을 극적으로 보여준다.) 진지한 철학적 성찰의 결과 용기가 사실상 전쟁에서의 용감함이라는 일반적인 개념과 다르다는 점이 드러난다면 우리는 이런 성찰에 의지해 가치 있는 성품의 특성으로서의 용기에 대해 전혀 새로운, 수정된 개념을 받아들일 준비를 해야 한다.

지금 우리는 성품의 어떤 탁월한 특성에 대해 관심이 있으므로 윤리적 탐구는 성품에 대한 적절한 이해에 기초해야 한다. 플라톤의 대화편들에서 이런 이해는 결정적으로 인간 영혼에 대한 이해를 포함한다. 그는 인간 영혼을 이해하는 데 많은 시간을 들여 세심한 주의를 집중한다. 그러면서 영혼의 본성, 영혼이 성장 과정의 교육이나 주변 환경 또는 사회적 상호작용에 의해 영향을 받는 방식 등을 탐구한다. 따라서 윤리적 탐구는 깊이 있는 심리학적 기초뿐만 아니라 정치적, 사회적, 미학적인 문제에 대한 상세한 분석을 필요로 한다. 이는 또한 심리적 탁월성을 순전히 지적인 기초에서 설명하는 소크라테스의 주장과 영혼의 비지성적인 요소들에 관심을 보이는 플라톤의 새로운 주장 사이의 차이를 확인할 수 있는 기회이기도 하다. 소크라테스는 몇몇 대화편에서 (예를 들면 『프로타고라스』나 『메논』에서) '아무도 일부러 그르게 행위하지는 않는다'는 악명 높은 주장을 편 것으로 유명한데 이것이 의미하는 바는 행위자는 행위의 순간에 더욱 나쁜 행위를 하려는 욕구에 기초해서 행위하는 것이 아니라 그보다 더 나은 행위 유형을 생각하지 못하는 무지 때문에 그렇게 행위한다는 것이다. 달리 말해 인간 행위는 오직 행위자가 행위의 순간에 더 좋은 목표라고 믿는 바에 의해 인도되므로 서로 다른 행위 동기가 서로 충돌하는 일은 결코 일어날 가능성이 없다는 것이다. (이런 주장은 자주 '소크라테스의 역설'이라고 불리며 '의지의 나약함'(akrasia)을 부정한 것으로 유명하다. 이 주장은 현재 특정한 행위자가 채택한, 무엇이 더 좋고 나쁜지를 규정하는 기준과 무관하게 적용되는 것으로 여겨진다. 물론 이 기준이 변화하거나 개선될 여지는 얼마든지 존재한다.) 이런 소크라테스의 주장을 혁신한 듯이 보이는 플라톤 자신의 탐구가 여러 대화편에 (예를 들면 『국가』, 『티마이오스』, 『파이드로스』 등에) 등장하는데 여기서 우리는 인간 영혼이 — 최소한 살아있는 인간 개인을 구성함으로써 구체화되는 경우에 — 복합적인 요소로 이루어진다는 주장을 발견한다. 살아있는 인간은 육체적 쾌락과 그것의 만족, 명성과 명예, 진리와 선 등을 향한 욕구에 직면한다. 서로 다른 시기에 서로 다른 욕구가 더욱 강력하게 작용해 개인의 행위를 인도한다. 삶의 시간이 흐르면서 사람들은 나름대로 고정된 성격을 형성해 이런 저런 성격적 특성이 행위를 조절하는 일반적인 동기로 작용하기도 한다. 더욱이 사람들은 영혼을 구성하는 다양한 부분들이 서로 조화를 이루는 일종의 질서를 드러내기도 하고 이와는 반대로 각 부분들이 서로 긴장과 경쟁 관계를 형성하는 모습을 보이기도 한다. 인간 영혼이 복잡하다는 사실은 우리가 자주 느끼듯이 서로 다른 다양한 욕구와 동기들이 서로 충돌하는 경우에 가장 분명히 드러난다.

이렇게 복잡한 인간의 심리 상태를 가장 세련되고 정교하게 검토하려는 시도는 『국가』에서 발견되는데 여기서 소크라테스는 영혼을 위한 최선의 상태가 무엇인지를 탐구하고 예시하면서 정치적 비유를 사용한다. 『국가』에서 전개되는 복잡한 심리학은 부분적으로 어떤 사람이 더 나은 행위를 할 수 있는 욕구를 지니는데도 다른 욕구에, 예를 들면 육체적 욕망에 따름으로써 자신이 더 나쁜 것으로 여기는 행위를 하게 된다는 사실에 기초해 정당화된다. (예를 들면 누군가는 특별한 종류의 육체적 쾌락을 추구하려는 욕구를 느끼는데 적절한 예의를 지키고 수치심을 피하기 위해 그런 쾌락을 절제하려는 욕구를 동시에 느끼기도 한다.) 이런 경우 서로 대립하는 동기가 동시에 작용하는, 진정한 충돌이 발생하는데 우리는 서로 대립하는 동기들 각각이 영혼의 서로 다른 요소 또는 부분들을 반영한다는 점을 인정하지 않을 수 없다. 여기서 분명히 드러나는 사실은 영혼의 각 부분 또는 도시국가의 각 부분이 단지 서로 대립하지 않는 상태에 있는 정도로는 충분하지 않다는 점이다. 여러 부분들 사이의 대립이 없는 상태는 물론 잘 질서 잡힌 영혼의 중요한 특징이다. 하지만 이것만으로는 왜 탁월한 영혼이 훌륭한 상태를 유지하는지에 대해 완전한 설명을 제시할 수 없다. 영혼의 세 부분은 ― 곧 이성, 기개, 정욕은 ― 올바른 형태의 위계질서 관계를 형성해야 하는데 이성이 영혼 전체를 지배하고 통제하는 것이 그런 형태이다. 예를 들면 정욕은 쾌락을 욕구하는 과정에서 이성이 지시하는 바에 따라 통제되어야 한다. 따라서 우리는 정욕과 관련해 절제해야 하는데 그 까닭은 정욕을 올바른 방식으로 발전시켜야 할 뿐만 아니라 정욕은 이성이 인도하는, 조화롭게 질서 지어진 영혼 안에서 자신의 적절한 역할을 수행해야 하기 때문이다. 사실 소크라테스는 이런 이성의 통제에 따르지 않는다면 영혼 안에 어떤 진정한 질서도 존재할 수 없다고 주장하는 듯이 보인다. 오직 육체적 욕구의 만족만을 추구하는 사람은 어쩌면 내적인 심리적 갈등을 전혀 경험하지 않을지도 모른다. 하지만 그가 조화롭게 질서 지어진 행위자가 전혀 아님은 분명하다. 그는 무절제하고 폭력적인 욕구에 사로잡힌 혼란스러운 행위자일 뿐이다(예를 들면『국가』574d-580a 참조). 이런 도식에 따르면 이성은 그저 도구적인 추론을 담당하거나 다른 부분들의 욕구를 실행하는, 영혼의 한 부분이 결코 아니다. (사실 정욕도 자신의 목표를 추구하면서 오직 그 자체만으로 일종의 추론을, 곧 목적-수단의 추론을 진행할 능력을 지니는 듯하다.) 이성은 자신만의 적절한 욕구 대상을 — 선과 진리를 — 추구하는 동시에 악한 것을 피하려 한다(예를 들면『국가』439c-d, 581b 참조). 이 지점에서 우리는 지금까지의 심리학적 분석에 특별히 형이상학적이고 메타윤리적인 주장을 더하는 매우 중요한 전제가 도입됨을 분명히 발견하게 된다.[5]

도덕 실재론과 도덕적 지식

플라톤의 대화편들은 실재의 근본적인 본질, 곧 세계 전체와 특히 인간을 구성하는 본질에 관한 목적론적 설명과 연결된 일종의 도덕 실재론을 바탕으로 인간의 행복에 대한 탐구를 전개한다. 전체로서의 세계는 선하다. 실제로 대화편『티마이오스』에는 우주가 자비로운 신성한 장인의 창조물이라는 언급이,『국가』에는 '선 자체'가 모든 실재의 제일 원리인 동시에 원인이라는 언급이 등장한다. 이런 주장을 펴면서 플라

---

[5] 플라톤의 도덕 심리학과 영혼 삼분설에 대한 최근의 더욱 상세한 논의는 Burnyeat 2006, Lorenz 2006, Ferrari 2007a, Moss 2008 참조. 또한 영혼 삼분설과 국가를 구성하는 세 계급 사이의 유사성에 관해서는 Ferrari 2003 참조.

톤은 여러 대화편에서 당시 유행했던, 자신이 잘 알았던 다양한 철학적 사고 체계에 강력히 반대하는 모습을 드러낸다. 이런 체계에는 소피스트인 교사들이 덕을 전한답시고 — 대가를 받고 — 가르쳤던 여러 이론들, 곧 설득을 위한 수사학적 기법이나 다양한 형태의 도덕적, 문화적, 인식론적 상대주의가 포함된다. 플라톤의 저술들에는 자주 소크라테스와 소피스트의 견해를 지지하는 사람들 사이에 벌어지는 논쟁이 소개되는데 플라톤은 잘못 인도된 생각들이 낳는 위험한 결과를 독자들 스스로 진단하고 평가하도록 고무한다. 이렇게 세심하게 구성된 논의들을 해석하는 데는 당연히 큰 어려움이 따르지만 여기서 플라톤이 선호한다고 분명히 주장할 수 있는 하나의 관점이 등장하는데 그것이 바로 플라톤적인 도덕 실재론임에는 의심의 여지가 없다. 예를 들면 이 세계에는 지각 가능하고 일시적인, 다양한 선하고 아름다운 것들뿐만 아니라 여러 도덕적 속성들을 드러내는 수많은 경우들이 존재하는데 이들은 모두 이들을 선하고 아름답게 만드는 원인으로서의 무언가, 곧 우리가 감각적으로 지각할 수는 없으며 오직 지성을 통해서만 인식하는, 영원불변하고, 독립적인 대상인 선함 또는 아름다움 자체에 의존한다. 예를 들면 아름다운 노을이나 아름다운 젊은이, 아름다운 노래는 '아름다움 자체'에 의해 아름답게 만들어지는 한에서만 각각 아름다울 수 있다. 아름다움 자체는 영원하며, 독립적이고, 객관적이며, 지성을 통해서만 파악되며, 인과적 원인으로 작용하는 요소이다. '아름다움 자체'는 원인으로 작용하는데 이는 아름다움 자체가 아름다운 노을이 아름다운 이유를 설명하며 그것의 아름다움을 책임진다는 — 자주 아름다운 노을이 아름다움 자체를 '모방하거나 그것의 성질을 나누어지닌다고' 표현되기도 하는데 — 의미이다. 그리고 바로 이것이 자주 플라톤의 '형상 이론'으로 불리는 것이기도 하다.

현재의 논의를 위해서 형상 이론과 관련해 두 가지 중요한 점을 지적할 수 있다. 첫째, 형상은 도덕 실재론의 인과적 기초와 존재론적 기초를 모두 제공한다. 선하고 아름답고 정의로운 것들이 존재하는데 이런 사실은 누군가가 그렇다고 생각하는지 그렇지 않은지와 무관하다. 왜냐하면 이들을 다른 것들과 비교해 이들에게 그런 속성을 부여할 수 있는 객관적인 기준이 존재하기 때문이다. 어떤 행위나 제도가 정의로운 까닭은 바로 그것이 정의의 형상을 모방하거나 그것의 속성을 공유하기 때문이다. 어떤 행위나 제도도 모든 방면에서 완벽하게 정의로울 수는 없지만 정의를 판별할 수 진정한, 객관적인 기준이 분명히 존재하는데 이 기준은 사람들이 정의를 어떻게 생각하는가와 무관하다. 둘째, 가치 평가의 기준으로 작용하는 이런 형상은 인식과 욕구의 대상이 된다. 영혼 중 이성적인 부분은 이런 형상을 인식하려 하며, 이상적인 상태에 이르면 이에 대한 인식을 지닐 수 있게 된다. 따라서 형상 이론은 일종의 도덕적 지식을 보장해주는 근거의 역할을 한다. 다시 『국가』로 돌아가 보면 여기서 소크라테스는 극단적인 형태의 도덕 실재론을 주장하는데 이에 따르면 여러 도덕적인 속성들이 객관적으로 실재할 뿐만 아니라 이들 중 하나가 — 선의 형상이 — 존재하는 모든 것에 대해, 곧 단지 등장했다가 사라지는 모든 것에 대해 책임지는 유일한 존재론적 원리로까지 상승한다. 널리 알려졌듯이 선의 형상은 태양에 비유된다. 태양이 모든 것을 성장하고 눈에 보이게 만드는 원인이 듯이 선의 형상 또한 모든 것을 존재하고 인식 가능하게 만드는 원인이다 (508a-509b). 따라서 선의 형상을 인식하는 것은 인간의 지적인, 도덕적 성취의 정점에 해당한다.[6] 다른 대화편들에서도 이와 유사한 견해가

---

[6] 『국가』에 등장하는 인식과 형상, 통치에 관한 더욱 상세한 논의는 Denyer 2007 및 Sedley 2007 참조.

등장한다. 예를 들면 『향연』에서 소크라테스는 사랑에 관한 한 현명한 여성의 ─ 디오티마(Diotima)의 ─ 견해를 상당히 길게 설명한다. 디오티마에 따르면 우리를 올바르게 인도한다는 맥락에서 어떤 사람이 사랑하는 상대방의 육체적 아름다움을 향한 욕구는 더욱 일반적으로 다른 대상들의 아름다움을 인식하도록 이끌고, 더 나아가 영혼이나 다양한 조직 및 정책의 아름다움까지도 발견하도록 인도한다. 아름다움을 향한 이런 욕구는 마침내 우리를 아름다움 자체를 파악하고 인식하는 데까지 이르도록 이끈다. 처음에는 육체적인 것으로 시작한 이런 욕구는 점차 상승해 진정한 덕을 산출하고 이를 충족하려는 강력한 욕구에 도달함으로써 정점에 이르게 된다(211d-212b). 아름다움의 형상을 파악하는 상태로 나아가려는 욕구는 여기서 다시 한 번 더욱 큰 심리적 만족을 향한 지적인 계기인 동시에 점진적인 과정이 된다. 이를 통해 한 개인의 욕구는 계속해서 더욱 바람직한 대상을 추구하기 때문이다. (또한 『향연』은 우리가 윤리적으로 발전할 기회를 얻는 데 사랑과 우정이라는 개인들 사이의 적절하고 친밀한, 서로에게 이익이 되는 관계가 매우 중요하다는 점을 강조한 대표적인 대화편이다. 플라톤의 대화편에는 등장인물들이 이런 관계를 선하고 성공적으로 주고받는 경우가 자주 등장한다.)[7]

이런 도덕적 지식이 낳는 윤리적 결과는 두 가지 방식으로 정리된다. 곧 이런 지식을 인식한 사람 자신에게 낳는 결과와 더욱 폭넓게 인간 사회 전반에 미치는 결과로 나누어 생각할 수 있다. 첫째, 소크라테스가 인간 영혼에 대한 명확한 주지주의에 기초해 주장하는 듯이 보이는

---

[7] 『향연』에 등장하는 인간의 행복과 그것에 대한 설명을 더욱 상세히 논의한 경우로는 Sheffield 2006 참조.

대로 무엇이 진정 선하고 악한지 아니면 선하지도 악하지도 않은지에 대한 지식은 한 사람이 덕을 갖춘 삶을 살아가기 위한 필요충분조건의 역할을 한다 — 때로 소크라테스는 덕은 일종의 지식이라고 주장하려는 유혹에 빠지기도 한다(예를 들면 『에우티데모스』278e-282a, 『프로타고라스』361a-c, 『메논』87c-88d). 설령 다른 대화편들에서 전개된 복잡한 심리학이 더하더라도 형상에 대한 지식을 소유하는 것은 이성의 인도와 통제 아래서 영혼의 조화가 보장된다는 충분히 강력한 효과를 낳는다. 이런 보장은 만일 영혼 중 비이성적인 부분들이 이성에 의해 충분히 통제되지 않는다면 선의 형상을 인식하기 위해 필요한 지적인 능력을 제대로 발휘할 수 없게 된다는 사실을 통해 더욱 강화된다. 소크라테스가 『국가』에서 선의 형상을 — 고도로 추상적인 다양한 개념이나 수학적 개념들을 포함해 — 적절히 인식하기 위해서는 매우 세심한 준비가 필요하다는 점뿐만 아니라 우리를 갈팡질팡하게 만드는 폭력적인 정욕에 사로잡힌 사람에게는 이런 인식이 전혀 불가능하다는 점을 무척 강조한다는 사실은 분명하다.[8] 따라서 무척 어릴 때부터 이런 비이성적인 부분이 올바른 방식으로 전개되도록 고무하여 이 부분이 영혼 전체를 방해하는 힘으로 작용하지 않도록 만드는 것이 매우 중요하다. 하지만 우리가 일단 선의 형상에 대한 인식을 획득해 우리의 이성이 이를 충분히 파악하는 수준에 이르기만 하면 이 지점부터 심리적으로 조화로운 상태가 보장되며 결국 조화로운 영혼이 산출하는, 탁월하고 덕을 갖춘 성품의 상태를 드러내고 이에 따른 행위를 수행할 수 있을 것이다. 그리고 이로부터 등장하는 삶을 바로 훌륭한 인간 삶이라고 부를 수 있을 것이다.

---

8) 예를 들면 Burnyeat 2000 참조.

하지만 여기서 잠시 걸음을 멈추고 모든 사람이 훌륭한 삶에 이를 수 있는 것은 아니라는 점을 검토할 필요가 있다. 몹시 유감스럽게도 우리들 대부분은 진정으로 훌륭한 삶을 영위할 수 없는데 그 까닭은 우리의 지적 능력이 부족하기 때문이기도 하고 어린 시절 제대로 교육받지 못했기 때문이기도 하다. 따라서 우리는 이상적인 삶에 최대한 가까이 다가갈 수 있도록 최선을 다해야 한다. 이런 의미에서 플라톤의 윤리적 사고는 그의 인식론과 마찬가지로 엘리트주의를 드러낸다. 모든 사람이 형상에 대한 완벽한 지식에 이르지는 못하므로 — 아니 사실상 극소수만이 이를 수 있으므로 — 충분한 도덕적 지식을 갖추고 훌륭한 인간 삶을 살아가는 사람 또한 극소수일 뿐이다.

도덕적 지식에 대한 이런 견해는 사회 전반에도 몇몇 영향을 미친다. 우선 이런 도덕적 지식을 추구하는 일은 다행스럽게 이런 지식을 획득할 수 있는 사람뿐만이 아니라 모든 사람에게 대단히 중요한 것이다. 소크라테스는 지식과 신체적 건강 사이의 관계와 지식과 영혼의 건강 사이의 관계를 즐겨 비교한다. 의학적 지식이 없는 사람은 신체적 건강을 증진하기 위해 의학 전문가의 가르침을 듣고 따라야 하듯이 도덕적 지식이 없는 사람 또한 자신의 정신적 건강을 증진하려면 도덕 전문가의 가르침을 듣고 따라야 한다. 거의 대다수의 사람들은 스스로 선의 형상에 대한 지식을 획득할 수 없으므로 도덕 전문가가 도달할 수 있는 정신적 탁월성을 보장받기가 어렵다. 하지만 이들도 도덕 전문가가 지닌 지식에 의지해 이상적인 상태에 다가갈 수는 있다. 이들은 전문가들이 제공하는 가르침을 받아들여 따름으로써 자신들의 부족한 이성을 보충할 수 있다. 따라서 도덕 전문가의 지배와 통제를 받는 것이 이들에게도 이익이 된다. 플라톤은 대화편에서 이런 방식으로 무엇이 선하고 정의로운가를 결정하면서 지식보다는 다수의 의견에 따르는 민주정의 결함을 지적한다. 무엇이 선한가에 대한 지식에 의해 통치 받는 것은 모든 사람들이 도덕적, 정치적 문제에 대해 각자 판단을 내리고 떠들어대는 민주정에 의해 형성된 가치에 따르는 것보다 항상 바람직하며 언제나 승리를 거두기 마련이다.[9]

더욱이 모든 사람에게 최대한 훌륭한 삶을 살 기회를 부여하는 이런 도덕적 지식은 모든 사람에게 선의 형상에 대한 필연적인 지식을 획득한 사람처럼 살아갈 수 있는 근거를 제공한다는 점에서도 매우 중요하다. 『국가』에서 소크라테스는 도덕적 지식을 획득하고 효과적으로 실천하기 위한 올바른 조건을 최대한 보장하기 위해 이상적인 도시국가는 어떻게 구성되어야 하는가를 제시한다. 이런 조건은 좁은 의미에서 교육 정책을 제시하는 수준을 크게 넘어서서 올바른 유형의 건축술, 예술 공연, 가족 관계까지도 규정하려 드는 듯이 보인다. 자주 극단적으로 보이기도 하는 이런 정책들은 모두 궁극적으로 모든 사람의 선은 도덕적 지식을 획득할 수 있는 조건이 제대로 마련된 상황에서 가장 잘 증진된다는 생각에 의해 정당화된다.

플라톤의 이런 시각은 또 다른 중요한 요소 하나를 포함한다. 이런 도시국가에서 누군가가 도덕적 지식을 획득했다면 그는 다른 사람들을 최선의 상태로 인도하고 그들을 위한 입법을 하는 데 이런 지식을 활용할 의무를 인식한다. 소크라테스는 이런 일을 하는 것이 자신의 임무라고 생각했는데 그 까닭은 영혼 중 이성적인 부분이 효과적인 동기로 작용해야 한다는 점을 폭넓게 이해했기 때문만이 아니라 동료 시민들의 도움으로 도덕적 지식을 획득한 사람은 도시국가 전체에 도움이 되는

---

[9] Keyt 2006 참조. 또한 플라톤의 정치철학에 대한 더욱 일반적인 설명은 Schofield 2006 참조.

통치를 실행함으로써 시민들에게 진 빚을 갚는 것이 선하고 정의로운 일이라고 생각했기 때문이다. 이른바 '철인 통치자' 또한 오직 선하고 정의로운 일을 행하려는 것을 동기로 삼아야 한다.[10]

영혼과 육체

플라톤은 심리학적인 탐구에 기초해 인간 행복을 다루려 하는데 여기에는 영혼의 본성에 대한 탐구뿐만 아니라 영혼과 육체 사이의 관계가 무엇인지에 대한 관심도 포함된다. 여러 대화편에는 살아있는 인간은 영혼과 육체로 이루어지는데 영혼은 이런 영혼-육체의 결합이 해체된 이후에도 계속 살아남는 비물질적인 무언가로 여기는 견해가 등장한다. 따라서 영혼은 인식의 적절한 대상인 비물질적인 형상과 여러 면에서 유사성을 지니며 육체보다는 신성한 것에 가까운 것으로 여겨진다. 하지만 인간의 활동 중 어떤 것이 영혼과 관련되며 어떤 것이 육체와 관련되는지에 대해서는 대화편에 따라 다소 다른 견해가 등장한다. 하지만 이런 세부적인 차이에도 육체와의 결합이 영혼에게 이상적인 상태가 아니라는 점에는 일반적인 동의가 이루어진다. 육체와 함께 하는 동안 영혼은 자신의 활동을 제대로 수행할 수 없기 때문이다. 이런 주장이 가장 강력한 형태로 등장하는 대화편은 『파이돈』인데 여기서 소크라테스는 오직 육체가 애착을 갖는 것의 가치를 무시하고 부정함으로써 영혼과 육체를 분리하는 데 최선을 다해야 한다고 주장한다(예

---

10) 『국가』에서 이와 관련된 논의가 등장하는 부분(519c-521a)은 여전히 심각한 논쟁의 대상이 된다. 이에 대한 최근의 논의로는 Kraut 1999, Brown 2000 및 Smith 2010 참조.

를 들면 『파이돈』79b-84b). 이런 의미에서 철학은 '죽음의 연습'이다 (67e). 그리고 영혼의 자연스러운 상태가 육체와 분리된 상태라는 생각은 플라톤의 철학을 관통해 항상 유지되는 것이기도 하다. 이런 생각은 당연히 그의 윤리적 사고에도 큰 영향을 미쳐 항상 육체와 결합된 삶을 살아갈 수밖에 없는 인간에게 최선의 길은 무엇인지를 되묻게 만든다. 따라서 여러 대화편에는 육체와 결합된 삶을 살다가 죽은 후에 육체와 분리된 영혼이 어떻게 되는지에 대한 설명이 등장하는데 이런 설명은 자주 종말론적인 신화의 형태를 드러낸다(예를 들면 『파이돈』의 끝부분(110b-115a)과 『고르기아스』(523a-527a), 『국가』(614b-621d)에 등장하는 신화를 참조). 영혼은 육체와의 불행한 결합으로부터 가능한 한 영향을 덜 받을수록, 결국에는 육체로부터 완전히 벗어날수록 더 나은 삶을 산다. 반면 육체적 쾌락에 탐닉하여 육체로부터 나쁜 영향을 받는 영혼은 나쁜 삶을 살 수밖에 없다. 우리는 자신을 육체나 일시적으로 영혼과 육체가 결합된 상태보다는 영혼과 동일시해야 한다는 한 걸음 더 나아간 주장을(예를 들면 『알키비아데스 I』129b-130c) 전제할 때 사후 우리 자신의 운명이 어떻게 전개될 것인가에 대한 관심은 현세에서 우리의 행위와 가치를 인도하는 중요한 요소로 작용한다.

하지만 다른 대화편들에서는 육체가 이보다 다소 긍정적인 것으로 생각되기도 한다. 예를 들면 우주의 구성과 본질에 대한 설명이 등장하는 대화편 『티마이오스』에서는 — 목적론적인 우주론이라는 큰 틀 안에서 — 우리의 육체와 감각기관은 영혼이 육체와 결합할 경우 영혼에게 최선의 여건을 제공하기 위해, 곧 질서와 조화 그리고 진리를 깨달을 수 있도록 하기 위해 신적인 장인이 만들어낸 것이라는 주장이 발견된다. 비록 감각적 지각을 통한 정보와 육체적 욕구가 영혼을 공격함으로써 영혼의 적절한 작용을 위협하기는 하지만 우리의 육체를 만들어낸

신들은 이런 위험을 최소화하기 위해 최선을 다했다. 티마이오스는 우리가 육체를 세심하게 보살펴야 한다고 충고하며(88a-89a) 감각적 지각에, 특히 시각에 중요한 역할을 부여하는 듯이 보인다. 왜냐하면 우리는 시각을 통해 전체의 조화로운 회전을 바라보며 이를 통해 우리 자신의 영혼 또한 조화롭게 발전시킬 수 있기 때문이다(90c-d).[11] 다른 대화편에서도 올바른 유형의 음악을 들으면 조화와 질서에 대한 친밀감을 높이게 되고 이를 통해 영혼의 발전을 이룰 수 있다는 점이 강조된다(예를 들면 『법률』669b-673d). 다른 대목에서는 형상의 인식을 향한 지적인 여행에서 시각이 최소한 출발점을 제공하는 것으로 묘사된다. 『향연』에서는 다른 사람의 육체적 아름다움이 욕구를 불러일으키는데 이런 욕구가 적절히 조절되기만 하면 아름다움 자체를 관조하는 수준으로 상승된다는 내용이 언급되기도 한다. 『파이돈』과 『국가』에서 지각 가능한 요소들을 인식하는 방식은 완벽한 동일성을 드러내거나 서로 정반대되는 속성들을 파악하기에는 부족하다는 (예를 들면 네번째 손가락은 자신의 양쪽에 있는 손가락과 비교해보면 긴 동시에 짧기도 하다) 지적이 등장하는데 이런 지적이 결국 우리를 형상에 대한 인식의 길로 이끄는 최초의 단계로 작용한다.

우리의 윤리적 사고와 최선의 삶에서 쾌락과 고통이 차지하는 위치에 대해서도 이와 유사한 섬세한 설명이 등장한다. 단지 본능적인 육체적 쾌락은 큰 가치를 지니지 않으며, 자주 영혼보다는 육체에 손상을 입히는 요소로 간주되지만 플라톤은 훌륭한 인간의 삶이 쾌락을 동반한 즐거운 삶이라는 점을 결코 부정하지 않는다. 사실 『국가』에는 최선의 삶이 — 곧 철학적 삶이 — 어떤 면에서 보면 한 개인이 영위할 수 있

---

[11] 『티마이오스』를 상세히 다룬 최근 연구로는 Johansen 2004 및 Broadie 2012 참조.

는 가장 즐거운 삶이라는 주장까지 제시된다. 그 까닭은 커다란 지적인 즐거움을 — 곧 형상을 인식하는 즐거움을 — 누리는 유형의 삶이 영혼 중 이성적 부분의 욕구를 만족시키는 데서 실현되기 때문이다. 인간의 훌륭한 삶에서 쾌락과 고통이 차지하는 지위에 대해 가장 길고 상세히 분석한 대화편에서 — 『필레보스』 — 소크라테스는 다시 한 번 쾌락이 우리가 인정하는 선한 것의 목록에서 매우 낮은 위치에 놓인다는 점에 동의하면서도 최소한 어떤 쾌락들은 여전히 인간 삶의 필수적인 부분이라고 주장한다(62e-64a).[12]

신처럼 되기

이제 플라톤의 윤리적 사고와 관련해 마지막으로 언급해야 할 점이 한 가지 남았다. 헬레니즘 시대 이후로 플라톤의 윤리적 이상을 한마디로 어떻게 표현할 수 있는지를 궁금해 하는 사람들은 플라톤이 생각한 삶의 목표(telos)가 궁극적으로 '신처럼 되기' 또는 이를 조금 더 확장해 '인간으로서 가능한 최대한 신과 같이 되기'라는 말을 자주 들어왔다(예를 들면 알키노오스(Alcinous)의 *Didaskalikos* 28 참조). 이 말은 『테아이테토스』(176a-c)와 『티마이오스』(90a-d)에 가장 분명하게 등장하며, 『국가』(613a-b)와 『향연』(212b)에서도 유사한 표현이 발견된다.

인간이 이를 수 있는 최선의 삶이 가능한 한 신처럼 사는 삶이라는 생각은 사실 플라톤, 아리스토텔레스, 스토아학파, 에피쿠로스학파를 비롯해 다른 많은 사상가들의 공통적인 기초로 작용한다. 물론 이들이

---

12) Russell 2005 참조.

생각한 신적인 삶의 개념은 각각이 최선의 삶과 신성함의 본질을 규정하는 방식에 따라 서로 크게 다르다. 플라톤의 경우 신적인 삶은 순전히 지적인 추구에 몰두하는 삶이며, 훌륭한 인간 삶이 철학적 사람이라는 이전의 생각을 통해 더욱 구체화된다. 더욱 구체적으로 가능한 최대한 신처럼 살아가는 철학적 삶은 우리에게 익숙한 지각 가능한 세계의 끊임없이 변화하는 우연적인 특성들이 아니라 영원한 진리를 관조하는 데 몰두하는 삶이다. 몇몇 대화편에서는 — 예를 들면 『티마이오스』 — 세속적인 문제와 정치, 인습 등에서 벗어나는 것이 이런 삶을 살 수 있는 방법이라는 점이 강조된다. 반면 다른 대화편에서는 — 앞서 살펴보았듯이 『국가』에서는 — 우리에게 익숙한 세계를 가능한 한 신적인 지식의 완벽한 대상으로 만듦으로써 올바른 환경에서 형상에 대한 신적인 지식에 이르는 방법이 강조된다. (이런 점에서 우리는 이상적인 국가의 철인 통치자가 『티마이오스』에 등장하는 신적인 장인, 곧 현실 세계의 재료를 가지고 가능한 한 완벽한 대상과 가까운 것을 만들려 하는 장인과 유사하다고 상상할 수 있다.) 앞서 지적했듯이 형상에 대한 지식을 통해 그런 지식을 소유한 사람은 자신이 지닌 최선의 부분을 — 곧 이성을 — 완전하게 만들 뿐만 아니라 자신을 선하고 정의롭게 만든다. 왜냐하면 그는 무엇이 진정으로 선하고 정의로운지를 알기 때문이다.[13] 이런 방식으로 우리는 지식과, 특히 도덕적 진리에 대한 지식과 선하고 정의롭게 되는 것 사이의 밀접한 연결을 다시 한 번 깨닫게 된다. 이런 밀접한 연결은 플라톤이 소크라테스를 통해서 처음 알게 되었던 바와 유사한 무언가이기도 하고 동시에 플라톤이 평생 공들여 유지하고 추구하려 했던 바이기도 하다.

---

13) Sedley 1999 참조.

참고문헌

제일 뒤의 * 표시는 특히 중요한 참고문헌임을 나타낸다.

Annas, J. 1993, *The Morality of Happiness*, Oxford University Press.

Broadie, S. 2012, *Nature and Divinity in Plato's Timaeus*, Cambridge University Press.

Brown, E. 2000, 'Justice and Compulsion for Plato's Philosopher-rulers', *Ancient Philosophy* 20, 1-17.

Burnyeat, M.F. 2000, 'Plato on Why Mathematics is Good for the Soul', in T. Smiley (ed.), *Mathematics and Necessity*, Oxford: British Academy, 1-81.

Burnyeat, M.F. 2006, 'The Truth of Tripartition', *Proceedings of the Aristotelian Society* 106, 1-22.

Denyer, N. 2007, 'Sun and Line: The Role of the Good', in Ferrari 2007b: 284-309.

Ferrari, G. 2003, *City and Soul in Plato's Republic*, Sankt Augustin: Academia Verlag.

Ferrari, G. 2007a, 'The Three-part Soul', in Ferrari 2007b: 165-201.

Ferrari, G. (ed.) 2007b, *The Cambridge Companion to Plato's Republic*, Cambridge University Press.

Fine, G. (ed.) 1999, *Plato 2: Ethics, Politics, Religion, and the Soul*, Oxford University Press.*

Irwin, T. 1995, *Plato's Ethics*, Oxford University Press.*

Johansen, T. 2004, *Plato's Natural Philosophy*, Cambridge University Press.

Keyt, D. 2006, 'Plato and the Ship of State', in Santas 2006: 189-213.

Kraut, R. 1999, 'Return to the Cave: *Republic* 519-21', in Fine 1999: 235-54.

Lorenz, H. 2006, 'The Analysis of the Soul in Plato's Republic', in Santas 2006: 125-45.

Moss, J. 2008, 'Appearances and Calculations: Plato's Division of the Soul', *Oxford Studies in Ancient Philosophy* 34, 35-68.

Russell, D. 2005, *Plato on Pleasure and the Good Life*, Oxford

University Press.

Santas, G. (ed.) 2006, *The Blackwell Guide to Plato's Republic*, Oxford: Blackwell.

Schofield, M. 2006, *Plato: Political Philosophy*, Oxford University Press.*

Sedley, D. 1999, 'The Ideal of Godlikeness', in Fine 1999: 309–28.

Sedley, D. 2007, 'Philosophy, the Forms, and the Art of Ruling', in Ferrari 2007b: 256–83.

Sheffield, F. 2006, *Plato's Symposium: The Ethics of Desire*, Oxford University Press.

Smith, N. 2010, 'Return to the Cave', in M. McPherran (ed.), *Plato's Republic: a Critical Guide*, Cambridge University Press, 83–102.

4 장

아리스토텔레스

마이클 파칼룩(Michael Pakaluk)

아리스토텔레스의 도덕철학을 두 유형의 사상적 조류와 윤리적 이상주의를 결합해 발전시킨 것으로 이해하는 편이 유용할 듯한데 두 조류 중 하나는 소크라테스, 다른 하나는 플라톤에게서 유래했다. 소크라테스적인 조류는 '권고적'이라고 부를 수 있는데, 이는 '나는 어떻게 살아야 하는가?'라는 질문에 답하려 하며 따라서 우리에게 무언가를 충고하려 하기 때문이다. 이런 조류는 한때 사라졌다가 재발견된 아리스토텔레스의 대화편 『프로트렙티쿠스』(*Protrepticus*, Johnson and Hutchinson 2005)에서 가장 완전한 모습으로 등장한다. 플라톤에게서 유래한 조류는 '공화적'이라고 불릴 수 있는데 그 까닭은 이것이 개인의 행복과 번영을 주로 입법자 또는 도시국가의 시민이라는 관점에서 바라보기 때문이다. 이런 조류는 당연히 플라톤의 대화편 『국가』에서 시작된다. 권고적 조류는 도덕철학의 문제들을 일인칭의 관점에서 조망하게 하는 반면 공화적 조류는 삼인칭의 관점에서 조망하게 한다.[1]

권고적 조류

권고적 조류는 우리가 육체보다는 영혼의 발전을 추구해야 한다는 주장에서 출발한다. 인간 삶의 임무(ergon)는 칭찬받을 만한(epaine-ton) 무언가를 이루는 것이다. 선하고 아름다운 (또는 '고귀하고', '명예롭고', '훌륭한' - kala) 것들은 진정으로 칭찬받을 만한 것들이다. 그리고 인간의 본질은 육체가 아니라 영혼이다. 건강과 운동이 육체를 선하고 아름답게 만들 듯이 덕(aretê)은 영혼을 선하고 아름답게 만든다. 따라서 인간 삶의 임무는 덕에 도달함으로써 우리의 영혼을 선하고 아름답게 만드는 것이다(*Protr*. 1.1-2.11).

이런 단순한 논증에서도 전제들에 주목할 필요가 있다. 이 논증은 다음과 같은 다양한 전제들을 포함한다. 자연적 존재로서의 인간은 본성상 수행해야 하는 일종의 역할 또는 본분을 지닌다. 우리가 어떻게 살아야 하는가에 대한 고찰은 우리가 어떤 존재이며 어떻게 구성되는가에 대한 고찰에 의존한다. 육체에 대한 고찰은 정신에 관한 결론을 이끌어내기 위한 비유로 사용될 수 있다. (형태를 포함하는) 아름다움은 (성과, 이익, 훌륭한 역할 수행 등을 포함하는) 선함과 서로 밀접하게

---

[1] 이 장에서는 다음과 같은 저술의 생략형을 사용한다. *DA* -『영혼에 관하여』, *EE* -『에우데모스 윤리학』, *MM* -『대윤리학』, *NE* -『니코마코스 윤리학』, Pol -『정치학』, *VV* -『덕과 악덕에 관하여』.

관련된다. 덕을 통해서 성취되는 영혼의 선함은 다양한 방식으로 외부적인 것들이나 육체의 선함에 앞선다. 인간의 삶은 칭찬받을 만한, 더 나아가 진정으로 위대한 무언가를 성취하려는 목표를 지니는 것으로 이해된다.

아리스토텔레스 자신의 권고적 관점에서 볼 때 이런 최초의 논증은 이후 주로 두 가지 방식으로 전개되는데 첫째는 우리가 평생을 바쳐 진정으로 해야 할 일은 덕을 단지 소유하는 것이 아니라 행위로 드러내는 것이라는 결론을 산출하는 것이며, 둘째는 영혼 전체가 육체보다 더 큰 중요성을 지니는 것이 당연하듯이 영혼의 어떤 부분 또는 능력이 나머지 부분에 선행해 더 큰 중요성을 지닌다는 점을 이끌어내는 것이다.

우선 덕을 실천하는 것이 어떻게 본성상 가장 중요하게 되는지부터 살펴보자. 만일 어떤 사람이 육체의 건강과 아름다움에만 집중하고 영혼의 능력을 제대로 기르는 데 실패한다면 그는 일종의 부조화에 이를 것이다. 아리스토텔레스는 이를 주인이 노예보다 더욱 열등하게 되는 상황에 비유한다(*Protr.* 3.4). 이런 부조화 또는 불균형의 수치는 결국 계발되지 않은 영혼 자체의 수치로 이어진다. 하지만 이런 사실은 영혼이 자신의 덕을 사용함으로써 본성상 영혼의 지시를 받는 것으로 확인되는 다른 부분들에도 이익이 되는 방식으로 작용해야 함을 암시한다. 아리스토텔레스는 이런 사용을 단지 덕의 '소유'(ktêsis)가 아니라 '활용'(chrêsis)이라고 부른다. (이를 지칭하면서 그는 저술 전반을 통해 이른바 첫 번째 현실태와 두 번째 현실태 사이의 구별이라는 표현을 사용한다)(예를 들면 *NE* VII.3. 1147a10-14 참조).

누군가가 본성상 영혼의 지시를 받는 것으로 여겨지는 다른 요소들을 훌륭하게 사용할 경우 이런 사람의 영혼이 지닌 덕을 지적해서 어떤 이름을 붙이는 것이 바람직하다고 생각된다. 권고적 조류와 관련해 아리스토텔레스는 바로 이런 방식으로 '실천적 지혜'(phronêsis)를 처음 도입한다. 그는 최소한 처음에는 이런 실천적 지혜를 '철학'(philoso- phia)으로 부르기도 한다(*Protr.* 9.1). 이렇게 실천적 지혜를 확인함으로써 영혼 안에서 선한 것들의 질서와 순위 또한 정해지는 듯하다. 실천적 지혜는 다른 덕들보다 '더욱 선한' 듯이 보인다. 다른 덕들은 어떻든 실천적 지혜를 '위한' 또는 그것에 '기여하는' 것이다. 아리스토텔레스는 자연에 존재하는 것으로 여겨지는 목적론에 의존하는 다양한 논증을 통해 이 결론을 지지한다. 예를 들면 자연의 전개 과정에서 후에 등장하는 것이 이전 것들보다 더욱 선하다고 할 수 있는데 실천적 지혜는 다른 덕들보다 후에 등장한다(*Protr.* 17.1-12).

덕들 사이의 질서를 받아들인다 할지라도 과연 실천적 지혜가 정점에 위치하는가라는 질문을 던질 수 있다. 그렇지 않다고 주장할 수 있는 여러 방법 중 하나는 실천적 지혜와 경쟁 관계에 있는 덕을 확립하는 것이다 — 아리스토텔레스는 실천적 지혜가 관여해 선하게 만드는 영혼의 부분은 '이성을 지니거나 포함하는 부분'(to logon echôn)인데 이 부분은 선들을 활용하고 질서 짓는 것 이외에도 다른 작용을 하므로 실천적 지혜가 아닌 다른 어떤 덕이 이 부분에 관여해 이 부분을 선하게 만든다. 이 다른 작용은 '사변적'(theôrêtikê)인 작용, 곧 오직 세계가 존재하는 방식을 '관조'(theôria)하고 감탄하는 것을 포함한다. 존재 전체를 향하는 이런 활동에 관여하고 이를 선하게 만드는 덕은 바로 '지혜'(sophia)이다. 우리는 다양한 사실들을 고려함으로써 지혜의 덕이 정점에 위치하며 그것의 활동이 인간 삶에서 성취할 수 있는 최선의 것임을 확립할 수 있다. 예를 들면 무언가를 보는 활동은 일반적으로 유용한 재화보다 더욱 큰 가치를 지닌다. 이는 우리가 연극이나 다른 장관을 보기 위해 기꺼이 돈을 지불하고 재화를 포기한다는 사실에서 잘 드러난다. 만일 그렇다면 우리가 지혜를 통해 도달할 수 있는, 실재 전체를 관조하는 것이야 말로 여러 유용한 선한 것들을 모두 합친 것보다도 더욱 큰 가치를 지닌다(*Protr.* 44.8). 관조하는 활동은 질서 짓고 활용하는 활동보다 더 나은 것이다. 왜냐하면 활동의 대상이 더 낫기 때문이다. 관조의 대상은 거의 신성한 수준인 반면 여러 선한 것들의 순위를 매겨 질서를 부여하는 일은 당연히 우리에게 선한 것들과 관련되며, 실천적 지혜의 이런 활동은 단지 인간의(to anthrôpinon) 영역에만 한정된다. 우리는 한가한 여가를 향유하기를 몹시 바란다. 그렇다면 여가에 하는 활동은 우리의 목표(telos)이며 어쩌면 최선의 것일지도 모른다. 오직 관조하는 행위는 여가에 어울리지만 실천적 지혜의 활동은 그렇지 않다. 또한 신들의 행위와 가장 가까운 행위를 최선이라고 여길 수 있을 듯한데 신들은 오직 관조하는 것 이외의 어떤 행위에도 몰두하지 않을 듯하다. 따라서 인간 또한 오직 관조 행위에 몰두한다면 신들과 같이 될 수 있을 것이며 신들의 사랑을 받게 될 것이다. 이외에도 관조 행위는 오직 그 자체를 위해 행해질 뿐 다른 어떤 것도 목표삼지 않는데, 이는 곧 우리가 선한 것들의 질서에서 정점에 놓인 가장 선한 것에게 기대하는 바이다. 그리고 어떤 경우든 지혜는 '이성을 포함하는 영혼의 부분'에 속하는 유일한 덕이라는 중요한 의미를 지닌다. 왜냐하면 지혜는 오직 이성적 부분(oikia)에만 관여하는 덕이기 때문이다. 그리고 이는 실천적 지혜라는 덕이 영혼의 다른 덕들과 밀접한 관련을 지니는 것과 마찬가지이다.

요약하면 권고적 조류는 물질적 재화보다 덕에 주의를 기울이라는 소크라테스의 충고를 더욱 발전시키는 것을 목표로 삼으며, 이를 위해 특별히 주목할 만한 하나의 덕을 구체적으로 제시하고 인간 삶의 궁극 목표가 그런 덕에 도달하고 실천하는 것이라는 점을 강조하는 방식을 선택한다. 이런 조류는 재발견된 대화편『프로트렙티쿠스』에서 가장 완벽한 형태로 발견되지만 아리스토텔레스는『니코마코스 윤리학』의 결론 부분에서도(10.7-8) 이런 조류를 제시하고 이에 중요한 지위를 부여한다. 여기서 그는『프로트렙티쿠스』에서 등장한 논증을 더욱 압축된 형태로 거의 모두 반복한다. 이런 조류는 대화의 상대방이나 강의를 듣는 청중에게 말하는 형태로 표현된다. 이는 또한 인간이 어떻게 살아야 하는가 또는 사회가 어떻게 구성되어야 하는가에 대한 일반적인 주장을 내세우지 않는다. 이는 덕들 일반에 대한 설명을 제시할 필요가 없으며 그저 지혜가 덕들 중에 최선의 것인 듯하다고 말하는 정도로 충분하다. 이런 조류는 우리가 사회에서 다른 사람들에게 어떻게 행위해야 하는가와 관련해 아리스토텔레스가 제시한 어떤 유형의 사고와도 연결될 수 있다. 그는 우리가 지녀야 할 태도를 특징지으면서 세계를 관조하는 상황을 묘사하기에 적절한 특유한 용어를 사용하는데 그것은 바로 칼론(kalon)이라는 용어이다. 이 용어는 문자 그대로는 '아름다운', '훌륭한'을 의미하는데 폭넓게는 '명예로운', '고귀한', '적절한', 더 나아가 '뛰어난', '탁월한'의 의미를 지니기도 한다. 관조를 선택할 만한 가치를 지니도록 만드는 까닭은 관조의 대상이 칼론하기 때문이며, 덕이 있는 행위를 오직 그 자체로 선택할 만한 가치를 지니도록 만드는 것 또한 그런 행위가 칼론하기 때문이다. 이렇게 사고하고 행위하는 것은 칼론을 소유하는 서로 다른 두 가지 방식이며, 본질적으로 가치 있는 행위는 결국 본질적으로 가치 있는 사고를 포함함으로써 그렇게 된다고 말할 수 있다(Lear 2004 참조).

공화적 조류

권고적 조류와 다소 다른 사고 유형에 속하는 공화적 조류는 플라톤의 『국가』1권에 등장하는 주요 주장을 출발점으로 삼는데 이 주장은 인간과 관련된 여러 문제에서 권위는 일종의 지식 또는 전문 기술(technê)에 기초한다는 것으로 요약된다. 전문 기술은 본성상 그것의 영향을 받는 사람이나 대상의 선을 목표로 삼는데, (우연적인 경우를 제외하고는) 그런 기술을 실행하는 사람이나 기술 자체의 (기술이 완벽함에 이르러 더 이상 아무것도 필요로 하지 않는 수준의) 선이 아니라 다른 누군가의 선을 추구한다. 정치 권력 또한 전문 기술에 기초한다. 따라서 정치 권력과 그것이 갖추어야 하는 전문 기술은 본성상 통치하는 사람의 선이 아니라 통치 받는 사람들의 선을 추구해야 한다. 이제 아리스토텔레스는 이런 주장에 몇 가지 기본적인 생각을 더하는데 이는 『정치학』1.1과 『니코마코스 윤리학』1.1에서 제시된다. 그에 따르면 정치 사회(polis 또는 politikê koinônia)는 다른 모든 사람들에게 적합하고 다른 모든 형태의 사회적 관계를 완성하는, 인간 연합의 형태이다. 이런 연합의 형태가 완전할수록 그것은 더욱 완전하고 궁극적인 선을 목표 삼는다. 따라서 폴리스를 지배하는 권력이 목표 삼는 선은 구체적으로 말해 건전한 법률과 관행을 통해 시민들이 덕을 갖추도록 인도함으로써 (그리고 그들이 덕을 적절히 실현할 수 있는 상황을 제공함으로써) 시민들을 선한 인간으로 만드는 것이다.

하지만 과연 무엇이 인간을 선하게 만드는가? 아리스토텔레스는 어떤 종류의 덕들이 존재하며, 이들이 어떻게 정의되고, 정확히 얼마나 많은 수의 덕들이 있으며, 이들이 어떻게 등장했다가 사라지는지를 설명함으로써 덕들의 목록을 엄밀하게 제시하고 체계화하려 한다. 아리스토텔레스가 윤리학을 집중해서 다룬 저술은 『니코마코스 윤리학』, 『에우데모스 윤리학』, 『대윤리학』, 『덕과 악덕에 관하여』 이렇게 네 권인데 이들 중 마지막 저서에는 덕의 (악덕도 포함한) 체계적인 목록이 명시되며 다른 저술들에서도 대부분 덕이 논의된다. 그는 이런 체계적인 덕의 목록을 이전 철학자들이 시도했던 바를 완벽하게 종합한 것으로 여긴다. 아리스토텔레스에 따르면 소크라테스는 모든 덕들이 오직 '로고스를 지니는 영혼의 부분과' 관련되는 것으로 잘못 이해했다. 반면 플라톤은 성품의 덕 두 가지를 추가함으로써 소크라테스의 생각을 더욱 발전시켰는데 이 두 가지 덕은 그 자체로는 '로고스를 지니지' 않는 영혼의 부분들을 완벽하게 만든다. 곧 용기(andreia)는 기개(thumos)의 능력과 관련되며, 절제(sôphrosunê)는 정욕(epithumia)의 능력과 관련된다. 아리스토텔레스는 앞서 살펴본 바대로 로고스를 지닌 부분을 둘로 나누고 이 두 부분에 관련되는 두 개의 주요한 덕을 (곧 실천적 부분에 관여하는 phronêsis와 사변적 부분에 관여하는 sophia를) 구별함으로써 플라톤의 도식을 더욱 발전시킨다. 그는 정의(正義)라는 특별한 덕을 더하는데 이는 계약이나 거래에서 평등을 유지하기 위한 것이다. 마지막으로 그는 전통적으로 '외부적인 선들로' 여겨지는 것들, 곧 금전, 명예, 교제 각각에 대응하는 덕들을 더한다. (아리스토텔레스가 덕들을 열거하면서 사용하는 일반적인 원리는 서로 구별되는 영혼의 부분들 각각에 대해 하나의 특징적인 덕이 존재한다는 것이다. Pakaluk 2011 참조. 엄밀히 말해 영혼의 부분 중에는 '금전을 사랑하는', '명예를 사랑하는', '교제를 사랑하는' 부분이 존재하지 않는데 그 까닭은 아마도 아리스토텔레스가 『영혼에 관하여』에서 제시한, 건전한 인간 심리에 적절하게 어울리도록 영혼의 부분들을 분류했기 때문인 듯하다. 또한 '외부적인 선들'은 생물학적으로 반드시 필요한 것이 아니라 인간이 사회생활을 하면서 등장한 인공물이기도 하다. 하지만 이런 종류의 선들을 향한, 오래 지속되는 욕구(orexis)는 영혼의 한 부분과 유사하므로 이 부분을 완벽하게 만드는 성질 또는 덕이 존재한다고 생각할 수 있다.)

아리스토텔레스 이전에는 다른 어떤 철학자도 덕을 이런 방식으로 정의하고 열거하려고 시도하지 않았음에 주목할 필요가 있다. 그가 제시한 최종의 목록은 기본적으로 다음과 같다.

영혼의 부분들	덕들
사고하는 부분	
로고스를 지닌 부분(to logon echôn)	
관조를 향한 부분(theoretikon)	지혜(sophia)
행위를 향한 부분(praktikon)	실천적 지혜(phronêsis)
욕구하는 부분	
질서와 평등을 욕구하는 부분(boulêsis)	정의(dikaiosunê)
기개의 부분(thumos)	용기(andreia)
정욕의 부분(epithumia)	절제(sôphrosunê)
현실적 부분	
금전을 향한 욕구(orexis chrêmatôn)	
넓은 규모	통이 큼(megaloprepeia)
좁은 규모	인색하지 않음(eleutheriotês)
명예를 향한 욕구(orexis timês)	
넓은 규모	포부(megalopsuchia)
좁은 규모	신중한 희망(philotimia)
교제를 향한 욕구(orexis philias)	친애(philia)
	진정성(alêtheia)
	재치(eutrapeleia)

공화적 조류는 통치자들이 통치 받는 시민들을 어떤 목표로 이끌어야 하는가를 정확하게 언급할 뿐만 아니라 통치자 자신이 통치자로서 어떤 사람이어야 하는가를 명확히 제시함으로써 정치에 큰 도움을 준다 – 아리스토텔레스는 만일 통치자들이 덕을 갖추지 않는다면 통치 받는 사람들의 선을 추구하지 않으리라고 생각한다. 덕이 없는 통치자들은 당연히 추구해야 할 명예로운(kalon) 무언가로서의 선을 추구하지 않고 유용한(chrêsimon) 또는 즐거움을 주는(hêdu) 선을 추구하는데 이것은 그들 자신의 선임에 틀림없다. 사실 누구든 선하지 않고서는 정치적 삶에 제대로 참여할 수 없다. 아리스토텔레스의 이런 생각이 플라톤의 지속적인 주장, 곧 젊은 귀족 계층의 정치 참여를 독려하고 권력을 획득하기 이전에 선하게 되어야 한다고 설득하는 주장과 유사하다는 점은 지적할 만하다. 그리고 『국가』에서 플라톤의 관심 또한 통치자들의 이익과 통치 받는 사람들의 이익이 일치하게 만들려는 것이다.

아리스토텔레스는 덕에 관한 자신의 탐구를 덕과 밀접하게 관련된 많은 것들을 도입하고 논의하는 계기로 삼는다. 그리고 바로 이를 통해 그는 친애(philia), 쾌락(hêdonê), 의지의 나약함(akrasia)과 자기통제(enkrateia) 현상 등에 대해 폭넓게 언급한다. 친애는 덕을 획득하고, 안정되게 유지하고, 실현하는 가장 자연스럽고 적절한 관계이다. 쾌락이 관심의 대상이 되는 까닭은 육체의 작용과 (먹고 마시는 것, 성행위, 안락함 등과) 연관되어 선의 지위를 떨어뜨릴 수도 있기 때문이다. 특히 타락한 통치자들은 육체적 쾌락을 최고선인 듯이 여기면서 이를 탐닉하기도 한다. 하지만 우리의 활동을 확대하고, 이끌어내고, 연장하고, 강화하는 쾌락은 높이 평가되고 중요시되어야 한다. 이런 쾌락은 덕의 획득과 실현에 매우 중요한 역할을 하기 때문이다. 아리스토텔레스는 의지의 나약함 및 자기통제를 흥미로운 주제로 여기는데 그 까닭은 이들이 겉보기에 상반되는 두 극단인 덕과 악덕을 어떤 방식으로 중재하는 듯이 보이기 때문이다.

권고적 조류와 공화적 조류의 통합

아리스토텔레스의 윤리학 저술들은 전체적으로 최소한 아리스토텔레스적 전통이라고 여겨져 온 바를 형성하는데 저술마다 권고적 조류와 공화적 조류가 서로 다른 정도로 등장한다. 예를 들면 『프로트렙티쿠스』에는 오직 사변적인 덕의 우월성을 확립하기 위한 경우와 관련해서만 덕에 관한 논의가 이루어진다. 어쩌면 위작일지도 모르는 『덕과 악덕에 관하여』에는 이와는 대조적으로 지혜의 덕에 관한 논의가 전혀 등장하지 않는다. 또한 위작으로 의심받기도 하는 『대윤리학』에서는 지혜가 짧게 언급되며 실천적 지혜가 지혜에 부속되는 것으로 간주된다. 하지만 지혜를 공화적 덕에 관한 논의에 도입한 데 대해 일종의 사과를 하면서 지혜를 포함시켜 다룬 까닭은 오직 다른 모든 덕들을 폭넓게 논의하면서 지혜를 제외하는 것은 부적절하기 때문이라고 말한다. 『니코마코스 윤리학』에는 널리 알려진 대로 덕들의 목록이 등장하는데 권고적 주장을 넘어서는 듯도 하지만 결국 권고적 덕들이 결정적인 위치를 차지한다.

우리는 이렇게 서로 구별되는 조류가 등장해 서로 다른 맥락에서 강조되는 현상에 대해 나름대로 설명을 시도할 수 있다. 이런 현상을 아리스토텔레스 윤리학의 발전 단계로 볼 수도 있고, 그가 서로 다른 독자나 청중들을 대상으로 자신의 이론을 제시했다고 볼 수도 있다. 아니면 그의 저술 중 일부를 위작으로 여겨 퇴출할 수도 있다(Kenny 1978,

Pakaluk 1998). 하지만 그가 서로 다른 조류를 통합해 자신의 실천철학 전체를 구성하려 했다고 보는 편이 최선인 듯하다.

아리스토텔레스는 당시의 정치 사회, 곧 폴리스(polis)가 본성상 인간 연합의 완벽한 행태라고 주장한다. 하지만 동시에 폴리스는 본성상 가정으로 구성된다. 자유로운 시민들은 가정 안에서 자신의 삶을 자유롭게 영위할 수 있는 결정권을 지니지만 우선 가정생활을 유지하기 위해 주어진 의무들을 완수해야 한다. 이와 마찬가지로 가정과 가정의 구성원들은 공적인 삶에서 자신의 활동을 스스로 정할 결정권으로 지니지만 폴리스의 법에 따라야 하며 폴리스에서 부과한 의무들을 (예를 들면 군에 복무하는 등의) 면제받을 수는 없다. 곧 시민들은 서로 관련을 맺고 미래를 계획하면서 자신이 속한 가정에 따라야 하며, 또한 가정은 폴리스에 따라야 한다. 이것이 아리스토텔레스가 『니코마코스 윤리학』 1.1과 8.9에서 묘사한, 권위에 따른 일종의 위계질서이다. 이런 그림에 따르면 인간의 사회적 삶이 본성상 무엇과 관련하는가에 따라 실천철학은 세 영역으로 나뉘는데 폴리스와 관련할 경우 '정치학'(politika), 가정과 관련할 경우 '경제학'(oikonomika)[2], 개인으로서의 시민과 그의 성품 및 행위와 관련할 경우 '윤리학'(êthika)이 등장한다. 권고적 조류는 주로 개인이 시간을, 특히 반드시 해야 할 일에 얽매이지 않는 시간(곧 '여가', scholê)을 마음대로 사용할 수 있는 자유를 누리는 한에서 어떤 사람이 되어야 하며 이상적으로 어떻게 행위해야 하는지에 대해 언급한다. 공화적 조류는 주로 개인이 가정과 폴리스의 구성원으로서 어떤 역할을 담당해야 하는지에 대해 언급한다.

---

[2] 아리스토텔레스가 가정에 부과되는 특징적인 임무라고 생각한 바는 이른바 부의 창출이다.

위에서 언급한 세 영역으로 구성되는, 아리스토텔레스의 완성된 행위 철학과는 다른 그의 '도덕철학'을 탐색하려는 시도는 여러 오해들을 낳을 수밖에 없다. 예를 들어 왜 그의 윤리학에서는 '도덕법칙'과 같은 것을 찾을 수 없는가? 법은 폴리스가 제공하는 것이기 때문이다. 최소한 통치자가 통치 받는 사람들의 선을 목표삼아 합당하게 통치하는 한 법적인 의무가 다른 모든 의무나 고려에 앞서 시민들에게 구속력을 지닌다. 또한 왜 아리스토텔레스는 살인해서는 안 된다는 법칙을 받아들이는가? 모든 폴리스가 살인자를 처벌하는 법을 제정할 만한 자연스럽고 명백한 근거를 지니기 때문이다. 그리고 우리는 자신이 처한 어떤 상황에서 자신의 이익을 위해 어떻게 행위해야 하는지를 고려하기에 앞서 폴리스의 법을 지킬 의무를 지닌다.

아리스토텔레스에 따르면 한 개인은 무엇이 자신에게 최선인지를 먼저 생각한 후에 이를 바탕으로 왜 정의로워야 하며 왜 폴리스에 참여해 그것의 법을 지켜야 하는지 등을 추론하는 방식으로 윤리적 숙고를 시작하지 않는다. 오히려 개인의 윤리적 숙고는 ── 자신이 어떤 종류의 사람이 되어야 하며, 자유로운 선택권을 어떻게 사용하는 것이 최선인지 등에 대한 고려는 ── 이미 자신에게 구속력을 지니는 정치적 정의와 법의 맥락 안에서 이루어진다. 이런 맥락이 구속력을 지니는 까닭은 엄밀하게 한 개인으로서의 우리는 자신을 더욱 큰 전체의 일부로 여겨야 하며, 둘 모두를 동시에 얻을 수 없을 경우에는 전체의 선이 개인의 선에 앞선다고 생각하는 것이 합당하기 때문이다. 이를 통해 '공동선'(to koinêi sumpheron)이라는 특유한 개념이 등장한다. 공동선의 개념을 명확히 보여주는 예는 『영혼에 관하여』II.4에 등장하는 생식에 대한 설명이다. 동물들은 신적인 것을 모방하고 불멸성에 도달하려 한다. 하지만 동물들은 영혼과 육체로 이루어져 언젠가는 죽을 수밖에 없으므로 자기 혼자 이런 일을 할 수는 없다. 반면 전체로서의 종은 그 종에 속한 유사한 개체를 영원히 계속 낳음으로써 불멸성에 도달할 수 있다. 따라서 개체로서의 동물이 할 수 없는 일을 같은 종에 속한 다른 개체와 함께라면 충분히 할 수 있다. 이런 설명에 따르면 한 동물이 성숙해 후손을 낳은 후 죽는 일은 결코 그 동물의 선에 반하는 것이 아니다. 죽을 수밖에 없는 존재로서 그 동물의 선은 적절할 때 죽어 사라짐으로써 자신이 속한 종이 계속 유지되도록 하는 것이다. 용기에 대한 아리스토텔레스의 설명 또한 본성상 폴리스의 일부인 개인은 어떤 상황에서는 폴리스의 존속을 위해 목숨을 바칠 수도 있다는 점을 전제한다. 자신의 생명을 희생하는 개인은 바로 이런 점을 인식하고 이에 동의하여 그렇게 행위하는 것이다. 그가 이와 관련된 폴리스의 법을 (예를 들면 '시민들은 폴리스가 위협받을 경우 죽음을 불사하고 폴리스를 지킬 의무가 있다'는) 받아들이는 까닭은 자신의 자유를 제한하는 낯선 법에 무조건 따르기 때문이 아니라 더욱 큰 전체의 일부에 해당하는 자신의 지위를 인식하고 이 법을 자기 자신의 이익보다 (심지어 미래에 관조의 수준에 도달할 수 있다는 전망보다도, *NE* 3.9. 1117b7-15 참조) 더욱 중요한 합당한 규정으로 여기기 때문이다.

이것이 아리스토텔레스가 권고적 조류와 공화적 조류를 서로 통합한 방식 중의 하나이다. 또 다른 방식은 앞서 언급했듯이 '고귀한', '칭찬할 만한', '아름다운'을 의미하는 칼론(kalon)의 개념을 도입하는 것인데 이를 통해 그는 플라톤이 『고르기아스』와 『향연』에서 주장한 바를 받아들인다. 아리스토텔레스는 칼론에 대해 상세한 분석을 시도하지는 않지만 이 용어가 신체적 아름다움과 같은 것뿐만 아니라 '로고스를 지닌 부분'에 의해 파악되는 것도 포함하므로 이 용어는 정확하게 파악되고 이해되는 무언가의 아름다움을 의미함에 틀림없다. 칼론이 일종의 아름다움이라면 우리는 이를 그리스인들이 고전적인 이상으로 여겼던 아름다움 일반과 유사한 특성을 지니는 것으로 여길 수 있으며 따라서 칼론이 균형, 비례, 우아함, 유능함, 적절하게 들어맞음, 풍부함, 찬란함, 투명함 등을 포함한다고 말할 수 있다. 그렇다면 아리스토텔레스가 덕이 있는 행위 또는 덕 자체를 칼론이라고 특징짓더라도 이를 이해하기란 그리 어려운 일이 아니다. 용기와 절제 같은 덕들은 민감한 이성적 조절과 숙달을 포함하는데 이는 운동경기에서 큰 성과를 내기 위해 요구되는 바와 크게 다르지 않다. 특히 용기는 (앞서 살펴보았듯이) 용기 있는 군인의 경우처럼 자신의 죽음에 대한 암묵적인 동의까지도 포함하는데 이는 전체 안에서 부분이 차지하는 위치를 정확히 파악하고 사회 전체를 위해 자신에게 주어진 역할을 다하는 것이 적절하다는 점을 전제한다. 정의는 평등이라는 적절한 비례와 거의 수학적인 이상을 드러낸다. 여러 덕들 중 '왕관'을 차지할 만한 관대함은 덕 자체의 아름다움에 주의를 기울이고 이를 표현한다. 친애는 무엇보다도 적절한 상호성을 우선 고려하는 관계이다.

칼론에 대한 고찰은 당연히 본성상 사회적 동물인 인간의 모습을 강화하는 데도 도움이 된다. 인간이 본성상 정치사회 안에서 살아가기에 적절한 존재라면 결국 한 개인이 자신의 행위를 통해 이런 본성을 드러내는 것은 적절하고 칼론한 일이 된다. 반면 그의 잘못된 생각이나 어리석음, 불명예(aischron)는 결국 이런 본성을 부정하는 것이다. 아리스토텔레스는 누군가가 장수를 누림으로써 자신의 행복을 추구할 수 있다는 근거에서 급박한 전장에서 탈영하는 일 따위를 결코 허용하지 않으며 이는 지극히 불합리한 일이라고 생각한다. 이런 사람은 '잘 사는 것' 대신 '그저 생존하는 것'을 선택했다는 비난을 받아야 마땅하다. 이와 관련해 아리스토텔레스는 특히 플라톤의 『고르기아스』에 등장하는(574c-584a) 논의의 전개, 곧 어느 누구도 불명예스러운 일을 행함으로써 이익을 얻을 수는 없는데 그 까닭은 그런 행위는 본질상 비난받아야 마땅하고 ― 사회적인 불의가 교정될 수 있듯이 ― 그런 행위 또한 교정되어야 하기 때문이다. 만일 불명예스러운 행위를 교정하지 못한다면 그런 행위를 하는 개인은 자기 자신에 대해 수치심과 혐오를 느낄 것이며 다른 사람들도 그 사람에 대해 비난과 질책을 쏟아낼 것이다. 따라서 불명예스러운 행위가 교정될 수 있고 또 당연히 교정되어야 한다면 이런 사실은 그 행위가 어떤 이익도 낳지 못함을 암시한다. 위에서 예를 든, 자신의 목숨을 구하기 위해 전장에서 탈영한 철학자는 만일 그가 다시 칼론을 예외 없이 추구하고 도달하려 한다면 무엇보다도 자신의 그릇된 행위를 사람들 앞에서 밝히고 탈영에 합당한 처벌을 받아야 할 것이다.

칼론에 대한 고려는 권고적 조류와 공화적 조류를 더욱 직접적인 방식으로 통합한다. 아리스토텔레스는 참된 사고와 선한 행위를 칼론에 도달했음을 드러내는 두 요소로 여긴다. 그의 견해는 사변적, 실천적 사고 모두에 대한 특별한 이해에 의존한다. 아리스토텔레스에 따르면 사변적 사고는 다른 것으로 대체될 수 없는 어떤 대상을 향한다. 우리가 그것에 대해 사고하는 목적은 무언가를 통제하고 조종하는 것일 수 없다. 우리는 오직 그것을 찬미하고 감사하고 더 나아가 경탄하기 위해 사고한다. 더욱이 무언가에 대해 사고하는 활동을 통해 사고하는 사람과 사고되는 대상 사이에는 일종의 동일성이 형성된다. 곧 무언가를 경이롭다고 생각하기 위해 우리는 그것을 경이롭게 만드는 바를 공유해야 한다. 실천적 사고와 관련해 아리스토텔레스는 행위와 기술적 제작 모두가 매력적이라고 생각하는데 그 까닭은 이들의 배후에 놓인 사고가 넓은 의미에서 질료를 규정하는 형상을 포함하며 형상을 사고의 대상으로 삼는다고 여기기 때문이다. 『대윤리학』의 저자는 한걸음 더 나아가 만일 우리가 덕이 있는 사람의 행위 목표가 무엇인지를 직접 파악할 수 있다면 그는 굳이 덕이 있는 행위를 할 필요도 없으며 우리가 그를 칭찬할 필요도 없으리라고 말한다. 아리스토텔레스가 실제로 명예로운 행위를 함으로써 얻을 수 있는 유일한 이익은 그런 행위를 관조할 수 있는 것인데, 이런 관조는 또한 그 자체로 명예롭고 칭찬할 만한 것일 뿐만 아니라 관조하는 사람의 존재를 실현한다고 여겼음은 분명하다(*NE* 9.7. 1167b33-1168a9).

결론적 고찰

지금까지 우리는 아리스토텔레스의 윤리 이론이 채택하는 가장 중요한 전제들을 살펴보았는데 그가 당연시한 전제들에는 그가 소크라테스와 플라톤에게서 물려받은 철학적 전통이 은연중에 드러난다. 그의 전제들은 다음과 같이 요약된다. 본성은 관습에 앞서는데 본질상 목적론적이므로 관습과 실천 그리고 행위를 평가하는 기준을 제시한다. 인간은 본성을 통해 사변적인 사고를 행할, 곧 세계 전체와 그 부분들을 관조하고 찬미할 임무를 부여받는다. 이렇게 함으로써 인간은 칼론을 공유하게 되는데 칼론은 그것을 공유한 모든 것을 칭찬할 만한 것으로 만든다. 더욱이 인간은 본성상 이성적 동물인 동시에 사회적 동물이므로 그런 한에서 자기 자신과 다른 사람들에게 주의를 기울여야 하며 이것이 인간의 삶을 영위하기 위한 필요조건이기도 하다. 따라서 덕을 획득하고 다른 사람들과 정의와 친애를 나누며 사는 것이 인간에게는 칼론한 일이다. 칼론한 일을 행하는 것과 칼론을 관조하는 것 사이에는 깊은 유사성이 있다. 인간 삶의 적절한 규칙은 예외 없이 그리고 무엇보다도 우선해서 칼론에 도달하는 것이다. 이런 전제들은 아리스토텔레스를 소크라테스 및 플라톤과 같은 유형의 도덕철학자로 분류하도록 만들 뿐만 아니라 이들 셋이 도덕철학사에서 독특한 위치를 차지하도록 만든다. 또한 이런 전제들을 통해 최근 아리스토텔레스에 대한 해석에서 가장 큰 난점으로 부각되는 듯이 보이는 문제, 곧 '궁극 목적'과 '포괄적인' 행복의 개념 사이의 충돌(Hardie 1965, Ackrill 1974/ 1980) 또는 만일 철학적 관조를 궁극 목적으로 여긴다면 왜 우리가 도덕적이어야 하는가라는 문제(Kraut 1991) 등을 최소한 아리스토텔레스 자신은 난점으로 인식하지 않았음도 발견할 수 있다. 하지만 위의 전제들을 받아들인다면 이런 문제들이 궁극적으로 해소되는지는 여기서 쉽게 결정할 사안이 아니다.

이 글에서 아리스토텔레스의 도덕 이론의 핵심에 관한 표준적인 설명을 다루지는 않았는데 이런 설명을 제시한 탁월한 저술들이 많이 있다(Bostock 2000, Broadie 1991, Pakaluk 2003, Urmson 1987). 하지만 앞에서 논의한 바와 관련해 다음과 같은 주제들을 요약하는 것은 유용하리라 생각된다.

'행복' eudaimonia. 아리스토텔레스는 행복을 인간 삶의 궁극 목적으로 여기는 것은 당연한 일로 생각한다. 그는 비이성적인 동물들은 행복에 도달할 가능성이 없는 반면 신 또는 신들이 가장 완전한 행복을 누린다고 여기는 것 또한 당연한 일로 생각한다. 따라서 그는 우리가 누리는 인간의 행복은 그 자체로 신성한 바를 우리의 삶에서 공유하는 것이라고 생각한다. 이런 주장은 다음과 같은 점을 함축한다. 자주 언급되듯이 아리스토텔레스에게 행복은 인간을 객관적인 면에서 (누군가가 자신이 행복한지 그렇지 않은지에 대해 잘못 생각할 수도 있다는 의미에서) 평가하는 공통의 기준이다. 행복은 또한 유형이나 종류에 따라 달라지는 상대적인 무언가가 아니라 세계 전체에 적용되는 절대적인 기준이다. 행복은 인간에게 가능한 최선의 성취 또는 실현일 뿐만 아니라 신적인 요소를 인간이 공유하는 것이기도 하다(Lawrence, 2005). 이미 지적한 바이지만 아리스토텔레스는 행복을 사회적 존재로서 각 개인이 목표 삼아야 할 대상으로 이해한다. 그가 목표 삼아야 할 바는 폴리스 전체의 행복을 구성하는 일부로서 자기 자신의 행복이다. 이로부터 폴리스와 마찬가지로 개인의 행복 또한 물질적인 조건의 충족을 필요로 한다는 사실이 직접 그리고 명확하게 도출된다. 아리스토텔레스에 따르면 사실상 한 개인이 철학적 관조라는 사변적인 활동에 얼마나 완전하게 참여할 수 있는가는 그가 속한 폴리스가 충분히 발전해 폴리스 안에서 시민 계층 이상의 사람들에게 얼마나 많은 여가 시간을 제공할 수 있는가에 달려있다.

중용으로서의 덕. 아마도 아리스토텔레스가 원래 제시하려 했던 주장은 성품의 덕 각각이 모자람과 지나침이라는 두 극단의 악덕 사이의 중용이라는 것인 듯하다. 이를 통해 그는 몇몇 덕들이 순전히 지적인 것이 아니라 영혼 중 본성상 비이성적인 부분에 대해 이성적인 지시를 내리는 것이라는 생각을 강화한다 — 왜냐하면 영혼 중 이성적 부분은 단지 긍정하거나 부정하는 역할을 하며, 지식에 반대되는 것은 오직 무지뿐인 반면 비이성적 부분의 올바름은 육체의 감정 및 행위를 포함하는 적절한 목표와 관련되며 지나침과 모자람 중 어느 쪽으로 잘못 나아갈 수 있기 때문이다. 이 점을 당연한 것으로 받아들인다면 아리스토텔레스의 전통에서 덕들 각각에 대해 그것에 반대되는 오직 하나의 악덕이 존재한다는 사실을 쉽고 분명하게 이해할 수 있다. 이런 생각은 후기 저술로 추정되는 *VV*에서 명확하게 드러나지만 아리스토텔레스는

*NE*와 *EE*에서도 각각의 덕에 대해 사실상 하나의 악덕을 (예를 들면 용기에 대해서는 비겁을, 절제에 대해서는 방종을) 대응시키는 것이 필요하다는 점을 설명하기 위해 무척 애쓴다. 이렇게 덕과 악덕 사이에 일대일 대응이 이루어지는 까닭은 행위 자체의 형식 때문이기도 하고 오직 하나의 극단으로 치닫는, 피하기 어려운 인간의 본성적 성향 때문이기도 하다. 따라서 중용으로서의 덕 이론은 아리스토텔레스를 둘러싼 여러 논쟁의 맥락에서 가장 중요한 역할을 하는 것임에 틀림없다.

'**올바른 추론**' orthos logos. 분명히 아리스토텔레스는 무척 다양한 의미를 지니는 용어 로고스를 가끔 논증이나 설명이 아니라 일종의 능력을 의미하는 것으로 사용한다(예를 들면 *NE* 3.12. 1119b14-15). 하지만 '오르토스 로고스'라는 문구가 때로는 또는 주로 실천 이성의 덕(phronêsis)을 의미하는지 그렇지 않은지는 여기서 논의할 문제가 아니다. 이것이 일종의 능력으로 여겨지든 아니면 단지 실천적 추론의 과정으로 여겨지든 간에 이 문구에서 중요한 것은 어떤 정해진 목표를 향한 올곧음 또는 방향성을 의미하는 '오르토스'라는 용어가 내포하는 바이다. 아리스토텔레스에 따르면 이 로고스가 적절하게 향하는 목표는 바로 칼론이다. 따라서 오르토스 로고스는 이 목표의 성취를 적절하게 추구하는 능력 또는 추론의 과정을 의미한다. 이런 주장을 통해 아리스토텔레스는 성품의 덕들을 (영혼의 서로 다른 부분 또는 부분으로 여길 수 있는 바에 대응하는) 서로 다른 행위와 감정의 영역에서 칼론이라는 목표를 추구하는 의지의 습관으로 재규정한다. 아리스토텔레스에 따르면 실천적 지혜는 성품의 덕들이 없이는 존재할 수 없다. 만일 그런 덕들이 없다면 실천적 지혜는 칼론을 목표로 채택하지 않을 것이고 따라서 단순한 영리함 정도로 축소될 것이기 때문이다. 마찬가지로 성품의 덕들도 실천적 지혜가 없이는 존재할 수 없다. 이들은 그저 목표를 설정하고 이 목표를 향하는 능력만을 지닐 뿐이며, 자연적인 덕들과 마찬가지로 그들 자신만으로는 목표에 확실하게 도달할 수 없기 때문이다. 아리스토텔레스는 이런 상호의존성을 인정하는 한에서만 덕들의 통합 또한 인정한다. 이와 관련해 만일 윤리적 행위가 근본적으로 형상을 질료에 적용하는 것이라면 성공적인 윤리적 행위는 주변의 사실과 상황에 대한 탁월한 감각 능력을 반드시 필요로 한다는 점을 지적할 수 있다. 이는 뛰어난 구두 장인이 주어진 가죽으로 어떤 형태의 구두를 만들 것인가, 더 나아가 어떤 형태를 버리고 다른 형태를 선택할 것인가를 알아야 한다는 것과 마찬가지이다. 이런 면에서 특수한 사실과 상황을 파악하고 이에 맞추어 윤리적 판단을 내리는 감각 능력을 강조한다는 점은 항상 아리스토텔레스의 윤리 이론의 전형적인 특징으로 여겨져 왔다. 이런 주장의 가장 중요한 예는 법과 관련해 입법자의 의도를 확인하고 법을 예상되지 않고 예상할 수도 없는 상황에 적용하는 감각 능력이 요구된다는 것을 들 수 있다. 아리스토텔레스는 이런 감각 능력을 세련된 정의의 덕으로 여기면서 이를 에피에이케이아(epie-ikeia)라고 (전통적으로 '형평성'으로 번역되는데) 부른다.

친애 philia. *NE*의 전체 분량 중 20%, *EE*에서도 상당한 분량이 친애를 다룬다는 사실은 자주 친애가 전통 사회에서 매우 큰 중요성을 지닌다는 점을 반영하는 근거로 여겨진다. 친애는 물론 중요하지만 이것만으로는 아리스토텔레스가 친애를 이렇게 길게 다룬 이유가 충분히 설명되지는 않는다. 어쨌든 일상적인 의미에서의 친애는 예를 들면 플라톤의 윤리 이론에서는 그다지 중요한 위치를 차지하지 않는다. 그렇다면 아리스토텔레스 자신만의 어떤 이유가 있을 것이다. 지금까지 설명했듯이 윤리학이 폴리스나 가정에 대한 전통적인 의무와는 다소 거리를 두면서 주로 한 개인의 실천철학을 다루는 것이라면 친애는 이런 영역에서 가장 특징적인 사회성의 전형으로서 그리고 일상적인 맥락에서 덕을 실현하는 특성으로서 큰 중요성을 지니게 된다. 여기서 다시 한 번 아리스토텔레스는 인간의 사회성이 본성상 자기애에서 등장한다는 믿음을 드러낸다. 우리를 사회성에 이르게 하는 동기와 습관적인 성향은 올바른 유형의 진정한 자기애와 친애가 없이는 아예 불가능할 것이다. *NE* VIII와 IX 및 *EE* VII에서 전개되는 이런 적극적인 견해는 *Pol* II에 등장하는, 플라톤의 사회주의적 견해에 반대하는 소극적인 비판을 철학적으로 보완한 것이다. 따라서 가정과 폴리스의 '원천과 근거'에(*EE*) 대한 탐구는 윤리학의 영역에서 친애에 대해 적절히 고찰할 것을 요구한다. 마지막으로 선한 사람이 자신과 맺는 관계를 완전히 실현한 것으로서의(*NE* 9.4, 9) 친애는 결국 도덕적 행위자로서의 인간이 보일 수 있는 최선의 모습을 제시하며, 왜 평등, 투명함, 상호성, 강요하지 않음 등이 다른 사람들과의 관계에서 그렇게 중요하게 작용하는지를 설명하는 데도 도움을 준다.

쾌락 hêdonê. 아리스토텔레스는 쾌락을 세 가지 방식으로 설명한다. (i) 쾌락은 신체를 동반하는 일종의 지각 활동이지만 어떤 유형의 신체적 결핍이 보충되어 해소되는 신체적 과정과 완전히 동일하지는 않다. (ii) 쾌락은 우리의 본성이, 본성을 구성하는 선과 여러 조건들이 방해받지 않는 상태이다. (iii) 쾌락은 우리의 선한 활동에 더해지는 일종의 화환, 보충적인 장식과 같은 것이다. 여러 학자들은 과연 이런 설명들이 서로 조화를 이룰 수 있는지, *NE*에 등장하는(7.10-14 및 8.1-5) 서로 다른 설명들이 원래 같은 저술에 속한 것인지를 두고 논쟁을 벌여 왔다. 위의 설명들이 권고적 조류와 공화적 조류 모두를 반영한다는 사실은 왜 그가 세 가지 설명을 제시했는지, 그 이유를 암시한다. (i)은 결국 모든 사람들이 전반적으로 추구하는 신체적 쾌락에서 진정으로 가치 있는 바는 일종의 감각 활동이라는 점을, 따라서 더욱 바람직한 감각 활동이 쾌락 자체보다 더 나은 것임을 주장한다. (ii)는 성품의 덕을 특징적으로 드러내는 행위는 가끔 방해받기도 하지만 이런 행위에는 쾌락이 내재한다는 사실을 ─ 이는 공화적 조류와 관련해 상당히 중요한데 ─ 기술하는 자연스러운 방식으로 보인다. (iii)은 관조 행위에서 쾌락의 역할을 포착한 것으로서 권고적 조류와 관련해 중요성을 지닌다. 그리고 이는 칼론을 파악하고 사고하는 일이 당연히 고유한 종류의 쾌락을 낳음을 의미한다. 이런 세 가지 설명은 공통적으로 어쨌든 쾌락이 선에 비해 부차적이며 간접적이라는 점을 전제한다. 비록 어떤 경우에는 쾌락이 선에 내재하기도 하지만 쾌락을 오직 그 자체를 위해 직접 추구하는 것은 잘못이며 궁극적으로 우리를 파멸시키는 행위라는 점을 암시한다.

참고문헌

제일 뒤의 * 표시는 특히 중요한 참고문헌임을 나타낸다.

Ackrill, J. L. (1974/1980). "Aristotle on Eudaimonia", *Proceedings of the British Academy*, 60: 339-59; reprinted A. O. Rorty (ed.), *Essays on Aristotle's Ethics*. Berkeley: University of California Press, 15-34.

Bostock, David (2000). *Aristotle's Ethics*. Oxford University Press.

Broadie, Sarah (1991). *Ethics with Aristotle*. New York: Oxford University Press.*

Hardie, W. F. R. (1965). "The Final Good in Aristotle's Ethics", *Philosophy*, 40: 277-95.

Johnson, Monte Ransome and Hutchinson, D. S. (2005). "Authenticating Aristotle's *Protrepticus*", *Oxford Studies in Ancient Philosophy*, 29: 193-294.

Kenny, Anthony (1978). *The Aristotelian Ethics*. Oxford University

Press.

Kraut, Richard (1991). *Aristotle on the Human Good*. Princeton University Press.

Lawrence, Gavin (2005). "Snakes in Paradise: Problems in the Ideal Life in NE 10," Spindel Conference 2004, in *The Southern Journal of Philosophy*, 43 (Supplement):126-65.

Lear, Gabriel Richardson (2004). *Happy Lives and the Highest Good: An Essay on Aristotle's Nicomachean Ethics*. Princeton University Press.

Pakaluk, Michael (1998). "The Egalitarianism of the *Eudemian Ethics*," *Classical Quarterly*, 48: 411-32.

Pakaluk, Michael (2003). *Aristotle's Nicomachean Ethics: An Introduction*. Cambridge University Press.*

Pakaluk, Michael (2011) "The Unity of the Nicomachean Ethics," in Jon Miller (ed.), *Aristotle's Nicomachean Ethics: A Critical Guide*, Cambridge University Press.

Urmson, J.O. (1987). *Aristotle's Ethics*. Oxford: Basil Blackwell.

5장

에피쿠로스학파와 쾌락주의

불라 추나(Voula Tsouna)

소피스트인 프로디코스(Prodicus)와 관련된 유명한 이야기에 따르면 그리스의 영웅 헤라클레스(Hercules)는 험난한 덕의 길과 손쉬운 쾌락의 길 사이에 하나를 선택해야 하는 상황에 직면했는데 쾌락을 단호히 거부하고 덕을 선택했다. 널리 알려진 대로 아리스토텔레스를 제외한 대부분의 그리스 철학자들은 헤라클레스의 선택을 옹호하면서 덕을 갖춘 삶과 쾌락을 즐기는 삶을 서로 철저히 배타적인 양자택일의 선택지로 여기면서 전자는 우리를 이성적 존재의 도덕적 완성으로 이끄는 반면 후자는 우리를 동물적 수준의 욕구를 채우는, 질 낮은 삶으로 떨어뜨린다고 생각했다(헤라클레스 또한 이렇게 생각하지 않을 수 없었다). 하지만 에피쿠로스(Epicurus)는 쾌락의 길을 우리의 목표로, 곧 최고선 또는 인간 삶의 궁극 목적으로 여겼다. 따라서 고대인이든 근대인이든 간에 그를 비판한 많은 사람들은 그의 윤리를[1] 지나친 육체적 쾌락의 탐닉을 옹호하는 이론으로 일관되게 해석했다.[2] 하지만 이런 해석은 명백한 오해에 근거한다. 에피쿠로스와 그의 추종자들은 키레네학파의 쾌락주의와는 분명히 대비되는 이론을 전개하기 때문이다. 키레네학파는 소크라테스 직후 등장한 학파로서 세 번째 수장인 아리스티포스(Aristippus the Younger, 기원전 380/370경에 태어남)가 오랜 시간 지속되는 쾌락의 상태가 아니라 개인이 현재 느끼는 쾌락을 유일한 도덕적 목적으로 제시함으로써 사치와 향락을 조장한다는 비판을 받기도 했다. 따라서 에피쿠로스는 키레네학파의 쾌락 개념과는 정반대되는 것을 강조하는 방식으로 자신의 쾌락 개념을 형성한다. 그에 따르면 완전한 쾌락이란 장기적이고 안정적인 상태로서 우리가 현재 느끼는 쾌락의 경험뿐만 아니라 과거에 경험한 쾌락과 미래에 예상되는 쾌락까지도 모두 포함한다. 더욱이 그는 이런 종류의 쾌락이 금욕적인 삶의 방식은 아니더라도 절제를 동반한다고 주장하며, 검소한 삶을 공개적으로 칭찬한다.[3]

하지만 에피쿠로스가 남긴 원전 중 일부에서는 그의 윤리학이 육체적 만족에 초점을 맞춘다는 평가를 지지하는 듯한 내용이 발견되기도 한다. 모든 선의 근원은 배부름의 쾌락에 놓여있다는(Athenaeus,

---

[1] 이 글에서 나는 '윤리'와 '도덕'을 서로 교환 가능한 용어로 사용한다.

[2] 이런 비판에 대한 논의는 Sedley 1976; Hossenfelder 1986; Erler and Schofield 1999: 643 참조.

[3] 에피쿠로스가 일종의 금욕주의를 옹호했는지(Erler and Schofield 1999) 아니면 사치스러운 쾌락도 검소한 삶과 마찬가지로 별 문제가 없다고 생각했는지는(Woolf 2009) 논쟁의 대상이 된다.

Deipn. 546 이하)[4] 선언이나 배고프지 않게, 목마르지 않게, 춥지 않게 해달라는 '육체의 요구'를 만족시키면 우리는 제우스만큼이나 행복해진다는(*SV* 21) 주장이 이런 유형에 속하는 듯이 보인다. 에피쿠로스가 돼지를 바람직한 인간의 삶을 묘사하는 긍정적인 상징으로 여겼다는 점과[5] 그가 또한 행복의 성취에 방해가 된다는 이유로 그리스의 교육과 문화 전반에 대해 몹시 적대적인 태도를 보였다는 점도 이런 평가를 옹호하는 근거로 작용한다(D.L. X.5). 에피쿠로스가 감각적 관능주의 또는 야만주의를 지지한다는 비판이 더욱 거세진 까닭은 헬레니즘 시대에 등장한 여러 학파 중 오직 에피쿠로스학파만이 소크라테스의 유산을 계승했다는 주장을 내세우지 않고 오히려 소크라테스적 전통과의 단절을 선언하면서 당시 소크라테스주의를 표방했던 대표적인 학파인 스토아학파와 대립각을 세웠기 때문이다. 에피쿠로스의 쾌락주의는 스토아학파뿐만 아니라 키니크학파나 소요학파를 비롯한 다른 여러 학파들의 엄격한 윤리학과 충돌했으며 특히 자연학의 영역에서도 소크라테스적 전통에서 완전히 벗어난 모습을 보였다. 에피쿠로스는 데모크리토스의 원자론을 변형한 형태의 이론을 전개하면서 우주와 그 안에 존재하는 것들을 철저히 기계론적으로, 섭리를 완전히 부정하는 방식으로 설명하는데 이는 스토아학파 및 모든 시대의 소크라테스학파가 내세웠던 섭리주의 창조설과는 날카롭게 대립하는 주장이었다. 현존하

---

[4] 이탈리아의 베수비오 화산 인근의 보스코레알레에서 발견된 술잔에는 스토아학파의 제논(Zeno)과 토론하면서 자신 앞의 탁자에 놓인 빵 한 덩어리를 탐나는 듯이 바라보는 에피쿠로스의 모습이 그려져 있다(Erler and Schofield 1999: 642-3).

[5] 에피쿠로스는 돼지가 항상 조용하고 그릇된 또는 공허한 믿음을 지니지 않는다는 점을 들어 돼지를 긍정적인 상징으로 여겼다. 하지만 이런 사실이 돼지가 완벽한 행복에 이를 수 있다든지 우리가 돼지의 정신적, 심리적 한계까지도 기꺼이 원해야 한다는 점을 의미하지는 않는다(Warren 2002: 129-49 참조).

는 에피쿠로스의 주요 자연학 저술로는 『자연에 관하여』 중 일부와 『헤로도토스에게 보낸 편지』, 『퓌토클레스에게 보낸 편지』 — 다행히 이 두 편지는 전체 내용이 완전하게 전해진다 — 그리고 루크레티우스(Lucretius, 기원전 1세기에 활동)가 쓴 『사물의 본성에 관하여』를 들 수 있는데 여기에는 물리적 세계의 모든 현상은 물론 특히 인간 영혼의 구성과 작용까지도 유물론적으로 설명하는 상세한 내용이 등장한다. 이들은 우리가 원자론적 자연학을 폭넓게 적용함으로써 세계와 우리 자신을 이해할 수 있다는 생각을 명확하게 전달하며, 어떤 원자론이 에피쿠로스의 쾌락주의의 기초로 작용하는지도 분명히 제시한다. 이후 오랜 역사를 거치면서 이런 주장은 인식론과 과학 방법론에 대한 경험주의적 접근의 기초를 제공했으며 특히 윤리학적 분석에도 결정적인 영향을 미쳤다. 따라서 에피쿠로스의 쾌락주의를 평가하려는 모든 시도는 이런 요소들을 충분히 고려해야 한다. 그리고 우리가 현 단계에서 내리는 결론은 지금까지 접할 수 없었던 새로운 자료의 발굴을 통해 얼마든지 재고될 수도 있다. 새로 발굴된 자료 중 유명한 것은 이탈리아의 베수비오 화산 인근의 헤르쿨라네움에서 발견된, 탄화된 파피루스에 적힌 에피쿠로스 필사본으로 현재 이 자료에 대한 연구가 활발히 진행 중이다. 아래에 제시된 에피쿠로스의 쾌락주의에 대한 설명은 에피쿠로스주의와 관련된 초기, 후기 저술들뿐만 아니라 헤르쿨라네움 필사본도 일부 참고한 것이다.

쾌락과 행복

에피쿠로스 윤리학에 대한 체계적인 설명을 시도하면서 키케로의 저술 『최고선악론』(On the Moral Ends)에서 에피쿠로스의 관점을 대변하는 인물인 토르콰투스(Torquatus)로부터(Fin. I.29-30) 논의를 시작하는 것이 적절할 듯하다.[6] 토르콰투스는 에피쿠로스가 쾌락만이 유일하게 본질적인 가치를 지니며 고통만이 유일하게 이런 본질적인 가치에 반하는 것인데, 다른 모든 가치는 결국 이 두 요소와 어떻게 관련되는가에 따라 평가된다는 언급을 남겼다고 한다. 우리는 아직 세상사에 오염되지 않은 어린 피조물들의 자연스러운 행위로부터 이런 사실을 추론할 수 있다. 그런 피조물은 태어나자마자 쾌락을 추구하고 고통을 피하려 한다. 에피쿠로스 자신의 표현을 빌리면 위와 같은 추론을 통해 쾌락이 '우리가 타고나는 최초의 선'임을 알 수 있다. 모든 피조물들은 태어나면서부터 쾌락을 추구하고 고통을 피하려 한다. 그리고 이것이 우리의 모든 선택과 회피의 목표임에 틀림없다(ad Men. 129).[7] 따라서 에피쿠로스 자신은 후기 에피쿠로스주의자들과는 달리 쾌락은 선이고 고통은 악이라는 점을 논증할 필요를 느끼지 않았으며, 이런 주장은 그 자체로 자명하다고 여겼다. '요람에 누워있는' 동물들의 자연스러운 행동은 모든 관찰자에게 가장 명확하게 드러난다. 감각의 증거 이상의

---

6) 에피쿠로스 윤리학의 기본 구조 및 이와 짝을 이루는 에피쿠로스 자연학의 체계에 관해서는 Sedley 1998 참조.

7) 나는 여기서 Sedley 1998: 136-7에 따라 이른바 '요람 논증'(Cradle Argument)을 다음과 같이 해석했다. ('우리는 쾌락을 추구해야만 하고 고통을 회피해야만 한다'는) 규범적 추론이 지니는 힘은 정확히 모든 동물이 아직 오염되지 않은 상태에서는 쾌락을 추구하고 고통을 회피한다는 사실기술적 언명에서 도출된다. 이런 추론은 자연주의적 오류를 범한 경우에 속하지 않는다. 왜냐하면 갓 태어난 동물이 이런 방식으로 행동한다는 사실이 이미 규범적인 요소를 포함하기 때문이다. 달리 말하면 자연은 아직 오염되지 않은 모든 동물이 올바른 방식으로, 곧 그들이 추구해야만 할 바를 (쾌락을) 추구하고 회피해야만 할 바를 (고통을) 회피하도록 이끈다. 요람 논증에 대한 이와 다른 해석은 Brunschwig 1986 참조.

다른 어떤 형식적 증명도 필요하지 않다 — 에피쿠로스주의자들은 감각을 진리의 기준으로 여긴다. 쾌락과 고통의 개념을 동물의 타고난 행동에 잘못 적용하는 일 또한 불가능하다. 이 둘은 경험으로부터 도출된 가장 기본적인 선개념(prolêpseis)으로 이들의 내용 및 적용은, 감각적 지각의 내용 및 적용과 마찬가지로 항상 신뢰할 만한 것이기 때문이다.[8] 요람 논증은 에피쿠로스가 일종의 심리적 쾌락주의를 주장했는데 이 이론은 윤리적 쾌락주의와 결코 충돌하지 않으며 오히려 윤리적 쾌락주의를 포함한다고 생각했음을 암시한다.[9] '해야만 함'은 '할 수 있음'을 함축한다는 점을 전제할 때 만일 쾌락이 아닌 다른 어떤 것을 궁극적인 선으로 추구하는 것이 심리적으로 불가능하다면 우리가 실제로 추구해야 할 바는 오직 쾌락뿐이다. 선택과 행위에 관한 어떤 규범 이론도 쾌락이 아닌 다른 어떤 대상을 강요할 수 없다. 그렇게 하는 이론은 정확히 이런 의미에서 공허할 것이다. 하지만 사람들이 사실상 행위나 그 결과와 관련해 쾌락과 고통이 아닌 다른 요소들을 동기로 삼아야 한다고 배운다는 점을 들어 이런 주장을 반박할 수 있을 듯하다. 실제로 사람들은 많은 경우 쾌락주의적이 아닌 근거에서 행위한다.

---

[8] 앞서 인용한 대목의 앞부분에 등장하는 토르콰투스의 방법적 절차(*Fin.* I.29) 및 Woolf 2001: 13 각주 31 참조. '쾌락'과 '고통'이라는 용어를 선개념으로 사용하는 것은 몇몇 후기 에피쿠로스주의자들이 쾌락은 선하고 고통은 악하다는 사실을 정당화하기 위해 선개념에 호소하는 것과는(*Fin.* I.31) 구별되어야 할 듯하다.

[9] Cooper 1999는 에피쿠로스가 인간의 동기 및 행위와 관련된 심리적 (심리적 쾌락주의) 측면에서는 쾌락주의자가 아니었으며 오히려 욕구 및 쾌락에 대한 규범적 윤리 이론 (윤리적 쾌락주의) 측면에서 쾌락주의자였다고 강력하게 주장한다. 반면 Woolf 2004는 Cooper의 원전 해석을 비판하면서 상당히 주의 깊고 엄밀한 태도로 사실 이와 관련된 원전은 에피쿠로스를 심리적 쾌락주의자로 해석하는 것을 충분히 지지한다고 주장한다. Woolf의 견해는 심리적, 윤리적 쾌락주의는 서로 양립가능하며, 에피쿠로스주의자들이 전자가 후자를 함축한다고 (하지만 후자는 전자를 함축하지 않는다고) 생각했다는 것으로 요약된다.

이런 반박의 기선을 제압하기 위해 에피쿠로스는 그의 윤리학의 핵심 논거인 쾌락주의적 계산에 호소하는 듯하다. 사람들은 결코 쾌락 자체를 피하려 하지 않지만 미래의 더욱 큰 쾌락을 얻으려 하고 미래의 더욱 큰 고통을 피하려 한다. 마찬가지로 사람들은 고통 자체를 선택하려 하지 않지만 미래의 더욱 큰 고통을 피하려 하며 미래의 더욱 큰 쾌락을 보장받으려 한다(ad Men. 129; Fin. I.32). 따라서 도덕적 목적의 성취는 쾌락 및 고통과 관련된 계산과 평가 그리고 선호하는 가치에 대한 우리의 선택에 의존한다. 곧 일상적인 행위 선택 방식과 장기적인 전망에서 쾌락이 고통보다 더 큰 비중을 지니고 고통을 능가해야 한다(ad Men. 129-30; KD VIII; SV 73).[10] 이런 쾌락주의적 계산은 에피쿠로스주의가 육체적 쾌락의 탐닉과 방탕한 삶의 방식을 권장하는가 그렇지 않은가라는 주제로 이어진다. 한편으로 이런 계산에 실패하는 까닭은 전형적으로 당장의 직접적인 쾌락이 너무나도 강력한 힘을 지니기 때문이다(Fin. I.33). 이런 쾌락은 미래의 결과를 고려하지 않고 선택할 만한 가치가 있는 듯이 보인다. 다른 한편으로 계산을 성공적으로 수행한다면 절제하는 자기충족적인 삶의 방식에 이르게 되는데 이를 통해 우리는 쾌락을 자유롭게 추구하고 외부의 구속에 대해 적절하게 대응할 수 있게 된다(ad Men. 130-2). 하지만 후기 에피쿠로스주의자들은 도덕적 선택에서 이런 계산의 역할을 두고 논쟁을 벌인다. '소박한' 에피쿠로스주의자들은 자신들의 체계의 기본 원리(kuriôtata)를 적용함으로써 올바른 선택을 직접 이끌어낼 수 있다고 믿는 반면 다

---

10) 이는 주류 키레네학파의 쾌락주의와 대비된다. 키레네학파는 현재의 경험에 초점을 맞추어 이후에 등장할 결과와 무관하게 현재의 쾌락을 추구해야 한다고 주장한다. 키레네학파의 현재주의와 그리스 윤리학의 행복주의적 구도 사이의 긴장 관계에 대해서는 Annas 1993: 227-36, 338-9; Irwin 1991 그리고 이들 둘 모두에 대한 대응은 Tsouna-McKirahan 2002 참조.

소 '정교한' 에피쿠로스주의자들은 엄밀한 계산에 기초해 올바른 선택을 할 수 있는데 이런 계산은 결국 자신들의 기본 원리에 근거한다고 주장한다(De elect. XI.7-20).

쾌락과 고통의 정도를 비교, 평가하면서 서로 다른 두 종류의 경험 유형, 곧 육체적, 정신적 경험이 최고선의 성취에 기여하는 방식이 서로 구별된다는 점을 고려해야 한다. 육체적인 쾌락과 고통이 근본적인데(PHerc. 1232, XVII.15, XVIII.10-17) 그 까닭은 육체에 대응되는 정신적 부분들이 '원래 육체에서 유래했으며, 육체에 기초하기'(Fin. I.55; Tusc. III.38) 때문이거나 정신적 쾌락과 고통은 궁극적으로 육체의 느낌(pathê)에 관한 것이기 때문이다. 하지만 육체적인 느낌이 정신적인 것에 얼마나 앞서든 간에 정신적인 훈련은 우리 삶의 수준 전반에 엄청나게 큰 영향을 미친다. 육체적인 쾌락과 고통은 단지 현재의 느낌으로 한정되는 반면 정신적인 것은 과거와 현재, 미래를 모두 아우를 정도로 확장되며(D.L. X.137), 특히 미래를 고려할 경우 정신적인 것의 힘이 훨씬 더 커지기 때문이다. 정신적 느낌과 활동의 영역 및 강도는 양면성을 지닌다. 한편으로 정신적 쾌락은 육체적 고통이 상당히 클 경우에도 그것을 상쇄할 수 있는 힘을 지닌다. 다른 한편으로 정신은 현재의 정신적 고통이 낳는 결과를 지나치게 확대해 과장하기도 하고 현재의 육체적 쾌락으로부터 얼마나 큰 즐거움을 얻는 간에 그것을 무시하기도 한다. 이런 이유로 에피쿠로스의 도덕적 치료와 처방은 육체가 아니라 정신의 느낌과 활동에 초점을 맞춘다. 이 문제에 대해서는 후에 다시 다루려 한다.

에피쿠로스는 상당히 논란이 되는 쾌락의 두 종류 또는 두 측면, 곧 정적인 쾌락과 동적인 쾌락 사이의 구별을 도입한 최초의 인물인 듯하다(Fin. I.37-8; Tusc. III.41; D.L. X.136; Athenaeus, Deipn.

546e-f).[11)

에피쿠로스는 『선택에 관하여』에서 다음과 같이 말한다. '동요로부터
의 자유(ataraxia)와 신체적 고통으로부터의 자유(aponia)는 정적인
쾌락인 반면 기쁨(chara)과 환희(euphrosunê)는 동적인 쾌락으로
여겨진다. (D.L. X.136)

해석상의 여러 문제들이 있지만 여기서는 동적인 쾌락과 정적인 쾌
락 사이의 구별, 이들의 서로 관련되는 방식, 에피쿠로스가 이런 구별
을 도입한 이유 그리고 이 구별이 에피쿠로스의 쾌락주의에서 지니는
철학적 의미에만 집중하려 한다.

이런 구별에 대한 해석에 따르면 에피쿠로스가 동적인 쾌락과 정적
인 쾌락을 구별하는 핵심 기준은 일종의 운동(kinêsis) 또는 변화이다.
곧 전자는 운동을 포함하지만 후자는 포함하지 않는다.[12) 더욱이 동적
인 쾌락에 포함된 운동은 목마름이나(*Fin. II.9*) 배고픔을(*SV 33*) 해소
하는 것과 같은 육체적 보충이나 정신적 욕구 만족의 과정과 결합하지
않을 수 없다.[13) 동적인 쾌락은 자주 어떤 생성 과정이 없이도 정적인

---

11) 또한 ad Men. 128과 KD XVIII도 이런 구별을 암시한다. 몇몇 학자들은 이런 구별의
진정성을 의문시하거나 거부하기도 했다. 예를 들면 Gosling and Taylor 1982: 365-
96; Nikolsky 2001 참조. 계속 이어진 논쟁을 잘 보여주는 문헌으로는 Rist 1972; Gi-
annantoni 1984; Striker 1993; Mitsis 1988: 45-52; Hossenfelder 1986; Purin-
ton 1993; Kostan 2012. 그리고 필로데모스(Philodemus)와 관련해서는 Tsouna
2007: 15-17 참조.

12) D.L. X.136 및 다른 관련 문헌에 대한 다른 해석에 따르면 궁극적으로 중요한 것은 정
적인 상태 자체가 아니라 그것이 우리에게 주는 기쁨과 환희이다. 그런데 이들은 아리
스티포스가 생각했던 최고선이 동적이듯이 동적인 활동이다. 이에 관해서는 Erler and
Schofield 1999: 655-7 참조.

13) 이에 대한 반대 의견은 Mitsis 1988: 45-6. 또한 Striker 1993: 15 참조.

상태가 변형된 것으로 나타나기도 하기 때문이다(*KD* XVIII; *Fin.* II.10).[14] 정적인 쾌락이 육체에 속하거나 (예를 들면 aponia, 고통으로부터의 자유) 또는 정신에 속하듯이 (예를 들면 ataraxia, 동요로부터의 자유) 동적인 쾌락 또한 육체에 속하기도 하고 정신에 속하기도 한다. 그런데 동적인 쾌락에는 한계가 있다. 동적인 쾌락은 끝없이 증가하지 않으며 모두가 원하는 어떤 지점을 넘어서면 단지 변형될 뿐이다(*KD* III, XVIII). 육체적이든 정신적이든 간에 동적인 쾌락은 대체로 감각의 활동과 연결된다. 더욱이 지금은 전해지지 않는 에피쿠로스의 저술『도덕적 목적에 관하여』에서 인용된 부분은(*Tusc.* III.41) 동적인 쾌락이 정적인 쾌락과 마찬가지로 에피쿠로스의 쾌락 개념에서 필수적인 (비록 가치 있는 것은 아니라 할지라도) 요소임을 암시한다. 이는 현재 경험하는 동적인 쾌락뿐만 아니라 정신이 동적인 쾌락을 예상하거나 회상하는 경우에도 마찬가지로 적용된다. 우리는 미래의 즐거운 활동을 확신하면서 예상할 때 적극적인 기쁨을 느끼는데 과거의 유사한 종류의 활동을 기억할 때도 같은 일이 일어난다.

하지만 정적인 쾌락 또한 마찬가지로 예상과 기억의 대상이 될 수 있다. 사실『도덕적 목적에 관하여』에는 육체의 안정과 이것이 정신의 평정에 미치는 윤리적 영향을 강조한 대목이 등장한다. '육체의 안정된 상태(katastêma)와 이런 상태에 대한 기대는 추론을 통해 이런 상태에 도달할 수 있는 사람들에게 최고 수준의 가장 확실한 기쁨을 준다'(Plutarch, *Non posse* … 1089d). 설령 정적인 쾌락을 불러오는 쾌적한 운동이 존재하더라도 위와 같은 언급에 비추어보면 정적인 쾌락은 운동 자체와 동일시될 수는 없다. 오히려 정적인 쾌락은 잘 기능

---

14) Long and Sedley 1987, vol. 1: 123-4 참조.

하는 육체 또는 잘 사고하는 정신이 누리는 완벽하게 자연스러운 상태라고 할 수 있다. 이런 점을 고려하면 정적인 쾌락은 중요한 객관적인 면을 지닌다. 그것은 생리적, 심리적 상태로서, 어떤 생리적, 심리적 조건의 만족을 의미하며 따라서 객관적인 용어로 설명될 수 있다. 동시에 에피쿠로스는 정적인 쾌락이 파토스(pathos), 곧 감정을 포함하는 한 우리가 느끼는 어떤 특성을 지니며 이를 통해 우리는 무엇을 선택할지를 결정한다는 점을 암시한다(*ad Men*. 129).[15] 이 점은 상당히 중요한데 그 까닭은 특히 이런 주장이 정적인 쾌락은 사실상 전혀 쾌락이 아니라는 비판에 대응하는 데 도움이 되기 때문이다(*Fin*. II.20-32 및 아래의 논의 참조).[16] 이런 비판의 기원을 이해하기 위해 쾌락과 관련된 논의를 역사적 전개에 따라 간단히 살펴볼 필요가 있다. 소크라테스의 전통을 이어받은 철학자들, 대표적으로 플라톤은(*Phil*. 42c-44a) 고통의 부재를 중립적인, 곧 즐겁지도 않고 고통스럽지도 않은 상태로 여겼다. 이런 생각이 키레네학파의 아리스티포스에게로 이어졌다는 점은 중요하다. 아리스티포스는 고통과 쾌락을 각각 거친 바다와 잔잔한 바다에 비유하고, 한걸음 더 나아가 고통과 쾌락 사이에 죽은 듯이 고요하다고 할 수 있는, 중간적인 심리 상태가 있다고 주장했다(Eusebius, *PE* XIV.18.31-2). 이와는 대조적으로 에피쿠로스와 그의 추종자들은 (예를 들면 Demetrius Laco, PHerc. 1012, I.1-8; Philodemus, *De Epic*.; PHerc. 1232, XVIII.10-17) 고통이나 동요가 없는 이런 상태를 '쾌락'으로 — 그것도 '최고의 쾌락'으로 — 여겼다.[17]

---

15) Woolf 2009: 172-5 참조.

16) 이런 비판에 관해서는 Hossenfelder 1986 참조.

17) 키레네학파와 마찬가지로 에피쿠로스도 고통이나 동요가 없는 상태를 폭풍이 누그러진 날씨에 비유한다(*ad Men*. 128 참조).

이런 설명은 논쟁을 이해하는 데뿐만 아니라 철학적 목적에도 도움이 된다. 역사적 맥락에서 에피쿠로스주의자들은 의도적으로 자신들을 당시 경쟁 관계에 있던 다른 쾌락주의자들과 구별하려 했다. 철학적으로 에피쿠로스주의자들은 쾌락의 현재성을 강조했던 키레네학파에 비해 그리스 윤리학의 행복주의 체계에 더욱 잘 어울리는 쾌락주의를 제시하려 했다. 고통과 동요가 없는 상태는 안정감과 내적인 평화를 충분히 누리는 상태로서 이를 위한 형식적 조건은 행복(eudaimonia)의 형식적 조건과 일치한다. 그리고 이런 상태를 '최고의 쾌락'이라고 적극적으로 규정함으로써 에피쿠로스주의자들은 이를 윤리적 행위를 위한 적극적인 규칙으로 사용할 수 있게 된다.[18] 고통이나 동요가 없음을 나타내는 소극적인 정식들은 이런 상태가 정서적으로 중립적이라는 잘못된 인상을 낳는 반면 고통과 동요가 없음을 쾌락과 동일시하는 에피쿠로스의 적극적인 주장은 이런 요소들에 관한 근본적으로 새로운 관점, 곧 우리는 고통이나 동요가 없음을 쾌락으로, 참으로 훌륭한 것으로 느낀다는 사실에 주목하도록 만든다.[19] 여기에 더해 정적인 쾌락을 최고선으로 여김으로써 에피쿠로스는 사치와 낭비를 옹호한다는 비난에서 벗어나 검소하고 절약하는 삶의 방식을 선택할 수 있게 된다. 앞으로 보게 되듯이 에피쿠로스주의자들은 육체적 결핍의 고통에서 벗어나는 일이 그렇게 어렵지 않으며, 더 나아가 자신들이 정신적 동요를 근절하는 방법을 지닌다고까지 주장한다. 사실 육체적인 정적인 쾌락(aponia)을 누릴 수 있는 능력을 육체 자체가 지닌다는 사실은 상당히 중요하다. 이런 사실은 육체가 스스로 목표를 지닌다는 점을 의미함과 동시에 육

---

[18] Hossenfelder 1986; Mitsis 1988: 11-58; 그리고 Woolf 2009: 172-5 참조.
[19] Woolf 2009: 173-5 참조.

체의 한계도 드러내기 때문이다(KD XX). 곧 육체는 일단 모든 고통이 제거된 이후에는 스스로 자신의 쾌락을 증가시키지 못한다(KD XVIII; Philodemus, *De elect.* IV.1-10, *De mort.* III.37). 하지만 최고선을 추구하려는 우리의 시도를 지배하는 것은 육체가 아니라 정신이다. 육체는 시간을 파악하지 못하므로 현재 우리가 지니는 쾌락과 고통의 의식과 관련하는 것으로 제한되는 반면 정신은 이런 한계를 넘어서서(KD IV) 쾌락과 고통을 시간의 관점에서도 의식하며(D.L. X.137) 따라서 완전한 행복에 이르기 위한 계산을 수행한다.

　더 나아가기에 앞서 키케로가 체계적으로 제기한(*Fin.* II) 철학적 주제들에 관해 검토할 필요가 있다.[20] 에피쿠로스주의자들이 사용한 요람 논증에 대해 스토아학파와 마찬가지로 우리 또한 그들이 사실을 왜곡했다는 반박을 제기할 수 있을 듯하다. 갓 태어난 피조물은 쾌락이 아니라 자기보존을 추구하며, 동물에게 자신을 향한 자기애의 성향을 갖도록 만드는 것은 본성 자체, 곧 스토아학파의 윤리학이 덕의 기초로 여기는 본성이라고 반박할 수 있다.[21] 아니면 우리가 규범적 추론을 이끌어내기 위해 동물의 행동에 어느 정도 의존해야 하는가를 의문시할 수도 있다. 동물의 본성은 어린 시절과는 달리 타락할 수도 있기 때문이다(*Fin.* II.33). 또한 성인이 된 인간의 행동은 동물의 행동과 다르다는 단순한 반박도 가능하다. 에피쿠로스주의자들은 갓 태어난 동물의 행동에서 나타나는, 쾌락을 추구하는 특성에 초점을 맞추어 이런 반박들에 답할 수 있을 듯하다. 곧 그런 동물의 행동은 자연스러운 것이며 아직 타락하지 않았다고 주장하면서 발달의 초기 단계에서 인간과 동

---

20) 키케로가 쓴 대화편에 관해서는 Schofield 2008, *Fin.* II의 구성에 관해서는 Inwood 1990 참조.

21) 인우드(Brad Inwood)가 쓴 이 책의 6장 참조.

물의 유사성을 옹호할 수 있을 것이다. 또한 에피쿠로스주의의 쾌락 개념과 관련해서도 여러 문제가 제기되는데 그 중 대표적인 것으로 정적 쾌락과 동적 쾌락 사이의 관계를 들 수 있다. 시나 연설 또는 심지어 쾌락에서도 (서로 다른 것들이 서로 다른 쾌락을 낳는다는 의미에서) 어떻게 다양한 변형이 이루어지는지를 이해하기란 그리 어려운 일이 아니지만 어떻게 음악을 감상하면서 얻는 쾌락이 고통의 부재(aponia)가 변형된 것인지는 덜 명확하다(*Fin.* II.10). 다른 비판들은 특히 정적인 쾌락과 관련된다. 고통의 부재가 곧 쾌락이라는 생각은 언뜻 보기에 우리의 직관에 반대되는 듯하다. 고통의 부재는 개인의 어떤 욕구와도 연결되지 않으며 어떤 명확한 의미의 만족을 포함하지도 않는다. 더욱이 먹고 마시는 쾌락을 배제하고서는 어떤 쾌락도 생각할 수 없다는 에피쿠로스의 주장과 정적인 쾌락이 최고선이라는 그의 주장 사이에는 해결하기 어려운 긴장 관계가 유지되는 듯하다(*Fin.* II.6-7). 이외에도 에피쿠로스는 쾌락이 자명하다고 주장하지만 많은 철학자들은, 예를 들면 플라톤, 키레네학파 그리고 키케로 자신 또한 고통의 부재가 곧 자명한 선이라는 사실을 부정한다. 이에 대해 에피쿠로스주의자들은 일단 에피쿠로스가 밝혀낸 진리들을 수용하면 정적인 쾌락이 선이라는 점이 직관적으로 자명하게 드러난다고 답할 듯하다. 또한 이들은 정신이 주도적인 역할을 한다는 점을 들어 정적인 쾌락이 동적인 쾌락보다 우월하다는 점을 설명할지도 모른다. 욕구와 정념에 관한 에피쿠로스의 이론에 비추어볼 때 어떻게 정신이 좋은 삶을 규정하는지가 더욱 명확해지는 것과 마찬가지로 덕에 대한 설명과 사회 및 교육에 대한 견해 또한 그의 이론을 바탕으로 더욱 분명해진다.

욕구, 감정, 덕 그리고 사회

　정신이 우리의 쾌락주의적 선택을 규정하는 분명한 방식 중의 하나
는 그런 선택의 동기를 제공하는 욕구와 믿음에 대해 평가하는 것이다.
아카데미학파의 비판에 (*Fin.* II.9, 26) 맞서 에피쿠로스가 원래 제시했
던 욕구의 분류를(D.L. X.127) 형식화하려 했던 후기 에피쿠로스주의
자들에 따르면 욕구는 두 종류로, 곧 자연적 욕구와 비자연적 또는 공
허한 욕구로 나뉘는데, 전자는 다시 두 유형으로, 필수적 욕구와 필수
적이 아닌 욕구로 나뉜다(Philodemus, *De elect.* VI.7-21).[22] 따라서
우리의 욕구와 관련된 믿음을 평가해보면 자연적인 욕구에 대한 믿음
은 필연적으로 참이거나 우연적으로 참인 반면 공허한 욕구에 대한 우
리의 믿음은 거짓인 동시에 해롭다. 그리고 이런 욕구에 대응하는 쾌락
또한 자연적 욕구의 만족에서 등장한 것인지 아니면 공허한 욕구의 만
족에서 등장한 것인지에 따라 선택되거나 회피되어야 한다. 전자는 우
리가 추구해야 하는 것인 반면 후자는 우리가 결코 만족시키려 해서는
안 되는 것이다. 여기에 더해 필로데모스는 우리가 욕구들을 경험하는
방식이 다르듯이 욕구들의 근원 또한 서로 다르다고 주장한다. 욕구들
은 우리의 개인적 본성에서 등장하거나 아니면 외부적 요소에서 등장
하며, 우리에게 미치는 영향 또한 강하거나 약하다. 이런 구별을 제대
로 이해하지 못하면 우리는 도덕적 잘못을 저지르게 된다. 곧 외부의
욕구를 우리 본성에 기인한 것으로 착각해 추구해서는 안 될 야망이나
사치에 몰두하게 된다(*De elect.* V.4-21). 우리의 정신은 평정심에 이

---

22) 음식과 옷에 대한 욕구는 자연적인 동시에 필수적이다. 성욕은 오직 자연적이기만 하
　　다. 반면 사치품이나 권력, 명성에 대한 욕구는 공허하다. 욕구의 대상이 어떤 진정한
　　가치도 지니지 않기 때문이다.

르는 데 결정적인 역할을 하는데 넓은 의미에서 우리가 느끼는 가장 큰 공포의 본질을 이해하고 인정한 후 이를 치료하는 방식으로 이런 역할을 수행한다. 사실 에피쿠로스의 윤리학에서 가장 매력적이고 가치 있는 요소는 탐욕과 분노 같은 정념 그리고 죽음의 공포를 분석하고 이를 치유하는 데서 발견된다.

에피쿠로스가 처음 제시한 것으로 전해지는 이른바 네 가지 처방(tetrapharmakos)에 따르면 에피쿠로스의 치료법에서 네 가지 주요 원칙은 다음과 같다. '신은 두려움의 원인이 아니다. 죽음은 걱정의 원인이 아니다. 선한 것을 얻기는 쉽다. 또한 악한 것을 견디기도 쉽다'(Philodemus, *Ad* [⋯] IV.9-14). 마지막 두 원칙을 먼저 살펴보자. 쾌락을 쉽게 얻을 수 있다는 생각은 쾌락의 강도와 지속성에는 제한이 있으며, 최고의 쾌락은 고통의 제거이며, 고통의 제거는 우리의 자연적 욕구에 주목함으로써 쉽게 이루어질 수 있으며, 부나 권력 같은 외부적 요소들은 고통의 제거에 필수적인 것이 아니라는(*KD* XV; *SV* 33, 59) 에피쿠로스의 주장에 비추어볼 때 상당한 설득력을 지닌다. 에피쿠로스는 아마도 자연이 제공하는 바는 우리가 자연스럽게 원하거나 요구하는 바에 대응하는 반면 이를 넘어서서 우리가 더 이상 요구하는 바는 공허한 욕구로부터 등장한다고 가정하는 듯하다. 하지만 고통을 쉽게 견딜 수 있다는 주장은 쉽게 납득이 가지 않는다(*KD* IV). 에피쿠로스는 강력한 고통은 짧게 끝나고 긴 고통은 견딜만 하다고 주장하지만 우리는 이보다는 고통이 몹시 강력한 동시에 오래 지속될 수 있으며, 심지어 쾌락주의자에게도 과거의 고통에 대한 기억과 그런 고통을 미래에도 다시 경험하리라는 예상은 상당히 두려운 것임에 틀림없다는 키케로의 주장에(*Fin.* II.94-5) 동의할 듯하다. 더욱이 에피쿠로스주의자는 쾌락의 기억과 예상이 심지어 육체적 고통을 겪는 상황에서도 정적인 쾌락을 누릴 수 있도록 해준다고 주장하지만 이에 대해 비판자들은 정서적 기억을 조절하는 우리의 능력에는 한계가 있다고(*Fin.* II.104-6), 따라서 고통에 제대로 대처해 이를 극복할 수 있는 능력 또한 한계가 있다고 반박할지 모른다. 어쨌든 에피쿠로스주의자는 고통을 피하려는 것은 자연스러운 일이지만 우리가 느끼는 두려움이라는 고통의 강도는 오직 공허한 믿음에 기인하므로 이런 믿음을 제거하면 고통을 충분히 심리적으로 조절할 수 있다고 가정한다.

공허한 믿음은 또한 왜 사람들이 위의 네 가지 처방 중 신과 죽음에 관한 처음 두 원칙에 잘 따르지 못하는지, 그 이유를 알려준다. 이 두 원칙은 에피쿠로스가 쓴 『메노이케우스에게 보낸 편지』에서 가장 중요한 위치를 차지하며(D.L. X.123-4, 124-9), 루크레티우스가 쓴 시에서도 상당히 길게 언급된다. 필로데모스 또한 신의 본성과 신을 향한 진정한 경건함에 관해 논의하며(『신들에 관하여』, 『경건함에 관하여』), 죽음과 관련된 모든 종류의 두려움에 대해(『죽음에 관하여』) 체계적으로 논의한다. 에피쿠로스학파에 속한 것으로 알려진 거의 모든 인물들은 창시자의 견해에 따라 심리학뿐만 아니라 자연학으로부터, 곧 우주의 모든 것이 원자로 구성된다는 에피쿠로스의 이론으로부터 자신들의 주장을 이끌어내는데 이런 자연학은 신의 개입이나 사후 영혼의 불멸 같은 주장을 배제할 수밖에 없다.

에피쿠로스가 신들을 객관적으로 존재하는 실재라고 생각했는지 아니면 인간의 정신이 만들어낸 관념적 구성물이라고 생각했는지는 여전히 논쟁거리이다.[23] 존재론적 위상이 어떻든 간에 에피쿠로스의 신들은

---

23) 전자, 곧 '신이 실재한다는' 주장을 옹호한 학자로는 Mansfeld 1993; Santoro 2000; Babut 2005; Essler 2011 등이 있다. 반면 후자, 곧 '신이 관념에 지나지 않는다는' 견해는 Long and Sedley 1987, vol. 1: 23장; Obbink 1989, 1996; Purinton 2001; Sedley 2011 등이 주장한다.

윤리학의 영역에서 매우 중요한 이중적인 역할을 수행한다. 우선 신들은 우리가 관조하고 모방해야 하는 도덕적 이상을 제시한다는 점에서 적극적인 역할을 담당한다. 반면 신에 대한 올바른 개념을 지님으로써 인간 삶에 미치는 신의 영향에서 비롯된 모든 두려움으로부터 벗어날 수 있다는 점에서 소극적인 역할도 담당한다. 간단히 말하면 에피쿠로스와 그 추종자들은 신들을 불멸하는 신성한 존재이지만 동시에 이 세계와 인간사에 개입하거나 관여하지 않는 존재로 여겼다. 우리는 신들을 볼 수 없지만 사고를 통해 신들의 본질적인 속성을 명확히 파악할 수 있는 능력을 지닌다. 특히 불멸성과 신성함은 신에 대한 우리의 선개념을 통해 신의 특성으로 드러나는데 이런 선개념은 신의 본성에 대해 결코 오류에 빠지지 않는 방식의 접근을 보장할 뿐만 아니라 진정한 도덕적 지식을 얻도록 우리를 인도한다. 에피쿠로스는 이런 선개념의 내용을 많은 사람들이 지닌 잘못된 미신과 구별하면서 우리가 참으로 신에 대해 경건하려면 신에 대한 선개념에 주의를 기울여야 한다고 역설한다. 곧 우리는 신의 불멸성 및 신성함과 조화를 이룰 수 있는 모든 것은 신의 속성으로 여길 수 있지만 조화를 이룰 수 없는 것은 결코 신의 속성으로 수용할 수 없다(*ad Men*. 123; *KD* I; Cicero, *ND* I.43-9; Philodemus, *De piet*. V.131-44, VII.189-201 Obbink). 따라서 우리는 신들이 자연의 작용과 인간 사회에 어떻게든 간섭하려 한다는 일반적인 믿음을 거부하고 그 대신 신들은 인간 세계에서 멀리 떨어져 있으며 인간사에 무관심하다고 생각해야 한다.[24] 걱정, 근심, 분노, 두려움 등은 신들과는 아무 상관이 없으며 오직 나약하고 서로 의존하는 유

---

[24] 에피쿠로스가 신들이 공간상 세계 안의 어디엔가 존재한다고 생각했는지(*ad Pyth*. 89; *DRN* V.146-54; Babut 2005: 86-9 참조) 아니면 세계 안의 어디에도 존재하지 않는다고 생각했는지도 논쟁거리이다.

한한 존재, 곧 인간에게 속할 뿐이다(*ad Herod*. 76-7). 후기 에피쿠로 스주의자들은 이런 견해들을 옹호할 뿐만 아니라 자신들의 윤리적 주장의 핵심으로 여긴다. 필로데모스는 신에 대한 우리의 선개념과 많은 사람들이 지닌 왜곡된 개념을 서로 대비하면서 왜 사람들이 신의 진정한 본성과 양립할 수 없는 특성들을 신에게 돌리면서 신을 두려워하게 되는지 그 이유를 고찰한다(*De piet*. IX.234-5; XI.294 이하). 또한 그는 폴리아이노스(Polyaenus)의 논쟁적인 주장, 곧 신의 본성이 우리에게 선과 악의 근거(aitia)를 제공한다는 주장에 대해 응수한다(*De piet*. XXXVIII.1096-7). 필로데모스에 따르면 신은 마치 도덕적 행위자처럼 행위함으로써 우리에게 이익이나 손해를 끼치는 것이 아니라 우리가 모방하고 숭배해야 할 완벽한 윤리적 모범의 역할을 한다(*De piet*. XXXVIII.1082-7; XL.1138-55, XLIV.1266-75). 신들은 '우리를 살리거나 죽이는 원인'이 아니므로(*De elect*. VII.17-20, X.12-15, IX.14-20, XII.8-9) 신에 대해 아무것도 두려워할 필요가 없다. 신이 실제로 존재하든 그렇지 않든 간에 윤리적으로 중요한 것은 신을 두려워하는 것이 아니라 신에 대해 순수하고 오염되지 않은, 그릇된 도덕적 가치에 물들지 않은 개념을 유지하는 것이다.[25] 우리의 이런 노력이 성공한다면 우리는 완전한 평온과 행복을 누릴 것이며, 살아있는 한 신과 같은 삶을 살게 될 것이다.

신에 대한 두려움은 부분적으로 죽음에 대한 두려움과 관련된다.[26] 죽음에 대한 두려움이야 말로 '가장 큰 두려움'이며 '영혼의 무지'이기도 하다(*DRN* III.91; *ad Men*. 125). 이는 또한 탐욕과 불의와 같은 다

---

[25] Long and Sedley 1987, vol. 1: 146-7 참조.

[26] 사람들이 죽음을 두려워하는 이유 중 하나는 죽은 뒤에 처벌받는다는 믿음 때문이다. Tsouna 2007: 244-8 참조.

른 사악한 성향의 원인을 제공하며(*DRN* III.60-88), 죽어가는 과정, 죽은 상태, 때 이른 죽음, 심지어 인간의 유한성 자체에 대한 두려움을 포함해 모든 종류의 걱정을 낳는다.[27] 죽음에 대한 두려움은 너무나도 깊고 커서 행복을 위협하는 가장 큰 원인이 된다. 그렇다면 이를 제거하는 일은 평정에 이르기 위한 결정적인 단계이며, 더 나아가 죽음을 올바르게 바라보는 것은 즐거운 삶을 누리기 위한 필수 조건이기도 하다. 에피쿠로스주의자들은 위의 네 가지 처방 중 두 번째 원칙, 곧 죽음은 우리에게 아무것도 아니라는 원칙을 옹호하기 위해 두 가지 논증을 주로 사용하는데 이들은 이른바 지각 불가능(anaisthêsia) 논증과 존재 불가능 논증이다. 이 둘은 서로 결합되어 사용되기도, 분리되어 사용되기도 한다. 우선 전자의 논증에 따르면 죽음은 우리의 영혼을 구성하는 원자들과 육체를 구성하는 원자들로 이루어진 결합체가 각각의 원자로 분리되는 것인데 이렇게 분리된 원자들은 지각 작용을 할 수 없다. 하지만 유일한 본질적인 악인 고통은 오직 지각될 경우에만 우리에게 손해를 입힌다. 따라서 죽음은 지각 작용의 완전한 상실을 의미하므로 죽음은 우리에게 아무것도 아니다(*ad Men.* 125; *KD* II). 물론 지각되지 않는 손해는 없다는 점을 부정함으로써 이런 주장에 반박할 수 있을지 모른다. 하지만 이를 위해서는 어떻게 우리가 스스로 손해를 지각하지 못하면서도 손해를 입을 수 있는지를 정확히 설명해야 하는 부담을 안을 수밖에 없다.[28] 존재 불가능 논증에 따르면 한 개인은 영혼과 육체의 결합인데 죽음은 이런 결합의 파괴를 의미한다. 따라서 죽음에 이르면 우리는 더 이상 존재하지 않는다. 그런데 무언가가 우리에게 악

---

[27] Warren 2004: 1-6, Tsouna 2007: 256-311 참조.

[28] Nagel 1979 및 이를 반박하는 Warren 2004: 24 이하 참조.

이 되려면 그런 악한 일이나 사건이 일어날 때 우리가 존재해야만 한다. 그러므로 죽음은 우리에게 아무것도 아니다(*ad Men*. 125). 이 논증을 반박하려는 비판자들 또한 어떻게 죽음이 더 이상 존재하지 않는 누군가에게 손해를 입힐 수 있는지를 설명해야 한다. 후기 에피쿠로스주의자들은 이런 논증들을 더욱 확장하고 세련되게 개선했다. 이들은 죽음이 어떤 종류의 결핍이나 박탈이라도 포함한다는 생각을 무너뜨리려 한다. 이들은 또한 특히 제거하기 어려운 듯이 보이는 '명확한 두려움을' 불러일으키는 경우들을 언급한다(Philodemus, *De mort*. III.30-6, V.1-4, IX.1-12). 더 나아가 필로데모스와 루크레티우스는 이른바 '대칭 논증'을 도입하는데 이는 과거와 미래 사이의 대칭에 호소해 우리의 탄생 이전의 무한한 시간이 우리와 무관하듯이 우리의 죽음 이후의 무한한 시간 또한 우리에게 아무것도 아니라는 결론을 이끌어내려는 논증이다(*DRN* III.832-42, 972-5; *De mort*. XXII.24-8, XXIII.37-XXIV.17-25, XXVI.17-25). 대칭 논증은 죽음 뒤에 우리의 존재가 현재 우리에게 아무것도 아니라는 사실적 주장으로 해석될 수도 있고 아니면 다음과 같은 규범적인 주장으로 해석될 수도 있다. 곧 우리는 어차피 우리가 살아있는 동안의 한 시점에서 죽은 후의 미래를 내다보므로 그 때 우리가 더 이상 살아있지 않으리라는 사실에 대해 조금도 걱정할 필요가 없다는 것이다. 사실 필로데모스와 루크레티우스는 현존하는 에피쿠로스의 저술들에서는 전혀 발견되지 않는 근거를 통해 죽음이 우리에게 아무것도 아니라는 원칙을 옹호한다. 탄생 이전과 죽음 이후 사이의 대칭 관계나 우리의 죽음 이후에 우리가 존재하지 않는다는 사실은 탄생 이전에 존재하지 않았다는 사실과 완벽하게 일치한다는 주장 등은 에피쿠로스의 저술에는 등장하지 않는다. 규범적인 면에서 이런 주장은 왜 우리가 죽을 수밖에 없다는 사실을 한탄해서는 안 되는지에 대한 이유를 제시하는 것으로 해석된다. 이런 대칭 논증은 현대의 철학자들에게까지도 큰 영향을 미친다. 간단히 말하면 이 논증에 답하면서 현대의 어떤 학자들은 탄생 시점은 개인의 정체성을 구성하기 위한 필요조건이지만 사망 시점은 그렇지 않다고 주장하기도 하고[29], 다른 학자들은 과거와 미래에 대한 우리의 태도는 비대칭적일 수밖에 없다고 주장하기도 한다.[30]

에피쿠로스주의자들은 우리가 몹시 받아들이기 어려운 죽음의 경우를 다루기 위해 특별한 논증들을 채용한다. 이들은 다른 여러 기법들을 동원해 이런 논증들을 보완하는데 이런 기법들은 대부분 넓은 의미에서 외부에서 일어나는 사건에 대한 우리의 인식과 관련되며, 이들 중 일부는 특히 사람들이 지니는 감정이나 상상의 근거가 그다지 확고하지 않다는 점을 보이려는 의도를 드러낸다. 이런 복잡한 전략은 다른 감정과 성격적인 특성, 예를 들면 아첨이나 교만, 탐욕과 분노, 성적인 사랑 등에도 적용된다. 에피쿠로스주의자들이 논증의 기법과 수사학적이고 문학적인 언급을 결합한 이유는 이들이 감정과 성격적 특성들을 인식적 요소와 인식을 넘어선 요소들이 결합된 복잡한 상태로 여기기 때문이다. 따라서 이와 관련되는 감정이나 특성들을 교정하거나 제거하려면 모든 구성 요소들을 언급할 필요가 있기 때문이다. 감정에 대한 에피쿠로스주의자들의 접근 방식은 직관적으로도 설득력을 지니며 철학적으로도 옹호될 수 있다. 그리고 이들이 채용한 전략들은 무척이나 다양하고 복잡하다. 요약하면 헬레니즘 시대의 다른 여러 학파와 마찬가지로 에피쿠로스주의자들은 일종의 의학적 모델을 제시했는데 이에

---

[29] Kripke 1980: 110 이하 (정체성 형성에는 기원이 반드시 필요하다는 주장 관련). 또한 Nagel 1979, 1986 참조.

[30] Parfit 1984, 특히 149-86.

따르면 철학의 주요 목표는 영혼을 정신적 질병 상태에서 벗어나 건강하고 자연스러운 상태, 곧 쾌락을 누리거나 고통이 전혀 없는 상태로 되돌리는 것이다. 감정 또는 감정이 변형된 상태에 대한 이들의 분석은 바로 이런 철학적 목표를 추구한다는 점에서 치료적이다. 에피쿠로스주의자들은 철학자를 의사에 비유하면서 철학자에게 기대되는 바는 윤리적 실천의 틀 안으로 통합되는 활동을 계속함으로써 철학적 치료를 담당하는 것이라고 생각한다. 에피쿠로스주의 학자들은 에피쿠로스의 저술을 통해 사람들에게 이런 치료를 베푸는 것(ad Herod. 35) 이외에도 학교를 설립해 동료 및 학생들과 함께 활동함으로써 창시자의 쾌락주의 이상을 실현하려 했다. 필로데모스가 쓴 『솔직한 말하기에 관하여』(On Frank Speech)에는 솔직한 말하기(parrhêsia)라는 방법이 어떻게 교육과 치료를 위해 사용되는지에 대한 설명이 등장한다. 이 방법은 사람들의 도덕적 오류를 확인하고 이를 때로는 부드럽고 때로는 엄격한 비판을 통해 교정하기 위한 수단으로 자주 사용되었다. 이 과정에서 교사들은 학생들의 개성과 성격을 고려하는 동시에 치료의 궁극 목표가 정적인 쾌락에 이르는 것임을 잊어서는 안 된다.

악덕과 정념은 우리가 행복에 이를 기회를 방해하고 심지어 완전히 무산시키는 반면 덕은 행복 추구에 반드시 필요하다. 에피쿠로스는 덕을 그리 엄격하지 않은 인식론적 방식으로 정의해 우리의 믿음을 구성하는 중요한 내적 상태로서 이를 통해 믿음이 일종의 통일성을 얻게 된다고 말한다(D.L. X.132). 더욱이 그는 덕과 쾌락이 서로 상대방을 함축하며[31] 즐거운 삶은 덕과 분리될 수 없다고 주장한다. 하지만 덕은 쾌

---

31) 하지만 De elect. XIV.1-14에는 이런 함축이 오직 한 방향으로만, 곧 덕이 쾌락을 함축하는 방향으로만 이루어진다는 주장이 등장하며, 뒤이어 네 가지 주요한 덕과 다른 덕들에 대한 언급이 이어진다.

락과 독특하고 고유한 관계를 유지하지만 덕이 도구적인 위치를 차지한다는 점은 분명하다. 심지어 가장 위대한 덕인 지혜조차도 욕구를 조절해 이성적으로 쾌락에 도달할 능력을 지니기 때문에 바람직한 것이지 그 자체만으로 바람직한 것은 아니다(*Fin*. II.42). 절제와 용기 또한 그 자체 때문이 아니라 쾌락에 이르는 탁월한 수단으로써 가치를 지닌다(*Fin*. II.47-9). 정의는 다른 사람에게 해를 입히지 않고 우리 또한 해를 당하지 않겠다는 동료 시민들 사이의 약속을 통해 형성된다(*KD* XXXI-XXXIII; *Fin*. II.42). 정의의 구체적인 내용은 사회적 요소에 의해 결정되며(*KD* XXXVI), 정의는 사회 전반에 이익이 된다는 점이 증명될 경우에만 강제력을 지닐 수 있다. 현자들조차도 정의와 관련된 약속을 지켜야 하는데 그래야만 자신이 해를 당하는 경우를 막을 수 있기 때문이다. 어쨌든 정의도 독립적인 가치를 지니지 않는다. 정의 또한 쾌락을 산출하는 한에서 오직 도구적인 가치를 지닐 뿐이다. 요약하면 여러 덕들은 최고선의 후보 자리에서 탈락하며 이 영역에서 오직 쾌락만이 유일한 승리자로 남는다(*Fin*. II.54). 따라서 에피쿠로스주의자들은 이 장의 첫머리에서 언급한 헤라클레스의 선택을 거부할 듯하다. 이들은 쾌락주의를 지지하면서도 전통 도덕을 유지한다. 또한 쾌락을 추구하면서도 덕의 설자리를 허용한다. 더욱이 이들은 사치와 낭비를 조장한다는 비판에 성공적으로 대응한 듯하다. 이들의 견해에 따르면 쾌락주의적 계산의 본질과 이것이 낳는 결과 모두를 덕이 결정하기 때문이다. 하지만 비판자들은 만일 부정적인 결과를 두려워해서 덕을 실천한다면 그런 덕은 거짓에 지나지 않으며(*Fin*. II.69-71), 일반적으로 에피쿠로스의 쾌락주의는 인간의 동기와 행위를 일관성 있게 설명하지 못한다고 주장한다. 앞서 언급했던 토르콰투스는 몇몇 선조들이 자신의 이기적인 이익을 위해 자식을 처형하거나 추방한 예를(*Fin*. II.34)

들기보다는 건전한 가치관을 지닌 사람들은 쾌락주의적 체계를 정당한 것으로 받아들이지 않으므로 결코 그런 행위를 수행하지 않는다고 주장하는 편이 더 나았을 것이다.

에피쿠로스가 내세운 우정의 개념에 대해서도 이와 유사한 생각을 적용할 수 있다. 에피쿠로스는 각각의 행위자는 오직 자신의 쾌락을 도덕적 목표로 삼는다는 주장과 더불어 현자는 친구를 자기 자신만큼이나 사랑하며(*Fin*. I.67-8), 심지어 친구를 위해 죽기도 한다고(D.L. X.121) 말했다. 따라서 에피쿠로스는 이기적이고 자기중심적인 윤리와 전통 도덕이 칭찬하는 이타적인 태도 사이의 조화를 모색하는 데 다소 성공했다는 인상을 주기도 한다.[32] 또한 그는 자기부정이나 자기희생과 양립할 수 있는, 다소 엄숙한 쾌락주의를 내세운 듯이 보이기도 한다.[33] 하지만 반대자들은 진정한 우정은 근본적으로 모든 것에 앞서 자기 자신의 쾌락을 추구하는 행위와 양립할 수 없다고 반박하면서 에피쿠로스가 말하는 우정은 참된 우정이 아니라고 주장할지 모른다(*Fin*. II.78-85). 이에 맞서 몇몇 에피쿠로스주의자들은 우정은 원래 자기애에서 비롯되지만 결국에는 독립적인 가치를 확보하게 된다고 주장했다(*Fin*. I.67-8). 하지만 에피쿠로스주의자의 이론이 진정한 이타주의를 허용하는지는 여전히 논쟁의 대상이다.

사적인 영역에서와 마찬가지로 공적인 영역에서도 에피쿠로스의 쾌락주의는 키케로가 '역사상의 침묵'이라고 적절하게 표현한(*Fin*. II.67) 마지막 비판에 직면하게 된다. 이 비판은 역사상 중요 인물 중에 자신

---

[32] Mitsis 1988, 3장 및 Annas 1993, 2장 참조. 하지만 다른 학자들은 에피쿠로스가 우정에 단지 도구적인 가치만을 부여했다고 주장한다. O'Keefe 2001a, 2001b, Brown 2002 참조.

[33] *Fin*. I.67-70 및 *SV* 23 Brown 2002 참조.

의 쾌락을 추구한다고 주장하면서 덕이 있거나 이타적인 행위를 정당화하려 했던 사람의 예를 단 하나도 발견할 수 없다는 사실과 관련된다. 키케로에 따르면 이런 '침묵'의 이유는 바로 이런 주장이 부끄럽기 때문이다. 반면 진정한 도덕적 믿음은 진지하고 공적이어야 한다(*Fin.* II.77). 우리는 도덕적 믿음을 '마치 옷처럼 생각해 집안에서는 이런 것을 입고 문밖에서는 저런 것을 입어서는' 안 된다(같은 곳). 이런 비판에 대응해 에피쿠로스주의자들은 자신들이 쾌락주의적 동기를 감추려 하지 않는 수준이 아니라 에피쿠로스를 숭배함으로써 적극적으로 드러내려 한다는 사실을 지적할지도 모르겠다. 어쨌든 이들은 에피쿠로스를 쾌락주의적 가치를 분명히 드러내고 실천함으로써 진정한 도덕적 삶을 예를 제시하고 또 그런 삶을 살았던 인물로 여긴다.

저술의 생략형

ad Herod.   *ad Herodotum* (『헤로도토스에게 보낸 편지』/에피쿠로스)

ad Men.   *ad Menoeceum* (『메노이케우스에게 보낸 편지』/에피쿠로스)

ad Pyth.   *ad Pythoclem* (『퓌토클레스에게 보낸 편지』/에피쿠로스)

D.L.   『철학자들의 생애와 사상』/디오게네스 라에르티오스

De elect.   *De electionibus et figus* (『선택과 회피에 관하여』/필로데모스)

De Epic.   *De Epicuro* (『에피쿠로스에 관하여』/필로데모스)

De mort.   *De morte* (『죽음에 관하여』/필로데모스)

De piet.   *De pietate* (『경건함에 관하여』/필로데모스)

Deipn.	*Deipnosophistae* (『현자들의 만찬』/아테나이오스)
DRN	*De rerum natura* (『사물의 본성에 관하여』/루크레티우스)
Fin.	*De finibus bonorum et malorum* (『최고선악론』/키케로)
KD	*Kyriai Doxai* (『중요한 가르침』/에피쿠로스)
ND	*De natura deorum* (『신들의 본성에 관하여』/키케로)
PE	*Praeparatio Evangelica* (『복음의 준비』/에우세비우스)
PHerc.	Papyrus Herculanensis (『헤르쿨라네움 파피루스』)
Phil.	*Philebus* (『필레보스』/플라톤)
SV	*Sententiae Vaticanae* (『바티칸 문서』/에피쿠로스)
Tusc.	*Tusculanae disputationes* (『투스쿨룸 논총』/키케로)

참고문헌

제일 뒤의 * 표시는 특히 중요한 참고문헌임을 나타낸다.

Annas, J. (1993) *The Morality of Happiness*, Oxford University Press.

Babut, D. (2005) 'Sur les dieux d'Épicure', *Elenchos* 26: 79-110.

Brown, E. (2002) 'Epicurus on the Value of Friendship (Sententia Vaticana 23)', *Classical Philology* 97: 68-80.

Brunschwig, J. (1986) 'The Cradle Argument in Epicureanism and Stoicism', in Schofield and Striker 1986: 113-44.

Cooper, J. (1999) 'Pleasure and Desire in Epicurus', in J. Cooper, *Reason and Emotion*, Princeton University Press, 485-514.

Erler, M. and Schofield, M. (1999), 'Epicurean Ethics', in K. Algra et. al. (eds.) *The Cambridge History of Hellenistic Philosophy*, Cambridge University Press, 642-69.

Essler, H. (2011) *Glückselig und unsterblich: epikureische Theologie bei Cicero und Philodem (mit einer Edition von PHerc. 152/157, Kol. 8-10)*, Basel: Schwabe.

Giannantoni, G. (1984) 'Il piacere cinetico nell'etica epicurea',

Elenchos 5: 25-44.

Gosling, J. C. B. and Taylor, C. C. W. (1982) *The Greeks on Pleasure*, Oxford University Press.

Hossenfelder, M. (1986) 'Epicurus — Hedonist *malgré lui*', in Schofield and Striker 1986: 245-63.

Inwood, B. (1990) 'Rhetorica Disputatio: The Strategy of *De Finibus* II', in M. Nussbaum (ed.), *The Poetics of Therapy*, Apeiron 23.4: 143-64.

Irwin, T. (1991) 'Aristippus against Happiness', *Monist* 74: 55-82.

Konstan, D. (2008) *A Life Worthy of the Gods*, Las Vegas/Zürich/Athens: Parmenides.*

Konstan, D. (2012) 'Epicurean Happiness: A Pig's Life?' *Journal of Ancient Philosophy* 4: 1-24.

Kripke, S. (1980) *Naming and Necessity*, Cambridge MA: Harvard University Press.

Long, A. A. and Sedley, D. N. (1987) *The Hellenistic Philosophers*, 2 vols., Cambridge University Press.*

Mansfield, J. (1993) 'Aspects of Epicurean Theology', *Mnemosyne* 46: 172-210.*

Mitsis, P. (1988) *Epicurus' Ethical Theory: The Pleasures of Invulnerability*, Ithaca, NY/London: Cornell University Press.

Nagel, T. (1979) *Mortal Questions*, Cambridge University Press.

Nagel, T. (1986) *The View from Nowhere*, Oxford University Press.

Nikolsky, B. (2001) 'Epicurus on Pleasure', *Phronesis* 46: 440-65.

Obblink, D. (1989) 'The Atheism of Epicurus', *Greek, Roman and Byzantine Studies* 30: 187-223.

Obblink, D. (1996) *Philodemus. On Piety I*, Oxford University Press.

O'Keefe, T. (2001a) 'Would a Community of Wise Epicureans Be Just?' *Ancient Philosophy* 21: 133-46.*

O'Keefe. T. (2001b) 'Is Epicurean Friendship Altruistic?' *Apeiron* 34: 269-305.

Parfit, D. (1984) *Reasons and Persons*, Oxford University Press.

Purinton, J. (1993) 'Epicurus on the *telos*', *Phronesis* 38: 281–320.

Purinton, J. (2001) 'Epicurus on the Nature of the Gods', *Oxford Studies in Ancient Philosophy* 21: 181–231.

Rist, J.M. (1972) *Epicurus. An Introduction*, Cambridge University Press.*

Santoro, M. (2000) 'Il pensiero teologico epicureo: Demetrio Lacone e Filodemo', *Chronache Ercolanesi* 30: 63–70.

Schofield, M. (2008) 'Ciceronian Dialogue', in S. Goldhill (ed.), *The End of Dialogue in Antiquity*, Cambridge University Press, 63–84.

Schofield, M. and Striker, G. (eds.) (1986) *The Norms of Nature*, Cambridge University Press.

Sedley, D. (1976) 'Epicurus and his Professional Rivals', in J. Bollack and A. Laks (eds.), *Études sur l'Épicurisme Antique*, Cahiers de Philologie 1, Lille: Centre de Recherche Philologique de l'Universite de Lille.

Sedley, D. (1998) 'The Inferential Foundation for Epicurean Ethics', in S. Everson (ed.), *Ethics*. Companions to Ancient Thought 4, Cambridge University Press, 129–50.*

Sedley, D. (2011) 'Epicurus' Theological Innatism', in J. Fish and K. Sanders (eds.), *Epicurus and the Epicurean Tradition*, Cambridge University Press, 9–52.

Striker, G. (1993) 'Epicurean Hedonism', in J. Brunschwig and M. Nussbaum (eds.), *Passions and Perceptions: Studies in Hellenistic Philosophy of Mind*, Cambridge University Press, 3–17.

Tsouna, V. (2002) 'Is There an Exception to Greek Eudaemonism?', in M. Canto and P. Pellegrin (eds.), *Le style de la pensée. Mélanges Jacques Brunschwig*, Paris: Les Belles Lettres, 464–89.

Tsouna, V. (2007) *The Ethics of Philodemus*, Oxford University Press.

Tsouna, V. (2009) 'Epicurean Therapeutic Strategies', in Warren 2009a: 249–65.*

Warren, J. (2002) *Epicurus and Democritean Ethics. An Archaeology of Ataraxia*, Cambridge University Press.

Warren, J. (2004) *Facing Death*, Oxford: Clarendon.*

Warren, J. (ed.) (2009a) *The Cambridge Companion to Epicureanism*, Cambridge University Press.

Warren, J. (2009b) 'Removing Fear', in Warren 2009a: 234-48.

Woolf, R. (trans.) (2001) *Cicero: On Moral Ends*, Cambridge University Press.

Woolf, R. (2004) 'What Kind of Hedonist Was Epicurus?' *Phronesis* 49: 303-22.

Woolf, R. (2009) 'Pleasure and Desire', in Warren 2009a: 158-78.

6장

스토아학파

브래드 인우드(Brad Inwood)

           스토아학파는 오랜 역사와 독특한 전통을 지닌 철학 학파로서, 기원전 4세기 말에 처음 등장한 후 고대 말기에 이르러 플라톤주의에 굴복할 때까지 계속 유지되었다. 스토아학파는 오백 년이 넘는 기간 동안 자연학과 우주론, 윤리학과 논리학의 (수사학과 변증론을 포함해) 영역에서 탄탄하게 구성된 이론들을 제시함으로써 다른 여러 철학 학파의 발전은 물론 더욱 폭넓게 그리스 로마 세계의 지적인 문화 전반에 큰 영향을 미쳤다. 한 마디로 말해 스토아학파는 다른 학파들과의 논쟁을 통해 자신의 일관된 이론을 형성해나 갔다. 특히 윤리학의 영역에서 스토아학파가 소요학파나 플라톤주의와 마찬가지로 소크라테스의 전통에 속한다는 점은 의심의 여지가 없다. 이와는 달리 에피쿠로스학파의 윤리학은 소크라테스의 전통으로부터 약간의 영향을 받기는 했지만 스토아학파와는 근본적으로 다른 접근 방식을 보인다. 따라서 헬레니즘 시대 대부분에 걸쳐 에피쿠로스학파와 스토아학파는 인간으로서 어떤 삶을 사는 것이 좋은가라는 주제를 놓고 서로 반대되는 견해를 드러내는 동시에 서로 영향을 주고받았는데, 이들 사이의 논쟁은 서양 고대의 윤리적 사고에서 주요 논점 중 하나를 형성한다고 할 수 있다.

디오게네스 라에르티오스가 전하는, 스토아학파의 기원에 관한 이야기는 이 학파의 윤리학을 살펴보는 데 큰 도움이 된다. 스토아학파의 창시자인 제논(Zeno, 기원전 262년 경 사망)은 키프로스 섬의 키티움을 떠나 아테네로 가는 길이었다.

> 어느 날 그는 아테네로 가던 중에 (이 때 그는 30세였다) 한 책장수 옆에 앉았다. 책장수는 크세노폰이 쓴 『(소크라테스) 회상록』중 2권을 읽고 있었다. 제논도 이 책을 함께 읽다가 책장수에게 어디로 가면 사람이 이와 같은 삶을 살 수 있느냐고 물었다. 다행스럽게도 [키니코스학파의 철학자인] 크라테스(Crates)가 그 옆을 지나갔는데 책장수는 그를 가리키면서 제논에게 '이 사람을 따라가라'고 말했다. 이때부터 제논은 크라테스와 함께 공부하면서 철학에 집중하고 이와 관련되는 다른 분야들도 탐구했다. 하지만 키니코스학파의 몰염치한 태도는 다소 지나치다고 생각했다. …[1]

제논이 책장수와 함께 보았던 부분이 『회상록』의 2권 1장에 등장하는 내용, 곧 프로디코스(Prodicus, 소크라테스에게 상당한 영향을 미

---

[1] 디오게네스 라에르티오스, 『철학자들의 생애와 사상』 (이하 D.L.로 약칭) 7.2-3. 이 인용문을 비롯해 아래에서도 Inwood and Gerson 2008의 영어 번역을 주로 인용했다.

첬다고 전해지는 '소피스트')가 처음 만들어낸 헤라클레스의 선택에 관한 우화를 놓고 소크라테스와 쾌락주의자인 아리스티포스가 대화를 나누는 내용이라는(2.1.21-34) 점에는 거의 의심의 여지가 없다. 이 이야기는 인간 영웅인 헤라클레스가 탁월한 덕과 성취를 바탕으로 신으로 상승하려는 단계에서 쾌락을 누리는 편안한 삶 대신에 덕을 향한 험한 삶을 선택하는 것으로 마무리된다. 후에 스토아학파의 수장이 될 제논은 이 이야기에 크게 고무되어 키니코스학파의 삶의 방식에 헌신하기로 다짐하면서 크라테스의 후원을 받게 된다. (크라테스는 시노페 출신의 디오게네스(Diogenes)의 제자이며, 디오게네스는 소크라테스를 추종했던, 키니코스학파의 창시자 안티스테네스(Antisthenes)의 제자이다.)

키니코스학파는 기원전 4세기에 등장한, 모든 이론에 반대하는 독특한 주장을 편 학파였다. 이 학파의 철학자들은 평범한 사회의 일반적 가치들을 모두 거짓으로 여기면서 모든 가식과 겉치레를 벗어던지고 자연에 따르는 것이 최선의 삶이라고 주장했다. 소크라테스와 마찬가지로 키니코스학파도 전통적인 가치에 기꺼이 도전하고 이런 가치를 단호히 거부했다. 이들은 자신들의 반관습주의를 드러내는 것이라면 무엇이든 철저히 실천하는 모습을 보였다. 이들은 큰 위험이 따르지만 결국에는 헛된 일이 되고 마는 정치 활동을 삼가는 것은 물론 재산이나 결혼, 가정까지도 포기하고 삶에 필요한 최소한의 것마저도 벗어던진 채 오직 자신들이 덕이라고 여기는 바만을 추구했다. 디오게네스는 커다란 저장용 통 안에서 살면서 모든 정치적 관습을 거부했는데 심지어 알렉산드로스 대왕이 방문했을 때도 몹시 거만한 태도를 보였다고 전해진다. 키니코스학파의 삶의 방식은 가장 검소한 음식에 만족하면서 신체적 욕구의 충족을 가장 직접 추구하는 것으로 요약된다. 이들은 공개된 장소에서 성행위를 하는 것도 다른 기본적인 신체 활동을 하는 것과 마찬가지로 조금도 부끄러운 일이 아니라고 생각했다. 이런 행동에 비추어보면 이들에게 '개'라는 별명이 붙은 것도 당연한 일이다('키니코스'라는 이름은 개를 의미하는 그리스어 kuôn에서 유래했다). 제논은 스승인 크라테스로부터 많은 것을 배웠지만 이런 몰염치함은 결코 받아들일 수 없었다.

키니코스학파는 기원전 5세기 소피스트들이 등장하면서 제기된 문제, 곧 자연과 인위적 관습 또는 피지스(phusis)와 노모스(nomos) 사이의 대비라는 문제를 물려받았다. 제논은 키니코스학파처럼 자연을 극단적인 방식으로 해석하지는 않았지만 '자연과의 일치'를 자신의 윤리 이론의 핵심 주제로 여겼다. 제논으로부터 시작해 고대 말기에 이르기까지 모든 스토아학파 철학자들은 우리가 성공적인 인간의 삶을 살려면 자연과 완전히 일치하는 삶을 살아야 한다는 생각을 이런 저런 형태로 받아들였다. 바로 이런 생각에 기초해 (달리 표현하면 이 확고한 논점을 중심으로 삼아) 스토아학파 윤리설의 기본적인 특징들을 발견할 수 있다. 하지만 이것이 스토아학파만의 고유한 특징은 아니다. 사실 윤리 이론의 결정 근거로 자연과 우연적 관습 중 하나를 선택해야 할 경우 관습을 택하는 철학자는 거의 없다. 피론주의 회의론자들은 자연적인 가치의 존재 자체를 부정하고 자신들이 속한 사회의 관습과 습관에 따르는 삶을 추천했다. 또한 자연과 관습 사이의 대비를 부각시켰던 몇몇 소피스트들은 우리가 살면서 의지할 것은 관습 밖에 없다고 주장했다. 아리스토텔레스가 제시한 구체적 덕목들 중 일부는 폴리스의 관습에 의존한다고 말할 수 있지만 동시에 그는 폴리스가 인간 삶의 자연스러운 방식이라고 여겼다. 스토아학파가 자연에 따른 삶을 주장하면서 다른 이론과 구별되는 최소한의 특징을 지닌다면 이는 그들이 생각한, 곧 사람들이 삶을 살아가면서 의지해야 한다고 주장한 자연의 개념 안에 놓여있음에 틀림없다.

자연에 따른 삶

스토아학파는 자연이라는 용어의 두 가지 의미에 주로 초점을 맞추는데, 그 중 하나는 전체 우주로서의 자연(nature)이며 다른 하나는 인간의 본성(nature)이다. 최소한 스토아학파의 세 번째 수장인 크리시포스(Chrysippus, 기원전 280-205 경)가 제시한 성숙한 형태의 이론에서 이런 점이 분명히 드러난다. '우리가 반드시 그것에 따라 살아가야 하는 자연이라는 개념을 크리시포스는 일반적인 자연과 특히 인간의 본성이라는 두 가지로 이해한다. 클레안테스(Cleanthes, 스토아학파의 두 번째 수장, 기원전 330-230 경)는 오직 일반적 자연만을 생각했으며 우리가 이런 자연에 일관되게 살아야 한다고 주장했지만 개인의 본성은 생각하지 않았다'(D.L. 7.89). 창시자인 제논이 이 문제에 대해 어떻게 생각했는지는 그리 명확하지 않지만 그의 자연 이해가 스승인 크라테스에게서 배운, 지나치게 소박하고 반도덕주의적인 것은 아니었다고 가정하는 편이 안전할 듯하다. 최소한 제논은 인간 본성이 키니코스학파가 주장했던 것보다는 훨씬 더 사회적이라고 생각했으며, 이런 면에서 스토아학파는 아리스토텔레스와 마찬가지로 사회의 주류 가치를 수용했다고 말할 수 있다. 에피쿠로스학파는 사회적 관계를, 심지어 우정이나 가족 간의 결속조차도 단지 도구적인 것으로 여겼던 반면 스토아학파는 다양한 종류의 사회적 관계가 본질적 가치를 지닌다고 생각했으며 이런 생각은 스토아학파의 분명한 특징 중 하나이다. 제논은 일종의 '세계시민주의'(cosmopolitanism, 신이든 인간이든 모든 이성적 존재를 하나의 커다란 '시민' 사회의 구성원으로 여기는)를 전개함으로써[2] 인간의 본성(사회적인 면과 개인적인 면 모두에서)과 우주적 자연(신들을 포함해)을 하나로 통합하려 했다. 클레안테스는 우주 전체로서의 자연에 초점을 맞추었기 때문에 그의 스토아주의는 신학적인 면을 강조했던 반면 크리시포스는 이런 견해에 반대하면서 제논의 주장으로 복귀하려 한 듯이 보인다.[3] 스토아학파의 철학자들 사이에 우리가 조화를 이루면서 살아야 하는 자연의 개념을 어떻게 생각하는 것이 최선인가라는 문제를 놓고 강조점의 차이가 있다는 점은 분명한 사실이지만 이 학파의 핵심 주장은 명확하다. 곧 인간으로서 우리의 이성적 본성과 사회적 본성에 따라 살며, (목적론적으로 구성된 것으로 일관되게 이해되며, 이성적이고 신성한 계획에 따라 섭리를 통해 운영되는 전체로서의) 우주와 일치를 이루며 사는 것이 좋은 삶의 핵심이라는 것이다. 이런 유형의 삶이 인간의 목적 또는 텔로스(telos)이므로 이 주제에 관한 스토아학파의 견해를 살펴보는 최선의 방법은 그들이 제시한 텔로스의 다양한 정의와 특징을 검토하는 것이다.

삶의 목적

아리스토텔레스는 『니코마코스 윤리학』과 『에우데모스 윤리학』에서

---

[2] Schofield 1991.

[3] 스토아학파의 모든 철학자들은 신학을 매우 중요한 주제로 여겼지만 클레안테스는 『제우스 찬가』(*Hymn to Zeus*)에서 우주가 신적인 성격을 지닌다는 점을 특별히 강조하면서 인간의 본성이 이런 우주와 조화를 이루어야 한다고 증언한다.

최고선의 개념, 곧 우리의 모든 이성적 행위가 궁극적으로 그것을 위해 행해지고 다른 어떤 것을 위해서가 아니라 오직 그 자체로 추구되는 목적(telos)의 개념을 구체화했다. 이렇게 체계적으로 구성된 개념은 가치와 옳은 행위에 관한 사고의 초점을 제공하는데 스토아학파는 이 개념을 자신들 나름대로 재구성한다. 스토아학파가 역사적으로 전개되면서 목적의 개념은 매우 다양하게 변화했지만 배후에 놓인 생각 자체는 매우 확고하다. 한 자료에 따르면(D.L. 7.87) 제논은 '우리의 목표는 자연과 일치하게 사는 것인데 이는 곧 덕에 따라 사는 것이다. 자연은 우리를 덕으로 이끌기 때문'이라고 말한다. 아레테(aretê, 덕 또는 탁월성)를 향한 타고난 성향을 강조하는 것은 아리스토텔레스주의의 특징이지만 고대 윤리학의 다른 주류 이론들에서도 이런 목적론적인 사고는 자주 발견된다. 스토아학파 또한 이런 접근 방식에서 큰 영향을 받아 덕을 인간 본성의 '완성' 또는 완전성으로 이해한다(D.L. 7.90 참조).[4] 아래의 인용문은 스토아학파가 텔로스의 개념에 다양한 방식으로 접근했음을 잘 보여주는 고대의 문헌이므로 인용할 만한 가치가 충분하다.

제논은 텔로스를 '조화를 이루는 삶'이라고 정의했다. 이는 유일하고 이성적인 조화의 원리[로고스]에 따르는 삶을 의미한다. 부조화의 삶을 사는 사람은 불행하기 때문이다. 제논 이후 등장한 학자들은 제논

---

4) 덕을 발전시키려는 본성적 성향을 인정함과 동시에 스토아학파는 일종의 탁월성이 자연 세계에 존재하는 모든 것의 자연적 텔로스이기는 하지만 쉽게 여기에 도달할 수 없는 것과 마찬가지로 덕이 인간 삶의 목표이기는 하지만 인간의 발전이 체계적으로 그릇된 방향으로 나아가 사실상 어느 누구도 덕에 도달할 수 없을지도 모른다는 강경한 이론 또한 전개하지 않을 수 없었다. D.L. 7.89 참조. 많은 고대의 비판자들은 덕을 발전시키지 못하는 실패에 대한 스토아학파의 설명이 그리 성공적이지 않다고 생각했다.

의 정의가 다소 불충분하다고 여겨 다른 용어를 더해 텔로스를 '자연과 조화를 이루는 삶'이라고 표현했다. 제논에게서 스토아학파를 물려받은 클레안테스는 '자연과'라는 표현을 더해 텔로스를 다음과 같이 정의했다. '목표는 자연과 조화를 이루는 삶이다.' 크리시포스는 이를 더욱 명확히 규정하기를 원해 다음과 같은 방식으로 표현했다. '자연스럽게 일어나는 일들에 대한 경험에 따라 사는 것.' 디오게네스는 텔로스를 '자연스러운 것들을[5] 선택하거나 거부하면서 합리성을 유지하는 것'으로, 아르케데모스(Archedemus)는 '모든 적절한 행위를 완성하며 사는 것'[kathêkonta][6]으로 정의했다. 안티파트로스(Antipater)는 텔로스를 '변함없이 자연스러운 것을 선택하고 부자연스러운 것을 거부하며 사는 것'으로 정의했는데 자주 다음과 같이 표현하기도 했다. '중요한 자연스러운 것들을 이루기 위해 우리 능력 안에 있는 모든 것을 변함없이 확고하게 행하는 것.'[7]

텔로스에 대한 다른 인물들의 정의도 대체로 유사하다. 파나이티오스(Panaetius)는 우리의 목표가 '자연이 우리에게 부여한 성향에 따라 사는 것'이라고 말했으며, 포시도니오스(Posidonius)는 '영혼 중 비이성적인 부분이 이끄는 잘못된 길로 절대 빠지지 않으면서 우리가 할 수 있는 한 마음의 질서를 확립하여 우주의 진리와 질서 정연함을 관조하면서 사는 것'이라고 말했다고 한다.[8] 이런 더욱 우주론적인 규정은 독

---

[5] 여기서 '자연스러운 것들'(ta kata phusin)은 우리의 삶에 바람직하게 작용하는 긍정적인 요소들, 예를 들면 건강이나 번영, 원활한 사회적 관계 등을 의미한다. '선도 악도 아니지만 선호되는 것들'에 관한 아래의 설명 참조.

[6] 아래의 각주 17 참조.

[7] 마지막에 소개한 세 사람은 주로 기원전 2세기에 활동한 스토아학파의 철학자이다.

[8] Clement *Stromates* 2.21.129.

특한 특징을 (우리 안에 비이성적인 요소도 있지만 우리가 여기에 저항해야 한다든지 관조를 강조하는 등의) 드러내지만 텔로스에 대한 이런 표현조차도 크리시포스로부터 유래한 듯이 보이는 더욱 상세한 규정과 충분히 잘 들어맞는 듯하다. 크리시포스에 따르면 텔로스는 '우리 자신 및 우주의 본성에 따라 살며, 공통의 법[nomos]이 금지하는 일은 결코 행하지 않으며, 올바른 이성과 더불어 모든 것을 관통하여 마치 모든 것을 관장하는 지도자인 제우스(Zeus)처럼 사는 것이다. 이것이 그 자체로 행복한 사람의 덕이며 삶을 순조롭게 사는 방법이다. 모든 일이 신성한[daimôn] 조화에 따라 이루어질 때마다 우리들 각각은 우주의 관리자와 같은 의지를 지니게 된다.'[9]

그렇다면 스토아학파의 윤리학은 큰 틀에서 아리스토텔레스의 행복주의와 유사한 듯하다. 인간 본성의 자연적인 완성 또는 완전성을 삶의 목표로 삼는다는 점이나 인간 본성에 대해 특징적인 견해를 제시하고 이 본성이 인간의 탁월성 또는 덕을 규정한다고 생각한다는 점에서 그렇다. 실천이성('자연스러운 것들'을 선택하고 거부하는 능력으로 표현되는)은 곧 이런 덕을 실현하는 능력이기도 하다. 그리고 인간 본성은 우주의 본성, 곧 그 자체로 이성적이며 섭리를 드러내며 신성하기도 한 본성과 통합되므로 스토아학파의 관점에서 인간의 탁월성은 우리가 어떻게 우주 전체의 도식과 적절하게 어울릴 수 있는지에 대한 완전한 설명이 이루어진 이후에야 제대로 파악될 수 있다.

---

[9] D.L. 7.88.

선의 독특함

윤리학과 우주론 및 신학과의 관계는 스토아학파의 윤리학을 당시 활동했던 다른 학파의 윤리학과 뚜렷하게 구별해주는 대표적 특징 중 하나이다. 또 다른 특징으로는 스토아학파가 선의 독특함을 강조한다는 점을 들 수 있다. 고대의 학파들은 대부분 선의 개념과 행복(eudaimonia) 사이의 밀접한 연결을 주장하면서 행복을 선한 것을 소유하고 행하는 것으로 묘사했다. 이 점과 관련해 스토아학파는 매우 강경한 입장을 취하면서 진정으로 선한 유일한 것은 바로 덕 자체이며 덕을 실천하는 것이라고 주장한다. 반면 에피쿠로스학파는 당연히 이에 동의하지 않는다. 에피쿠로스주의자인 에우독소스(Eudoxus)에 따르면[10] 오직 쾌락만이 유일하게 선한 것이다. 아리스토텔레스주의자들은 세 종류의 선이 (곧 신체적, 정신적, 외부적 선이) 존재한다고 주장한 반면 스토아학파는 오직 정신적인 선들만이 (영혼의 선들만이) 진정으로 선하다는 견해를 드러낸다. 기원전 2세기 스토아학파의 수장이었던 안티파트로스는 '플라톤에 따르면 오직 칼론(kalon)만이 선하다'라는 제목의 책에서 플라톤조차도 이런 견해를 내세웠다고 주장한다.[11]

하지만 스토아학파는 다소 엄격하고 한정된 듯이 보이는 자신들의 선의 개념을 어떻게 옹호하는가? 이미 잘 알려져 있듯이 스토아학파는 자신들이 소크라테스에게서 물려받은 유산을 나름대로 해석함으로써 이 질문에 답한다. 이런 면에서 소크라테스를 끊임없이 도덕적 덕에 몰두하는 인물로 묘사한 크세노폰의 저술은 당연히 큰 중요성을 지니며,

---

10) 아리스토텔레스 『니코마코스 윤리학』 10.2 참조.

11) 사실 플라톤의 대화편들에서 드러나는 상황은 매우 복잡하며 그의 견해는 넓은 의미에서 아리스토텔레스처럼 해석될 수도 아니면 스토아학파처럼 해석될 수도 있다.

이 저술이 스토아학파의 엄격한 태도에 영향을 미쳤음은 의심의 여지가 없다. 하지만 더욱 중요한 것은 플라톤의 대화편들에서 여러 차례 발견되며[12] 크세노폰의 저술에도 등장하는[13] 주장, 곧 선은 우리에게 이익이 되고 유용한 것이므로 우리에게 손해를 입히는 것은 결코 진정한 선이 될 수 없다는 주장이다. 스토아학파는 바로 이 주장을 진심으로 받아들여[14] 오직 (명백하게 고귀하고 완전한, 곧 칼론한) 덕만이 선하다는 견해의 기초로 삼는다 — 신체의 건강이나 바람직한 정신적 성질들, 예를 들면 훌륭한 기억력이나 재치 등을 비롯한 다른 모든 것들은 원리상 행위자에게 손해를 입힐 수도 있으므로 진정한 선이 아니다. 따라서 이런 긍정적인 특성들이 아무리 어떤 의미에서 본성과 일치한다 할지라도 이들은 **선일 수 없으며** 인간의 행복한 삶에 결정적인 기여를 하지도 못한다. 오직 덕만이 이런 영향력을 발휘할 수 있으며 따라서 오직 덕만이 선하다.[15] 그리고 역으로 오직 악덕만이 악하다. 다른 결함이나 몹시 실망스러운 특성 등은 (예를 들면 질병이나 고통, 너무 이른 죽음 등은) 진정으로 악하지는 않다. 행위자가 이런 바람직하거나 바람직하지 못한 상황에 반응하는 또는 '대처하는' 방식만이 선하거나 악할 수 있는데 이런 대처 방식은 바로 덕에 (곧 덕의 실천에) 의존한다.

하지만 건강이나 강건함, 좋은 기억력과 공동체의 지원 등이 인간 삶의 긍정적인 특성임은 분명하다 — 이들은 '자연과 일치하는 것'인 반면

---

12) 『고르기아스』 467-8, 『에우튀데모스』 278-82, 『메논』 87-9.

13) 『회상록』 4.6.8.

14) D.L. 7.103.

15) 인과적으로 또는 개념상 덕에 의존하는 것들, 곧 덕을 실천하는 요소들도 선이라 할 수 있다. 여기에는 덕을 갖춘 사람들이나 행위들도 포함된다.

질병이나 때 이른 죽음, 정신적 나약함, 사회적 고립 등은 '자연에 반하는 것'이다. 덕을 제외한 모든 것은 행복한 삶과 무관하지만 (덕이 아닌 것들은 행복한 삶을 보장해주지 않으며 그런 삶의 필수적인 부분도 아니라는 의미에서) 우리는 삶의 긍정적인 특성들을 자연스럽게 '선호하며' 부정적인 특성들을 자연스럽게 '혐오한다.' 이 두 용어(proêgmenon-선호, apoproêgmenon-혐오)는 스토아학파가 처음 만들어낸 것인데 스토아학파의 가치 이론에서 중요한 역할을 담당한다. 아리스토텔레스주의자들은 세 종류의 선을 (곧 신체적, 정신적, 외부적 선을) 인정한 반면 스토아학파는 덕을 제외한 다른 모든 긍정적인 가치를 선도 악도 아니지만 선호되는 것으로, 악덕을 제외한 다른 모든 부정적인 가치를 선도 악도 아니지만 혐오되는 것으로 분류한다.[16]

덕의 실천은 이런 자연적 가치들을 분석하여 선택하고 거부하는 것을 포함하므로 우리의 삶과 관련되는, 이런 '선도 악도 아닌' 특성들은 행복한 삶에 분명히 큰 영향을 미친다. 크리시포스의 표현대로 이런 특성들은 '적절한 행위'[17] 아래 놓인 원리이며 덕의 '원재료'이기도 하다.[18] 따라서 스토아학파가 덕과 악덕 이외의 다른 것들은 전혀 중요시하지 않았다는 주장은 매우 잘못된 해석이다. 예를 들면 안티파트로스는 선도 악도 아니지만 선호되는 특성들을 '선택적 가치'라는 신조어로

---

[16] 스토아학파는 또한 자연스러운 인간 삶과 일치하지도 거스르지도 않는다는 의미에서 절대적으로 선도 악도 아닌 것이 존재한다는 점을 인정한다. 우리는 이런 것들을 (예를 들면 '내 머리카락 수가 홀수인지 짝수인지' 등을) 선호하지도 혐오하지도 않는다(이들을 향하려는 충동도 피하려는 충동도 생기지 않는다). D.L. 7.104-5 참조.

[17] 적절한 행위(to kathêkon)는 인간에게 유의미한 (곧 '합리적인 정당화가 가능한') 행위 또는 행동이다(D.L. 7.107-9). 하지만 각각의 자연적인 종들은 자신의 고유한 본성과 일치하는 자신만의 적절한 행위의 집합을 지닌다. 이성적 동물인 인간의 경우 '올바른 행위'(katorthômata)는 적절한 행위의 특별한 부분집합이라고 할 수 있다.

[18] Plutarch *On Common Conceptions* 1069e, 크리시포스를 인용한 대목.

표현하면서 이들은 지적인 방식으로 추구할 만한 가치를 지닌다고 주장한다.[19] 사실 선호되거나 혐오되는 것들을 적절하게 '활용하는' 일은 덕이 있는 행복한 삶을 사는 데 필수적이다. 그렇다면 다른 고대의 도덕철학자들에 비해 스토아학파가 훨씬 더 크게 강조하는 바는 단지 선호되는 것들을 소유하는 (또는 혐오되는 것들을 회피하는) 것만으로는 우리의 삶이 자연과 일치하는 성공적인 것인지 그렇지 않은지를, 곧 우리가 행복한지 그렇지 않은지를 규정할 수 없다는 점이다. 수많은 우연적인 일들이 일어나는 우리의 삶에서 이성의 인도는 절대적인 가치를 지니는데 이런 인도는 그런 일들에 얼마나 잘, 얼마나 이성적으로 대처하는가에 의존한다. 그리고 살아가면서 '선도 악도 아닌' 긍정적이고 부정적인 요소들을 선호하거나 혐오하는 일이 어떤 본성적인 기초에 근거해 이루어지지 않는다면 이런 인도는 무의미할지도 모른다. 따라서 스토아학파를 한 종류의 가치에 (곧 덕과 악덕에) 절대적인 우선성을 부여하며 덕과 악덕은 우리의 본성과 일치하는가 아니면 대립하는가에 따라 규정되는, 고유하고 공약 불가능한 가치를 지닌다고 주장하는 가치 이원론자로 여기는 것은 적절한 듯하다.

덕과 악덕

플라톤과 아리스토텔레스 그리고 이들이 형성한 학파가 보여준 예에 따라 스토아학파는 덕과 악덕의 구별에 관한 풍부하고 복잡한 설명을 제시한다. 비록 몇몇 스토아철학자들, 예를 들면 키오스 출신의 아리스토(Aristo of Chios) 같은 인물은 덕의 개념이 오직 하나뿐이라는 다소

---

[19] Stobaeus 2.83-5.

극단적인 주장을 펴기도 했지만 학파의 주류 철학자들은 네 가지의 주요한 또는 최고 수준의 덕이 (곧 지혜, 정의, 절제와 용기가) 존재하며 이들을 바탕으로 다양한 하위의 덕들이 등장한다고 주장한다. 악덕 또한 이런 분류를 반영한다. 덕은 인간 본성의 완전함 또는 완성으로 이해되므로 다양한 덕들은 점차 서로를 포함하게 된다. 물론 덕들 각각의 작용 분야와 특성이 서로 다르지만 우리가 덕들 중 어느 하나를 지니면 결국 모두를 지니게 된다. 그리고 스토아학파의 엄격한 관점에 따르면 완전성으로서의 덕은 정도의 차이를 허용하지 않는다. 덕을 더 지니거나 덜 지닌다는 식의 문제는 성립하지 않는다. 우리는 덕이나 완전성에 이르거나 아니면 이르지 못할 뿐이다. 그런데 이런 주장은 당연히 상식과 일치하지 않는다. 예나 지금이나 우리는 선함의 정도를 인정하는 듯이 보인다. 스토아학파도 완전한 덕이라는 목표를 향해 어느 정도 나아갔는가에 대해서는 분명히 정도의 차이를 인정하며 따라서 다소 느슨한 방식의 설명을 시도하기도 한다(이는 스토아학파가 선도 악도 아니지만 선호되는 것들을 우리가 인정할 수 있는 그리 엄밀하지 않은 의미에서 선으로 여길 수 있다고 인정하는 경우와 마찬가지이다). 하지만 최종의 분석에 따르면 덕은 (직선의 개념과 마찬가지로) 오직 존재하거나 아니면 전혀 존재하지 않는 완전성이다. 이런 생각은 덕을 쉽게 도달할 수 없지만 우리에게 영감을 불러일으키는 목표로 여기게 만드는 결과를 낳았다. 사실 스토아학파는 세계사를 통틀어도 덕을 갖춘 사람이 믿을 수 없을 정도로 드물다고 — 하지만 이런 사실이 인간 발전의 이상을 표현하는 목표로서 덕이 지니는 능력을 손상하는 것은 결코 아니라고 주장한다.

선한 성품의 계발

고대의 모든 도덕 이론들은 우리가 덕과 행복을 향해 나아갈 수 있는 방법에 대해 언급한다. 하지만 극단적인 이상주의를 드러내는 스토아학파의 윤리학은 섭리를 인정하는 결정론을 주장함으로써 이런 접근 방식에 가장 크게 도전하는 태도를 보인다. 스토아학파에 따르면 세계 안의 모든 것은 인과적으로 결정되며, 모든 것의 원인으로 작용하는 능동적인 원리는 곧 신인데 신은 플라톤의 데미우르고스(demiurge)와 마찬가지로 가능한 최선의 결과를 낳는 것을 목표 삼는다. 따라서 사람들이 덕을 향한 자연적인 성향을 타고나지만 하나같이 잘못된 길로 빠져든다는 사실에 대한 설명이 필요하다. 그 원인은 환경이나 사회의 영향에서 (특히 키니코스학파가 거부했던 사회적 관습이 낳는 타락한 영향에서) 이미 충분히 발견된다. 이런 나쁜 영향력은 무척 어린 시절부터 우리의 자연적 성향을 파괴하며 도덕 교육의 과정을 매우 어렵고 부담스럽게 만든다. 선의 개념을 포함한 다양한 개념의 형성은 경험과 교육을 통해 이루어지므로 어린이의 이성적 능력은 천천히 발전된다. 이들의 이성적 능력은 대체로 14세 전후에 완성되는 듯이 보이는데 그 이전에는 자신들의 선택에 대해 진정으로 책임질 수 없다. 하지만 일단 이성이 자리 잡으면 사람들은 자신의 도덕적 발전에 대해서도 스스로 책임을 져야 한다.

플라톤이나 아리스토텔레스와는 달리 스토아학파는 정념과 욕구가 서로 구별되는, 인간 영혼 중 다루기 까다로운 부분이라고 생각하지 않고, 오히려 일단 이성이 우리의 욕구를 적절히 통제하면 욕구에 기초한 행위는 의식적이든 그렇지 않든 간에 우리가 지니는 의견에 의해 결정된다고 믿는다. 따라서 자기인식은 도덕적 발전에 반드시 필요하다. 이를 통해 우리는 자신이 추구하는 가치를 명확히 드러내는 방법과 사회가 주입한 잘못된 견해를 비판하는 방법을 배워야 하기 때문이다. 후기 스토아학파 철학자인 에픽테토스(Epictetus)는 도덕적 발전을 향한 이런 길을 특별히 강조하는데 그의 의견에 반대하는 스토아 철학자는 거의 없는 듯하다. 그에 따르면 도덕적 발전은 뿌리 깊고 비이성적인 일련의 욕구에 길들여져 이를 습관처럼 받아들이는 문제가 아니라 성숙한 행위자의 조화로운 영혼을 기르는 이성적 교육에 달려있다. 이성적인 우주라는 공동체에서 인간이 차지하는 위치와 인간의 덕에 대해 깊이 있고 비판적인 이해에 이르는 것이 교육의 목표이다. 이런 발전이 완성됨과 동시에 우리의 삶 또한 완성된다. 아리스토텔레스가 주장한 의지의 나약함과 같은 것은 존재하지 않는다. 완전한 이성은 '삶의 원활한 흐름'과 우리 자신 내부의 조화 및 더욱 큰 이성적 세계와의 조화를 보장해준다.

다른 사람들과의 관계

덕을 갖춘다는 것은 개인적인 성취지만 이런 과정을 통해 완성되는 우리의 본성은 본질상 사회적이다. 우리가 맨 처음 추구하는 가장 중요한 목표는 우리 자신의 안녕(well-being, 그리스어로는 oikeiôsis이며 기본적으로 자기보존과 개인의 발전을 추구하는 상태를 의미한다)이지만 우리 자신의 안녕은 우리와 함께 살아가는 동료 인간들의 안녕을 동등하게 중요시하고 존중하며 이런 태도를 바탕으로 행위하지 않는다면 실현될 수 없다. 우리가 이런 본성적인 사회성을 지닌다는 데 대한 가장 명확한 '증거'는 가족 구성원에 대한 보편적 관심에서 드러난다. 하지만 사람들이 공동체나 국가의 다른 동료들, 더 나아가 다른 모든 사람에 대해서 느끼는 결속력 또한 마찬가지로 본성적이다. 행복주의는 오직 우리 자신의 성품을 계발하고 개인적인 완성을 추구하는 것으로 여겨져 자주 자기중심적인 이론으로 해석되기도 하지만 스토아학파의 행복주의는 개인의 완성이 근본적으로 다른 사람들을 향한 덕들에 대한 깊은 관심에 의존한다는 점을 강조한다. 스토아학파는 자주 이 세계를 코스모폴리스, 곧 신과 인간이 이성을 공유하고 이를 기초로 진정으로 평등한 공동의 삶을 살아가는 보편적인 공동체로 생각한다. 우리는 이런 이상적인 공동체를 일종의 모범으로 마음 안에 간직해야 하며, 비록 세속적인 현실의 삶을 살면서 어떤 사회적 환경에 처하더라도 항상 우리 자신의 도덕적 안녕을 추구함으로써 이를 모방하도록 노력해야 한다.

행위와 정념

스토아학파 윤리학의 두드러진 특징 중 하나는 실천이성 및 행위와 정념에 대한 분석에서 드러난다. 성인의 이성적 영혼은 일종의 통합체인데 최소한 우리에게 영향을 미치는 욕구와 정념들이 우리의 지적인 관심과 능력의 반영이라는, 사실상 그것의 결과물이라는 의미에서 그렇다. '동물적인' 욕구란 존재하지 않는다. 우리가 어떤 음식에 대해 억누를 수 없는 욕구를 지닌다거나 사랑하는 사람의 죽음을 보고 통제할 수 없는 슬픔을 느낀다 할지라도 이는 우리 안의 무언가가 이성의 소리를 듣지 않기 때문에 일어나는 일이 아니라 우리가 (스스로 깨닫든 그렇지 않든 간에) 관심의 대상이 되는 것을 과대평가하기 때문에 일어나는 일이다. 육체적인 욕구를 비판적으로 재평가하고 인간의 유한성을 진지하게 고찰함으로써 우리는 자신의 믿음을 바꿀 수 있을 뿐만 아니라 이를 바탕으로 욕구와 감정을 새롭게 규정할 수 있다. 이런 형태의 도덕심리학을 통해 스토아학파는 실천이성이 우리의 정서적인 활동은 물론 행위까지도 통제할 수 있다고 생각한다. 이런 통제는 정신적인 '동의'에서 — 곧 우리의 행위나 정서적 반응이 기초로 삼는 인상을 수용하는 과정에서 — 가장 명확하게 드러난다. 우리가 일상에서 가장 자주 접하는 경우들을 더욱 체계적으로 분석해보면 성인의 행위와 감정은 거의 이런 동의에 의해 일어나며, 각각의 행위와 감정은 다양한 것들에 대한 행위자의 가치 판단을 반영한다는 점을 알 수 있다. 만일 내가 좋은 포도주에 대해 강력한 욕구를 느끼고 이에 따라 행위한다면 이는 내가 (음식물과 관련해서) 좋은 포도주에 최고의 가치를 부여한다는 사실에 동의한 결과이다. 마찬가지로 내가 전투에서 싸우다 죽는 것에 대해 지나친 두려움을 느낀다면 이는 내가 죽음이 악이라는 점에, 내 나라를 배반하고 전투에서 도망쳐서 겪는 치욕보다 죽음을 피하는 것이 더 중요하다는 점에 동의한 (이는 어쩌면 무의식적일지도 모르지만 원리상 의식을 통해 수정할 수 있는 여지는 있다) 결과이다.

스토아학파는 다소 소크라테스적인 태도로 우리가 자신이 부여하는 가치와 관심을 제대로 이해하고 이들에 대해 의식적인 판단을 내리기만 하면 우리는 이전의 견해를 수정하고 이에 따라 자신의 삶을 증진할 수 있는 위치에 서게 된다고 주장한다. 우리가 기존의 견해와 가치에 대해 나약하고 불투명한 태도를 지닐 수밖에 없다면 최선의 대책은 우리의 동의를 보류하고 판단을 유보함으로써 무분별하고 통제되지 않는 행위와 감정에서 벗어나는 것이다. 이를 통해 스토아학파는 바로 '정념으로부터의 자유'(apatheia)를 옹호한다. 아리스토텔레스의 소요학파는 우리가 실천이성을 사용해 쾌락과 고통 그리고 정념 일반을 적절히 조절하고 중용을 발견해야 한다고 주장한 반면 스토아학파는 완벽하게 현명한 사람의 삶은 모든 정념으로부터 완전히 벗어난 것이라는 원칙을 고수한다. (이런 정념에는 다양한 정신적 활동에서 비롯되는 쾌락과 고통도 포함된다. 육체적 쾌락과 고통 또한 충분히 제거될 수 있다는 점에서 예외가 아니다. 우리의 임무는 육체적 쾌락과 고통이라는 현상이 진정 악한 것이 아니라 선도 악도 아니라는 사실을 깨닫는 것이다.) 스토아학파는 자신들이 덕을 분류한 방식을 정념의 분류에도 유사하게 적용해 정념을 두려움, 욕망, 정신적 쾌락, 정신적 고통(슬픔)으로 구분한다. 하지만 덕을 지닌 사람은 결코 정서적으로 메마른 삶을 살지는 않는다. 위에서 말한 정념들에 대응되는 이성적인 부분이 존재하기 때문이다. 곧 두려움에는 진정으로 악한 것을 피하려는 주의 깊은 태도가, 욕망에는 진정으로 선한 것을 향한 욕구가, 쾌락에는 선한 것들을 보고 느끼는 기쁨이 대응된다. 슬픔에 대응되는 이성적이고 덕이 있는 부분은 제시되지 않는데 이는 언뜻 보기에 당혹스러울지도 모른다. 하지만 스토아학파의 관점에서 볼 때 섭리가 지배하는 이 세계에서 진정으로 현명한 사람은 가장 슬픈 결과조차도 자비로운 신의 계획으로 여겨 아무것도 후회하거나 슬퍼하지 않는다는 점을 기억한다면 이는 그리 놀라운 일이 아니다.

책임과 결정론

스토아학파는 자신들의 자연학을 통해 결정론을(그것도 섭리가 지배하는 결정론을) 옹호한다. 또한 이들은 인간의 영혼까지도 포괄하는 일종의 물리주의를 주장하는데 이에 대해 비판자들은 사람들이 자신의 행위에 대해 책임이 있다는 점을 정당화할 필요가 있다는 압박을 가한다. 비판자들은 만일 우리의 선택과 결정이 결정론적인 인과적 연쇄의 일부라면 이들은 진정으로 우리가 행한 바일 수 없다고 주장한다. 자기 결정은 스토아학파의 윤리학이 전제하는 바 중의 하나이므로 이런 비판에 대응하는 데 실패한다면 이들의 이론 전체가 무너질 위험이 있다. 여기서 스토아학파의 양립가능주의, 곧 자유로운 선택과 결정론이 양립할 수 있다는 주장에 대해 상세히 설명할 수는 없지만 아카데미아학파의 비판에 대응해 크리시포스가 주장한 바, 곧 행위와 성품을 분석하면서 동의의 역할을 강조한 시도는 언급할 만하다. 그에 따르면 책임 있는 행위란 인간이 적절히 반응해야 하는 사건의 상태에 대한 관념들이라고 할 수 있는 환경으로부터 파생된 적절한 자극에 동의한 결과이다. 예를 들어 달려드는 사자의 관념은 내게 큰 충격을 주며, 이에 대한 적절한 실천적 반응은 당연히 도망치는 것이다. 이 경우 도망치는 것은 나인가? 이에 대한 대답은 현재 내게 위험이 닥쳤으므로 적절한 반응은 도망치는 것이라는 생각에 내가 동의하는가 그렇지 않은가에 달려있다. 원리상 나는 이런 생각에 동의하지 않고 그 자리에 서서 사자와 싸울 수도 있으며, 이런 생각에 동의해 생명을 지키려고 도망칠 수도 있다. 사자가 내게 달려드는 일은 분명히 내가 통제할 수 없는 원인에 의해 결정된다. 하지만 나의 반응을 결정하는 것은 무엇인가? 나의 반응이 인과적으로 결정된다는 점은 명백하다. 나의 반응과 행위는 물질적 대상의 세계에서 일어나는 다른 모든 일들과 마찬가지로 인과성의 그물망 중 일부에 해당하기 때문이다. 그렇다면 어떻게 반응할지에 대한 나의 '선택'은 자유로운, 인과성을 벗어난 선택이 아니다. 비결정론의 자유는 결코 존재하지 않는다. 나의 반응은 나의 성품과 개성의 상태에 의해 인과적으로 결정된다. 만일 나의 성격이 다소 신중하고 조심성이 깊다면 나는 사자에게서 도망치는 데 동의할 것이다. 반면 내가 무모하고 대담하다면 나는 도망치는 데 동의하지 않고 사자와 싸울 것이며 이런 행위가 낳는 결과를 받아들일 것이다. 내 행위를 결정하는 인과적 요인은 분명히 내 성격의 상태이며 내 행위와 그것이 낳는 결과는 모두 분명히 나 자신의 것이다 — 내 행위는 '내게 달려있다.' 내가 어떤 방식으로든 반응할 절대적인 자유를 누리지 못한다 할지라도 이런 사실이 내 행위를 결코 내 탓이 아닌 것으로 만들지는 않는다. 마찬가지로 내가 나 자신의 성격을 만들어낸 유일한 원인이 아니라 할지라도 이런 사실이 내 행위를 결코 나 자신의 행위가 아닌 것으로 만들지는 않는다. 스토아학파가 보기에 결정적인 원인이 내 마음 안에 있는 무언가라는 사실 정도면 행위의 책임이라는 속성을 정당화하기에 충분하다.

만일 스토아학파에 대한 비판이 단지 어떻게 행위자가 자신의 성격 형성을 위한 결정을 포함해 자신의 행위에 대해 인과적으로 책임질 수 있는지를 묻는 정도에 그친다면 스토아학파의 전략은 충분한 답이 되며 위와 같은 이론과 더불어 얼마든지 지적으로 편안함을 느낄 수 있으리라고 생각된다. 하지만 아리스토텔레스의 저술에 대한 주석을 쓴 아프로디시아스 출신의 알렉산드로스(Alexander of Aphrodisias, 그는 『운명론』에서 근본적인 무관심성의 자유를 옹호했다)를 비롯한 후기 플라톤주의자들은 스토아학파의 주장을 수용하지 않았으며 스토아학파가 물리적 세계에 적용되는 철저한 인과적 결정론을 부정하거나 아니면 비물질적이고 정신적인 지점에서 출발하는 인간 행위는 인과성의 연쇄와 무관하다는 점에 동의해야 한다고 주장했다.

난점과 역설들

행위의 책임과 결정론이 양립할 수 있다는 주장은 역설적으로 보이지만 이것이 스토아학파의 주장에 대한 가장 강력한 비판은 아니었다. 전반적으로 스토아학파는 반대자들이 옹호하거나 상식이 수용하는 다른 여러 윤리적 견해들에 대해 무척 단호한 태도를 드러내면서 이들은 한마디로 성립 불가능하다고 — 최소한 여러 윤리적 용어들을 일상적인 의미로 사용할 경우 — 주장한다. 스토아학파가 자신들의 도덕 이론이 역설적이라는 주장을 지적인 도전으로 받아들였으며 자신들이 채택한 기초 개념이 판명하다는 점을 강조했다는 사실은 의심의 여지가 없다. 이들에 따르면 덕은 완전한 상태이므로 모든 악덕의 상태 또한 '동일하며', 기하학에서 직선의 정도 차이가 없듯이 — 곧 어떤 선은 직선이거나 그렇지 않거나 둘 중 하나이며 모든 곡선은 (설령 똑같은 곡선이 아니더라도) 마찬가지로 곡선이듯이 — 덕에도 정도 차이가 없다. 이와 유사하게 모든 옳은 행위(katorthômata)와 모든 도덕적 잘못(hamartêmata) 또한 전자는 덕을 낳고 후자는 악덕을 낳는다는 의미에서 모두 동일하다. 그리고 현명한 사람은 정서에 얽매이지 않는다 — 그가 어떤 감정도 느끼지 않는다는 의미에서가 아니라 지나친 정념은 정의상 악한 성품 상태이기 때문에 그렇다. 오직 현명한 사람만이 자유로우며 현명하지 않은 사람은 그 누구든 정념과 오류의 노예로 살아간다. 현명한 사람은 진정한 왕인 반면 그렇지 못한 모든 바보 같은 사람들은 노예에 지나지 않는다.

일종의 교육 수단으로 이런 역설들이 큰 효과를 발휘했음은 의심의 여지가 없다. 하지만 이들 때문에 스토아학파는 오직 그들에게 공감하는 사람들만이 받아들일 수 있는 주장을 내세웠다는 비판에 계속 시달렸다. 하지만 세네카가 지적하듯이 그들의 이론 아래에 놓인 전제들은 보기만큼 그렇게 크게 이상하지는 않다. 세네카는 『은혜에 관하여』에서(2.35.2) 이 점을 다음과 같이 표현한다. '우리가 일상적으로 말하는 방식에 따를 경우 그리 호감이 가지 않는다고 말할 수 있는 것들이 있다. 하지만 이들은 간접적인 길을 통해 진정한 무언가를 말하는 것일지도 모른다.' 어쩌면 이것이 우리가 스토아학파의 윤리학 전반에 대해 말할 수 있는 바인 듯하다.

참고문헌

제일 뒤의 * 표시는 특히 중요한 참고문헌임을 나타낸다.

Inwood, B. ed. 2003. *The Cambridge Companion to the Stoics* (Cambridge University Press).*

Inwood, B. and Donini, P. L. 1999. 'Stoic Ethics', in K. Algra et al. (eds.), *Cambridge History of Hellenistic Philosophy* (Cambridge University Press), ch. 21.

Inwood, B and Gerson, L. P. 2008. *The Stoics Reader* (Indianapolis, IN: Hackett).

Long, A. A. 1974. *Hellenistic Philosophy* (London: Duckworth).

Long, A. A. 1996. *Stoic Studies* (Cambridge University Press).

Long, A. A. 2002. *Epictetus: A Stoic and Socratic Guide to Life* (Oxford University Press).*

Long, A. A. and Sedley, D. N. 1987. *The Hellenistic Philosophers* (Cambridge University Press).

Schofield, M. 1991. *The Stoic Idea of the City* (Cambridge University Press).

Schofield M. and Striker, G. eds. 1986. *The Norms of Nature* (Cambridge University Press).

7장

고대 회의주의

카챠 마리아 보그트(Katja Maria Vogt)

고대 회의주의가 도덕철학사에 기여했다고 생각하는 이유는 무엇인가? 언뜻 보기에 회의주의는 무엇보다도 지식과 관련된다. 하지만 고대 회의주의는 소크라테스의 철학적 성향을 물려받아 인식론과 윤리학 사이의 구별을 거부한다. 진리는 높은 가치를 지니므로 좋은 삶은 곧 진리를 탐구하는 삶이라고 여긴다. 만일 압도적인 중요성을 지니는 규범이 존재한다면 이는 지식과 관련된 규범이라고 생각한다. 하지만 이런 규범은 우리를 좋은 삶으로 이끄는가와 직접 관련된다. 달리 말하면 어떻게 살아야 하는가는 어떻게 생각해야 하는가라는 질문과 같은 것으로 여겨진다. 이 장에서 나는 목적으로서의 진리, 행위의 본질, 불일치 그리고 가치의 본성이라는 네 주제에 초점을 맞추어 논의를 전개하려 한다.

본격적인 논의를 시작하기에 앞서 회의주의를 대표하는 인물들을 간단히 소개하는 편이 좋을 듯하다. '고대 회의주의'는 두 개의 철학적 조류로 나뉘는데 그 중 하나는 아카데미아학파의 회의주의로서 플라톤이 세운 아카데미아를 중심으로 전개되었다. 이 학파는 주로 플라톤의 저술을 해석하고 소크라테스적인 탐구 방법을 채택하는 모습을 보인다. 아르케실라오스(Arcesilaus, 기원전 316/315-241/240)와 카르네아데스(Carneades, 기원전 214-129/128)는 모두 아카데미아학파의 수장이었는데 이 둘이 이 학파의 가장 뛰어난 철학자이다. 아카데미아학파의 회의주의는 이후 사상가들에게 상당한 영향을 미쳤는데 이런 영향을 받은 대표적 인물로 키케로(기원전 106-43)를 꼽을 수 있다. 키케로는 아카데미아라는 말을 제목에 포함하는 두 권의 저술을 남겼으며, 자신이 아카데미아학파의 정신에 따라 철학을 한다고 생각했다. 아카데미아학파의 회의주의에 대한 우리의 지식은 대부분 그의 저술에서 유래한다. 이 학파에 관한 지식의 다른 원천은 피론주의자들이 자신들과 아카데미아학파의 차이에 대해 논의한 저술들이다. 이런 사실에서 잘 드러나듯이 고대 회의주의의 또 다른 조류로 피론식의 회의주의를 들 수 있는데 이는 현상에 관한, 오래 지속된 형이상학적 논의에 뿌리를 두고 있다. 이 학파의 창시자인 피론(Pyrrho, 기원전 365/360-275/270)은 거의 현자에 가까운 인물로서 이후 회의주의를 내세운 인물들은 자신들을 '피론주의자'라고 불렀다. 피론은 엄밀히 말해 학파의 창시자라기보다는 영감을 불어넣은 인물에 가까운 듯도 한데 그의 영향은 이후 수 세기에 걸쳐 계속 이어졌다. 아이네시데모스(Aenesidemus, 기원전 1세기에 활동)와 아그리파(Agrippa, 기원후 1-2세기에 활동)는 회의주의적 탐구를 진행하기 위한 유명한 논증 방식을 — 각각 열 가지와 다섯 가지의 논증 방식을 — 고안했다. 피론식의 회의주의에 대해 가장 폭넓고 상세한 설명을 제시한 인물은 섹스투스 엠피리쿠스 (Sextus Empiricus, 기원후 160-210 경)이다. 그의 『회의주의 개요』 (Outlines of Skepticism, PH 1)에는 회의주의에 관한 전반적인 설명 이 제시된다. 섹스투스의 다른 저술들은 논리학(인용의 표준에 따라 PH 2 및 M 11로 표시), 자연학(PH 3.1-167 및 M 9-10), 윤리학(PH 3.168-281 및 M 11) 그리고 문법 및 수사학(M 1-6)을 다룬 여섯 부 분들로 구성된다. 피론의 회의주의와 아카데미아학파의 회의주의는 많 은 견해를 공유한다. 이들 모두는 소피스트들과 소크라테스의 논증 방 식에서 큰 영향을 받았다. 곧 이들은 어떤 주제를 '양 측면 모두에 서'(pros amphotera) 검토하며, 반대자들의 전제를 수용하지는 않더 라도 '변증론적인 방식으로' 탐구하며, 우리와 대화를 나누는 상대방의 제안을 무조건 수용하지는 않는 모습을 보인다.[1]

목적으로서의 진리

회의주의의 어원이 되는 그리스어 스켑시스(skepsis)는 탐구를 의미 한다. 이는 아카데미아학파든 피론학파든 간에 회의주의자들이 무엇보 다도 탐구에 몰두했음을 상징한다. 섹스투스는 회의주의자들이 스스로

---

[1] 나는 섹스투스의 저술에서 인용한 부분의 출처를 'PH 1-3', 'M 1-11'과 같이 표시하려 한다. 키케로의 『아카데미아학파』는 Brittain의 편집본(2006)에 따라 인용한다. 'DL'은 디오게네스 라에르티오스의 『철학자들의 생애와 사상』을 지칭한다. 이 책의 9권에는 피론의 회의주의에 대한 상세한 설명이 등장한다. Vogt 2015 참조. 다른 원전들을 모 은 편집본으로 Long and Sedley 1987이 있는데 이 책은 LS로 약칭한다. 때로 LS의 한 장 전체를 지시한 경우도 있다. 예를 들면 'LS 40'은 진리의 기준에 대해 스토아학파와 아카데미아학파가 벌인 논쟁에서 등장하는 단편들을 모아놓은 40장 전체를 지시한다. 또한 'LS 40A'는 40장의 첫 번째 항목을 지시한다.

진리를 발견했다고 주장하는 다른 학파의 철학자들과 대비된다고 말한다. 회의주의자들은 이런 철학자들을 독단론자(dogmatikoi)라고 부르는데 이는 직역하면 '이론을 제시하는 사람'을 의미한다. 또한 회의주의와 혼동해서는 안 되는 학파가 있는데 이들은 이른바 사물들이 우리가 파악할 수 없는 방식으로 존재한다고 주장하는 학자들이다. 회의주의자는 이들 또한 독단론자로 여긴다. 이들은 무언가가 사실이라고 주장하는 반면 회의주의자는 사물들이 존재하는 방식에 대해 어떤 주장도 펴지 않는다. 이런 다른 철학자들에 맞서 회의주의자는 탐구를 계속해나간다.[2]

철학자들만이 '사물들이 어떻게 존재하는가'에 대해 어떤 주장을 펴는 것은 아니다. 일상의 삶을 살아가는 사람들도 수많은 것들을 참이라고 생각해 받아들이는데 물론 이들 중 일부는 거짓으로 밝혀지기도 한다. 헬레니즘 시대의 인식론자들, 곧 회의주의자의 논적에 해당하는 인물들도 어떤 현상이 명백하고 강력하거나 어떤 견해가 큰 호소력을 지닐 경우 이에 동의하지 않기가 몹시 어렵다는 생각을 회의주의자와 공유한다. 회의주의가 보기에 이런 생각은 논증 방법이 발전해야 함을, 한편으로는 우리가 일상적인 사실에 무턱대고 동의하지 않도록 하는 방향으로 다른 한편으로는 철학 이론들을 검토하는 데 사용될 수 있는 방향으로 발전해야 함을 의미한다. 아카데미아학파의 회의주의에서 이런 방법은 소크라테스의 기법뿐만 아니라 무언가를 사실로 판단하기에 앞서 인상을 검토하는 에피쿠로스학파의 방법과도 유사하다.[3] 피론식

---

2) PH 1.1; 아카데미아학파의 회의주의에 관해서는 Cicero, *Acad.* 2.7-8 참조.

3) 키케로의 논의는 아카데미아학파 회의주의의 모습을 전반적이면서도 상세하게 그려낸다. 카르네아데스는 인상들을 검토하는 방법을 발전시키는데 이는 에피쿠로스학파의 과학적 방법과 유사하다(LS 18 참조).

의 회의주의에서는 다섯 가지 방식이, 곧 일반적인 두 가지 방식과 이론들을 지지하는 데 사용되는 인과적 설명에 반대하기 위한 세 가지 방식이 등장한다(PH 1.164-86; DL 88-9). 또한 열 가지 방식은 넓은 의미에서의 현상을 비판 대상으로 삼아 감각적이든 비감각적이든 무언가가 우리에게 나타나기만 하면 그것이 이러저러하게 존재한다는 주장을 반박하기 위해 사용된다(PH 1.36-163; DL 79-88).

아카데미아학파와 피론식의 회의주의는 모두 자신들의 탐구를 통해 밝혀낸, 이상적인 마음의 상태를 판단의 유보, 곧 판단중지(epochê) 상태로 묘사한다. 이 용어는 스토아학파의 심리철학을 전제하는데 이 학파에 따르면 감각적 지각과 이론적 사고는 모두 인상(phantasiai)이다. 인상은 우리의 마음을 움직여 무언가에 동의하거나 동의하지 않도록 만든다. 인식하는 자가 인상에 대응하는 방식은 세 가지, 곧 동의, 거부 그리고 판단중지이다. 인식적 규범은 — 지식을 획득하고 지식에 못 미치는 것을 회피하는 방법에 대한 규범은 — 동의의 규범이기도 하다. 달리 말해 스토아학파 심리철학의 핵심 요소는 우리가 언제 어떤 방식으로 동의해야 (또는 동의하지 말아야) 하는지를 밝히는 것이다.[4]

플라톤이 세운 아카데미아는 격렬한 인식론적 논쟁을 거치면서 회의주의 방향으로 기울게 된다. 아르케실라오스는 스토아학파의 창시자인 제논과 아카데미아에서 함께 공부했다. 스토아학파는 자신들을 소크라테스주의자로 여기면서 플라톤의 형상 이론뿐만 아니라 영혼 삼분설도 거부한다. 하지만 이들은 영혼은 곧 이성이며, 덕은 곧 지식이라는 소크라테스의 견해는 받아들인다. 그리고 우리의 삶과 관련되는 모든 것에 관한 지식, 곧 자연학, 윤리학, 논리학이 문자 그대로 덕을 구성한다

---

4) 이 주제와 관련되는 원전 대부분은 LS, 39, 40, 41 및 53장에 등장한다.

(Aetius I, Preface 2, LS 26A). 이런 체계적인 지식 전체에 도달하기는 상당히 어렵지만 지식의 진보를 이루려면 인식적 규범을 준수해야 한다. 우리는 현자가 — 곧 완벽하게 인식하는 자가 — 동의하는 방식으로 동의해야 한다. 현자는 어떤 믿음(doxai)에도 집착하지 않는다. 그가 무언가를 참이라고 받아들이더라도 그의 동의는 단지 지식의 한 단편에 지나지 않는다. 그는 이른바 인식적 인상, 곧 사물들을 존재하는 대로 정확하게 반영하며 이런 사실을 명확히 드러내는 인상을 지닐 경우에만 무언가에 동의한다(DL 7.46, 54; Cicero *Acad.* 1.40-1, 2.77-8; M 7.247-52). 인식적 인상은 스토아학파가 이른바 진리의 기준이라고 부르는 것이다.

하지만 과연 무엇이 어떤 인상을 '인식적'으로 만드는가? 도대체 인식적 인상이라는 것이 존재하기는 하는가? 더욱 일반적으로 진리에 대한 그 **어떤** 기준이라도 성립하는가? 헬레니즘 시대 인식론자들의 생각에 따르면 진리의 기준은 지식의 추구에 결정적인 역할을 한다. 이와 관련해 스토아학파는 우리가 안심하고 받아들일 수 있는 인상들이 존재한다고 주장한다. 이런 인상의 수는 무척 적을지 몰라도 우리는 오직 인식적인 인상을 '모아서' 사고함으로써 체계적인 지식을 구성할 수 있다. 반면 에피쿠로스주의자들은 감각적 지각이 진리의 기준이라고 주장한다. 이들에 따르면 모든 감각적 지각은 물리적으로 발생한다는 의미에서 참이다. 어떤 상이 우리의 눈에 충돌하면 무언가를 보게 되고, 귀에 충돌하면 소리를 듣게 된다. 감각적 지각과 상충하는 이론들은 당연히 거부해야 한다. 하지만 만일 진리의 기준이 존재하지 않는다면, 곧 아무것도 그 자체만으로는 안전하게 참이라고 여길 수 없다면 어떻게 해야 하는가? 대안 중 하나는 우리의 이론에 대한 증명을 시도하고 이에 기초한 지식을 쌓아나가는 것이다. 따라서 한편으로는 진리의 기준이, 다른 한편으로는 증명 방법에 대한 이론이 회의주의자와 독단론자들 사이의 논쟁에서 대표적인 주제로 부각되는 것은 당연한 일이다.

섹스투스는 회의주의의 등장 계기를 설명하면서 회의주의자들을 철학자로, 곧 무엇이 참이고 무엇이 거짓인지를 발견하려 하는 사람들로 묘사한다(PH 1.12). 그들은 탐구를 멈추지 않고 계속하는데 그 까닭은 발견보다 판단중지를 선호하기 때문이 아니라 진리를 발견하려 하기 때문이다. 동시에 그들이 탐구를 계속하는 까닭은 독단론자들의 진리 기준과 증명 방식이 모두 그리 큰 설득력을 지니지 못한다고 생각하기 때문이다. 하지만 학자들은 과연 이런 설명이 판단중지에 이르는 다양한 기법을 끊임없이 고안한 회의주의자들을 적절히 묘사한 것인지에 대해 논쟁을 벌이기도 한다. 진리와 판단중지는 서로 대립하는 목표인 듯이 보인다. 그리고 더욱 심각한 문제는 섹스투스의 언급 중 일부가 피론식의 회의주의자들이 또 다른 목표, 곧 평안함으로 이해되는 좋은 삶을 추구한다는 사실을 암시한다는 점이다.[5]

좋은 삶과 진리, 판단중지라는 목표가 어떻게 서로 관련되는지를 살펴보려면 잠시 소크라테스를 소환할 필요가 있다. 플라톤의 대화편 『변론』에서 소크라테스는 검토되지 않는 삶은 살만한 가치가 없다고 말한다(38a5-6). 소크라테스에 따르면 인간에게는 매우 중요한 임무, 곧 좋은 삶을 살아갈 목표가 주어진다. 하지만 과연 어떻게 해야 잘 사는 것인지 또한 매우 어려운 질문이다. 이에 대해 전문가로 자칭하는 많은 사람들은 ― 사제나 소피스트들, 그 외에도 소크라테스와 대화를 나누었던 사람들은 ― 일관된 답변을 제시하지 못한다. 이에 대한 탐구는 항

---

[5] Bett 2010a; Striker 2001; Vogt 2012: 5장, 'The Aims of Skeptical Investigation', pp. 119-39 참조.

상 혼란과 곤혹을 낳을 뿐이다. 여기서 벗어나기 위해 누군가는, 마치 소크라테스의 초기 대화편에 등장하는 인물들처럼 아예 이런 탐구를 포기하려 할지도 모른다. 하지만 널리 알려져 있듯이 이것이 소크라테스의 대답은 아니다. 소크라테스는 이성이 인도하는 삶이 아무리 어렵게 보인다 할지라도 우리는 그런 삶을 시도해야 한다고 주장한다. 이런 삶이 곧 소크라테스가 목표 삼는 좋은 삶이다. 이어서 그는 차선의 삶을 제시하는데 이는 선과 악에 관한 지식에 기초해 쉬지 않고 탐구를 계속하는 삶이다. 그는 이런 차선의 삶을 살아가기 위한 방법을 제시하고 이를 몸소 보여준다. 그는 근본적으로 진리의 가치를 삶의 원동력으로 삼는다.

그리 엄밀하지는 않지만 이것이 탐구의 삶이 곧 좋은 삶을 추구하는 것이라는 생각의 청사진이다. 아르케실라오스와 섹스투스는 모두 회의주의들이 '올바르게' 살아간다고 주장한다.[6] 판단중지는 물론 발견보다 못하기는 하지만 우리가 발견에 도달하지 못한다면 최선의 상태라 할 수 있다. 키케로를 통해 아카데미아학파의 회의주의에 접했던 아우구스티누스(Augustine)는 바로 이 점을 정확히 지적한다. 그는 자신의 저서 『아카데미아학파 반박』(Contra academicos)에서 진리의 발견을 우리가 삶 전체를 통해 추구해야 할 바로 전제할 때 이런 발견에 이르지 못하고도 행복하게 살 수 있는가라는 질문을 회의주의를 평가하는 데 결정적인 역할을 하는 질문으로 여긴다. 회의주의자들은 물론 참된 지식에 도달한 삶이 훨씬 더 좋다는 점을 인정하지만 내가 지금까지 설명했듯이 이 질문에 대해 '그렇다'라고 답한다.

---

[6] 아카데미아학파의 회의주의에 관해서는 M 7.158과 Cicero *Acad.* 2.37-9; 피론식의 회의주의에 관해서는 PH 1.16-17 참조.

행위의 본질

독단론자들은 동의가 없이는 행위 자체가 불가능하다는 점을 들어 자신들이 회의주의자들이 생각한 삶의 방식을 철저히 반박했다고 여긴다. 왜 회의주의자들도 어떤 방에서 나가기 위해 방을 둘러싼 벽으로 뛰어들지 않고 문을 통해 걸어 나오는가? 독단론자들이 지적하듯이 우리는 방에서 나가는 데 성공하려면 '여기 문이 있다'는 인상에 동의해야 한다(Plutarch *Adv. col.* 1122A-F; LS 69A). 이런 논증을 한 단계 더 진행하면 무엇을 할 것인가를, 예를 들면 방에서 나갈 것인가 그렇게 하지 않을 것인가를 결정하기 위해 행위자는 **이것이 내가 하려는 바**라는 생각에 동의해야 한다. 이는 곧 계속 살아가고 능동적인 삶을 영위하기 위해서 행위자는 이 세계가 어떻게 구성되며, 우리는 무엇을 해야 하는가에 관한 인상에 동의해야만 함을 의미한다. 우리가 행위하기 위해서는 세계에 대한 믿음뿐만 아니라 가치평가적인 규범적 믿음 또한 반드시 필요하다. 최소한 독단론자들은 이렇게 주장한다.[7]

이런 '믿음이 없이는 행위가 불가능하다는 비판'에 대해 피론주의자와 아카데미아학파는 서로 다르게 대응한다.[8] 피론주의자들은 현상에 따른다(PH 1.21-4). 현상을 존중한다는 것은 곧 우리가 선호나 혐오 같은 정서의 인도를 받아들임을 의미한다. 예를 들어 배가 고프면 우리는 무언가를 먹는다. 여기에는 또한 지금까지 여러 가지 것들이 작용해 온 방식을 통해 그것들을 어떻게 다루어야 하는지를 배우는 것도 포함

---

[7] 지난 수십 년 동안 이루어진, 고대 회의주의에 대한 연구는 Michael Frede의 논문 (1979)을 출발점으로 삼는다. 이 논문에서 Frede는 회의주의자들이 자신들을 믿음이 없이는 행위할 수 없다는 비판에 충분히 대응한 인물로 여긴다고 주장한다.

[8] Vogt 2010a 참조.

된다. 더욱이 회의주의자들은 관습과 법률도 일종의 현상으로 여기므로 얼마든지 이들에 따를 수 있다. 하지만 바로 이런 주장 때문에 회의주의자들은 거센 비판을 받기도 했다. 대표적으로 헤겔(Hegel)은 피론식의 회의주의자들이 사실은 순응주의자라고 지적했다.[9] 만일 우리가 어떻게 행위해야 하는지에 대한 기준을 세우지 않고 그저 관습에 따름으로써 그럭저럭 행위한다면 우리는 지극히 틀에 박힌 전통적인 삶을 살 수밖에 없을 것이다. 고대에 등장한 이런 방식의 비판은 다음과 같은 예를 통해 제기되는데 이는 사악한 정부에도 복종해야 하는가라는 20세기의 논쟁을 떠올리게 만든다. 만일 어떤 폭군이 회의주의자에게 입에 담지 못할 정도의 사악한 행위를 하라고 명령하면서 그 행위를 하지 않는다면 사형을 면치 못할 것이라고 말한다. 이 경우 회의주의자는 폭군의 명령에 복종할 것으로 생각된다.[10] 이런 비판에 맞서 회의주의자들은 상황이 어떤 쪽으로도 전개될 수 있다고 주장한다(M 11.166). 만일 그 회의주의자가 저항 정신이 강한 환경에서 자랐다면 그는 폭군의 명령에 저항하는 것을 '자신이 해야 할 바'라고 여길 것이다. 하지만 이런 식의 대응은 피론식의 회의주의자가 지향하는 삶의 방식을 그리 설득력 있게 보여주지 못한다. 이런 식으로 대응하려면 회의주의자는 현상이 우리를 어떤 길로 인도할지는 어떤 행위에 찬성하거나 반대하는 근거를 진지하게 고찰하는 문제와 무관하게 단지 우연에 달려있다는 점을 인정해야만 한다.

어쩌면 아카데미아학파의 회의주의는 이 문제에 더 잘 대응할 수 있

---

9) 예를 들면 Hegel 1977: para. 205 참조.

10) 이 예는 고대철학에서 상당한 논쟁거리였는데 이는 아마 소크라테스의 영향인 듯하다. 그는 자신이 30인 참주로부터 어떤 무고한 사람을 억류하라는 명령을 받았지만 이를 거부했다고 전한다. 또한 아리스토텔레스, 『니코마코스 윤리학』 III.1, 1110a5-8 참조.

으리라 생각된다. 아르케실라오스와 카르네아데스는 나름대로 행위 기준을 제시한다. 이 두 회의주의자는 각각 '합당함'과 '그럴듯함'이라는 개념을 내세운다. 아르케실라오스의 기준인 합당함은 그리 엄밀하지 않게 말해 어떤 주어진 문제에 대해 행위자에게 자신의 최선의 사고에 기초한 듯이 보이는 바를 의미한다(SE M 7.158; 7.150). 물론 우리가 최선의 사고를 할지라도 모든 것을 올바르게 파악하는 데는 미치지 못한다. 하지만 아르케실라오스는 최선을 다해 심사숙고하는 것을 목표로 삼는다. 카르네아데스의 기준인 그럴듯함은 다소 복잡한 철학적 개념인데 행위 기준뿐만 아니라 진리 기준의 역할도 하는 듯하다(SE M 7.166-84). 이는 어떤 맥락에서도 사태가 우리에게 어떻게 보이는가에 따라 행위한다면 그렇게 큰 위험에 처하지는 않으리라는 생각을 반영한다. 하지만 우리가 살면서 접하는 문제들은 중요성의 차이가 있다. 이 경우에는 우리의 인상을 검토하면 된다. 우리가 어두운 방에 들어갔는데 새끼 모양으로 꼬인 무언가가 보인다면 지팡이를 들어 그것을 찔러 보아야 한다. 혹시 뱀일지도 모르기 때문이다. 무언가가 더 큰 문제로 보일수록 우리는 그것에 대해 더욱 신중하게 숙고해야 한다.

널리 알려져 있듯이 회의주의자들의 이런 제안은 성공을 거두지 못한다. 우리가 살면서 얼마나 크고 다양한 위험에 처하며 또 이를 해결하기 위해 얼마나 많은 주장이 난무하는지를 고려할 때 이들의 주장은 옳고 그름을 충분히 파악할 만한 근거를 제공하지 못한다. 이제 현대의 도덕적 회의주의에 대해 자주 제기되는 비판에 대해 고대의 회의주의자들이 어떻게 대응할지를 한번 검토해보자. 회의주의자인 당신은 그 어떤 도덕적 지식이라도 존재하는지에 대해 회의한다고 말한다. 하지만 당신은 이미 수많은 도덕적 진리들을, 예를 들면 노예제도는 그르다는 사실을 알고 있지 않은가? 이에 대해 오늘날의 도덕적 회의주의자들은 그런 사실을 비롯한 몇몇 유사한 도덕적 진리들을 안다고 답하지 않을 수 없을 듯하다. 따라서 그들의 입장은 반박된다. 아카데미아학파의 회의주의자들이 오늘날 살아있다면 이들은 다르게 반응할 듯하다. 아마 이들은 노예제도를 기꺼이 그르다고 여기는 것은 우리의 문화 중 일부라고 주장할 것이다. 그러면서 우리가 이런 문화적 성취를 자랑하기보다는 과연 이런 태도가 잠정적으로라도 유지될 수 있는지를 의심해봐야 한다고 말할 것이다. 이들은 현재 우리가 구입하는 수많은 상품이 어쩌면 노예제도와 같은 상황에서 생산되지는 않는지를 당연히 검토해야 한다고 주장하면서, 오직 우리가 노예제도가 무엇이며 그것이 왜 그른지를 더욱 확실히 이해한 후에야 어떤 체제를 노예제도로 분류하고 비판할 수 있으리라고 지적할 것이다. 따라서 우리는 무언가를 도덕적 진리로 받아들이는 현재 우리의 견해에서 한걸음 물러서야 한다. 더 나아가 이들은 자신들의 임무가 다른 사람들이 확실하게 여기는 것을 무조건 의심하는 것이 아니라 다른 사람들도 잠시 멈추어 검토해보면 얼마든지 더욱 진지하게 고찰할 필요가 있다고 생각할 문제들을 계속 탐구하는 것이라고 말할 것이다. 오늘날 회의주의에 반대하는 사람들은 회의주의자들의 잠정적이고 예비적인 통찰도 분명히 일종의 통찰이라고 주장할지 모른다. 하지만 도덕적인 관점에서는 이런 사람들도 고대의 회의주의가 보였던 관심이 상당한 호소력을 지닌다고 결론지을 것이다. 곧 도덕적 진보라는 자화자찬의 개념에서 벗어나 여전히 탐구를 필요로 하는 바에 주의를 기울여야 한다는 생각에는 동의할 것이다.

불일치

고대의 윤리학자들은 불일치를 널리 퍼진 일반적인 현상으로 여기면서 철학이 이에 어떻게든 대응해야 한다고 생각했다. 이들의 출발점은 중세 기독교 시대 철학자들의 출발점과 전혀 다르다. 기독교 철학자들은 우리가 대체로 일치하는 도덕적 개념을 지닌다고 전제하고 철학의 임무는 이런 개념을 상세히 해명하는 것이라고 여겼다. 어쩌면 이것이 소피스트와 소크라테스의 전통에 따른 윤리학이 현대의 논의와 더욱 밀접히 관련되는 이유 중 하나인 듯하다. 현대의 윤리학자들 또한 다양성과 불일치 그리고 차이를 해명하려는 목표를 지닌다.

기원전 5세기에 소피스트들뿐만 아니라 헤로도토스(Herodotus)도 서로 다른 사람들이 서로 다른 관습에 따라 살아간다는 사실을 어떻게 다루어야 할지를 탐구한다. 헤로도토스는 '관습이 왕'이라는 핀다로스(Pindar)의 말을 인용하면서 사람들로 하여금 자신들의 행동 방식이 자연스러운 반면 이와는 다른 행동 방식은 그릇될 뿐만 아니라 부자연스럽고 혐오스럽다고 믿게 만드는 것은 바로 관습이라는 식으로 이 말을 해석한다. 예를 들면 헤로도토스는 그리스인들은 죽은 사람을 화장하는 반면 인도의 한 종족인 칼라티안족(Callatians)은 죽은 사람을 먹는다고 말한다(『역사』3.38). 이들은 각각 자신들의 장례 방식이 자연스럽다고 생각하며 상대방의 방식을 혐오한다. 이런 관찰을 검토해보면 우리 자신의 관습에 집착하고 다른 사람들의 관습을 혐오하는 일은 아무 근거 없는 임의적인 것임이 드러난다. 현대 철학자들의 표현을 빌리면 서로 불일치하는 양측 모두 인식론적으로는 똑같다. 우리 자신의 삶의 방식이 다른 사람들의 그것보다 더 낫다는 점을 보일 수 있는 어떤 명확한 방법도 없다.

몇몇 소피스트들은 자연과 법률, 피시스(phusis)와 노모스(nomos) 사이의 대비를 부각시키면서 우리 자신의 관습이 자연스럽다는 주장에 도전하는 모습을 보인다. 더욱이 소피스트들은 문답법의 전문가이다. 소피스트는 대화의 상대방에게 'X는 A인가 아니면 B인가?'라는 식의, 예를 들면 '덕은 가르쳐질 수 있는가 아니면 본성적인가?'라는 질문을 던진다. 상대방은 둘 중 하나를 선택하고 그것을 옹호해야 한다. 상대방이 계속 이어지는 질문에서 혼란스러운 모습을 보이거나 자기모순에 빠지면 상대방은 논쟁에서 지게 된다. 반면 질문을 던지는 사람을 난처한 자기모순에 빠뜨리면 상대방은 논쟁에서 승리한다. 소피스트들이 다룬 주제와 대화의 기법은 플라톤의 대화편에 등장하는 그리고 회의주의자들이 묘사한 소크라테스의 그것과 상당히 유사하다. 대화편 『에우티프론』에서 소크라테스는 가치와 관련해서는 불일치의 해소 방법을 확립할 수 없다는 점을 지적한다(7c-8a). 더욱이 불일치는 서로 다른 집단이나 사람들 사이에서만 일어나는 것이 아니다. 불일치는 심지어 가치를 인식하는 개인들의 마음 안에서도 일어나므로 — 이것이 소크라테스의 핵심 주장에 해당하는데 — 우리는 가치에 대한 자신의 견해를 잘 정리해서 밝히는 데 항상 실패한다.

카르네아데스가 경험한, 다음과 같은 일은 아카데미아학파의 회의주의가 이런 소크라테스의 태도를 그대로 유지한다는 점을 잘 보여준다. 기원전 155년 카르네아데스는 아테네 대사의 자격으로 로마를 방문하는 세 철학자 중 한 사람으로 뽑혔다. 그는 다음과 같은 일로 로마인들을 혼란에 빠뜨렸다. 어느 날 그는 정의(正義)를 옹호하는 연설을 해서 큰 호응을 이끌어냈다. 바로 다음 날 그는 정의에 반대하는 연설을 해서 마찬가지로 찬사를 받았다. 그가 이렇게 한 목적은 아마도 정의의 옹호자들조차도 자신들이 지닌다고 주장하는 정의에 대한 지식을 제대로 지니지 못하며, 정의의 본질은 여전히 제대로 파악되지 않았다는 점을 지적하기 위함인 듯하다(Lactantius, *Epitome* 55.8, LS 68M). 이 결과 카르네아데스를 비롯한 동료 철학자들은 로마에서 추방되었고, 이들과 더불어 철학에 대한 평판 또한 안 좋아졌다. 하지만 철학이 로마 문화의 일부로 유입되면서 철학을 보급하는 데 앞장 선 대표적 인물인 키케로는 정확히 아테네 대사들이 남겨두고 떠난 지점을 자신의 출발점으로 선택한다. 키케로는 카르네아데스가 제시한 생각들을 철학의 본질과 관련되는 것으로 여긴다. 어떤 주제에 대해 찬성하거나 반대하는 다양한 논증이 존재하는데 우리는 열린 마음으로 이들에게 대해 고찰함으로써 큰 이익을 얻게 된다. 키케로는 아카데미아학파의 회의주의에 대한 책을 썼을 뿐만 아니라 자신이 이 학파에 속한다고까지 생각한다. 그는 또한 서양의 지적 전통에 큰 영향을 미친 여러 저술을 남겼는데 이들 중 특히 『의무론』과 『최고선악론』은 서로 다른 철학적 입장을 보이는 사람들 사이의 대화로 구성되며, 대화에 참여하는 사람들은 각각 자신의 관점을 상세히 전개하는 것이 허용된다.

섹스투스는 회의주의를 다양한 현상과 사고를 서로 반대되는 관점에서 바라보는 능력으로 정의한다. 판단의 유보가 결론으로 도출되는 까닭은 주어진 어떤 문제에 대해서도 서로 맞서는 양측의 논증과 주장이 동등한 강도를 지니기 때문이다(PH 1.8). 하지만 서로 맞서는 양측이 완전히 똑같은 비중을 지니지 않는 듯이 보이는 경우가 많지 않은가? 이에 대해 회의주의자는 회의주의는 일종의 논증 능력이라고 답한다. 아이네시데모스의 열 가지 방식은 현상을 현상으로, 현상을 사고로, 사고를 사고로 반박할 수 있는 체계적인 도구를 제공한다. 이들 중 세 번째 방안, 곧 사고를 사고로 반박하는 방안은 결국 판단의 유보를 낳는다. 이는 서로 다른 이론의 제시에 초점을 맞추므로 아그리파의 다섯 가지 방식에서는 '불일치(diaphônia)의 방식'으로 불리기도 한다.

　이런 논의들이 어떻게 윤리학에 적용되는가? 아이네시데모스의 열 가지 방식 중 마지막 것은 관습과 법률, 종교적 믿음 그리고 가치의 문제에 대해 판단의 유보를 주장한다. 섹스투스가 든 예들 중 기도와 근친상간을 검토해보자. 많은 사람들은 신들에게 기도를 하며, 이런 관행을 수용한다. 하지만 에피쿠로스의 주장에 따르면 신들은 매우 높은 곳에 있는 존재여서 인간의 기도를 일일이 들어주지 않는다. 이런 주장을 주의 깊게 고찰해보면 기도라는 관행은 억지로 부과된 것에 지나지 않는 듯하다(PH 1.155). 이제 근친상간에 대해 생각해보자. 그리스 법률은 근친상간을 유죄로 여긴다. 하지만 스토아학파가 전하는 바에 따르면 어떤 현자도 근친상간을 범했는데 그는 자신이 그렇게 무도한 짓을 저지르지 않았다는 증거로 올림포스의 신들을 예로 들었다고 한다(PH 1.160 및 3.245). 이 두 경우 모두에서 찬반 양측 중 어느 한 쪽이 더 강력하게 지지되는 듯하다. 곧 관습은 기도라는 관행을 인정하고 근친상간을 유죄로 규정하는 쪽을 지지한다. 하지만 잠시만 멈춰 생각해보아도 이와는 반대되는 주장을 얼마든지 펼 수 있으며 따라서 찬반 양측 사이의 균형을 맞출 수 있다. 어쩌면 회의주의자들의 반박은 때로 말도 안 되는 억지 설명을 늘어놓는 듯이 보일지도 모른다.[11] 하지만 이에 맞서 회의주의자들이 성공을 거두지 못했다는 주장, 곧 찬반 양측 사이에 정확히 똑같은 균형은 성립할 수 없다는 주장 또한 얼마든지 반박할 수 있다. 그렇다면 우리는 회의주의자의 기획에는 중요한 무언가가, 곧 가치에 대한 진지한 숙고는 낯선 관점도 기꺼이 수용할 수 있는 상상력과 의도를 필요로 한다는 생각이 들어있음을 인정해야 한다.

---

11) Vogt 2008: 20-64 참조.

가치의 본성

고대 회의주의는 가치에 대한 어떤 형이상학적 견해도 지지하지 않는다. 회의주의적 탐구는 오늘날 반실재론(우리의 태도와 무관한 어떤 규범적 사실도 존재하지 않는다는 견해)이라고 불리는 것도 실재론(우리의 태도와 무관한 어떤 규범적 사실이 존재한다는 견해)이라고 불리는 것도 수용하지 않는다. 하지만 회의주의적 관점은 이런 두 이론을 모두 포함하는 듯이 보이기도 한다. 특히 윤리학에 관한 섹스투스의 저술은 평가하기가 몹시 어렵다. 섹스투스는 때로는 만일 여러 행위자들이 선에 관해 일치된 견해를 보이지 않는다면 본성상 선한 것은 존재하지 않는다고 주장한다(예를 들면 PH 3.179). 하지만 이는 일종의 형이상학적 주장이며 따라서 반회의주의적이다. 이런 언급에 대한 가능한 최선의 해석은 여기서 섹스투스가 피론과 아이네시데모스로부터 전해진, 비교적 오래된 자료들을 다룰 뿐 아직 이들을 자신의 전반적인 관점과 충분히 통합하지 못했다는 것이다.[12] 반면 섹스투스 자신의 명확한 견해는 회의주의자가, 특히 아카데미아학파가 말해야 할 바를 분명히 드러낸다. 곧 불일치는 우리를 판단의 유보와 가치에 대한 계속되는 탐구로 이끈다는 것이다. 하지만 다른 선택지, 말하자면 회의주의가 실재론적 형이상학을 함축한다는 점을 전제하는 것은 어떤가? 회의주의자의 탐구가 가치와 좋은 삶에 대한 진리의 발견을 목표 삼는다면 이는 그런 진리가 존재한다는 점을 전제할 수도 있다. 하지만 회의주의자는 이런 전제에 대해서도 확고한 입장을 취할 듯하다. 곧 무엇이 참이고 무엇이 거짓인가에 대해서 뿐만 아니라 과연 참과 거짓이 존재하는지

---

12) 섹스투스의 윤리학 저술과 피론의 저술 및 아이네시데모스의 형이상학적 관점을 조화롭게 재구성하려는 시도로는 Bett 1997과 2000 참조.

그렇지 않은지에 대해서도 탐구는 계속 진행되어야 한다.

이제 섹스투스의 윤리학 저술을 그의 논리학이나 자연학 저술과 비교함으로써 그의 체계와 결론을 고찰해보자. 논리학에서 그는 두 가지 중요한 질문을 던지는데 이들은 철학자라면 누구나 고찰할 만한 주제이다. 질문 중 하나는 진리의 기준이 존재하는가이며 다른 하나는 증명 이론이 존재하는가이다. 자연학에 관한 섹스투스의 논의는 고대 자연철학의 주요 주제들을, 예를 들면 운동, 정지, 허공 등이 존재하는가를 모두 포괄한다. 이런 모든 질문에 대해 판단의 유보를 생각한다면 회의주의자는 자연계의 모든 측면 전반에 대해 판단을 유보하는 셈이 된다. 윤리학에 관한 섹스투스의 저술은 두 부분으로 나뉘는데 한 부분은 본성상 선하거나 악한 아니면 선악과 무관한 무언가라도 존재하는가라는 질문을, 다른 한 부분은 삶을 살아가는 기법이 존재하는가라는 질문을 다룬다. 만일 그가 윤리학 저술도 논리학이나 자연학 저술과 마찬가지로 나름대로 원대한 희망을 가지고 썼다면 이 두 질문은 서로 철저히 연관될 수밖에 없다. 이는 곧 섹스투스의 기획을 재구성하려면 이 두 질문을 윤리학의 영역에서 상세히 규명해야 함을 의미한다 — 이렇게 하지 않는다면 그의 윤리학 저술은 논리학이나 자연학 저술에 비해 덜 체계적이라는 평가를 받게 될 것이다. 이제 이런 작업을 시도해보자.

고대 윤리학의 기본 질문은 어떻게 해야 좋은 삶을 살 수 있는가이다. 소크라테스의 전통을 이어받은 스토아학파는 — 이들이 회의주의의 주요 논적이기도 한데 — 선과 악에 관한 지식이 좋은 삶을 살기 위한 필요충분조건이라고 생각한다. 이는 곧 무엇이 선이고 악인지를 아는 사람은 잘 사는 방법을 아는 '전문가'가 되며 따라서 삶을 잘 살 수 있음을 의미한다. 그렇다면 철학자가 윤리적 지식이 존재한다는 사실을 증명하는 방법은 두 가지이다. 하나는 논증 상 어떤 결함도 없는 이론을 제시하는 것이며, 다른 하나는 실제로 좋은 삶을 사는 사람을 지적하는 것이다. 이런 사람이 존재한다면 그 사람은, 섹스투스의 표현대로 삶을 사는 '기법'(technê)을 지녀야만 한다. 섹스투스의 윤리학 저술은 바로 이 두 선택지를 공격 목표로 삼으며 따라서 논리학이나 자연학 저술과 동일한 방식으로 체계적이라고 할 수 있다. '본성상 선하거나 악한 아니면 선악과 무관한 무언가라도 존재하는가?'라는 제목의 절에서 그는 각각의 탐구 단계에서 판단의 유보를 주장한다. 또한 '삶의 기법이 존재하는가?'라는 제목의 절에서는 그런 기법의 '결과'가, 곧 좋은 삶을 사는 행위자가 과연 존재하는가라고 묻는다. 만일 그런 사람이 존재하지 않는다면 삶의 기법이 존재하지 않거나 아니면 독단적인 논적들이 말하는 전제가 성립되지 않는다고 말할 수밖에 없다. 만일 위의 두 질문 모두 판단의 유보라는 결론으로 이어진다면 어떻게 해야 좋은 삶을 살 수 있는가라는 질문이 성립하는지에 대해서도 더 이상의 탐구가 필요하다.

결론

그렇다면 도덕철학사에서 고대 회의주의는 어떤 역할을 담당하는가? 나는 회의주의자들이 설령 진리를 발견하지 못하더라도 조금도 우려할 필요가 없다고 주장함으로써 끝없는 탐구의 삶을 추천했다는 점을 보이려 했다. 이런 면에서 회의주의자들은 현대의 과학자들과는 상당히 다른 태도를 보인다. 현대의 과학자들은 기꺼이 행복하게 탐구에 몰두하지만 만일 과학이 우주에 관한 진리를 발견하지 못한다는 사실이 알려지면 매우 당황할 것이며 자신들이 불행하다고 느낄 것이다. 고대 회의주의에 따르면 윤리학도 진리의 발견과 유사하다. 윤리학은 어떻게 살아야 하는가라는 질문의 대답을 발견하려 하는 끝없는 탐구를 시도하지만 설령 결론에 이르지 못하더라도 여전히 중요한 의미를 지닌다고 말할 수 있다.

참고문헌

제일 뒤의 * 표시는 특히 중요한 참고문헌임을 나타낸다.

Annas, J. and J. Barnes (2000), *Sextus Empiricus. Out of Scepticism*, Cambridge University Press.

Barnes, J. (1997), *The Toils of Scepticism*, Cambridge University Press.

Bett, R. (1997), *Sextus Empiricus. Against the Ethicists*, Cambridge University Press.

Bett, R. (2000), *Pyrrho, his Antecedents, and his Legacy*, Oxford University Press.

Bett, R. (2002), 'Pyrrho', in E. Zalta (ed.), *Stanford Encyclopedia of Philosophy*: http://plato.stanford.edu/archives/fall2002/entries/pyrrho/, revised version 2006, http://plato.stanford.edu/archives/sum2006/entries/pyrrho/

Bett, R. (2010a), 'Scepticism and Ethics', in Bett 2010b: 181-94.*

Bett, R. (2010b)(ed.), *The Cambridge Companion to Ancient Scepticism*, Cambridge University Press.

Brittain, C. (2005), 'Arcesilaus', in Zalta (ed.), *Stanford Encyclopedia of Philosophy*: http://plato.stanford.edu/entries/arcesilaus/.

Brittain, C. (2006), *Cicero: on Academic Scepticism* (Indianapolis: Hackett).

Broadie, S. and C. Rowe (2002), *Aristotle, Nicomachean Ethics. Translation, Introduction, and Commentary*, Oxford University Press.

Burnyeat, M. and Frede, M. (1997)(eds.), *The Original Sceptics*, Indianapolis, Ind. and Cambridge, Mass.: Hackett.*

Cooper, J. (2004), 'Arcesilaus: Socratic and Sceptic', in V. Karasmanis (ed.), *Year of Socrates 2001-Proceedings*, Athens: European Cultural Center of Delphi. Reprinted in J. Cooper, *Knowledge, Nature, and the Good, Essays on Ancient Philosophy*, Princeton University Press, 81-103.

Frede, M. (1979), 'Des Skeptikers Meinungen', *Neue Hefte für Philosophie*, 15/16: 102-29. Reprinted as 'The Sceptic's Beliefs', in Burnyeat and Frede 1997, 1-24.

Frede, M. (1983), 'Stoics and Sceptics on Clear and Distinct Impressions', in M. Burnyeat (ed.), *The Skeptical Tradition*, Berkeley, Calif.: University of California Press, 65–94.

Hegel, G.W.F. (1977), *The Phenomenology of Spirit*, trans. A.V Miller, analysis and foreword J.N. Findlay, Oxford University Press.

King, P. (1995), *Augustine, Against the Academicians and The Teacher*, Indianapolis, Ind.: Hackett.

Long, A.A. (2006), *From Epicurus to Epictetus: Studies in Hellenistic and Roman Philosophy*, Oxford University Press.

Long, A.A. and D. Sedley (1987), *The Hellenistic Philosophers* Vols. 1 and 2, Cambridge University Press.

Striker, G. (1996), *Essays on Hellenistic Epistemology and Ethics*, Cambridge University Press.

Striker, G. (2001), 'Scepticism as a Kind of Philosophy', *Archiv für Geschichte der Philosophie* 83: 113–29.

Striker, G. (2010), 'Academics versus Pyrrhonists, Reconsidered', in Bett 2010b: 195–207.

Vogt, K.M. (2008), *Law, Reason, and the Cosmic City: Political Philosophy in the Early Stoa*, New York: Oxford University Press.

Vogt, K.M. (2010a), 'Scepticism and Action', in Bett 2010b: 165–80.

Vogt, K.M. (2010b), 'Ancient Skepticism', in E. Zalta (ed.), *The Stanford Encyclopedia of Philosophy* (Spring 2010 edn): http://plato.stanford.edu/entries/skepticism-ancient/.

Vogt, K.M. (2012), *Belief and Truth: A Skeptic Reading of Plato*, New York: Oxford University Press.

Vogt, K.M. (2015) (ed.), *Pyrrhonian Skepticism in Diogenes Laertius* (Greek–English), with Commentary and Essays, edited and with an Introduction by K.M. Vogt, SAPERE, Vol. XXV, Tübingen: Mohr Siebeck.

8장

신플라톤주의

알렉산드린 슈니윈드(Alexandrine Schniewind)

후에 신플라톤주의자로 불리게 되는 고대 말기 플라톤주의 철학자들은 오랫동안 초세속적인 성향을 강하게 지닌 인물들로 여겨져 도덕철학이나 윤리학 같은 현실적인 문제에는 별 관심을 보이지 않았다는 평가가 지배적이었다. 하지만 최근에는 이런 평가가 바뀌어 여러 학자들이 신플라톤주의에도 윤리학이 존재한다는 주장을 내세웠지만 이들의 접근은 자주 신플라톤주의를 엘리트주의로 여기는 방식을 취한다.[1] 또한 최근의 연구는 대부분 플로티노스의 윤리학을 주제로 삼았으며 후기 신플라톤주의자들, 예를 들면 포르피

---

[1] Dillon 1996; Smith 1999; Beierwaltes 2002; Schniewind 2003; Wilberding 2008; Pietsch 2013 참조.

리오스(Porphyry), 이암블리코스(Iamblichus), 프로클로스(Proclus), 심플리키우스(Simplicius), 다마스키오스(Damascius) 등은 큰 관심을 받지 못했다. 고대 말기 신플라톤주의 학파의 창시자인 플로티노스(Plotinus, 204-270)가 모든 것에게 존재론적 체계를 부여하는 세 원리, 곧 일자(一者, to hen), 정신(nous), 영혼(psuchê)에 초점을 맞춘 철학을 제시했음은 분명하다.[2] 또한 그는 한 원리가 다른 원리로부터 도출되는 과정에 기초한 존재론을 전개했다. 곧 정신은 일자로부터, 영혼은 정신으로부터 도출된다. 이 세 원리는 모두 정신계에 속하는데, 이 세계는 넓은 의미에서 플라톤이 말한 이데아계에 대응된다. 반면 윤리학은 오직 감각계의 수준에서 도입된다. 감각계는 세 원리 중 마지막 것인 영혼이 작용한 결과로 등장하게 된다. 개인의 영혼은 원리로서의 영혼으로부터 도출되는데 감각계에서 감각적인 육체로 들어간다. 개인의 영혼은 정신계에 속하는 자신의 근원과 강력한 연결을 유지하려 하며 따라서 원리로서의 영혼을 항상 반영한다. 정신계와는 반대로 감각계는 많은 다양한 것들이 분산되어 있다는 특징을 지닌다. 감각계에서는 많은 일들이 우연히 무작위로 일어난다. 개인의 영혼은 이 세계에서 사는 동안 육체와 결합된 상태를 유지하는데 감각계에 너무 집착하지 않도록 항상 주의를 기울여야 한다. 개인의 영혼이 겪는 중대한 위험 중 하나는 계속되는 번잡한 일들(polupragmosunê)에 마음을 빼앗겨 정신계에 속하는 근원에 대한 지식을 망각하는 것이다. 이는 곧 지각이나 감정 또는 욕구가 우리를 지배해 우리의 지적 능력을 압도할 수도 있음을 의미한다. 개인의 영혼이 욕구에 압도당하면 더 이상 자신의 근원을 파악하지 못하여 자신이 여전히 정신계에 속하는 원리로서의 영

---

[2] 플로티노스의 철학 전반을 소개하는 글로는 O'Meara 1993 참조.

혼의 일부라는 사실을 망각하는 지경에 이른다.

설령 정신계에는 윤리학의 설 자리가 없으며 신플라톤주의 철학에서 형이상학이 상당히 강력하게 작용한다 할지라도 감각계에서는 윤리학이 매우 중요한 역할을 한다는 점 또한 분명한 사실이다.[3] 소크라테스가 『파이돈』에서 암시했듯이 개인 차원에서 우리는 가능한 한 빨리 정신계로 복귀하는 것, 곧 우리의 영혼을 최대한 육체와 분리하는 것을 우리의 윤리적 목표로 삼아야만 발전을 이룰 수 있다. 그렇다면 윤리학은 강력한 도덕적 내용을 함축하게 된다. 각 개인은 자신의 능력을 최고로 발휘하기 위해 가능한 한 자신을 발전시켜야 도덕적 책임을 지기 때문이다. 이런 존재론적이고 형이상학적인 세계관이 플로티노스 사후에도 신플라톤주의 학교를 중심으로 아테네와 알렉산드리아에 널리 전파되었다. 하지만 이런 일은 529년 유스티니아누스(Justinian) 황제가 기독교에 위협이 된다는 이유에서 신플라톤주의 학교들을 폐쇄하면서 막을 내리게 된다.

신플라톤주의 윤리학은 독특한 특성을 드러낸다. 그것은 대부분 사실기술적인 내용으로 구성되며 현명한 사람을, 곧 완성된 사람으로서의 현자(spoudaios, sophos)를 지향하는 모습을 보인다. 달리 말해 신플라톤주의 윤리학은 어떤 규정이나 명령을 포함하지 않으면서도 규범적인 성격을 지닌다.[4] 곧 현자가 어떻게 살고, 생각하고, 행위하는지를 보임으로써 우리가 어떻게 살아가야 하는지를 제시한다. 또한 그것은 철학적인 삶을 살기를 간절히 원하는 일반인에게 그런 삶의 방식을 권고하려는 의도를 지닌다. 신플라톤주의 윤리학의 두 가지 주요 주제

---

3) Bene 2013 참조.

4) 이 주제에 관한 더욱 상세한 논의는 Schniewind 2003 및 Gill 2005: 15 참조.

는 행복(eudaimonia)과 덕(aretê)인데 이와 더불어 선의 역할, 이론과 실천의 관계, 관조적 지혜와 실천적 지혜 등이 논의된다.

이런 주제들을 다루는, 신플라톤주의 윤리학이 채택한 독특한 방법은 현자에 대해 상세히 기술하는 것이다. 현자는 완벽한 덕을 갖춘 사람이며 따라서 행복하다. 하지만 이는 이미 아리스토텔레스와 스토아학파도 언급했던 바이다. 아리스토텔레스는 『니코마코스 윤리학』에서 행복에 이르는 관건으로 덕의 중요성을 강조했으며, 스토아학파 또한 덕을 갖춘 삶과 행복한 삶이 밀접하게 관련된다는 점을 지적했다. 더욱이 관조적 지혜와 실천적 지혜 사이의 관계는 아리스토텔레스 이래로 윤리학의 주요 주제 중 하나가 되었다.

스토아학파는 현자가 지녀야 할 최고로 완벽한 특성들을 이미 폭넓게 열거했는데 동시에 이런 현자의 수준에 도달하는 것이 거의 불가능함을 강조함으로써 일종의 역설을 낳게 되었다.[5] 신플라톤주의 접근 방식이 지닌 독특함은 일반인도 현명한 동시에 행복한 사람이 될 수 있음을, 더 나아가 되기 위해 노력해야 한다는 점을 지적한 데 있다. 곧 현자가 자기 자신과 다른 사람에게 행위하는 방식에 대해 상세히 기술함으로써 일반인도 이렇게 행위해야 한다는 점을 암시한다. 따라서 이런 기술은 강력한 규범적 의미를 지닌다.

신플라톤주의 철학자들은 현자에 대해 기술하면서 주로 두 가지 방식을 사용하는데 하나는 덕과 행복에 관한 저술을 쓰는 것이며, 다른 하나는 유명한 철학자들의 (예를 들면 과거의 인물로는 피타고라스, 동시대 인물로는 플로티노스와 프로클로스 등의) 생애를 다룬 전기를 쓰

---

[5] Hadot 2014 참조. Hadot는 윤리의 진보가 가능하다는 생각을 처음 도입한 인물로 세네카를 든다.

는 것이다. 신플라톤주의 철학자들은 이들을 매우 행복한 인물로 묘사하며, 자주 어떻게 이런 인물들이 우리가 획득하려고 노력해야 하는 삶의 원리들을 깨닫게 되었는지를 상세히 기술한다. 달리 말하면 고대 말기에는 현자의 모습을 기술하는 것이 윤리적 논증의 중요한 방법이 되었다고 할 수 있다. 반면 플로티노스는 덕과 행복에 관한 저술을 쓰는 일도 이어나갔다. 하지만 저술 내용 중에 이론적인 부분은 놀라울 정도로 등장하지 않는다.[6]

이 글에서 나는 고대 말기 서로 다른 두 시기에, 서로 다른 두 철학자가, 서로 다른 두 저술에서 제시한, 서로 다른 두 가지 내용을 통해 신플라톤주의 윤리학을 고찰하려 한다. 내가 채택한 두 가지는 (1) 플로티노스가 자신의 저술을 통해 완벽하게 행복한 사람으로서의 현자를 기술한 내용과 (2) 마리노스(Marinus)가 자신의 스승인 프로클로스를 완벽한 덕을 갖춘 철학자로 묘사한 『프로클로스의 생애』에 등장하는 내용이다.

현자가 제시하는 규범

상당히 오랫동안 플로티노스는 일관된 윤리 이론을 제시하지 못한 인물로 여겨졌다. 그는 기껏해야 현자들을 위한 엘리트주의 윤리를 내세운 인물로 여겨졌으며 실제로 그렇게 보이기도 한다.[7] 그에 대해 일반인들이 선하게 살 수 있는 실천적 방법을 제대로 제시하지 못했다는 비판이 끊임없이 이어졌다. 하지만 최근 들어 이런 견해는 크게 수정되

---

6) Schniewind 2015 참조.
7) Dillon 1996.

었다.[8] 예를 들면 현재는 그가 '행복에 관하여'(Peri eudaimonias)라는 제목이 붙은 『엔네아데스』(Ennead) I 4 [46]을[9] 쓴 이후로 행복에 관한 견해를 깊이 있게 전개했다는 의견이 널리 받아들여진다. 이 부분에서 플로티노스는 완벽하게 행복한 존재로 여겨지는 현자의 모습을 상세히 묘사한다. 이 부분에서 플로티노스는 행복하다는 것이 무엇인가에 대해 매우 긴 설명을 제시하지만 행복을 이론적으로 다룬 내용은 지극히 짧다. 그는 주로 현자의 사고와 행위를 다양하게 설명함으로써 그가 어떤 존재인지를 묘사한다. 따라서 우리는 현자가 생각하는 바를 살펴봄으로써 그의 인식적 상태가 어떤지를 알게 되며 또한 현자가 자기 자신 및 다른 사람들과 어떤 상호작용을 주고받는지를 (곧 그가 무엇을 가치 있게 여기며 무엇을 그렇게 여기지 않는지를) 확인함으로써 그의 규범적인 삶과 행위 방식을 알게 된다.

『엔네아데스』I 4 [46] '행복에 관하여'는 현자에 관한 가장 상세한 설명뿐만 아니라 플로티노스가 이런 설명을 통해 무엇을 고무하려 하는지를 충분히 파악할 수 있는 기회를 제공한다. 더 나아가 이 부분은 그가 현자의 존재 및 사고 방식을 묘사함으로써 자신의 윤리 이론을 전개해 나가는 과정을 보여준다. 플로티노스는 일반인들을 독자로 여기면서 저술을 쓴 듯이 보이므로 그의 설명이 일반인들에게 미치는 영향을 상상해볼 필요도 있다. 이제 그가 현자에 대해 언급한 내용을 살펴보자. 우선 (1) 현자가 자기 자신을 대하는 태도(사고, 감정, 행위 등)와 (2) 현자가 동료 인간들을 대하는 태도를 구별할 필요가 있다. 하지만

---

[8] Schniewind 2003 참조.

[9] 플로티노스의 『엔네아데스』(이하 *Enn.*으로 약칭)에 대한 인용 표시는 고전적인 영어 번역본인 Armstrong (1966-1988)에 따라 권과 장, 절, 면수를 밝혔다. 또한 대괄호 안의 숫자는 그 장이 쓰인 순서를 나타낸다.

그는 이 두 요소를 한 가지씩 차례대로 설명하지는 않으며 현자를 묘사하면서 다소 복잡하게 뒤섞어 제시한다.

플로티노스에 따르면 현자는 완벽하게 행복한 사람으로서, 바로 이 행복 때문에 다른 동료 인간과 구별된다(따라서 실제로 행복한 사람과 겉으로는 행복에 도달한 듯 보이지만 실제로 행복하지는 않은 사람 사이의 구별이 핵심으로 작용한다). 현자는 자기충족적인(autarkês) 존재로서 자신을 둘러싼 것들에서 부족함을 느끼지 않는다. 여기서 중요한 용어가 등장한다. 우리의 외부에 있는 것들(ta alla, 플로티노스는 이에 대해 상술하지는 않는다)은 문자 그대로 우리 주변에 있는 것들(perikeisthai)을 의미하는데 스토아학파는 자주 이를 우리를 둘러싼(to perikeimenon) 육체를 지시하는 용어로 사용한다.[10] 이런 의미로 해석할 경우 플로티노스가 말하려는 바가 명백히 드러난다. 곧 행복한 현자는 자기 자신과 관련해 육체를 일종의 부속물로 여기는 태도를 취한다. 이는 우리가 외투를 입지만 그것을 우리 자신과 동일시하지 않는 경우와 마찬가지이다.

지금까지 언급된 바는 모두 사실을 기술한 것에 지나지 않는다. 이제 현자가 어떻게 이런 자율적인 상태에 도달할 수 있는가라는 질문이 제기된다. 그리고 이에 대한 대답은 바로 핵심을 파고든다. 현자는 초월적인 선과 특별한 관계를 맺으며, 바로 이런 초월적인 선이 현자가 자신 안에 지니는 선의 원인이다. 현자가 보이는 특별한 태도는 바로 그가 초월적인 선에 직접 다가갔다는 사실로부터 비롯된다. 이는 그의 윤리학이 형이상학적인 목표를 지향함을 보여주며, 또한 이런 선에 다가 갔는가 그렇지 않은가에 따라 사람들을 서로 구별할 수 있다는 강력한

---

10) 예를 들면 Marcus Aurelius 8, 27; 10, 1.

인간학적인 요소도 암시한다.

이제 인간학과 관련된 플로티노스의 핵심 주장을 간략히 살펴보자. 인간 영혼은 본성상 '이중적'(amphibios)이다. 곧 일부는 정신계와 다른 일부는 감각계와 연결되어 있다. 영혼 중 정신적 부분은 항상 정신계에 머무른다.[11] 다른 부분은 감각계로 내려와 육체 안으로 들어간다. 사람들 사이의 차이는 이 두 부분, 곧 정신적 부분과 감각적 부분에 어느 정도의 비중을 두는가에 따라 생겨난다. 현자는 상위의 정신적 부분에 완전한 우선성을 부여해 전적으로 이 부분과 연결되는 반면 일반인은 어쨌든 하위의 감각적 부분과 결합해 육체와 강력하게 연결된다. 일반인들도 상위의 정신적 부분을 어느 정도 인식하는가에 서로 구별된다. 이런 내용은 현자가 어떤 영향을 미치는가에 대해 논의할 경우 매우 중요하게 작용하므로 이를 기억할 필요가 있다.

다시 현자에 대한 설명으로 돌아가 보자. 플로티노스에 따르면 현자는 선을 소유하는데 이는 그가 자신만의 적절한 선을 추구하며 따라서 자기충족적임을 의미한다. 이렇기 때문에 그는 더 이상의 무엇도 탐구하거나 추구하지 않는다. 이는 현자의 인식적 상태에 대해 어떤 통찰을 제공하므로 매우 중요한 의미를 지닌다. 전통적으로 '탐구'(zêtêsis)는 철학적 활동을 지칭하는 데 사용되는 용어이다. 원리의 탐구는 철학자의 가장 대표적인 활동이다. 그런데 현자는 더 이상 아무 탐구 활동도 할 필요가 없다. 그렇다면 이는 현자가 이미 제일원리를 발견했으며 그런 원리에 이르렀음을 의미한다.

하지만 현자는 모든 현실적인 것들을 도외시하지는 않는다. 그도 자신의 육체가 필요로 하는 바를 충족하기 위해 여러 가지를 계속 탐구한

---

11) *Enn*. IV 8 [6] 및 Schniewind 2005 참조.

다. 그도 자신의 육체에 신경을 쓰며 육체가 요구하는 바를 (음식물이나 보살핌 등을) 제공한다. 그는 물론 육체와 분리되기를 원하지만 육체를 탐구하는 태도를 계속 유지한다. 하지만 플로티노스는 현자가 이렇게 하는 까닭은 오직 그것이 필요한 최소한의 것이며, 본질적으로 자기 자신은 아니지만 자신에게 속한 육체가 요구하는 바이기 때문이라는 점을 강조한다.

플로티노스는 현자가 어떤 면에서 다른 사람들과 다른지를 분명히 밝힌다. 우리는 그가 육체와 분리되려는 (곧 상위의 부분에 직접 다가가려는) 태도를 취한다는 점을 알게 되며 이 결과 자신에 대해, 특히 자신의 육체에 대해 어떤 태도를 보이는지도 파악한다. 또한 그는 자신의 육체를 진정한 자기 자신으로 여기지 않으며 오직 최소한 필요한 한에서만 자신의 육체를 돌본다.

더 나아가 『엔네아데스』 I 4에는 현자가 어떻게 동료 인간들을 인식하며, 자신의 감정에 어떻게 대처하는지에 대한 부가적인 정보도 등장한다. 물론 현자도 다른 사람들과 마찬가지로 끝없이 교차하는 행운과 불운의 흐름에 흔들리며 가족이나 가까운 친구의 죽음을 슬퍼한다. 하지만 이런 일들이 그의 행복에 영향을 미치지는 않는다. 그의 육체를 괴롭히는 질병 또한 그의 행복을 손상하지 않는다. 『엔네아데스』 I 4에서 플로티노스가 주변의 불운한 사건으로부터 별다른 영향을 받지 않는 현자의 능력이 어떻게 가능한지에 대해 상세한 이론적 배경을 제시하려고 애쓰지 않는다는 점은 지적할 만하다. 그리고 이 점은 플로티노스의 윤리학이 지닌 특징이기도 하다. 그는 현자의 태도를 예를 들어 설명하는 편을 선호하며 그런 태도의 이론적, 인식론적 배경에는 크게 신경을 쓰지 않는다. 그리고 바로 이것이 그가 현자에 대해 상세히 묘사하는 이유이기도 하다. 이와 관련해 그는 '현자를 관찰하고 그가 불운한 사건에 어떻게 대처하는지를 살펴보라. 그러면 그가 어떻게 행복을 유지하는지를 알게 될 것'이라고 말한다. 이런 언급은 이미 그 자체로 강력한 교육적 효과를 지닌다. 그리고 현 단계에서 현자가 고통스러운 일들을 어떻게 정신적으로 극복하는지에 대해 더욱 상세한 내용을 추가할 필요는 없다. 우리는 현자의 행동 방식의 가장 중요한 근거로 작용하는 바를 이미 알고 있기 때문이다. 곧 현자가 이렇게 행위할 수 있는 유일한 이유는 바로 그가 정신계와 결합되어 있기 때문이다.

감정과 관련해 현자도 가까운 친구의 죽음을 기꺼이 슬퍼한다. 하지만 그는 이런 슬픔이 자신의 하위적인 부분에서 등장한 것임을 인식하고 이런 감정을 받아들이지만 자신과 동일시하지 않음으로써 감정에 적절히 대처한다. 이는 상당히 흥미로운 예인데 이를 통해 플로티노스는 현자도 감정에서 벗어나지는 못하며 고통과 슬픔 같은 감정이 그에게 영향을 미칠 수 있음을 인정하기 때문이다. 하지만 현자와 일반인의 차이는 분명하다. 현자는 결코 이런 감정들에 휘둘리지 않으며 그의 진정한 자아는 감정의 영향을 받지 않는다.

그렇다면 이는 현자가 내면적인 자아와 관련해서는 냉담하고 감정과 무관한 사람임을 의미하는가? 이에 답하면서도 플로티노스는 자신만의 특유한 태도로 현자에 관해 상세히 기술한다. 현자도, 그의 내적 자아조차도 분명히 감정을 지닌다. 하지만 현자의 감정은 매우 특별한 성질을 지니므로 '고귀한 감정'(ta asteia)이라고 불린다.[12] 이 감정은 모든 종류의 무절제(akolaston)에서 벗어나 있으며, 육체적 쾌락과 거리가 멀다.[13] 더욱이 현자는 지나친 기쁨(perichareias)에도 얽매이지 않는

---

12) *Enn.* IV 3 [26]. Schniewind 2014 참조.
13) *Enn.* I 4, 12 참조.

다. 이와는 반대로 그는 기쁜 평온함(to hileon)을 누리며 산다. 그는 조용한 평화의 상태(katastasis hêsuchos)에 머무르며 항상 만족(agapêtê)을 느낀다. 이런 것들이 바로 현자의 쾌락이다. '누구든 살면서 이와는 다른 종류의 쾌락을 추구한다면 그가 추구하는 것은 덕을 갖춘 삶이 아니다.'[14]

이를 통해 『엔네아데스』I 4에는 현자의 능력에 대해 풍부하면서도 일관된 설명이 제시됨을 알 수 있다. 플로티노스는 여기서 현자에 대한 설명이 저술을 읽는 독자들에게 영향을 미쳐 교육적인 역할을 해야 한다는 주장을 명백히 드러낸다. 이런 교육적 효과를 위해서는 하위 부분에 대한 현자의 태도가 매우 중요하다. 『엔네아데스』의 첫머리에서 그는 현자가 자신의 육체와 분리되려는 태도를 보인다고 말하지만 어떻게 그렇게 할 수 있는지에 대해서는 자세히 설명하지 않는다. 하지만 저술의 끝부분에서 그는 다시 이 주제를 다루면서 이번에는 현자가 더 이상 자신을 영혼과 육체의 결합으로 여기지 않는다는 점을 훨씬 더 강력하게 강조한다. 그리고 이에 관해 매우 극단적으로 보이는 언급을 한다.

> 최선을 향하려면 육체를 축소하고 손상하는, 전혀 다른 측면에서의 균형을 추구해야 한다. 이를 통해 진정한 인간은 자신의 외형적 부분들과 다른 것이라는 사실이 명확해질 것이다.[15]

이 언급은 현자가 동료 인간들에게 자신의 육체가 전혀 중요하지 않

---

14) *Enn.* I 4, 2, 11-12.
15) *Enn.* I 4, 14, 12-14.

다는 점을 보이기 위한 교육적인 방법을 사용한다는 점을 분명히 드러내는 결정적인 예이다. 만일 현자가 동료 인간들에게 행복으로 나아가는 길을 보이려고 애쓰지 않는다면 그는 외부 세계와 관련된 아무것도 언급할 필요가 없을 것이다. 하지만 동료 인간들을 깨우치려는 맥락에서 그는 진정한 가치가 어디에 있는지를 분명히 알려주려 한다. 그리고 자신의 직접적인 말이나 가르침을 통해서가 아니라 자신이 살아가는 방식, 특히 자신의 태도를 통해서 이런 일을 하려 한다. 현자는 육체를 무시하고 경멸한다는 사실을 과장함으로써 진정한 가치는 육체가 아닌 다른 곳에 놓여있음을 보이려 한다. 나는 이것이 플로티노스가 현자에 대한 설명을 통해 일반인들에게 가장 유용하고 적절한 삶의 도구를 제공하려 함을 드러내는 명확한 증거라고 생각한다. 일반인들은 플로티노스가 묘사한 현자의 모습을 항상 마음속에 간직하고 현자에 대한 계속되는 설명을 들음으로써 현자의 태도에 따를 수 있게 될 것이다.

그렇다면 플로티노스가 제시한 현자의 모습은 그 자체로 규범적이다. 이 모습은 우리가 행복하려면 어떻게 해야 하는지를 알려준다. 하지만 플로티노스는 도덕적 의무나 도덕 규칙을 제시하는 대신 완벽하게 현명하고 행복한 사람의 모습을 묘사하면서 다음과 같이 말한다. 당신도 행복해지기를 원한다면 이 예에 따르면 된다.

나는 『엔네아데스』I 4에 등장하는, 현자에 대한 상세한 묘사를 신플라톤주의 윤리학에서 현자가 담당하는 역할과 임무를 가장 잘 드러내는 예로 여긴다. 나는 이런 묘사가 강력한 형이상학적 주장에 근거한 삶의 방식을 강력하게 추천하는 역할을 한다고 생각한다. 이는 또한 아직 현자에 이르지 못한 사람들, 따라서 현자에 대한 묘사를 듣고 (또는 읽고) 큰 도움과 가르침을 받을 수 있는 사람들에 대한 계속되는 관심을 드러낸다. 하지만 이것이 누군가에게 선하게 될 수 있는 길을 알려주는 가장 현실적인 방법인가?

여기서 우리는 현자에 대한 묘사가 어떻게 일반인들을 고무하는 전형으로 작용할 수 있는가라는 질문을 던져야 한다. 만일 우리가 현자를 만난다면 과연 무엇이 우리에게 현자가 되기를 바라는 동기를 제공할 것인가? 어쩌면 육체를 무시하는 그의 태도가 중요할지도 모른다. 그렇다면 과장되게 육체를 무시하는 현자의 태도를 어떻게 받아들여야 하는가? 이는 일반인들에게 현실이 아닌 다른 곳을 추구해야 함을, 곧 정신계에 대한 지식을 향해야 함을 암시한다. 하지만 매우 흥미롭게도 육체에 대한 이런 부정적인 태도는 이후 플라톤주의에서 덕의 단계라는 개념이 윤리학의 핵심적인 부분이 되자마자 크게 바뀌게 된다. 이제 덕의 단계라는 주제로 눈을 돌려보자.

완벽하게 덕을 갖춘 철학자: 프로클로스와 덕의 단계

고대철학 전반에서 덕의 개념은 윤리학과 밀접하게 관련되는데 이런 경향은 특히 신플라톤주의 윤리학에서 더욱 선명하게 드러난다. 플로티노스는 이미 『엔네아데스』의 한 장 전체를 할애해(『엔네아데스』I 2 [19] '덕에 관하여') 이 주제를 다루며, 포르피리오스는 덕에 관한 더욱 정교한 설명을 시도한다(『명제집』(Sentences), 32장). 플로티노스는 두 단계의 덕, 곧 상위의 덕과 하위의 덕이 존재한다는 생각을 도입하는데 플라톤이 제시한 네 가지의 주요 덕들이 이런 생각의 원인으로 작용한다. 하위의 덕은 정치적인 덕들로서 우리가 감각계에서 동료 시민들과 더불어 살아가는 데 도움을 주며 또한 우리의 감정과 욕구가 적절한 태도를 유지하도록 이끈다.[16] 상위의 덕은 영혼을 육체와 분리되도록 만듦으로써 영혼을 정화하며 이를 통해 우리가 이른바 영혼을 '신격화'하도록 고무한다.[17] 이 단계에서 영혼은 더욱 높은 원리, 곧 일자와 정신을 파악하게 된다.[18] 플로티노스는 우리가 상위의 덕에 이르려면 반드시 하위의 덕을 갖추어야 하지만 하위의 덕에 도달했다고 해서 항상 상위의 덕도 성취하는 것은 아니라는 점을 강조한다.[19] 포르피리오스는 플로티노스 철학의 중요한 관점들을 선별해 다룬 저서 『명제집』에서 플로티노스의 덕 이론을 더욱 상세한 형태로 제시하면서 덕을 네 단계로, 곧 (1) 정치적 덕, (2) 정화의 덕, (3) 관조적 덕 그리고 (4) 전형으로서의 덕으로 분류한다. 플로티노스와 포르피리오스는 모두 후기 신플라톤주의 철학자들에게 큰 영향을 미쳤는데 이런 철학자들은 우리가 완벽하게 덕을 갖추기 위해 점점 상승해야 하는 덕의 단계들을 더욱 자세히 제시하려 했다. 포르피리오스의 제자였던 이암블리코스는 『덕에 관하여』(On Virtue)라는 저술을 썼는데 이 저술은 오늘날 전해지지 않는다. 그는 이 책에서 후기 신플라톤주의가 채용했던 덕의 단계를 정교하게 밝혔던 것으로 추측된다.[20]

플로티노스가 활동한 지 두 세기가 지난 뒤에 마리누스(Marinus of Neapolis, 440-500)는 『프로클로스의 생애』(Life of Proclus)를 썼다. 프로클로스(412-485)는 유명한 신플라톤주의 철학자로서 마리누스의 스승이었는데 마리누스는 그의 뒤를 이어 아테네의 신플라톤주의

---

16) *Enn.* I 2, 2, 13-20.
17) O'Meara 2003: 40-4 참조.
18) *Enn.* I 2, 3, 22-31; 6, 23-7.
19) *Enn.* I 2, 7, 10-12.
20) O'Meara 2003: 46 참조.

학교의 수장이 되었다. 마리누스가 쓴 프로클로스 전기는 원래 추도사로 계획된 것이었다.[21] 마리누스는 486년 프로클로스의 사망 일주기를 맞이해 이 전기를 썼는데 쓴 목적은 프로클로스가 완벽하게 덕을 갖추었으며 따라서 완전하게 행복한 인물이었음을 보이기 위함이었다. 이는 곧 프로클로스가 자신의 생애를 통해 본성적인 덕에서 전형으로서의 덕에 이르는 모든 단계의 덕을 갖추었음을 의미한다. 더욱 중요한 것은 마리누스가 네 가지의 주요 덕(지혜, 정의, 절제, 용기)이 덕의 각 단계마다 어떻게 프로클로스에게 실제로 적용되는지를 보인다는 점이다. 마리누스가 분류한 덕의 단계들은 다음과 같다. (1) 타고난 덕, (2) 도덕적 덕, (3) 정치적 덕, (4) 정화의 덕, (5) 관조적 덕, (6) 신적인 덕, (7) 전형으로서의 덕.

이 분류에서 덕들의 순서는 덕의 단계가 점차 상승함을 나타낸다. 첫 번째에 해당하는 타고난 덕은 우리가 태어나면서 지니는 덕을 의미하는데 신체 기관의 훌륭함뿐만 아니라 타고난 영혼의 성향도 포함한다. 예를 들면 프로클로스는 잘 생긴 아이(신체적 장점)였다는 말을 들었으며, 모든 것을 빠르고 쉽게 배웠다고(영혼의 훌륭한 성향) 한다.[22] 도덕적 덕은[23] 어린 시절부터 교육을 통해 얻어진다. 몇몇 동물들도 잘 길들여지면 도덕적 덕을 지닐 수 있으며 도덕적 수준에서 올바른 판단을 할 수 있다고 생각된다. 하지만 어린아이나 동물이 직접 이성적 활동을 하는 것은 아니므로 도덕적 수준의 덕은 부모나 교사의 특별한 보살핌을 필요로 한다. 그리고 도덕적 덕을 지닌다고 해서 어린아이가 덕 자체를

---

21) 이 저술의 탁월한 프랑스어 번역으로는 Saffrey and Segonds 2001. 또한 영어 번역으로는 Edwards 2000 참조.

22) 『프로클로스의 생애』, § 3.8-6.23.

23) 『프로클로스의 생애』, § 7-13.

이해하는 것도 아니다.

정치적 덕은[24] 덕을 갖춘 행위를 통해 드러난다. 이전 단계의 덕들과는 반대로 정치적 덕은 이성의 분명한 활동을 필요로 하므로 오직 인간에게만 속하는 첫 번째 덕이라고 할 수 있다.[25] 마리누스는 프로클로스가 관대함과 용기를 드러낸 경우뿐만 아니라 정치 활동을 한 방식, 동료 시민들에게 친근하게 대한 태도 등을 예로 든다.

정화의 덕은[26] 한 개인이 자신의 육체적 활동을 넘어서서 육체에서 벗어나 영혼을 정화하려는 의도를 드러낸다. 프로클로스는 금욕적 삶을 주도했으며 실제로 정화 의식을 행했던 인물로 묘사된다. 더 나아가 그는 육체적 고통뿐만 아니라 분노와 같은 부정적 감정과 욕구로부터도 자유로웠다고 한다.

관조적 덕은[27] 영혼이 정화된 이후에 등장한다. 프로클로스는 관조적 수준의 덕을 실천할 수 있었다고 하는데 이는 곧 그가 덕들의 정신적인 본질을 파악했음을 의미한다. 이를 통해 그는 더욱 높은 단계에서 철학적 문제들에 접근할 능력을 갖추게 되었다. 예를 들면 마리우스는 바로 이 때문에 프로클로스가 그렇게 많은 저술을 쓰고 매일 많은 시간 동안 가르침에 집중할 수 있었다고 말한다.

신적인 덕은[28] 프로클로스가 동료 시민들에게 기적을 베푼 능력을 통해 드러난다. 그는 어떤 여인을 기적적으로 치료했다고 한다. 이는 그가 신들(아테나, 아스클레피오스, 판 등)과 특별한 관계를 맺었음을 보

---

24) 『프로클로스의 생애』, § 14-17.

25) O'Meara 2003: 48.

26) 『프로클로스의 생애』, § 18-21.

27) 『프로클로스의 생애』, § 22-5.

28) 『프로클로스의 생애』, § 26-33.

여준다.

전형으로서의 덕은 덕의 이데아에 대응된다. 덕의 전형을 파악할 수 있다는 것은 곧 원리 자체를 인식함을 의미한다.

덕의 단계에 대한 마리누스의 설명에서 놀라운 점은 프로클로스의 지성적인 능력뿐만 아니라 그의 모든 신체적 능력에까지도 중요성을 부여한다는 사실이다. 앞서 살펴보았듯이 플로티노스는 현자에 대해 묘사하면서 현자는 육체에 대해 무관심하며 심지어 육체를 경멸한다고 주장한 반면 마리누스는 자신의 스승이 육체적으로도 얼마나 훌륭하며 완벽한지를 기꺼이 보이려 한다. 마리누스의 이런 태도는 플로티노스가 세상을 떠난 지 30년 후에 포르피리오스가 『플로티노스의 생애』(*Life of Plotinus*)를 쓰면서 보인 태도와 대비된다. 포르피리오스는 플로티노스가 육체를 지녔다는 사실을 몹시 수치스러워 했으며 자신의 육체적 겉모습에 대한 어떤 묘사도 거부했음을 강조한다.[29] 더욱이 포르피리오스는 플로티노스가 전염병으로 세상을 떠났는데 이 때문에 죽기 전 도시 밖의 격리 장소에서 살았다고 전한다.[30] 이와는 대조적으로 마리누스는 최고로 행복한 사람은 평생 훌륭한 육체를 유지한다고 주장한다. 심지어 그는 프로클로스의 신체 기관 중 어떤 것도 평생 조금도 쇠퇴하지 않았다고 말한다. 프로클로스는 신체적인 아름다움뿐만 아니라 완벽한 신체적 기능을 유지했으며 따라서 무척 강건했다고 전한다. 여기서도 마리누스와 플로티노스의 차이가 선명하게 드러난다. 플로티노스는 한 사람의 내부적인 강함을 결정하는 것은 육체의 강건함이 아니기 때문에 현자는 육체에 조금도 신경 쓰지 않는다고 주장한

29) 『플로티노스의 생애』, § 1.
30) 『플로티노스의 생애』, § 2.

다. 하지만 프로클로스가 지닌 육체적 강건함은 스스로 노력해서 얻은 것이 아니라 타고난 것이라는 말을 듣는다. 달리 말해 그는 다른 사람들에 비해 큰 장점을 타고났다고 할 수 있다. 여기서 우리는 마리누스가 프로클로스의 타고난 성질들과 이후 그의 행위를 통해 강화된 성향들에 대해 상세히 언급하는 이유를 발견할 수 있으며, 사실상 이는 덕들의 단계가 어떻게 이해되어야 하는지도 암시한다. 곧 탁월한 성향들은 어떤 사람이 덕의 사다리를 타고 오르는 데 큰 장점으로 작용한다는 점을 분명히 알 수 있다.

논의를 마무리 지으면서 신플라톤주의가 전반적으로 덕과 행복이 차지하는 중요성을 무척 강조한다는 점을 지적할 수 있다. 하지만 우리가 육체에 대해 어떤 태도를 취해야 하는지를 놓고서는 신플라톤주의자들 사이에서도 중요한 차이점이 발견된다. 플로티노스는 현자에 대해 묘사함으로써 교육적인 효과를 높이려는 방식을 채택하는데 그가 생각한 현자는 사람에게 무엇이 가장 중요한지를 보이기 위해 의도적으로 육체를 무시한다. 반면 마리누스는 프로클로스의 완벽한 아름다움과 강건함을 강조한다. 마리누스의 묘사는 프로클로스를 지나치게 미화함으로써 다른 누구도 그렇게 높은 수준에 도달할 수 없다고 생각하게 만들 위험성을 지니기도 한다. 하지만 마리누스가 제시한 덕의 단계는 일반인들도 한 단계씩 계속 상승할 수 있음을 보이기 위한 것이다. 중요한 것은 덕의 사다리를 끊임없이 올라가려는 노력이며, 사다리의 꼭대기에 올라가는 데 성공했는가와 무관하게 자신이 올라간 단계에서 여러 덕들을 조화롭게 통합하는 일이다.

참고문헌

제일 뒤의 * 표시는 특히 중요한 참고문헌임을 나타낸다.

Armstrong, Arthur Hilary 1966-88. *Plotinus: Enneads, including Greek (Henry & Schwyzer)*, 7 vols., Loeb Classical Library, Harvard University Press.

Beierwaltes, Werner 2002. "Das Eine als Norm des Lebens. Zum metaphysischen Grund neuplatonischer Lebensform", in T. Kobusch and M. Erler (eds.), *Metaphysik und Religion. Zur Signatur des spätantiken Denkens*, Munich, K. G. Saur, pp. 121-51.

Bene, László 2013. "Ethics and Metaphysics in Plotinus", in F. Karfik and E. Song (eds.), *Plato Revived*, Berlin/Boston, De Gruyter, pp. 141-61.

Dillon, John M. 1996, "An Ethic for the Late Antique Sage", in L. Gerson (ed.), *The Cambridge Companion to Plotinus*, Cambridge University Press, pp. 315-35.*

Edwards, Mark 2000. *Neoplatonic Saints. The Lives of Plotinus and Proclus by their Students*, Liverpool University Press.

Gill, Christopher 2005. "In What Sense are Ancient Ethical Norms Universal?", in C. Gill, *Virtue, Norms and Objectivity. Issues in Ancient and Modern Ethics*, Oxford University Press.

Hadot, Pierre 2014. *Sénèque. Direction spirituelle et practique de la philosophie*, Paris, Vrin.

O'Meara, Dominic J. 1993. Plotinus. *An Introduction to the Enneads*, Oxford University Press.

O'Meara, Dominic J. 2003. *Platonopolis. Platonic Political Philosophy in Late Antiquity*, Oxford University Press.*

Pietsch, Christian (ed.) 2013. *Ethik des antiken Platonismus*, Stuttgart, Franz Steiner.

Saffrey, Henri Dominique and Segonds, Alain P. 2001. *Marinus, Proclus ou Sur le bonheur*, Paris, Belles Lettres.

Schniewind, Alexandrine 2003. *L'éthique du sage chez Plotin. Le paradigme du spoudaios*, Paris, Vrin.

Schniewind, Alexandrine 2005. "Les âmes amphibies et les causes de leur différence. A propos de Plotin, Enn. IV 8 [6], 4, 31–35," in R. Chiaradonna (ed.), *Studi sull' anima in Plotino*, Naples, Bibliopolis, pp. 181–200.

Schniewind, Alexandrine 2014. "Plotin et les émotions nobles: un accès privilégié par les vertus supérieures," in B. Collette-Ducic and S. Delcomminette (eds.), *Unité et origine des vertus dans la philosophie ancienne*, Bruxelles, Ousia, pp. 321–37.

Schniewind, Alexandrine 2015. "Plotinus' Way of Defining 'eudaimonia' in Ennead I 4 [46] 1–3," in O. Rabbas and E. Emilsson (eds.), *The Quest for the Good Life. Ancient Philosophers on Happiness*, Oxford University Press, pp. 212–21.

Smith, Andrew 1999. "The Significance of Practical Ethics for Plotinus," in J. Cleary (ed.), *Traditions of Platonism*, Aldershot, Ashgate, pp. 227–236.

Wilberding, James 2008. "Automatic Action in Plotinus," *Oxford Studies in Ancient Philosophy* 34, pp. 443–77.

9장

초기 기독교 윤리

사라 바이어스(Sarah Byers)

널리 알려진 대로 앤스컴(G. E. M. Anscombe)은 '히브리-기독교 윤리'가 죄 없는 사람을 죽이는 것은 본질적으로 그르다는 주장의 근거를 제공하면서 결과주의적인 규범 윤리와 분명히 다른 태도를 보인다는 점을 강조했다.[1] 또한 앤스컴에 따르면 이런 윤리는 신의 계율로 여겨지는 모세오경(Torah)에 뿌리를 둔,

---

[1] Anscombe 1958: 10, 19. 예를 들면 그녀는 다음과 같이 말한다. '어떤 결과를 낳는지와 무관하게 항상 금지되어야 하는 행위가 있다고 가르치는 것이 그런[= 히브리 - 기독교] 윤리의 전통적 특징이었다. 예를 들면 어떤 목적을 위해서든 죄 없는 사람을 죽이기로 선택하는 것은 그런 행위에 속한다. … 어떤 행위를 그것이 낳는 더 이상의 결과와 무관하게 오직 그 행위가 이런저런 종류의 것이라고 기술함으로써 그 행위를 금지하는 것이 히브리-기독교 윤리의 전부는 아니지만 그런 윤리의 주목할 만한 특징임은 분명하다'(10).

율법적인 성격을 지니는데 특히 이런저런 행위 유형을 그것이 낳는 결과와 무관하게 '그르다'고 규정함으로써 '당위'라는 특별한 도덕감을 생성한다는 것이다.[2]

물론 히브리-기독교 윤리의 특징을 이런 식으로 규정하려는 앤스컴의 시도를 비판할 수 있는 많은 반례들도 있다. 모세오경 안에서도 신은 아브라함(Abraham)에게 죄 없는 아들 이사악(Isaac)을 죽이고 불에 태워 제물로 바치라는 명령을 내리는 듯이 보인다.[3] 아브라함은 실제로 그렇게 하려고 시도했는데 이 때문에 그는 성서의 여러 대목에서뿐만 아니라 이후 유대교와 기독교 학자들로부터도 크게 칭찬받는 인물이 되었다.[4] 아브라함의 경우를 '히브리-기독교 윤리'의 특징을 제대로 드러내지 못하는 경우로 여겨 바로 무시해서는 안 된다. 아브라함과 이사악은 모세오경의 핵심 인물이며, 모세오경에는 신이나 모세(Moses)가 어린아이들을 포함해 무고한 사람들을 죽이라고 명령하는 경우들이 여러 차례 등장한다.[5]

---

[2] Anscombe 1958: 5-6, 10. 예를 들면 그녀는 다음과 같이 말한다. '… 기독교는 윤리에 법칙의 개념을 도입했다. 기독교는 모세오경으로부터 윤리적 개념들을 이끌어냈기 때문이다'(5). 앤스컴은 처음에는 윤리학의 법칙 개념이 원리상 신이 부여한 실정법에 대한 믿음이 없이도 등장할 수 있다고 말한다(1958: 5, 이에 대한 논거로 스토아학파를 인용한다). 하지만 후에는 실정 형법과 비교해볼 때 윤리학의 법칙 개념은 법칙의 부여자로서의 신에 대한 믿음을 필요로 한다고 말한다(1958: 6. 다소 이상하게도 이에 대한 논거로 다시 스토아학파를 인용한다).

[3] 창세기 22장 2절. 내가 '보인다'고 표현한 이유에 대해서는 아래의 '개념 규정' 절의 후반부 참조.

[4] 창세기 22장 16-17절; 히브리서 11장 17-19절; 야고보서 2장 21-3절. 또한 아래의 '개념 규정' 절 후반부 및 '초기 기독교의 분석' 절 참조.

[5] 신명기 7장 1-2절, 20장 16-18절; 민수기 31장 7-18절. 또한 Dawkins 2006: 31 참조.

그렇다면 역사적으로 '히브리-기독교 윤리'가 가르친 바가 뚜렷하며 이런 윤리에서 법칙의 역할이 안정된 내용에 근거한다는 앤스컴의 개념적인 주장은 사실상 잘못된 듯이 보인다. 죄 없는 사람을 죽이는 일도 신의 명령에 따라 이루어진 경우에는 정당한 것으로 여겨지는 듯하다. 또한 기독교 윤리가 '옳은' 행위를 '법칙을 준수하는' 행위로 정의함으로써 어떤 행위를 결과가 그 행위의 도덕적 옳고 그름을 바꿀 수 없다고 생각하는 것은 분명한 사실이지만 이런 사실이 그 자체로 어떤 행위 유형을 항상 법칙을 위반하는 것으로 규정하지는 않는다. 그리고 율법의 내용은 모세오경 안에서도 일관되지 않는 듯하다. 앤스컴이 말하듯이 모세오경에서 신은 죄 없는 사람을 죽이는 일을 금지하는 존재로 묘사되지만[6] 또한 이사악을 죽이라는 신의 모순적인 명령과 뒤이어 이사악을 죽이지 말라는 반대 명령에 대해서도 상세한 언급이 등장한다.[7]

3세기에서 5세기 사이에 등장한 기독교 학자들 중 몇몇은 유대교 율법학자들의 주석을 접하고 위와 같은 성서의 이야기를 나름대로 해석했다. 이들의 해석을 살펴봄으로써 우리는 이 시기에 규범 윤리 이론이 발전된 과정을 추적할 수 있으며 또한 앤스컴이 제시한 '히브리-기독교 윤리'의 특징을 더욱 면밀히 평가할 수 있을 것이다.

---

[6] 출애굽기 23장 7절 ('무죄한 자를 죽이지 말라', 출애굽기 20장 13절; 신명기 5장 17절 참조). 여기서 '무죄한 자'는 살인자가 아닌 사람 또는 침입자가 아닌 사람을 가리킨다 (예를 들면 창세기 9장 5-6절; 출애굽기 22장 2절; 예레미야 2장 34절 참조).

[7] 창세기 22장 12절.

개념 규정

    다양한 초기 기독교 주석가들은 위에서 언급한 아브라함과 이사악의 이야기에 대한 유대교 율법학자들의 해석을 플라톤의 『에우티프론』과 — 신과 도덕의 관계라는 개념적 문제가 제기되는 유명한 내용과 — 비교하지 않을 수 없었다. 기독교 학자들이 『에우티프론』이라는 제목 자체를 인용한 예는 거의 드물지만[8] 여기서 논의된 개념들을 채용한 경우는 자주 발견된다. 나는 원전의 전승과 관련된 문제보다는 서로 다른 견해를 대비하는 데 초점을 맞추려 한다. 마찬가지로 율법적인 배경과 관련해서도 나는 문헌 연구는 생략하고 관련되는 주제에 집중하려 한다.

    초기 기독교 시대에 고전 교육을 통해 『에우티프론』을 알았던 학자는 누구든 플라톤이 논의한 경건함, 정의, 규범성 등의 개념에 비추어 아브라함-이사악의 이야기를 평가하려고 했을 듯하다. 두 원전은 모두 죄가 없는 또는 죄가 없다고 여겨지는 사람을 죽이는 문제를 다루며, 또한 신 또는 신들을 향한 경건함과 가족 구성원을 죽이려는 시도를 대비해 고찰한다.[9]

---

[8] Eusebius, *Preparation for the Gospel* 13.4 (여기에는 『에우티프론』 6a-c를 인용한 대목이 등장한다). 인용출처를 밝히지 않는 경우가 몹시 잦은데 이는 고대 저술에서 인용이 그리 엄밀하게 이루어지지 않았음을 전제할 때 별로 놀라운 일이 아니다. 이는 어쩌면 다신교의 맥락에 속하는 원전들을 직접 인용하기를 꺼려한 결과일 수도 있다.

[9] 에우티프론은 사형에 처해질 수도 있는 중죄인 의도적인 살인을 저질렀다는 이유로 자신의 아버지를 고소한다. 그의 아버지는 술 취한 상태에서 한 노예를 죽인 하인을 결박한 뒤 방치해 죽게 만들었다. 술 취한 상태였던 하인과 마찬가지로 에우티프론의 아버지가 유죄인가는 (플라톤은 유죄임을 암시하는 듯한데) 논쟁의 대상이 된다(『에우티프론』 4b-e, 9a; MacDowell 1963: 45-6, 59-60, 110-21; Phillips 2007: 89-90, 99; Phillips 2013: 89-90; 플라톤, 『법률』 865a-874d). 아브라함이 이사악을 죽이려 했을 때 이사악은 아무 죄도 저지르지 않은 상태로 보인다.

『에우티프론』에서 '경건함'은 두 가지 의미로 사용되는데 이들을 특수한 경건함과 일반적 경건함으로 부를 수 있다. 고대 후기 학자들은 아브라함-이사악의 이야기를 해석하면서 두 가지 의미를 모두 사용한다.

특수한 경건함, 곧 신들을 적절한 방식으로 숭배하는 일은 대화편의 끝부분에서 논의된다. 에우티프론과 소크라테스는 이런 경건한 행위가 정의롭지만 모든 정의로운 행위가 경건한 것은 아니라는 점에 동의한다(11e-14e). 마찬가지로 고대 후기의 학자들 사이에서 — 기독교도든 이교도든 간에 — 경건함이라는 특수한 덕이 정의라는 덕의 일종이라는 생각은 상식에 속하는 것이었다.[10] 고대 후기에 '정의'는 자주 각자에게 마땅한 바를 주는 것으로 정의되었다. 따라서 경건함은 신 또는 신들을 마땅하게 숭배하는 것이라 할 수 있다. 고대 후기에 유대교 율법학자들이 쓴 주석에는[11] 덕의 분류에 관한 명확한 해석은 등장하지 않지만 대체로 이와 유사한 이해가 발견되는데 이에 관해서는 이 절의 후반부에서 살펴볼 예정이다.

일반적 경건함은 『에우티프론』의 핵심 주제인데 또한 현재 우리의 주요 관심사이기도 하다. 소크라테스와 에우티프론은 도덕적 선이 신들이 사랑하는 바라는 사실에 동의한다(7d-e; 5d 참조). 그리고 경건함을 신들이 사랑하는 바를 행하는 것으로 정의한다(6e-7a). 이로부터 경건함은 도덕적으로 선한 바를 행하는 것이라는 점이 도출된다. 이런 의

---

10) Cicero, *On the Nature of the Gods* 1.116, 2.153; Cicero, *On Goals* 5.23.65; Apuleius, *On Plato and his Philosophy* 2.7; Basil of Caesarea, *Rule* Q. 170; Ambrose, *On Duties* 1.27.127. Jones 2006; Mikalson 2010: 196 참조.

11) 이런 주석들을 모은 이른바 『창세기 랍바』(*Genesis Rabbah*, 이하 *GRab.*로 약칭)는 기원후 400-450년 사이에 쓰인 것으로 추정된다.

미에서 '경건함'은 다른 여러 덕들 중 특별한 것이 아니며 하나의 어떤 덕에 속하는 하위의 덕도 아니다. 오히려 제대로 선한 사람이라면 누구든 경건하며, 이것의 역도 성립한다.

하지만 소크라테스가 이런 주장의 형이상학적 근거를 문제로 삼으면서 이런 일반적인 의미의 '경건함'은 논쟁거리가 된다. 선한 행위는 신들이 이를 사랑한다는 점을 인정하더라도 신들이 이를 사랑하는 것과 무관하게 선한가 아니면 신들이 우연히 이를 사랑하게 되었기 때문에 선하게 되는가(10a)?

소크라테스와 에우티프론은 신들의 사랑이 믿음에 기초한(hêgoun-tai, 7e) 것이라는 점과 신들은 잘못을 범하지 않는다는 점에 동의한다.[12] 이제 여기서 철학적 질문, 곧 왜 신들의 믿음은 잘못을 범하지 않는가라는 질문이 제기된다. 이에 대한 대답은 (1) 신들이 자신들의 정신적인 통찰력에 힘입어 그 자체로 선한 것을 정확하게 지각하기 때문이거나 아니면 (2) 단지 신들의 의견이 선한 바를 규정하기 때문이라는 것이다. 여기서 소크라테스의 질문은 대화편 『테아이테토스』151e-183c에 등장하는, '지식이 ― 윤리적 지식을 포함해[13] ― 단지 지각인가'라는 질문과 대비된다. '지식이 단지 지각'이라는 견해는 의견(doxa)이 곧 지식임을 주장하는 셈이 된다. 곧 각 개인의 경험과 믿음이 진리의 기준 또는 '척도'로 작용하게 된다(152a, 152c, 161d-e, 178b). 『에우티프론』10a에서 소크라테스의 선택지 (2)는 이런 기준이 신들의 지각이라고 말하는 반면 (1)은 이를 부정한다. 소크라테스는 당연히 선택지 (1)을 선호하는 모습을 보인다. 인용의 편리를 위해 크레츠만

---

[12] Evans 2012: 28 참조.
[13] 『테아이테토스』157d, 167c, 172b.

(Kretzmann)의 용어에 따라 (1)을 신학적 객관주의(Theological Objectivism, 이하 TO로 약칭)[14], (2)를 신학적 주관주의(Theological Subjectivism, 이하 TS로 약칭)로 부르려 한다.[15]

『에우티프론』에서 서로 다른 여러 신들이 동일한 것에 대해 동시에 서로 모순된 의견을 드러낼 경우 TS는 무모순의 원리를 위반하게 된다는 우려가 등장하는데[16] 소크라테스와 에우티프론은 일단 신들은 서로 완벽한 일치를 보이는 것으로 전제함으로써 이런 우려에서 벗어난다 (9d). 이는 지각 작용을 하는 신들의 수를 하나로 줄이는 결과를 낳는다. 하지만 TS가 그 자체로 본질상 악한 행위는 존재하지 않는다는 점을 함축한다는 문제는 여전히 남게 된다.[17] 그리고 이로부터 유일한 지각자(현재의 경우에는 여러 신들)의 의견이 변화하면 어떤 행위 유형 또한 선한 것에서 선하지 않은 것으로 또는 이와는 반대 방향으로 바뀌게 된다는 문제가 발생한다.[18] 신들의 의견이 불변하는 것은 아니라는 점을 가정할 때 이 문제는 『에우티프론』의 가장 심각한 주제로 부상한다.

이제 모세오경에서 신의 연속적인 명령이 서로 모순되는 경우로 돌아가 보자. 여기서 신의 명령은 주의주의적인(voluntaristic) 신을 암시하는 듯이 보이므로 소크라테스와 에우티프론이 내세운 주지주의적인 신들과 바로 비교하기는 어려울지 모른다. 하지만 히브리어 성서에도

---

14) '내재주의적 TO'로 변형된 경우에 대해서는 이 장의 결론 참조.

15) Kretzmann 1983: 35. 하지만 그의 TS는 주지주의적이지는 않다.

16) 『에우티프론』 7b-8b; 『테아이테토스』 152b, 171b.

17) 『테아이테토스』 157d 참조.

18) 호메로스가 묘사한 신들이 의견을 바꿀 수도 있다는 문제에 대해서는 『에우티프론』 6a-c; 『테아이테토스』 152d-e, 172b.

어린 자녀를 희생의 제물로 바치라는 신의 명령이 신의 생각에[19] 기초한다고 말하는 대목이 등장하며, 소크라테스의 대화편에서도 신을 명령하는 존재로 묘사한 대목이 발견된다.[20] 더욱 중요한 것은 철학적으로 TS는 신의 명령을 반드시 필요로 하는 반면 TO는 그저 참고할 뿐이라는 점이다. 정의상 지각과 의견은 개인의 관점에 따르는 것이므로[21] TS에서 신이 아닌 존재들이 어떤 행위의 도덕적 상태를 인식할 수 있는 유일한 방법은 신들이 그런 상태에 대해 말하는 것뿐이다. 그런데 신들의 의견은 그저 어떤 행위가 옳거나 그르다고 주장하는 것일 뿐 지적 능력을 지닌 현실 세계의 존재들이 공개적으로 접근할 수 있는 방법을 통해 정당화된 것이 아니므로 신들의 '말'은 결코 어떤 행위가 왜 그리고 어떻게 선하거나 악하게 되는지에 대한 설명을 제공할 수 없으며 단지 무엇이 행해져야 하는지를 명령하는 진술에 그친다.[22] 반면 TO의 영역에서는 원리상 충분한 정신적 능력을 지닌 사람이면 누구든 어떤 행위의 도덕적 상태를 인식할 수 있으며 그 행위가 선하거나 악한 이유가 무엇인지도 파악할 수 있다. 그렇지만 신의 명령은 행위의 도덕적 상태를 잘 모르는 사람을 교육하기 위한 도구로 또는 그것을 이미 아는 사람에게 주의를 환기시키고 격려하기 위한 수단으로 유용하다. TO 모델은 법칙의 이런 두 가지 역할을 함축하는 듯이 보이는데 이 점은 창세기 9장 5-6절에 등장하는, 일반적으로 살인에 반대하는 태도에서 잘

---

19) 예레미야 19장 5절. 생각에 해당하는 그리스어는 dienoêthên이다. (현존하는 그리스어 성경 원전이 히브리어 구약 성경 원전보다 더 오래된 것이라는 주장이 일반적인 정설이다.)

20) 『변론』 28e, 29d.

21) 『테아이테토스』 160c.

22) 『테아이테토스』 161d-e.

드러난다. 이 대목은 왜 살인이 그른지에 대한 설명도, 곧 인간은 신의 형상을 지닌 존재이기 때문이라는 근거도 제공한다.

이사악을 죽이라는 신의 명령에 대한 율법학자들의 해석을 살펴보면 이들이 TS를 옹호하지 않는다는 점이 드러난다. 무엇보다 이들은 이사악을 죽일지도 모르는 행위를 '첫 번째 수확'을 — 이사악은 아브라함이 사라와 결혼해 낳은 첫째 자식이므로 — 경건하게 제물로 바치는 행위로 생각한다.[23] 따라서 이사악을 죽이는 행위는 빚진 것을 되갚는 일반적인 도덕적 의무에 속하는 경우이다.[24] 율법학자들은 이사악을 죽이는 행위가 결과주의적인 근거에서 정당화된다고 생각하지 않는데 이는 앞서 앤스컴이 지적한 바이기도 하다. 또한 이들은 정의나 불의가 신의 의견 또는 명령에 따라 변화하는 것이라고 생각하지도 않는다. 대신 이들은 신의 명령이 그 자체로 정당하다고 생각한다. 이사악은 신의 소유물이기 때문이다. 창세기 22장 12절에서 신은 결국 아브라함에게 빚을 되갚는 행위를 면제하는데 이는 일종의 자비이다. 왜 신이 어떤 경우에는 빚을 받고 다른 경우에는 그렇게 하지 않는지를 우리는 이해할 수 없을지도 모른다. 하지만 신이 어떻게 하든 도덕과 진정으로 충돌하지는 않는다 — 율법학자들의 추론은 이런 식으로 진행된다.

물론 이런 논거는 모세오경에 등장하는, 살인을 금지하는 계율과 신이 아브라함에게 내린, 이사악을 죽이라는 최초의 명령 사이의 불일치를 해소하는 데 성공하지 못한다. 여기서 핵심이 되는 것은 정의의 문

---

23) *GRab.* 22.5 (창세기 4장 3-4절에 대한 주석); 창세기 22장 2절; 출애굽기 22장 29-30절; 신명기 18장 4절; 레위기 20장 1-8절.

24) 예를 들면 시편 37장 21절. 첫 번째 수확을 신에게 바쳐야 하는 근거는 이 세계의 창조자인 신이 모든 생산물의 정당한 '소유자'이기 때문이다. 첫 번째 수확을 바치는 일은 신의 이런 주권을 인정하고 감사함을 의미한다.

제이다. 죄 없는 사람은 죽임을 당해서는 안 되지만 죄가 있는 사람은 죽임을 당할 수도 있음을 명시하는 성서의 대목들은[25] 죄 없는 사람을 죽이는 행위는 불공정하기 때문에 그르다는 점을 함축하기 때문이다.

더욱 흥미로운 점은 율법학자들의 주석 중 일부에서는 — 이들이 모두 같은 저자가 쓴 것은 아니지만 — 신이 아브라함에게 이사악을 죽이라는 명령을 결코 내리지 않았다는 주장이 등장한다는 사실이다. 이런 성서 해석의 전통은 아브라함이 신의 명령 중 알라(alah)라는 동사를 오해해 '그곳에 가서 이사악을 [장작 위에 올려] 제물로 바치라'는 의미로 받아들였는데 실제로 신이 명령한 바는 '그와 [이사악과] 함께 산에 올라 그곳에서 제물을 바치라'는 것이었다고 주장한다. 달리 말해 아브라함이 실제로 받은 명령은 이사악과 함께 산에 올라 둘이서 다른 무언가를 제물로 바치라는 것이었다고 주장한다.[26] 히브리어의 구조와 의미에 비추어 볼 때 전자의 해석이 더 그럴 듯하지만 (알라라는 동사의 의미는 현재 '제물'을 지칭하는 올라(olah)라는 단어에 남아있다[27]) 일부 율법학자들은 신학적으로 수용할 만한 해석에 이르기 위해 문법적 관행을 무시하는 쪽을 선택한다.

이런 해석의 동기는 아브라함과 이사악의 이야기를 모세오경에서 등장하는 도덕법칙의 의미와 조화를 이루도록 만들려는 것으로 볼 수 있는데, 후에 칸트(Kant)는 만일 아브라함이 실제로 이사악을 죽이라는 명령을 받았다면 이런 명령은 도덕법칙과 상충하므로 단지 허상에 지나지 않는다고 주장하기도 했다.[28] 하지만 사실상 율법학자들은 자신들

---

25) 앞의 각주 6) 참조.

26) *GRab.* 56.2, *GRab.* 56.8. 또한 Kalimi 2010: 5 참조.

27) 히브리어 자문에 도움을 준 David Vanderhooft에게 감사한다.

28) *The Conflict of Faculties*, trans. Gregor 1979: 115.

의 해석을 뒷받침하기 위해 살인의 금지에 호소하지는 않는다. 그 대신 이들은 아버지가 자신의 아들을 죽이는 일이 지극히 '부자연스럽다고' 비난하면서, 이사악을 죽이라는 명령은 그를 통해 대를 이어가게 하겠다는 신의 약속과 모순된다는 점과 창세기에서 아브라함이 다른 사람들에게 이사악이 희생제를 마치고 자신과 함께 돌아오리라고 확신했다는 점을 지적한다.[29]

초기 기독교도들의 해석

이제 초기 기독교들에게로 눈을 돌려보면 아브라함-이사악의 경우를 '친족 살해'(parricidium)의 예로 여기는 해석이 거듭 발견되는데 친족 살해는 『에우티프론』에 등장하는 살인의 경우에서도 두드러진 특징으로 강조되었던 바였다. 초기 기독교 학자들 중 일부는 이사악의 희생이 신을 숭배하는 행위인지 그렇지 않은지를 검토함으로써 특수한 경건함의 개념을 탐구한다. 하지만 동시에 이들은 아브라함이 이사악을 죽이라는 신의 명령을 수행하려 하면서 과연 도덕적으로 올바르게 행위했는지를 자문함으로써 일반적인 경건함과 일반적 옳음이라는 의미에서의 '정의'에 대해서도 고찰한다.[30] 신의 상충하는 명령이 어떤 행위를 경건하지 않은 것에서 경건한 것으로, 정의롭지 않은 것에서 정의로운 것으로 만들 수 있음을 나타내는가 그렇지 않은가라는 규범적인 질

---

[29] 각각 *GRab.* 56.5; *GRab.* 56.8 및 *GRab.* 56.10 (창세기 17장 15-19절 참조); *GRab.* 56.2 (창세기 22장 5절 참조).

[30] 오리게네스(Origen)는 예외적인 경우에 속한다. 그는 아브라함과 이사악의 이야기를 도덕적이 아니라 비유적으로 해석한다(*Homilies on Genesis* 8.6-7; *GRab.* 56.3 및 *GRab.* 56.9 참조). 또한 Cavadini 2002 참조.

문에 대해 학자들의 견해는 대체로 세 유형으로 나뉜다. 곧 우리가 TS라고 불렀던 바를 지지하는 유형과 TS와 TO 사이를 오가면서 애매한 태도를 취하는 유형, TO를 지지하는 유형으로 나뉜다. 어떤 한 학자가 이런 견해들 중 하나를 배타적으로 지지하지 않고 자신의 생각을 바꾸는 경우도 발견된다.

암브로시우스(Ambrose)는 393년 쓴 글에서 명백히 TS의 관점에 찬성한다. 신의 명령은 흔히 올바르지 않은 행위로 여겨지는 바도 올바르게 만든다고 주장하면서 그는 다소 과장을 섞어 다음과 같이 묻는다. '그는[31] 신이 명령한 바를 수치스럽게(turpe) 여길 수 있었겠는가? … 아브라함은 … 심지어 자식을 죽이라는 명령도 그것이 신의 명령인 이상 그것을 수행하는 것이 경건하다고(pie) 믿었기 때문에 매우 큰 보상을 받았다'(*Letters* 6.27.14).[32]

다소 애매한 태도를 취하는 유형을 보여주는 문헌은 상당히 많다. 카르타고의 주교였던 키프리아누스(Cyprian of Carthage, 258년 순교)는 특히 아브라함이 도덕적으로 올바른(iusti) 까닭은 신을 기쁘게 하기 위해 자식을 죽일 준비를 했기 때문이라고 말한다(*On Morality* 12).[33] 하지만 같은 문헌의 뒷부분에서 그는 '신은 우리의 피가 아니라 믿음을 원한다. 따라서 아브라함도, 이사악도, 야곱(Jacob)도 죽임을 당하지 않았다'고(18) 단언한다.[34] 키프리아누스는 자식을 죽이라는 행위가 본질상 그르기 때문에 일관되게 이런 유형의 행위를 원하지 않는데(TO),

---

31) 여기서 그는 이사야(Isaiah)를 의미한다. (암브로시우스는 신이 이사야에게 옷을 벗으라고 명령한 경우를 아브라함에게 이사악을 죽이라고 명령한 경우와 비교한다.)

32) Walford 1881의 번역을 다소 수정했다(이 번역본에서는 편지 58).

33) *The Good of Patience* 10 참조.

34) Wallis 1868의 번역.

아브라함은 이를 몰랐지만 선한 의도를 지니고 있었으므로 도덕적으로 칭찬받을 만하다고 생각하는가? 아니면 키프리아누스는 비록 신이 함부로 인간의 피를 원하지는 않지만 이사악을 죽이라고 명령하는 경우처럼 이를 원할 수도 있으며(TS), 아브라함은 TS가 참이라는 사실을 인식했으므로 칭찬받을 만하다고 생각하는가? 이와 유사하게 암브로시아스터(Ambrosiaster, 375-400년경 활동)는 신이 이사악의 피를 원하지는 않았지만 동시에 아브라함이 이사악을 죽이려는 시도를 통해 신이 요구하는 정의(iustitia)를 드러내기를 원했다고 주장한다. 곧 신이 이전에 살인(homicidium)을 처벌하겠다고 위협했음에도 아브라함은 신이 자식을 죽이기를 원한다는 사실을 굳게 믿었다는 것이다.[35] 크리소스토무스(Chrysostom) 또한 『창세기에 관한 설교』(*Homily on Genesis*, 385-398년경)에서 아브라함-이사악 이야기의 결론을 인용하면서 신은 이사악이 죽임을 당하기를 의도하지는 않았지만(oude thelôn 47.11-12) 신이 원하는 바에 대한 아브라함의 믿음(hê gnômê)과 자식의 목을 베려는 그의 의도(hê prohairesis)는 칭찬할 만하다고 주장한다(47.17; 47.5-6, 47.9 참조). 요약하면 이런 해석들은 아브라함이 우리가 TS라고 부르는 바를 채택했다는 점에서 그를 칭찬하지만 동시에 신은 이사악이 죽임을 당하기를 원하지 않았다고 주장한다. 하지만 신이 죄 없는 사람을 죽이는 것은 본질상 그르다는 이유에서 그렇게 했는지는 명확히 대답하지 않은 채 남겨둔다.

암브로시우스가 형을 추도하는 글(379년)에서 드러낸 자기모순적인 태도는 애매하다기보다는 잘못임이 명백하다. 여기서 그는 아브라함이

---

35) *Questions on the Old and New Testament* (*Quest.*) 43.2; 117.6 (창세기 4장 15절 관련 언급).

'자신의 아들이 온전한 것(sanum)보다 희생될 때 신에게 더욱 인정받을 수 있다는 점과 신은 피가 아니라 충실한 순종을 더욱 기뻐한다는 점을 — 단지 그렇게 믿은 것이 아니라 — 모두 알았으며(sciebat) 따라서 아브라함은 그 아들의 피로 더럽혀지지 않았다고' 주장한다(*On the Passing of Brother Satyrus* 2.97-8, 나의 강조 표시).[36]

위에서 언급한 학자들 중 무죄한 사람을 죽이는 것을 금지한 모세오경의 계율을 이사악과 관련해 인용한 사람은 아무도 없다. 키프리아누스의 경우 그 까닭은 오직 그리스도와 순교자들만이 '진정으로' 무죄한 사람의 전형이라는 근거에서 이사악에게 이 용어를 적용하는 것을 보류했기 때문인 듯하다. 암브로시우스와 암브로시아스터는 출애굽기 23장 7절의 '무죄한 자와 의로운 자를 죽이지 말라'는 말에 대해 이런 해석을 반복하면서도 다른 저술에서는 '무죄한'을 넓은 의미에서 '침입자가 아닌'으로 보는 해석을 받아들이기도 한다. 하지만 이들도 무죄하다는 개념을 이사악에게 적용하지는 않는다. 아마 이들도 신이 이사악을 죽일 것을 명령했다면 그렇게 하는 것은 결코 그릇된 일일 수 없는데 어떻게 그런 행위가 옳을 수 있는지는 단지 학문적인 탐구의 문제에 지나지 않는다고 믿는 듯하다.

아우구스티누스(Augustine) 또한 397년에서 적어도 413년 사이에 쓴 저술에서는[37] 무척 애매한 태도를 보이지만 그 후에는 상당히 복잡하고 정교한 견해를 드러낸다. 여기서는 그가 이전의 해석에 충실하면서도 우리가 TO라고 부르는 형식을 사용하려고 시도한다는 점이 발견된다. 암브로시우스와 유사하게 아우구스티누스도 설교 8에서 친족을

---

36) Romestin 1896의 번역.

37) 설교 8, 400-411년 경;『파우스투스 논박』, 397-405년 경;『고백록』, 397-401년 경;『신국론』(413년 쓰기 시작), 1.21, 1.26.

죽이는 일은 신의 명령이 없이 행해졌다면 무척 잔혹한 것임에 틀림없지만 신의 명령에 따라 행해질 경우 경건한 것이 된다고(facta est) 주장한다(8.14). 하지만 그는 신의 명령이 어떻게 정당할 수 있는지에 대한 근거를 밝히면서 자신의 견해를 부정하게 된다. 그는 이스라엘인들이 모세의 명령에 따라 이집트에서 탈출하면서 재물을 약탈한 경우를[38] 인용하면서 이는 '아마도'(forte) 이스라엘인들이 재물을 훔친 것이 아니라 자신들이 노예로 노동한 것에 대한 정당한 대가를 취한 것이리라고 말한다(8.16). 그는 이 경우와 이사악의 경우를 명시적으로 대비하지는 않지만 어쩌면 이집트인들이 이스라엘인들을 노예로 부린 것이 정당하지 않듯이 사실상 이사악이 완벽하게 무죄하지는 않다고 생각하는지도 모른다.

『파우스투스 논박』(Against Faustus)에는 더욱 상세한 설명이 등장한다. 여기서 아우구스티누스는 이사악을 죽이는 경우를 '영원법'(eternal law)이 규정하는 선과 악 사이의 '중간 지점에 위치한'(medio quodam loco) 행위로 분류한다(22.73). 곧 살인이라는 행위 유형은 그 자체만으로는 도덕적으로 선도 악도 아니지만 행위자의 의도나 상황에 따라 옳게도 그르게도 될 수 있다는 것이다(22.71-8).[39] (이런 생각이 행위를 대상과 목적 그리고 상황이라는 요소로 나누어 고찰하면서 이들 중 어느 하나라도 잘못되면 그 행위는 그르게 된다는 아퀴나스의 견해를 예견한다는 점을 지적할 만하다.)[40] 아우구스티누스는 만일 아브라함이 신의 명령에 복종해서가 아니라 자신의 결정에 따라

---

38) 출애굽기 12장 35절.

39) 『고백록』 3.7.13-3.8.16 참조.

40) 『신학대전』 IaIIae Q. 18.

이사악을 죽이려 했다면 그의 동기는 매우 잔인했을 것이며 따라서 그의 행위는 그르게 되었을 것이다(22.73).[41] 설령 어떤 행위 유형이 그 자체로 옳다고(res recta) 할지라도 잘못된 동기는 얼마든지 그런 유형의 행위를 도덕적으로 그르게 만들기도 한다(22.74). 상황과 관련해 아우구스티누스는 아브라함이 이사악을 죽이려 한 경우를 정당한 전쟁에서 적군을 죽이는 경우와 비교하면서 이사악이 **무죄하지** 않을 수도 있음을 암시한다. 신은 누구에게 죄가 있는지에 대해 절대적인 지식을 지니며, 이에 따라 가장 적절한 처벌을 한다. 아우구스티누스는 그렇다면 이사악이 죽어 마땅한 죄를 저질렀는데 우리는 그의 죄가 무엇인지를 모를 뿐이라고 생각한다. 이와 마찬가지로 이스라엘인들은 노동에 대한 대가로 마땅히 이집트인들의 재물을 취할 수 있었는데도(22.71) 모세가 그렇게 하라고 명령할 때까지 이런 사실을 깨닫지 못했다고 할 수 있다.

여기서 아우구스티누스는 분명히 우리가 TO라고 부르는 바를 주장하려 한다. 하지만 동시에 어떤 행위가 정당하게 되려면 신의 명령이 필요하다고 주장함으로써 TS를 지지하는 듯도 하다. TO를 유지하면서 그는 신은 모든 상황을 포괄적으로 파악하므로 정의가 각각의 경우에 어떻게 적용되는지를 인식할 수 있다고 주장한다. 이로부터 만일 인간이 신과 같은 수준의 인식 능력을 지닌다면 인간도 모든 경우에서 올바른 결정을 내릴 수 있을 것이고 따라서 신의 명령이 불필요하리라는 점이 도출된다. 하지만 아우구스티누스는 동시에 인간이 어떤 경우와 관련되는 상황을 모두 알 수는 없으므로(22.72, 오직 신만이 아신다) 인간의 결정을 전적으로 신뢰할 수는 없다고 주장한다. 이스라엘인들이

---

41) 『신국론』 1.21, 1.26 참조.

이집트인들에게서 노동의 대가를 보상받을 자격이 있다는 점은 기본적인 공정의 개념으로부터 쉽게 도출된다. 만일 이사악이 사형에 처해지기에 마땅한 행위를 저질렀다면 아버지 아브라함은 그런 사실을 알 수 있었을 것이다.[42] 이를 통해 아우구스티누스는 오직 인간이 극복할 수 없는 보편적인 무지 때문에 신의 명령이 필요하다고 주장함으로써 이전의 성서학자들이 보였던, TS를 옹호하려는 태도에서 벗어나려 한다.

초기 기독교도들이 TS와 TO 중 어느 한쪽을 지지하면서 보인 상충의 방식은 후에 키르케고르(Kierkegaard)가 제시한 이분법의 모델과는 다르다는 점을 지적할 만하다. 키르케고르의 말을 있는 그대로 받아들이면 그는 이사악을 죽이라는 신의 명령이 신에게 복종하라는 절대적인 종교적 의무를 부과하는데 이런 의무가 가장 선행하므로 도덕을 효력을 '중단할' 수 있으며, '친족에 대한' 보편적인 도덕적 규범을 '축소할' 수도 있지만 이런 도덕적 규범은 여전히 윤리적 의무로 남는다고 생각한다.[43] 따라서 신의 명령은 이런 명령이 없다면 비윤리적이었을 행위를 윤리적인 것으로 만들지 않으며, 또한 신의 명령은 객관적인 정의의 기준과 일치하므로 정당화되는 것이 아니다. 아브라함과 이사악의 경우에 한해서는 비윤리적인 행위가 오히려 경건한 것이 된다. 하지만 이런 개념들은 창조자인 신에게는 적용되지 않는다. 신의 관점에서 보면 신의 명령에 따르는 것이 항상 도덕적 정의와 동시에 일치하는데(TS를 통해서든 아니면 TO를 통해서든 그것은 상관이 없다), 특수한 경우에만 경건함이 인간이 생각하는 도덕적으로 정의로운 행위의 범위 안에 포함되기도 한다.

---

42) 어쩌면 아우구스티누스는 이사악이 인간의 몸으로 태어남으로써 원죄를 지닌다고 가정하는지도 모른다. 하지만 그는 이 점을 언급하지는 않는다.

43) *Fear and Trembling*, trans. Hannay 1985: 60, 98.

이제 마지막으로 아우구스티누스의 (419-420년에 쓴) 『구약 처음 7권에 관한 질문』(*Questions on the Heptateuch*) 7.49에 비추어 이사악의 이야기를 앤스컴이 말한 '히브리-기독교 윤리'에 근접하는 것으로 해석해보려 한다. 이삭을 희생의 제물로 삼는 것에 대해 명백히 결과론적인 근거를 전면에 내세우면서 아우구스티누스는 아브라함의 이야기를 비롯해 그것과 거의 유사한 입다(Jephthah)의 이야기를[44] 인용한 후 신의 영원한 보상을 받기 위해 인간을 희생양으로 삼는 일이 받아들여질 수 있는지를 묻는다. 그는 이에 대해 단호히 '신은 이런 종류의 희생 제물을 싫어한다고'(odisse talia sacrificia) 답하면서 모세오경의 다른 대목에서 신이 자녀를 제물로 바치는 경우를 완전히 금지했음을 지적한다.[45] 그리고 이사악의 이야기에서 신의 명령은 이사악을 죽이지 **말라**는 것이었다고 해석한다. 아우구스티누스는 성서에서 신이 죄 없는 사람을 죽이는 일을 금지한 더욱 일반적인 경우를 인용하지는 않지만 신이 **자녀**를 제물로 바치는 일을 금지했을 때 **인간**을 제물로 바치는 일(hominis immolatio) 또한 원하지 않음을 드러낸다고 생각하며, 이것이 모든 경우에 적용되는 근본 원리임을 암시한다. 그렇다면 왜 신은 아브라함에게 아들을 제물로 바치라고 명령했는가? 인간을 제물로 바치는 일을 금지한다는 점을 극적으로 드러내기 위해 신은 이를 금지한 모세의 율법에 앞서 이런 일이 그르다는 점을 명백히 보여주려(ostendit) 했던 것이다. 이런 가르침이 필요한 까닭은 최초의 이스라엘인인 아브라함이 자녀를 제물로 바치는 것을 허용하는 종교들에 둘

---

44) 입다는 자신이 한 서원을 지키기 위해 딸을 희생의 제물로 바친다(사사기 11장 30-9절).

45) 아우구스티누스는 신명기 12장 29-31절을 인용하면서 '다른 많은 사람들이' 이런 일을 저질렀음을 암시한다.

러싸여 있었기 때문이다.[46) 이사악의 이야기는 또한 인간이 첫 번째 낳은 자녀를 신에게 '다시 바치는' 의식을 (이는 후에 성문법이 되었는데) 보여줌으로써[47) 특별한 경건함을 가르치는 역할도 하는데 이후 제물은 자녀에서 양으로 대체되었다.[48)

여기서 아우구스티누스의 해석은 암브로시우스의 (377-384년에 쓴) 『처녀성에 관하여』(On Virginity) 2.5-9로부터[49) 큰 도움을 받았음에 틀림없지만 그는 이를 더욱 개선한다. 『처녀성에 관하여』에 따르면 이사악의 이야기는 신이 일종의 가르침으로 예시(exemplum)한 것인데 그렇게 한 까닭은 사람들이 인간 제물의 지위에 대해 무지하기 때문이다. 이 이야기는 신이 자녀를 제물로 바치는 일(parricidium)에 결코 찬성하지 않으며, 첫째 자녀를 신에게 바치는 것은 당연하지만 이것이 자녀를 죽여 제물로 삼는 방식으로 이루어져서는 안 된다는 점을 가르치기(docuit) 위한 것이다. 여기서 암브로시우스는 신은 결코 이사악이 죽임을 당하기를 원하지 않았는데 마치 신이 그랬다는 식의 해석이 등장한 것은 유대교 율법학자들의 탓임을 암시한다.[50) 하지만 암브로시우스는 과연 신이 자녀를 제물로 바치는 일이 객관적으로 그르다는 근거

---

46) 신명기 12장 29-31절. 아우구스티누스는 요르단의 서쪽 가나안에 이런 풍습이 있었다고 말한다(= 창세기 22장 2-12절에 따르면 가나안은 아브라함의 고향이기도 하다). 또한 신명기 18장 10절; 예레미야 4장 31절, 7장 18절, 7장 31-2절; Xella et al. 2013; Smith et al. 2013 참조. (요르단의 동쪽 지역인) 암몬에 사는 사람들이 몰렉이라는 신에게 자녀를 제물로 바친 일에 관해서는 열왕기상 11장 7절, 열왕기하 23장 10절, 레위기 18장 21절 참조.

47) 출애굽기 13장 13절, 15절.

48) 창세기 22장 13절.

49) Adkin 2003: 32 n. 15, 387.

50) 그는 ('바치다'(anapherein)라는 동사가 애매하다는 점을 언급하지만) 이 동사의 애매함으로부터가 아니라 이야기의 결론으로부터 자신의 주장을 이끌어낸다. 암브로시우스와 유대교 율법학자들의 해석에 관해서는 Rueling 2006 참조.

에서 이에 반대하는지에 대해서는 다소 회의적으로 생각하면서 한걸음 물러나는 태도를 보인다. 그는 신이 이사악을 죽이지 않은 까닭은 (이사악의 생명을 보호하기 위해서라기보다는) 신이 '자비롭기' 때문인데, 아브라함과 이사악은 신이 자비롭다고 믿음으로써 이런 은총을 얻었다고 주장한다. 반면 입다는 신이 자비롭게 개입한다는 사실을 믿지 않았으므로 이에 대한 벌로써 딸을 죽이는 상황에 이르렀다고 추측한다. 아우구스티누스는 더욱 단호하게 입다가 서원에 따라 딸을 죽인 일은 신이 내린 처벌인데 신은 인간을 제물로 바치는 일을 혐오하므로 입다의 행위를 칭찬하지는 않는다고 말한다.

아우구스티누스의 『구약 처음 7권에 관한 질문』에 등장하는 해석에 반대해 그의 해석은 단지 살인을 저지르는 신을 거짓말하는 신으로 대체했을 뿐이라고 주장할 수 있을지 모른다. 아우구스티누스는 신은 아브라함에게 아들을 죽이라고 말했지만 그가 실제로 그런 일을 행하기를 원하지는 않았다고 생각한다. 이런 해석은 특별한 문제를 일으키는데 그 까닭은 아우구스티누스가 거짓말은 항상 그른 일임을 주장하는 글을 두 편이나 썼기 때문이다. 하지만 아우구스티누스가 '거짓말'을 '상대방을 속이려는 의도에서 사실과 다르게 말하는 것'이라고 정의한다는 점을 지적할 필요가 있다.[51] 이런 기준에 따르면 신은 거짓말을 하지 않았다. 명령은 명제가 아니며 따라서 사실과 다를 수 없기 때문이

---

[51] (395년경에 쓴) 『거짓말에 관하여』(*On Lying*)에서 아우구스티누스는 이 두 요소가 결합해 거짓말의 충분조건을 형성한다고 말하지만 이 두 요소 모두가 필요조건인지는 분명히 밝히지 않는다(4.4). 하지만 (『구약 처음 7권에 관한 질문』을 쓴 시기와 같은 420년경에 쓴) 『거짓말에 반대하여』(*Against Lying*)에서는 두 요소가 모두 필요조건이라고 분명히 말한다(10.23-4, 12.26). Griffiths 2004: 25-31 참조.

다.[52] 여기서 아우구스티누스는 분명히 자녀를 죽이라는 신의 명령을 일종의 반어법으로 이해해야 한다고 생각한다.[53]

결론

지금까지 우리는 아브라함과 이사악의 이야기를 율법학자들과 초기 기독교 학자들이 어떻게 해석했는지를 거의 이백년에 걸쳐 추적해왔다. 이 결과 (420년경에 쓴) 아우구스티누스의 후기 저술에 이르러서야 앤스컴이 말한 '히브리-기독교 윤리의 특징'이라고 할 수 있는 바가 실제로 등장한다는 사실을 발견했다. 따라서 죄 없는 사람을 죽이는 것은 항상 그르다는 주장에 의해 특징지어지는 통일된 (하나의) 히브리-기독교 윤리가 형성되었다고 말하는 것은 성급한 일반화의 오류이다. 더욱이 모세오경이 결과와는 무관하게 죄 없는 사람을 죽이는 것은 항상 금지된다고 가르친다는 앤스컴의 주장을 옹호하기 위해서는 아우구스티누스가 사용했던 것과 같은 일종의 해석학적 방법이 필요하다. 그의 접근 방식은 침입자가 아닌 사람을 죽이는 것을 금지하는 성서의 **일반적인 명령**을 이사악을 죽이라는 **특수한 요구**의 의미를 **규정하는 근거**로 사용한다. 이런 과정은 창세기 22장 2절에 대한 독특한 해석 또는 반어법적 해석을 필요로 한다.

더욱이 이사악을 죄가 없다는 이유에서 옹호하려는 이런 (아우구스티누스적인) 시도는 '윤리적인 법칙 개념'에 근거한다는 앤스컴의 주장

---

52) Diogenes Laertius, *Life of Zeno* 7.65, 7.68; 이를 수용한 아우구스티누스의 견해에 관해서는 Byers 2013: 8-22, 29.

53) 『거짓말에 관하여』 12.26 참조.

을 받아들이려면 '법칙' 개념을 이중적으로 해석해야만 한다. '히브리-기독교 윤리'의 '법칙적 특성'이라는 말을 앤스컴은 신이 내린 금지 명령으로 이해한다.[54] 반면 아우구스티누스가 제시한 궁극적인 윤리 기준은 '영원법'인데 이는 신이 제정한 법칙이 아니라 정의, 지혜, 절제, 용기에 대해 신이 지니는 일련의 단순 관념이다. 이런 관념들은 인간에게 현실적으로 주어지는지 그렇지 않은지와 무관하게 신 안에 독자적으로 존재한다. 어쩌면 '내재주의적인 TO'로 불릴 수 있을 듯한 아우구스티누스의 모델은 신플라톤주의와 스토아주의가 생각한 '영원법'(ho nomos, lex)의 개념에서[55] 도출되었다. 여기서 신의 윤리적 관념들이 '법'이라고 불리는 까닭은 이들이 영원불변하는 동시에 이들에 따라서 사는 것이 일관되고 잘 질서 잡힌 유형의 삶을 제공하기 때문이다. 신의 단순 관념들이 인간의 말로 명확히 표현될 경우 이들은 윤리적 공리와 정의(定義)가 된다(예를 들면 '정의(正義)는 각자에게 자신의 몫을 주는 것이다'와 같은).[56] 이들은 서로 다른 상황에 다양한 형태로 적용된다.[57] '죄 없는 사람을 죽이는 것은 정의롭지 못하다'는 명제는 항상 참이다. '죄 없는'이라는 개념이 관련되는 상황에 따라 구체화되기 때문이다.[58] 아우구스티누스는 '죄 없는 사람을 죽이지 말라'는 신의 포괄적인 법(lex generalis)이 실제로 특정한 시점에 공포되어 모세오경에 기

---

54) 앞의 각주 2) 참조.

55) Plotinus, *Enneads* 5.9.5 ll. 28-9, 5.9.10 ll. 2-4 참조; Chrysippus in Marcian (Long and Sedley 1987: 67R); Arius Didymus in Eusebius, *Preparation for the Gospel* 15.15; Cicero, *Republic* 3.33.

56) 『자유의지론』 2.10.29; 『신국론』 19.4 참조.

57) 『고백록』 3.7.13-3.8.16.

58) 『시편 주석』(*Commentaries on the Psalms*) 61.22. 참조.

록되었다고 생각한다.[59] 하지만 그는 이를 비롯해 '자녀를 제물로 죽이지 말라'는 것과 같은 더욱 구체적인 계율이 옳고 그름의 궁극적인 기준을 제시하기보다는 객관적인 정의가 함축하는 바를 잘 모르는 사람들에게 정의가 무엇인지를 알려주는 역할을 한다고 주장한다.[60]

참고문헌

제일 뒤의 * 표시는 특히 중요한 참고문헌임을 나타낸다.

Adkin, Neil 2003. *A Commentary on the Libellus de Virginitate Servanda* (*Letter 22*). Cambridge: Francis Cairns.

Anscombe, G. E. M. 1958. 'Modern Moral Philosophy', *Philosophy* 33.124: 1-19.

Appelbaum, Alan 2012. 'Rabbi's Successors: The Later Jewish Patriarchs of the Third Century', *Journal of Jewish Studies* 63.1: 1-21.

Byers, Sarah 2013. *Perception, Sensibility, and Moral Motivation in Augustine*. Cambridge University Press.*

Cavadini, John 2002. 'Exegetical Transformation: The Sacrifice of Isaac in Philo, Origen, and Ambrose', in P. Blowers *et al.* (eds.), In *Dominico Eloquio*, Cambridge: William B. Eerdmans Publishing Company: 35-49.

Coogan, Michael (ed.) 2010. *The New Oxford Annotated Bible*. Oxford University Press.

Dawkins, Richard 2006. *The God Delusion*. Boston: Houghton Mifflin.

Evans, Matthew 2012. 'Lessons from *Euthyphro* 10A-11B', *Oxford Studies in Ancient Philosophy* 42: 1-38.

Gregor, Mary (trans.) 1979. *Immanuel Kant*: The Conflict of the Faculties. New York: Abaris Books.

Griffiths, Paul 2004. *Lying*: *An Augustinian Theology of Duplicity*. Grand Rapids: Brazos Press.

---

59) 『가우덴티우스 논박』(*Against Gaudentius*) 1.11.12 이하.

60) Byers 2013: 167-9 참조.

Hannay, Alastair (trans.) 1985. *Kierkegaard: Fear and Trembling*. London: Penguin Books.

Jones, Rusty 2006. 'Piety as a Virtue in the *Euthyphro*: A Response to Rabbås', *Ancient Philosophy* 26.2: 385–90.

Kalimi, Isaac 2010. '"Go, I Beg You, Take Your Beloved Son and Slay Him!" The Binding of Isaac in Rabbinic Literature and Thought', *Review of Rabbinic Judaism* 13.1: 1–29.

Kretzmann, Normann 1983. 'Abraham, Isaac, and *Euthyphro*: God and the Basis of Morality', in D. Stump et al. (eds.), *'Hamartia': The Concept of Error in the Western Tradition*, New York: Edwin Mellen Press: 27–50.

Long, Anthony and Sedley, David 1987. *The Hellenistic Philosophers*. Vols. 1–2. Cambridge University Press.

MacDowell, Douglas 1963. *Athenian Homicide Law in the Age of the Orators*. Manchester University Press.

Mikalson, Jon 2010. *Greek Popular Religion in Greek Philosophy*. Oxford University Press.

Phillips, David 2007. 'Trauma ek Pronoias in Athenian Law', *The Journal of Hellenic Studies* 127: 74–105.

Phillips, David 2013. *Law and Society in the Ancient World*. Ann Arbor: University of Michigan Press.

Romestin, H. de (trans.) 1896. *Some of the Principal Works of Saint Ambrose*. Oxford and London: Parker and Company.

Rueling, Hanneke. 2006. *After Eden: Church Fathers and Rabbis on Genesis 3: 16–21*. Leiden: Brill.

Smith, Patricia et al. 2013. 'Age Estimations Attest to Infant Sacrifice at the Carthage Tophet', *Antiquity* 87: 1191–8.

Thompson, John 2001. *Writing the Wrongs: Women of the Old Testament among Biblical Commentators*. Oxford University Press.

Walford, Henry (trans.) 1881. *The Letters of Saint Ambrose, Bishop of Milan*. Oxford: James Parker and Co.

Wallis, Robert (trans.) 1868. *The Writings of Cyprian, Bishop of Carthage*. Edinburgh: T. & T. Clark; London: Hamilton & Co.;

Dublin: John Robertson.

Xella, Paolo et al. 2013. 'Phoenician Bones of Contention', *Antiquity* 87: 1199–1207.

10장

보에티우스, 아벨라르, 안셀무스

존 마렌본(John Marenbon)

이 장의 주제는 보에티우스(Boethi-us, 476-524/525), 안셀무스(Anselm, 1033-1109) 그리고 아벨라르 (Abelard, 1079-1142)인데 이들의 활동 시기는 무려 여섯 세기에 걸쳐 있다 — 이 책의 14장 오컴에서부터 50장 비트겐슈타인까지에 이르는 기간만큼이나 길다. 따라서 이 장은 위의 세 인물을 각각 따로 찍은 세 장의 사진 정도를 제공할 수 있을 뿐이다. 하지만 사진의 배경이 어둡다고 해서 다른 인물은 아무도 없다고 생각해서는 안 된다. 또한 이 사진들은 세 인물의 전체 모습을 찍은 것이 아니라 각각이 어떤 흥미로운 철학적 논의를 펼쳤는가에 초점을 맞추어 한 부분을 상세히 찍은 것이다. 이런 사진들을 소개하는 목적은 대부분의 역사가들이 제시하는 인상과는 반대로 보에티우스에서 아벨라르에 이르는 시대에 걸쳐 도덕

철학에 관한 논의가 상당히 활발했음을 보이려는 것일 수도 있다.[1] 하지만 이런 견해는 틀린 것일지도 모른다는 사실을 결론 부분에서 설명하려 한다.[2]

보에티우스: '철학의 위안'과 도덕적 복잡함

『철학의 위안』(Consolations of Philosophy)에서 이루어지는 도덕적 논의에서 결여된 바는 바로 복잡함인 듯하다. 보에티우스는 자신의 입장을 — 곧 한때 부유한 권력자였다가 이제는 부당하게 감옥에 갇혀 사형 집행을 기다리는 반역자의 신세로 전락한 자신의 처지를 — 한탄하며 의인화한 철학의 여신과 산문과 운문으로 이루어진 대화를 나누면서 자신의 생각을 펼친다.[3] 보에티우스는 자신을 선한 사람들이 고통

---

[1] 나는 — 이 책 전체의 제목에서 드러나듯이 — 이 글에서 '도덕철학'을 행위 및 이성적 존재(때로는 초이성적 존재)와 관련되는 가치에 관한 철학적 사고 전반을 지칭하는 용어로 사용한다. Williams 2010에서처럼 윤리를 일반적인 것으로, 도덕성을 '특수한 관습'으로 여겨 둘을 구별한다면 많은 경우 '도덕적'을 '윤리적'으로 대체해야 할 것인데 이런 식으로 대체한다면 다소 어색한 결과를 (예를 들면 '도덕 심리학'을 '윤리 심리학'으로 표현하는) 낳을 것이므로 이런 구별을 하지 않는 편이 나을 듯하다.

[2] 이 장에서 일차 자료들에 대한 인용을 표시할 경우 다음과 같은 생략형을 사용한다. Coll. — 아벨라르『비교토론』(Collationes) (Abelard 2001); CP — 보에티우스『철학의 위안』(Consolation of Philosophy) (Boethius 2005) OFD, OH, OT — 안셀무스『악마의 추락에 관하여』(On the Fall of the Devil),『신의 예지, 예정 및 은총과 자유의지의 조화에 관하여』(On the Harmony of Prescience, Predestination and the Grace of God with Free Will),『진리에 관하여』(On Truth) (Anselm 1946-1961). 안셀무스 저술의 표준판은 F. S. Schmitt가 편집한 것인데 철학적 저술은 주로 1, 2권에 수록되었다. 이들에 대한 훌륭한 영어 번역은 Anselm 2007과 Anselm 1998인데 후자에는 가끔 다소 의심스러운 대목도 등장한다. 안셀무스의 저술을 인용할 경우 Schmitt의 판에 따라 (부와) 장, 권수와 페이지수를 (필요한 경우 행수도) 표시했다.

[3] 보에티우스에 관한 배경적 지식은 Marenbon 2003b 및 2009, Kaylor and Philipps 2012 참조.『철학의 위안』번역본은 무척 많은데 그 중 Boethius 2001이 특히 훌륭하다.

을 받고 사악한 사람들이 득세하는 현실을 불만스럽게 여기면서 과연 신의 섭리가 인간들에게 최소한의 관심이라도 있는지를 의심하는 죄수로 묘사한다. 철학의 여신은 설령 현실이 이렇다 할지라도 정의로운 질서가 지배하는 세계에서 결국 선한 사람이 보상받으며 악한 사람이 처벌받게 된다는 점을 점차 죄수에게 납득시킨다. 여신은 대단한 비유 능력과 복잡한 논증을 사용하고 플라톤적인 주제들을 끌어들이면서 자신의 생각을 제시하지만 여신의 주장은 오직 하나로, 곧 단일한 최고선의 개념이 존재하는데 이 최고선은 곧 신과 동일하며 오직 신만이 우리에게 행복을 가져다준다는 것으로 요약된다. 따라서 대부분의 철학사가들이 이런 논의에 전념하는 『위안』의 첫 네 권에 대한 연구는 주로 문학 전문가들에게 맡기고 5권에 이르러 등장하는 예지와 우연성에 대한 언급에 관심을 돌린 것은 전혀 놀라운 일이 아니다.[4]

하지만 다른 해석에 따르면 『위안』은 상당히 복잡한 이론을 제시한다. 이런 해석은 철학의 여신이 죄수를 위로하기 위해 두 가지의 서로 다른, 서로 양립할 수 없는 논증을 사용한다고 주장하는 점에서 표준적인 해석과 구별된다. 첫 번째 논증은 진정한 선의 개념이 다양하다는 점을 주장하는데 이는 두 단계로 구성된다. 첫 단계는 이른바 '행운에 의한 선'으로 불리는 것들, 곧 우리가 외부적 원인을 통해 얻거나 잃는 선들 또는 선으로 보이는 것들을 고려하는 데서 시작된다. 여신은 곧바로 이런 선들이 행복한 삶을 제공하기에 충분하지 않다는 주장을 확립

---

[4] 이 결과 보에티우스를 도덕철학자로 다룬 문헌은 찾아보기 어렵다. Marenbon 2003a 와 2003b: 99-124에서 나는 내가 여기서 제시한 일반적인 내용을 더욱 상세히 다루었다. 나와는 다른 견해를 제시한 탁월한 연구로는 Magee 2009 참조. 또한 Peter King (2013)은 보에티우스가 주로 '응분의 상벌 문제'에 집중한다고 주장한다.

한다(*CP* II.4.23-9).[5] 이런 선들은 불안정할 뿐만 아니라 이들을 잃을 지도 모른다는 두려움이 참된 행복을 방해하기 때문이다. 더불어 여신은 행운에 의한 선들 중 죄수가 '장식'이라고 표현하는 것들, 곧 부나 높은 지위, 권력과 명성 등과 '생명보다 소중하다고' 표현하는 것들, 곧 장인과 아내, 자식들을 구별한다(*CP* II.4.4-10). 여신은 이어서 장식적인 행운의 선들은 매우 불안정하며 따라서 무엇이든 간에 거의 가치가 없다고 주장한다. 이들은 제한적이고 자주 큰 문제를 불러일으킬 뿐만 아니라 그것들을 잠시 지닌 사람에게 진정으로 속하는 것도 아니다. 또한 선량한 사람뿐만 아니라 사악한 사람도 얼마든지 이런 것들을 소유하기도 한다(*CP* II.5-7). 논증의 두 번째 단계에서도 장식적인 행운의 선들이 주로 논의되지만 이들에 관한 새로운 생각이 도입된다(*CP* III.1-8). 여신의 언급에 따르면 이들은 사람들이 잘못된 생각의 결과로 추구하는 거짓 선들이다. 모든 사람들이 얻으려 하는 바는 진정한 행복인데 이는 곧 진정한 선을 소유한 상태라고 할 수 있다. 하지만 사람들은 자기충족과 존중, 권위, 명예, 기쁨 등의 진정한 선을 추구하지 않고 이들 대신 거짓 선에 몰두한다. 곧 사람들은 재산이 자기충족을, 지위가 존중을, 왕국의 통치가 권위를, 명성이 명예를, 감각적 쾌락이 기쁨을 낳는다고 잘못 생각한다. 여신은 이런 새로운 생각을 도입함으로써 왜 장식적인 행운의 선들이 사실상 거의 가치가 없는 것인지를 설명한다. 이런 선들은 단지 사람들이 스스로 바란다고 생각하는 것일 뿐 그들이 진정으로 원하는 것이 아니기 때문에 사람들을 만족시키지 못한다. 이와는 달리 진정한 선들을 사람들의 욕구를 만족시키는데 이들은 매우 안정적일 뿐만 아니라 단순한 행운에 따라 좌우되지 않는다. 하지

---

5) 『철학의 위안』에 대한 인용표시는 괄호 안에 권, 절 그리고 세부 문단의 번호를 밝혔다.

만 철학의 여신은 지금까지 인간의 진정한 선들이 외부의 사건의 영향을 전혀 받지 않는다는 점을 보이려 하지는 않았다. 여신은 장식적인 행운의 선들이 행복에 도움이 될지도 모른다는 여지를 남겨둔다. 하지만 장식적이 아닌 변화할 수 있는 선들의 — 곧 우리가 사랑하는 사람들의 — 진정한 가치에 대해서는 아무 말도 하지 않는다.

뒤이어 여신은 이전과는 전혀 다른 유형의 추론을 전개하면서 진정한 선이 다양한 요소가 아니라 오직 하나의 개념으로 구성된다고 주장한다. 이제 여신은 인간의 잘못이 여러 종류의 진정한 선들을 외면하고 거짓 선들을 추구하는 것이 아니라 본성상 하나이며 나눌 수 없는 선을 분리한 것이라고 진단한다(*CP* III.9.4). 여기서 여신은 여러 진정한 선들이 오직 하나의 동일한 실체를 표현하는 이름들이라고 주장한다(*CP* III.9.15). 여신은 곧바로 이 단일한 실체를 신과 동일시하면서(*CP* III.10), 사람들이 거짓 선을 추구할 때 진정으로 원하는 바는 이전에 주장한 것처럼 다양한 유형의 진정한 선이 아니라 오직 하나의 진정한 선이라고 말한다(*CP* III.10). 선이 단일하다는 견해에 따르면 진정한 선은 곧 완벽하게 안정적인, 인간의 진정한 행복인데 이는 전혀 변하지 않는 어떤 상태에 도달하는 것을 의미한다. 다양한 유형의 선을 인정하는 견해는 진정으로 행복한 인간의 삶이 어떤 것인지에 대해 어떤 설명을 필요로 하지만 선이 '단일하다는 견해는 진정한 선에 도달한 사람에 대한 어떤 설명을 허용하지 않는다. 진정한 선은 곧 신이며, 다시 행복이기 때문이다. 다양한 유형의 선을 인정하는 견해와 달리 선이 '단일하다는 견해는 인간의 행복을 위해 행운의 선이 필요할 수도 있다는 생각을 철저히 배제한다.

하지만 대부분의 주석가들은 이 부분에서 철학의 여신이 두 가지 유형이 아니라 오직 한 가지 유형의 추론만을 추구한다고 생각한다. 곧 여신은 다양한 선의 개념을 **거쳐** 하나의 선에 이르는 추론을 통해 죄수를 인도한다고 주장한다. 이런 해석을 지지하기 위해 주석가들은 첫째, 여신이 점차 강력한 치료를 표현하는 의학 용어들을 사용한다는 점을 든다(CP II.1.7; II.5.1; III.1.2). 둘째, 여신은 선한 사람이 행복을 누리고 악한 사람이 처벌 받는 상태를 선이 '단일하다는 견해를 전제로 설명한다. 셋째, 선이 '단일하다는 견해는 여신이 명백히 옹호하는 플라톤주의 철학이 주장하는 바이기도 하다.

하지만 이런 세 가지 논거에 대해 모두 반박이 가능하다. 첫째, 점점 강력한 치료적 용어를 사용하는 방식은 선이 다양하다는 견해의 틀 안에서 제시될 뿐 선이 '단일하다는 견해를 반드시 전제하지는 않는다. 둘째, 여신이 플라톤의 『고르기아스』에 등장하는 논증을 다소 변형해 사용하면서 선이 '단일하다는 견해에 기초해 악한 사람은 행운의 선을 통해 어떤 가치도 얻지 못하며, 선한 사람은 어떤 손실이나 고통도 기꺼이 견뎌내므로 어떤 가치도 잃지 않는다는 주장을 펴는 것은(CP IV.1-4) 분명한 사실이다. 하지만 죄수는 이런 주장에 도전한다. 그는 '운명이라는 통속적인 개념에도 선과 악 같은 것이' 존재한다고 생각한다(CP IV.5.2). 자신이 직접 겪은 상황의 변화를 상기하면서 그는 설령 현명한 사람이라 할지라도 곤궁에 빠져 수치스럽게 추방당하기보다는 고향에서 부와 명예를 누리며 잘 사는 쪽을 선택하며, 공동체 전체도 부와 명예를 누리는 사람들에게 권력을 부여하면서 투옥과 처형은 사악한 사람들에게 어울리는 것으로 여긴다고 주장한다. 이에 대해 여신은 선이 단일하다는 견해를 되풀이하기보다는 신의 섭리가 어떻게 모든 질서를 형성하는지를 설명하면서 설령 선이 다양하다는 견해에 따르더라도 이런 선들은 긴 안목으로 보면 전체의 최선에 기여한다고 대답한다(CP IV.6).

세 번째 논거와 관련해 철학의 여신은 분명히 플라톤주의자이며, 그녀가 선호하는 견해는 선이 단일하다는 견해인 듯이 보인다. 하지만 『위안』은 대화체로 서술되었으며, 대화가 시작되면서 죄수로 등장하는 인물의 견해가 저자인 보에티우스의 견해가 아니라는 점이 분명히 드러난다. 그렇다고 해서 보에티우스의 견해가 당연히 여신의 견해와 같다고 단정해서는 안 된다. 『위안』을 구성하는 산문과 운문의 형식은 이른바 메니포스 풍자(Menippean Satire)를, 곧 저자를 대신하는 인물의 언급을 의문시하고 조롱하는 형식을 보이는 듯하다.[6] 더욱이 철학의 여신은 이교도적인 사고의 전통을 대표하는 반면 보에티우스는 기독교 독자를 위해 글을 쓰는 기독교도이다. 보에티우스는 저자로서 여신을 매우 존경하지만 죄수가 제기하는 질문에 대해 여신이 명확한 대답을 할 수 없다는 점을 암시하는 듯이 보이기도 한다(이런 판단은 『위안』의 끝부분에 등장하는, 신의 예지와 인간의 자유에 관한 논의를 통해 분명히 지지된다).[7] 이런 해석에 따르면 『위안』에서 제시되는 윤리 이론은 두 단계로 나뉜다. 첫 번째 이론은 선의 개념이 다양한 요소로 구성된다는 주장을 내세우는데 이를 바탕으로 한 논증의 전개 과정에서 인간의 행복은 결코 무시되지 않으며 이에 도달하는 것이 가능하다는 견해를 유지한다. 두 번째 이론은 독자들에게 상당히 높은 수준의 복잡한 주장을 제시하는데 독자들은 여신과 죄수의 대화를 통해 윤리적 논증의 결론을 내리기가 쉽지 않다는 점을 깨달아야 하며, 어쩌면 순전히 철학적 논의는 한계를 드러낼 수밖에 없다는 결론에 도달하지 않을 수 없는 듯하다.

---

[6] 『위안』을 이해하는 데 이런 메니포스 풍자의 형식이 중요하다는 견해는 Relihan 2006 참조. 이런 견해를 비판하는 시도로는 Shanzer 2009 참조.

[7] Marenbon 2003b: 144-5 참조.

안셀무스: 칸트와는 다른 근거에서 행복주의를 거부함

보에티우스의 전반적인 견해가 얼마나 복잡하든 간에 그의 도덕 심리학은 고대 철학자들이 폭넓게 공유했던 행복주의를 분명히 받아들인다. 사람들은 자신들이 행복이라고 믿는 바를 얻기 위해 행위하지만 때로 무엇을 추구해야 하는지를 잘못 파악해 참된 선들 (또는 유일한 참된 선) 대신에 거짓 선들을 추구하기도 한다. 이런 잘못을 범하지 않는 사람들은 선한 동시에 자신에게 진정한 행복을 제공하는 방식으로 행위한다. 하지만 안셀무스는 도덕적 동기와 도덕적 보상에 대해 다소 복잡한 견해를 제시한다. 그는 이런 견해를 스승과 제자 사이의 대화로 구성되는 세 편의 저술을 통해 (『진리에 관하여』, 『자유의지에 관하여』, 『악마의 추락에 관하여』) 전개하는데 여기서 그는 여러 개념들을 철학적으로 분석하는 방법의 훌륭한 예들을 보여준다. 또한 그의 마지막 저술인『신의 예지, 예정 및 은총과 자유의지의 조화에 관하여』에서는 자신의 견해를 세련되고 명확하게 제시한다.[8]

안셀무스의 견해에서 핵심을 차지하는 것은 두 종류의 선과 악 사이의 대비이다. 첫 번째 종류의 선악을 그는 '쾌적한 것'(commodum)과 '불쾌한 것'(incommodum)이라고 부른다. 감성적이고 이성적인 모든 존재들은 어떤 것은 쾌적하고 다른 것들은 불쾌하다고 느낀다. 쾌적한 것들은 이 존재들을 행복하게(beatus) 만든다. 하지만 어떤 종류의 동물에게 적절한 쾌적한 것이 다른 종류의 동물에게도 항상 적절하지는 않다. 예를 들면 감각적 쾌락은 비이성적인 동물에게는 적절한 쾌적한

---

8) 도덕철학자로서 안셀무스에 관해서는 Brower 2004 및 Visser and Williams 2009: 171-221 참조.

것이지만 인간에게는 그렇지 않다(*OH* 3.13; 2: 286). 인간에게 적절한 쾌적한 것의 예로는 생명과 건강을 들 수 있다(*OH* 3.11; 2: 281). 두 번째 종류의 선악은 정의(iustitia)와 불의이다. 오직 이성적 피조물들(인간과 천사) 만이 정의롭거나 그렇지 않을 수 있다. 불의로서의 악은 불쾌한 것들과는 달리 신이 창조한 것이 아니며 사실상 실재하는 것이 아니다. 그것은 단지 정의롭지 못한 것에 지나지 않는다(*OH* 1.7; 2: 258-9).

이성적 존재들의 의지는 매우 특별한 방식으로 두 종류의 선과 관계를 맺는다. 안셀무스에 따르면 의지는 자율적으로 행위자가 선이라고 인식하는 바를 원하는 방향으로 나아간다. 하지만 이성적 행위자가 오직 이렇게 자율적인 방식으로 행위한다 할지라도 스스로 정의롭거나 정의롭지 않을 수 있는 것은 아니다. 안셀무스는 『악마의 추락에 관하여』에서 일종의 사고실험을 전개함으로써 이 점을 지적한다. 그는 신이 천사를 여러 단계로 창조한다고 상상한다. 첫째, 천사는 단지 원할 수 있는 의지 능력만을 지닐 뿐 의지의 대상은 존재하지 않는 경우를 상상할 수 있다. 이 단계에서 천사는 아무것도 원할 수 없다. 다음 단계에서 신은 의지의 목표로 행복을 설정한다. 그렇다면 천사는 마치 신과 유사하게 행복을 원할 것이므로(루시퍼(Lucifer)가 교만의 죄를 범하는 경우처럼) 천사의 의지 작용은 정의도 아니고 불의도 아니다. 천사의 의지 대상은 오직 행복뿐이므로 천사는 최고의 행복을 원하지 않을 수 없기 때문이다(*OFD* 13; 1: 257 ll. 4-10). 다음으로 안셀무스는 신이 천사에게 행복이 아니라 오직 옳음을 (또는 ― 이와 유사하게 ― 적합한 바를) 향한 의지를 부여한 경우를 상상한다.[9] 그렇다면 옳은 바를 원하

---

[9] *OH* (3.11; 2: 281 ll. 7-16)에서 그는 '옳음'이라는 용어를 사용한다. *OFD* 14에서는 '적합한 바'를 향한 의지에 (이는 이 책 14장의 관련 부분에서 '옳음'을 향한 의지로 묘사되는데) 관해 언급한다(1: 258 ll. 6-22).

는 천사는 정의로운가? 안셀무스는 여전히 천사의 의지 작용은 정의도 아니고 불의도 아니라고 주장한다. 왜냐하면 천사의 의지는 오직 적합한 바만을 향할 수 있고 다른 것을 원할 수는 없기 때문이다. 뒤이어 안셀무스는 다음과 같은 설명을 전개한다. 천사가 정의롭거나 그렇지 않을 수 있으려면 신은 천사에게 두 종류의 의지를, 곧 행복을 향한 의지와 옳음을 향한 의지를 부여해야 한다(*OFD* 14; 1: 258 ll. 18-30).[10] 후에 『조화에 관하여』에서 안셀무스는 이와 동일한 생각을 더욱 세련되게 설명한다. 만일 각각의 천사와 인간이 오직 하나의 의지만을 (의지가 일종의 수단이라는 의미에서) 지닌다면 그것이 추구하는 '애착의 대상' 또는 목적은 두 종류가 — 곧 쾌적한 바와 옳은 바가 — 있어야 한다(*OH* 3.11; 2: 281).

앞으로 명확하게 드러나겠지만 여기서 안셀무스가 시도하는 두 종류의 의지 또는 의지의 애착 대상 사이의 구별은 그의 핵심적인 논의에 해당하는 두 유형의 선 사이의 구별과 일치하지 않는다. 한편으로 쾌적한 것이 존재하는데 이는 사실상 정의로운 것이 아니라 옳은 것과 대비되는 것이라고 할 수 있다.[11] 안셀무스가 생각하는 정의와 옳음(recti-tudo) 사이의 관계는 상당히 미묘하다. 정의는 특별한 종류의 옳음이다. 안셀무스는 옳음을 매우 넓은 개념으로 사용한다. 옳은 것들 또는

---

10) *OH* 3.11; 2: 281 l. 3-282 l. 2 참조.

11) 하지만 현대의 거의 모든 주석가들은 두 종류의 의지를 쾌적한 것을 향한 의지와 '정의로운 것' 아니면 '정의로운 것' 또는 '옳은 것'을 (이 두 용어가 동일한 것을 의미한다고 여기면서) 향한 의지로 묘사한다(예를 들면 Rogers 2008: 69; Visser and Williams 2009: 179; King 2011: 369; King 2012: 273 – 하지만 이들 모두는 다른 면에서는 무척 뛰어난 연구 성과들이다). Ekenberg 2005: 97-106에는 안셀무스가 정의와 옳음을 구별한다는 주장이 등장하지만 그 또한 쾌적한 것을 추구하는 의지와 다른 의지가 옳음이 아니라 정의를 향한다고 결론짓는다.

옳은 사람들은 그들이 행해야 할 바를 행하므로 옳게 된다. 어떤 문장의 의미가 사실과 일치할 경우 그 문장은 옳다. 불이 스스로 마땅히 해야 할 바를 행할 때, 예를 들면 난방에 사용될 때 그 불은 옳다고 말할 수 있는 것과 마찬가지로 인간 또한 자신이 행해야 할 바를 잘 행할 때 옳은 사람이 된다(*OT* 2-5; 1: 177-83). 안셀무스는 정의를 칭찬할 만한 가치를 지니는 일종의 옳음이라고 설명한다. 낙하하는 돌이나 건초를 먹는 말도 자신이 행해야 할 바를 행하므로 옳다고 말할 수 있다. 하지만 그들이 칭찬할 만한 가치를 지니지는 않는다. 그들에게는 옳은 일을 행한다는 자기인식이 없기 때문이다. 오직 이성적 행위자만이 스스로 옳은 일을 행한다는 점을 인식할 수 있으며 따라서 정의로울 수 있다. 하지만 이성적 존재가 옳게 행위하지만 마지못해 그렇게 한다면 칭찬받을만한 가치를 지닐 수 없다. 따라서 정의는 의지의 올바름이다. 하지만 안셀무스의 지적에 따르면 누군가가 우연히 옳은 일을 하게 된다면 (예를 들어 내가 우연히 방문을 잠갔는데 이 때문에 옆방에 몰래 숨어있던 살인자가 접근하는 것을 막게 되었다면) 이는 정의로운 행위를 한 경우가 아니다. 또한 그릇된 근거에서 옳은 행위를 하는 것도, 예를 들면 자신의 부를 과시하게 위해 굶주린 사람들에게 음식을 제공하는 것도 정의로운 행위가 아니다. 따라서 오직 의지만이 칭찬받을 자격이 있으며, 오직 **옳음 자체**를 위해 옳은 행위를 할 경우에만 의지는 옳은 동시에 정의롭게 된다(*OT* 12; 1: 191-4).

그렇다면 옳음 자체를 위해 옳음을 원한다는 것은 무엇을 의미하는가? 안셀무스는 이를 다른 어떤 앞선 요소를 고려하지 않고, 다른 어떤 근거도 없는 상태에서 선택을 내리는 것이라고 생각하는 듯하다. 때로 그는 심지어 의지가 옳은 바를 추구하는데 그 목적이 쾌적한 것으로 (또는 불쾌한 것을 피하는 상태로) 드러난다면 이런 의지는 정의롭지 않다고까지 생각하기에 이르는 듯이 보인다. 그러면서 그는 항상 행위자가 쾌적하지 않은 또는 최소한 쾌적하지 않다고 여기는 올바른 목적을 추구하는 경우들을 집중해서 다룬다. 이런 관점은 루시퍼가 신에게 반항한 결과로 얻은 지식의 수준을 논의하는 대목에서 특히 분명하게 드러난다. 루시퍼는 이성적 존재이므로 만일 자신이 신에게 반항한다면 처벌받는 것이 정의로우리라는 점을 알았다. 하지만 안셀무스는 그가 신이 실제로 자신을 처벌하리라는 점을 알지 못했다고 주장한다. 만일 루시퍼가 신에게 반항함으로써 자신이 파멸하리라는 사실을 알았더라면 그는 마음대로 반항할 수 없었을 것이다. 따라서 '그는 자신이 행하지 말아야 할 바를 하지 않았다고 할지라도 결코 정의롭지 않았을 것이다. 왜냐하면 그는 반항할 수 없었기 때문이다'(*OFD* 23; 1: 270 ll. 22-3).[12]

쾌적한 것과 정의로운 것 사이의 구별은 근대 철학자들이 시도한 도덕과 무관한 선과 도덕적 선 사이의 구별과 일치하는 듯이 보이므로 안셀무스를 행복주의를 거부한 칸트를 예견한 인물로 보려는 유혹에 빠지기 쉽다.[13] 곧 행위자가 행복을 추구하지 않을 경우에만 도덕적 선에 이를 수 있다고 주장했다고 여기기 쉽다. 비록 안셀무스가 행복주의자는 아니지만 칸트를 예견한 인물과는 거리가 먼데 그 이유는 다음과 같다. 첫째, 안셀무스는 인간이 신에게서 부여받은, 옳음을 원하는 본성적인 성향을 지닌다는 점을 인정한다. 하지만 단지 이런 성향에 따르는 것이 그 자체만으로 사람들을 도덕적으로 선한 방식으로, 자연적인 선

---

12) King 2012: 273-81에는 죄를 짓기로 한 루시퍼의 결정에 대한 안셀무스의 설명을 분석한 내용이 등장한다.

13) 예를 들면 Recktenwald 1998: 26; Goebel 2001, 특히 404-8; Wilks 2012: 588-92 참조.

과는 반대되는 방식으로 행위하도록 만들지는 않는다고 생각한다. 사람들은 한걸음 더 나아가 옳음을 원하는 성향이 행복을 원하는 본성적인 성향과 충돌할 경우에도 전자에 따를 필요가 있다. 둘째, 안셀무스는 정의의 추구를 칸트가 생각한 자율적인 이성과는 전혀 다른 관점에서 정당화한다. 안셀무스에 따르면 신은 인간에게 '행복이 쾌적하기 때문에 행복이라는 목적을, 또한 인간이 신에게 영광을 돌릴 수 있게 하기 위해 정의라는 목적을 부여했다'(*OH* 3.13; 2: 286). 안셀무스의 세 대화편에서 전체 논의를 이끄는 문제는 인간의 도덕적 가치가 아니라 피조물들은 신이 부여한 것 이외의 다른 어떤 것도 지닐 수 없다는 점을 인정하는 동시에 신은 인간의 죄에 대해 책임이 없으며 불의를 저지르지 않는다는 점을 설명하는 것이다. 오직 이런 강조점과 방향을 고려할 경우에만 우리는 명백히 부실해 보이는 안셀무스의 이론 전체에 어떤 의미를 부여할 수 있다. 그는 (사실과는 반대로) 만일 신에게 여전히 충실한 천사들은 루시퍼가 처벌받았다는 사실을 알기 때문에 죄를 지을 수 없다면 그것은 '그들의 영광'이라고 말한다(*OFD* 25; 1: 272 ll. 22-5).[14] 여기서 안셀무스는 가장 완벽한 피조물이라 할지라도 원리상 순전히 행복주의적인 고려를 동기로 삼을 수 있음을 기꺼이 인정한다.

아벨라르와 도덕 형이상학

아벨라르 또한 방금 논의했던 안셀무스와는 다른 특징 때문에 윤리

---

14) *OFD* 25; 1: 273 ll. 25-30에서는 이것이 반사실적인 예라는 점이 더욱 분명히 드러난다. 사실 신에게 계속 충실한 천사들은 이미 죄를 저지르려는 의지를 전혀 지니지 않는 수준으로 상승했기 때문에 더 이상 죄를 저지를 수 없다.

학의 영역에서 칸트를 예견한 인물로 여겨져 왔다. 이런 특징은 안셀무스에게서도 발견되지만 아벨라르는 이를 더욱 강조했다. 아벨라르는 칸트와 마찬가지로 오직 행위의 의도만이 도덕 판단의 대상이 된다고 여긴다. 칸트는 행위가 도덕법칙에 따를 경우에만 선하다고 주장한 반면 아벨라르는 행위가 신의 법칙에 따를 경우에만 선하다고 생각하면서 이에 관한 매우 정교한 이론을 전개한다. 마음이 내키지 않는 행위의 경우와 관련해 아벨라르는 어떻게 행위자가 그 행위를 원하지 않으면서도 그것을 행하려 할 수 ('그것에 동의할 수') 있는지를 설명한다. 그리고 그는 행위자의 어떤 행위가 죄를 짓는 것인지 그렇지 않은지를 결정하는 것은 신에 대한 행위자의 주관적 태도라고 — 겉으로 드러난 행위가 신에 대한 경멸을 드러내든 그렇지 않든 간에 — 주장하면서도 우리 모두가 자연법을 자각함으로 이런 주관주의를 도덕적 해이에 대한 변명으로 삼아서는 안 된다고 생각한다.[15] 사실상 아벨라르의 도덕 이론은 13세기에 아리스토텔레스의 『니코마코스 윤리학』이 유럽에 유입되기 이전까지 중세 철학자가 제시한 것들 중 가장 폭넓고 정교한 이론이었으며, 서로 다른 다양한 요소들을 (덕 이론, 실천 윤리, 메타 윤리 등을) 포함한 것이기 때문에 아벨라르와 칸트 사이의 유사성을 강조하는 것은 안셀무스와 칸트 사이의 유사성을 주장하는 경우보다 더욱 의심스럽게 보인다.[16]

아벨라르의 가장 탁월한 윤리적 논의는 『비교토론』이라는 제목의 대화편 중 가장 마지막 절에 등장하는데 여기서 그는 '선(좋음)'이라는 용

---

[15] Marenbon 1996: 251-81 참조.

[16] 아벨라르의 윤리 사상을 구성하는 다양한 부분을 함께 고려한 시도로는 Marenbon 1996: 213-331 참조. 또한 아벨라르와 칸트에 (둘 사이의 더욱 상세한 관련성에) 관해서는 Marenbon 2013: 115-16 참조.

어의 의미를 탐구하고, 도덕에 관한 자신의 생각과 존재론 및 섭리에 관한 자신의 견해 사이의 관련성을 분명히 제시한다.[17] 그는 '좋음'이라는 용어가 자주 제멋대로 사용된다는 점을 인정하면서 좋음의 의미는 그것이 수식하는 대상에 따라 달라진다고 주장한다. 예를 들면 좋은 말은 튼튼하고 빠르게 달리는 말이며, 좋은 사람은 도덕적으로 선한 (ex moribus) 사람이다. 좋은 장인은 솜씨가 훌륭한 장인이며, 좋은 도둑은 능숙하게 잘 훔치는 도둑이다(Coll. 201). 현대 철학자들은 대부분 이 지점에서 멈추지만 아벨라르는 한 걸음 더 나아가 '선'은 무언가의 속성을 표현하거나 무언가를 수식하지 않는 방식의 의미를 지닌다고 생각한다. 대부분의 중세 철학자들은 그의 생각에 동의하면서도 이런 방식으로 이해할 때 '선'의 외연이 무엇인지를 놓고 각자 자신의 특징적인 견해를 드러낸다. 이들은 오직 존재한다는 그 이유만으로도 모든 것이 선하다고 믿는다. 보에티우스는 이런 생각을 설명하는 짧은 저술을 썼으며, 13세기 이후로 계속해서 선은 존재하는 모든 것이 지닌 선험적인 속성 중 하나로 여겨지게 되었다.[18] 명백히 선하지 않은 것으로 간주되는 악 자체나 죄 또는 무지 등은 결코 존재하지 않는 것으로, 단

---

17) 『비교토론』은 1130년경에 쓴 것으로 추정되는데 두 대화편으로 구성된다. 그 중 하나는 철학자와 (계시된 법과 무관하게 이성에 기초한 논증을 펼치는 인물과) 유대교도 사이의 대화로, 다른 하나는 철학자와 기독교도 사이의 대화로 이루어진다. 지금 본문에서 논의되는 내용은 기독교도가 제시한 것인데, 비록 기독교도를 아벨라르와 동일시할 수는 없지만 그가 내세우는 견해들은 아벨라르 자신의 것으로 보이므로 여기서 이들을 주로 다루려 한다. 더욱 상세한 배경적 지식은 Abelard 2001의 서문 참조. 『비교토론』에 대한 인용표시는 Coll. 다음에 라틴어-영어 대역본인 Abelard 2001의 절 번호를 밝혔다.

18) Opuscula sacre III: Boethius 2005: 186-94; 라틴어-영어 대역본은 Boethius 1973: 39-51; 또한 MacDonald 1988 및 (13세기의 논의 전개에 관해서는) 1992 참조.

지 일종의 결핍으로 여겨지게 되었다.[19]

하지만 아벨라르는 이런 생각에 따르지 않는다. 무언가를 수식하지 않는 경우의 '선'에 대한 그의 정의에서 가장 주목할 만한 점은 그가 실재하는, 다양한 악한 것들의 존재를 허용한다는 점이다. 그에 따르면 선한 것은 '(a) 어떤 방식으로 사용하기에 적합한 것 그리고 (b) 다른 어떤 것도 방해하지 못하는, 필연적인 가치(dignitas) 또는 쾌적함(com-modum)을' 의미한다(Coll. 203). 이 정의에서 (a)는 사실상 큰 비중을 지니지 않는다. 아벨라르는 계속해서 어떤 유용한 목적에 도움이 된다는 관점에서 선하거나 악한 것들을 다양하게 설명하기 때문이다(Coll. 207-8). 반면 (b)는 오직 한 유형의 특성, 곧 이를 지니지 못하면 악하게 되어버리는 특성을 설명하기 위해 도입된 것이다(Coll. 203). 세계의 몇몇 우연적 요소들 중에는 서로 반대되는 것들이 있다. 예를 들면 삶의 반대는 죽음이며, 기쁨의 반대는 슬픔이다. 건강의 반대는 질병이며, 지식의 반대는 무지이다. 이런 쌍들에서 어떤 한쪽이 자신과 반대되는 쪽과 공존할 수는 없다. 슬픔은 필연적으로 기쁨을 파괴한다. 마찬가지로 질병은 건강을, 죽음은 삶을, 무지는 지식을 파괴한다. 기쁨과 건강, 삶과 지식은 각각 어떤 가치나 쾌적함을 낳는다. 이런 것들을 잃게 되면 필연적으로 그와 반대되는 것들이 자리를 차지한다. 따라서 이런 반대되는 것들은 무언가의 가치나 쾌적함에 필연적으로 방해가되며, 바로 이 때문에 선이 아니라 악이 된다.

존재하는 모든 것은 선하다는 중세적 견해는 현대의 독자들에게는 다소 놀랍게 보일지 몰라도 중세 철학자들이 이렇게 주장하는 데는 확

---

[19] 예외적인 경우로 안셀무스는 고통이 실재한다고 생각했다. *OH* 1.7; 2: 258. 안셀무스는 불쾌한 것의 예로 고통과 무지를 드는데, 무지는 존재하지 않는 일종의 결핍이지만 고통은 실재하는 것으로 여겼다.

고한 근거가 있다. 기독교의 믿음에 따르면 완벽하게 선한 창조주인 신은 악한 것들의 공간을 허용할 수 없다. 어떤 기독교도도 무언가가 신에 의해서 창조되지 않았다거나 아니면 신이 어떤 악한 것이라도 창조했다는 생각을 결코 받아들이려 하지 않을 것이기 때문이다. 그렇다면 완벽하게 선한 창조주로서의 신이 존재한다고 믿는 아벨라르는 어떻게 다양한 것들이 실제로 악하다는, 중세적 관점에서는 비정상적인 자신의 견해를 정당화할 수 있는가? 그의 이런 견해는 위에서 예를 든, 서로 반대되는 것들 중 무언가의 가치나 쾌적함을 방해하는 쪽은 단지 우연적인 것에 지나지 않으므로 어떤 실체도 악할 수 없다는 생각으로부터 도출된다(*Coll.* 224). 그러나 아벨라르가 우연적인 요소들은 신에 의해 창조되지 않았다는 점을 받아들이지는 않을 듯하다. 놀랍게도 그는 이 점을 받아들이면서 어떻게 완벽하게 선한 신이 악한 것들을 창조했는지에 대한 설명을 제시한다.[20] 실재에 관한 아벨라르의 설명은 아리스토텔레스적인 세계에서 등장하는 모든 요소 — 곧 실체와 본질 그리고 우연적인 속성들 — 뿐만 아니라 명제의 언명까지도 — 그는 이것이 어떤 종류의 사물임은 부정하지만 — 포괄한다. 이 언명(dicta, 곧 '말하는 바')은 명제가 말하는 바를 의미한다. 예를 들면 '존은 차를 마시고 있다'는 명제는 곧 존이 차를 마시고 있음을 나타낸다. 현대 철학자라면 언명을 (최소한 『비교토론』에서 사용된 의미에서) 사실 또는 사건의 상

---

20) 앞서 *Coll.* 143-6에서 철학자는 여기서 논의되는 대목과 관련해 기독교도가 이끌어낼 수 있는 구별을 예시한다. 철학자는 '기독교도에 따르면 신의 피조물 중 선하지 않은 것은 없다'고 말한다(*Coll.* 144). 이어서 철학자는 모든 실체가 선하다는 생각을 예상한 후 철학자는 '인간 본성의 선한 본질은 창조 시에 이미 많은 악과 함께 하도록 만들어졌다고' 지적하고, 나중에 기독교인이 명백히 악하다고 말할 몇 가지, 곧 죽음, 질병, 어리석음 (이는 후에 무지로 변한다) 등을 언급한다. 기독교도는 이런 지적에 대해 이의를 제기하지는 않는다. 따라서 이 대목은 아벨라르가 신이 악을 비실체적인 것으로 창조했다는 생각을 사실상 묵인한다는 증거를 제공한다.

태라고 부를 것이다.[21] 아벨라르의 설명에 따르면 '선'은 단지 존재하는 것에 대해서 뿐만 아니라 언명에 대해서도 사용될 수 있다. 후자의 경우로 사용될 때 '선'은 신이 계획한 최선을 실현하는 데 필요한 사건의 상태를 의미한다(*Coll.* 225). 아벨라르는 언명의 예로 말하는 행위를 든다. '악이 존재한다'고 말하는 것은 일종의 언명이다. 아벨라르는 비록 사실상 악은 결코 선이 아니라 할지라도 악이 존재하는 편이 선하다는 말에는 동의할 수 있다고 생각한다(*Coll.* 202). 그렇다면 아벨라르는 신의 자비가 신이 산출하려 하거나 산출되기를 허용하는 사건의 상태(dicta) 수준에서도 드러난다고 주장할 수 있을 듯하다. 신은 항상 모든 것을 최선의 방식으로 배열한다. 하지만 이런 배열에는 악한 것의 존재가 포함되기도 한다(따라서 악한 것은 심지어 신이 창조한 것일 수도 있다).

맺음말

나는 이 장에서 보에티우스, 안셀무스 그리고 (특히) 아벨라르라는 세 철학자가 현재 윤리학의 영역에 속하는 것으로 여겨지는 다양한 질문에 대해 각각 어떻게 대답했는지를 보이는 큰 그림을 그리기 위해 그 그림의 다양한 부분을 구성하는 스냅 사진을 여러 차례 찍었다. 하지만 이런 사진 중 어떤 것도 그들 전체를, 아니 어느 한 부분이라도 정확히 묘사하기에는 부족한 듯하다. 각각의 사진은 다양한 영역에서 이들 철

---

21) 아벨라르가 사용한 언명의 의미에 관해서는 King 2004: 105-8, Maierù and Valente 2004: 1-80에 수록된 Rosier-Catach, Guilfoy, Marenbon의 논문 그리고 Marenbon forthcoming 참조.

학자의 생각을 드러내는 자료를 제공하는데 이들을 모아 하나의 전체로 (예를 들면 '안셀무스의 윤리학'이라는 것으로) 구성할 수 있을지도 모른다. 하지만 이런 전체는 이들의 사상 안에 결코 존재하지 않았던 바이거나 아니면 윤리학 관련 자료들과 윤리학과 무관한 자료들, 최소한 오늘날의 관점에서 보면 철학과 무관한 자료들 사이의 연결을 무시한 결과이기도 하다. 이와 동일한 이유로 중세 초기 윤리학의 지형을 그리려는 시도는 성공할 수 없거나 어쩌면 심지어 하나의 지도로 형성될 수 없을지도 모른다. 왜냐하면 그런 영역 자체가 발견되지 않기 때문이다. 그럼에도 오늘날의 관점에서 도덕철학과 관련되는 질문에 답하기 위해 중세 초기 학자들의 저술을 탐구하는 일은 여전히 충분한 가치를 지닌다. 하지만 탐구자가 이 글과 같은 일종의 개론 수준을 넘어서서 원전 자료의 핵심을 충실히 파악하고 중세 철학자들이 어느 지점에서 현대적 관점과 이별하는지를 확인할 경우에만 그런 가치를 확보할 수 있다.

참고문헌

제일 뒤의 * 표시는 특히 중요한 참고문헌임을 나타낸다.

Abelard, Peter (2001) *Collationes*, ed. John Marenbon and Giovanni Orlandi, Oxford University Press.

Anselm (1946-1961) *Opera omnia*, ed. F. S. Schmitt, Edinburgh: Nelson.

Anselm (1998) *The Major Works*, ed. Brian Davies and Gillian R. Evans, Oxford University Press.

Anselm (2007) *Basic Works*, ed. and trans. Thomas Williams, Indianapolis and Cambridge: Hackett.

Boethius (1973) *The Theological Tractates. The Consolation of Philosophy*, trans. H. F. Stewart, E. K. Rand and D. J. Tester, Cambridge and London: Harvard University Press.

Boethius (2001) *Consolation of Philosophy*, trans. Joel C. Reihan, Indianapolis: Hackett.

Boethius (2005) *De consolatione Philosophiae. Opuscula sacra*, ed. Claudio Moreschini, Munich and Leipzig: Saur, revised edn.

Ekenberg, Thomas (2005) 'Falling Freely: Anselm of Canterbury on the Will', PhD thesis, University of Uppsala.

Goebel, Bernd (2001) *Rectitudo. Wahrheit und Freiheit bei Anselm von Canterbury. Eine philosophische Untersuchung seines Denkansatzes*, Münster: Aschendorff.

Kaylor, Noel H. and Philip E. Phillips (2012) *A Companion to Boethius in the Middle Ages*, Leiden and Boston: Brill.

King, Peter (2004) 'Metaphysics', in *The Cambridge Companion to Abelard*, ed. Jeffrey E. Brower and Kevin Guilfoy, Cambridge University Press, 65–125.

King, Peter (2011) 'Scotus's Rejection of Anselm: The Two-Wills Theory', in *Johannes Duns Scotus 1308–2008: Investigations into his Philosophy*, ed. Ludger Honnefelder et al., Münster: Aschendorff, 359–78.

King, Peter (2012) 'Angelic Sin in Augustine and Anselm', in *A Companion to Angels and Medieval Philosophy*, ed. Tobias Hoffmann, Leiden: Brill, 261–81.

King, Peter (2013) 'Boethius on the Problem of Desert', in *Oxford Studies in Medieval Philosophy*, ed. R. Pasnau, vol. 1. Oxford University Press, 1–22.

MacDonald, Scott (1988) 'Boethius's Claim that all Substances are Good', *Archiv für Geschichte der Philosophie* 70: 245–79.

MacDonald, Scott (1992) 'Goodness as a Transcendental: The Early Thirteenth-Century Recovery of an Aristotelian Idea', *Topoi* 11: 173–86.

Magee, John (2009) 'The Good and Morality: Consolatio 2–4', in Marenbon 2009: 181–206.

Maierù, A. and L. Valente (eds.) (2004), *Medieval Theories on Assertive and Non-Assertive Language*, Florence: Olschki.

Marenbon, John (1996) *The Philosophy of Peter Abelard*, Cambridge

University Press.

Marenbon, John (2003a) 'Rationality and Happiness: Interpreting Boethius's Consolation of Philosophy', in *Rationality and Happiness: From the Ancients to the Early Medieval*, ed. Jiyuan Yu and Jorge J.E. Gracia, University of Rochester Press, 175–97.

Marenbon, John (2003b) *Boethius*, New York: Oxford University Press.

Marenbon, John (ed.) (2009) *The Cambridge Companion to Boethius*, Cambridge University Press.

Marenbon, John (2013) *Abelard in Four Dimensions. A Twelfth-Century Philosopher in his Context and ours*, University of Notre Dame Press.

Marenbon, John (forthcoming) 'Suigenerism', in *Facts and States of Affairs*, ed. Laurent Cesalli and John Marenbon, Turnhout: Brepols.

Recktenwald, Engelbert (1998) *Die Ethische Struktur des Denkens von Anselm von Canterbury*, Heidelberg: Winter.

Relihan, Joel C. (2006) *The Prisoner's Philosophy: Life and Death in Boethius's Consolation*, with a contribution on the medieval Boethius by William Heise, University of Notre Dame Press.

Rogers, Katherin (2008) *Anselm on Freedom*, Oxford University Press.

Shanzer, Danuta (2009) 'Interpreting the Consolation', in Marenbon 2009: 228–54.

Visser, S. and T. Williams (2009) *Anselm*, Oxford University Press.*

Wilks, Ian (2012) 'Moral Intention', in *The Oxford Handbook of Medieval Philosophy*, ed. John Marenbon, New York: Oxford University Press, 588–604.

Williams, Bernard ([1985] 2010) *Ethics and the Limits of Philosophy*, London and New York: Routledge (new edn).

*11*장

중세 유대교 윤리

타마르 루다브스키(Tamar Rudavsky)

이 장에서 나는 중세 유대교 철학에서 특히 유대교 윤리가 차지하는 지위를 살펴보려 한다.[1] 유대교 윤리라는 개념은 오직 모세의 십계명을 배경으로 삼을 경우에만 이해가 가

이 글을 위한 자료 검색과 편집에 도움을 준 오하이오 주립대학교 대학원생 Miriam Rudavsky-Brody에게 감사한다.

[1] 이 장에서 저술의 생략형을 다음과 같이 표시했다. *BBO* - Saadia Gaon (1948), *The Book of Beliefs and Opinions*, 권, 장, 페이지 수를 표시; *CT* (*Laws Concerning Character Traits*) - Maimonides 1975b; *DH* - Bahya ibn Pakuda (2004) *The Book of Direction to the Duties of the Heart*, 권, 장, 페이지 수를 표시; *EC* - Maimonides (1975a), *Eight Chapters*, 장, 페이지 수를 표시; *NE* - Aristotle (1995), 『니코마코스 윤리학』, 권, 장, 페이지 수를 표시; *GP* - Maimonides (1963), *Guide of the Perplexed*, 부, 장, 페이지 수를 표시; CM Avot - Maimonides (1972), "Commentary on the Mishnah, Avot", 장과 절 수를 표시.

능하다. 모세오경에서 명시되는 613가지 계율은 수많은 다양한 상황을 포괄한다. 여기에는 제사에 대한 규정, 신을 향한 성스러운 태도, 사람들 사이의 관계 등이 망라된다. 일반적으로 이들 중 특히 세 번째 요소가 도덕의 영역을 구성하는 것으로 여겨진다. 나는 이 장에서 마이모니데스(Moses Maimonides, 1138-1204 경)의 저술에서 드러나는 법칙의 지위와 윤리 이론을 주로 다룰 것이지만 이에 대한 준비 작업으로 그보다 앞서 등장한 사디아 가온(Saadiah Gaon, 882-942), 이븐 파쿠다(Bahya ibn Pakuda, 11세기에 활동) 그리고 이븐 가비롤(Solomon ibn Gabirol, 1021-1058 경)의 윤리적 저술에 관해서도 간략히 살펴보려 한다. 이를 통해 계율의 이성적 근거와 보편성에 관한 당시의 견해를 검토함으로써 마이모니데스의 논의가 어떤 맥락에서 이루어졌는지를 파악할 수 있으리라 생각한다.

어떤 특정한 계율 아래 놓인 이성적 근거를 제시하려는, 유대교 율법학자들의 전문적인 시도를 타아메이 하미츠봇(ta'amei hamitzvot)이라고 부르는데 이는 탈무드 시대에 시작되어 중세까지 계속 이어진 전통이었다. 이런 시도는 초기 율법학자들이 몇몇 계율이 (모세의 율법보다 더욱 오래된 노아의 율법을 등장하는 것들이) 순전히 신의 명령에 의존하지 않고도 '그 자체의 본질상' 또는 '직관적으로' 명확하므로 이성을 통해 확인될 수 있다고 주장한데서 비롯되었다. 이렇게 율법을 이성화하고 보편화하려고 시도한 인물 중 가장 유명한 학자는 마이모니데스이지만 그에 앞서 이런 시도에 관여했던 몇몇 학자들을 우선 살펴보려 한다.

자연법과 계율의 이성적임에 관한 사디아의 견해___

몇몇 계율들의 근거를 신의 명령과 무관하게 제시할 수 있다는 견해를 명시한 인물은 10세기 유대 철학자인 사디아 가온인데 그는 카라이파(Karaism) 유대교에 강력히 반대하는, 바빌로니아 유대교 학파의 지도자 중 한 사람이었다. 율법학자들은 자주 성서를 문자 그대로 읽는 것에서 벗어나 우회적인 논증을 통해 율법의 근거를 확보하려 했다. 8세기 바빌로니아의 현자였던 아난 벤 다비드(Anan ben David)는 율법학자들의 이런 전통을 거부하고 오직 성서의 원전 자체로 되돌아가려는 태도를 옹호했다. 당시 쿠란을 가장 권위 있는 경전으로 여기는 이슬람교도들에게 둘러싸여 있었던 바빌로니아 유대인들은 율법학자들의 전통을 거부하고 외부적인 해석이 아니라 성서의 원전 자체에서 진리를 찾으려 하는 다비드의 주장을 받아들이지 않을 수 없었다. 율법학자들에게 반대하는 이런 지적 운동은 카라이파 유대교로 불리게 되었다.[2] 이런 카라이파의 주장을 비판하려는 노력을 계속해온 사디아와 당시의 다른 율법학자들은 율법주의 유대교의 정당성을 회복하는 데 몰두했다. 인간의 이성과 자유 의지를 중시한 8세기의 이슬람 칼람(Kalam) 신학의 인식론과 우주론으로부터 큰 영향을 받은 저술 『신앙과 소신의 책』(The Book of Belief and Opinions)에서 사디아는 이론상 이성을 통해 발견되는 이성적 계율과 이성에 근거하지 않은, 제사나 의례와 (예를 들면 음식의 예법과) 관련되는 전통적인 율법을 구별한다. 이런 점에서 사디아는 윤리적 규칙들을 이성적 통찰의 맥락에서 파악하고 논의한 최초의 유대교 철학자이다.

---

[2] Greenstein 1984 참조.

사디아의 논의는 기본적으로 인식론의 맥락을 기초로 전개된다. 앞의 저술 서론에서 사디아는 신뢰할 만한 지식의 원천을 네 종류로 구별하는데 이들은 곧 감각, 이성 또는 정신, 논리적 추론 그리고 신뢰할 만한 전통이다. 감각적 지각과 이성은 모두 인식의 토대로 작용한다. 감각적 지식은 경험적 요소에 기초하는데 논리적 추론과 신뢰할 만한 전통의 기본 요소가 된다. 이런 면에서 추론과 전통은 모두 확실한 인식적 토대에 근거한다고 할 수 있다. 이성은 다른 매개를 거치지 않는 직관적 지식 형성의 능력을 대표하는데 이를 통해 우리는 자명한 이성의 공리들을 파악한다. 사디아에 따르면 이성은 궁극적으로 신으로부터 유출된 것인데 이런 주장은 본유주의(innatism) 이론으로 이어진다. 본유주의는 여러 관념들이 우리의 정신 안에 '심어져 있다고' 주장하는데 ― '심어져 있다'는 말은 지식의 원천이 인간 의식의 밖에 놓여있음을 암시한다. 사디아는 예를 들면 우리가 감각에 전혀 기초하지 않고도 무모순의 법칙을 위반한 사실을 '인식할' 수 있다고 주장한다(*BBO*. II.13).

이성과는 달리 신뢰할 만한 전통은 보편적이지 않으며 오직 '일신교를 믿는 공동체' 안에서만 공통적으로 수용된다. 하지만 이성이 다른 외부적인 요소의 도움을 받아 자명한 공리와 필연적인 사고의 원리들을 모두 결정할 수 있다면 전통은 무슨 소용이 있는가? 사디아는 전통에 두 가지 역할을 부여한다. 첫째, 전통은 더욱 일반적인 이성적 규칙을 준수하는 데 필요한 구체적인 것들을 결정하게 해준다. 둘째, 전통은 이런 이성적 규칙들을 발견하는 다소 지루한 과정을 단축하는 데 도움이 된다. 따라서 이성은 우리에게 제한된 범위에서만 인식적 권위를 허용하는 반면 전통은 계시의 도움과 함께 우리를 구원에 이르도록 인도한다.

이런 인식론적 구별을 바탕으로 도덕적 의무의 기초는 위의 책 III권에서 주로 다루어지며, 우리가 어떻게 좋은 삶에 이를 수 있는가에 대한 상세한 언급은 X권에서 이루어진다. 사디아는 곧바로 윤리적 규칙들을 이성적인 것과 계시적인 것으로 분류한다. 이성적 계율은 우리 정신 안에 심어진 바가 '시인'하는 것이다(*BBO*.III.2.140). 달리 말해 이런 계율은 옳은 행위를 규정하므로 사람들은 그것의 내용을 직관적으로 파악한다. 더 나아가 사디아는 이성적 계율이 본질상 이성의 명령과 관련되며, 이런 명령으로부터의 논리적 추론을 드러낸다고 주장한다(*BBO*.II.5.106; III.1.139). 율법을 크게 나눌 때 두 번째 분류에 속하는 계시적 계율은 본질상 방금 언급한 이성적 명령에 의존하는 것이 아니라 인간의 이성과 무관하게 신이 부과하는 것이다. 따라서 이런 계율을 승인하는 것은 곧 신에게 복종하는 것이다. 하지만 앞으로 보게 되듯이 사디아는 이런 계율이 사회적 공리와 관련된다고 생각한다. 따라서 그는 이런 계율이 이성에 근거하지는 않지만 이 또한 이성적 논증을 통해 정당화될 수 있다고 주장한다. 그는 전통적인 율법들이 사회적 공리 전반에 기여한다는 점을 설명하기 위해 많은 예를 (특별히 어떤 때를 정해 정화 의식을 치르거나 고유한 식습관과 관련되는 율법을) 든다. 사디아의 체계는 이성에 기초한 의무를 계시적 계율의 틀 안으로 끌어들여 둘을 결합하려는 시도라고 할 수 있다. 따라서 우리는 윤리 이론을 형성하는 일은 근본적으로 객관적이며, 인간의 본성에 기초하고 또한 인간의 추론을 통해 접근가능하다는 점을 명확히 제시하려는 그의 계속되는 노력을 인정할 수밖에 없다.

솔로몬 이븐 가비롤

이븐 가비롤(1021-1058 경)은 안달루시아 유대교 사회에 속한, 탁월하지만 은둔의 삶을 살았던 학자였다. 우마이야(Umayyad) 칼리프 왕조가 계몽적인 통치를 펼친 직후 안달루시아 유대교 사회는 지적으로 크게 번성했는데 이븐 가비롤은 이런 황금기의 지적인 분위기에 크게 힘입어 스페인에서 활동한 최초의 유대교 철학자 중 한 사람이었다. 그의 생애에 대해서는 거의 알려진 바가 없고 그가 쓴 시의 여러 대목에서 단편적인 사실을 모을 수 있는데 학자들은 그의 작품들이 그가 실제 삶에서 처했던 상황을 드러낸다고 생각한다.[3] 시인인 동시에 철학자로서 이븐 가비롤은 중세 신플라톤주의의 여러 주제들을 수용한 시와 산문을 썼다. 그는 주로 형이상학적인 저술을 통해 알려졌는데 그의 대표적인 철학서인 『생명의 근원』(*Meqqor Hayyim*)은 무척 정교한 신플라톤주의 우주론을 다룬 순전히 형이상학적 저술이다. 그가 윤리학에 기여한 바는 주로 『도덕적 성질의 향상』(*On the Improvement of Moral Qualities*)에서 드러난다. 그는 이 책을 1045년 사라고사에서 썼는데 현재 아랍어 원전뿐만 아니라 1167년 유다 이븐 티본(Judah ibn Tibbon)이 번역한 히브리어 번역본도 전해진다. 특히 이 번역본은 수많은 판본으로 여러 차례 출판되었다.

『도덕적 성질의 향상』은 기본적으로 도덕적 실천에 관한 저술인데 여기서 이븐 가비롤은 앞서 사디아와 마찬가지로 이성의 규칙에 의존하는 윤리 체계를 전개한다. 그는 주로 성서를 근거로 자신의 주장을 옹호하지만 고대 그리스 철학자의 저술이나 아랍의 시도 자주 인용한

---

[3] Scheindlin 1986: 12.

다. 특히 그는 탈무드를 전혀 인용하지 않은 것으로 유명하다. 그의 저술 중 핵심 요소들은 고전적인 유대교 신플라톤주의에서 이미 발견된다. 하지만 슐랭어(Schlanger)가 지적하듯이[4] 이븐 가비롤은 독창적인 요소를, 이른바 인간을 구성하는 도덕적 요소와 심리적 요소 사이의 연결을 도입한다. 그는 인간 영혼의 특징과 결함을 언급하면서 아리스토텔레스의 중용 이론을 특히 강조한다. 그에 따르면 영혼의 특징은 시각, 청각, 후각, 미각, 촉각의 다섯 가지 감각을 통해 명확하게 드러난다. 각각의 감각은 자신의 기본 역할 외에도 네 가지의 도덕적 성질을 관장하는 임무를 담당한다. 곧 시각은 교만과 비하. 겸손과 경솔함과 관련되며, 청각은 사랑과 미움, 자비와 잔인함과, 후각은 분노와 편애, 질투와 근면과, 미각은 기쁨과 슬픔, 신뢰와 후회, 촉각은 관대함과 인색함, 용감함과 소심함과 관련된다.[5] 하비(Harvey)는 이븐 가비롤이 제시한 각각의 쌍들이 이전의 철학 저술들에서 명확하게 등장하지 않으므로 이들은 히브리어의 관용구에서 인용된 듯이 보인다고 지적한다. 하비는 '이븐 가비롤은 고대 히브리어의 관용구들이 인간의 생리와 심리를 잘 반영한다고 여겨 이들을 이용해 도덕적 성질에 관한 이론을 형성했음이 틀림없는 듯하다'고 말한다.[6]

이븐 가비롤은 인간이 신의 창조의 정점을 나타낸다고 주장한다. 인간이라는 존재의 최종 목적은 완전성이므로 인간은 영혼의 지복에 도달하기 위해 낮은 수준의 정념들을 멀리함으로써 극복해야 한다. 인간을 다른 생물과 구별해주는 것은 바로 영혼이므로 각 개인은 자신의 영

---

4) Schlanger 1968.

5) Harvey 2012: 88; Wise 1902.

6) Harvey 2012: 88.

혼을 발전시킴으로써 정신의 완전성을 더욱 높여야 한다. 개인이 지복을 향해 나아가는 과정에는 영혼뿐만 아니라 육체도 적절한 역할을 담당한다. '도덕적 행위뿐만 아니라 감각적 행위에서도 우리는 지나침과 모자람을 피해 중용에 머물러야 한다.'[7] 결국 이븐 가비롤은 인간으로 대표되는 소우주와 세계라는 대우주 사이에 완벽한 유사성을 파악하려 했다고 할 수 있다.

바야 이븐 파쿠타(1050-1090에 주로 활동)

이븐 가비롤과 동시대인이지만 그보다 약간 후에 등장한 바야 이븐 파쿠다는 유대교 윤리학의 체계를 제시한 학자로 유명한데 그의 대표적 저술은 1040년경 아랍어로 쓰였지만 후에 유다 이븐 티본이 히브리어로 번역했다. 『마음의 의무로 인도하기 위한 책』(*The Book of Direction to the Duties of the Heart*)이라는 제목의 이 저술은 유대교가 지지하는 도덕법칙과 의무들을 하나의 일관된 철학 체계로 구성한 최초의 시도 중 하나이다. 바야는 이 책의 서문에서 자신이 윤리 체계를 세운 동기를 설명한다. 그는 많은 유대인들이 유대교 율법에 따른 의무에는 거의 주의를 기울이지 않으면서도 몸으로 수행하는 의무에는 지나치게 신경을 쓴다는 인상을 받았다고 말한다. 그는 이런 사실에 실망했고 따라서 사람들이 마음의 의무를 계발하고 준수하기를 바라면서 이 책을 썼고, 이런 생각에서 이 책의 제목을 이렇게 붙였다. 바야의 윤리학 저술은 유대교 사상에서 발전된 생각들을 담은, 중세에 유대인이 쓴 최초의 작품이다. 탈무드를 비롯한 다른 율법서를 인용하기를 꺼렸

---

[7] Schlanger 1968: 18.

던 이븐 가비롤과는 달리 바야는 성서와 율법학자들의 문헌을 모두 인용한다.[8)]

『마음의 의무』에서 바야는 의무를 두 유형으로, 곧 마음의 의무와 외부적 의무로 분류한다. 전자는 순전히 이성적이고 지적인 반면 후자는 실천적이다. 두 유형의 의무는 서로 연결되므로 외부적인 의무는 (예를 들면 사지를 부지런히 움직일 의무나 이웃을 도울 의무는) 내적인 마음의 의무가 (전자의 경우는 마음의 동의가, 후자의 경우는 이웃을 사랑하고 존중하는 마음이) 없으면 성립할 수 없다. 바야가 '전심전력'이라고 표현하는 이상적인 상태는 한 인간의 정신과 육체가 완벽하게 일치할 경우에만 도달할 수 있다. 이런 전심전력이 불가능할 경우 설령 행위로 실현되지 못하더라도 내면적인 의도가 아무 의도 없이 행해진 올바른 행위보다 바람직하다. 달리 말해 내적인 정신이 외적인 행위보다 훨씬 더 중요하다. 『마음의 의무』는 모두 열 개의 장으로 구성되는데 이들은 마음의 의무의 열 가지 근원 또는 의무에 이르는 '문'을 나타낸다. 이런 문들은 결국 우리를 신을 전심전력을 다해 믿는 수준으로 인도한다.[9)]

『마음의 의무』 III.10에서 바야는 20가지에 이르는 도덕적 성질의 목록을 제시하는데 이들은 이븐 가비롤의 것을 빌려온 듯하다. 하지만 이븐 가비롤과는 달리 바야의 목록은 서로 반대되는 열 개의 쌍으로 구성된다. 1) 기쁨과 슬픔; 2) 공포와 희망; 3) 용감함과 소심함; 4) 겸손과 경솔함; 5) 호의와 분노; 6) 자비와 잔인함; 7) 교만과 비하; 8) 사랑과 미움; 9) 관대함과 인색함; 10) 게으름과 부지런함(DH: III.10.218-

---

8) Dan 2007.

9) Harvey 2012: 89; Mansoor 2004.

20).[10] 그는 그저 자신의 생각에 따라 이들을 기록했을 뿐 이들 사이에 특별한 순서는 없다고 주장한다.

모세스 마이모니데스(c. 1138-1204)

마이모니데스가 중세 유대교 철학에서 가장 중요한 인물이라는 점에는 이론이 없다. 그는 스페인의 코르도바에서 태어났는데 그의 가족이 유대교에 대한 박해를 피해 이집트의 알푸스타드로 이주했으므로 그곳에서 성장해 의사가 되고, 그 지역을 다스리던 살라딘(Saladin)의 주치의가 되었다. 그의 대표적인 철학 저술은 『혼란에 빠진 사람들을 위한 안내서』(Guide of the Perplexed, 이하 『안내서』로 약칭)인데 여기서 그는 아리스토텔레스적인 수학과 논리학의 원리들을 종교의 교리에 적용함으로써 자신이 생각하는 독자들, 곧 과학과 자연법칙을 존중하는 동시에 독실한 종교적 신앙을 지닌 사람들이 가능하면 '혼란'에서 벗어날 수 있는 길을 제시하려 한다. 윤리적 행위에 관한 그의 논의는 『여덟 주제』(Eight Chapters), 『성격에 관한 법칙』(Laws Concerning Character Traits), 『안내서』 등의 여러 저술에 등장한다.[11] 『여덟 주제』의 서문에서 마이모니데스는 자신이 성인들의 말씀뿐만 아니라 '과거와 현재 철학자들의 논의'로부터 많은 것을 빌려왔음을 분명히 인정한다(EC: I.60). 그는 독자들이 이런 '낯선' 생각들을 보고 지레 겁을 먹

---

10) Harvey 2012: 89 참조.

11) 『여덟 주제』는 마이모니데스가 쓴 『미쉬나 주석』(Commentary on the Mishnah) 중 일부에 (『아버지의 말씀』(Pirqei Avot)에 대한 서문에) 해당하는데 여기서 그는 많은 윤리적 생각들을 함께 제시한다. 『성격에 관한 법칙』은 다소 짧은 저술로서 『미슈네 토라』(Mishneh Torah) 중 윤리적 주제들을 다룬 부분이다.

어 책 읽기를 아예 단념하기를 원하지는 않으므로 자신이 인용한 철학자들을 명백히 밝히지 않으려고 주의를 기울인다. 하지만 현재 우리는 마이모니데스가 『여덟 주제』와 『안내서』에서 전개하는 논의가 아리스토텔레스와 알파라비(al-Fārābī) 그리고 플라톤까지도 배경으로 삼는다는 점을 알고 있다.[12] 마이모니데스는 알파라비를 드러내어 인용하지는 않지만 특히 공적인 영역의 문제에 관해 논의하는 『안내서』의 많은 대목에서 알파라비가 중요한 역할을 한다는 점은 분명하다. 이런 이유로 마이모니데스의 도덕 이론에 관한 논의는 윤리적 사고뿐만 아니라 사회철학과 정치철학까지도 반드시 포함해야 한다.

도덕적 성격

마이모니데스는 행위와 성격적 특성 모두에 대해 관심을 보이지만 그의 윤리적 저술들은 주로 후자에 초점을 맞춘다. 『여덟 주제』에서 그는 행위보다는 성격적 특성에 대해 '덕'과 '악덕'이라는 용어를 사용한다. 그는 도덕적 덕들이 행위를 준비하기 위한 특성을 지닌다는 점을 강조해 '도덕적 습관을 개선하는 것은 영혼과 그것의 능력을 치료하는 것과 같다고' 말한다(EC: I.61). 여기서 '덕'과 '악덕'이라는 용어가 인간 행위가 아니라 인간 영혼의 특성에 대해 사용된다는 점에 주목할 필요가 있다. 인간의 '내적' 부분과 '외적' 부분은 서로 밀접하게 관련되므로 우리의 외적인 행위는 내적인 특성에 접근하는 최선의 통로를 제공한다. 하지만 '외적인' 행위가 그 자체로 덕이나 악덕을 지니지는 않

---

[12] Berman 1991은 마이모니데스의 논의에서 아리스토텔레스의 『니코마코스 윤리학』이 특히 중요한 위치를 차지한다는 점을 강조한다. 또한 Pines 1963; Davidson 1987 참조.

는다. 이 점은 『여덟 주제』와 『성격에 관한 법칙』 모두에서 명시된다.

마이모니데스는 윤리학이 그리 엄밀한 학문이 아니라는 아리스토텔 레스의 견해에 동의한다. 우리는 모든 학문에 대해 공통적으로 일종의 정확성을 기대하지만 윤리학은 논증적인 학문들에서 발견되는 종류의 정확성을 포함하지 않는다. 아리스토텔레스는 우리가 윤리학을 탐구하 는 방식이 덕에 관한 공통적인 견해(endoxa)에서 출발한 후 '현명한 사람의 견해'를 살펴보는 형식을 취한다고 생각한다. 현명하고 덕을 갖 춘 사람들은 그들이 풍부한 지식과 경험을 지닌 영역에 대해서는 최선 의 판단자이다(*NE*: I.3,1095a).

아리스토텔레스나 알파라비와 마찬가지로 마이모니데스도 『여덟 주 제』에서 덕을 두 유형으로, 곧 이성적 덕과 도덕적 덕으로 구별한다. 이 성적 덕에는 지혜와 지성이 포함되는데 이들은 관조적 지성과 획득한 지성 그리고 그가 '빛나는 탁월한 파악'이라고 부르는 직관으로 구성된 다(*EC*: II.65). 도덕적 덕들은 영혼 중 이성적 부분이 아니라 욕구와 관 련되는 부분에서 발견되는데 여기에는 절제, 관대함, 정의, 온화함, 겸 손, 만족, 용기 등의 다양한 것들이 포함된다. 하지만 지적인 덕과 도덕 적인 덕을 분리한 이런 시도는 그가 생각한 윤리적 지식의 인식론적 지 위가 무엇인지를 우려하게 만든다.[13] 『안내서』에서 그는 상상력을 지성 과 혼동해서는 안 된다는 점을 강조한다(*GP*: I.2). 그는 오직 지적인 지 식만이 우리를 이성적인 덕으로 이끌며, 상상력은 영혼의 하위 능력을 나타내는데 우리를 사회적인 탁월성으로 이끈다고 확고히 주장한다.

지성과 상상력 사이의 이런 구별은 윤리적 주장 일반을 정당화하려

---

13) 이런 난점을 둘러싼 논의로는 Twersky 1980: 453-9; Kellner 1990; Weiss 1991; Fox 1990; Pines 1990; Schatz 2005 참조.

할 경우 중요하게 작용한다. 마이모니데스는 참, 거짓과 대비되는 선과 악은 지성적 개념이 아니라 상상력의 작용 결과로 생겨난 개념이라고 주장한다. 더욱 구체적으로 말하면 '선'이나 '악'과 같은 용어는 마이모니데스가 일반적으로 받아들여지는 의견이라고 부른 것, 곧 '일반적으로 받아들여지는 것으로 알려진 바'를 의미할 뿐 실재 자체에 근거하지 않는다(*GP*: I.2; II.33; III.10). 이렇게 윤리적 용어는 상대적이므로 논증적인 학문인 수학이나 자연학을 통해서 인식되는 명제들과 대비된다. 실재에 근거한 객관적 개념들은 다른 요소의 도움이 없이 오직 이성만 가지고도 (증명에 기초해) 인식될 수 있지만 '선'이나 '악'과 같은 주관적 개념들은 그렇지 않다.[14]

도덕적 가치들은 특수한 상황을 반영하므로 최고의 도덕적 지식은 궁극적으로 지적인 인식에서 도출되어야 한다. 『성격에 관한 법칙』 1:3과 1:4에는 규범적 언어에 대한 분석이 등장한다 — 그는 **선**과 **옳음**은 우리가 **따라야만** 하는 방식을 규정한다고 말한다. 마이모니데스는 독자들이 규범적인 삶의 방식을 고수하도록 인도하기 위해 이성적인 방법과 유대교 율법을 모두 사용한다. 그는 아리스토텔레스의 견해를 반영해 우리는 '선하고 올바른' 방식으로 행위함으로써 자신을 완성할 수 있다고 주장한다. 뒤이어 유대교 율법을 반영해 '우리는 이런 중간의 길을 걷도록 명령 받는다'고 말한다(*CT*: I.5.30). 그는 인간의 존재 목적을 (곧 지적인 완성을) 매우 분명하게 제시한다. 그는 우리를 이런 궁극적인 목표로 인도하는 것이라면 — 아마 우리의 지적인 특성을 충분히 계발하는 것이 이런 목적을 위한 최선의 방법일 텐데 — 무엇이든 행해야 한다고 주장한다.

---

14) Harvey 2012 참조.

또한 그는 신들이 우리에게 경건한 행위를 명령하는 까닭은 바로 그것이 경건하기 때문이라는, 플라톤의 『에우티프론』에 등장하는 견해를 반영해 옳은 행위는 본성상 이성적이고 자율적인 요소를 지닌다고 주장한다. 옳은 행위가 명령되는 까닭은 그 행위가 본질상 선하고 옳기 때문이다. 이론상 완벽하게 지성이 지배하고 감정의 영향을 조금도 받지 않는 사람에게는 (이런 개인이 현실 세계에 실제로 존재하지는 않지만) 선과 악의 개념이 필요 없을 것이다. 그에게 이런 용어는 무의미하거나 불필요한 여분에 지나지 않는다.[15]

앞서 도덕적 행위의 가치를 규정하는 데 성격의 계발이 중요하다는 점을 지적했다. 마이모니데스는 아리스토텔레스와 알파라비의 견해를 받아들여 적절한 성격을 형성하는 데 습관적 행위의 반복이 필요하다는 점을 강조한다. 이런 점은 『성격에 관한 법칙』이라는 책 제목 자체에서도 잘 드러난다. 이 책의 처음 네 장에서 마이모니데스는 중간의 길을 따르는 현명한 개인이 유지하는 도덕을 설명한다. 5장에서는 그런 개인이 되기 위한 훈련이 논의되는데 여기서는 성격적 특성보다는 행위의 사회적 상호작용에 초점이 맞추어진다. 마이모니데스는 알파라비의 주장을 수용해 덕을 함양하려면 '올바른 행위'를 습관적으로 반복해야 한다고 말한다. '각 개인은 이런 성격적 특성이 자신 안에 확고히 자리 잡을 때까지 올바른 행위를 하는 습관을 들여야 한다. 시간이 흐르면 그는 중용에 머무르는 성격적 특성에 따라 행위하게 될 것이다. 그는 이런 행위를 계속함으로써 이를 부담스러운 것이 아니라 편안한 것

---

15) Harvey는 (1981)에서 마이모니데스의 논의와 스피노자의 『에티카』에 등장하는 논의 사이에 흥미로운 유사성이 있다는 점을 지적한다. 하비에 따르면 둘 중 누구도 완전한 도덕적 상대주의자는 아니지만 선과 악을 상상력이라는 하위 능력의 영역에 속하는 용어로 여기는 일치점을 보인다.

으로 느낄 것이며, 이런 성격적 특성이 그의 영혼 안에 확고히 자리 잡을 것이다'(*CT*: I.7.30). 사람은 덕을 타고나지 않는다. 그저 사람들마다 특정한 덕을 향한 본성적 성향을 서로 다른 정도로 지닌다고 말할 수 있을 뿐이다.

중용 이론

이제 도덕적 덕에 관한 마이모니데스의 논의 중 핵심에 해당하는, 아리스토텔레스의 주장을 수용해 형성된 중용 이론을 검토하려 한다. 널리 알려진 아리스토텔레스의 중용 이론은 『니코마코스 윤리학』 2권에 등장하는데, 지나침과 모자람의 중간을 선택하라는 주장으로 요약된다. 아리스토텔레스의 설명에 따르면 '대상의 경우 중간은 각각의 끝에서 같은 거리만큼 떨어진 것을 말하는데 이는 모든 사람에게 하나이며 동일하다.' 동시에 그는 행위자에 따라 달라지는 중간을 강조한다(*NE*: II.6,1106a.30). 달리 말해 우리는 양쪽 끝에서 정확하게 같은 거리를 유지하는 산술적 중간과 개인적인 성향과 상황을 고려해 결정되는, 우리와 관련된 중용을 구별해야 한다. 예를 들면 마라톤 선수에게 요구되는 운동량과 음식은 만 미터 선수에게 요구되는 운동량과 음식보다 훨씬 많을 것이다. 도덕적 덕 또한 이런 중용을 목표 삼아야 한다. 곧 두려움이나 대담함, 욕구와 분노, 연민을 느끼는 일 등에서 '마땅히 그래야 할 때에, 또 마땅히 그래야 할 일에 대해, 마땅히 그래야 할 사람들을 향해, 마땅히 그래야 할 목적을 위해, 마땅히 그래야 할 방식으로 감정을 갖는 것이 중간인 동시에 최선의 일이며, 바로 이런 것이 덕의 특징이다'(*NE*: II.6,1106b.20-2).

마이모니데스는 알파라비를 통해 아리스토텔레스의 중용 이론을 접한 후 이를 적극 수용해 중간의 길 또는 중용에 따르는 삶이 개인적 평온함과 사회의 안녕에 이르는 방법이라고 주장한다. 그는 『여덟 주제』 중 4장에서 중용 이론을 다룬다. '좋은 행위는 두 극단 사이의 균형 잡힌 중용인 반면 극단은 모두 나쁜 행위이다. 극단 중 하나는 지나침이며 다른 하나는 모자람이다'(EC: IV.67). 덕은 다음과 같이 정의된다. '[영혼의] 두 나쁜 상태, 곧 지나침과 모자람 사이의 중용에 머무는 영혼의 상태이며 중용에 정착하려는 성향이다'(같은 곳). 뒤이어 마이모니데스는 중용의 여러 예를 든다. 방탕과 무감각 사이의 중용은 절제이며, 인색과 낭비 사이의 중용은 관대함, 오만과 자기비하 사이의 중용은 겸손이다. 마이모니데스는 특정한 도덕적 습관에 따르는 행위를 오랫동안 반복함으로써 '우리가 이런 행위에 길들여지고' 결국 이런 덕들이 영혼 안에 확고히 자리 잡게 된다고 말한다(EC: IV.68).

마이모니데스와 아리스토텔레스는 모두 이런 일반적인 이론에 포함되지 않는 반례들이 있음을 인정한다. 아리스토텔레스는 간통과 살인, 절도는 중용의 예외에 해당하는, 결코 적절할 수 없는 행위이므로 중용이라는 개념을 통해 분석할 수 없다고 주장한다. 마이모니데스는 중용의 예외에 속하는 것으로 분노 및 자기비하와 관련된 극단적인 요소와 금욕주의 일반을 드는데 그의 목록은 아리스토텔레스에 비해 다소 문제가 있는 듯이 보인다. 이제 중용 이론을 율법과 연결하려는 그의 시도를 살펴보기로 하자.

고결함, 금욕주의, 중용: 하시드는 죄인인가?

지금까지는 마이모니데스의 덕 이론 중 중용과 관련되는 부분을 강조했다. 이에 따르면 행위자는 덕이 있는 성격을 갖추기 위해 두 극단 사이의 중용을 목표 삼아야 한다. 여러 계율들 또한 이런 중용의 방식에 따른 덕이 있는 행위를 계발하는 것을 목표로 삼는다. 때로 계율은 심리적으로 병든 성격을 치유하기 위해 중용에서 약간 벗어난 행위를 명령하기도 한다, 하지만 마이모니데스는 이런 일이 계속 이어져서는 안 된다고 주장한다. 극단적인 행위는 신의 의지에 어긋나며 결국 영혼의 '악덕'을 낳는다.

하지만 모세오경의 율법이 중용과는 거리가 먼 수많은 행위를 명령한다는 사실을 어떻게 보아야 하는가? 예를 들면 식사와 관련된 많은 율법들은 중용 이론을 전혀 반영하지 못하는데 이들을 어떻게 설명해야 하는가? 더욱 일반적으로 도덕적 덕을 획득하는 일과 계율에 복종하는 일 사이에 어떤 상호관련을 이끌어낼 수 있는가? 더 나아가 중용을 명백히 거부하는 듯한 극단적인 행위를 하는 하시드(Hasid)나[16] 성자를 마이모니데스는 어떻게 평가하는가? 마이모니데스는 이런 난점을 인정하면서 겸손과 분노의 경우에 대해서는 중용을 강력하게 내세우지 않는 입장을 선택한다. 그는 진정으로 경건한 사람 또는 하시드는 교만이 불러오는 폐해를 인식하고 완전한 순종 쪽으로 나아감으로써 '자신의 영혼 안에 교만의 흔적조차도 남기지 않으려 한다'고 말한다(CM Avot 4.4). 이와 관련해 그는 분명히 아리스토텔레스에게서 벗어나는 듯이 보인다. 아리스토텔레스는 『니코마코스 윤리학』에서 적절한 긍지와 적절한 분노 또한 우리가 추구해야 할 덕이라고 분명히 주장하기 (NE: IV.3, 1123b14) 때문이다.

아리스토텔레스는 적절한 긍지와 분노의 가치를 높이 평가한 반면

---

16) [옮긴이 주] 하시드는 기원전 2세기경 헬레니즘의 문화에 반대하고 완전한 헌신과 엄격한 종교 생활을 주장한 유대교 교파인 하시딤의 신도를 의미한다.

이들에 대한 마이모니데스의 논의는 다소 복잡하며, 아리스토텔레스적인 중용과 율법학자들의 문헌에서 발견되는 극단적인 겸손 사이의 긴장 관계를 드러낸다. 한편으로 마이모니데스는 분노와 긍지를 포함한 모든 행위에서 중용을 옹호한다. 『성격에 관한 법칙』 I.4-5와 II. 1-3에서 그는 아리스토텔레스의 주장을 받아들여 '인간의 성격적 특성의 모든 영역에서 올바른 행위 방식은 곧 중용'이라고 주장한다. 분노의 경우에도 우리는 중용을 목표로 삼아 '오직 진정으로 화 낼만한 가치가 있는 큰 사태에 대해서만 화를 내어야 하며 사소한 일에 대해서까지 너무 자주 화를 내어서는 안 된다'고 말한다(CT: I.4.29). 하지만 같은 저술의 다른 대목에서는 분노 및 긍지의 경우에 중용을 적용하는 것을 거부한다. 긍지와 관련해 마이모니데스는 새로운 동기를 도입하면서 '오만한 마음에서 벗어나 이와 반대되는 극단으로 나아가 자신을 최대한 낮추려는 사람은 누구나 경건한 사람으로 불린다. 이것이 경건함의 척도이다. 만일 그가 오직 중용으로 나아가 겸손함을 유지한다면 그는 현명한 사람으로 불린다. 그리고 이것이 현명함의 척도이다'(CT: I.5.30). 이 점은 II.3에서 더욱 분명하게 표현되는데 여기서 그는 오만 및 분노의 경우에는 경건한 성자(하시드)뿐만 아니라 **모든 사람**이 극단을 추구해야 한다고 주장한다. '우리가 단지 겸손한 수준에 머무르는 것이 아니라 더욱 낮은 수준의 정신, 곧 지극히 순종하는 정신에 이르는 것이 훌륭한 삶의 방식이다.'(CT: II.3.31). 이와 유사하게 이제 분노도 '극단적으로 나쁜 성격적 특성으로' 간주되어 우리는 결코 화내지 않도록 스스로 훈련해야 한다는 충고가 등장한다. 곧 아리스토텔레스는 무언가에 대해 화내는 것이 적절하다고 주장하겠지만 마이모니데스는 이마저도 넘어서야 한다고 생각한다. 마이모니데스는 더 나아가 우리는 가끔 다른 사람에게 강한 인상을 심어주기 위해 화난 척하기도 하지만

'우리의 마음은 실제로 화를 내서는 안 되며 내면적인 평온함을 유지해야 한다'고 말한다(*CT*: II.3.32). 우리는 그 무엇에 대해서도, 심지어 아리스토텔레스가 화내는 것이 적절하다고 여긴 경우에 대해서조차도 화내지 않도록 스스로 훈련해야 한다.[17]

계율의 이성적임

우리가 마지막으로 다룰 주제는 이 장을 시작하면서 언급했던 주제, 곧 율법이 이성적이라는 견해이다. 계율에 대한 마이모니데스의 해석은 계율을 이성적인 것과 계시적인 것으로 구별한 사디아의 견해를 어느 정도 반영하지만 마이모니데스는 **모든** 계율이 이성적이라고 주장하는 점에서 더욱 극단적이다. 율법(mishpatim)과 계시된 법(huqqim)은 모두 인간에게 유익한 목적을 추구하는데 전자는 모든 사람들이 인식할 수 있는 반면 후자는 오직 현자들에게만 드러나는 특별한 목적을 지닌다는 점에서 서로 구별된다. 여기서 율법은 사디아가 이성적이라고 여겼던 계율에 해당하며 계시된 법은 (일반적으로) 사디아가 예배나 제사에 관한 계율로 제시했던 것에 대응된다. 하지만 마이모니데스는 율법과 계시된 법이 모두 이성에 기초한다고 생각한다.

모든 계율을 자연법에 속하는 것으로 여기려는 분위기가 마이모니데스의 저술 전반에서 발견된다. 그는 '계율의 지배는 절대적이고 보편적'이라고 분명히 언급한다(*GP*: III.34.534). 『안내서』 III.25에서 그는 율법이 이성적이라는 데 대해 철학적 추론에 기초한 몇 가지 증명을 제시한다. 그는 신의 행위가 아무 목적도 없으며 이성적 근거도 없다는

---

17) 아리스토텔레스와 율법학자들의 주장 사이의 긴장 관계를 해소하기 위한 마이모니데스의 시도에 관한 더욱 상세한 논의는 Rudavsky 2010 참조.

주장, 곧 율법을 신의 임의적인 의지가 낳은 결과로 여기는 견해는 신을 모독하는 것이라고 생각한다. 이런 경박한 견해는 신의 위대함을 가장 크게 손상하는 것이기 때문이다. 더 나아가 그는 세계의 여러 민족들을 존중할 것을 명령하기 위해 유대교의 율법은 이성적이어야 한다고 주장한다. 매우 흥미롭게도 마이모니데스는 만일 유대교의 율법이 이성적이지 않다면 다른 민족들이 유대인들을 존중하지 않을 것이고 따라서 유대인들은 특히 도덕적인 민족이라는 지위를 잃게 될 것이라고 생각한다.

이제 특히 계율의 유용성으로 눈을 돌려 보면 마이모니데스는 계율의 일반적인 면과 특수한 면을 구별한다. 일반적인 관점에서 보면 계율은 공리주의적인 근거에서 주어지는 반면 특수한 계율의 상세한 내용은 이런 공리주의적인 가치를 지니지 않을 수도 있다. 마이모니데스는 특수한 계율들의 전반적인 목적은 사람들을 정화하는 것이라는 점을 인정하지만(*GP*: III.26.508) 각각의 개별적인 계율 모두에 대해서 그 근거를 시시콜콜 캐묻는 사람들을 비난한다. 그런 사람들은 '광기에 사로잡혀 계율이 일반적인 면에서 진정한 유용성을 추구하기 위해 만들어진 것이라는 진실을 전혀 파악하지 못하는, 안타까운 사람들일 뿐이다'(*GP*: III.26.509). 실제로 마이모니데스는 상당히 긴 분량에 걸쳐 독자들에게 몇몇 특수한 계율의 근거는 발견하기 어렵다는 점을 경고한다. 예를 들면 왜 율법은 희생제에서 새끼양이 아니라 다 큰 숫양을 사용하라고 명령하는가? 그 근거는 없으며 단지 이런저런 특수한 계율이 선택되었을 뿐이다.

또한 마이모니데스는 계율들이 사회적, 정치적 믿음을 신장하는 데도 도움이 된다고 주장한다. 자신의 주장을 더욱 확장해 그는 율법의 재해석 과정을 역사적으로 설명한다(*GP*: III.29.514-22; III.32.525-

31; III.37.540-50; III.45.575-46.592). 희생제의 중요성을 설명하기 위해 그는 사비아교(Sabianism)에 대항한 모세의 시도까지 거슬러 올라가 율법의 흔적을 추적한다. 사비아교도는 마술과 신화를 극단적으로 신봉했던 다신교 집단이었다. '별들이 모두 신이며 해가 가장 위대한 신이라고 강력히 주장했던' 사비아교도의 우상숭배를 거부하는 대목에서(GP: III.29.514) 마이모니데스는 신이 율법 전반을 부여한 첫 번째 의도는 우상숭배를 타파하기 위한 것이라고 말한다. '사비아교도들이 신으로 숭배하고 자신들 가까이 두려웠던 모든 것들은 가증스럽고 혐오스러운 것이라고 모세오경에 분명히 쓰여 있다'(GP: III.29.517). 마이모니데스의 재해석에 따르면 모세는 이스라엘 사람들을 우상숭배와 우상에게 제사를 바치는 일에서 벗어나게 하는 것이 몹시 힘든 일이라는 점을 알았지만 점차 이렇게 만들기 위해 오직 진정한 신에게만 제사를 드리라는 계율을 정했으며 이를 통해 이스라엘 사람들이 우상숭배를 포기하도록 만들었다.

따라서 마이모니데스는 계율을 내린 신의 의도를 두 가지로 구별한다. 첫 번째 의도는 사람들이 우상숭배를 거부하도록 만들려는 것이며, 두 번째 의도는 계율을 충족하도록 만들려는 것이다. 인간 본성은 본질상 오류를 범할 수밖에 없으므로 인간은 항상 자신에게 가장 큰 이익이 되는 바에 따라 행위하지 않는다. 이에 신은 때로 이런 두 번째 의도에 의지해 사람들이 최고의 목표를 이루도록 인도한다. 사비아교는 단지 우상숭배의 일종을 드러낼 뿐이지만 마이모니데스는 인간이 물질적인 것을 추구하는 본성 때문에 항상 이런저런 형태의 우상숭배에 빠진다는 점을 잘 알고 있었다. 설령 사비아교가 존재하지 않았더라도 신의 두 번째 의도는 여전히 신성불가침한 것으로 유지되고 신의 계율은 계속해서 신의 목적에 기여했을 것이다. 신이 자신의 목적을 이루기 위해 두 번째 의도에 의지할 필요가 있었다는 마이모니데스의 주장을 받아들이기로 하자. 하지만 계율에 대한 이런 이성적으로 파악되고 지적으로 인식되는 근거를 일반인들도 모두 깨달을 수 있어야 하는가? 마이모니데스는 '모든 율법은 어떤 근거를 지니는데 이 근거는 어떤 유용성의 관점에서 부여된다'고 분명히 말한다(*GP*: III.26.507). 그리고 이런 유용성은 영혼의 안녕(참된 믿음을 얻음으로써 이루어지는)과 육체의 안녕(실천적이고 도덕적인 덕들을 통해 이루어지는) 모두에 적용될 수 있다. 만일 일반 대중들이 특수한 계율들의 근거와 목표를 모두 이해한다면 계율의 근거를 발견하는 과정 자체가 대중들을 일종의 반유명론적인 철학 이론에로 인도하지 않겠는가? 그리고 이런 이해는 다양한 행위들을 굳이 계율을 통해 명령할 필요가 없다는 매력적인 결론으로 이어지지 않겠는가? 만일 인간의 존재 목표를 (이른바 지적인 완성을) 계율을 지키지 않고도 다른 어떤 방식으로 이룰 수 있다면 이는 계율을 필요 없는 것으로 만들지 않겠는가? 마이모니데스의 후계자들은 『안내서』에 이런 다루기 어려운 문제가 내재한다는 점을 잘 알고 있었다. 따라서 이들은 이후 여러 세기에 걸쳐 이런 문제와 씨름하지 않을 수 없었다.

결론: 인간 본성과 그것의 완성

나는 이 장에서 중세 유대교 철학을 중심으로 전개된 핵심 견해를 살펴보았는데 이 견해에 따르면 인간은 무엇이 옳고 그른지에 대한 직관적인 감각을 지닌다. 또한 이런 직관적 감각은 계율들을 통해서 드러나며, 일반적으로 받아들여진 의견을 통해서 지지된다. 더 나아가 인간의 추론 과정을 주의 깊게 검토함으로써 우리는 자주 율법이 본질상 이성적임을, 곧 인간의 본성에 근거를 두고 있음을 발견한다. 이런 이해를 통해 우리는 지적 완전성과 도덕적 완전성을 모두 추구하는데 이는 정신적인 동시에 육체적이기도 한 우리 인간의 본성을 반영하는 것이기도 하다. 내가 이 장에서 제시한 해석에 따르면 중세 유대교 철학자들은 유대교 율법학자들의 문헌에서 이미 발견되는 자료를 근거로 삼아 자연법 이론으로 나아가려는 모습을 보인다. 자연법 이론에 따르면 도덕적 진리는 보편적인 구속력을 지니며, 인간 본성을 반영하고, 인간의 추론을 통해 접근할 수 있는 것이다.

참고문헌

제일 뒤의 * 표시는 특히 중요한 참고문헌임을 나타낸다.

Aristotle (1995), "Nicomachean Ethics," in Barnes, Jonathan (ed.), *The Complete Works of Aristotle* (Princeton University Press).

Bahya ibn Pakuda (2004), *The Book of Direction to the Duties of the Heart*, trans. Mansoor, Menahem (Oxford: The Littman Library of Jewish Civilization).

Berman, Lawrence (1991), "The Ethical Views of Maimonides within the Context of Islamicate Civilization," in Kramer, Joel (ed.), *Perspectives on Maimonides: Philosophical and Historical Studies* (Oxford University Press for the Littman Library), 13–32.

Dan, Joseph (2007), "Ethical Literature," in Skolnik, Michael and Berenbaum, Fred (eds.), *Encyclopaedia Judaica* (Detroit: Macmillan Reference USA), 525–31.

Davidson, Herbert A. (1987), "The Middle Way in Maimonides' Ethics," *Proceedings of the American Academy for Jewish Research*, 54, 31–72.

Fox, Marvin (1990), "The Nature of Man and the Foundations of Ethics: A Reading of *Guide* 1.1–2," *Interpreting Maimonides: Studies in*

Methodology, Metaphysics, and Moral Philosophy (University of Chicago Press), 152–98.

Greenstein, Edward L. (1984), "Medieval Bible Commentaries," in Holtz, Barry W. (ed.), Back to the Sources (New York: Summit Books).

Harvey, Warren Zev (1981), "A Portrait of Spinoza as a Maimonidean," Journal of the History of Philosophy, 19, 151–72.

Harvey, Warren Zev (2012), "Ethical Theories among Medieval Jewish Philosophers," in Crane, Elliot N. and Dorff, Jonathan K. (eds.), The Oxford Handbook of Jewish Ethics and Morality (Oxford University Press), 84–98.*

Kellner, Menachem (1990), Maimonides on Human Perfection (Atlanta: Scholars Press).

King, Peter (2013), "Boethius on the Problem of Desert," in Pasnau, R. (ed.), Oxford Studies in Medieval Philosophy, vol. 1 (Oxford University Press), 1–22.

Maimonides, Moses (1963), The Guide of the Perplexed [Arabic: Dalalat al-hairin; Hebrew: Moreh Nevukhim], trans. Pines, Shlomo (2 vols; University of Chicago Press).

Maimonides, Moses (1972), "Commentary on the Mishnah, Avot," in Twersky, Isadore (ed.), A Maimonides Reader (New York: Behrman House), 387–400.

Maimonides, Moses (1975a), "Eight Chapters [Introduction to Commentary on Mishnah Avot]," Ethical Writings of Maimonides (New York: Dover), 60–104.

Maimonides, Moses (1975b), "Laws Concerning Character Traits," Ethical Writings of Maimonides (New York: Dover), 27–58.

Mansoor, Menahem (2004), "Translator's Introduction," Bahya ibn Pakuda, The Book of Direction to the Duties of the Heart (Oxford: The Littman Library of Jewish Civilization), 1–65.

Pines, Shlomo (1963), "Translator's Introduction: The Philosophical Sources of The Guide of the Perplexed," in Maimonides 1963: lvii–cxxxiv.

Pines, Shlomo (1990), "Truth and Falsehood versus Good and Evil," in Twersky, Isadore (ed.), Studies in Maimonides (Cambridge, MA:

Harvard University Press), 95–157.

Rudavsky, Tamar (2010), *Maimonides* (Malden, MA: Wiley-Blackwell).*

Saadia Gaon, ben Joseph al-Fayyumi (1948), *The Book of Beliefs and Opinions*, trans. Rosenblatt, Samuel (New Haven: Yale University Press).

Schatz, David (2005), "Maimonides' Moral Theory," in Seeskin, Kenneth (ed.), *The Cambridge Companion to Maimonides* (Cambridge University Press), 167–93.

Scheindlin, Raymond (1986), *Wine, Women and Death: Medieval Hebrew Poems on the Good Life* (Oxford University Press).

Schlanger, Jacques (1968), *La philosophie de Salomon Ibn Gabirol* (Leiden: E.J. Brill).

Twersky, Isadore (1980), *Introduction to the Code of Maimonides* (*Mishneh Torah*), (New Haven: Yale University Press).

Weiss, Raymond L. (1991), *Maimonides' Ethics: The Encounter of Philosophic and Religious Morality* (University of Chicago Press).

Wise, Stephen (1902), "Introduction," *The Improvement of the Moral Qualities: An Ethical Treatise of the Eleventh Century by Solomon ibn Gabirol* (New York: Columbia University Press), 1–28.

12장

중세 이슬람 세계의 도덕철학

안나 아카소이(Anna Akasoy)

중세 이슬람(Islamicate) 세계의 도
덕철학은 무엇을 의미하는가?[1] '철학'이라는 용어 자체가 이미 중요한
경계를 형성한다. 철학을 의미하는 그리스어 '필로소피아'를 아랍어로
음역한 용어 팔사파(falsafa)는 일반적인 의미에서 체계적인 사고 전반
을 의미하기보다는 그리스 철학과 과학 전통에서 영향을 받아 고무된
이성적인 사고의 전통을 지칭한다. 이런 지적인 접근을 '세속적'이라고
부른다면 이는 종교에 대한 현대적 이해와는 다소 어울리지 않을지 몰

---

[1] 나는 이슬람의 통치 아래 놓였던 지역에서 이루어진 학술 활동 전반을 'Islamicate'라
는 용어로 지칭하려 하는데 이는 호지슨(Hodgson)의 용어를 빌려온 것이다. 이슬람의
통치와 '문화'는 이런 학술 활동에 중요한 영향을 미친 반면 좁은 의미의 이슬람교는 이
런 학술 체계를 특징적으로 제공하지는 않는다. Hodgson 1974: 57-60 참조.

라도 중세 이슬람 세계의 학자들은 자주 자신들의 탐구를 다른 지역의 지식 체계와 구별하면서 독특한 방식으로 전개해나갔다.[2] 이들이 시도한 지식의 분류는 당시 학자들이 도덕철학을 어떻게 정의했으며, 그리스의 전통적인 실천철학을 어떻게 변형했는지에 대해서도 유용한 정보를 제공한다.

알파라비(al-Fārābī, 950/951경 사망)의 저서 『학문의 목록』(*Enumeration of the Sciences*)에서 도덕은 상당한 비중을 차지한다. 그의 정의는 현재 우리 논의의 출발점이 되므로 다소 길지만 인용할 필요가 있다. 알파라비는 학문을 다섯 종류로, 곧 언어학, 논리학, 수학, 자연과학 그리고 '정치학' 또는 '나라를 다루는 학문'으로 구별한다.[3] 이들 중 마지막 유형에 대한 정의는 다음과 같이 시작된다.

나라를 다루는 학문은 다양한 종류의 자발적 행위와 삶의 방식들을 탐구한다. 따라서 이 학문은 다음과 같은 것들을, 곧 이런 행위와 삶의 방식을 낳는 획득된 재능, 도덕, 자연적 성향 그리고 타고난 성격적 특성, 이런 행위를 수행하는 목적, 이런 여러 요소들이 인간 안에 존재해야 하는 방식, 이들이 인간 안에 존재해야 하는 방식에서 이들의 자리매김 그리고 이들을 보존하는 방법 등을 주제로 삼는다. 이런 학문은 또한 우리가 행위들을 수행하고 삶의 방식을 실천하면서 추구하는 목적들을 구별한다. 이런 목적들 중 일부는 참된 행복인 반면 다른 일부는 행복인 듯 보이지만 사실은 행복이 아니다. 참된 행복은 현

---

2) Rosenthal 1994: 62-73의 예들을 참조. 이 장에서 논의되는 여러 학자들은 넓은 의미에서 팔사파의 영역을 다루었다고 할 수 있다. 이들에 대한 더욱 광범위한 연구로는 Donaldson 1953; Hourani 1971 및 1975; Fakhry 1991; Gutas 1997 참조.

3) Gutas 2004. 구타스는 알파라비의 관심이 정치학보다는 이성적 인식론에 놓여있다고 주장한다.

세에서는 결코 도달할 수 없으며 현세 이후에 다가올 내세에서나 가능하다. 행복인 듯 보이는 것에는 부, 명예, 쾌락 등이 속하는데 이들은 단지 현세에서만 추구되는 목적들이다. 행위와 삶의 방식을 구별해보면 참된 행복은 선하고 고귀한 것들과 덕들을 통해서 도달할 수 있는 반면 참된 행복이 아닌 것들은 악하고 천박한 것들 그리고 불완전한 것들로 이루어짐을 알게 된다. 인간은 자신 안에 오직 전자의 요소들을 갖추어 덕이 있는 행위와 삶의 방식이 어떤 질서에 따라 나라 전체에 골고루 퍼져 공통적으로 행해지도록 해야 한다.[4]

이런 정의를 내리면서 알파라비는 중세 이슬람 세계의 도덕철학에서 핵심을 차지하는 몇몇 주제들을 잘 드러낸다. 그는 현세의 욕구나 사악한 행위를 동반하는 가장된 행복과 덕이 있는 행위를 요구하고 덕을 갖춘 환경에서 증진되는 참된 행복을 구별하면서 참된 행복은 오직 내세에서만 완전히 실현될 수 있다고 주장한다. 이어서 알파라비는 도덕적 삶에서 덕을 갖춘 통치가 차지하는 중요성에 대해 숙고한다. 이런 그의 생각에서 고전적인 요소들은 쉽게 확인된다. 행복을 강조하는 데서 알파라비의 마음 안에 아리스토텔레스의 『니코마코스 윤리학』이 자리 잡고 있음을 알 수 있는데 그는 아리스토텔레스와 마찬가지로 여러 종류의 행복을 구별하면서 관조적 삶을 최고의 것으로 여긴다. 『니코마코스 윤리학』은 9세기에 바그다드에서 아랍어로 번역되어 이슬람 세계의 철학 저술에 다양한 흔적을 남겼다.[5] 『니코마코스 윤리학』은 아크라크

---

4) Lerner and Mahdi 1963: 24-30, 24.에 수록된 Fauzi Najjar의 번역을 다소 변형해 인용했다. 아랍어 원전은 al-Fārābī 1996: 79-80 참조.

5) Zonta 2003; Akasoy and Fidora 2005; Ullmann 2011-2012. 알파라비는 『니코마코스 윤리학』에 대한 주석을 썼지만 현재 전하지 않는다. 또한 McGinnis and Reisman 2007: 104-20에 수록된 알파라비의 Directing Attention to the Way to Happiness 참조.

(akhlāq)라는 제목으로 보급되었는데 아크라크는 철학의 한 분과로서의 윤리학을 의미하는 아랍어 단어이다. 그런데 이 단어는 도덕을 의미하기도 하므로 윤리학과 도덕 사이의 경계선을 긋기가 쉽지 않다는 점을 암시한다.[6]

알파라비는 자신이 '나라를 다루는 학문'에 대해 내린 정의를 반영해 실천철학의 범위를 아리스토텔레스의 『니코마코스 윤리학』보다 더 넓게 설정한다. 위의 인용문에서 명백히 드러나듯이 도덕철학은 사람들이 그 안에서 참된 행복을 추구하는 공동체의 삶 및 한 나라의 정치 질서와 분리될 수 없다. 물질적 조건 또한 매우 중요하다. '… 인간은 완전성을 추구하려는 본성을 타고났지만 많은 사람들이 (사회를 이루어) 서로 협동하고 각각이 자신도 필요로 하는 것들을 다른 사람들에게 제공하지 않는다면 완전성에 도달할 수 없다.'[7] 하지만 모든 나라가 이렇게 운영되지는 않는다. '탁월한 나라'는 완벽한 통치자뿐만 아니라 서로 완벽하게 연합하는 사람들을 필요로 한다. 알파라비의 상세한 논의에 비추어볼 때 그가 아랍의 초기 정치사상과 관련해 최고의 위치를 차지한다는 점은 전혀 놀라운 일이 아니다.[8]

다른 많은 학자들도 '나라를 다루는 학문'에 대한 책을 썼지만 이들의 저술은 철학적인 것으로 분류하기가 어렵다. 구타스(Dimitri Gutas)는 이슬람 세계에서 등장한 윤리적 문헌을 세 종류로 구별한다. 1) 지혜와 격언에 관한 저술, 2) 대중적인 철학서, 3) 통치자들을 위한 지

---

6) 용어상의 문제에 대한 더욱 상세한 분석 및 도덕과 습관 사이의 관계에 대해서는 Rundgren 1976: 86-8 참조. 중세 이슬람 세계의 맥락에서 윤리학과 도덕철학 사이의 관계에 대해서는 Ramón Guerrero 2011: 317-18 참조.

7) Al-Fārābī 1985: 229.

8) Daiber 1996.

침서.[9] 아래에서 소개하는 학자들은 이런 범주들의 특징 중 일부를 여실히 잘 드러내는 인물들이다.

알킨디(800-870경)

알파라비 이전의 이슬람 세계 철학자들은 주로 참된 행복과 덕을 갖춘 삶이라는 주제를 가지고 씨름했다. 알킨디는 고대 그리스의 철학 및 과학 원전이 아랍어로, 때로는 시리아어로 번역되기 시작한 시기에 활발하게 활동했다. 그의 저술들은 그리스의 철학적 전제와 논증 방법이 이슬람 철학에로 계속 유입된 상황을 잘 드러낸다.

알킨디의 윤리학 저술은 상당히 주의 깊게 해석할 필요가 있다. 그는 다방면의 방대한 저술을 썼지만 실천 철학을 다룬 것을 포함해 대부분의 저술들이 오늘날 전해지지 않기 때문이다. 현존하는 저술에서 그는 지식과 행위를 결합해 철학을 전체론적으로 해석하려는 다소 절충적인 태도를 드러낸다. 알킨디의 가장 중요한 윤리학 저술의 제목은 『슬픔을 해소하는 방법』(On the Means of Dispelling Sorrows)인데[10] 이 제목 자체가 책의 내용과 그의 포부를 잘 드러낸다. 이 책은 상당히 친근한 문학적 양식으로 쓰였으므로 큰 인기를 얻었다. 알킨디의 의도는 일반적으로 받아들여지는 견해에 도전함으로써 아직 철학을 잘 모르는 독자들을 철학의 탐구로 인도하려는 것이었다.[11] 하지만 독자들은 예를 들면 이성적 영혼이 인간의 본질이라는 등의 철학적 견해에 어느 정도

---

9) Gutas 1990. 다른 분류 방식에 관해서는 Gutas's Review (1997) 참조.

10) 이 저술의 영어 번역은 McGinnis and Reisman 2007: 23-35.

11) Druart 1993a.

익숙할 필요가 있다.[12] 이를 비롯한 다른 원리들이 이 책에서 이미 당연한 것으로 전제되기 때문이다.

알킨디는 대중이 받아들이는 견해, 곧 외부적인 재화가 부족하면 슬프게 된다는 견해로부터 논의를 시작한다. 하지만 그는 이 책에서 사실상 슬픔의 원인을 제공하는 것은 바로 이런 재화에 대한 집착이라고 주장한다. 이런 집착은 일종의 질병과도 같은데 이를 치료하는 방법은 지적인 금욕주의를 선택하는 것이다. 물질적인 재화의 가치는 본성상 오래 갈 수 없으므로 우리는 이에 집착하기보다는 안정되고 지속적인 것, 곧 우리의 지성을 사랑해야 한다. 알킨디는 불운에 집착해 이로부터 벗어나지 못하는 사람들을 강력히 비판한다. '이는 곧 그가 부당하고, 무지하고, 천박하고, 어리석은 사람임을 드러낸다. 이런 사람은 오직 불운에 끌려다니기 때문이다.'[13]

『슬픔을 해소하는 방법』에 등장하는 문학적 비유는 때로 철학적 성향을 드러내기도 한다. 우리의 삶이 배를 타고 가는 여행과 같다는 식의 비유는 이미 스토아학파 철학자인 에픽테토스의 『엥케이리디온』에도 등장하지만 알킨디는 이 배가 항구에 정박해 승객들을 태우거나 내릴 때마다 서로 다른 승객들이 무엇을 하는지를 상세히 묘사한다. 어떤 사람들은 오직 필요한 최소한의 것만을 간결하게 챙기는 반면 다른 사람들은 자신들이 끝까지 지키지도 못할 많은 짐들에 짓눌려 좋은 자리에 앉지도 못하게 된다.[14]

알킨디가 중요하게 여기는 영웅은 소크라테스이다.[15] 알킨디가 『소

---

12) Adamson 2007a: 155.
13) McGinnis and Reisman 2007: 27.
14) 같은 책, 31-3.
15) Adamson 2007b.

크라테스의 말씀』(*The Sayings of Socrates*)이라는 제목의 책을 편집했다는 사실이 이를 잘 보여준다. 이 책은 플라톤의 대화편들로부터 거의 영향을 받지 않았으며, 중세 이슬람 세계에 널리 퍼져 있었던 소크라테스에 대한 오해를 드러낸다. 이 책에서 소크라테스는 자주 디오게네스와 유사한 인물로 묘사되는데, 알킨디는 소크라테스를 키닉학파적인 성향을 지닌 인물로 해석하면서 디오게네스의 금욕주의가 그에게 큰 영향을 미쳤다고 주장한다. 『소크라테스의 말씀』에서 소크라테스는 외부의 재화는 악하므로 이에 대한 집착을 피해야 한다는 원리를 단호하게 옹호하는 인물로 그려진다.

『슬픔을 해소하는 방법』이 독자들을 철학으로 초대하는 역할을 한다면 알킨디의 다른 저술들에는 그의 전체 체계가 더욱 상세한 모습으로 제시된다. 이스라엘리(Isaac Israeli, 855-955경)가 사용한 알킨디의 저서 『사물의 정의와 기술에 관하여』(*On the Definitions and Descriptions of Things*)에 따르면 철학은 신의 행위를 모방하는 것으로 정의된다.[16] 알킨디가 생각한 소크라테스 또한 지혜와 정의라는 관점에서 신을 연상시키는 특징을 지닌다.[17]

야히아 이븐 아디(893-974)

바그다드 철학 학파의 후기 구성원 중 한 인물 또한 독자들에게 알킨디와 유사한 교훈을 전한다. 야히아 이븐 아디(Yahyā ibn Adī)는 스승인 알파라비와 마찬가지로 당시 큰 영향력을 발휘했던 아리스토텔레스

---

[16] Druart 1993a: 337.
[17] Adamson 2007a: 147-9.

주의 집단에 속했다. 하지만 그는 이 장에서 논의되는 다른 학자들과는 달리 시리아의 정통 교회 소속이었다. 야히아와 같은 기독교도는 동시에 번역가이기도 했는데 고대 그리스의 학문이 아랍 세계로 전파되는 과정에서 중요한 역할을 담당했다. 이와 같은 지적인 활동에 이슬람 학자들이 대거 참여했다는 사실은 현재 우리가 흔히 '이슬람 철학'이라는 명칭을 통해 떠올리는 바가 실상과는 크게 다르다는 점을 보여준다. 이제 야히아의 주요 저술인 『도덕의 개혁』(*The Reformation of Morals*)에 관해 논의하려 하는데 이 책에서 그는 자신의 종교적 정체성을 거의 드러내지 않는다.[18]

야히아는 긍정적인 인간학과 더불어 논의를 시작한다. '인간이 자신을 위해 선택할 수 있는 가장 가치 있는 일은 자아실현과 자기완성이다'(RM 5). 하지만 이는 무척 어려운 임무이다. 갈레노스가 생각하듯이 우리의 영혼은 좋은 상태나 나쁜 상태를 유지하는데 대체로 나쁜 상태가 지배하는 경향이 강하다. 법률과 통치자는 우리가 그런 상태에서 벗어나도록 하기 위해 필요하다. 다른 학자들과 마찬가지로 야히아도 영혼을 이성과 기개, 정욕으로 나누는, 플라톤적인 삼분법을 사용한다. 오직 인간만이 이성적 영혼을 지니는데 이를 통해 우리는 선한 행위와 악한 행위를 구별하며 하위 능력들을 통제한다. 타고난 성향과 교육 그리고 환경이 더해져 우리에게 인간의 완성과 도덕적 지도력을 키울 기회를 제공한다.

다른 학자들, 특히 미스카와이와 마찬가지로 야히아는 각각 스무 가지에 이르는 덕과 악덕의 목록을 나름대로 제시하는데 이들이 서로 다른 사회 계층에게 서로 다른 방식으로 적용된다고 주장함으로써 이들

---

[18] Ibn ʿAdī 2002, 이하 RM으로 약칭.

을 왜곡하는 모습을 보이기도 한다. 예를 들면 '하위 계층에 속하는 사람이 상위 계층에 속하는 누군가에 대해 인내하는 것은 덕으로 여겨져서는 안 된다'(RM 33). 탐욕은 '대부분의 경우 혐오스러운 일이지만 왕의 경우는 그렇지 않다. 풍부한 돈과 재화와 비축품은 통치에 도움이 된다'(RM 47). '거짓말은 특히 왕과 지도자들에게만 가장 혐오스러운 것으로 여겨진다'(RM 55). 어떤 특징은 덕인 동시에 악덕이 되기도 한다. 절제는 학자나 승려, 다른 종교인들에게는 바람직하지만 왕에게는 그렇지 않다(RM 63). 야히아는 독자들에게 부와 덕을 혼동해서는 안 된다고 경고하지만 자신은 돈을 올바른 방법으로 사용할 줄 알기 때문에 돈을 싫어하지 않는다고 말한다(RM 69). 그는 알킨디와 마찬가지로 사랑 및 인내와 더불어 이성적 학문이 도덕의 개혁에 결정적으로 중요하다고 생각한다. 인간 완성의 궁극 목표는 천사의 수준에 가까이 다가가는 것이다(RM 93). 하지만 오직 선택된 소수만이 이런 목표에 이를 수 있다.

야히아는 자기 자신이 완전한 인간임을 인식할 수 있는 독자들을 위해 글을 쓴다고 말한다(RM 9). 그가 여러 저술을 쓴 목적은 어쩌면 철학적 내용을 전달하는 것을 넘어서서 학자들을 위한 변명을 마련하고, 이슬람교도가 아닌 사람들도 공정하게 대우하기 위한 것이었는지도 모른다.[19]

아부 바크르 알라지(864-925/932)

『정신의 약물』(*Spiritual Medicine*) 및 『철학자의 삶의 방식』(*Phi-*

---

[19] Griffith 2003.

losopher's Way of Life)과 같은 저술을 통해 알라지(Abū Bakr al-Rāzī)는 나름대로 독특한 도덕철학을 제시한다.[20] 라틴어로는 라제스(Rhazes)라고 불리는 알라지는 그리 크지 않은 중세 자유사상가 집단에 속한 의사였다. 그는 신이 계시를 통해 자신을 알리기보다는 인간에게 정신적 인도자로서 이성을 부여했다고 생각한다. 덕에 초점을 맞추어 도덕철학에 접근하는 이론들과는 달리 알라지의 윤리학은 여섯 가지 규범적 원리들에 기초하는데 이들을 통해 그는 플라톤의 『티마이오스』에 등장하는 우주적 영혼의 개념을 되살릴 뿐만 아니라 자신이 갈레노스의 사상에 정통함을 잘 드러낸다.[21]

우리는 죽은 후 칭찬받거나 비난받기에 마땅한 상태에 놓이게 되는데 이는 우리가 사는 동안 영혼이 육체와 어떤 관계를 유지했는가에 따라 결정된다. 우리가 창조된 목적인 동시에 추구해야 할 가장 고귀한 일은 육체적 쾌락의 추구가 아니라 지식의 획득과 정의의 실천이다. 이 둘은 우리가 이 세계에서 해방되어 고통도 죽음도 없는 세계에 이르도록 인도한다. 우리의 본성과 변덕스러운 기분은 현재의 쾌락을 선호하라고 부추기는 반면 지성은 자주 현재의 쾌락을 포기하고 진정 지성에게 어울리는 것들을 추구하라고 요구한다. 우리 모두의 주인이 되는 존재는 우리에게 합당한 보상과 두려운 처벌을 내리고, 우리를 항상 지켜보며, 우리에게 자비를 베풀며, 우리에게 해를 입히지 않으려 하며, 우리의 불의와 무지를 혐오하며, 우리의 정의와 지식을 사랑한다. 이 주인은 우리 중에 다른 이들에게 해악을 끼쳐 고통을 받는

---

20) Druart 1993b. 알라지가 쓴 저술의 영어 번역은 McGinnis and Reisman 2007: 36-44 참조.

21) Druart (1993b)에서는 플라톤과 갈레노스 사이의 유사점이 더욱 상세히 논의된다. 또한 Bar-Asher 1989 참조. 특히 갈레노스에 관해서는 Klein-Franke 1979 참조.

것이 마땅한 사람을 공정한 잣대로 처벌한다. 양과 질에서 고통보다는 쾌락이 선호되므로 우리는 이유 없이 쾌락 대신 고통을 선택해 겪을 필요는 없다. 창조주는 (전능한 최고의 존재로서) 우리에게 반드시 필요한 것들, 예를 들면 토지의 경작이나 의복의 제작, 이 세계에서 삶을 유지할 수 있도록 해주는 다른 여러 가지를 통해 우리가 그를 신뢰하도록 만든다. 이제 우리는 이런 원리들을 타당한 것으로 받아들이고 그 위에서 우리의 삶을 영위할 수 있다.[22]

알라지는 이 장에서 논의되는 다른 학자들과 많은 점에서 같은 의견을 보인다. 그는 플라톤의 영혼삼분설을 받아들인 후 우리가 덕이 있는 삶을 살아가고 즐겁고 행복한 내세를 보장받으려면 이성적 영혼에게 하위를 두 영혼을 통솔할 책임을 부여해야 한다고 주장한다. 이런 주장은 이븐 아디와 알킨디도 제시했던 바이다. 알라지는 인간의 쾌락이 항상 고통을 포함한다는 점을 지적한다. 인간은 기존의 쾌락에 익숙해지면 항상 그 이상을 원하기 때문이다.[23] 그는 또한 우리가 지식을 획득하고 정의를 실천하면서 신을 모방하려 한다는 원리를 수용한다. 하지만 다른 학자들과는 달리 자유사상가인 알라지는 윤회를 믿었으며 다른 동물들도 자신의 도덕철학에 포함시켰다. 쾌락과 고통을 느끼는 능력을 지닌 피조물들은 오직 필요한 경우에만 희생될 수 있다. 동시에 그는 자신의 원리가 거의 수학적인 방식으로 적용될 수 있을 정도의 엄격한 공리주의를 옹호한다. 어떤 사람이 적에게서 도망치기 위해 말을 희생시킬 수 있다. '하지만 이런 일은 그 사람이 학식이 높고 덕을 갖추었

---

22) McGinnis and Reisman 2007: 38-9.
23) Druart 1993b: 177. 미스카와이도 플라톤의 영향을 받아 이와 유사한 언급을 한다. Adamson 2007c: 44 참조.

거나 아니면 부유해서 다른 모든 사람에게 어떤 방식으로든 큰 도움을 줄 수 있을 경우에만 허용된다.'[24] 이런 해결책은 사람들 사이의 다툼에까지 확장된다. 어떤 두 사람이 사막에서 물이 부족한 상태로 고립되어 있다면 사회에 더욱 필요한 사람이 물을 마시고 살아남아야 한다. 육식동물과 독을 품은 동물들은 사라져야 한다. 이들은 다른 동물들에게 해악을 끼칠 뿐만 아니라 이들의 해악이 우리의 영혼에까지 전염되기 때문이다.

알라지와 알킨디 사이에는 많은 차이점도 발견되지만 둘 모두 디오게네스를 제대로 계승한 인물이 소크라테스라고 여기면서 그를 인간의 전형으로 생각한다. 알라지는 『철학자의 삶의 방식』을 자신의 철학적 활동과 관련해 스스로를 옹호하는 일종의 변론으로 시작한다. 그는 자신의 활동이 젊은 시절 소크라테스가 보였던 극단적인 금욕주의와 완전히 일치하지는 않지만 이후 그리스 철학자들이 드러내었던 태도를 반영한다고 주장한다.[25] 알라지가 자신의 철학을 통해 인간의 책임과 신이 인간에게 부여한, 현재 상황을 개선할 수 있는 잠재성을 강조한다는 점에 비추어 볼 때 그가 철학자의 적극적인 삶의 방식을 옹호한다는 점은 전혀 놀라운 일이 아니다.

미스카와이(1030 사망)

이슬람 세계의 학자들 중 행복과 우정에 관한 저술을 남긴 가장 유명한 인물로 미스카와이(Miskawayh)를 들 수 있는데, 그는 이후 '인문주

---

24) 이를 비롯해 이어지는 내용에 관해서는 McGinnis and Reisman 2007: 40.
25) 같은 책, 36-7.

의자'의 상징처럼 여겨져 왔으며 이슬람 세계에서 본격적인 윤리학 저
술을 쓰기 시작한 학자이기도 하다.[26] 그는 도덕철학을 다룬 저술을 여
러 권 썼는데 가장 유명한 것은 『성품의 개선』(Refinement of Char-
acter)이다.[27] 이 책은 훌륭한 행위를 낳는 성품에 도달하려면 무엇보
다도 영혼을 탐구해야 한다는 언급으로 시작된다. 미스카와이의 영혼
이론은 플라톤과 신플라톤주의로부터 영향을 받았다.[28] 중세 이슬람 세
계의 다른 많은 철학자들과 마찬가지로 미스카와이도 아리스토텔레스
를 최고의 권위를 지닌 철학자로 인정하지만 영혼이 '살아있는 육체의
형상'에 해당한다는 그의 이론을 받아들이지는 않는다. 그 대신 미스카
와이는 영혼이 비물질적이며, 육체의 죽음 뒤에도 계속 유지된다고 주
장한다. 이런 영혼의 개념은 여기서 논의되는 모든 윤리적 주제에서 매
우 중요한 역할을 한다. 미스카와이가 제시하는 덕의 목록 또한 플라톤
의 영혼 이론으로부터 받은 영향을 드러낸다. 미스카와이는 알라지처
럼 플라톤의 『티마이오스』에서 제시된 영혼삼분설을 받아들인 후 이성
과 기개, 정욕이 각각 두뇌와 심장 그리고 간에 위치한다고 주장한다
(RC 15). 더 나아가 그는 플라톤이 영혼을 구성하는 각 부분의 주요 덕
들로 제시한 바를 이런 신체 기관과 관련된 것으로 여긴다. 곧 지혜, 용
기, 절제뿐만 아니라 정의까지도 신체의 각 부분이 낳은 결과로 본다.

---

26) 알투시(Nasīr al-Dīn al-Tūsī, 1201-1274)는 자신의 저서 『나시르의 윤리학』(Akh-
   lāq-i Nāsrī)에서 미스카와이의 저술을 활용한다. al-Tūsī 1964 참조. 또한 Madelung
   1985와 Kraemer 1993: 222-33 참조.
27) Miskawayh 1968 (이하 RC로 약칭). 아랍어로는 이 책과 이븐 아디의 저술 제목이 똑
   같다. 나는 혼동을 피하기 위해 Zurayk의 영어 번역본 제목을 사용했다. 다른 원전들로
   는 Arkoun 1982; Marcotte 2012; Miskawayh 1964; Fakhry 1975a 참조.
28) 미스카와이의 영혼 이론이 전제하는 바에 관해서는 Adamson 2007c 참조. 또한
   Fakhry 1975b 참조.

주요 덕들은 각각 하위의 덕들을 지니는데 그는 이런 덕들의 목록도 제시한다(RC 17-22). 그는 아리스토텔레스와 마찬가지로 양극단 사이의 중용으로 정의하면서 양극단은 곧 악덕에 해당한다고 주장한다(RC 22-5).

이후 학자들은 『성품의 개선』에 등장하는 내용 중 특히 우정과 사랑을 다룬 장에 주의를 기울였는데 여기서는 미스카와이가 아리스토텔레스에게서 받은 영향이 분명히 드러난다.[29] 아리스토텔레스와 마찬가지로 미스카와이는 우정이 얼마나 쉽게 생겨나고 사라지는가에 따라 서로 다른 종류의 우정을 구별한다. 그는 덕을 갖춘 사람들 사이의 오래 지속되는 우정을 최고의 것으로 여긴다(RC 125). 또한 사원에서 이루어지는 예배나 제사를 통해 이런 사람들이 정기적으로 만날 수 있도록 법제화함으로써 이런 우정을 장려해야 한다고 주장한다(RC 127-8). 미스카와이는 덕이 있는 삶은 공동체를 필요로 한다고 단호히 말한다. '인간의 행복은 본성상 … 신체 활동과 시민 생활, 적절한 도움, 진정한 친구들이 없이는 결코 실현될 수 없다'(RC 150). 동굴에서 은둔하려 하는 금욕주의자는 도덕적 덕들을 갖출 수 없다. 미스카와이는 알킨디나 알라지와 마찬가지로 철학이 인간의 완성에 결정적인 역할을 한다고 생각한다.[30]

하지만 사회적 교제를 통해 고무되는, 정신적으로 덕을 갖춘 삶은 행복의 첫 번째 형태에 지나지 않는다. 궁극적 행복은 오직 신에게 다가감으로써만 발견될 수 있다. 미스카와이는 이런 행복을 표현하면서 아리스토텔레스를 인용한다. '비록 우리가 인간이라 할지라도 우리의 목

---

[29] Goodman 1996.

[30] Gutas 1983: 232.

표는 인간적인 수준에 머물러서는 안 된다. 우리는 오히려 모든 능력을 다해 신과 같은 삶을 사는 것을 목표로 삼아야 한다. 인간은 작은 몸을 지녔을 뿐이지만 지혜를 통해 위대해지고 지성을 통해 고귀해지기 때문이다'(RC 152).

『쿠타드구 빌릭』(1069/1070 저술)

군주를 위한 귀감 또는 지침서들은 중세 이슬람 세계의 윤리학 문헌에서 중요한 범주를 형성한다. 이들은 자주 아리스토텔레스의 저술로 알려지기도 했지만 이는 사실과 거리가 멀다.[31] 이들에게서 윤리학에 대한 체계적인 접근을 발견하기는 어렵지만 철학과 상당히 밀접하게 관련된 내용은 자주 등장한다. 군주를 위한 지혜를 제공하는 저술들은 철학적 특징을 지니는 내용을 더욱 명확하게 표현한다. 이런 저술의 대표적인 예로 여기서 선택한 것은 중세 튀르크어로 쓰인 최초의 문헌 중 하나인 『쿠타드구 빌릭』이다. 1069/70년에 발라사군(Balasagun) 출신의 유수프(Yūsuf)는 『쿠타드구 빌릭』('군주를 영광과 행운으로 인도하는 지혜')를 써서 카슈가르(Kashgar)의 카라한 칸국(Karakhanid) 군주에게 바쳤다. 이 저술은 이야기의 형식으로 쓰였는데 대부분은 대화와 편지로 이루어지고, 의인화된 네 명의 인물이 등장한다. 첫머리에 등장하는, '떠오르는 해'로 묘사되는 왕은 정의(正義)를 상징한다. 그는 재상으로 적절한 인물을 찾았는데 '보름달'로 묘사되는 재상은 행운을 상징한다. 하지만 이 재상이 먼저 세상을 떠나는데 이는 행운은 그리

---

31) 아리스토텔레스의 위작으로 알려진 것 중 중요한 저술은 알렉산드로스 대왕에게 보낸 편지들이다. 이에 관해서는 Doufikar-Aerts 2010: 93-133.

신뢰할 수 없는 것임을 나타낸다. 재상은 세상을 떠나기 전에 자신의 아들 '높이 칭찬받는 자'을 왕에게 추천한다. 이 아들은 왕의 고문이 되는데 지혜 또는 지성의 원리를 상징하는 인물로 그려진다. 왕이 또 다른 고문을 구하자 재상의 아들은 자신보다 덕이 높고 오랫동안 산에서 고행을 한 금욕주의자 '널리 깨우친 자'을 추천한다. 왕과 높이 칭찬받는 자가 노력을 기울였지만 널리 깨우친 자는 왕실에 들어가 정치를 하면 마음이 흩어진다는 이유를 들어 참여를 거부한다. 하지만 그는 왕을 잠시 방문하는 것은 허락한다. 왕과 고문은 널리 깨우친 자의 금욕주의에 설득당하지만 각자의 지위를 계속 유지하기로 결심한다. 이에 널리 깨우친 자가 이런 결말에 이르리라는 점을 자신이 이미 알고 있었다고 말하면서 세상을 떠나는 것으로 이야기는 끝난다.

이야기가 전개되면서 널리 깨우친 자가 왕의 초대에 응할 것인지를 숙고하는 동안 높이 칭찬받는 자는 통치자가 궁전에서 해야 할 행위에 대해 현실적인 충고를 제시한다. 다른 대목에서도 등장인물들은 윤리적 원리를 상세히 설명한다. 이런 원리들은 이븐 아디의 규칙과 크게 다르지 않게 주로 사회의 많은 사람에게 큰 영향을 미치는 통치자와 상류 계층의 이익을 반영하지만 사회 구성원 전체에게도 도움이 된다.

유수프는 명백한 여성 혐오와 극단적인 엘리트주의를 드러내므로 현대의 독자들이 그의 생각을 받아들이기는 어렵다. '세상에는 두 종류의 고귀한 사람들이 있다. 하나는 군주이며 다른 하나는 인류의 스승인 현자이다. 나머지는 모두 가축 떼에 지나지 않는다.'[32] 유수프는 통치자의

---

32) Yūsuf Khāss Hājib 1983 (이하 WRG로 약칭): 48. 여성 혐오는 이 저술 전반에서 드러나지만 특히 궁전에서 여성의 지위를 다루는 절에서 가장 분명하게 언급된다. 높이 칭찬받는 자는 딸이 전혀 없거나 아니면 최소한 태어나자마자 죽는 편이 더 나으리라고 말한다.

정의롭고 지혜로운 행위가 자기 자신과 백성들에게 어떤 이익을 낳는지를 주로 설명하지만 그의 인간 이해는 보편적인 성향도 드러낸다. 미스카와이와 마찬가지로 유수프도 '인간의 가장 빛나는 광채는 지혜와 지성'이라고 말한다(WRG 44). 이런 태도는 인간이, 최소한 남자는 스스로 영혼의 질병을 치료해 고귀하고 성공적인 삶을 살 수 있다는 생각으로 이어진다. 유수프는 '듣는 사람을 지성과 지혜로' 이끄는 말의 역할에 특별히 주목하지만 동시에 선한 행위의 중요성도 거듭 강조한다(WRG 44 및 46 이하). 또한 계속해서 그는 독자들에게 우리의 삶은 언젠가는 끝나기 마련이라는 점을 깨닫고 자신의 충고에 귀 기울일 것을 권한다. 선하고 악한 행위의 결과는 현세뿐만 아니라 내세에도 영향을 미친다. 이 세상을 떠난 후 우리의 운명은 우리가 사는 동안 행했던 행위의 성공과 실패를 그대로 반영한다. 사회적 지위가 상승할수록 덕이 있는 행위를 하기 위해서는 더욱 많은 노력이 필요하지만 이런 행위는 항상 보답받는다. 예를 들면 다른 사람들을 부유하게 만들면 통치자는 관대하다는 평판을 받게 된다. (이런 생각은 이와 유사한 근거에서 군주의 탐욕을 정당화하는 이븐 아디의 견해와 비교할 만하다.) 또한 이를 통해 일반 백성들도 생활이 나아질 기회를 얻는다. 겸손과 충성심은 백성들의 가장 중요한 덕목이다. 떠오르는 해는 '쓸모없는 사람은 태어나면서 죽는 편이 낫다'고 말하는데(WRG 146) 이는 알라지를 떠올리게 만든다. 지혜는 우리가 얻을 수 있지만 지성은 신이 부여한 것이다.[33] 덕이 있는 성향은 또한 신체의 아름다움을 통해서도 드러난다. 보름달은 '행실이 뛰어나고, 지적이고, 현명한 젊은이였다. 그의 얼굴

---

33) Yūsuf Khāss Hājib 1983: 68 및 94-5, 98-9. 이와 유사한 미스카와이의 주장은 Adamson 2007c: 44.

은 눈부시게 빛났으며, 그의 입에서 나오는 목소리는 부드럽고 매력적이었다'(WRG 55). 군주는 올바르고, 신을 두려워하고, 독실하고, 평온하고, 정숙하고, 정직하고, 방심하지 않고, 정의롭고, 용감하고, 과감하고, 확고하고, 관대하고, 겸손하고, 인정 많을 뿐만 아니라 잘 생기고 단정해야 한다(WRG 103-8).

널리 깨우친 자가 등장하면서 『쿠타드구 빌릭』은 군주를 위한 지침서로 변모한다. 전반부에서 주로 다루어졌던 실천적인 충고는 부차적인 것으로 밀려나고 오직 사람들에게 이익을 낳는 경우에만 관심의 대상이 된다. 후반부에서는 높이 칭찬받는 자를 대신해 인간의 최종 목적을 상징하는 널리 깨우친 자가 주인공의 역할을 담당하지만 도덕에 관한 그의 견해는 여전히 매우 이성적이다. 『쿠타드구 빌릭』이 전하는 바는 미스카와이의 주장과 상당히 유사하다. 인간의 궁극적 행복은 현세를 넘어선 곳에 놓여있지만 우리는 동료 인간에 대한 의무를 충실히 수행해야 한다. 특히 우리가 그렇게 할 수 있는 정신적, 도덕적, 신체적 능력을 지니는 경우에는 더욱 그렇다. '오 왕이시여! 선하기 위해 애쓰십시오. 백성들은 통치자가 선한 정도에 비례해 선해지기 때문입니다. 백성들은 양 떼와 같고 통치자는 양치기와 같습니다. 양치기는 항상 양떼를 측은히 여겨야 합니다'(WRG 85).

이븐 투파일(1105-1185)

약 한 세기쯤 지난 후에 당시 이슬람 세계의 서쪽 끝에 해당하는 안달루시아 지방에서 활동한 이븐 투파일(Ibn Tufayl) 또한 유수프와 유사한 주장을 전개했다. 이븐 투파일 이전에도 안달루시아 출신의 몇몇 철학자들이 윤리학에 관한 중요한 저술을 남겼다. 이븐 하즘(Ibn Hazm, 994-1064)은 덕과 악덕, 지식, 사랑, 우정을 비롯한 다른 도덕적 주제를 다룬 책을 썼다.[34] 이븐 바자(Ibn Bājja, 1095-1138)는 『은둔자의 규칙』(Rule of the Solitary), 『마지막 전할 말』(Farewell Message) 등의 저술을 통해 당시 인간 사회에 대해 다소 부정적인 견해를 드러냈다. 그는 알파라비처럼 어떻게 덕이 있는 나라가 사람들을 덕을 갖춘 행복한 삶으로 이끄는가에 초점을 맞추는 대신 당시 모든 나라가 타락했으므로 행복한 삶은 오직 혼자 은둔할 경우에만 가능하다는 사실을 치적했다.[35] 이븐 루슈드(Ibn Rushd, 1126-1198)는 『니코마코스 윤리학』에 대한 주석을 썼는데 이는 라틴어와 히브리어로 번역되기도 했다.[36]

현재 유일하게 전해지는 이븐 투파일의 철학 저술은 문학적 문체와 신비적인 암시 때문에 몹시 난해한 것으로 유명하다. 그는 은밀한 지식에 관해 묻는 한 친구를 소개하는 것으로 이야기를 시작한다. 이븐 투파일은 자신이 신비로운 여행을 하는 동안 얻은 지식을 정확히 묘사할 수는 없지만 철학적 언어를 사용해 진리에 대한 차선의 설명은 제시할 수 있다고 말한다. 이어서 그는 저술의 제목이기도 한 하이 이븐 야크잔(Hayy ibn Yaqzān, '살아있는, 깨달은 아들')에 대한 이야기를 하는데 하이는 다른 사람이 살지 않는 어떤 섬에서 성장한 인물로 묘사된다. 하이는 어린 시절 다른 동물들의 행동을 모방해 삶에 필요한 기술들을 배웠지만 어머니 역할을 했던 사슴이 죽은 후 죽음이라는 문제를

---

34) Abu Laylah 1990.
35) Lawrence Berman의 영어 번역은 Lerner and Mahdi 1963: 122-33. 또한 Harvey 1992 참조.
36) Zonta 2003: 195-6 참조.

해결하지 못하자 이성적 정신이 점차 깨어나게 된다. 나이가 들면서 하이는 추상적 사고를 통해 이론을 세우게 되고 자기 자신과 세계 그리고 천체와 신의 본질에 대한 확고한 결론에 도달한다. 그는 신이 쾌락과 고통을 부여했다는 사실을 깨달은 후 천체와 같은 질서를 모방하기 시작한다. 그는 동물을 죽이는 일을 피하고 식물에게 물을 공급한다. 인간중심주의를 넘어선 이런 보살핌은 알라지를 떠올리게 하는 동시에 다른 피조물들에 대한 하이의 전반적인 태도를 대표한다. 쿡코넨(Taneli Kukkonen)은 하이의 이런 성향이 이븐 투파일이 신플라톤주의 우주론을 받아들여 우주 안에 더욱 광범위한 인과성이 작용한다고 생각했음을 드러낸다고 해석한다.[37] 다른 피조물들에 대해서도 친절하게 대하려는 하이의 태도는 또한 현대의 영장류 동물학자들이 관심을 보이는 주제인 감정이입을 표현한 것으로 해석될 수도 있다.[38] 뒤이어 쾌락과 고통의 감수 능력을 지닌 다른 존재들의 고통을 인정하는 하이의 태도에 반대하는 인물로 압살(Absāl)이 등장한다. 그는 다른 섬 출신인데 편협한 원칙주의자 동료들에게서 벗어나기 위해 하이의 섬으로 도피한 인물로 묘사된다. 하이는 큰 호기심을 가지고 압살의 생각을 추적하고 비판하기도 하지만 곧 그의 행동을 보고 그가 몹시 두려워하고 있음을 발견한다. '하이는 압살이 매우 두려워하고 있음을 알게 되었고 그를 편안하게 만들기 위해 최선을 다하면서 자신이 아는 다양한 동물 소리를 내어 그를 즐겁게 만들려고 했다. 또한 하이는 압살의 머리를 쓰다듬거나 등을 두드리기도 하면서 압살과 함께 있어 매우 기쁘다고 부드럽게 말하기도 했다. 마침내 압살은 두려움에서 벗어나 하이가 자신에

---

37) Kukkonen 2008.

38) De Waal 2009.

게 아무런 해도 끼치지 않음을 깨닫게 되었다.'[39]

서로 생각을 교환하기 위해 여러 가지 노력을 한 후 압살은 하이가 신성한 영역에 순수하게 접근하려 한다는 사실을 알게 된다. 이들은 함께 압살의 섬으로 돌아오지만 그곳의 학자들에게 자신들의 길을 제대로 전하지는 못한다. 이에 실망하고 이들은 다시 하이의 섬으로 돌아와 은둔 생활을 하면서 자신들만의 행복을 추구한다. 이븐 투파일의 결론은 이븐 바자의 결론과 유사하다. 곧 덕이 있고 행복한 삶은 타락한 사회의 영향에서 벗어나는 것을 필요로 한다. 하지만 이븐 바자와는 달리 오히려 유수프와 유사하게 이븐 투파일은 최고 수준의 인식은 이성적 논증뿐만이 아니라 이보다 우월한 정신적 원리에 의해서도 지지된다고 주장하는데 여기서 후자는 명백히 신비주의적인 성격을 드러낸다.

결론

이 장에서 소개한 여러 학자들은 중세 이슬람 세계의 도덕철학이 지닌 대표적인 특징을 잘 보여준다. 곧 이들은 인간 영혼에 대한 플라톤과 신플라톤주의 이론들을 인간을 '정치적 동물'로 여기는 아리스토텔레스의 견해와 결합했으며, 철학을 행복에 이르는 또는 내세를 준비하기 위한 핵심 수단으로 생각했으며, 신을 모방하는 것을 인간의 궁극 목적으로 보았으며, 인간에게 이익 또는 손해를 낳는 덕과 악덕의 목록을 제시했다. 물론 이들 사이에는 차이점도 발견되는데, 사회적 의무나 경건함에 대한 서로 다른 견해를 예로 들 수 있다.

앞으로 활발한 연구가 진행될 여러 영역 중 몇몇은 도덕에 관한 철학

---

39) Ibn Tufayl 2009: 159.

적 담론과 더욱 넓은 맥락에서 관련되리라 생각한다. 특히 윤리학 및 도덕에 관한 이슬람 학자들의 견해가 당시의 다른 학자들의 견해와 어떤 관계를 이루는지를 살펴보는 작업은 흥미로우리라 여겨진다. 당시의 모든 학자들이 도덕과 윤리에 대한 논의를 전개하면서 이슬람교나 기독교 같은 종교에서 비롯된 견해를 주도적인 관점으로 내세웠다고 가정해도 큰 무리는 없을 것이다. (이런 사정은 마이모니데스 같은 유대교 학자도 마찬가지이다. 그 또한 유대교의 전통을 계승했다.) 알라지는 이런 종교적 도식을 받아들이지 않은, 몇 안 되는 학자 중 한 명인데 그가 도덕철학의 영역에서 사용한 용어를 보면 계시에 기초한 규범 체계를 비판하려는 그의 의도가 충분히 드러난다.[40] 중세 이슬람 사상에서 철학적 윤리학이 차지하는 위치는 단지 몇몇 저술들에 국한되어 논의되어왔다.[41] 하지만 학자들만이 도덕적 주제를 독점하지는 않았다. 예를 들면 미커(Michael Meeker)가 언급하듯이 『데데 코르쿳의 책』(*Book of Dede Korkut*)으로 알려진, 튀르크어로 쓰인 서사시에는 윤리적 원리들이 분명하게 드러난다.[42] 이 책에서는 자주 공격적인 개인의 영웅적 행위가 오직 그 자신을 위해 행해져 다른 사람들의 가치를 위협하기도 하지만 이런 행위도 사회적 가치나 정서적 결속력, 사회적 유대감과 양립할 수 있다면 허용된다는 내용이 등장한다. 데데 코르쿳의 이야기들은 대체로 갈등과 대립의 발생에서 시작해 신에 대한 믿음과 사회의 재건으로 마무리된다. 도덕과 관련해 이런 전통이 이론적으로 체계화되지는 않았지만 이는 중세 이슬람 세계의 윤리적 사고라는 폭넓은 영역에서 중요한 일부를 차지한다.

---

40) Druart 1993b: 170과 181.

41) 위의 각주 2) 참조.

42) Meeker 1992. 페르시아어로 쓰인 문헌에 관해서는 de Fouchécour 1986 참조.

참고문헌

알파벳 순으로 배열하면서 아랍어 접두사 'Al-'은 무시했다.

제일 뒤의 * 표시는 특히 중요한 참고문헌임을 나타낸다.

Abu Laylah, Muhammad 1990. *In Pursuit of Virtue. The Moral Theology and Psychology of Ibn Hazm al-Andalusi [384-456 AH/994-1064 AD] with a Translation of his Book Al-Akhlaq wa'l-Siyar.* London: TaHa.

Adamson, Peter 2007a. *Al-Kindī.* Oxford University Press.

Adamson, Peter 2007b. 'Stoic, Cynic, Platonic: al-Kindī's Version of Socrates', in Trapp, M.B. (ed.), *Socrates, from Antiquity to the Enlightenment.* Aldershot: Ashgate, pp. 161-78.

Adamson, Peter 2007c. 'Miskawayh's Psychology', in Adamson, Peter (ed.), *Classical Arabic Philosophy. Sources and Reception.* London: The Warburg Institute, pp. 39-54.

Akasoy, Anna and Fidora, Alexander (eds.) 2005. *The Arabic Version of the Nicomachean Ethics,* With an Introduction and Annotated English Translation by Douglas M. Dunlop. Leiden: Brill.

Arkoun, Mohammed 1982. *Contribution à l'étude de l'humanisme arabe au IVe/Xe siècle: Miskawayh, philosophe et historien (320/325-421)=(932/936-1030).* Paris: Vrin.

Bar-Asher, Meir M. 1989. 'Quelques aspects de l'éthique d'Abu Bakr al-Razi et ses origines dans l'oeuvre de Galien', *Studia Islamica* 69: 5-38 and 70: 130-47.

Daiber, Hans 1996. 'Political Philosophy', in Nasr, Seyyed H. and Leaman, Oliver (eds.), *History of Islamic Philosophy,* vol. 2, London: Routledge, pp. 841-85.

D'Ancona, Cristina 1998. 'Al-Kindī on the Subject-matter of the First Philosophy. Direct and Indirect Sources of Falsafa al-ūlā, Chapter One', in Aertsen, Jan A. and Speer, Andreas (eds.), *Was ist Philosophie im Mittelalter?* Berlin and New York: Walter de Gruyter, pp. 841-55.

de Fouchécour, Charles-Henri 1986. *Moralia. Les notions morales dans la littérature persane du 3e/9e au 7e/13e siècle.* Paris: Éditions recherche sur les civilisations.

De Waal, Frans 2009. *Primates and Philosophers. How Morality Evolved*. Princeton University Press.

Donaldson, Dwight M. 1953. *Studies in Muslim Ethics*. London: S.P.C.K.

Doufikar-Aerts, Faustina 2010. *Alexander Magnus Arabicus. A Survey of the Alexander Tradition through Seven Centuries: from Pseudo-Callisthenes to Sūrī*. Paris: Peeters.

Druart, Thérèse-Anne 1993a. 'Al-Kindi's Ethics', *Review of Metaphysics* 47: 329–57.

Druart, Thérèse-Anne 1993b. 'Al-Razi (Rhazes) and Normative Ethics', in Boileau, David and Dick, John A. (eds.), *Tradition and Renewal. Philosophical Essays Commemorating the Centennial of Louvain's Institute of Philosophy*, vol. 2, Leuven University Press, pp. 167–81.*

Fakhry, Majid 1975a. 'Justice in Islamic Philosophical Ethics: Miskawayh's Mediating Contribution', *Journal of Religious Ethics* 3: 143–54.

Fakhry, Majid 1975b. 'The Platonism of Miskawayh and its Implications for his Ethics', *Studia Islamica* 42: 39–57.

Fakhry, Majid 1991. *Ethical Theories in Islam*. Leiden: Brill.*

Al-Fārābī 1985. *Al-Farabi on the Perfect State. Abū Nasr al-Fārābī's Mabādi ' ārā ahl al-madīna al-fādila*. A Revised Text with Introduction, Translation, and Commentary by Richard Walzer. Oxford: Clarendon Press.

Al-Fārābī 1996. *Ihsā' al-'ulūm*. Ed. ' Ali Bū Malham. Beirut: Dār wa-Maktabat al-Hilāl.

Goodman, Lenn 1996. 'Friendship in Aristotle, Miskawayh and al-Ghazali', in Leaman, Oliver (ed.), *Friendship East and West: Philosophical Perspectives*. Richmond: Curzon, pp. 164–91.

Griffith, Sidney 2003. 'The "Philosophical Life" in Tenth-Century Baghdad: The Contribution of Yahyā ibn 'Adī's *Kitāb Tahdhīb al-Akhlāq*', in Thomas, David (ed.), *Christians at the Heart of Islamic Rule. Church Life and Scholarship in 'Abbasid Iraq*. Leiden: Brill, pp. 129–49.

Gutas, Dimitri 1983. 'Paul the Persian on the Classification of the Parts of Aristotle's Philosophy: A Milestone between Alexandria and Bagdād', *Der Islam* 60: 231‒67.

Gutas, Dimitri 1990. 'Ethische Schriften im Islam', in Heinrichs, Wolfhart (ed.), *Orientalisches Mittelalter*, Wiesbaden: AULA, pp. 346‒65.*

Gutas, Dimitri 1997. Review of Fakhry 1991, *Journal of the American Oriental Society* 117: 171‒5.

Gutas, Dimitri 2004. 'The Meaning of Madanī in al-Fārābī's "Political" Philosophy', *Mélanges de l'Université Saint Joseph* 67: 259‒83.

Harvey, Stephen 1992. 'The Place of the Philosopher in the City according to Ibn Bājja', in Butterworth, C.E. (ed.), *The Political Aspects of Islamic Philosophy. Essays in Honor of M.S. Mahdi*. Cambridge: Harvard University Press, pp. 199‒233.

Hodgson, Marshall G.S. 1974. *The Venture of Islam. Conscience and History in a World Civilization*, vol. 1, *The Classical Age of Islam*. Chicago University Press.

Hourani, George F. 1971. *Islamic Rationalism. The Ethics of 'Abd al-Jabbār*. Oxford: Clarendon Press.

Hourani, George F. 1975. 'Ethics in Medieval Islam: A Conspectus', in Hourani, George F. (ed.), *Essays on Islamic Philosophy and Science*. Albany: State University of New York Press, pp. 128‒35.

Ibn 'Adī, Yahyā 2002. *The Reformation of Morals*, A Parallel Arabic‒English Edition, Translated and Introduced by Sidney H. Griffith. Provo: Brigham Young University Press.

Ibn Tufayl 2009, *Ibn Tufayl's Hayy ibn Yaqzan. A Philosophical Tale*, Translated with an Introduction and Notes by Lenn Evan Goodman. University of Chicago Press.

Klein-Franke, Felix 1979. 'The Arabic Version of Galen's Περὶ ἐθῶν', *Jerusalem Studies in Arabic and Islam* 1: 125‒40.

Kraemer, Joel L. 1993. *Humanism in the Renaissance of Islam. The Cultural Revival during the Buyid Age*, 2nd edn. Leiden: Brill.

Kukkonen, Taneli 2008. 'No Man is an Island. Nature and Neo-platonic Ethics in Hayy ibn Yaqzān', *Journal of the History of Philosophy*

46: 187–204.*

Lerner, Ralph and Mahdi, Muhsin 1963. *Medieval Political Philosophy. A Sourcebook.* Toronto: The Free Press of Glencoe.

Madelung, Wilferd 1985. 'Nasīr ad-Dīn Tūsī's Ethics between Philosophy, Shi'ism and Sufism', in Hovannisian, Richard G. (ed.), *Ethics in Islam.* Malibu: Undena, pp. 85–101.

Marcotte, Roxanne D. 2012. 'Ibn Miskawayh's Tartīb al-Sa 'ādāt (The Order of Happiness)', in Langermann, Y. Tzvi (ed.), *Monotheism and Ethics. Historical and Contemporary Intersections among Judaism, Christianity, and Islam.* Leiden: Brill, pp. 141–61.

McGinnis, Jon and Reisman, David C. 2007. *Classical Arabic Philosophy. An Anthology of Sources*, Translated with Introduction, Notes, and Glossary. Indianapolis: Hackett.

Meeker, Michael E. 1992. 'The Dede Korkut Ethic', *International Journal of Middle East Studies* 24: 395–417.

Miskawayh 1964. *An Unpublished Treatise of Miskawaih on Justice or Risāla fī Mahīyat al-'Adl li-Miskawaih*, ed. and trans. M.S. Khan. Leiden: Brill.

Miskawayh 1968. *The Refinement of Character. A Translation from the Arabic of Ahmad ibn-Muhammad Miskawayh's Tahdhīb al-akhlāq*, trans. Constantine K. Zurayk. American University of Beirut.*

Ramón Guerrero, Rafael 2011. 'Ethics, Arabic', in Lagerlund, Henrik (ed.), *Encyclopedia of Medieval Philosophy: Philosophy from 500 to 1500.* Dordrecht: Springer, pp. 317–23.

Rosenthal, Franz 1994. *The Classical Heritage in Islam.* London: Routledge. (Originally published 1975.)

Rundgren, Frithiof 1976. 'Das Muxtasar min Kitāb al'Axlāq des Galenos. Einige Bemerkungen', *Orientalia Suecana* 23–4: 84–105.

Al-Tūsī, Nasīr al-Dīn 1964. *The Nasirean Ethics*, trans. G.M. Wickens. London: Allen & Unwin.

Ullmann, Manfred 2011–2012. *Die Nikomachische Ethik des Aristoteles in arabischer Übersetzung*, 2 vols. Wiesbaden: Harrassowitz

Verlag.

Yūsuf Khāss Hājib 1983. *Wisdom of Royal Glory. A Turko-Islamic Mirror for Princes*, Translated, with an Introduction and Notes by Robert Dankoff. University of Chicago Press.

Zonta, Mauro 2003. 'Les éthiques. Tradition syriaque et arabe', in Goulet, Richard (ed.), *Dictionnaire des philosophes antiques*, Supplément. Paris: Éditions du Centre National de la Recherche scientifique, pp. 191-8.*

13장

"기독교화한 아리스토텔레스주의인가?" 알베르투스 마그누스와 토마스 아퀴나스

토비아스 호프만과 외른 뮐러(Tobias Hoffmann and Jörn Müller)

스콜라철학에서 도덕철학의 전개는 아리스토텔레스의 『니코마코스 윤리학』의 수용에 의해 큰 영향을 받았다.[1] 1246/1247년 경 그로스테스트(Robert Grosseteste)에 의해 라틴어로 완역된 이 책은 중세 신학자들 사이에 도덕철학에 대한 큰 관심을 불러일으켰으며, 이는 13세기 후반 철학의 한 분과로서의 윤리학이 새롭게 시작되는 계기를 제공했다(Wieland 1992 참조). 하지만 이런 강력한 아리스토텔레스의 재등장은 일종의 긴장 관계를 형성하지 않을 수 없었다. 그의 이론은 아우구스티누스를 근원으로 삼는 전통적인 도

---

[1] 이 장에서 다음과 같은 저술의 생략형을 사용했다. *EN* = 아리스토텔레스, 『니코마코스 윤리학』; *Eth.* = 알베르투스 마그누스, *Ethica*; *SE* = 알베르투스 마그누스, *Super Ethica* (1968-1972); *ST* = 아퀴나스, 『신학대전』.

덕 신학과 여러 영역에서 충돌했기 때문이다. 둘 사이의 대표적인 차이점으로는 현세에서 행복의 도달 가능성, 덕들의 특성(자연적인가 초자연적인가), 도덕법칙의 규범적 기초(신에게 근거하는가 인간에게 근거하는가) 등을 들 수 있다.

알베르투스 마그누스(Albert the Great, 1200-1280)와 그의 제자인 토마스 아퀴나스(Thomas Aquinas, 1225-1274)는 아리스토텔레스의 철학 전반과, 특히 『니코마코스 윤리학』과 기독교 사이의 조화를 모색했는데 이들은 모두 『니코마코스 윤리학』에 대한 주석서를 쓰기도 했다. 따라서 이들은 항상 '기독교화한 아리스토텔레스주의'의 선구자로 불린다. 하지만 이런 호칭은 이 둘이 아리스토텔레스의 윤리학을 응용한 방식이 미묘하게 다르다는 사실과 이들 자신이 생각한 도덕의 개념이 상당히 복잡하다는 사실을 간과하게 만든다. 따라서 이 장에서는 위에서 언급한 세 가지 차이점에 주목하면서 이들이 철학적 윤리학과 도덕 신학 사이의 관계를 어떻게 생각했는지에 특히 주의를 기울이려 한다. 또한 이들이 다른 철학 이론들에 (특히 스토아학파와 신플라톤주의에) 의지해 아리스토텔레스의 주장을 정교하게 재해석하는 방식도 상세히 검토하려 한다. 그리고 마지막 부분에서는 이들의 입장에 대한 메타 윤리적 평가도 덧붙이려 한다.

알베르투스 마그누스: 실천적 학문으로서의 윤리학과 철학자의 행복

알베르투스는 『니코마코스 윤리학』에 대한 주석서를 두 차례나, 한 번은 1250-1252년에(*Super Ethica*, 1968-1972), 다른 한번은

1262년에(*Ethica*, 1891과 2002)에 썼다. 이런 사실 자체가 그에게 『니코마코스 윤리학』이 차지하는 중요성을 증명한다. 두 주석서 모두에서 그는 아리스토텔레스의 원전에서 드러나는 의미를 해명하는 데 그치지 않고 어떤 종교적 또는 신학적인 간섭과도 전혀 무관한 도덕적 견해를 드러냄으로써 진정으로 철학적인 윤리학을 전개한다. 이런 그의 노력은 1250년 이전에 등장한, 『니코마코스 윤리학』의 부분 번역에 기초한 다른 주석서들과 뚜렷한 대비를 이룬다. 이런 주석서들은 행복과 같은 아리스토텔레스의 핵심 개념을 신학과 조화를 이루도록 해석하는 수준에 그친다(Celano 1986과 Celano 2016, 4장 참조).

알베르투스의 도덕적 기획 중 첫 단계는 철학적 윤리학이 오직 그 자체만으로 고유한 영역을 지닌다는 점을 확보하는 것이다. 따라서 그는 동력인 및 목적인과 관련해 신학적 덕과 철학적 덕을 분명히 구별한다. 신학적 덕은 신이 직접 우리에게 주입한 덕(virtutes infusae)으로 오직 신을 위해 행해지는 것인 반면 철학적 덕은 (예를 들면 교육이나 습관에 의해) 인간의 행위에 직접적인 원인으로 작용하며 행위자는 자신의 행복에 도달하기 위해 이런 덕을 행한다. 알베르투스는 논의를 전개하면서 '신학적으로 말하면'(loquendo theologice), '철학적으로 또는 윤리적으로 말하면'(loquendo philosophice/ethice)이라는 문구를 사용해 이 두 영역을 뚜렷하게 나눈다. 이런 두 관점 사이의 차이는 심지어 서로 반대되는 도덕 판단을 낳기도 한다. 자연 도덕의 영역에서는 거짓말이 덕에 이르는 일을 항상 방해하지 않는 반면 신학적 관점에서 거짓말은 항상 해로운 것이다(*SE* 4.14, pp. 288-9). 하지만 알베르투스는 철학적 윤리학과 도덕 신학을 항상 서로 대립하는 관계로 설정하기보다는 두 영역의 진술이 궁극적으로 서로 공약불가능하다고 주장한다(Tracey 1999: 33-65 참조). 따라서 신학적 견해는 결코 철학적 윤리학의 인식론적 시금석 또는 진리 기준이 될 수 없으며, 철학적 윤리학은 최소한 부분적으로라도 자연 도덕의 영역에서 자율성을 지닌다. 이런 주장은 인간 자신의 능력 안에 속하므로 초자연적 은총을 필요로 하지 않는 모든 것은 신의 조명이나 계시가 없이도 인간 본성인 이성에 기초해 파악될 수 있음을 암시한다.

　두 번째 단계에서 알베르투스는 이런 자율적인 성격을 철학적 윤리학의 주제, 방법, 특성, 목표 등에 대한 혁신적이고 과학적인 고려와 연결하려고 시도한다.[2] 그가 제시하는 윤리학의 핵심 문제는 과연 윤리학이 일종의 과학으로 성립할 수 있는가이다. 윤리학은 끝없이 변화하는 우연적인 인간 행위를 다루는데 인간 행위는 과학적 논증이 요구하는 보편성과 필연성을 결여한 듯이 보이기 때문이다. 알베르투스는 이 문제를 해결하기 위해 실제로 존재하는 도덕 현상(mos secundum id quod est)과 그 아래 놓인 본질적이고 개념적인 구조(mos secundum rationem et intentionem)를 구별한다. 어떤 특정한 용감한 행위, 예를 들면 아킬레우스의 행위는 엄밀한 의미에서 과학의 주제가 될 수 없지만 일종의 본질적 전형, 이른바 용기라는 덕의 전형으로 여겨질 수는 있다. 용기 자체는 도덕적 성향의 보편적인 종으로서 (공포와 자만 사이의 중용을 용기로 여기는 경우처럼) 구체적인 서로 다른 행위와 속성들이 필연적으로 이 종 안에 속하게 된다. 더 나아가 덕이라는 유적인 개념 자체도 도덕적, 지적, 영웅적 덕이라는 종으로 세분될 수 있다. 알베르투스는 자주 윤리학자들 자연철학자에 비유하는데 그 까닭은 둘 모두 끊임없이 변화하는, 물질적인 특수한 개체들로 이루어진 세계에서

---

2) SE, prol., 1-4 참조; Eth. 1.1.1-7, 이 부분을 비판적으로 편집, 수록한 내용은 Müller 2001: 308-58. 또한 이 부분의 원전을 상세히 분석한 내용은 같은 책, 256-307 참조.

보편적이고 불변하는 형상을 확인해야 하기 때문이다(*SE* 8.7, p. 619). 이런 분석 과정을 거쳐 등장하는 개념적 도식은 아리스토텔레스가 『분석론 후서』에서 제시한, 높은 수준의 과학적 기준을 충족하는 도덕 이론의 기초로서 과학적인 증명을 허용하는 것이 된다. 알베르투스는 윤리학의 원리를 다루는 이런 분야를 이론 윤리(ethica docens)라고 부르는데 이는 필연적 전제들에 기초해 진정한 삼단논법의 증명을 산출하며 따라서 완벽하게 엄밀한 영역이다. 이런 면에서 알베르투스는 아리스토텔레스보다 더욱 큰 야망을 품었다고 할 수 있다. 왜냐하면 아리스토텔레스는 윤리학이 단지 '큰 틀에서만'(tupôi) 학문으로 탐구될 수 있을 뿐, 궁극적으로 이론적 영역에서 요구되는 정확성과 엄밀성은 부족하다고 생각했기 때문이다(EN 1.3.1094b19-27).

하지만 실천적 학문(scientia practica)으로서 윤리학은 오직 이런 논증적인 부분만이 아니라 실용 윤리(ethica utens), 곧 현실적 행위를 인도하는 응용 윤리의 부분도 포함한다. 이 부분은 설득에 기초해(modus persuasorius) 진행되며 불완전한 삼단논법과 예들을 사용한다는 점에서 수사학에 더욱 가깝다. 따라서 실용 윤리는 예외 없는 도덕 원리보다는 대강의 규칙을 산출하는데, 이런 규칙은 이론 윤리의 보편적 원리보다는 개별적 행위와 더욱 밀접하게 관련되며 그저 대부분의 경우에(ut in pluribus) 적용되는 것이므로 과학적 엄밀성은 부족하다.

이론 윤리와 실용 윤리 사이에 명백히 이런 간격이 있기 때문에 우리의 영혼은 이들 둘 모두에 관여해 여러 규칙들을 특수한 상황에 올바르게 적용하는 능력을 필요로 한다. 그리고 이런 중요한 역할은 사려(prudentia)의 덕을 통해 수행된다. 사려의 핵심 임무는 윤리적 덕들을 실현하기 위한 수단을 결정하고 이들을 구체적인 상황에 '적용하는' 것이다. 따라서 사려는 윤리적인 보편적 원리를 적절하게 실행에 옮길 수 있도록 보장해준다. 이런 일은 인간 행위의 보편적 규범을 확실하게 파악하는 것뿐만 아니라 도덕적 문제에 대한 다양한 경험을 필요로 한다. 사려를 통해 우리는 자연법(ius naturale)의 원리들에 대한 일종의 타고난 지식을 구체적 상황에 적용하게 된다(Payer 1979 참조). 알베르투스는 자연법을 고전적인 양심의 개념과 밀접하게 연결함으로써 자연법이 우리를 유사한 방식으로 행위하도록 인도한다고 주장한다. 자연법과 양심은 모두 아리스토텔레스의 실천적 삼단논법의 도식에 따라 보편적 원리에 기초한 특수한 판단을 산출하는데 그 예는 다음과 같다.

간음은 피해야 한다.
이 여성과 동침하는 것은 간음 행위이다.
이 여성과 동침하는 것을 피해야 한다.

사려의 능력은 이 논증의 전제뿐만 아니라 결론에도 적용되는데 사려는 실천적 판단(sententia)과 행위를 인도하는 이성적 질서(imperium)를 영혼의 다른 부분에 제공하는 역할을 한다. 사려는 보편적인 것뿐만 아니라 특수한 것과도 관련하므로 두 부분으로, 곧 이론적 부분과 실용적 부분으로 나뉘며 결국 완벽하게 '작용하는 지식'(scientia operativa)을 제공한다. 사려에 대한 마지막 분석에서 알베르투스는 사려를 도덕적인 덕과 지적인 덕 사이에 위치하는 일종의 중용으로 묘사한다(Eth. 6.4.1, Albert the Great 1891: 456b). 이런 분석에 따라 그는 윤리학의 실천적 특징을 다음과 같이 요약한다. '도덕적 덕이 없이 잘 행위하는 일은 불가능하다. 또한 사려가 없이 도덕적 덕에 이르는 일은 불가능하다. 그리고 사려는 결국 도덕적 가르침에 의해 형성된다. 따라서 도덕 이론(doctrina moralis)이 없이는 잘 행위할 수 없다'(SE

10.17, p. 778). 이런 주장은 도덕적 삶의 완성을 위해서는 이론 윤리가 중요하다는 점을 강조해 드러낸다.

실천적 학문으로서 윤리학의 핵심 주제는 행복과 그것에 도달하는 방법이다. 아리스토텔레스의 접근 방식에 따라 알베르투스는 두 종류의 행복을 구별한다.

(1) 시민적 행복(felicitas civilis)은 사려가 완전한 도덕적 삶의 질서를 규정하는 자신의 역할을 다하는 상태라고 할 수 있다. 알베르투스는 시민적 삶을 잘 질서 잡힌 전체로 여기는데 이런 삶에서 외부적인 재화는 단지 도구적인 역할을 할 뿐이며 도덕적 덕들은 결국 사려를 향해 나아간다. 사려는 도덕적 삶의 정점을 이룬다(SE 6.17, p. 499).

(2) 관조적 행복(felicitas contemplativa)은 인간이 도달할 수 있는 최고 수준의 완성이다. 그것은 우리가 지닌 최고의 능력인 지성과 관련되기 때문이다. 지성의 활동을 통해 인간은 세계와 분리된 (비물질적인) 실체, 곧 신과 천사들을 직접 인식할 수 있는데 신과 천사는 지성적 존재들 중 최고의 위치를 차지한다. 특히 두 번째 주석에서 알베르투스는 이런 관조적 행복을 인간 지성이 현세에서 도달할 수 있는 최고의 단계, 이른바 '획득된 지성'(intellectus adeptus)이 작용한 결과로 여기는데, 획득된 지성을 통해 우리는 감각적 인상이나 상상을 통해 얻은 바를 추상화하는 과정을 전혀 거치지 않고도 분리된 실체를 직접 인식할 수 있다(Eth. 10.2.3-4, Albert the Great 1891: 628a-632a). 이런 획득된 지성 이론은 EN에서는 발견되지 않으므로 알베르투스는 주로 알파라비, 이븐 시나(Avicenna), 이븐 루시드(Averroes) 등의 아랍 철학자들로부터 이 이론을 이끌어내어 심리학과 인식론, 윤리학을 매우 복잡한 방식으로 연결하려 한 듯하다(Müller, 2006). 또한 이 이론은 이후 등장한 라틴어권의 폭넓은 사상가들에게 큰 영향을 미쳤음이

분명히 확인되는데 이런 사상가들에는 파리 대학을 중심으로 활동했던 이븐 루시드주의자 또는 극단적인 아리스토텔레스주의자인 시제루스 (Siger of Brabant)와 같은 인물뿐만 아니라 14세기 독일 도미니코회 수도사였던 디트리히(Dietrich of Freiberg)까지도 포함된다(de Libera 1990: 215-66 참조).

이렇게 큰 영향을 미친, 알베르투스의 관조적 행복 이론에서 핵심 논점은 이런 유형의 관조가 실제로 세속적 행복을 실현하는 것으로 구성된다는 점이다. 수많은 이전 철학자들이나 그와 동시대 철학자들이 윤리학의 영역에서 '모든 인간은 유한한 한 필연적으로 비참하다'는 아우구스티누스의 믿음을(『신국론』 9.15) 여전히 고수하면서 진정한 행복은 순전히 내세에 속하는 것이라고 생각한 반면 알베르투스는 아리스토텔레스의 관조적 삶의 개념에 획득된 지성의 개념을 더해 변형함으로써 더욱 상위의 지적인 실재들을 조망하는 상태로서의 관조적 행복을 제시한다. 그는 이런 행복은 그 자체만으로 아무것도 부족하지 않으므로 세속적 질서의 가장 높은 (심지어 완전한) 단계에 위치하며 또한 모든 신학적 구속에서 벗어난 것이라고 주장한다. 그의 핵심 주장은 획득된 지성과 이로부터 비롯된 행복은 초자연적인 은총에 따른 선물이 아니라 철학을 탐구하는 삶의 결과로 얻어지는 최고의 성과로 이해되어야 한다는 것이다. 이런 방식으로 알베르투스는 윤리학을 실천적 학문으로 확립할 뿐만 아니라 삶의 방식 중 최선은 철학을 행하는 것이라는 고대의 생각을 가장 강력하게 되살린다(Bianchi 1987 참조).

이렇게 인간 행복을 혁신적으로 이해하려 한 알베르투스의 시도는 궁극적으로 정신-육체의 이원론에 기초하는데 그의 언급에 따르면 '인간은 인간인 한에서 오직 지성적이다'(*Eth.* 9.2.1, Albert the Great 1891: 571b). 이를 바탕으로 그는 다른 모든 것은 오직 (획득된) 지성을 위해 행해져야 하며, 아무것도 여전히 물질 세계와 깊숙이 연결된 육체나 영혼의 나머지 부분을 위해 행해져서는 안 된다고 충고한다. 이런 주장은 형상-질료 이론에 근거한 아리스토텔레스의 인간학과 그리 잘 어울리지 않는다. 아리스토텔레스에 따르면 이성적 영혼은 독립적 실체가 아니라 살아있는 인간의 육체가 지닌 형상에 해당한다. 알베르투스는 아리스토텔레스의 철학적 윤리학을 빌려와 매우 주지주의적인 이론을 제시했지만 다른 영역에서는 상당한 차이를 드러내기도 한다.

첫째, 알베르투스에 따르면 시민적 삶과 행복은 완전히 관조적 행복 아래에 놓이는 것이다. 충분한 외부적 재화를 소유하고, 도덕적 덕들을 지니고, 사려가 행위를 인도하도록 하는 것은 획득된 지성에 이르기 위한 필요조건들이다. 하지만 이들은 인간 본성 중 최고의 (곧 지성적인) 부분을 완전히 실현하는 데 본질적인 요소는 아니다. 이렇게 인간 삶의 유일한 목표로 지적인 행복을 내세우고 다른 요소들은 배제하려 하는 알베르투스의 견해는 윤리학과 정치학 사이의 유기적인 결합을 무엇보다도 중요시하는 아리스토텔레스의 견해와 조화를 이루기 어렵다.

둘째, 알베르투스는 인간 영혼 중 비이성적인 부분들이 도덕적 삶에 기여할 수 있는 역할은 제한적이라고 생각한다. 그의 자연법 이론에서 그는 이전 아리스토텔레스의 전통에서 강조되었던 생물학적 요소를 의도적으로 배제하고, 자연법을 기본적으로 영혼 중 감각적 능력에 이성적 질서를 부여하는 이성의 법칙으로 여긴다.

셋째, 알베르투스는 자신의 덕 이론을 통해 아리스토텔레스의 도덕적 덕들을 플로티노스의 '정화된 영혼의 덕들'(virtutes purgati animi)로 대체하려는 시도를 완성한다. 영혼의 덕들은 정념들을 절제해 중용을 발견하는 것이 아니라 스토아학파와 같은 방식으로 정념을 근절하는 것에 가깝다(Müller 2001: 192-8 참조). 특히 『윤리학』(*Ethi-*

ca)에서 그는 행복한 사람을 오직 지적인 발전에만 완벽하게 초점을 맞추고 감각적인 것을 경멸하는 일종의 금욕적인 인물로 묘사한다.

이런 주지주의적인 경향에 비추어볼 때 알베르투스의 철학적 윤리학은 비록 아리스토텔레스의 『니코마코스 윤리학』에 크게 의존해 논의 과정을 전개하고 핵심 개념을 선택하는 양상을 보이지만 사실은 아리스토텔레스의 가면을 쓴 플라톤적인 접근이라는 해석을 지지하는 증거들도 적지 않다. 이런 접근 방식은 알베르투스가 초기 저술 『선에 관하여』(*De bono*)에서부터 계속 초점을 맞추었던 우주론적인 기획(Cunningham 2008, 특히 93-111 참조), 곧 포괄적인 신플라톤주의 형이상학을 바탕으로 선의 개념을 형성하고 이를 구체적인 인간의 선에 적용하려는 시도의 중요한 부분을 차지한다(*Eth.* 1.2.1-7, Albert the Great 2002). 이런 선의 개념에서 관조적 행복을 통해 최고의 지성적 영역을 인간이 인식하는 일은 동시에 인간에게 지성을 부여한 최초의 근원에로 되돌아가는 것이기도 하다(Anzulewicz and Rigo 2002 참조). 따라서 알베르투스가 거듭 주장하듯이 획득된 지성은 '불멸성의 근원'(radix immortalitatis, *Eth.* 1.6.6, Albert the Great 1891: 92b)이며, 아리스토텔레스의 도덕철학은 세계를 무엇보다도 앞서 지적인 질서로 파악하는 플라톤적인 관점을 돕기 위해 고안된 것으로 보아야 한다. 하지만 알베르투스는 자연 도덕을 신학과 무관한 것으로 여기는, 진정으로 자유롭고 독립적인 견해를 내세운 최초의 스콜라철학자로 확고한 위치를 차지한다.

토마스 아퀴나스: 이중의 행복, 자연법 그리고 사려____

아퀴나스와 『니코마코스 윤리학』 사이의 관계는 단지 그가 이 책에 대한 주석서를(『윤리학 주해』, 1271/2년경 저술) 썼다는 데 그치지 않고 그의 신학 저술 대부분에까지로 확장된다(Hoffmann, Müller, and Perkams 2013 참조). 아리스토텔레스에 대한 아퀴나스의 이해는 그가 가르침을 받았던 스승들의 견해, 예를 들면 알베르투스의 『윤리학 주석 보충』에서(사실 이 책은 아퀴나스 자신이 편집한 것인데) 드러나는 견해로부터 큰 영향을 받은 것이 사실이지만 이전 철학자들과 아퀴나스가 아리스토텔레스의 여러 개념들을 활용한 방식 사이에는 주목할 만한 차이점도 발견된다.

이들 사이의 대표적인 차이는 궁극 목적의 개념과 관련해서 드러난다. 알베르투스는 인간이 죽기 이전에 현세에서 행복에 도달할 수 있음을 강조한 반면 아퀴나스는 아리스토텔레스가 이상으로 여겼던, 현세에서 영위하는 철학적 삶을 한마디로 '완성되지 않는' 또는 '불완전한 행복'이라고 일축하면서 이는 기껏해야 축복 받은 내세에서 누릴 진정하고 완전한 행복(beatitudo perfecta)의 전조 또는 시작에 지나지 않는다고 주장한다(『대이교도대전』 3.48; *ST* 1-2.5.3). 인간 본성의 최고 목표는 신 안에서 신의 본질을 조망하는 지복의 상태에 도달하는 것인데 이는 오직 사후의 내세에서 초자연적 은총의 도움을 받아 실현될 수 있다.[3] 현세에서 누리는 지복의 범위에 대한 이런 견해 차이는 궁극적으로 알베르투스와 아퀴나스 사이의 인식론 및 인간학의 차이에 기인하는데, 알베르투스보다 아퀴나스가 인간을 영혼과 육체의 결합으로

---

[3] 이는 수많은 논쟁을 불러일으킨 매우 복잡한 주제이다. Bradley 1997, 특히 9장; Feingold 2010.

여기는 아리스토텔레스의 형상-질료 이론에 더욱 가깝다고 말할 수 있다(Steel 2001 참조).

아퀴나스는 행복을 향한 인간의 노력이 결국 내세에서의 완전한 행복에 이름으로써 완수된다고 여기는 자신의 견해가 아리스토텔레스의 윤리학과 충분히 양립가능하며 아리스토텔레스가 『형이상학』에서 언급한 '모든 인간은 본성상 알기를 원한다'는(1.1.980a21) 주장으로부터 도출된다고 생각한다. 앎을 향한 이런 갈증은 최고의 지적인 대상과 궁극적 진리를, 곧 신의 본질을 완전하게 조망할 경우에만 해소될 수 있다. '자연은 아무것도 헛되이 행하지 않기' 때문에 이런 이상에 도달할 수 있음에 틀림없고 따라서 인간에게 의미 없는 욕구란 있을 수 없다. 하지만 아퀴나스는 기독교인들이 내세우는 행복한 내세의 개념이 아리스토텔레스에게서 직접 발견된다고 주장함으로써 아리스토텔레스에게 '세례를 베풀어 그를 기독교인으로 만들려는' 시도에 대해서는 강력히 저항한다(『명제집 주해』 4.49.1.1.4). 이와는 반대로 아퀴나스는 아리스토텔레스의 순전히 자연적이고 철학적인 윤리학을 신학적 사고를 통해 정교하게 재구성함으로써 자신의 행복 개념을 형성한다. 아퀴나스에 따르면 은총은 인간 본성을 파괴하는 것이 아니라 완성하므로 신학적 윤리학 또한 도덕철학을 전복하는 것이 아니라 완벽하게 만든다. 신을 조망함으로써 인간은 마침내 신의 선함에 온전히 동참하게 된다. 이를 통해 인간의 행복은 형이상학적 체계를 완성하는 한 부분이 되며, 그 안에서 모든 피조물들은 궁극적으로 최고의 목적인 신에 이르려고 노력하면서 자신의 본성에 부여된 개별적인 목표를 실현하려 한다(『대이교도대전』 3.2-3 및 3.16-24; *ST* 1-2.2.8 참조).

아퀴나스의 행복 이론에서 이미 드러나듯이 그의 윤리학은 인간이 자신의 선을 추구하는 데 적용되는 근본 질서가 존재한다는 점을 강조한다. 인간의 선은 인간 본성에 부여된 바로 구성되는데 각 개인의 기질이나 선호, 내력 그리고 특수한 실천적 상황 등과는 무관하다. 동시에 아퀴나스는 당시로서는 매우 독창적인 방식으로 선과 악에 대한 주관적인 기준이 개입할 수 있는 공간도 허용한다.

그렇다면 나는 어떻게 행위해야 하는가? 이 질문에 답하면서 아퀴나스는 인간 행위의 가장 일반적인 지침을 지적하는데 그는 이런 지침이 자연법을 통해 주어진다고 생각한다. 이른바 자연법의 모든 규칙은 '선은 행하고 추구해야 하지만 악은 피해야 한다'는 원칙에 기초한다. 이런 '실천이성의 제일원리'는 여기에 사용된 용어의 의미를 제대로 파악한 사람에게는 자명하게 드러난다. '선'과 '목적'은 서로 일치하는 개념이다. 선은 우리가 추구하거나 추구해야만 하는 목적이다. 더욱 근본적으로 우리는 행복을 바라지만 이를 위해 어떻게 행위해야 하는지를 알기 위해서는 더욱 특수한 원리들이 필요하다. 인간의 선은 다양한 구체적인 선들로 구성된다. 이들이 무엇인지는 순전히 개념적인 분석, 말하자면 행복의 개념과 인간에 대한 정의를 분석하는 작업만을 통해서는 발견할 수 없다. 하지만 인간의 더욱 구체적인 선이 무엇인지를 알기 위해서는 인간 본성에 관한 무언가를 알 필요가 있다. 곧 우리는 인간이 본성상 무엇을 지향하도록 구성되어 있는지를 알아야 한다. 아퀴나스는 이런 구성 요소가 인간의 '자연적 성향'(inclinationes naturales)을 통해 드러난다고 생각한다. 그가 이런 성향의 예로 든 것에는 자신의 존재 보존, 성적인 결합, 자녀의 교육, 신에 관한 진리의 인식, 사회를 이루고 살아감, 이성에 따른 행위 등이 포함된다. 이런 성향들을 통해 드러나는 인간의 선들은 삶 자체에 걸쳐 있다. 삶의 고양, 진리의 인식, 함께 살아가는 삶, 이성이 인도하는 삶 등이 곧 덕이 있는 삶을 형성한다. 우리는 선을 행하고 악을 피해야 하므로 이런 선들을 증진하는 것은 무엇이든 행해야 하며, 저해하는 것은 무엇이든 피해야 한다(*ST* 1-2.94.2-3). 따라서 우리에게는 자녀를 잘 돌보라는 것과 같은 적극적인 지침도, 무지를 피하라는 것과 같은 소극적인 지침도 주어진다. 아퀴나스는 바로 이런 지침들을 자연법이라고 부른다.

그렇다면 아퀴나스의 자연법 이론은 두 가지 기초 위에 서있다. 그 중 하나는 자연적 성향들을 동반한 인간 본성인데 이런 성향들은 본성상 우리의 목적, 곧 인간의 선을 추구한다. 다른 하나는 이성인데 이성은 선을 행하고 악을 피하라는 자명한 원리를 인식하며, 자연적 성향들이 추구해야 하는 인간의 선, 곧 진정한 목적을 발견한다. 그렇다면 아퀴나스의 체계에서 근본적인 윤리적 원리들은 앞선 알베르투스의 경우와는 달리 순전히 이성의 법칙뿐만 아니라 자연법에 근거하는 것이 된다.[4] 그런데 아퀴나스는 자연법 자체가 더욱 근본적인 어떤 기초, 곧 '영원법'에 근거한다고 생각한다. 영원법은 세계 전체를 규제하며, 신의 섭리에 따른 법이다. 자연법은 '영원법에 이성적 피조물이 관여한 결과이다.' 모든 존재는 영원법 덕분에 '자신의 적절한 행위와 목적을 향한' 성향을 부여받는다(*ST* 1-2.91.1-2). 이런 사실은 자연법과 관련해 자연적 성향이 담당하는 기본적인 역할을 설명해준다. 이런 성향은 인간이 어떤 목적을 추구하고 성취해야 하는지에 대한 신의 의도를 표현하기 때문이다.

자연법으로 드러나는 일반적인 도덕 원리와 지금 여기서 행해지는 구체적 행위 사이의 연결은 한편으로는 양심을 통해, 다른 한편으로는

---

4) 아퀴나스의 자연법 이론을 개관한 자료로는 Lisska 1996, Finnis 1998: 79-102, Jensen 2015 참조. 아퀴나스는 알베르투스와 달리 선의 형이상학에 기초해 윤리학을 전개하지는 않지만 인간 본성과 자연적 성향에 대한 형이상학적 접근을 허용한다. 자연적 성향을 열망이나 충동으로 잘못 이해해서는 안 된다는 주장은 Cunningham 2012 참조.

사려를 통해 이루어진다. 아퀴나스는 각 개인이 자연법의 일반 원리에 대한 근본적인 도덕 의식(sunderesis)을 지닌다고 주장한다(『진리론』 16.1, *ST* 1-2.94.1 ad 2). 양심의 판단은 일반 원리를 구체적인 경우에 적용함으로써 이루어지는데, 아퀴나스는 알베르투스와 마찬가지로 이런 판단에는 실천적 삼단논법이 사용된다고 생각한다. 일반 원리에 대한 의식은 오류를 범할 수 없지만 그것의 적용은 잘못될 수도 있다. 하지만 우리의 양심이 오류를 범할 경우조차도, 예를 들면 어떤 구체적인 간음 행위를 반드시 행해야 한다고 잘못 생각하는 경우조차도 양심은 우리를 '구속하며' 우리는 양심에 거슬러 행위해서는 안 된다. 만일 그렇게 행위한다면 우리는 자신이 선하다고 생각하는 바에 반대되게 행위하는 셈이 된다. 하지만 오류를 범하는 양심이 항상 용서받는 것은 아니다. 양심이 지시하는 바를 제대로 알지 못하거나 잘못 받아들이는 일은 우리 자신의 오류일 수도 있기 때문이다. 하지만 동시대의 다른 철학자들과는 달리 아퀴나스는 우리가 객관적으로 악한 바를 행위하고도 비난받지 않을 가능성을 허용한다. 그는 넓은 의미에서 선과 악을 규정하는 객관적인 질서가 존재한다고 생각하지만 동시에 도덕적 평가에서 주관적인 요소가 개입할 수 있음을 인정한다(*ST* 1-2.19.5-6).

윤리학에서 객관적인 면과 주관적인 면이 상호보완적이라는 아퀴나스의 주장은 사려에 대한 설명에서 더욱 분명하게 드러난다. 그는 자연법의 지침을 구성하고 도덕 의식 안에 성향으로 내재하는 일반적 도덕 원리들에 관해 논의하면서 우리가 본성상 이들을 아무 오류도 없이 인식한다고 강조한다. 하지만 그는 두 종류의 도덕 원리를, 곧 일반적 원리와 특수한 원리를 구별한다. 실천적인 문제에서 원리들은 우리가 추구하고 또 추구해야 하는 목적이기도 하다. 가장 일반적인 목적과 (예를 들면 선을 행하라, 무지를 피하라 등과) 관련되는 보편적인 실천 원리들은 우리의 본성을 통해 인식되고 결코 손상될 수 없는 반면 각 개인이 지금 여기서 추구하는 목적과 관련되는 특수한 실천 원리들은 정념 때문에 손상되기도 한다(*ST* 1-2.58.5). 따라서 의지가 나약한 사람들은 선을 추구해야 한다는 보편 원리를 계속 유지하면서도 감각적 욕구 때문에 절제해야 한다는 특수한 원리에 따르지 못하기도 한다(*ST* 1-2.77.2). 따라서 사려는 지극히 개인적인 덕이다. 지금 여기서 한 개인이 무엇을 행해야 하는지를 제대로 평가하면서 다른 어느 누구도 그 개인을 대신할 수 없다. 특수한 행위 원리, 곧 지금 여기서 추구하는 가장 가까운 목적은 도덕적 덕들에 의해 그대로 유지된다. 이런 덕들은 개인의 정서에 일종의 질서를 부여하며, 개인이 가장 가까운 목적에 대해 올바르게 판단하는 일을 그의 고유한 활동으로 만들어준다(*ST* 1-2.58.5;『진리론』5.1; 또한 Hoffman 2013 참조).

아퀴나스는 또한 본성상 주어지는 멀리 놓인 목적과 가까운 목적을 제대로 평가하기 위한 정서적인 상황 사이의 관계를 더욱 일반적인 용어로 표현하면서 아리스토텔레스의 실천적 진리 개념을 도입한다. 아리스토텔레스는 실천적 진리가 — 곧 행위와 관련된 진리가 — 올바른 욕구에 의존한다고 생각한다(*EN* 6.2. 1139a21-31). 그런데 올바른 욕구 자체 또한 어떤 진리 기준에 의해 평가되어야 하는 듯이 보인다. 따라서 아리스토텔레스가 주장하는 올바른 욕구와 올바른 판단 사이의 관계는 일종의 순환론에 빠지는 듯하다. 아퀴나스는 이런 딜레마를 피하기 위해 궁극 목적을 향한 올바른 욕구와 이런 목적을 증진하는 것을 향한 올바른 욕구를 구별한다. 인간 행위의 궁극 목적은 본성에 의해 규정되는데 이는 이미 행복과 자연법에 관한 그의 설명에서 드러난 바이다. 그렇다면 실천이성의 진리는 본성을 통해 주어지는 멀리 놓인 목적을 향한 올바른 욕구에 의해 측정된다. 하지만 이런 목적을 증진하는 것들에 대한 욕구가 올바른지 그렇지 않은지는 실천이성에 의해 측정된다. 따라서 실천적 진리는 올바른 욕구에 의해 측정되는데 이런 욕구는 결국 본성을 통해 주어지는 목적에 의해 측정된다. 그렇다면 아퀴나스에게 도덕의 궁극 기준은 인간의 본성과 더불어 주어진다. 따라서 이런 기준은 서로 다른 각각의 문화가 내세우는 이상과 관련해서 평가된다기보다는 보편적으로 동일하다고 할 수 있다.

아리스토텔레스의 윤리학과 마찬가지로 아퀴나스의 윤리학 또한 근본적으로 행복주의를 채택한다. 아퀴나스의 행복 이론은 그의 윤리적 저술 전체에 기초로 작용한다. 하지만 아리스토텔레스가 자연법 이론을 명확히 언급하지 않는 데 반해 아퀴나스는 이 이론을 자신의 윤리학과 조화롭게 통합한다. 그의 자연법 이론은 더 나아가 인간의 선이 어떻게 구성되는지를 구체적으로 밝히고 윤리학과 인간 본성의 관계를 명확히 제시하는 데도 큰 도움이 된다. 하지만 아퀴나스의 윤리학이 가장 크게 기여한 바는 윤리학의 기초를 정교하게 형성한 것보다는 오히려 도덕적 덕들을 비길 데 없이 잘 설명한 것이다. 그는 자신의 덕 이론을 자연법 이론 및 행복에 관한 설명과 탁월하게 연결한다. 인간은 이성에 따라, 곧 덕을 갖추고 살아가려는 자연적 성향을 지니므로 자연법은 우리에게 모든 덕들을 실천하라고 명령한다(ST 1-2.94.3). 아퀴나스는 행복을 두 종류로 구별하는데 그 중 하나는 인간의 능력으로 도달할 수 있지만 다른 하나는 인간 본성을 넘어선다. 이런 구별에 발맞추어 그는 우리가 서로를 향해 발휘하는, 본성적으로 획득된 덕들과 신을 향한, 신이 우리에게 불어넣은 덕들을 서로 구별한다(ST 1-2.62.1).

메타윤리적, 역사적 관점에서 본 알베르투스와 아퀴나스

현대의 메타윤리적 관점에서 보더라도 알베르투스와 아퀴나스의 도덕 이론은 상당히 중요한 특성을 공유한다.

첫째, 두 철학자는 모두 사려를 통해 파악되고 행위로 실행되는 실천적 진리의 개념에 의지한다는 점에서 도덕적 인지주의자이다.

둘째, 이들은 이런 도덕적 진리가 객관적이고 보편적이라고, 곧 모든 인간과 사회에 대해 타당하다고 생각한다. 이들에 따르면 규범적 주장들은 궁극적으로 세계 전체의 형이상학적 질서와 연결된다. 이런 사실은 우리가 보편적인 윤리적 개념들을 옹호하면서도 구체적인 현실 상황에 적용할 수 있는 특수한 규칙과 덕들을 고려할 경우 어떤 유연성을 발휘할 수 있다는 점을 충분히 증명한다. 이런 보편적 개념들은 아리스토텔레스가 윤리학에 대해 요청했던 다소 약한 방법론적 요구를 넘어서서 진정한 도덕학을 확고히 구성하기 위한 기초를 제공한다.

셋째, 두 철학자의 이론은 인간 본성뿐만 아니라 신이 창조한 세계 전체의 본성에 관한 강력한 주장들에 기초한다는 의미에서 본성주의적이다. 하지만 이들은 도덕과 관련되는 인간 본성이 무엇인가에 대해서는 서로 다른 견해를 드러낸다. 알베르투스는 인간이 점차 모든 육체적 요소로부터 벗어남으로써 스스로 '획득해야' 하는 지성을 인간의 본질로 여기는 플라톤적인 설명을 선호한다. 반면 아퀴나스는 인간을 영혼과 육체의 결합으로 여기는, 형상-질료 이론에 바탕을 둔 설명을 선호하면서 인간을 구성하는 비지성적인 요소, 예를 들면 감정과 같은 것에 더욱 큰 비중을 둔다. 이런 인간학적인 차이는 도덕적 덕들에 대한 이해로부터 윤리적 원리의 개념에 이르는 다른 다양한 주제들에서도 불일치를 낳는다. 예를 들면 알베르투스는 자연법을 순전히 이성주의적인 관점에서 이해하면서 형이상학으로부터 바로 도덕 규범을 이끌어내는 경향을 보이는 반면 아퀴나스는 인간의 본성적 성향을 진정한 자연법의 기초로 도입한다.

두 철학자 사이의 가장 뚜렷한 차이는 철학적 윤리학과 신학 사이의 관계에 대한 견해에서 드러난다. 알베르투스는 매우 의도적으로 자연 도덕과 종교적 도덕을 분리하려는 시도를 확립하면서 철학적 윤리학의 자율성을 명백히 옹호한다. 반면 아퀴나스는 철학적 분석이 궁극적으로 도덕 신학 아래에 놓여야 하며, 그것이 추구하는 목표를 볼 때 결코 도덕 신학과 분리될 수 없다는 통합적인 또는 상호보완적인 해석을 제시한다(Bradley 1997 참조). 아퀴나스는 아리스토텔레스의 윤리학을 자연적 이성의 한계에 의해 제한되지 않는 완전한 행복의 본질을 탐구하는 더욱 폭넓은 신학적 탐구의 적절한 출발점으로 활용한다. 따라서 행복에 대한 그의 견해 전반은 명백히 종말론적이라는 사실이 드러난다. 그의 윤리학은 주요 덕들을 구체적으로 정교하게 제시하는 데 초점을 맞추면서도 결국 자연적으로 얻어진 덕과 초자연적인 덕 사이의 차이를 구별하는 데는 크게 주의를 기울이지 않는다. 반면 알베르투스는 이런 두 종류의 덕을 분명히 구별하기 위해 노력했다.

이들 중 어느 누구도 아리스토텔레스의 윤리학을 종교화하려 하지는 않았으므로 여전히 널리 퍼진 태도, 곧 알베르투스나 아퀴나스의 도덕 이론을 기독교화한 아리스토텔레스주의라는 공통적인 이름으로 한데 묶어 부르려는 태도는 분명히 오해의 소지가 있다. 이 두 철학자는 덕과 행복의 개념을 중심으로 아리스토텔레스의 도덕 이론을 정교하게 수정하여 재구성하려 했을 뿐만 아니라 보편적인 실천 원리들에 기초한 진정한 도덕학을 제시하려 했다. 아퀴나스는 아리스토텔레스의 본성 개념을 넘어서서 이를 내세와 결합된 기독교적 관점으로까지 확장하려 한 반면 알베르투스는 플라톤적인 사상 체계 안에서 출발하려 했다. 스승과 제자 사이의 이런 주목할 만한 차이는 — 당연히 이들과 아리스토텔레스 사이의 차이와 더불어 — 중세 시대에 전개된 아리스토텔레스의 윤리학에 대한 논의가 무척 복잡하게 전개되었음을 보여주는 명확한 증거라고 하겠다.

참고문헌

제일 뒤의 * 표시는 특히 중요한 참고문헌임을 나타낸다.

Albert the Great 1891. *In X Ethicorum*, ed. Auguste Borgnet (Paris: Vivès).

Albert the Great 1968-1972. *Commentum et quaestiones super Ethica*, ed. Wilhelm Kübel (Münster: Aschendorff).

Albert the Great 2002. *Ethica*, Book 1, Treatise 2, in J. Müller (ed.), "Der Begriff des Guten im zweiten Ethikkommentar des Albertus Magnus," *Recherches de Théologie et Philosophie Médiévales*, 69 (2), 318-70.

Anzulewicz, H. and Rigo, C. 2002. "*Reductio ad esse divinum*: Zur Vollendung des Menschen nach Albertus Magnus," in J.A. Aertsen and M. Pickavé (eds.), *Ende und Vollendung: Eschatologische Perspektiven im Mittelalter* (Berlin: de Gruyter), 388-416.

Bianchi, L. 1987. "La felicità intellettuale come professione nella Parigi del Duecento," *Rivista di Filosofia*, 78, 181-99.

Bradley, D.J.M. 1997. *Aquinas on the Twofold Human Good*: *Reason and Happiness in Aquinas's Moral Science* (Washington, D.C.: The Catholic University of America Press).*

Celano, A.J. 1986. "The Understanding of the Concept of felicitas in the Pre-1250 Commentaries on the *Ethica Nicomachea*," *Medioevo*, 12, 29-53.

Celano, A.J. 2016. *Aristotle's Ethics and Medieval Philosophy*: *Moral*

Goodness and Practical Wisdom. Cambridge University Press.

Cunningham, Sean B. 2012. "Aquinas on the Natural Inclination of Man to Offer Sacrifice to God," *Proceedings of the American Catholic Philosophical Association*, 86, 185–200.

Cunningham, Stanley B. 2008. *Reclaiming Moral Agency: The Moral Philosophy of Albert the Great* (Washington D.C.: The Catholic University of America Press).*

De Libera, A. 1990. *Albert le Grand et la philosophie* (Paris: Vrin).

Feingold, L. 2010. *The Natural Desire to See God according to St. Thomas Aquinas and His Interpreters*, 2nd edn (Ave Maria, Fla.: Sapientia Press).

Finnis, J. 1998. *Aquinas: Moral, Political, and Legal Theory* (Oxford University Press).

Hoffmann, T. 2013. "Prudence and Practical Principles," in Hoffmann, Müller, and Perkams 2013: 165–83.

Hoffmann, T., Müller, J., and Perkams, M. (eds.) 2013. *Aquinas and the Nicomachean Ethics* (Cambridge University Press).*

Jensen, S.J. 2015. *Knowing the Natural Law: From Precepts and Inclinations to Deriving Oughts* (Washington, D.C.: The Catholic University of America Press).*

Lisska, A.J. 1996. *Aquinas's Theory of Natural Law: An Analytic Reconstruction* (Oxford University Press).

Müller, J. 2001. *Natürliche Moral und philosophische Ethik bei Albertus Magnus* (Münster: Aschendorff).*

Müller, J. 2006. "Der Einfluss der arabischen Intellektspekulation auf die Ethik des Albertus Magnus," in A. Speer and L. Wegener (eds.), *Wissen über Grenzen* (Berlin: de Gruyter), 545–68.

Payer, P.J., 1979. "Prudence and the Principles of Natural Law: A Medieval Development," *Speculum*, 54, 55–70.

Steel, C. 2001. *Der Adler und die Nachteule: Thomas und Albert über die Möglichkeit der Metaphysik* (Münster: Aschendorff).

Tracey, M., 1999. "The Character of Aristotle's Nicomachean Teaching in Albert the Great's *Super Ethica Commentum et Quaestiones* (1250–1252)," PhD dissertation, University of Notre Dame.

Wieland, G. 1982. "The Reception and Interpretation of Aristotle's Ethics," in N. Kretzmann, A. Kenny, J. Pinborg, and E. Stump (eds.), *The Cambridge History of Later Medieval Philosophy* (Cambridge University Press), 657–72.

14장

스코투스와 오컴

토비아스 호프만(Tobias Hoffmann)

           둔스 스코투스(Duns Scotus)와 윌리엄 오컴(William of Ockham)이 14세기를 대표하는, 가장 중요한 신학자라는 점에는 의심의 여지가 없다. 이들은 아우구스티누스뿐만 아니라 13세기 이후에는 주로 아리스토텔레스로부터 큰 영향을 받았던 스콜라철학의 지적인 전통 안에서 자신들의 도덕 이론을 전개했다. 이들은 분명히 이런 전통에 속해 있지만 이들의 도덕 이론은 매우 혁신적이며 근대성으로 나아가는 중요한 길을 열었다. 오컴은 자주 스코투스의 개별적인 이론을 문제 삼기도 했지만 중요한 전제들을 그와 공유했으며 대체로 그와 동일한 방식으로 질문을 던지면서 도덕적 주제들에 접근했다. 특히 스코투스와 오컴은 주로 아퀴나스가 시도했던, 아리스토텔레스의 도덕 이론을 더욱 자연주의적으로 만들려는 경향을 넘어서려 했다. 이런 사실은 의지, 덕 그리고 규범성에 관한 이들의 이론에서 더욱 명백하게 드러난다. 이들의 덕 이론은 이들이 인간의 의지를 어떻게 생각하는가에 의존하는 반면 이들의 규범성 이론은 이들이 신의 의지를 어떻게 생각하는가에 의존한다.[1] 따라서 나는 의지와 의지의 자유에 대한 이들의 견해를 밝히는 것으로 논의를 시작하려 한다.

의지와 자유의지

13세기에 의지의 개념은 주로 이성적 욕구로 정의되었는데, 이는 요하네스 다마스쿠스(John Damascene)의 저서 『정통 신앙에 관하여』(De fide orthodoxa, Burgundionis versio 36.8-15)가 12세기에 라틴어로 번역되면서 아리스토텔레스의 의지 개념이 중세 유럽에 유입된 결과였다. 아퀴나스는 이성적 욕구로서의 의지 개념이 의지가 오직 선인 듯이 보이고 알려진 것만을 원하거나 선택할 수 있음을 함축하며(『신학대전』[=ST] 1-2.8.1), 이는 다시 우리가 원하는 것은 무엇이든 결국 우리의 행복을 위해서 원하는 것이므로 행복이 이성적 피조물의 궁극 목적임을 함축한다고 주장한다(ST 1-2.1.6-7). 아퀴나스에 따르

'이 장을 쓰는 데 큰 도움을 준 미숑(Cyrille Michon)과 오스본(Thomas Osborne)에게 감사한다.'

[1] 스코투스와 오컴의 윤리 및 행위 이론을 다룬 훌륭한 문헌으로 다음의 것들을 추천한다. (스코투스에 관해서는) Möhle 2003, Williams 2003b, Kent 2003, (오컴에 관해서는) King 1999, Adams 1999, McGrade 1999, (둘 모두에 관해서는) Williams 2013, Osborne 2014. Williams 2017 및 Wolter 1997은 도덕 심리학과 윤리학을 다룬 스코투스의 핵심 원전에 대한 번역을 제공한다(Wolter에는 훌륭한 설명도 등장한다). Wood 1997은 덕을 가장 상세히 다룬 오컴의 원전 번역이 수록되어 있으며 오컴에 대한 역사적, 이론적 설명도 등장한다. 저서의 생략형은 이 장의 끝부분에서 밝혔다.

면 의지는 필연적으로 행복을 원하지만 이런저런 개별적인 선을 필연적으로 원하거나 선택하지는 않는다 ― 오직 그런 개별적인 선이 없이는 행복에 이를 수 없다고 여길 경우에만 필연적으로 원한다(*ST* 1.82.1-2; *ST* 1-2.10.2). 아퀴나스의 전후에 등장한 13세기 신학자들은 기본적으로 아퀴나스의 이런 주장에 동의하는 모습을 보인다. 반면 스코투스와 오컴은 이런 신학적이고 행복주의적인 의지 개념을 거부한다. 스코투스는 만일 의지가 순전히 이성적 욕구에 지나지 않는다면 의지는 행복의 극대화를 추구하지 않을 수 없고 따라서 자유로울 수 없다고 주장한다. 그는 의지가 단지 우리 자신의 행복을 향한 본성적 성향(affectio commodi)에 그치는 것이 아니라 설령 우리의 행복에 반할지라도 스스로 옳다고 판단하는 바를 확인하고 지지하는 성향(또는 능력, affectio iustitiae)이라고 생각한다(*Ordinatio*[=*Ord.*] 2.6.2nn49-51, Vat. 8: 48-51). 스코투스에 따르면 우리가 필연적으로 행복을 원하지는 않지만 또한 우리는 비참하거나 행복하지 않기를 원할 수는 없다.[2] 이와 유사하게 오컴도 의지는 오직 행복을 원할 수밖에 없다는 주장을 부정한다. 하지만 그는 스코투스와 달리 의지가 두 가지 부수적인 성향을 지니기 때문이 아니라 엄밀하게 말해 어떤 성향도 지니지 않기 때문에 그렇다고 생각한다(*In Sent.* 1.1.6, O: *OT* 1: 507, *In Sent.* 3.6, O: *OT* 6: 175-6). 오컴은 여전히 의지가 어떤 목적을 위해 행위한다고 여기지만 의지가 스스로 자신의 목적을 자유롭게 선택한다고 주장한다(*In Sent.* 1 prol. 10, O: *OT* 1: 291). 그의 견해에 따르면 우리는 심지어 행복하지 않기를 원할 수도 있다(*In Sent.*

---

[2] Scotus, *Lectura* 1.1.2.2n118, Vat. 16: 100; *Ord.* 1.1.2.2nn151-2, Vat.2 : 103-4 (여기서 스코투스는 다소 주저하는 모습을 보인다); *Ord.* 4.49.1.6n354-5, Vat. 14: 378-9; *Quodlibet* 16nn22-4 in Scotus 2007: 170-1.

1.1.6, O: *OT* 1: 503-7, *In Sent.* 4.16, O: *OT* 7: 350-3).

　아퀴나스는 의지가 자유롭다고 생각하는데 그 까닭은 바로 의지가 이성적 욕구이기 때문이다. 달리 말해 의지의 욕구와 선택은 여러 선에 대한 감각적 인식이 아니라 이성적 인식에 따르기 때문이다. 어떤 개별적인 선이 선택할 만한 가치가 있는지 그렇지 않은지를 서로 다른 여러 관점에서 평가하는 일을 하는 것은 지성인데, 의지는 이런 지성의 인식에 따라 그 선을 선택하거나 선택하지 않을 수 있으므로 자유롭다. 또한 의지는 지성이 어떤 활동을 하도록, 예를 들면 무언가에 대해 생각하거나 생각을 멈추도록 지성을 움직일 수도 있다(*ST* 1-2.10.2, *De malo* 6). 스코투스와 오컴은 의지의 자유가 지성의 인식에서 도출되거나 지성과 의지의 상호작용이 낳은 결과라고 여기는 견해를 거부한다. 이들은 지성이 의지의 자유의 원인일 수 없다고 생각하는데 그 까닭은 지성 자체가 자유롭지 않기 때문이다. 지성은 자신이 무언가를 파악할지 파악하지 않을지 또한 어떤 명제에 동의할지 반대할지를 자유롭게 조절할 수 없다. 지성이 어느 정도 자유를 지닌다면 이는 의지로부터 도출되어야 한다.[3] 지성과는 달리 의지는 자신이 어떤 행위를 할지 아니면 그와 반대되는 것을 할지, 정확하게 동일한 상황 아래서도 이것을 선택할지 아니면 다른 것을 선택할지를 직접 스스로 조절할 수 있다.[4] 심지어 의지는 지금 여기서 무엇을 행해야 할지에 대한 현실적인 판단

---

[3] Scotus, *In Metaph.* 9.15nn36-41. Scotus 1997-2006 (이하 S: *OP*), 4: 684-6; *Ord.* 4.49.1.4n240, Vat. 14: 351; Ockham, *Quaestiones variae* (이하 *QV*), 7.3, in O: *OT* 8: 370; *In Perihermenias* 2.7§5, O: *OP* 2: 481; *In Sent.* 4.16, O: *OT* 7: 358-9.

[4] Scotus, *In Metaph.* 9.15nn21-2, S: *OP*, 4: 680-1; *Lectura*, 2.25n74, Vat. 19: 255; Ockham, *Quodlibet* 1.16, O: *OT* 9: 89.

과 반대로 행위할 수도 있다.[5] 의지는 동일한 상황에서도 다르게 행위할 수 있는 독특한 능력을 지닌다. 다른 모든 원인이나 힘은 '자연'이라는 이름의 지배를 받는다. 어떤 상황이 주어지면 이들은 오직 하나의 방식으로 작용하도록 규정된다. 따라서 의지와 자연 또는 자유로운 원인과 자연적 원인은 근본적으로 서로 구별된다.[6] 어쨌든 결론은 각 개인이 오직 의지의 작용만을 직접 조절할 수 있다는 점이다. 다른 모든 조절과 통제, 예를 들면 지성이나 신체의 구성 요소에 대한 조절과 통제를 이해하려면 결국 의지가 행하는 조절 작용을 추적해야 한다.[7]

여러 덕들과 그들 사이의 연결

아리스토텔레스 윤리학의 핵심 주장은 도덕적 덕들이 안정된 성품의 상태(그리스어로는 hexeis, 라틴어로는 habitus)인데 이들이 우리를

---

[5] Scotus, *Ord.* prol. 5n237, Vat. 1: 161; *Ord.* 3.36n64 및 n72, Vat. 10: 245-6 및 249; *In Metaph.* 9.15n55, S: *OP* 4: 692; Ockham, *In Phys.* 2.8§1, O: *OP* 4: 319-20; *In Sent.* 1 prol. 10, O: *OT* 1: 286-7; *In Sent.* 3,11, O: *OT* 6:355, *In Sent.* 3,12, O: *OT* 6:421; *Quodlibet* 1.16, O: *OT* 9: 88; *QV* 7.3, O: *OT* 8: 363-71.

[6] Scotus, *In Metaph.* 9.15nn22-3, S: *OP* 4: 680-1; *Lectura*, 2.25n93, Vat. 19: 261; Ockham, *In Perihermenias* 2.7§5, O: *OP* 2: 481; *In Sent.* 1.1.6, O: *OT* 1: 501; *In Sent.* 1,10.2, O: *OT* 3: 335-8. 스코투스와 오컴 모두 의지가 (동일한 상황에서도 서로 다른 것을 선택할 수 있는 능력으로서의) 여유를 지닌다는 점에서 자연적 원인과 구별된다는 점에 동의한다. 하지만 오컴과는 달리 스코투스는 핵심적인 차이가 의지의 여유보다는 의지의 근원성에 있다고 생각한다. 의지가 필연성의 방식으로, 곧 다른 대안의 가능성이 없이 작용할 경우조차도 의지의 작용은 앞선 원인에 의해 결정되거나 야기된 것이 아니라 오직 자신이 스스로 결정한 것이다. 이에 관해서는 Scotus, *Quodlibet* 16nn63-4 in Scotus 2007: 192-4 참조. 스코투스와 오컴의 이론 사이의 또 다른 차이점에 관해서는 Adams 1986: 10-11 참조.

[7] Scotus, *Ord.* prol. 5n234, Vat. 1: 159; Ockham, *In Sent.* 1 prol. 10, O: *OT* 1: 292.

가치 있는 개인으로 만들며, 우리 삶의 모든 영역에서 잘 행위하도록 만든다는 것이다. 우리 삶의 목표는 덕을 획득하는 것인데 그 까닭은 행복이 덕이 있는 행위들로 이루어지기 때문이다. 도덕적 덕들은 사려와 밀접히 관련되는데 사려는 우리를 전반적으로 좋은 삶을 살도록 이끄는 지적인 덕이다. 아리스토텔레스는 사려가 다른 모든 도덕적인 덕들을 인도하는 유일한 지적인 덕이라고 생각한다. 그렇다면 사려는 모든 도덕적인 덕들을 전제하는데 그 까닭은 이들은 선한 목적의 추구를 보장하는 반면 악덕들은 진정으로 추구할 만한 목적을 올바르게 인식하지 못하게 만들기 때문이다. 이런 상호의존성 때문에 모든 도덕적인 덕들은 서로 밀접하게 연결되며 이들 중 어느 하나라도 지니지 못하면 전부를 모두 지니지 못하게 된다(『니코마코스 윤리학』 1.7, 2.5-6, 6.5, 6.12-13, 10.6-8). 중세 신학자들 중 아리스토텔레스의 윤리학을 조금도 변형하지 않고 그대로 받아들인 인물은 아무도 없지만 아퀴나스를 비롯한 13세기의 많은 신학자들은 도덕적 삶의 핵심에 도덕적 덕들이 놓여있으며 이들이 서로 연결되고 또한 사려와도 밀접히 관련된다는 아리스토텔레스의 견해를 공유했다. 스코투스와 오컴 또한 아리스토텔레스 윤리학과의 지속성을 유지하면서 자신들의 이론을 제시하는 듯이 보이지만 이들은 아리스토텔레스의 덕 이론을 더욱 근본적으로 변형하려 한다. 이들도 도덕적 덕들의 중요성을 인정하지만 이들은 덕을 갖춘 성품이 아니라 의지의 선한 작용을 더욱 강조하려는 모습을 보인다. 덕의 역할은 더 이상 행복을 보장하는 것이 아니라 올바른 이성과 신이 명령하는 바를 원하는 의지의 작용을 완성하는 것이다. 더 나아가 스코투스와 오컴은 덕들이 서로 독립적으로 성립할 수 있다고 주장한다.

도덕적 덕들의 중요성을 이해하려면 그들이 실제로 어떤 작용을 하는지를 살펴보아야 한다. 아리스토텔레스는 덕들이 개인을 선하게 만들고 자신의 역할을 잘 수행하도록 이끈다고 주장한다(『니코마코스 윤리학』 2.6.1106a22-4). 실제로 그런가? 스코투스는 덕이 있는 성품이 행위의 도덕적 선함에 — 최소한 직접적으로는 — 아무런 기여도 하지 않는다고 생각한다. 행위의 도덕적 선함은 그것이 어떤 성품을 원인으로 삼는가가 아니라 올바른 이성의 판단과 일치하는가에 의존하기 때문이다. 따라서 행위의 도덕적 선함과 관련해 도덕적 덕들이 미치는 영향은 이성적 사려를 적절한 원인으로 삼았는가라는 수준까지 추적되어야 한다(Ord. 1.17.1.1nn62-7, nn92-8, Vat. 5: 163-9, 184-9). 더욱이 성품은 그 자체만 놓고 보면 자유로운 원인이 아니라 자연적인 원인이다. 따라서 성품이 원인으로 작용하는 방식을 행위자 자신이 조절하거나 통제할 수 없다. 만일 성품이 우리의 행위에 작용하는 전반적인 원인이라면 우리의 행위는 자유로울 수 없다. 그렇다면 예를 들어 자비를 베푸는 행위도 그리 칭찬할 만한 근거가 없을 것이다. (Ord. 1.17.1n24, n26, Vat. 5: 148, 149). 스코투스는 성품이 행위의 부분적인 원인 또는 성향으로 작용하는 수준에 그치며, 어느 경우든 성품은 의지와 연결되어야 하며 의지 아래 놓여야 한다고 생각한다. 덕이 있는 성품은 개인이 행위를 더욱 편안하고, 즐겁고, 신속하고, 방해 없이 행하도록 인도하며 행위 자체를 더욱 강력하게 만든다(Ord. 1.17.1nn32-54, Vat. 5: 152-60).

오컴 또한 성품이 도덕적 선함의 원인이 아니라는 스코투스의 주장에 동의한다. 오컴은 엄밀하게 말해 오직 행위만이 덕이 있을 수 있으며 성품은 오직 '부수적인 명칭'으로만, 곧 덕이 있는 행위를 향한 성향을 지니는 한에서만 덕이 있다고 불릴 수 있다(In Sent. 3.11, O: OT 6: 359). 하지만 오컴은 행위의 도덕적 선함이 그 행위가 올바른 이성과 일치하는 데서 비롯된다는 스코투스의 견해는 받아들이지 않는다. 오컴에 따르면 신은 나의 의지 안에 올바른 이성과 일치하는 행위를 창조할 수 있다. 그렇다고 해서 그 행위가 덕이 있지는 않다. 왜냐하면 그 행위는 나의 의지가 작용한 것이 아니기 때문이다. 덕이 있는 행위는 분명히 올바른 이성과 일치해야 한다. 하지만 그 행위의 선함은 행위 자체에 내재하는 것이어야 하며 외부의 무언가의 원인으로 삼아 선하게 되어서는 안 된다. 말하자면 행위 자체는 도덕적으로 선도 악도 아닌데 올바른 이성과 일치한다는 이유로 선하게 된다는 식으로 생각해서는 안 된다. 오컴은 도덕적 선함이 등장하는 방식은 오직 다음의 둘 중 하나라고 주장한다. 곧 그것은 행위 내부에서, '필연적이고 본질적으로 덕이 있는 행위'에서 기인하거나 아니면 이미 본질상 덕이 있는 행위로부터 도출된다. '우연적으로 덕이 있는 행위', 곧 본질적으로 덕이 있지는 않은 행위는 오직 본질상 덕이 있는 무언가에 의해서 덕이 있는 것이 될 수 있다. 예를 들면 교회에서 예배를 드리는 일은 우연적으로 덕이 있는 행위이다. 겉으로 드러나는 행위 자체는 도덕적으로 선도 악도 아니다. 행위는 선한 의도에서도 악한 의도에서도 행해질 수 있기 때문이다. 하지만 '신이 그것을 명령했기 때문에 무언가를 기꺼이 행하는 행위', '올바른 이성과 일치하고 신이 명령했기 때문에 신의 영광을 위해 기꺼이 기도하는 행위', '무엇보다도 오직 신을 위해 신을 사랑하는 행위' 등은 신이 지금과 다르게 명령하지 않는 한 필연적으로 덕이 있으며 결코 악한 행위가 될 수 없다. 오직 의지의 작용을 통해서만 이런 필연적이고 본질적으로 덕이 있는 행위를 할 수 있는데 그 이유는 다음의 두 가지이다. 첫째, 의지가 완전히 조절하고 통제할 수 있는 것은 오직 의지의 작용이며 외부의 작용은 더 이상 영향을 미치지 않을 수도 있기 때문이다(예를 들면 절벽에서 뛰어내린 사람이 마음을 바꿀 수도 있지만 그렇다고 해서 떨어지는 일을 멈출 수는 없다). 둘째, 칭찬할 만한 가치를 지니는 것의 근원은 오직 의지의 작용뿐이기 때문이다. 다른 행위들은 단지 파생적으로만 칭찬 또는 비난의 대상이 된다. 다른 행위들에 대한 칭찬과 비난은 그들이 선한 의도에서 행해졌는지 아니면 악한 의도에서 행해졌는지에 따라 결정된다.[8]

도덕적 덕들은 의지의 작용에 의해 생겨난다. 스코투스는 덕들이 올바른 이성과 일치하는 선택에 의해(Ord. 3.33nn43-4, Vat. 10: 161-2), 오컴은 본질적으로 덕이 있는 행위에 의해(QV 7.1, 7.2, O: OT 8: 328, 340) 생겨난다고 생각한다. 도덕적 덕들은 의지 안에 '위치한' 성품으로서 우리를 올바른 선택을 하도록 이끈다. 여기서 아리스토텔레스가 덕에 대해 내린 정의, 곧 선택과 관련된 성품(hexis prohaire-tikê, habitus electivus)이라는 정의를 스코투스와 오컴이 어떻게 이해하는지가 드러난다.[9] 엄밀하게 말해 감각적 욕구를 향한 성품은 덕이 될 수 없다. 그 이유에 대해 스코투스는 감각적 성품은 선택과 관련된 성품이 아니기 때문이라고 주장하며(Ord. 3.33n45, Vat. 10: 163), 오컴은 감각적 욕구의 작용은 본질적으로 덕이 있을 수 없기 때문이라고 주장한다(In Sent. 3.11, O: OT 6: 359-62, 366, 369). 그렇다면 왜 의지는 어떤 덕이라도 필요로 하는가? 이에 대해 스코투스는 의지가 이성에 따르지 않을 자유를 지니기 때문이라고 생각한다. 따라서 의지가 올바른 선택을 하도록 규정하기 위해 덕이 필요하다(Ord. 3.33nn22-4, Vat. 10: 152-3). 하지만 오컴은 이런 설명을 거부한다. 어떤 성품

---

8) Ockham, In Sent. 3.11, O: OT 6: 387-90; QV 7.1, 7.2, 7.4, O: OT 8: 327-30, 338, 379-81, Quodlibet 3.14, O: OT 9: 253-7.

9) 아리스토텔레스, 『니코마코스 윤리학』 2.6.1106b36; Scotus, Ord. 3.33n7, Vat. 10: 143; Ockham, In Sent. 3.11, O: OT 6: 351.

을 지니더라도 의지는 여전히 자유롭게 선과 악을 모두 선택할 수 있다고 생각하기 때문이다. 덕이 있는 성품은 행위의 완전성을 높이고 더욱 완전한 행위를 선택하는 성향과 능력을 증가시키는 역할 정도를 할 뿐이다. 이런 사실은 이전에는 나쁜 욕구에 저항하지 않았던 사람이 이제 그런 욕구에 따르지 않도록 이끄는 의지의 성품을 지녔기 때문에 그런 욕구에 저항하는 경우를 보면 명백히 드러난다(*In Sent.* 3.11, O: *OT* 6: 363-5).

도덕적 덕들이 의지의 성품이고, 의지는 완전히 자유롭게 그런 성품을 지니거나 지니지 않을 수 있다면 — 심지어 의지가 지성이 내리는 실천적인 명령과 반대로 행위할 수 있을 정도로 자유롭다면 — 도덕적 덕들은 아리스토텔레스가 주장한 것처럼 서로 밀접하게 연결되거나 또한 사려와 결합할 필요가 없는 듯하다. 스코투스와 오컴에 따르면 도덕적 덕들의 작용은 서로 연결되지 않는다. 우리는 용기라는 덕이 없이도 절제 있게 행위함으로써 절제라는 덕을 지닐 수 있다 — 곧 절제라는 덕을 지니면서도 용기 있게 행위해야 하는 순간에 용기 있게 행위하지 못할 수도 있다.[10] 따라서 도덕적 덕들은 서로 직접 연결되지 않는다. 또한 이들은 사려를 통해 간접적으로 연결되지도 않는다. 스코투스와 오컴도 모든 도덕적 덕들이 사려를 필요로 한다는 점에는 동의한다. 어떤 결정도 올바른 이성과 일치하지 않고서는 올바를 수 없기 때문이다. 하지만 아리스토텔레스와 반대로 이들은 각각의 도덕적 덕에 그 나름대로의 사려가 성립한다고 주장한다. 더 나아가 이들은 사려가 도덕적 덕들의 소유를 보장해주지도 않는다고 생각한다. 지성은 사려에 따르지 않

---

[10] Scotus, *Ord.* 3.36n26, nn32-3, Vat. 10: 229-30, 233-4; Ockham, *QV* 7.3, O: *OT* 8: 345-6, 350.

고도 올바른 실천적 명령을 충분히 내릴 수 있기 때문이다.[11] 이들은 실천적 지식의 타락을 피하기 위해 도덕적 덕들이 필요하다고 여기면서도 덕들이 사려의 필요조건이라고는 생각하지 않는다. 스코투스는 의지가 지성의 판단을 타락시킬 수 없다고 주장하며(Ord. 3.36n65, Vat. 10: 246-7), 오컴은 사려의 판단이 본성적으로 이루어지므로 우리의 능력에 속하지 않는다고 주장한다(QV 7.4, O: OT 8: 380, 400). 그렇다면 스코투스와 오컴은 실천적 지혜로서의 사려가 우리의 삶 전체를 포괄하는 것이 아니라 아리스토텔레스가 생각했던 기예(technê, ars)와 더욱 가까운 것, 곧 우리가 다른 덕들과 분리해서 얻을 수 있으며 어떤 전제조건을 필요로 하지 않는 부분적인 능력으로 여기는 듯하다.

자연법과 신의 계율

의지의 개념과 윤리학 전반에 대해 행복주의적인 접근을 포기한 스코투스와 오컴은 이제 새로운 문제에 직면한다. 자연법에 대한 아퀴나스의 설명에 따르면 도덕적 규범은 인간이 번영할 수 있는 길을 암시하며, 이런 의미에서 인간 본성을 반영한다. 하지만 스코투스와 오컴은 도덕적 규범과 인간의 번영 사이의 연결을 끊어버렸다. 그렇다면 이들이 생각한 도덕적 규범의 근거는 무엇인가? 스코투스가 표현하듯이 어떤 행위는 그 자체만으로 선하거나 악하며 이에 따라 신은 그 행위를 명령하거나 금지하는가 아니면 역으로 어떤 행위는 그 행위를 명령하

---

11) Scotus, Ord. 3.36n42, nn64-72, nn88-9, n92, n96, Vat. 10: 239, 245-9, 256-9; Ockham, In Sent. 3.12, O: OT 6: 421-2; QV 7.2, 7.3 O: OT 8: 331, 362-3, 371; 또한 위의 각주 5) 참조.

거나 금지하는 신의 계율에 따라 선해지거나 악해지는가(*Ord.* 3.37n9, Vat. 10: 275)? 스코투스와 오컴에게 이 문제는 규범 이론뿐만 아니라 형이상학과도 관련되는 매우 중요한 것이다. 이 문제는 신이 창조한 질서와 신의 창조 능력 사이의 관계를 다루기 때문이다. 이 둘은 모두 신이 모순만 제외하고는 무엇이든 원할 수 있으며, 신이 무엇을 원하든 이는 피조물과 관련해서는 우연적일 뿐이라고, 곧 신은 — 아무 제한 없이 정당하게 — 현재와는 정반대되는 것을 원할 수 있다고 주장한다.[12] 이 둘은 이런 전제에 동의하지만 오컴은 스코투스에 비해 법칙을 형성하는 신의 의지에 더욱 넓은 여유 공간을 부여하는 방향으로 나아간다.

스코투스는 신이 창조된 세계 및 그 질서와 관련해 전적으로 자유로우므로 신에게 어떤 계율을, 예를 들면 사람들은 이웃을 미워하거나 죽여서는 안 된다는 것이나 도둑질을 허용해서는 안 된다는 계율 등을 부과할 의무를 지울 수는 없다고 주장한다(*Ord.* 3.37n14, Vat. 10: 277-8). 스코투스의 규범 이론은 신의 자유에 대한 그의 이론을 전제하지만 그는 신이 명령한 규범과 관련된 문제를 다소 다른 각도에서 접근한다. 그는 십계명에 등장하는 모든 계율이 자연법에 속하는가라는 질문을 던진 후 이에 대해 두 극단 사이의 중간에 해당하는 대답을 한다. 두 극단 중 하나는 십계명의 모든 계율이 자연법에 속한다고 보는 견해이다. 이에 따르면 계율들은 모두 자명하거나 자명한 명제로부터 도출될 수 있다. 만일 그렇다면 신은 계율들이 선하기 때문에 그것들을 명령한 셈이 되며, 역은 성립하지 않는다. 이 경우 신은 계율의 준수에

---

12) Scotus, *Lectura* 1.39nn53-4, Vat. 17: 496-7; *Ord.* 1.8.2n255, nn263-92, Vat. 4: 297, 302-21; *Ord.* 1.44nn3-8, Vat. 6: 363-6; *Ord.* 4.46.1n25, nn29-32, Vat. 14: 204-6; Ockham, *In Sent.* 2.3-4, O: *OT* 5: 55; *In Sent.* 2.15, O: *OT* 5: 342-3, 353; *Quodlibet* 6.2, O: *OT* 9: 589-91.

대해 어떤 예외도 허용할 수 없다. 계율의 위반은 곧 법칙에 어긋나는 일이 되기 때문이다. 그렇다면 계율들은 법칙을 세우는 신의 의지 아래 놓이지 않게 된다. 다른 하나의 극단에 따르면 십계명의 모든 계율이 자연법에 속하지는 않으며, 신은 사실상 일부 계율에 대한 예외를 허용했다. 성서에 실제로 등장하는 예를 보더라도 신은 살인, 절도, 간음 등을 금지하는 계율에 대해 예외를 허용했음이 드러난다. 신은 아브라함에게 아들을 죽여 제물로 바치라고, 이스라엘 사람들에게 이집트 사람들을 약탈하라고, 선지자 호세아에게 간통을 통해 자녀를 얻으라고 명령했다(*Ord.* 3.37nn9-10, nn2-4, Vat. 10: 274-5, 271-2).

이 문제에 대해 스코투스는 십계명의 모든 계율이 자연법에 속한다고 주장하지만 좁은 의미의 자연법과 넓은 의미의 자연법을 구별한다. 좁은 의미에서는 오직 자명한 실천적 명제와 이로부터 도출될 수 있는 결론만이 자연법에 속한다. 십계명 중 처음 세 계율이 (곧 신에 대한 우리의 의무를 규정하는) 이런 좁은 의미의 자연법에 속하는데 이에 대해서는 신이라 할지라도 예외를 허용할 수 없다. 스코투스는 이로부터 도출된 실천 원리의 예로 '만일 신이 존재한다면 오직 신만이 신으로서 사랑받을 수 있다', '신이 아닌 다른 어떤 존재도 신으로서 숭배될 수 없다' 등을 든다. 이런 원리들이 없다면 신을 사랑하는 것으로 규정되는 궁극 목적을 실현할 수 없다. 반면 신은 넓은 의미에서의 자연법, 곧 십계명 중 나머지 일곱 개에 해당하는 (곧 다른 피조물들에 대한 우리의 의무를 규정하는) 계율에 대해서는 예외를 허용할 수 있다. 이런 넓은 의미에서의 자연법은 자명하거나 증명 가능한 명제로 제시되는 계율은 아니지만 이런 명제와 조화를 이룬다(*Ord.* 3.37nn16-29, Vat. 10: 279-84). 넓은 의미의 자연법은 신의 의지라는 관점에서 보면 우연적이다. 하지만 스코투스는 이들이 사실상 좁은 의미의 자연법과 조화를 이루어야 하므로 시간의 흐름에 따라 변화하지는 않으며 원리상 모든 사람이 이들을 인식할 수 있다고 주장한다(*Ord.* 4.17n19, n21, Vat. 13: 162-3). 그런데도 많은 사람들이 이를 무시해왔으므로 신이 계시를 통해 이를 밝힌 것은 적절한 일이었다(*Ord.* 3.37n41, Vat. 10: 289-90, *Ord.* 4.26nn39-40, Vat. 13: 346). 만일 신이 십계명 중 어떤 계율의 적용을 잠시 면제하려 했다면 신은 인간에게 이를 알렸을 것이다. 예를 들어 인류의 유지를 위해 출산이 매우 시급한 상황, 말하자면 아담과 이브가 타락한 직후나 대홍수가 막 끝난 경우, 일반적으로 큰 전쟁이나 대규모 파괴 또는 역병의 상황에서 신은 일부일처제의 의무를 면제했다. 하지만 일부다처제는 오직 이런 필요성을 고려해 신이 올바른 근거에서 명령할 경우에만 그리고 신의 특별한 계율을 통해 인정할 경우에만 허용된다. 스코투스는 신이 교회를 통해 전달한 특별한 계시에 의해서만 이런 일이 가능하다고 생각한다(*Ord.* 4.26n44 n74, Vat. 13: 347, 355; *Ord.* 4.33.1nn15-24, Vat. 13: 426-9). 스코투스가 이런 예들을 논의한 방식을 보면 그가 신을 법칙을 제멋대로 부여하는 존재로 생각하지 않았음이 드러난다. 하지만 스코투스가 십계명의 후반부 계율들과 관련해 신의 입법이 신의 공의와 인간의 본성에 의해 제한된다고 생각했는지 그렇지 않은지는 여전히 논쟁의 대상이다.[13]

스코투스는 도덕적 규범이 신의 입법에 의존한다고 생각하므로 도덕적 죄악, 곧 영원한 삶에 방해가 되는 요소들 또한 신의 의지에 의존하며, 도덕철학보다는 성서를 통해서 알려진다고 생각한다(*Ord.* 2.34-7nn57-8, Vat. 8: 390). 오컴은 어떤 행위가 신의 계율에 의해 우리에

---

13) Wolter 1997은 스코투스를 이런 제한을 옹호한 인물로 여기는 반면 Williams 1998은 이런 견해에 반대한다.

게 의무로 부과되었는데 그 행위를 하지 않을 경우 우리는 죄를 범하게 된다는 점에 동의한다. 하지만 그는 이런 주장이 암시하는 바를 설명하면서 스코투스보다 더 멀리 나아간다. 오컴에 따르면 신 자신에게는 어떤 의무도 주어지지 않는다. '신은 아무에게도 의무가 없다.'[14] 따라서 신은 십계명의 후반부뿐만 아니라 전반부에 반대되는 명령을 내릴 수도 있었다. 사실상 증오나 절도, 간음 등은 악하며 신은 우리에게 이들을 피하라는 계율을 내렸다. 하지만 신은 얼마든지 이들을 행하라는 명령을 내릴 수도 있으며 이런 경우 이들을 행하는 것이 칭찬할 만한 일이 될 것이다. 그리고 이들은 아마도 다른 이름으로 불려야 할 것이다. 왜냐하면 증오나 절도, 간음이라는 단어 자체가 신이 우리에게 이들을 피하라는 계율을 내렸음을 암시하기 때문이다.[15] 널리 알려져 있듯이 오컴은 신이 우리에게 신을 증오하거나 사랑하지 말라는 명령을 내릴 수도 있다고 주장했다. 이 경우 우리는 신의 명령에 따라야 하는가? 오컴은 초기에는 우리가 신을 증오하라는 신의 명령에 따라야 한다고 주장했지만(In Sent. 4.16, O: OT 7: 352), 후기에는 우리가 신을 사랑하지 말라는 명령에 따르지 않을 수도 있다고 주장했다. 우리가 신의 명령에 따른다면 바로 그런 행위 자체가 신을 사랑하는 것일 수 있기 때문이다(Quodlibet 3.14, O: OT 9: 256-7).

이런 주장에서 분명히 드러나듯이 오컴은 도덕적 규범들이 법칙을 만드는 신의 의지에 근거한다고 생각한다. 하지만 동시에 그는 올바른

---

14) Ockham, *In Sent.* 2.3-4, O: *OT* 5: 59; *In Sent.* 2.15, O: *OT* 5: 343; *QV* 7.4, O: *OT* 8: 389-90.

15) Ockham, *In Sent.* 2.15, O: *OT* 5: 352; 또한 *In Sent.* 1.47, O: *OT* 4: 680-5 참조. 여기서 오컴은 어떤 특별한 견해도 내세우지 않고 신이 악을 명령할 가능성에 대해 바로 논의한다.

이성이 도덕적 행위의 기준에 반드시 필요한 요소임을 당연시한다. 오컴이 올바른 이성을 추가하면서 어떤 의미에서는 이를 도덕적 규범의 독립적 요소로 여겼는지 그렇지 않은지는 여전히 논란거리이다.[16] 하지만 오컴이 명확히 주장한 바는 우리가 신의 명령에 따라야 하며, 신은 우리가 올바른 이성에 따르기를 원한다는 점이 자명하다는 것이다.[17] 우리는 오컴의 저술에서 도덕적 규범을 (아퀴나스가 생각했듯이, *ST* 1-2.91.2 및 94.2) 우리의 자연적 성향을 통해 표현되는 목적론과 조화를 이루는 자연적 이성에 기초해 제시하려는 자연법 이론이나 (스코투스가 주장했듯이) 신이 계시한 법칙과 무관하게 오직 자연적 이성에 기초해 제시하려는 시도를 찾을 수는 없다. 오컴은 후기의 정치적 저술에 이르러서야 자연법에 관해 언급하는데, 여기서 그는 자연법을 성서에 포함된 신의 법과 동일시한다. 이런 사실은 그가 자연법을 사실상 신이 구성한 도덕적 질서의 일부로 여겼음을 암시한다.[18]

결론

스코투스와 오컴의 윤리학은 수많은 근대적 특징을 드러내며, 이들은 그리 엄밀하지 않게 말하자면 칸트와 비교될 수 있다. 칸트에 따르면 인간의 자유는 자연적 필연성에 의해, 심지어 행복을 바라는 욕구에 의해서도 제한될 수 없다. 따라서 자연과 자유는 근본적으로 서로 구별

---

[16] Adams 1986: 24와 1999: 266에는 독립적 요소로 여겼다는 주장이, Osborne 2005 에는 그렇게 여기지 않았다는 주장이 등장한다.

[17] Ockham, *QV* 7.3, O: *OT* 8: 366; *QV* 8, O: *OT* 8: 436; 또한 Adams 1986: 26 참조.

[18] Ockham, *Dialogus* 3.2.3.6. www.britac.ac.uk/pubs/dialogus/w32d3btx.html.

되는 두 영역을 형성하는데 윤리학은 자연보다는 자유의 영역에 위치한다. 칸트와 마찬가지로 스코투스와 오컴은 의무론을 내세우기 위해 행복주의를 포기한다. 칸트는 도덕적 의무와 신의 의지 사이의 어떤 연결점도 인정하지 않지만 궁극적으로 인간 본성이 도덕적 규범의 근거일 수 없다고 생각하는 점에서 스코투스나 오컴과 같은 견해를 보인다. 스코투스와 오컴의 윤리학에서 도덕적 덕들은 여전히 어느 정도의 위치를 차지하고 이는 칸트의 경우에도 마찬가지이지만 더 이상 덕들이 윤리학의 중심에 놓이지는 않는다. 예를 들면 사려는 더 이상 우리가 정서에 올바른 질서를 부여하는 데 전제되는 특별한 지적인 덕이 아니라 단지 실천적 기법, 능숙함 또는 신중함으로 축소된다. 이런 사실은 사려가 도덕적 행위를 보증해주지는 않는다는 점을 암시한다.

저술의 생략형

O: *OP*　　Ockham 1974-1988. *Opera philosophica*

O: *OT*　　Ockham 1967-1984. *Opera theologica*

QV　　　 *Quaestiones variae*, in O: *OT* 8

ST　　　 Aquinas, *Summa theologiae*

S: *OP*　　Scotus 1997-2006. *Opera philosophica*

Vat.　　　 Scotus 1950-. *Opera omnia* (Vatican Edition)

참고문헌

제일 뒤의 * 표시는 특히 중요한 참고문헌임을 나타낸다.

Adams, Marilyn McCord 1986. "The Structure of Ockham's Moral

Theory," *Franciscan Studies* 29: 1–35.*

Adams, Marilyn McCord 1999. "Ockham on Will, Nature, and Morality," in Spade 1999: 245–72.

Aquinas, Thomas 1882–. *Opera omnia*, ed. the Dominican Fathers (Rome: Typographia Polyglotta).

Damascene, John 1955. *De fide orthodoxa*, ed. Eligius M. Buytaert (St. Bonaventure, N.Y.: The Franciscan Institute).

Kent, Bonnie 2003. "Rethinking Moral Dispositions: Scotus on the Virtues," in Williams 2003a: 352–76.*

King, Peter 1999. "Ockham's Ethical Theory," in Spade 1999: 227–44.*

McGrade, A.S. 1999. "Natural Law and Moral Omnipotence," in Spade 1999: 273–301.*

Möhle, Hannes 2003. "Scotus's Theory of Natural Law," in Williams 2003a: 312–31.*

Ockham, William of 1967–1984. *Opera theologica*, ed. Gedeon Gál et al. 10 vols. (St. Bonaventure, N.Y.: The Franciscan Institute).

Ockham, William of 1974–1988. *Opera philosophica*, ed. Philotheus Boehmer et al. 7 vols. (St. Bonaventure, N.Y.: The Franciscan Institute).

Ockham, William of 2011–. *Dialogus*, ed. John Kilcullen, John Scott et al. *Auctores Britannici medii aevi* (Oxford University Press). Preliminary editions are published on www.britac.ac.uk/pubs/dialogus/wtc.html

Osborne Jr., Thomas M. 2005. "Ockham as a Divine-Command Theorist." *Religious Studies* 41: 1–22.

Osborne Jr., Thomas M. 2014. *Human Action in Thomas Aquinas, John Duns Scotus, and William of Ockham* (Washington, D.C.: The Catholic University of America Press).*

Scotus, John Duns 1950–. *Opera omnia*, ed. Carolus Balić et al. (Vatican City: Typis Polyglottis Vaticanis).

Scotus, John Duns 1997–2006. *Opera philosophica*, ed. Girard J. Etzkorn et al. 5 vols. (St. Bonaventure, N.Y.: The Franciscan Institute).

Scotus, John Duns 2007. "Beati Ioannis Duns Scoti Quodlibetum quaestio 16," ed. Timothy B. Noone and H. Francie Roberts, in Christopher Schabel (ed.), *Theological Quodlibeta in the Middle Ages: The Fourteenth Century* (Leiden: Brill), 160–98.

Spade, Paul Vincent (ed.) 1999. *The Cambridge Companion to Ockham* (Cambridge University Press).

Williams, Thomas 1998. "The Unmitigated Scotus." *Archiv für Geschichte der Philosophie* 80: 162–81.

Williams, Thomas (ed.) 2003a. *The Cambridge Companion to Duns Scotus* (Cambridge University Press).

Williams, Thomas 2003b. "From Metaethics to Action Theory," in Williams 2003a: 332–51.*

Williams, Thomas 2013. "The Franciscans," in Roger Crisp (ed.), *The Oxford Handbook of the History of Ethics* (Oxford University Press).

Williams, Thomas 2017. *John Duns Scotus: Selected Writings on Ethics* (Oxford University Press).

Wolter, Allan B. 1997. *Duns Scotus on Will and Morality*, ed. William Frank (Washington, D.C.: The Catholic University of America Press).

Wood, Rega 1997. *Ockham on the Virtues* (West Lafayette, Ind.: Purdue University Press).

15장

인문주의

사브리나 에버스마이어(Sabrina Ebbersmeyer)

'인문주의'(humanism)이라는 용어는 무척 다양한 의미로 사용되므로 맥락에 따라 구체적 의미를 지적하는 작업이 필요하다. 가장 일반적인 의미에서 이 용어는 인간이 중심에 놓여있다는 사상적 태도를 지칭하는데, 흔히 인본주의로 표현되는 이런 의미가 이 용어의 핵심을 차지한다.[1] 더욱 구체적인 역사적 의미에서 흔히 '르네상스'라는 수식어와 더불어 사용될 경우 인문주의는 14세기 후반 이탈리아에서 시작되어 15, 16세기에 걸쳐 유럽 전역으로 확

---

[1] 예를 들면 이 용어에 대한 실러(F. C. S. Schiller)의 정의를 참조. '인본주의는 사실상 그 자체로 가장 단순한 철학적 관점이다. 이는 철학적 문제가 인간 정신이 제공하는 바를 통해 형성되는 인간 경험의 세계를 파악하려고 노력하는 인간과 관련된다는 점을 인정하는 관점이다'(Schiller 1907: 12).

산된 지적인 부활의 움직임을 의미한다.[2] 하지만 이 시기에 '인문주의'라는 용어 자체가 등장하지는 않았다. 학자들은 19세기에 이르러서야 이 용어를 도입했다.[3] 현재 이 용어를 계속 사용하는 이유로 다음 몇 가지 들 수 있다. 인문주의자들은 여러 저술에서, 특히 친구나 동료들과 주고받은 편지에서 인간성(humanitas)의 실현을 자신들의 삶과 저술을 통해 추구하는 공통적인 이상이라고 밝혔으며, 이들은 또한 인문학(studia humanitatis) 연구와 실천을 서로에게 강력히 권했다. 특히 '인문주의자'라는 말은 15세기에 라틴어와 이탈리아어에서 인문학을 가르치는 교사와 배우는 학생들을 지칭하는 용어로 사용되기 시작했는데,[4] 인문학에는 문법, 수사학, 시학, 역사학과 더불어 도덕철학도 포함되었다.[5]

인문주의자들은 새로운 유형의 지식인들 대표했다. 이들 중 대학의 철학 교수인 인물은 거의 없었다. 우리는 이들이 필경사나 외교관, 왕궁이나 교황청 또는 당시 새로 설립된 교육기관 등에서 교사로 활동하는 경우를 더욱 자주 발견한다. 또한 이 시기에 역사상 처음으로 상당한 수의 여성들이 학술 활동에 참여하는 것을 볼 수 있다. 도덕적 문제들은 인문주의자들의 대표적인 관심사 중 하나였다. 편지, 대화편, 독설, 시, 논문 등의 다양한 저술 형식을 활용해 이들은 무척 다양한 도덕

---

[2] 르네상스 인문주의에 관한 문헌은 수없이 많다. 가린(Eugenio Garin)과 크리스텔러(Paul Oskar Kristeller)를 인문주의를 연구한 20세기의 가장 대표적인 학자로 손꼽을 수 있다. 특히 Garin 1965 및 Kristeller 1961 참조. 인문주의의 정치적인 면과 '시민적 인문주의'의 개념에 관해서는 Baron 1955와 1988, Bec 1975 및 Hankins 2000 참조. Mazzorro 2006에는 르네상스 인문주의에 대한 최근의 다양한 접근 방식이 등장한다.

[3] Niethammer 1808 및 Voigt 1859 참조.

[4] Campana 1946 및 Giustiniani 1985.

[5] Sforza 1884: 380, Kristeller 1951: 109에서 재인용.

적 주제들, 예를 들면 덕, 최고선, 운명과 자유의지, 고결함, 사랑과 우정, 교육, 결혼, 시민적 의무를 비롯한 수많은 주제를 다루었다. 하지만 인문주의자들은 완전히 새롭고 독창적인, 체계적인 도덕 이론이나 행위 이론을 전개했다는 평가를 받지는 못한다. 이들은 도덕적 문제들에 대해 과학적 접근을 시도함으로써 당시 대학 중심의 강단 철학을 비판하고 그런 철학과는 다른 태도로 도덕철학에 접근해야 한다고 선전했다. 사실 이들은 새로운 사고방식을 도입하고 확립했는데 이는 도덕철학을 근본적으로 변형하는 결과를 낳았으며, 이들의 시도는 17세기까지도 영향을 미쳤다. 이들의 사고방식이 지닌 특징은 설득과 명료함 그리고 우회적 방법을 강조하는 논증이라고 할 수 있다.

인문주의는 또한 도덕적 문제들에 대해 실용적으로, 때로는 거의 공리주의적으로 접근하는 특징을 드러낸다. 이런 실용적이고 현실주의적인 관점은 인간의 행위를 이전과는 다른 특수한 방식으로 이해하도록 이끌었으며 이는 다시 도덕적 문제들을 근본적으로 재고하도록 만들었는데, 이와 관련되는 대표적인 문제로는 신에 맞서는 인간의 본성, 관조적 삶에 반대되는 현실적 삶, 일반적으로 신성한 진리와 대립하는 유용성 등에 대한 재검토를 들 수 있다.[6]

인문주의 도덕적 사고의 등장: 스콜라철학 비판____

인문주의 운동이 페트라르카(Petrarch)를 출발점으로 삼는다는 점에는 많은 사람들이 폭넓게 동의한다. 그는 스콜라철학을 날카롭게, 자

---

[6] 이 장에서 나는 나의 저서 *Homo agens*에 등장하는 자료들을 활용했다. Ebbersmeyer 2010 참조.

주 논쟁을 벌이는 방식으로 비판하고 철학에 대해 고대 로마의 학자들이 보이는 방식으로, 곧 스콜라철학과는 다른 방식으로 접근해야 한다고 공개적으로 선전했던 최초의 인물이었다. 특히 그는 이런 새로운 생각을 수많은 사람들에게 편지를 쓰는 방식으로 전파해나갔다. 그를 직접 추종한 인물들은 그를 새로운 지적인 시대의 창시자로 여겼다.[7] 페트라르카의 윤리적 견해는 주로 그의 스콜라철학 비판을 통해 형성되었다. 그의 비판에는 여러 요소들이 포함되지만 이들은 모두 철학이 현실적인 문제에 관여해 우리의 삶을 이끌어나가는 데 도움이 되는 충고를 제시해야 한다는 믿음을 근원으로 삼아 도출된다. 페트라르카는 이런 목적을 고려할 때 스콜라철학은 거의 모든 면에서 철저히 실패하고 만다고 주장한다.

우선 페트라르카는 스콜라철학자들이 도덕철학에 직업적인 태도로 접근하는 것을 비판한다. 직업 철학자는 당시 유럽의 대학들에서 막 등장하기 시작했는데, 13세기에 철학자들이 대학 교양 학부의 교수직을 맡게 되고 신학, 법학, 의학 등의 상위 학부와 독립적인 관계를 유지하면서 모습을 드러냈다.[8] 이런 직업 철학자에 속했던 강단 철학자들은 자신들이 가르치는 이론과 일치하게 자신들의 삶을 이끌어나가는 데 별 관심이 없었다.[9] 그 대신 이들은 도덕에 대한 이론적이고 과학적인 접근을 과시하듯 제시했다. 이 시기를 거치면서 도덕철학은 다른 많은 철학 분과와 마찬가지로 아리스토텔레스가 제시한 과학적 추론의 기준

---

7) 특히 살루타티(Coluccio Salutati)가 쓴 편지, Salutati 1891-1911, vol. 1: 176-87; 334-42 및 vol. 4.1: 126-45 참조. 또한 Leonardo Bruni, *Le vite di Dante e di Petrarca* [1436], in Bruni 1928: 50-69 참조.

8) Bianchi 1987 및 Libera 1991.

9) Petrarca 1975, 1: 500. 페트라르카는 세네카(Seneca)가 이미 자신이 살았던 당시의 강단 철학자들을 비판했음을 지적한다. Seneca, *De brevitate vitae* 10.1 참조.

에 맞추어 재구성되었으며 이를 통해 일종의 과학, 곧 도덕학(scientia moralis)이라는 지위를 얻게 되었다.[10] 도덕철학에 대한 이런 방식의 이해를 비판하면서 페트라르카는 도덕철학을 실천하는 것이 곧 직업 철학자가 되는 것을 의미하지는 않으며 — 그것은 오히려 자신이 다른 사람들에게 가르치는 바를 자신의 삶을 통해 수행하는 것을 의미한다고 주장한다. 그는 '진정한 [철학자의] 수는 항상 얼마 되지 않지만 나는 지금 자신이 공개적으로 주장하는, 지혜에 대한 사랑과 추구를 몸소 드러내는 철학자가 단 한 사람이라도 있는지 알지 못한다'고 한탄한다.[11]

특히 페트라르카는 당시 대학에서 도덕철학이 자연철학에 비해 하찮은 위치 밖에 차지하지 못하는 상황을 강력히 비판한다. 당시 자연철학은 광범위하게 연구되었으며 교과과정에서도 매우 중요하게 여겨졌다. 페트라르카에 따르면 이렇게 자연철학에 몰두하는 상황은 인간 삶의 본질적 문제를 소홀히 생각하는 현실을 반영한다.

> 우리가 인간의 본성이 무엇인지를, 인간이 무엇을 위해 태어났으며, 어디에서 와서 어디로 가는지를 모른다면 그리고 이런 질문들을 무시하고 경멸한다면 동물이나 새나 물고기 그리고 뱀의 본성을 아는 것이 무슨 소용이 있는가? 나는 단지 한탄할 뿐이다.[12]

많은 인문주의자들은 페트라르카의 이런 주장을 받아들여 도덕철학을 자연철학보다 훨씬 더 중요한 분과로 여기기 시작했다.[13] 이는 또한

---

10) 이런 발전에 관해서는 Wieland 1981과 1990 참조.

11) Petrarca 1975, 1: 500.

12) 같은 책, 1: 104.

13) 예를 들면 Bruni *Isagogicon moralis disciplinae*, in Bruni 1928: 21 및 Palmiere *Della vita civile*, in Palmieri 1982: 29와 59 참조.

과거 철학자들에 대한 재평가로 이어졌다. 더 이상 아리스토텔레스가 아니라 소크라테스가 진정한 도덕철학자의 전형으로 여겨졌다. 소크라테스는 하늘의 별과 자연이 아니라 인간의 마음을 탐구하는 쪽으로 방향을 돌린 최초의 철학자 중 한 사람이기 때문이다. 이를 통해 그는 '도덕철학을 다룬 최초의 철학자인 동시에 인간 삶을 성찰한 최고의 대가가 되었다.'[14]

마지막으로 페트라르카는 도덕철학에 대한 과학적 접근이 사용하는 방법과 형식을 비판한다. 스콜라철학자들은 논리적 분석에 몰두한 나머지 도덕철학의 핵심 임무, 곧 사람들을 움직여 실제로 행위하도록 인도하는 임무를 제대로 수행하지 못했다.

> 진정한 도덕철학자와 덕을 가르치는 훌륭한 교사들의 목표는 무엇보다도 독자나 학생들을 선하게 만드는 것이다. 이들은 덕과 악덕에 대한 정의를 가르칠 뿐만 아니라 덕의 광채와 악덕의 암흑에 대해서도 열변을 토해야 한다. 또한 이들은 선한 것에 대한 사랑과 열정을 그리고 악한 것에 대한 증오와 혐오를 우리 마음 깊이 심어주어야 한다.[15]

강단 철학자들은 이런 임무를 수행하기에 부적절하다. 하지만 페트라르카는 다른 곳에서 지원군을 발견한다. '이런 충고를 원하는 사람은 누구든지 고대 로마의 학자들에게서, 특히 키케로와 세네카에게서 큰 도움을 발견할 것이다.'[16]

페트라르카가 스콜라철학을 상세히 연구한 것은 아니지만 그는 그것

---

14) Petrarca 1945: 33.

15) Petrarch 2003: 316-18.

16) 같은 책, 314-15.

의 핵심을 파악하고 있었다. 그의 비판은 강단 철학 내부의 진행 방향, 곧 철학의 모든 문제들에 논리적 분석을 적용함으로써 이들을 지나치게 추상적이고 복잡한 방식으로 다루려는 경향에 대한 반발이었다. 스콜라철학에 대한 이런 비판적 태도는 특히 도덕철학의 영역에서 인문주의 사상의 대표적인 특징이 되었다. 예를 들면 비베스(Juan Luis Vives)는 페트라르카와 동일한 생각을 드러내면서 자신의 저술 『학문의 타락 원인에 관하여』(On the Causes of the Corruption of the Arts)에서 다음과 같이 말한다.

> 스콜라철학자들은 행위를 목표 삼는 도덕학[disciplina morum]을 그저 말씨름으로 만들어버렸다. 그들이 윤리학을 논의하는 까닭은 자신이 더욱 선해지거나 다른 사람들을 더욱 선하게 만들기 위한 것도 덕과 삶에 관한 진리를 규정하기 위한 것도 아니고 단지 궤변을 늘어놓기 위해서이다.[17]

이런 비판은 다른 많은 인문주의자들, 예를 들면 브루니(Bruni), 발라(Valla), 에라스무스(Erasmus), 몽테뉴(Montaigne) 등에게서도 발견되며 홉스나 데카르트 같은 근대 초의 철학자들에게서도 등장한다.[18] 따라서 인문주의자들이 도덕철학의 전반적인 목표를 이론적인 것이 아니라 실천적인 것으로, 곧 덕을 획득하고, 삶에 대한 충고를 하고, 현실적인 문제들에서 어떤 방향을 제시하는 것으로 이해했다고 전제할 때 이런 작업을 하기 위한 적절한 수단은 과연 무엇인가?

---

17) Vives 1997: 102-3. 당시의 도덕철학에 반대하는 비베스의 주장에 관해서는 Di Liscia 2007 참조.

18) 홉스, 『리바이어던』 IV. 46, in Hobbes 2012 3: 1052-1102; 데카르트, 『방법서설』 VI, in Descartes 1996 6: 61-2.

문체와 논증 방식

인문주의자들은 당시의 여러 대학에서 공통적으로 사용되었던 강단 철학의 접근 방식, 곧 아리스토텔레스의 도덕적 저술에 주석을 달고 이를 중심으로 학생들에게 철학을 훈련시키기 위한 강의를 행하는 방식에서 벗어나 새로운 저술 형식과 논증 방법을 개발하려 했다. 인문주의자들은 폭넓은 독자들을 염두에 두고 저술을 썼으므로 전문적인 표현을 피하고 고전 라틴어를 선호했다. 또한 많은 저술들이 대화편의 형식으로 쓰였는데 이를 통해 논의 주제에 대한 찬성과 반대 의견을 분명히 제시할 수 있었다. 또한 대화편의 형식은 제시된 의견의 타당성과 진리성을 더욱 효과적으로 밝히고, 상대방의 입장도 개방적으로 드러낼 수 있는 장점을 지닌다.[19] 대화편에서는 양측이 상호 동의에 이르지 못한 채 대화를 마치는 경우가 많은데 이는 독자들 스스로 결론을 내리도록 유도하는 장치이기도 하다. 예를 들면 포지오(Poggio)의 대화편 『진정한 고귀함에 관하여』(*True Nobility*)는 '누구나 자신이 원하는 바를 자유롭게 생각할 수 있다'는 말로 끝난다.[20]

인문주의자들이 개발한 또 하나의 저술 형식은 편지를 쓰는 것이었는데 이를 통해 구체적 상황에서 발생하는 개별적인 경우에 대해 어떤 충고를 할 수 있었고, 편지의 발신자가 일반적인 준칙을 편지의 수신자가 처한 구체적인 상황에 어떻게 적용하는지를 밝힐 수 있었다. 페트라르카는 이런 점을 매우 잘 알고 있었다. 그는 자신이 쓴 편지에 관해 다음과 같이 말한다.

---

19) 이에 관한 더욱 상세한 논의는 Hempfer 2002 참조.

20) Poggio Bracciolini 2002: 38.

사람들의 다양성은 거의 무한할 정도여서 얼굴이 서로 다른 것 이상으로 마음과 생각도 서로 다르다. 같은 음식이 항상 모든 사람의 입맛에 맞지 않을 뿐만 아니라 같은 사람에게도 때에 따라 서로 다르게 느껴지는 것과 마찬가지로 사람들의 정신이 항상 동일한 문체와 형식을 통해 계발되는 것은 아니다.[21]

후에 몽테뉴는 단편적인 글들로 구성된 수상록을 쓰면서 인간의 행위를 일반화해 어떤 일반 규칙들을 확립하려는 시도는 단지 헛된 일일 뿐이라는 점을 반복해서 밝힌다. 그는 인간 본성에 관한 일반적인 가정이 어렵다는 회의주의적 태도를 보이면서 오직 자신의 삶을 관찰하고 분석했다. '따라서 현명한 독자들은 나 자신이 내 책의 근거임을 알게 될 것이다.'[22]

이런 저술 형식은 또한 서로 다른 다양한 논증 방법으로 이어졌다. 강단 철학에서 흔히 사용되던 무익한 삼단논법의 논증과 번잡한 용어 분석을 비웃으면서 인문주의자들은 독자들의 관심을 끌고, 참여시키고, 설득하기 위해 수사학적 전략을 즐겨 사용했다.[23] 수사학은 저자의 언어 구사 기술을 과시하기 위한 격렬한 말싸움이 결코 아니다 — 그것은 오히려 인간 행위의 경우처럼 우연적인 사실들을 도덕철학의 주제로 다루기 위해 사용되는 적절한 방법이다.[24] 살루타티가 표현하듯이

---

21) Petrarch *Familiares* I, 1 (29) in Petrarca 1933-1942 1: 9.

22) *Preface to the reader*, Montaigne 1603 sig. [A6v].

23) 몇몇 스콜라철학자들 또한 당시 사용되었던 도덕철학의 방법에 불만을 느끼고 수사학적 방법을 도덕철학에 적용해야 한다고 주장하기도 했다. Roger Bacon, *Moralis philosophia* in Bacon 1953: 250-1 및 뷔리당(Buridan)이 쓴, 아리스토텔레스의 『니코마코스 윤리학』에 대한 주석서의 서문, Buridan (1968 [1513]), iira-iiva 참조.

24) 이에 관한 더욱 상세한 논의는 Kessler 2013 참조.

수사학은 '이전에 무엇이 행해졌고 앞으로 무엇이 행해져야 하는지에 관한 설전이며 논쟁이다.'[25]

따라서 수사학적 논증에서 핵심적인 수단으로 사용되는 구체적 사례의 제시는 인문주의자들의 도덕적 사고를 잘 드러내는 대표적 특징이 되었다. 사례의 제시는 학문적인 맥락에서는 주로 진리를 다른 방식으로 증명하기 위한 예증의 역할을 한 반면 도덕적 충고의 영역에서는 상대적으로 더욱 큰 힘을 발휘했다.[26] 사례들은 인간 행위의 원인을 지적하지는 않으므로 설명을 제공하지는 않지만 유사한 상황에서 다른 사람들이 어떻게 행위했는지를 알려준다. 따라서 사례들은 앞으로 어떻게 행위할지에 대한 충고를 제공한다. 이들은 우리의 행위를 고무하고 방향성을 제시한다. 이와 관련해 페트라르카는 다음과 같이 말한다.

> 우리가 거울을 통해 얼굴을 보는 경우처럼 인간의 도덕은 사례를 통해 손쉽게 교정된다. 더욱이 우리가 다른 사람의 발자국에 의해 생긴 길을 따를 때 더욱 안전하게 걸을 수 있듯이 우리의 삶 또한 어떤 인도자도 없이 새 길을 걷는 편보다는 다른 사람의 사례에 따를 경우 훨씬 쉽게 헤쳐 나갈 수 있다.[27]

특히 역사를 다룬 책들은 많은 사례를 제공한다. 살루타티는 역사를 크게 칭찬하는데 그 까닭은 역사는 책으로 기록된 인간 경험의 보고를 포함하기 때문이다. 이런 기록은 다양한 상황에 처한 서로 다른 많은 사람들에게 큰 가치를 지닌다.

---

[25] Salutati 1891-1911, 2: 295.
[26] 사례들이 지닌 의미에 관해서는 아리스토텔레스, 『변증론』, VII, 1: 157a; 『수사학』, I. 2: 1356b1-10; 『분석론 전서』, II. 24 참조.
[27] Petrarca 1945: 133.

과거 행위에 대한 지식은 군주를 훈계하고, 사람들을 가르치고, 개인에게 알려준다. 우리가 집안과 집밖에서 무엇을 해야 하는지를 그리고 한 개인으로서 가족에게는, 동료 시민과 친구들에게는 무엇을 해야 하는지를 또한 사적으로나 공적으로 무엇을 해야 하는지를 분명히 알려준다.[28]

살루타티에 따르면 역사 저술은 사람들을 교육하는 측면에서 신학이나 철학적 교설의 형태를 띠는 전통적인 도덕적 충고보다 훨씬 더 나은 형식이다. 전자는 사람들의 마음을 주눅 들게 만들고 결국 혐오감을 낳기 때문이다.[29] 반면 역사적인 예들은 마음에 싫증이 아니라 활기를 불러일으킨다.[30]

역사와 역사적인 예들을 도덕적 가르침의 중요한 수단으로 도입한 것과 더불어 인문주의자들은 경험적 관찰을 사용하는 데 대해 이전보다 훨씬 개방적인 태도를 취한다. 이들은 인간이 어떤 존재여야 하는가를 규정하기보다는 현실적으로 어떤 존재인지를 밝히는 데 더 큰 공을 들인다.[31] 포지오의 표현에 따르면 '철학의 잣대로 유한한 인간의 삶을 규정하고 그것을 우리에게 요구해서는 안 된다.'[32] 인간의 행위를 편견 없이 관찰하고 이런 관찰에 비추어 전통적인 도덕적 가정들을 비판하려는 시도는 다양한 결과를 낳았다. 예를 들면 발라는 대화체로 쓴 저술 『쾌락에 관하여』(On Pleasure)에서 절제, 용기, 정의 등의 전통적

---

[28] Salutati 1891-1911, 2: 291-2.

[29] 같은 책, 292.

[30] 같은 책, 295.

[31] Palmieri, Della vita civile, in Palmieri 1982: 7과 63. 또한 마키아벨리, 『군주론』, 15장 in Machiavelli 1989, vol. 1: 57 참조.

[32] Poggio Bracciolini 1994: 80.

인 기본 덕들을 재검토한다. 예리한 경험적 관찰을 통해 그는 덕이 있는 듯이 보이는 행위들이 사실은 이기적인 본성을 드러낸다는 점을 폭로한다.[33] 이런 비판적 태도를 훨씬 발전시킨 인물은 몽테뉴인데 그는 모두에게 적용되는 일반적인 도덕 판단을 형성하려 한다면 어떤 경우에도 그것의 정당성을 회의할 수밖에 없다고 주장한다. 그의 견해에 따르면 그런 판단은 어떤 행위와 관련되는 모든 측면을 공들여 탐구할 것을 요구하므로 사전에 섣불리 내릴 수 있는 것이 아니다. '여기서 우리가 왜 어떤 특수한 행위를 어떤 방식으로 판단하는지 그 이유를 찾으려 한다면 우리는 우선 수많은 상황을 고려해야 하고, 그 행위를 한 사람을 자세히 관찰해야 한다. 이런 모든 일들이 이루어진 후에야 그 행위를 무어라고 이름 붙여 비난할 수 있을 것이다.'[34] 몽테뉴는 도덕적 사고와 행위의 본질을 추구해 어떤 결론을 이끌어내는 일을 피하려 한다. 하지만 수많은 개별적인 경우들을 매우 정확하게 묘사함으로써 이전에는 간과했던 현상들을 지적하려 한다. 이런 방식으로 그는 도덕의 전통적인 기초를 허물어뜨린다. 몽테뉴에 따르면 어떤 사회에서 통용되는 일반적인 도덕규범과 법칙들을 그 자체로 참이라고 주장할 수는 없다. 그들의 타당성은 단지 관행과 습관에 의존할 뿐이다.

> 우리가 흔히 인간의 본성에서 이끌어내었다고 말하는 양심의 법칙들은 관습에서 생겨나 등장할 뿐이다. 각자는 자신만의 특별한 관심을 유지하며, 자신이 시인한 의견을 내부적으로 존중하고, 자신 주변의 관습들을 받아들이므로 이들에게서 벗어나게 될 경우 큰 가책을 느끼며 이들을 자신에게 적용하면서는 큰 기쁨을 느낀다.[35]

---

33) Valla 2004: 96-190.

34) *Essays* II.11, in Montaigne 1603.

35) *Essays* I.22, in Montaigne 1603.

현세의 삶에 대한 재평가

인문주의자들은 도덕에 대해 이런 새로운 태도를 보이면서 인간 본성을 둘러싼 수많은 전통적 가정들을 비판했으며 이를 통해 이 세계에서 인간이 차지하는 위치와 인간에게 주어진 역할을 재검토했다. 물론 인문학자들 사이에서도 많은 차이점이 발견되지만 그들은 대체로 인간의 행위가 현세에서의 유용성에 의해 평가되어야 한다는 믿음을 공유한다. 그리고 이런 주장의 결과는 다양한 영역에서 관찰된다.

무엇보다도 인간 본성에 대한 재검토가 이루어졌다. 인간 본성은 더이상 결함이 있는 것으로 여겨지지 않았으며, 심지어 육체적 욕망이나 감정과 관련되는 요소까지도 건전하고 적절한 것으로 간주되었다.[36] 인간을 비참한 존재(miseria hominis)로 묘사한 기존의 문헌들에 맞서 인문주의자들은 인간이 스스로 행위해 자신의 운명을 개척할 수 있는 능력을 지닌다는 점을 들어 인간의 존엄성을 특히 강조한다. 마네티(Giannozzo Manetti)는 자신의 저술 『인간의 존엄성과 탁월성에 관하여』(On the Dignity and Excellence of Man, 1452)에서 사고하고(intelligere) 행위하는(agere) 능력을 인간의 대표적인 특징으로 규정했으며, 미란돌라(Giovanni Pico della Mirandola)는 『인간의 존엄성에 관하여』(On the Dignity of Man)라는 제목의 유명한 연설에서 인간의 자기결정 능력을 지적했다.[37]

또 다른 놀라운 예는 관조라는 이상과 이를 실천하는 삶의 형태, 곧 관조적 삶(vita contemplativa)을 부정한 것이다. 멀리는 플라톤과 아리스토텔레스에게까지 거슬러 올라가 관조적 삶을 인간의 가장 고귀한

---

[36] Ebbersmeyer 2013 참조.
[37] Pico della Mirandola 1948: 225.

임무로 여기고 삶의 궁극 목적으로 칭송하는 전통은 계속 이어졌으며 큰 영향력을 발휘해왔다.[38] 이 결과 현실적인 삶에 대한 관심은 수준 낮은 것으로 무시되었다. 이런 이상은 중세 기독교 전통에서도 계속 유지되었으며, 당시 여러 대학의 인문학부에서도 존중되었다.[39] 하지만 많은 인문주의자들은 이런 길을 따르지 않았다. 예를 들면 살루타티는 '사변'보다 '현실의 활동적인 삶'을 선호해야 한다고 결론짓는다.[40] 신의 자녀라는 굴레에서 벗어나 욕구와 쾌락을 추구하는 현실적인 인간 본성을 더욱 중요시하면서 인문주의자들은 현세의 삶에 유용한 바를 가장 크게 강조했다. 브루니는 널리 알려진 한 편지에서 '관조적 삶이 아니라 활동적인 삶이 인간의 적절한 삶이다. 우리는 인간인 한 관조하지 않는다. 관조하는 존재는 오직 현실에서 분리된 신성한 무언가일 뿐이기 때문'이라고 말한다.[41]

현실적이고 활동적인 삶에 대한 이런 평가에 따라 덕과 악덕과 관련된 전통적인 질서 또한 변화했다. 예를 들면 실천적 지식이 지혜에 비해 더욱 중요한 핵심적인 위치를 차지하게 되었다. 아리스토텔레스가 '실천에 올바른 이성을 적용하는 것'(recta ratio agibilium)으로 정의했던 실천적 지식을 살루타티는 지혜를 완성하는(perficit) 덕으로 여긴다.[42] 또한 팔미에리(Palmieri)는 실천적 지식을 '사람들에게 좋거나 나쁜 모든 것들을 이성적으로 검토하고 파악하는 진정한 능력'으로 정

---

38) 예를 들면 플라톤, 『파이돈』 III, 5; 82c-84b, 아리스토텔레스, 『니코마코스 윤리학』 X, 6-8; 1176a30 참조.

39) Bianchi 1987 참조.

40) Salutati 1990: 183.

41) Bruni 1928: 135-6.

42) Salutati 1990: 178-9.

의하면서[43] 지성, 학문, 예술, 지혜 등의 지적인 덕들을 실천적 지식의 아래에 둔다. 그리고 이들의 임무는 단지 실천적 지식이 옳은 것을 선택하도록 돕는 것이라고 주장한다.

이런 형태의 발전은 브라치올리니(Poggio Braccolini)가 대화체로 쓴 저술 『탐욕에 관하여』(On Avarice)에서 더욱 놀라운 방식으로 등장한다. 전통적으로 철학자들은 탐욕을 대표적인 악덕으로, 신학자들은 일종의 죄악으로 여겼지만[44] 브라치올리니는 이와 정반대되는 견해를, 곧 탐욕을 덕으로 이해할 수도 있다는 견해를 드러낸다. 그의 주장은 인간 행위에 대한 경험적 관찰과 편견 없는 해석에 기초하는데, 이로부터 그는 탐욕스러운 행위가 문화 번영과 사회 발전에 기여한다는 점을 이끌어낸다. 개인의 부를 추구하는 일은 더 이상 공동선을 파괴하는 부자연스러운 성향이 아니라 유익하고 자연스러운 본성으로 여겨지게 된다.

> … 자연은 살아있는 모든 피조물들에게 생존 본능을 심어놓았다. 이 때문에 우리는 음식물과 신체를 보호하고 영양을 공급하는 데 필요한 모든 것을 원한다. 그리고 바보가 아닌 이상 돈으로 물건을 산다. 그렇다면 내가 내 삶에 반드시 필요한 금과 은, 동을 탐내고 추구한다 한들 그것이 왜 놀라운 일인가? 이런 일을 탐욕스럽다고 부른다면 (앞서 주장한 대로) 탐욕은 본성에 반하는 것이 아니라 오히려 우리가 타고난 다른 많은 욕구와 마찬가지로 우리의 본성 자체에 뿌리박힌 것으로 보아야 한다.[45]

---

43) Palmieri 1982: 32.

44) 아리스토텔레스, 『니코마코스 윤리학』 IV, 1-3: 1119b21-1122a18; 키케로, 『의무에 관하여』 I, 7, 24; 『성서』, 디모테오에게 보낸 첫째 편지 6장 10절; Augustine *De Genesi ad litteram* 11, 15.

45) Poggio Braccolini 1994: 76-7; Poggio Braccolini 1989의 영어 번역에서 재인용.

이렇게 현실의 삶을 긍정적으로 평가하고 세속적 문제를 중요하게 여길 경우 유용성이 인간 행위의 가장 기본적인 동기로 작용한다. 인간의 모든 활동은 본성상 이익을 기대하기 때문에 행해진다. 브라치올리니는 이 점을 다음과 같이 분명히 밝힌다.

> … 과연 누가 [이익을] 기대하지 않고 무언가를 행하겠는가? 이익이 확실할수록 우리는 더욱 기꺼이 그 일에 뛰어든다. 모두가 이익에 따르고 이익을 원한다. 우리가 군대를, 사업을, 농업을, 예술을 또는 자유롭게 혼자 하는 일을 아니면 고용된 일을, 그 무엇을 원하든 간에 돈을 향한 욕구는 모든 사람이 타고나는 것이다. 우리가 다루고 일하고 수행하는 모든 일은 가능한 한 많은 이익을 얻으려는 목표를 추구한다. 바로 이 때문에 우리는 위험을 무릅쓰고 모험을 감행한다.[46]

이렇게 탐욕과 부, 경제적 성공을 새롭게 평가한 유명한 예는 알베르티(Leon Battista Alberti)의 저술 『가족에 관하여』(*Della famiglia*, 1434-1441)에 등장한다. 가족의 삶을 영위하는 일 전체는 — 배우자를 구하고, 친구를 사귀고, 자녀를 돌보는 일 등은 — 경제적인 전망과 밀접하게 관련된다. 알베르티의 견해에 따르면 우리가 아픈 사람들을 돕는 까닭은 자비심이 그렇게 하라고 지시하기 때문이 아니라 그렇게 하는 것이 장기적으로 볼 때 비용이 덜 들며 더욱 경제적이기 때문이다.[47] 사실상 초기 자본주의적인 해석을 드러내면서 알베르티는 우리가 시간조차도 '낭비할' 수 있으며, 시간은 우리 자신의 이익과 부를 위해

---

46) Poggio Bracciolini 1994: 261-2; Poggio Bracciolini 1989의 영어 번역에서 재인용.
47) Alberti 1960: 237.

서 사용되어야 하는 자원이라고 주장한다.[48] 이런 맥락에서 자기보존이라는 스토아학파의 주장이 중요하게 부각된다. 자기보존은 인문주의자들이 세속적인 문제에 개입해 어떤 주장을 전개할 경우, 특히 부와 물질적 재화에 대한 관심을 정당화하려 할 경우 제일원리로 작용한다.[49] 이는 알베르티의 경우 또한 마찬가지인데 그는 가족 문제를 다룬 저술의 처음 두 부분에서 가족의 삶이 경제적 전망과 밀접하게 관련된다는 주장을 정당화하면서 자기보존에 관한 스토아학파의 이론을 받아들인다.[50]

여성의 덕

이전에 도덕철학자들은 인간에 관해, 인간의 덕과 의무, 행위에 관해 말하면서 은연중에 아니면 드러내놓고 여성이 아니라 오직 남성만을 대상으로 삼았다. 오래전 고대까지 거슬러 올라가는 이런 전통에 따르면 도덕의 영역에서 여성은 남성과 평등한 존재가 아니었다. 남성과 여성 사이의 생리적인 차이에 근거해 여성은 남성에 비해 판단력이 약하며 따라서 남성이 여성을 감독해야 한다는 주장이 널리 퍼져 있었다. 이 점은 특히 아리스토텔레스적인 전통에서 분명히 드러나는데 이런 아리스토텔레스주의가 13세기까지 서양의 철학적 사고를 지배해왔다.[51] 기독교는 전반적으로 남성과 여성의 도덕적 평등을 내세우는 듯

---

48) 같은 책, 176.

49) Poggio Bracciolini 1994: 76-7; Palmieri 1982: 60-3.

50) Alberti 1960: 31-2; 또한 133 참조.

51) 아리스토텔레스, 『동물의 생성에 관하여』 737a25 이하; 775a13 이하; 『정치학』 1259a39-b4; 『니코마코스 윤리학』 1160b24 이하. 또한 플라톤, 『티마이오스』 91e 참조.

이 보였지만 도덕적 영역에서 성별에 따른 차별은 기독교 전통에서도 여전히 발견된다. 곧 여성은 침묵을 지켜야 한다든지 다른 사람을 가르쳐서는 안 되고 남성에게 복종해야 한다는 등의 명령이 『성서』에 등장한다.[52] 특히 여러 세기 동안 여성들은 정규 교육을 전혀 받을 수 없었으며 당연히 대학에 입학할 수 없었다. 하지만 인문주의 운동은 비록 제한된 의미에서지만 여성에게도 문을 열었다.

여성의 교육은 많은 인문주의자들의 관심사가 되었다. 소녀와 여성들에 대한 교육을 옹호하고 장려하는 많은 문헌들이 등장했으며 여성을 위한 교육 과정도 개발되었다. 점차 여성들 또한 여성 교육에 관한 논의에 참여하기 시작했으며 여성의 교육권을 강력히 주장했다. 『여성을 위한 교양 교육 옹호』(Defence of a Liberal Education for Women)라는 제목의 편지에서 세레타(Laura Cereta)는 '교육받을 자유는 본성상 모든 사람에게 똑같이 주어진다'고 주장했다.[53] 이보다 백년 뒤에, 몽테뉴의 『에세』의 편집자였던 구르네(Marie de Gournay)는 『남성과 여성의 평등』(The Equality of Men and Women, 1622)이라는 저술에서 남녀 모두에게 평등한 교육이 중요하다는 점을 역설했다.

하지만 여성 교육을 지지한 학자들도 남녀 사이의 평등한 교육의 필요성을 직시하지는 못했다. 여성을 위한 교과 과정은 남성과는 달랐는데 이는 서로 다른 사회적 역할에 기인한 것으로 이해되었다. 예를 들면 수사학은 여성들에게는 바람직하지 않은 것으로 여겨졌는데 여성들

---

52) 고린토인들에게 보낸 첫째 편지 14장 34-6절; 디모테오에게 보낸 첫째 편지 2장 11-15절; 에페소인들에게 보낸 편지 5장 22-4절 참조.

53) Laura Cereta, *Epistolae* (편지 65), Cereta 1640: 191.

은 대중 앞에서 말할 일이 없다고 생각되었기 때문이다.[54] 여성들이 공적인 영역에서 해도 좋은 일은 오직 편지를 쓰는 것뿐이었는데 이마저 그들의 삶 중 일부 동안만, 곧 젊은 숙녀 시절에만 허용되었다. 그 이후에도 계속 공적인 영역에 관여하려면 행실이 나쁘다는 비난을 공개적으로 받을 위험을 감수해야만 했다.[55]

덕 또한 성별에 따라 서로 다르게 규정되었다. 남성 학자들은 여성의 덕으로 정절, 침묵, 순종 등이 중요함을 강조했으며, 여성은 가사에 전념해야 한다고 주장했다. 특히 정절은 덕을 다룬 어떤 저술에서도 남성의 덕으로 여겨지지 않았지만 여성 교육을 옹호한 학자들도 정절을 여성의 덕 중 중요한 것으로 생각했다.[56] 여성들은 도덕적으로 열등한 존재로 여겨짐으로써 여성을 혐오하는 오랜 전통에 직면하지 않을 수 없었다.[57] 비록 몇몇 남성 인문주의자들이 여성들의 교육과 공적인 삶에의 참여를 적극 지지하고 여성들의 가치를 높이 평가하기도 했지만[58] 여성 혐오라는 낡은 전통은 여전히 강력했고 큰 영향을 미쳤다.

이런 편견에 반대하는 목소리를 낸 최초의 여성 학자 중 한 사람으로 피장(Christine de Pizan, 1365-1430)을 들 수 있다. 그녀의 책 『여성들의 도시를 위한 책』(Book of the City of Ladies, 1405)은 여성에 대한 부당한 비난과 모욕에 맞서 여성을 도덕적으로 옹호한 책이다. 피장은 여성에 대한 전통적인 편견을 반박하기 위해 그런 편견의 근원

---

54) 브루니가 몬테펠트로(Battista da Montefeltro)에게 언급한 교과 과정, Bruni 2002: 92-125 참조.

55) KIng 1980.

56) Vives 2000 참조.

57) Clack 1999 및 Holland 2006 참조.

58) Capra 2001 [1525], Agrippa 1529 및 Domenichi 1549.

을 설명하고 이를 거부한다. 이를 위해 그녀는 덕을 갖춘 여성들의 사례들을 전통적인 문헌에서 수집하고 이들을 자신의 목적에 맞게 변형한다. 그녀는 고대부터 당시까지 덕을 갖춘 여성들의 사례를 제시함으로써 여성도 덕이 있는 행위를 행할 능력이 있음을 증명한다. 덕을 지닌 여성들의 계보는 여성들을 위한 지적인 안식처를 제공한다. 그녀는 '이제 여성들의 새로운 왕국이 시작되었다'고 선언한다.[59] 여성들을 도덕적으로 옹호하려는 그녀의 시도는 이후 많은 여성 인문주의자들에게 영향을 미쳤다. 예를 들면 노가롤라(Isotta Nogarola, 1418-1466)는 한 편지에서 — 덕을 갖춘 여성들의 많은 예를 인용한 후 — '말을 잘 하는 데서 또한 덕을 능숙하게 행하는 데서 남성보다 여성이 더 뛰어나지 않은가?'라고 묻는다.[60] 비록 여성들이 남성과 동등한 권리를 인정받고 도덕적 문제에 관한 논의에서 남성과 같은 자격으로 참여하는 데는 그 후로도 몇 세기가 더 걸렸지만 여성 인문주의자들이 시작했던 바는 17세기에 특히 프랑스 살롱 문화에서 꽃을 피워 예를 들면 스퀴데리(Madeleine de Scudéry)나 소브레(Madeleine de Souvré)를 비롯한 여러 여성들이 당시의 도덕적 담론에 기여했음을 발견할 수 있다.[61]

인문주의가 남긴 유산

도덕철학사에서 인문주의자들은 어떤 위치를 차지하는가? 그들이 역사적으로 중요한 까닭은 한편으로는 그들 이전에 도덕철학을 다룬 전

---

[59] *The Book of the City of Ladies*, II.12. Christine de Pizan 1982: 117.
[60] Nogarola 2004: 100.
[61] Conley 2002 참조.

통적인 방식을 깨뜨렸기 때문이며, 다른 한편으로는 도덕적 행위에 대한 경험적 분석의 기초를 놓았기 때문인데 이런 요소들은 근대 초 도덕철학의 특징이 되었다. 인문주의자들은 당시 여러 학교에서 공통적으로 사용되었던, 도덕적 문제들을 공허하고 추상적으로 다루는 방식을 거부하고, 근본적인 주관주의와 상대주의를 드러냈으며, 수사학과 유용성을 강조했는데 이런 면에서 이들의 견해는 고대 그리스의 소피스트나 로마의 수사학자들의 윤리적 사고와 많은 점에서 상당히 유사하다. 인문주의자들은 키케로와 세네카의 실용적인 접근 방식을 받아들임과 동시에 이들의 권위를 활용해 스콜라철학자들과 전투를 벌였다.

인문주의가 이후의 사상에 미친 영향은 비교적 선명하게 드러난다. 우선 인문주의자들은 인간의 본성과 행위를 새로운 관점에서 바라보았는데 이 관점은 관념론적인 개념들이 아니라 경험 세계에 대한 관찰을 통해 규정되었다. 많은 인문학자들, 특히 페트라르카나 몽테뉴는 개별적인 경우들을 중요시하면서 일반적인 규칙이나 규범을 거부했는데 라로슈푸코나 파스칼 같은 17세기 프랑스 도덕주의자들도 이런 접근 방식을 채택했다. 인간 행위를 규정하려 들기보다는 편견 없이 있는 그대로 묘사하려는 인문주의자들의 성향은 17세기 도덕철학의 일반적인 특징이 되었다.[62] 또한 인문주의자들은 자기보존의 원리를 사용해 도덕적 행위를 설명했는데 이는 홉스와 스피노자의 도덕 관련 저술에서도 잘 드러나는 특징이다.[63] 더욱이 인문주의자들은 인간의 가장 근본적인 가치로 유용성을 강조하고 이른바 현세를 초월한 '고귀한' 가치보다 유용성을 옹호하면서 현실의 삶에서 인간이 처한 상황에 초점을 맞추었는

---

62) Mandeville 1924 [1732] 1: 39; 스피노자, 『정치론』 I, § 1 in Spinoza 1925, 3: 273 참조.
63) 홉스, 『시민론』 I.1 in Hobbes 1983: 89-90; 『리바이어던』 14장 in Hobbes 2012 2: 198; 스피노자, 『에티카』 IVp18d in Spinoza 1925 2: 221-2.

데 이는 이후 계속 이어진 철학적 흐름의 한 부분을 형성하며 결국 공리주의의 등장으로까지 이어졌다. 마지막으로 더욱 일반적인 관점에서 볼 때 인문주의자들은 이후 근대철학의 특징 중 하나가 된 일종의 근본적인 재구성을 시도했는데 그것은 바로 실천보다 이론을 중요시하는 이전의 패러다임을 뒤바꾼 것이었다. 이런 시도는 이론이성에 대한 순수한 실천이성의 우위를 내세운 칸트의 유명한 주장으로 이어지며 피히테의 『윤리학 체계』(System of Ethics)에서도 흔적이 발견된다.[64]

참고문헌

제일 뒤의 * 표시는 특히 중요한 참고문헌임을 나타낸다.

Agrippa, Henricus Cornelius 1529. *Declamatio de nobilitate et praecellentia foeminei sexus*. Antwerp.

Alberti, Leon Battista 1960. *Della famiglia*, in: *Opere Volgari II*, ed. Cecil Grayson. Bari: Laterza.

Bacon, Roger 1953. *Moralis philosophia*. ed. Eugenio Massa. Zurich: Thesaurus Mundi.

Baron, Hans 1955. *The Crisis of the Early Italian Renaissance. Civic Humanism and Republican Liberty in an Age of Classicism and Tyranny*, 2 vols. Princeton University Press.

Baron, Hans 1988. *In Search of Florentine Civic Humanism. Essays on the Transition from Medieval to Modern Thought*, 2 vols. Princeton University Press.

Bec, Christian 1975. *L'umanesimo civile. Alberti, Salutati, Bruni, Bracciolini e altri trattatisti del '400*. Turin: Paravia.

Bianchi, Luca 1987. 'La felicità intellettuale come professione nella Parigi del Duecento', *Rivista di filosofia* 78: 181–99.

Bruni, Leonardo 1741. *Epistolarum libri VIII*, ed. Laurentius Mehus, 2 vols. Florence: Paperinius.

---

[64] Kant 1908 [1788]: 119-21; Fichte 1798.

Bruni, Leonardo 1928. *Humanistisch-philosophische Schriften mit einer Chronologie seiner Werke und Briefe*, ed. Hans Baron. Leipzig: Teubner.

Bruni, Leonardo 1987. *The Humanism of Leonardo Bruni: Selected Texts*, ed. Gordon Griffiths, James Hankins and David Thompson. Binghamton: Center for Medieval and Early Renaissance Studies, State University of New York at Binghamton.

Bruni, Leonardo 2002. *The Study of Literature* (*De studiis et litteris*), in *Humanist Educational Treatises*, ed. and trans. C.W. Kallendorf. Cambridge, Mass.: Harvard University Press, 92–125.

Buridan, John 1968 [1513]. *Quaestiones super decem libros ethicorum Aristotelis ad Nicomachum*. Paris: Ponset le Preux. Facsimile repr., Frankfurt a.M.: Minerva.

Campana, Augusto 1946. 'The Origin of the Word "Humanist"', *Journal of the Warburg and Courtauld Institutes* 9: 60–73.

Capra, Galeazzo Flavio 2001 [1525]. *Della eccellenza et dignità della donna*. Rome: Bulzoni. Cereta, Laura 1640. Epistolae. Padua: Sardi.

Christine de Pizan 1982. *The Book of the City of Ladies*, trans. Earl Jeffrey Richards. London: Pan Books.

Clack, Beverley 1999. *Misogyny in the Western Philosophical Tradition: A Reader*. Basingstoke: Macmillan.

Conley, John J. 2002. *The Suspicion of Virtue: Women Philosophers in Neoclassical France*. Ithaca, N.Y.: Cornell University Press.

Descartes, René 1996. *Œuvres*. 11 vols., ed. C. Adam and P. Tannery. Paris: Vrin.

Di Liscia, Daniel A. 2007. 'Kalkulierte Ethik: Vives und die "Zerstörer" der Moralphilosophie (Le Maistre, Cranston und Almain)', in S. Ebbersmeyer and E. Kessler (eds.), *Ethik – Wissenschaft oder Lebenskunst? Modelle der Normenbegründung von der Antike bis zur Frühen Neuzeit / Ethics – Science or Art of Living? Models of Moral Philosophy from Antiquity to the Early Modern Era*. Berlin: LIT Verlag, 75–105.

Domenichi, Lodovico 1549. *La nobiltà delle donne di M. Lodovico Domenichi*. Venice: Gabriel Giolito.

Ebbersmeyer, Sabrina 2010. *Homo agens. Studien zur Genese und Struktur frühhumanistischer Moralphilosophie*. Berlin: de Gruyter.*

Ebbersmeyer, Sabrina 2013. 'Passions for this Life', in *Rethinking Virtue, Reforming Society: New Directions in Renaissance Ethics, 1400–1600*, ed. S. Ebbersmeyer and D. Lines. Turnhout: Brepols, 193–213.

Ebbersmeyer, Sabrina, Kessler, Eckhard and Schmeisser, Martin (eds.) 2007. *Ethik des Nützlichen. Texte zur Moralphilosophie im italienischen Humanismus* (Latin/German). Munich: Fink.*

Erasmus von Rotterdam, Desiderius 1979. *Moriae encomium id est stultitiae laus*, ed. Clarence H. Miller [=*Opera omnia Desiderii Erasmi Roterdami* 4, 3]. Amsterdam, Oxford: North-Holland Publishing Company.

Fichte, Johann Gottlieb 1798. *Das System der Sittenlehre nach den Principien der Wissenschaftslehre*. Jena: Gabler.

Garin, Eugenio 1965. *Italian Humanism. Philosophy and Civic Life in the Renaissance*. Oxford: Basil Blackwell.

Giustiniani, Vito R. 1985. 'Homo, Humanus, and the Meaning of "Humanism"', *Journal of the History of Ideas* 46: 167–95.

Hankins, James (ed.) 2000. *Renaissance Civic Humanism. Reappraisals and Reflections*. Cambridge University Press.

Hankins, James 2003. *Humanism and Platonism in the Italian Renaissance. Humanism*. Rome: Edizione di Storia e Litteratura.*

Hempfer, Klaus (ed.) 2002. *Möglichkeiten des Dialogs. Struktur und Funktion einer literarischen Gattung zwischen Mittelalter und Renaissance in Italien*. Stuttgart: Steiner.

Hobbes, Thomas 1983. *De cive*, ed. Howard Warrender. Oxford: Clarendon Press.

Hobbes, Thomas 2012. *Leviathan*. 3 vols., ed. Noel Malcolm. Oxford University Press.

Holland, Jack 2006. *Misogyny: The World's Oldest Prejudice*.

Philadelphia, Pa.: Running Press.

Kant, Immanuel 1908 [1788]. *Kritik der praktischen Vernunft*, in *Gesammelte Schriften*, vol. 5, ed. Paul Natorp. Berlin: Georg Reimer.

Kessler, Eckhard 2013. 'The Method of Moral Philosophy in Renaissance Humanism', in D.A. Lines and S. Ebbersmeyer (eds.), *Rethinking Virtue, Reforming Society: New Directions in Renaissance Ethics, c.1350–c.1650*. Turnhout: Brepols, 107–29.

King, Margaret L. 1980. 'Book-lined Cells: Women and Humanism in the Early Italian Renaissance', in *Beyond their Sex: Learned Women of the European Past*, ed. P.H. Labalme. New York University Press, 66–90.

King, Margaret L. 1991. *Women of the Renaissance*. University of Chicago Press.*

Kristeller, Paul Oskar 1951 [1945]. 'Humanism and Scholasticism in the Italian Renaissance', in *Renaissance Thought: The Classic, Scholastic, and Humanistic Strains*. New York: Harper & Row, 92–119.

Kristeller, Paul Oskar 1961 [1955]. 'The Humanist Movement', in *Renaissance Thought: The Classic, Scholastic and Humanist Strains*. New York: Harper & Row, 3–23.

La Rochefoucauld, François de 1964. *Œuvres complètes*, ed. L. Martin-Chauffier, rev. Jean Marchand. Paris: Gallimard.

Libera, A. de 1991. *Penser au Moyen Âge*. Paris: Éditions du Seuil.

Machiavelli, Niccolò 1989. *The Chief Works and Others*. 3 vols., trans. Allan Gilbert. Durham, N.C.: Duke University Press.

Mandeville, Bernard 1924 [1732]. *The Fable of the Bees or Private Vices, Publick Benefits*, ed. F.B. Kaye. 2 vols. Oxford: Clarendon Press [repr. Indianapolis, Ind.: Liberty Classics, 1988].

Mazzocco, Angelo (ed.) 2006. *Interpretations of Renaissance Humanism*. Brill: Leiden.

Montaigne, Michel de 1603. *The Essayes, or Morall, Politike and Millitarie Discourses of Lo[rd] Michaell de Montaigne*. Trans. John Florio. London.

Niethammer, Friedrich 1808. *Der Streit des Philanthropinismus und des Humanismus in der Theorie des Erziehungs-Unterrichts unserer Zeit*, Jena: Frommann.

Nogarola, Isotta 2004. *Complete Writings*, ed. and trans. Margaret L. King and Diana Robin. The University of Chicago Press.

Palmieri, Matteo 1982. *Vita civile*, ed. Gino Belloni. Florence: Sansoni.

Petrarca, Francesco 1933–1942. *Le Familiari*, ed. Vittorio Rossi and Umberto Bosco, 4 vols. Florence: Sansoni.

Petrarca, Francesco 1945. *Rerum memorandarum libri*, ed. Giuseppe Billanovich. Florence: Sansoni.

Petrarca, Francesco 1975. *Opere latine*. 2 vols., ed. Antonietta Bufano. Turin: Unione Tipografico–Editrice Torinese.

Petrarch, Francesco 2003. 'On his Own Ignorance and That of Many Others', in *Invectives*, ed. and trans. David Marsh. Cambridge, Mass.: Harvard University Press.

Pico della Mirandola, Giovanni 1948. 'On the Dignity of Man', trans. Elizabeth Livermore Forbes, in *The Renaissance Philosophy of Man*, ed. E. Cassirer, P.O. Kristeller and J.H. Randall. University of Chicago Press, 223–54.

Poggio Bracciolini, Gian Francesco 1989. *On Avarice*, in *The Earthly Republic*, ed. Benjamin Kohl and Ronald G. Witt. Philadelphia, Pa.: University of Pennsylvania Press, 241–92.

Poggio Bracciolini, Gian Francesco 1994. *De avaritia* (Latin/Italian), trans. Giuseppe Germano. Livorno: Belforte.

Poggio Bracciolini, Gian Francesco 2002. *De vera nobilitate*, ed. Davide Canfora. Rome: Edizioni di Storia e Litteratura.

Salutati, Coluccio 1891–1911. *Epistolario di Coluccio Salutati*, ed. Francesco Novati, 4 vols. Rome: Forzani e C. Tipografi del Senato.

Salutati, Coluccio 1990. *Vom Vorrang der Jurisprudenz oder der Medizin / De nobilitate legum et medicinae*, trans. Peter Michael Schenkel. Munich: Fink.

Schiller, Ferdinand Canning Scott 1907. *Studies in Humanism*. London: Macmillan and Co.

Sforza, G. 1884. 'La patria, la famiglia ed i parenti di papa Niccolò V', *Atti della Reale Accademia Lucchese di Scienze*, Lettere ed Arti, 23: 1-400.

Spinoza, Baruch de 1925. *Opera* ed. Carl Gebhardt. Heidelberg: Carl Winters Verlagsbuchhandlung.

Valla, Lorenzo 1977. *De voluptate*, trans. A. Kent Hieatt and Maristella Lorch. New York: Abaris Books.

Valla, Lorenzo 2004. *Von der Lust oder Vom wahren Guten*, ed. and trans. Peter Michael Schenkel. Munich: Fink.

Vives, Juan Luis 1997. *On the Causes of the Corruption of the Arts: Book VI: On the Corruption of Moral Philosophy (De causis corruptarum artium, liber sextus, qui est de philosophia morali)*, trans. J. Monfasani, in *Cambridge Translations of Renaissance Philosophical Texts, I: Moral Philosophy*, ed. J. Kraye. Cambridge University Press, 91-107.

Vives, Juan Luis 2000. *The Education of a Christian Woman, a Sixteenth-century Manual (De institutione feminae Christianae)*, ed. and trans. Charles Fantazzi. University of Chicago Press.

Voigt, Georg 1859. *Die Wiederbelebung des classischen Alterthums oder das erste Jahrhundert des Humanismus*. Berlin: Georg Reimer.

Wieland, Georg 1981. *Ethica- scientia practica. Die Anfänge der philosophischen Ethik im 13. Jahrhundert*. Münster: Aschendorff.

Wieland, Georg 1990. 'The Reception and Interpretation of Aristotle's *Ethics*', in Norman Kretzmann, Anthony Kenny and Jan Pinborg (eds.), *The Cambridge History of Later Medieval Philosophy*. Cambridge University Press, 657-72.

16장

종교개혁

제시 쿠엔호벤(Jesse Couenhoven)

　　　　　종교개혁은 거대한 정신적, 지적, 정치적 혁명이었다. 그것은 당시 여러 나라에서 — 특히 지금 독일, 스위스, 영국이라고 불리는 나라에서 — 일어났으며 그것의 영향은 유럽 전체에까지 미쳤다. 당시 앙리 4세 치하였던 프랑스에서도 가톨릭 폐지론이 공공연히 대두되었다. 종교개혁은 점차 정치적 과정으로 진행되면서 이후 수십 년 동안 유럽 역사에 엄청난 영향을 미쳤으며 특히 서로 다른 시기에 서로 다른 장소에서 다양한 특징을 지닌 형태로 모습을 드러냈다. 따라서 하나의 종교개혁 운동이라기보다는 여러 종교개혁이라고 말하는 편이 더욱 정확할지도 모른다. 이런 주장은 종교개혁에서 탄생한 주요 교파들이 루터파, 칼뱅파, 성공회 등으로 나뉘어 계속 유지된다는 점에서도 설득력을 지닌다.

이런 개혁들과 더불어 사고와 실천의 또 다른 혁명이 — 이른바 '급진적인 종교개혁'이 — 함께 일어났음을 잊어서는 안 된다. 이런 움직임에 속하는 교파로 특히 메노파(Mennonites)와 기독교 형제단(Brethren)을 들 수 있다. 이런 급진적인, 때로는 대중에 영합하는 성향을 보였던 종교개혁가들은 당시의 윤리를 근본적으로 변화시키려 했고, 권위적인 위계질서를 완전히 무너뜨리려 했고, 여성이 설교하는 것을 허용하려 했고, 재화를 공동으로 함께 소유하는 공동체를 실현하려 했고, 평화주의를 실천하려 했다.

종교개혁이 이렇게 복잡한 양상을 보이므로 마치 '개신교 종교개혁의 도덕철학'이 유일한 형태로 존재한다는 듯이 꼭 꼬집어 말하는 것은 어쩌면 불가능한 일일지도 모른다. 대표적인 종교개혁가들이 고대철학에 대해 보인 태도를 예로 들어보자. 루터(Martin Luther)는 당시 도덕신학에 큰 영향을 미쳤던 아리스토텔레스에 대해 강력히 반대했지만 루터의 추종자였던 멜란히톤(Phillip Melanchthon)은 아리스토텔레스의 영향을 받았음을 공개적으로 시인했다. 또한 때로는 루터에 동조하고 때로는 반대하기도 했던 츠빙글리(Huldrych Zwingli)는 신의 예정은총설을 옹호하면서 고대 그리스 철학 전반과 스토아학파에 크게 의존했다.[1] 종교개혁은 다양한 철학들로부터 영향을 받았지만 대표적인 개혁가들이 내세운 주요 목표와 가르침 사이에는 일종의 가족 유사성이 발견된다. 곧 이들은 모두 당시 오용되었던 가톨릭의 관행과 가르침을 바로잡고, 성서 원문으로 돌아가고, 기독교인의 삶에서 신의 은총이 우선한다는 점을 다시 강조함으로써 기독교를 개혁하려는 욕구를

---

[1] 이런 인물들을 비롯한 다른 중요한 종교개혁 사상가들에 대한 유용한 입문서로는 Bagchi and Steinmetz 2004 참조.

공유한다. 이 글에서는 종교개혁의 수많은 대표자들을 모두 아우르기보다는 종교개혁의 첫 번째와 두 번째 세대를 대표하며 가장 큰 영향을 미친 두 인물, 곧 루터와 칼뱅(John Calvin)에 초점을 맞추려 한다.

스콜라철학을 향한 루터와 칼뱅의 공격_____

이 두 종교개혁가는 철학자들에게는 별 관심이 없었다는 주장이 널리 받아들여진다. 하지만 이런 주장은 이전 중세 시대의 신학은 말할 필요도 없고 그들이 활동했던 시대의 신학적 사고 또한 근본적으로 철학적이었다는 사실을 간과한 것이다. 사실상 이들은 당시 유럽을 지배했던, 스콜라철학을 바탕으로 한 신학에 대항하기 위해서라도 다양한 철학 사상들을 다루지 않을 수 없었다. 이들이 철학을 신학과 구별하고 자신들은 철학이 아니라 신학을 탐구한다고 여긴 점 그리고 자신들이 아리스토텔레스주의 철학자들, 특히 오컴주의 철학자들의 사변적 오류라고 여겼던 주장들 대부분을 불신했음은 분명한 사실이다. 하지만 이들이 시도한 철학과 신학 사이의 구별은 주제가 아니라 근원의 구별이었다. 이들은 신 또는 '종교'에 관한 저술뿐만 아니라 신이 계시를 통해 교회에 전하려는 바에 관한 (어쩌면 오직 이에 관한) 저술에도 초점을 맞추었다. 따라서 이들은 자주 철학적 주제에 관해, 예를 들면 자유의 문제나 인식론에 관해 글을 쓰지 않을 수 없었다.

루터는 1483년 독일의 아이스레벤(Eisleben)에서 태어나 1546년 고향인 그곳에서 세상을 떠났는데 면죄부에 관한 가톨릭의 교리에 반대한 신학자로 유명하다. 그는 구원이란 인간이 어떻게든 얻을 수 있는 것이 아니라 오직 신의 선물이라고 주장하면서 면죄부에 반대했다. 칼뱅은 1509년 프랑스에서 태어나 1564년 스위스의 제네바에서 세상을 떠났는데 그가 루터에게서 큰 영향을 받았음은 의심의 여지가 없다. 하지만 그는 인문주의 교육을 받았고 루터와는 다른 문화적 맥락에 속해 있었으므로 두 사상가는 큰 차이를 보이게 된다. 루터와 칼뱅은 중요한 문제에서 (예를 들면 성체의 본질에 관해서) 서로 다른 의견을 드러내며, 심지어 의견이 다르지 않은 문제에서도 어떤 내용을 강조할 것인가 또는 어떤 주제를 어느 정도로 전개해 나갈 것인가 등을 놓고 자주 다른 견해를 보인다. 이런 점들뿐만 아니라 그들 저술에서 사용된 문체 또한 큰 차이를 보이므로 가끔 그들의 생각을 조화롭게 구성할 수 있는지가 의심스럽게 보이기도 한다. 이런 점은 특히 그들의 도덕철학과 관련해 더욱 분명히 드러난다. 과연 칼뱅이 이전에 루터가 전개한 많은 주장을 더욱 발전시킨 지점은 어디인가?

굳이 다시 말할 필요도 없지만 루터와 칼뱅의 의견이 일치하는 중요한 점 중 하나는 윤리학이 파생적인 학문이라는 생각이다. 그들이 이런 견해를 택하는 이유는 한두 가지가 아니다. 칼뱅이 『기독교 강요』(*Institutes*)의 첫머리에서 밝히듯이 '인간은 우선 신의 얼굴을 바라보지 않는다면 결코 자신에 대한 명확한 지식에 이를 수 없다.'[2] 칼뱅은 우리가 우선 우리 자신에 대한 깊은 지식을 지니지 못한다면 우리에게 부과되는 요구의 본성을 이해할 수 없으며 — 또한 우리와 신과의 관계를 파악하지 못한다면 우리 자신을 이해할 수 없다고 굳게 믿는다. 따라서 인간학은 윤리학을 규정하며, 신학은 인간학을 규정한다. 이들이 윤리학을 파생적이라고 생각하는 두 번째 이유는 널리 알려진 대로 이들이 인간 이성을 불신하기 때문이다. 한 개인이 오직 이성에 비추어 인식할

---

[2] Calvin 1960, I.1.2.

수 있는 도덕 규범이 존재하는가, 존재한다면 과연 무엇인가라는 문제는 루터와 칼뱅을 연구하는 학자들 사이에서 논쟁거리가 되는 주제이다. 하지만 둘 모두는 도덕법칙의 진정한 본성과 목적은 오직 계시의 빛을 통해서만 인식될 수 있다는 점에 동의한다. 이는 인식론적 주장일 뿐만 아니라 신의 명령에 의해서 선포되는, 규범의 근원과도 관련되는 중요한 문제이다.

이래의 논의는 방금 말한 사고의 전개 순서에 따를 것이므로 우선 루터와 칼뱅의 도덕철학을 설명하기 위한 배경으로 그들이 생각한 인간 본성과 행위의 개념을 살펴보려 한다. 하지만 루터는 칼뱅과는 달리 그리 체계적인 사상가가 아니므로 그의 접근 방식은 자주 정교하지 못하다는 점을 지적할 필요가 있다. 루터는 자신을 새로운 길을 열어나가는 '거친 나무꾼'으로 여기면서 자신의 임무는 가시덤불을 잘라내 새 길의 모습을 드러내는 것이라고 말한다. 그는 더욱 정교한 신학을 선호하는 인물로 멜란히톤을 언급한다. 칼뱅은 루터 이후에 신학을 어느 정도 정리하려 했지만 그 또한 '사변적 신학', 곧 자신의 주장을 성서가 분명히 명령하는 바를 넘어서는 영역에까지 확장하려는 유혹에는 저항했다.

루터는 자신의 철학적 과제가 소극적이라는 점을, 곧 아리스토텔레스의 영향력을 크게 줄이는 것이라는 점을 명확히 밝힌다. 그는 '아리스토텔레스를 활용해 철학을 하면서도 자신의 영혼이 전혀 손상되지 않는다고 생각하는 사람은 그리스도 안에서는 완전한 바보가 되고 말 것'이라고 말한다.[3] 따라서 그는 비텐베르크(Wittenberg)에서 행한 강의에서 아리스토텔레스에 대한 강의를 아우구스티누스에 대한 강의로 대체했다. 하지만 이런 사실이 그가 스콜라철학이나 아리스토텔레스에

---

[3] Luther 1957b: 41.

대해 무지했음을 의미하지는 않는다.[4] 젊은 시절 신학적 훈련이 부족했던 칼뱅과는 달리 루터는 당시의 여러 신학 학파에 대해 잘 알고 있었다. 심지어 그는 잠시 아리스토텔레스에 대해 강의하기도 했으며, 비록 지금 전해지지는 않지만 그가 최초로 쓴 책 중 하나는 아리스토텔레스의 『자연학』에 대한 주석서였다.

종교개혁가들은 오컴주의 철학에 대해 회의적인 태도를 보였는데 그 까닭은 오컴주의가 도덕과 인간의 정신적 요소를 본질상 이차적인 것으로 여긴다고 확신했기 때문이다.[5] 아리스토텔레스는 도덕적 삶의 핵심이 우리의 본성적 능력을 최대한 발휘하기 위해 노력하는 것임을 당연시했다. 오컴주의자들은 이런 이교도적인 좋은 삶의 개념에 기독교적인 요소를 더해 신은 최선을 다하는 사람들에게 보상과 은총을 내린다고 주장했다.[6] 이와는 대조적으로 루터는 자신이 아우구스티누스의 저술과 성서 중 로마인들에게 보낸 편지를 읽고 인간이 스스로 자신의 가치를 만들어낼 것을 요구하는 이교도의 윤리에서 벗어나 우리 스스로 자신의 가치를 만드는 대신 신이 우리에게 가치를 부여한다고 믿는 진정한 기독교 철학으로 전환하게 되었다고 주장한다. 선을 행함으로써 옳음에 도달하고 적절한 교육을 통해 우리가 이루어야 할 바를 배울 수 있다고 생각하는 아리스토텔레스의 주장에 맞서 루터는 자신이 진정한 기독교적 견해라고 여기는 바를 옹호한다. 루터에 따르면 오직 이미 올바른 사람만이 진정한 선을 행할 수 있다. 우리는 덕을 향해 나아가는 길로 점차 다가갈 수는 없다. 왜냐하면 선을 행하기 위해서는 우

---

[4] 예를 들면 Luther 1957a 참조.
[5] 하지만 앞으로 보게 되듯이 칼뱅은 아리스토텔레스의 사상을 적절히 취사선택한다면 큰 도움이 되리라는 점을 인정한다.
[6] Kolb 2005: 19 참조.

리의 의도 자체가 처음부터 옳아야 하기 때문이다. 따라서 적절한 기독교 도덕 교육은 다른 사람들이 나를 위해 행한 바가 무엇인지를 가르친다.[7] 루터의 윤리적 태도는 다음과 같은 언급에서 명확히 드러난다. '선한 행위는 올바름의 결과로 행해져야 하지 올바름을 존재하도록 하기 위해 행해져서는 안 된다. 무언가가 올바르게 만들어졌다면 우리는 그것을 행해야만 한다. 하지만 우리가 올바르지 않는데 … 그것을 행함으로써 올바르게 되지는 않는다.'[8]

이런 견해는 인간의 가치가 일종의 임무가 아니라 주어진 재능이라는 것으로 이어진다. 종교개혁가들은 우리가 자신의 가치를 만들어낼 수 있고 또 그래야만 한다는 잘못된 생각이 가톨릭 교회를 수많은 오류에 빠뜨렸다고 생각한다. 그런 오류 중 하나가 바로 인간이 신의 도움에 의지하지 않고도 신의 사랑을 받을 자격을 얻을 수 있다고 믿는 펠라기우스주의이다. 또 다른 오류로는 인간이 돈을 내어 신의 용서를 살 수 있다고 생각하는, 면죄부와 관련된 주장을 들 수 있다.

루터와 칼뱅의 견해는 타락 이후 인간의 능력이 크게 떨어졌다는 사실에 기초한다는 주장이 널리 받아들여진다. 이런 해석에 따르면 이들의 핵심 주장은 우리가 너무나 나약하기 때문에 스스로 자신을 올바르게 만들 수는 없다는 점이다. 그리고 이런 주장은 어느 정도 사실이다. 루터와 칼뱅은 죄를 지은 인간의 행위 능력을 그리 낙관적으로 여기지 않았으며, 자신들에게 익숙했던 스콜라철학의 신학이 인간 심리의 본성, 책임, 자유의지 등의 문제에서 오류를 범했다고 생각했다. 하지만 위의 인용문에서 루터의 핵심 논점은 주로 개념상의 것이다. 인간의 타

---

7) Luther 1963: 91. 이에 대한 유용한 주석으로는 Meilaender 1988 참조.
8) Luther 1963: 169.

락이 낳은 결과가 신교의 사상에서 중요한 역할을 하지만 윤리, 공적, 행위 등에 대한 루터와 칼뱅의 접근 방식은 타락에 의존하는 우연적인 것이 아니다.

이들의 도덕철학의 핵심은 세계를 창조하면서 신이 지녔던 계획의 개념에 기초한다. 심지어 타락 이전에도 기독교인의 삶은 신이 사랑할 만한 존재가 되기 위해 애쓰는 것이 아니었다 — 인간 삶의 본질은 이미 주어져 있는 신의 사랑에 따라 살아가는 것, 곧 아담과 이브가 이미 지녔던 가치를 찬양하는 것이었다. 그렇다면 아담과 이브에게도 인간 존재의 핵심은 자신을 선하게 만드는 것이 아니라 스스로 사랑함으로써 신의 사랑으로 되돌아가는 것이다. 바로 이런 근본적인 전제를 바탕으로 루터는 수많은 중요한 세부 주장들을 예리하게 이끌어내며, 칼뱅은 루터보다 더욱 주의 깊은 태도로 자신의 주장을 전개한다.

인간 행위에 대한 루터와 칼뱅의 견해

루터는 죄인은 자신의 노력만으로는 신의 은총을 얻을 수 없다고 말함으로써 방금 말한 기본적인 신학적 주장을 — 곧 신이 자유롭게 부여하는 은총을 인간이 스스로 얻기 위해 애쓴다면 인간은 결코 은총에 이르지 못하리라는 주장을 — 펴는 동시에 인간 심리에 관한 어떤 주장을 덧붙인다. 이 두 번째 주장은 특히 그의 저서 『노예의지론』(The Bondage of the Will)에서 '인간은 자신 안에 있는 바를 행한다'는[9] 말의 재해석을 통해 명확히 드러난다. 루터는 스콜라철학에서도 통용되었던 이 말을 새롭게 해석해 인간은 오직 선택하려는 동기를 지니는

---

[9] Luther 1957b: 50-1 참조.

바를 선택한다는 의미로 받아들인다. 더욱이 인간의 동기는 인간의 마음 안에 매우 깊숙이 새겨진 개인적인 성향을 표현하므로 동기 자체가 선택의 대상이 되기는 어렵다. 우리는 어떤 사람이기 때문에 어떤 행위를 선택한다. 하지만 루터는 우리가 어떤 사람이기를 선택할 수는 없다고 생각한다. 그는 이런 생각을 발전시켜 두 가지 놀라운 비유를 제시한다. 가장 유명한 비유는 인간의 의지를 신 아니면 사탄이 올라탄 야수로 여긴 것이다. 신을 태우는 것은 '가장 위엄 있는 자유'인 반면 사탄을 태우는 것은 단지 노예 상태에 지나지 않는다.[10] 이와 유사하게 루터는 자주 인간을 나무에 비유하면서 나무가 어떤 열매를 맺는가는 그 사람이 어떤 종류의 뿌리를 지니는가에 따라 자연스럽게 결정된다고 말한다. 이런 비유들은 그 자신이 제시한 것이지만 이들을 활용하면서 루터는 아우구스티누스가 펠라기우스에게 반대하면서 쓴 저술들로부터 큰 영향을 받았다(그 자신과 칼뱅 모두 이 점을 자주 지적한다).

하지만 루터의 도덕 심리학은 아우구스티누스에 비해 덜 복잡한데 — 그 까닭은 어쩌면 루터가 계시와 직접 관련되지 않는 문제들에 대해 사변적인 접근을 피하여 했기 때문인지도 모르며 아니면 그가 체계적인 도덕 심리학을 제시하는 일을 자신의 임무로 생각하지 않았기 때문인지도 모른다. 어쨌든 큰 틀에서 볼 때 그의 견해는 개인의 기본적인 성향에서 그의 의지 작용이 도출된다고 주장하는 점에서 아우구스티누스의 견해와 상당히 유사하다. 이런 주장은 신의 사랑을 믿는 사람들에게는 좋은 소식이지만 우리가 구원받기 위해 스스로는 아무것도 할 수 없다고 생각하는 죄인들에게는 나쁜 소식이다. 루터가 주장하듯이 도덕과 종교의 법칙들은 사실상 우리 자신의 능력에 대해 실망한 후

---

10) Luther 1972: 65.

자신의 외부에서 도움을 구하려는 죄인들을 가르치기 위해 도입되었다.

루터의 주장에 따르면 원죄 때문에 인간에게는 '죄를 저지를 능력 말고는 아무것도' 남아있지 않으며 따라서 스스로 중요한 선택을 내릴 수 없다.[11] 죄인의 근본적인 문제는 신의 존재에 대한 믿음이 없다는 것인데 이로부터 다른 모든 죄들이 유래하며, 이 때문에 죄인은 신의 사랑 안에서 편안하게 쉴 수도 없다. 원죄를 지닌 자들의 선택은 이렇게 기본적으로 손상된 근원, 곧 신을 신으로 인정하지 않으려 하고 신의 위치를 대신해 자신이 가치의 창조자가 되려고 하는 시도에서 비롯된다. 때로 루터는 자신이 신의 예지와 영원불변함을 믿기 때문에 신의 완벽한 결정론 또한 안전하게 믿을 수 있다고 주장하는 듯이 보이지만 그의 신학 전반은 이 주장이 두 가지로 해석될 수 있음을 암시한다. 첫째, 대부분의 신학자들처럼 그는 신을 악의 창조자로 여기는 것은 불가능하다고 생각한다. 그의 결론에 따르면 비록 신은 자신의 뜻에 따라 자주 인간이 파악할 수 없는 이유로 (루터는 이 이유에 대한 탐구는 비생산적일 뿐이라고 생각한다) 악한 의지를 허용하기는 하지만 악한 의지의 원인은 결코 신이 아니다. 이런 주장은 신의 창조에서 일어나는 모든 일의 결과는 신이 계획한 것이지만 신이 창조의 모든 측면을 직접 세세하게 관리하지 않음을 암시한다. 둘째, 루터는 '우리가 어쩌면 어떤 선택 기준을 인간의 속성으로 여기는 것은 올바를지 몰라도 신성한 일들과 관련해 자유로운 선택을 인간의 속성으로 여기는 것은 지나치다'고 주장한다.[12] 그의 주장에 따르면 인간은 '자신의 아래에 놓인 것'과 관

---

11) 같은 책, 272.
12) 같은 책, 103.

련해, 예를 들면 자신이 입을 옷을 결정하는 것과 같은 정신적으로 중요하지 않은 문제와 관련해서는 선택 능력을 지닌다. 하지만 구원과 관련되는, '자신의 위쪽에 놓인 것'과 관련해서는 자유로운 선택 능력을 지닐 수 없다.[13]

루터는 인간의 자유의지와 관련해 자유지상주의자가 아니다. 하지만 자유로운 선택과 같은 것은 결코 존재하지 않는다는 다소 지나친 언급을 하면서 루터는 이런 선택을 정확히 자유지상주의적인(libertarian, 물론 이런 용어는 그 당시에 사용되지 않았으므로 다른 방식으로 표현했지만) 의미로 받아들인다. 그의 논점은 한때 그와 뜻을 같이했던 에라스무스(Erasmus)를 포함해 당시의 대표적 사상가들이 주장했던 것과 같은 자유로운 선택은 존재하지 않는다는 것이다. 에라스무스는 자유로운 선택을 우리를 구원으로 이끄는 것들을 선택하거나 외면하는 능력으로 생각했다. 반면 루터는 타락한 인간에게는 자유로운 선택이라고 불릴 만한 능력이 없다고 주장한다.

원죄 이후 인간에게 자유의지가 존재하지 않는다는 루터의 단호한 견해는 다른 다양한 견해를 낳는다. 곧 그를 인간 행위를 심각하게 고려하지 않는 숙명론자 또는 신이 무엇을 명령하든지, 그 명령을 명령의 대상과 어떤 식으로 관련짓든 간에 신은 항상 정의롭다고 주장하는 일종의 극단적인 신명론자로 여기도록 만든다. 루터는 신의 명령에 의해 모든 의무가 창조되지만 신은 창조 과정에서 어떤 의무도 지지 않는다고 생각하는 점에서 분명한 신명론자이다. 하지만 그는 단순히 신이 명령을 통해 도덕적 주장이나 평가를 만들어낸다고 주장하지 않는다. 루터는 자주 신의 길은 감추어져 있다고 말하면서도 이 문제와 관련해 신

---

13) 같은 책, 70.

이 인간을 창조하고 구원하는 데 사용하는 질서로부터 비롯된 신성한 판단의 논리와 신 자신의 선한 본성과 관련되는 논리를 서로 구별한다. 루터는 타락하지 않은 인간이라 할지라도 신이 내리는 명령의 질서를 깊이 이해할 수는 없다고 생각하지만 그 질서는 때로 우리가 수용할 수 있는 수준 높은 논리에 따른다고 주장한다.

인간 행위에 대한 루터의 견해를 적절하게 평가하는 열쇠는 그가 아우구스티누스의 견해에 따라 '자유'라는 용어를 오직 선한 사람들에게만 적용한다는 사실을 인정하는 것이다 ─ 곧 신과 신의 은총 안에서 살아가는 인간과 천사들만이 자유롭다. 그렇다면 인간 행위에 대한 그의 견해는 '양립가능론자'(또는 '약한 결정론자')의 견해에 가깝다. 도덕적 책임이 필연성과 양립할 수 있다고 생각하는 학자들을 지칭하는 양립가능론자라는 현대의 용어를 루터에게 적용하는 것은 물론 시대착오적으로 보일 수도 있다. 하지만 루터의 견해는 분명히 이런 이론의 범주에 속하는 것으로 여겨지며, 그를 숙명론자로 오해하는 것보다는 다소 어색할지라도 양립가능주의자라고 부르는 편이 더 나을 듯하다.

독자들은 루터의 논쟁적인 어조를 배제하더라도 그의 주장이 때때로 그 자신이 인정하는 것보다 더욱 미묘하다고 생각한다. 나는 앞서 루터가 사소한 '하위의' 문제들과 관련해서는 우리가 자유로운 선택을 할 수 있는 가능성을 허용한다고 말했다. 하지만 신이 예견한 일은 반드시 일어나기 마련이며, 신은 자신이 창조한 질서 안의 모든 것을 예견한다는 루터의 믿음에 비추어볼 때 루터가 마음속에 자유의지론자들이 지지하는 자유로운 선택의 개념을 지니고 있었다는 생각은 무의미할 듯하다. 만일 그렇지 않다면 그는 모순에 빠지게 될 것이다. 하지만 그는 우리가 기본적인 '사회적' 정의를 단지 기독교도들뿐만 아니라 이교도와 다른 유신론자들에게서도 기대할 수 있다는 점을 암시한다. 법은 사악함을 어떤 경계 안에 가두기 위한 것인데, 루터는 대체로 누구든 이런 법에 따를 수 있다는 점을 당연시한다. 이런 주장은 죄인들도 어떤 면에서는 법에 따를 수 있는 능력을 지닌다는 점을 전제하는 듯하다. 설령 죄인들이 신이 예견한 바에 따라 어쩔 수 없이 악행을 저질렀다 할지라도 이는 단지 그들에게 다른 대안이 없었다는 점을 증명할 뿐, 그들이 어떤 특정한 이유에서 또는 신이 시켰기 때문에 그렇게 행위했다는 점을 증명하지는 못한다. 따라서 루터는 행위자로서의 인간이 '하위의' 문제들과 관련해서는 선을 행할 어떤 능력을 지닌다는 점을 당연시한다.

하지만 실정법을 위반하지 않을 능력이 특별히 칭찬받을 만한 것은 아니다. 법은 일종의 폭력에 의해 강요되며 따라서 법을 지키는 일은 최소한 부분적으로라도 자기 이익이라는 동기에서 이루어지기 때문이다. 루터는 누군가의 삶이 아무리 훌륭해 보일지라도 신의 특별한 은총을 받지 못한 사람은 궁극적으로 가장 중요한 것을 선택할 능력이 부족하다고 생각한다. 인간의 능력은 여러 방면으로 확장되지만 자신의 최종 목적을 구별하기에 충분할 정도에는 미치지 못한다. 항상 자기 자신과 연결되어 살아가는 존재인 우리는 자신을 완전히 다시 만들 수 없으므로 중요한 선택을 스스로 할 능력이 부족하다. 따라서 우리가 부여받은 동기의 능력을 통해 세속적인 기준에서 어떻게 해야 성공에 이르는지를 선택할 수 있다 할지라도 이런 능력이 신의 기준에 합당하게 살아갈 능력까지를 부여하지는 않는다. 신의 기준은 우리에게 믿음과 겸손을 요구하는데 이는 가장 단순하면서도 가장 어려운 일이기도 하다. 따라서 이런 우리는 자유롭지 않다.

만일 루터가 인간 행위의 철학을 더욱 상세히 발전시켰더라면 자신의 논점을 더욱 명확하게 제시할 수 있었을 것이다. 하지만 그는 당시의 지배적인 패러다임에 도전하는 '자유의지'나 '자유로운 선택'의 의미를 해명하려는 어떤 시도도 하지 않는다. 그는 자유로운 선택을 (앞으로 보게 되듯이 칼뱅이 주장한 것처럼) 우리가 원하는 바를 행할 수 있는 능력으로 다시 정의하는 대신 그저 자유로운 선택과 같은 것은 아예 존재하지 않는다고 일축한다. 그는 이와 다른 견해는 궤변에 지나지 않는 것으로 여긴다.

양립가능론자로서 루터는 신이 예견한 바에 따라 그렇게 행위하지 않을 수 없었다고 항변하는 죄인들에게 어떻게 책임을 물을 수 있는가라는 문제에 대해 (단지) 신이 그들에게 책임이 있다고 말한다는 식으로 답하지 않는다. 죄인들에 대한 신의 심판은 인간의 행위가 어떤 종류의 것인가를 해명하는 단서를 제공한다. 루터는 이 점에 관해 명확한 설명을 하지는 않지만 오직 인간과 천사들만이 죄인으로 비난받을 수 있다는 점을 당연시한다. 왜냐하면 오직 이들만이 신의 형상 또는 그와 반대되는 것을 따를 수 있는 이성적 의지라는 능력을 지니기 때문이다. 루터는 유다를 비롯해 성서에 등장하는 죄인들이 죄를 짓는 순간에 어떤 강제 아래 있지 않았다는 사실을 강조한다. 신은 그들에게 죄를 지으라고 강요하지 않았으며 그들의 행위 능력을 제거하지도 않았다. 죄인들은 자신들이 원하는 대로 행위해 죄를 저질렀다. 따라서 죄인들이 마땅히 행해야 할 바를 행하지 않은 까닭은 오직 그들이 그런 행위를 원하지 않았기 때문이다. 결론적으로 루터는 선을 원하지 않는 것은 명백히 비난받아야 할 일이라고 주장한다.

이런 주장에 발맞추어 루터는 두 종류의 필연성을, 곧 '불변적' 필연성과 강제적 필연성을 구별한다. 전자는 의지가 자신의 기본적인 지향성을 바꿀 수 없음을 의미한다. '어떤 사람이 성령과 함께 하지 않을 때 그는 마치 뒷덜미를 붙잡혀 악한 행위를 강요당하듯이 자신의 의지에 반해 악을 저지르지 않는다. … 그는 자발적으로 자신의 확고한 의지에 따라 악을 행한다.'[14] 이와는 달리 강제적 필연성은 우리가 자신의 의지에 반해 무언가를 행하도록 강요당할 경우에 등장한다. 원죄 이후 인간은 불변적 필연성 아래 놓이게 되었는데 이는 현대 학자들이 '의지에 따른 필연'이라고 부르는[15], 우리가 무언가를 스스로 포기할 수 없는 상태와 유사한 듯이 보인다. 죄인들은 자신들의 가치와 지위가 외부에서 생겨난다고 생각하지 않기 때문에 끊임없이 자신들의 존재를 정당화하려 하며 따라서 죄에서 벗어날 수 없다. 하지만 이들은 어떤 강제 아래 놓여있지는 않다. 만일 이들이 강제 아래 놓여있다면 이들은 비난받지 않을 것이다.

죄인은 죄인이 안 될 수 없기 때문에 루터는 도덕적, 종교적 법칙이 규정하는 '당위'가 우리를 올바른 행위로 인도하는 기준이 아니라 인간이 어디에 희망을 두어야 하는지를 가르치는 자극제에 해당한다고 생각한다. 법칙이 요구하는 수준으로 상승하는 일이 불가능하다는 사실이 명백해질 때 인간은 자신의 문제를 더욱 악화시킬 뿐인 무리한 상승을 시도하는 것이 아니라 누군가에게 도움을 요청하는 편이 낫다는 교훈을 얻게 된다. 따라서 루터는 '가능'이 개별적인 인간의 의지가 지닌, 다른 도움이 없는 독자적인 능력을 의미한다면 '당위'는 '가능'을 함축하지 않는다고 주장한다. 하지만 우리는 신의 도움을 받아 신이 명령한 바를 행할 수 있다.

이런 주장을 통해 루터는 자신이 생각하는 기독교적인 행위의 개념을 제시한다. 그에 따르면 구원은 신이 죄에 빠진 인간의 의지를 은총

---

14) 같은 책, 64.
15) 예를 들면 Watson 2002 참조.

을 통해 재창조하려는 시도이다. 루터는 죄인을 '자기 자신에게로 굽은 존재'로 묘사한다. 곧 죄인은 자신의 존재를 입증하려는 욕구 때문에 오직 자신만을 주목하는 존재이다. 이와는 달리 진정으로 선한 사람은 자신에게 얽매여 안달복달하지 않고 자신의 외부를 응시한다. 은총은 그를 자신에게서 벗어나 다른 사람들에게 주의를 기울이도록 만든다. 선한 사람은 이런 은총에 저항할 수 없다. 하지만 의지 자체는 이전과 달라졌으므로 이렇게 정화된 사람은 은총에 저항하지 않지만 그렇다고 해서 은총을 강요당하지도 않는다. 루터는 기독교인이 성령에게 '나는 당신의 것이 아니다'라고 말할 수 없으며 오직 '나는 당신의 것'이라고 말할 수밖에 없다는 점을 중요하게 여긴다. 신은 기독교인들의 행위를 완전히 압도하는 방식이 아니라 그들이 신과 협력할 수 있도록 인도하는 방식으로 그들을 재창조한다.[16] 루터는 신이 우리 안에서 반드시 우리와 더불어 작용한다고 말한다.

어떤 의미에서 기독교인은 성령의 '노예이며 포로'이다. 루터는 인간이 항상 어떤 신을 숭배하지 않을 수 없다고 생각한다. 문제는 우리가 이런저런 원리를 우리 삶의 중심에 놓는가 그렇지 않은가가 아니라 과연 어떤 원리를 선택하는가이다. 따라서 우리에게 가치를 부여하고 그것에 의지할 것을 요구하는, 우리를 창조하고 구원한 존재에게 복종하는 것이 우리가 지닌 최고의 자유를 행사하는 유일한 방법이다. 이런 자유를 통해 우리는 현실적인 욕구에서 벗어나 그리스도를 주로 여겨 따를 수 있으며 동시에 다른 모든 사람도 주인으로 모실 수 있다. 이런 특별한 종류의 고양된 예속은 자유로 여겨질 수 있는데 그 까닭은 루터가 아우구스티누스와 마찬가지로 자유를 본질상 규범적인 개념으로 생

---

16) Luther 1972: 243.

각하기 때문이다. 자유로운 사람은 자유롭기 위해서 어떤 능력을 필요로 한다. 하지만 루터는 다른 어떤 대안을 선택할 수 있는 능력을 여기에 집어넣지 않는다. 따라서 악마는 설령 최고 수준의 정신과 의지를 지녔다 할지라도 자유롭지 않다. 그렇다면 자유는 우리가 자신의 의지에 따라 자발적으로 행위할 수 있는 능력뿐만 아니라 신이 요구하는 수준의 사랑을 실천하는 삶을 통해서 특징지어져야 한다. '작은 그리스도'처럼 살아가는 사람만이 진정으로 자유롭다.

칼뱅은 이런 주제들과 관련해 루터가 앞서 제시한 바에 따르려는 모습을 보인다. 칼뱅은 루터의 견해에서 비롯된 몇몇 문제를 해결하려는 의도에서 루터의 주장을 조금 변형하기도 했지만 자신이 루터의 핵심 주장으로 여겼던 바는 그대로 유지하려고 노력했다. 따라서 칼뱅은 루터의 양립가능론을 다소 변형해 발전시키려 했다고 말할 수 있다.[17]

행위를 비롯해 선하고 악한 성격이 모두 자발적인 동시에 필연적일 수 있다는 주장을 지지하기 위해 칼뱅은 특히 아우구스티누스와 베르나르 드 클레르보(Bernard of Clairvaux)를 자주 인용한다. 이들은 모두 신이 비록 필연적으로 선할지라도 우리는 신을 찬양해야 한다는 점을 지적했다. 이들은 신의 선함은 자발적이므로 신을 찬양하는 것이 마땅하다고 여겼다.[18] 칼뱅은 루터와 마찬가지로 이와 반대되는 경우도 참이라고 생각한다. 곧 악마와 죄인들은 당연히 비난받아야 하는데 그 까닭은 설령 이들이 필연적으로 죄를 지을 수밖에 없다 할지라도 자발적으로 그렇게 하기 때문이다.

루터는 모든 일이 필연적으로 일어나지만 우리는 이를 경이롭게 여

---

17) 칼뱅의 양립가능론에 관해서는 예를 들면 Helm 2010 참조.
18) Calvin 1996: 4.333.

긴다고 주장한다. 칼뱅은 창조된 질서 안에서 일어나는 일들은 대부분 신이 원한다면 현재와는 다르게 일어날 수도 있다는 점을 설명하기 위해 절대적 필연성과 우연적 필연성을 구별하는, 전통적인 아리스토텔레스의 구별법을 도입한다.[19] 하지만 신의 의지는 결코 방해받을 수 없으므로 칼뱅은 신이 원하거나 예견한 것은 반드시 일어난다는 루터의 주장이 근본적으로 옳다고 생각한다. 이어서 칼뱅은 기독교의 견해가 스토아학파가 주장했던, 필연성의 기계론적 연쇄와는 다르다는 점을 주의 깊게 더한다.[20] 신이 필연적으로 창조하는 바는 그저 오래전부터 진행된 인과적 연쇄의 운동에 따라서가 아니라 현재에도 계속 진행 중인 적극적인 활동에 따라 필연적인 것이 된다. 동시에 칼뱅은 루터보다 단호한 태도로 신이 그저 몇몇 악들을 허용한다는 식으로 말하는 것은 별로 도움이 되지 않는다고 주장한다. 칼뱅은 신은 결국 모든 것에 대해 책임을 지며, 어떤 방식으로든 역사상 발생하는 모든 사건의 배후에 존재한다고 말한다.

하지만 신을 비난할 수는 없는데 그 이유는 다음 두 가지이다. 첫째, 칼뱅은 신이 결코 그른 일을 할 수 없다는 점에 동의한다. 옳음은 신의 명령을 통해 확립되기 때문이다. 또한 신에게는 아무런 의무도 부과되지 않으므로 신은 의무를 위반할 수도 없다. 둘째, 칼뱅은 신의 의도가 결코 악할 수 없기 때문에 신은 항상 선하다고 주장한다.[21] 이런 주장은 최소한 신의 어떤 행위도 본질상 악할 수 없다는 점과 모든 것은 의도에 의존한다는 점을 함축한다. 인간이 악한 의도에서 행한 바가 신의

---

[19] Calvin 1997: 177-8.
[20] Calvin 1996: 2.257.
[21] Calvin 1997: 179-82.

선한 의도를 드러내기도 한다 — 십자가에 못 박혀 죽은 그리스도가 대표적인 예인데 칼뱅은 성서 전반에서 이와 유사한 경우를 지적한다.

루터가 인간의 행위를 너무 수동적으로 보았다는 견해가 널리 퍼져 있었는데 칼뱅은 이에 맞서 인간의 행위를 신의 은총에 대답하는 것으로 여기는, 훨씬 적극적인 설명을 시도한다. 칼뱅은 신의 사랑이 우선한다는 점을 인정하면서도 루터가 아리스토텔레스를 도입해 주장하는, 신이 우리와 함께 작용한다는 다소 공허한 주장을 넘어서려 한다. 칼뱅은 의지의 성향이 신의 은총에 의해 새롭게 바뀐다고 말한다.[22] 이는 신의 은총을 받아들임으로써 한 개인이 어떻게 변화하는지를 구체적으로 보여준다. 의지는 신을 접한 후에 새로운 '형태'를 띠게 되며, 선을 향하도록 재구성된다.

칼뱅은 인간이 '외부적이고 공적인' 문제들에 대해 선택 능력을 지닌다는 루터의 주장도 재해석한다. 죄인들은 오직 양립가능론적인 의미에서만 자유로운 선택 능력을 지닌다. '자유롭다'는 말이 '강요당하지 않음'을 의미하는 한에서만 죄인들은 자유로운 선택 능력을 지닌다 — 이들은 악한 행위를 하도록 강요당하지 않으며 오직 자신들의 악한 의도에 의해 죄를 저지른다.[23] 하지만 신의 은총이 없다면 이들은 자신을 구원할 능력을 지닐 수 없다. 적과의 대결에 스스로 나설 수 없는 겁쟁이가 바로 이들의 처지를 잘 드러낸다. 이런 굴레는 자발적인 것으로서 오직 죄인 자신의 어리석고 잘못된 의지로부터 생겨난다. 이런 굴레에 빠지는 일은 죄인 스스로 결정한 것이므로 칼뱅은 죄의 굴레가 자유롭다는 말이 충분한 의미를 지닌다고 생각한다. 하지만 죄의 노예가

---

[22] Calvin 1996: 6.378.
[23] 같은 책, 2.279.

된 사람들을 자유롭다고 부르는 것은 다소 이상하게 들리며, 자유로운 선택 능력은 죄인들이 지니지 못한 자기 통제의 능력을 함축한다고 여기는 많은 사람들은 칼뱅의 주장이 혼동을 불러일으킨다고 생각한다. 더욱이 칼뱅은 죄인들이 마땅히 행해야 할 신의 명령을 그들 자신의 힘으로는 이행할 수 없다는 점을 인정한다.[24] 따라서 그 또한 죄인들의 자유로운 선택 능력에 대해 언급하지 않는 편을 선호한다. 루터와 마찬가지로 칼뱅은 자유를 선택의 능력 또는 자기 결정의 능력으로 여기기보다는 신의 삶을 공유한다는 적극적인 의미로 이해한다.

루터와 칼뱅의 반행복주의

이런 생각들을 바탕으로 루터와 칼뱅은 반도덕주의적인, 어떤 의미에서는 반행복주의적인 성향에 이르게 된다. 이렇게 말한다고 해서 그들이 덕을 강조한 인물이 아니라는 말은 아니다. 이들은 올바른 행위보다는 성품의 상태에 더 큰 관심을 보였다. 하지만 이들은 개인의 행복을 좋은 삶의, 최소한 현세의 삶의 목적으로 여기지 않았으며, 개인의 번영이 죽을 수밖에 없는 유한한 인간의 중요한 목표라고 생각하지도 않았다. 그리스도와 하나가 된 사람은 그리스도가 보인 예에 따라 자신을 버리고 잊어야 한다. 루터와 칼뱅은 관습적인 도덕이 영혼에 도움이 되기보다는 위험이 됨을 발견한다. 이런 도덕은 우리가 규칙에 따름으로써 우리 자신을 선하게 만들 수 있다는 오해를 불러일으키기 때문이다. 특히 칼뱅은 인간의 도덕적 성취를 칭찬하는 것에 반대한다. 신의 도움이 없다면 우리는 결코 행해야 할 바를 다할 수 없기 때문이다.

---

24) 같은 책, 4.331-2.

종교개혁가들은 타락한 사회가 최소한의 평화와 질서를 유지하기 위해서는 비록 부차적이기는 해도 도덕법칙이 긍정적인 역할을 한다는 사실을 인정한다. 하지만 이들은 죄에 빠진 인간들은 설령 은총을 받았다 할지라도 심각한 결함을 지닌 덕을 드러내는 것 이상의 일을 할 수 없으므로 도덕 법칙들은 성서의 작용이 반드시 필요하다는 점을 보여주는 실용적인 역할을 할 뿐이라고 생각한다. 이들에 따르면 도덕법칙의 첫 번째 역할은 도덕법칙만으로 우리 자신을 더욱 선하게 만들려는 시도가 가망이 없음을 보여주는 것이다.

칼뱅은 이에 더해 도덕법칙이 그리스도의 삶을 본받기로 결정한 사람들에게 제3의 적극적인 역할을 할 수 있다고 주장하면서 아마 루터도 자신의 의견에 동의하리라고 생각한다. 루터는 부부에게 올바른 성행위 방식을 충고하고, 여성들에게 가정을 이끌어나가는 역할에 대해 조언하고, 군주와 평민들이 서로에 대해 지는 의무를 설명하면서 윤리적 원리들이 적극적인 역할을 한다는 사실을 은연중에 옹호한다. 하지만 칼뱅은 이른바 도덕법칙의 '제3의' 역할을 더욱 분명히 강조하면서 이를 자신의 신학과 제네바 사람들의 실생활을 위한 충고에서 핵심적인 것으로 여긴다. 칼뱅은 루터의 견해를 다소 수정함으로써 기독교적인 행위자의 능동성을 다소 강조하는 방향으로 나아가며, 이 결과 칼뱅은 루터에 비해 인간이 완전해질 수 있는 가능성을 더욱 높이 평가하게 된다. 반면 루터는 신이 우리를 용서한다는 사실을 강조하는 특징을 드러낸다.

하지만 루터와 칼뱅은 모두 내세에 이르러서도 인간은 불완전할 수밖에 없다고 믿는다. 여기에 신이 인간에게 정당한 보상이라기보다는 일종의 선물로서 가치를 부여한다는 생각이 더해져 이들은 전통적인 윤리의 개념을 비판하기에 이른다. 이들은 인간이 실제로 될 수 있는 바와 우리에게 마땅히 요구되는 바 사이에 일종의 간격이 존재한다는 점을 간파하고, 인간이 더 많은 것을 할 수 있다고 가정함으로써 이런 간격을 좁히려는 시도에 반대한다. 이런 시도가 오컴주의자의 이론에서처럼 인간의 자유로운 행위를 강조하든 아니면 자유로운 행위를 일종의 방종으로 여기든 간에 무익하기는 마찬가지이다.[25] 루터와 칼뱅은 또한 인간에게 부과되는 도덕적 요구를 낮추려는 시도나 악의 굴레에 빠진 인간에 대한 비난을 완화하려는 시도에도 반대한다. 이들은 우리가 마땅히 행해야 할 바를 행하지 못하는 도덕적 실패에 대한 해결책은 우리 자신에게 주어져 있다고 생각한다. 곧 윤리와 성령을 일치시키는 것을 평생의 임무로 받아들이는 것만이 유일한 해결책이다.

참고문헌

제일 뒤의 * 표시는 특히 중요한 참고문헌임을 나타낸다.

Bagchi, David, and David C. Steinmetz, ed. 2004. *The Cambridge Companion to Reformation Theology*. Cambridge University Press.*

Calvin, John. 1960. *Institutes of the Christian Religion*. Translated by Ford Lewis Battles. Edited by John T. McNeill. Philadelphia, PA: The Westminster Press.

Calvin, John. 1996. *The Bondage and Liberation of the Will: A Defence of the Orthodox Doctrine of Human Choice against Pighius*. Translated by Graham I. Davies. Edited by A.N.S. Lane. Grand Rapids, MI: Baker Books.

Calvin, John. 1997. *Concerning the Eternal Predestination of God*. Translated by J.K.S. Reid. Louisville, KY: Westminster John Knox Press.

---

[25] '도덕적 간격이라는 개념은 Hare (1996)에 힘입은 바 크다.'

Hare, John E. 1996. *The Moral Gap*: *Kantian Ethics*, *Human Limits, and God's Assistance*. New York: Oxford University Press.

Helm, Paul. 2010. "Calvin the Compatibilist." In *Calvin at the Centre*. New York: Oxford University Press, 227-72.

Kolb, Robert. 2005. *Bound Choice, Election, and Wittenberg Theological Method*: *From Martin Luther to the Formula of Concord*. Grand Rapids, MI: William B. Eerdmans Publishing Company.

Luther, Martin. 1957a. "Disputation against Scholastic Theology." Translated by Harold J. Grimm. In *Luther's Works*, vol. 31: *Career of the Reformer I*, edited by Helmut T. Lehmann and Harold J. Grimm. Philadelphia, PA: Fortress Press, 3-16.

Luther, Martin. 1957b. "Heidelberg Disputation." Translated by Harold J. Grimm. In *Luther's Works*, vol. 31: *Career of the Reformer I*, edited by Helmut T. Lehmann and Harold J. Grimm. Philadelphia, PA: Fortress Press, 35-70.

Luther, Martin. 1963. *Lectures on Galatians 1535*: *Chapters 1-4*. Translated by Jaroslav Pelikan. In *Luther's Works*, vol. 26, edited by Jaroslav Pelikan. Saint Louis, MI: Concordia Publishing House.

Luther, Martin. 1972. *The Bondage of the Will*. Translated by Philip S. Watson and Benjamin Drewery. In *Luther's Works*, vol. 33: *Career of the Reformer III*, edited by Helmut T. Lehmann. Philadelphia, PA: Fortress Press.

Meilaender, Gilbert. 1988. "The Examined Life is Not Worth Living: Learning from Luther." In *The Theory and Practice of Virtue*. South Bend, IN: University of Notre Dame Press, 100-26.

Watson, Gary. 2002. "Volitional Necessities." In *Contours of Agency*, edited by Sarah Buss and Lee Overton. Cambridge, MA: The MIT Press, 129-59.

17장

데카르트의 임시 도덕

리사 샤피로(Lisa Shapiro)

데카르트는 1637년 프랑스어로 처음 출판한 『방법서설』(*Discourse on the Method*) 3부에서 자신이 "세 가지 또는 네 가지의 준칙으로 이루어진 임시 도덕(morale par provision)"이라고 특징지은 것을 소개한다(CSM 1:122; AT 6:23).[1] 이 임시 도덕과 관련해 수많은 해석상의 문제 및 철학적 문제가 제기된다. 이런 문제들은 임시 도덕이라는 이 독특한 표현 자체를 어떻게 이해해

---

[1] 이 장에서 데카르트의 저술을 인용할 경우 다음과 같이 표시했다. CSM 권수:면수 = Descartes (1984-91), vols. 1-2; CSMK 면수 = Descartes (1984-91), vol. 3; AT 권수:면수 = Descartes (1996). 데카르트가 엘리자베스 공주와 주고받은 편지는 나 자신이 번역했으며 ED(Princess Elizabeth and Descartes 2007)로 약칭했다. 『정념론』의 번역은 Descartes 1989에서 인용했으며 Voss의 면수를 표시했다.

야 하는가로부터 등장해 다양한 방식으로 논의된다. 그가 제시한 준칙들이 과연 어떤 방식으로 도덕을, 곧 도덕적 규칙 또는 일종의 윤리를 형성하는가? 이들은 어떻게 우리의 현실적인 삶을 인도하며, 우리가 무엇을 행해야만 하는가를 결정하는 데 도움을 주는가? 또한 이런 도덕적 규칙들이 임시적이라는 말은 무엇을 의미하는가? 이 마지막 질문에 대한 대답이 앞의 두 질문에 대한 대답을 알려줄 것이므로 나는 마지막 질문부터 다루려 한다. 하지만 우선 데카르트가 제시한 준칙들 자체를 살펴보는 것이 도움이 되리라 생각한다.

첫 번째 준칙은 언뜻 보기에 보수주의와 중용을 합친 태도의 채택을 권하는 듯하다. "내 나라의 법률과 관습에 따르고, 어렸을 때부터 신의 은총에 의해 배워 온 종교를 확고하게 유지하고, 가장 온건하고 극단에서 가장 먼 의견에 따라 나 자신을 인도하는 것이다"(같은 곳). 두 번째 준칙은 — "나의 행위에서 가능한 한 확고하고 결단력 있는 태도를 유지하며, 설령 가장 의심스러운 의견이라 할지라도 일단 내가 그것을 받아들이기로 했다면 마치 그 의견이 가장 확실한 것인 양 그것에 따라야 한다"인데(CSM 1:123; AT 6:24) — 우리의 결정이 단호해야 함을 지시한다. 세 번째 준칙은 특히 자제와 관련된다. "언제나 운을 지배하기보다는 나 자신을 지배하기 위해 노력하고, 세계의 질서를 바꾸기보다는 나의 욕구를 바꾸려고 애써야 한다"(CSM 1:123; AT 6:25). 네 번째 준칙은 "현재 내가 종사하는 일, 곧 나의 이성을 계발하는데 전 생애를 바치고, 진리를 인식하면서 나 스스로 규정한 방법에 따라 가능한 한 계속 나아가는 일을" 평생의 직업으로 선택한다는 다짐이다(CSM 1:124; AT 6:27). 하지만 데카르트는 모든 사람에게 철학자와 같은 삶을 살라고 권하지는 않는다. 실제로 그는 그런 삶이 모든 사람에게 어울리지는 않으리라고 생각한다.

임시

    임시 도덕에 해당하는 원어 "Morale par provision"은 통상 영어로는 "provisional morality"로 번역되는데 이는 데카르트가 『방법서설』에서 제시한 일련의 준칙들이 우리가 현실적인 결정을 내릴 때 사용할 수 있는 일시적이고 잠정적인 기준에 지나지 않으며, 회의주의적인 우려의 분위기도 어느 정도 포함하는 것임을 암시한다. 최근까지 데카르트의 윤리학을 고려하면서 『방법서설』에 등장하는 준칙들을 이런 식으로 해석하는 것이 지배적이었다(Gilson 1976; Rutherford 2008 참조). 이런 길을 선택하는 철학적 근거와 원전 상의 근거가 모두 발견된다.

    우선 널리 알려진 대로 데카르트의 철학적 기획은 회의의 방법에, 그것도 특히 극단적인 회의주의에 기초한다. 데카르트의 목표는 모두 진정으로 참인 일련의 믿음에 도달하는 것인데, 이 목표에 도달하는 방법은 각각의 믿음을 독특한 것으로 여겨 하나씩 분리해서 고찰하는 것이 아니라 처음부터 우리의 모든 믿음을 회의하고 이들을 거짓으로 간주하는 것이다. 하지만 이런 근본적인 회의는 현실에서 실천적인 비판에 직면한다. 만일 우리가 진정으로 **모든** 믿음을 부정한다면 우리 자신을 보존하고 이 세계에서 삶을 영위하는 가장 기본적인 행위를 포함해 어떻게 단 하나의 행위라도 선택할 수 있을지가 불분명해진다. 만일 팔을 뻗으면 닿을 곳에 놓인 듯이 보이는 사과가 진정으로 그곳에 존재하지는 않는다고 생각한다면 어떤 근거에서 그 사과를 집어 들고 베어 물 수 있겠는가? 더 나아가 가장 명확한 진리까지도 의심스럽게 여긴다면 어떻게 이웃들과 상품이나 서비스를 주고받는 관계를 형성할 수 있겠는가? 확실한 진리를 발견하려는 인식론적인 목표를 원래대로 충분히 유지하기 위해서라도 우리는 어떤 행위를 하지 않을 수 없는 듯하다. 하지만 이런 행위의 근거는 과연 무엇이어야 하는가? 우리는 『방법서설』의 임시 도덕을 이런 질문에 대한 대답으로 해석하려는 유혹을 받기 쉽다. 이런 해석에 따르면 준칙들은 가장 중요한 인식론적 목표를 성취하기 위한 조건들을 보장하는 행위를 인도하기 위해 행위자에게 일련의 원리들을 제공하는 것으로 볼 수 있다. 이런 해석은 도덕이 실용적 가치를 지닌다는 점을 인정하지만 동시에 회의주의의 구름 아래서 우리에게는 이런 실용적 가치를 진정한 가치 또는 선을 추적하는 것으로 생각할 만한 이성적 기초가 부족하다는 점도 전제한다.

이런 해석은 데카르트가 준칙들을 도입하는 방식을 통해서도 지지가 된다. 그는 준칙들을 우리가 집을 새로 짓는 동안 안전하게 머물 수 있는 피난처에 비유하며, 자신이 진리 추구를 위해 판단을 잠시 유보하는 동안 이 준칙들이 자신의 행위를 인도한다고 주장한다(CSM 1:122; AT 6:22). 이런 주장은 준칙들이 마치 우리가 집을 크게 수리하는 동안 잠시 머무르는 장소처럼 임시로 행위를 인도한다는 점을 암시하는 듯하다. 『철학의 원리』(*Principles of Philosophy*) 프랑스어판 서문에 등장하는, 유명한 나무의 비유 또한 이런 해석을 지지한다. 이 비유에서 나무의 뿌리는 형이상학이며 나무의 줄기는 자연학(또는 자연철학)인데 도덕학은 이런 줄기에서 뻗어 나온 가지에 해당한다. 하지만 데카르트는 도덕학을 "다른 모든 학문에 대한 지식을 전제로 하면서 지혜의 최고 단계를 이루는 최상의 완전한 도덕 체계"로 상술한다(CSM 1:186; AT 9B:14). 그런데 임시 도덕이 회의주의의 관점에서 등장한 것임을 인정한다면 이 도덕은 "다른 모든 학문에 대한 지식을" 결코 전제할 수 없다. 따라서 임시 도덕은 적절한 의미에서 도덕학일 수 없으며 우리가 진정한 도덕에 도달하기 이전에 잠시 사용할 수 있는 규칙인 듯하다. 그렇다면 이 도덕을 임시적이라고 여기는 것이 의미를 지닌다.

반면 르되프(Michelle LeDoeuff, 1989)는 "임시적"이라는 용어를 그저 "잠정적"이라는 표현과 구별하면서 이전과는 다른 해석을 제시한다. 르되프는 "임시적"이라는 말을 법률적인 맥락에서 해석해 이 말은 "'어떤 판결이 당사자에게 미리 부여하는바'라는 의미를 지니는데 … 임시적으로 부여된 바가 최종 판결로 뒤집히더라도 이에 대한 책임을 질 필요는 없다."(LeDoeuff 1989: 62). 이런 재해석은 데카르트가 보헤미아의 엘리자베스 공주(Princess Elizabeth of Bohemia)와 주고받은 편지 및 『정념론』에서 도덕철학을 정교하게 제시했다는 주장과 더불어 그의 임시 도덕을 다른 새로운 방식으로 이해하는 길을 열었다.

르되프의 재해석을 받아들이면서 우리가 선택할 수 있는 길 중 하나는 임시 도덕이 데카르트의 최종적인 도덕철학은 아니지만, 임시 도덕과 그의 완전한 도덕 체계 사이에는 연속성이 있다고 주장하는 것이다. 이런 견해에 따르면 임시 도덕은 단지 실용적 가치만을 지닌 것으로 이해되어서는 안 되며 오히려 미숙하기는 해도 그것 자체로 하나의 도덕이론으로 받아들여져야 한다. 임시 도덕은 비록 이후 수정과 변형의 과정이 있어야 하지만 데카르트가 최초로 도덕 이론에 접근한 시도로 여겨져야 한다(이런 해석을 잘 보여주는 전형적인 예로 Marshall (1998) 참조). 이런 유형의 해석은 그의 준칙들에서 드러나는 회의주의적 맥락을 수용하는 동시에 준칙들을 진정한 도덕적 규정으로 인정할 수 있는 장점을 지닌다.

하지만 이런 해석은 데카르트의 윤리적 견해가 임시 도덕 이후 그의 여러 저술을 통해 발전되었음이 틀림없다고 전제해야 하는 부담을 안게 된다. 하지만 『방법서설』에서 제시된 임시 도덕과 엘리자베스 공주 및 스웨덴의 크리스티나 여왕(Queen Christina)과 주고받은 편지에서 지적된 내용 그리고 『정념론』에서 등장하는 주장 사이에는 상당한 유사점이 발견된다. 임시 도덕 중 두 번째 준칙을 고찰해보자. "나의 행위에서 가능한 한 확고하고 결단력 있는 태도를 유지하며, 설령 가장 의심스러운 의견이라 할지라도 일단 내가 그것을 받아들이기로 했다면 마치 그 의견이 가장 확실한 것인 양 그것에 따라야 한다."(CSM 1:123; AT 6:24). 데카르트는 1645년 엘리자베스에게 보낸 편지에서 세네카(Seneca)가 『행복한 삶에 관하여』(*De vita beata*)에서 말했어야 하는 바에 관해 언급하면서 자신이 덕이라고 여기는 바는 다음과 같다고 명확히 밝힌다. 곧 덕은 "이성이 추천하는 것이라면 무엇이든 기꺼이 행하는 확고하고 지속적인 결의를 의미합니다"(엘리자베스에게 보낸 1645년 8월 4일자 편지, ED 98; AT 4:265). 덕에 대한 이런 정의와 두 번째 준칙 사이의 유사성은 매우 분명하며, 데카르트 자신도 『방법서설』에 의지해 엘리자베스에게 이런 정의를 설명한다. 더욱이 편지 교환이 이어지면서 그는 이 점을 수없이 반복해서 언급한다. 그녀에게 보낸 1645년 8월 18일자 편지에서 데카르트는 다음과 같이 말한다. "진정한 만족을 얻기 위해 우리는 덕에 따라야 합니다 — 곧 우리가 최선이라고 판단한 모든 것을 이루려는 확고하고 지속적인 의지를 유지하고 잘 판단하기 위해 우리 지성의 모든 힘을 사용하려고 노력할 필요가 있습니다"(ED 104-5; AT 4:277). 이 점은 엘리자베스에게 보낸 1645년 9월 1일자 편지에서도 언급된다. "따라서 우리는 덕을 (말하자면 우리의 이성이 우리가 행해야만 한다고 확신하는 바를) 실천하지 않고는 결코 만족과 쾌락에 도달할 수 없음을 인식합니다"(ED 107-8; AT 4:284). 데카르트는 크리스티나 여왕에게 보낸 1647년 11월 20일자 편지에서도 덕의 본성에 관해 이와 같은 주장을 전개한다.

나는 그것에게[의지에게] 우리가 최선이라고 판단한 모든 것을 이루려고 노력하는 확고하고 지속적인 결의를 부여하고, 이런 최선의 것이 무엇인지를 발견하기 위해 우리 정신의 모든 능력을 사용하는 것보다 더 나은 일은 없다고 생각합니다. 오직 이것이 모든 덕을 형성합니다. 오직 이것만이 결국 우리를 삶에서 가장 위대하고 가장 진정한 만족에 이르게 합니다. 따라서 나는 바로 이것이 최고선을 형성한다고 결론지었습니다. (CSMK 325; AT 5:83)

더 나아가 덕에 대한 이와 같은 설명이 『정념론』에서도 계속 이어진다. 148항에서 그는 다음과 같이 말한다.

어떤 사람이 스스로 최선이라고 판단한 모든 것을 행하는 데 (나는 여기서 이것을 덕에 따르는 것이라고 부르는데) 실패한 적이 결코 없어서 양심이 그를 비난할 수 없을 정도로 삶을 살았다면 그는 자신을 행복하게 해주는 매우 강한 힘인 만족을 얻어서 가장 강력한 정념의 공격도 그의 영혼이 누리는 고요함을 방해할 만한 힘을 결코 지닐 수 없을 것이다. (Voss 101; AT 11:442)

데카르트가 이렇게 두 번째 준칙을 계속 유지한다는 점이 명백하고, 그가 이후에 제시한 정식에서 이 준칙이 본질상 거의 변하지 않고 등장한다는 점은 그의 임시 도덕이 단지 잠정적인 것 또는 미봉책에 지나지 않는다는 견해에 반대하는 근거를 제공한다. 이 점은 또한 임시 도덕을 중간적인 과정 정도로 이해하는 해석도 무너뜨린다. 그리고 데카르트가 임시 도덕의 첫 번째와 세 번째 준칙도 엘리자베스와의 편지 및 『정념론』에서 재확인하며 이 또한 기존의 표준적인 해석에 반대되는 것임을 지적할 필요가 있다. (CSMK 257 이하, AT 4:265 이하; CSMK

263 이하, AT 4:284 이하; CSMK 267, AT 4:294 이하; 또한 『정념론』 144-6항, Voss 97-100, AT 11:436 이하 참조.) 그렇다면 『방법서설』의 임시 도덕은 데카르트의 궁극적 견해에 매우 가까운 것이라고 볼 수 있다.

하지만 그의 입장이 일관적이라는 주장은 또 다른 문제를 불러일으킨다. 만일 실제로 데카르트가 『방법서설』에서 제시한 준칙들을 계속 유지한다면 그가 이런 준칙들을 주장한 기초는 무엇인가? 나만-자우더러(Naaman-Zauderer, 2010)는 데카르트가 최소한 준칙 중 일부는 실천적 관점에서 충분히 근거 지어진 것으로 여겼지만 그는 더 나아가 이들을 형이상학적, 과학적 탐구를 통해 더욱 완전하게 옹호하기를 원했다고 주장한다. 준칙들이 임시적인 성격을 지니는 까닭은 바로 이렇게 완전한 근거 위에 서기를 기다리기 때문이라는 것이다. 시마카스키(Cimakasky)와 폴란스키(Polansky)는 최근 저술에서 임시 도덕의 준칙들은 『방법서설』의 2부에서 모습을 드러낸, 이성을 올바르게 인도하는 방법의 규칙들과 유사성을 지닌다고 주장한다(Cimakasky and Polansky, 2012). 이런 규칙들은 데카르트 자신의 주장을 진지하게 드러내는데 준칙들은 바로 이들로부터 도출된다는 것이다(특히 CSM 111; AT 6:1 및 CSM 142; AT 6:61 참조). 이 둘의 주장에 따르면 비록 임시 도덕 중 첫 번째 준칙은 데카르트의 방법 중 첫 번째 규칙과 — 곧 "그 자체로 나의 정신에 명석 판명하게 드러나 내가 그것을 의심할 어떤 근거도 없는 것 이외의 다른 어떤 것도 내 판단 안에 포함하지 않는 것"과(CSM 120; AT 6:18) — 반대되는 듯이 보이지만 첫 번째 준칙은 첫 번째 규칙에서 명시된 것과 같은 비판적 태도를 요구한다. 임시 도덕의 첫 번째 준칙은 "가장 온건하고 극단에서 가장 먼 의견에" 따를 것을 요구하는데 이는 어떤 의견이 가장 분별 있는 것인지에 대한 평가, 명석 판명한 지각에 끼어드는 회의의 태도에 대한 평가를 함축하는 듯이 보인다. 이와 마찬가지로 이들은 임시 도덕의 두 번째 준칙이 요구하는, 어떤 행위를 추구하는 확고하고 결단력 있는 태도를 유지하기 위해 선택 가능한 여러 대안들을 구별하는 일 또한 문제를 여러 부분으로 나누어 고찰하라는 두 번째 규칙의 명령과 유사하다고 주장한다. 운보다는 나 자신을 지배하기 위해 노력하고, "우리의 생각 이외에는 어떤 것도 전적으로 우리 능력 안에 속한다고 여기지 말 것"을(CSM 123; AT 6:25) 내세우는 세 번째 준칙은 "내 생각을 올바른 순서대로 이끌라는"(CSM 120; AT 6:18) 세 번째 규칙을 그대로 반복한 것이다. 마지막으로 네 번째 준칙 또한 네 번째 규칙을 ― 곧 "내가 아무것도 빠뜨리지 않았다고 확신할 수 있을 정도로 모두 열거하고 전반적으로 검토하라는"(CSM 120; AT 6:19) 규칙을 ― 실천적인 영역에 직접 적용한 결과로 보인다. 철학적 삶을 추구하라는 데카르트의 결론은 다른 모든 가능성들을 충분히 진지하게 검토한 직접적인 결과일 뿐만 아니라 그렇게 함으로써 자신의 방법을 충실히 실천할 수 있는 현실적인 삶의 방식이기도 하다. 이런 해석에 따르면 임시 도덕은 이성을 올바르게 인도하기 위한 방법과 같은 방식으로 근거지어진 것이다. 그렇다면 『방법서설』에서 처음 명확히 제시된 임시 도덕의 목표는 데카르트의 방법을 옹호하려는 것이며, 부분적으로 그의 방법이 얼마나 유용한지를 보이려는 것이기도 하다.

하지만 임시 도덕을 사실상 이성을 올바르게 인도하기 위한 방법을 실천적 영역에 적용한 것으로 이해한다면 데카르트가 완전한 도덕 체계에 관해 암시한 부분을 어떻게 받아들여야 할지가 명확하지 않게 된다. 만일 준칙들이 실제로 방법적 규칙들에 기초한다면 어떤 의미에서 완전해질 수 있는가? 만일 이들이 이미 적절하게 근거지어진 것이라면 임시 도덕과 관련해 더 이상 무엇을 제시할 필요가 있는가? 만일 이들이 충분히 근거지어진 것이 아니라면 이들을 지지하기 위해 무엇을 더욱 보충해야 하는가?

　데카르트가 저술 활동을 했던 당시의 역사적 맥락을 살펴봄으로써 임시 도덕의 준칙들에 접근한다면 위의 질문에 답하는 데 도움이 될 듯하다. 17세기에는 스토아학파의 원전이 폭넓게 재발견되고, 자연학에서 윤리학에 이르기까지 스토아철학을 전개한 립시우스(Justus Lipsius)의 저술에 힘입어 스토아철학의 부활이 이루어졌다. 이런 스토아철학의 부활이 근대 초의 윤리 이론들에 미친 영향을 추적하려는 노력이 계속 증가해왔다(Levi 1964, Rutherford 2004 참조). 그로티우스(Hugo Grotius)의 저술 『전쟁과 평화의 법』(*The Laws of War and Peace*)이 스토아학파의 영향을 받았음은 이미 충분히 입증되었으며, 프랑스의 도덕철학자들 중 특히 샤롱(Pierre Charon)과 뒤 베르(Guillaume du Vair)가 스토아학파의 윤리학을 대중화하는 데 크게 기여했음은 널리 인정되는 사실이다. (샤롱은 또한 회의주의의 부활로부터도 큰 영향을 받았다.) 이들과 마찬가지로 데카르트의 도덕적 저술에서도 명백히 스토아학파적인 요소가 점차 증가함을 볼 수 있다. 스토아학파에서 생각하는 현자는 무엇보다 자기 통제에 성공한 사람, 곧 자연의 질서에 맞추어 욕구를 조절하는 인물로 묘사되는데, 이는 정확히 임시 도덕의 세 번째 준칙이 요구하는 바이다. 그리고 두 번째 준칙은 행위의 결단력을 요구하는데 이 또한 현자는 외부의 영향에 좌우되지 않고 오직 자신의 적절한 지성에 따라 행위를 인도해야 한다는 스토아적인 견해를 반영한다. 데카르트의 준칙과 스토아 윤리 사이의 유사성은 그가 분명히 스토아학파의 영향을 받았음을 암시한다. (데카르트의 준칙에서 드러나는 스토아학파의 영향에 대한 더욱 상세한 설명은

Naaman-Zauderer, 2010 참조.) 또한 데카르트는 세네카의 저술 중 일부를 선택해 엘리자베스 공주에게 읽을 것을 권하는데 이는 그가 스토아 사상에 관심이 있었음을 드러내는 증거이며, 세네카의 저술에 대한 그의 설명을 보면 그가 세네카의 스토아 윤리에 의지하고 그것을 수용하는 일을 자신의 목적으로 여겼음이 드러난다. (Rutherford 2004는 이 점을 더욱 상세히 다룬다.) 따라서 스토아 윤리를 더욱 상세히 검토함으로써 우리는 데카르트의 임시 도덕 및 이 도덕과 그가 생각한 완전한 도덕 체계 사이의 관계를 더욱 잘 이해하는 데 큰 도움을 얻을 수 있다. (이어지는 논의는 Shapiro (2010)를 참고했다.)

스토아학파에 속하는 일부 철학자들은 이른바 카테콘타(kathêkonta)의 완벽한 목록을 제시하는 데 특별한 관심을 보였다. 이 용어는 자주 "의무들" 또는 "책무들"로 번역되며 또한 "적절한 역할" 또는 "적합한 행위"를 의미하기도 한다. 카테콘타는 일상적인 삶의 모든 행위에 적용되는 규칙들을 적절히 배열한 것을 의미했는데 스토아학파의 현자들은 자신이 놓인 상황에서 카테콘타를 발견하려고 노력했다. 이런 규칙들 중 일부는 일반적인 또는 "무조건적인 의무"로 여겨졌다. 이런 무조건적인 의무들이 매우 일반적으로 적용된다는 점은 중요하다. 예를 들면 이런 무조건적 의무에 속하는 것으로 자신의 건강과 감각기관을 돌보라는 명령이 있다. 이 규칙이 우리를 무조건적으로 인도하는 한 이는 우리의 다른 모든 결정에 적용되는 일종의 강제를 부과하며 따라서 우리가 삶을 영위하는 방식을 형성한다. 이런 의미에서 이런 규칙은 현자가 모든 상황에서 자신의 행위를 인도하는 것이라고 할 수 있다. 스토아철학자들은 또한 매우 특수한 규칙들 또는 "상황적 의무들"도 제시했다. 이런 규칙들은 덕이 있는 사람이 또는 현자가 매우 구체적인 상황에서 어떻게 행위할지를 설명해준다. 이에 속하는 규칙을 예로 들면 우리에게 "필요한 것"은 지극히 소수이며 대부분은 "필요 없는 것"임을 깨달았다면 우리의 모든 소유물을 다른 사람들에게 나눠주라는 것이 있다.

이렇게 스토아철학이 부활한 17세기의 사상적 맥락을 전제할 때 임시 도덕의 준칙들을 일련의 무조건적인 의무로 해석하는 것은 의미가 있다. 데카르트의 준칙들은 모든 상황에 적용되는 일반적 규칙들로 제시된다. 행위할 때 확고한 결단력을 유지하며, 운보다는 자기 자신을 지배하는 것을 목표삼고, 자신의 이성을 계발하라는 등의 준칙이 특수한 상황에 적용되는 행위의 원리가 아니라는 점은 명백하다. 자신이 속한 지역의 관습을 지키고 극단에서 가장 먼 의견을 따르라는 준칙은 상황에 의존하는 구체적인 의무로 보일지 몰라도 사실은 그렇지 않다. 이 준칙은 자신이 속한 곳의 관습과 의견이 어떻든 간에 이를 받아들이는 것을 규칙으로 삼으라고 지시하기 때문이다. 임시 도덕의 네 준칙은 모두 우리가 삶에 접근하는 방식을 인도하는 원리로 작용한다. 이들은 우리가 특수한 판단을 내려야 하는 맥락을 파악하는 데 도움을 준다. 이런 방식으로 이들은 그런 특수한 결정을 내려야 하는 상황에 의존하지 않는 독립적인 것으로 작용하게 된다. 따라서 이들은 종류와 역할에서 모두 스토아학파의 무조건적인 의무와 유사하다.

임시 도덕에 대한 이런 해석을 통해 우리는 데카르트가 "완전한 도덕 체계"를 언급한 의도를 더욱 잘 이해할 수 있게 된다. 데카르트의 윤리학이 스토아학파 윤리학의 영향을 받는 한 우리는 그의 완전한 도덕 체계가 삶에 대한 일반적 접근 방식을 규정하는 일련의 무조건적인 의무뿐만 아니라 우리가 삶을 살아가면서 내리는 특수한 결정들을 지배하는 규칙들의, 곧 상황적 의무들의 완전한 집합을 포함하리라고 기대할 수 있다. 따라서 데카르트의 완전한 도덕 체계는 임시 도덕의 준칙들뿐만 아니라 우리가 세계를 포괄적으로 이해했을 때 — 곧 완전한 자연학을 파악했을 때 — 도달할 수 있는 행위의 규칙까지도 포함할 것이다. 더욱이 이런 해석은 시마카스키와 폴란스키가 제시한(2012), 임시 도덕의 준칙들이 데카르트의 방법적 규칙에 기초한다는 설명과도 조화를 이룬다.

임시 도덕 및 데카르트의 완전한 도덕 체계에 대한 이런 해석에 따르면 기존의 표준적 접근 방식은 핵심을 벗어난 것이 되고 만다. 곧 임시 도덕의 준칙들은 우리가 진정하고 완전한 도덕 체계에 도달하기 이전까지 잠정적으로 채택하는 실용적인 미봉책으로 이해되어서는 안 된다. 또한 이들은 완전한 지식과 더불어 도달할 행위 규칙의 근사치로 여겨져서도 안 된다. 완전한 지식을 얻게 되면 우리는 새로운 행위 규칙에 이를 것이다. 하지만 이런 규칙이 임시 도덕의 준칙들을 필요 없게 만들지는 않을 것이다. 임시 도덕은 오히려 우리가 살면서 행하는 행위에 접근하는 방식을 규정하는 무조건적인 의무를 우리에게 제공한다. 우리가 언젠가 완전한 지식에 이르게 된다면 삶의 모든 상황에서 우리의 행위를 인도하는 일련의 특수한 규칙들도 얻게 되고, 이들을 통해 임시 도덕의 일반적 규칙들을 보충할 수 있을 것이다. 이런 상황적 의무의 집합은 무조건적인 의무의 타당성을 배제하는 것이 아니라 오히려 전제한다.

도덕이란 무엇인가?

우리가 도덕법칙을 생각할 때 떠오르는 것 중 하나는 그것이 우리의 행위를 인도하는 규칙이라는 점이다. 곧 우리가 무엇을 행해야 하는가를 선택할 상황에 직면할 때 그것은 다양한 대안들 중 하나를 선택하게 하는 역할을 한다. 이것이 도덕법칙에 대해 기대하는 바라면 『방법서설』의 임시 도덕은 더소 만족스럽지 못하다. 앞서 지적했듯이 임시 도덕은 우리가 어떤 결정을 내려야 하는지에 대해 거의 말해주는 바가 없다. 이런 사실은 임시 도덕을 일종의 미봉책으로 여기는 표준적 해석에 도움이 되는 듯하다. 임시 도덕은 전혀 완전한 도덕법칙으로 여겨지지 않으며 오히려 그런 법칙을 손상하는 듯이 보이기 때문이다. 임시 도덕은 정확히 우리가 아직 형이상학적 확실성에 이르지 못한 상황에서 어떤 결정을 내리는 데 도움을 준다는 의미에서 일종의 미봉책으로 여겨지지만 실제로 그렇게 하는 데 그리 큰 도움은 되지 않는 듯하다. 그리고 임시 도덕이 구체적 유형의 행위 결정을 인도하는 데 부족하다는 사실은 당연히 임시 도덕을 데카르트의 완전한 도덕철학과 연속적인 것으로 보려는 해석과 관련해서도 큰 문제를 일으킨다.

그렇다면 과연 데카르트는 도덕법칙을 행위 결정에 직접 도움을 주는 것이 아닌 다른 무언가로 생각하는가? 임시 도덕의 준칙들을 우리가 삶에 접근하는 전반적인 체계를 제공하는 것으로 이해한다면 우리는 데카르트의 임시 도덕을 덕 윤리(virtue ethics)의 핵심을 제공하는 것으로 생각할 수 있다. 이런 논의를 전개하기 위해 우선 덕 윤리를 모든 인간 행위의 목적, 곧 인간 본성의 개념과 결부된 목적을 제시함으로써 정의하려 한다. 이런 목적의 제시를 통해 결국 우리는 현재 직면한 결정을 평가할 수 있는 기준을 얻게 되며, 덕을 추구하고 올바른 근거에서 올바른 일을 행하는 성향을 우리 안에 계발할 수 있다. 데카르트는 엘리자베스에게 보낸 1645년 8월 4일과 18일자 편지에서 분명히 지적했듯이 덕을 이성이 추천하는 것을 기꺼이 행하는 결의, 곧 "우리가 최선이라고 판단한 모든 것을 이루려는 확고하고 지속적인 의지를 유지하고, 잘 판단하기 위해 우리 지성의 모든 힘을 사용하려고 노력하는 것"(ED 105; AT 4:277)으로 여긴다. 임시 도덕의 두 번째 준칙은 바로 이런 견해를 분명히 표현하지만 이를 표현하는 방식은 데카르트의 덕 개념이 지닌 특징을 잘 드러낸다. 데카르트는 우리가 내린 최선의 판단이 그릇될 수도 있음을 인정한다. 따라서 우리는 올바른 근거에서 가장 올바른 듯이 보이는 일을 행하지만 이 일이 우리가 바라는 대로 진행되지 않을 수도 있다. 이런 데카르트의 덕 개념은 아리스토텔레스주의나 스토아학파의 관점, 곧 덕을 갖추기 위해 우리는 실제로 잘 행하는 데 성공해야 한다고 주장하는 관점에서 보면 다소 낯설게 여겨질 듯하다.

우리가 잘못을 저지르면서도 여전히 덕을 지닐 수 있다면 데카르트의 견해는 행위 결정을 위한 체계를 어떻게 제공할 수 있는가? 첫 번째와 세 번째 준칙이 이 질문에 대한 대답을 제공한다. 첫 번째 준칙은 비록 우리가 속한 공동체의 가장 분별 있는 관행을 찾아 행위의 인도자로 삼을 것을 주장하지만 어쨌든 우리 주변의 관습에 따를 것을 요구함으로써 일종의 보수주의를 고무하는 듯이 보인다. 하지만 이는 또한 행위와 관련된 우리의 본성이 제한적임을 인정하는 것이기도 하다. 우리는 진공 상태에서 행위하는 것이 아니라 항상 특정한 맥락 안에서 행위하는데 이는 우리가 오직 제한된 경험만 가지고 행위하며 만일 우리의 행위 결정에 다른 사람들의 경험을 더할 수 있다면 더 나은 행위를 할 수 있음을 의미한다. 하지만 다른 사람들도 우리와 마찬가지로 제한된 경험만을 지니므로 단지 다른 사람을 모방하는 것만으로는 적절한 결정을 내릴 수 없다. 따라서 우리는 여전히 스스로 최선을 다해 판단을 내려야 한다. 우리가 최선을 다해 판단해야 하는 것이 무엇인지에 대한 통찰은 바로 세 번째 준칙이 제공한다. 우리는 자신이 할 수 있는 것과 할 수 없는 것을 구별해야 하며, 우리가 분명히 할 수 있는 것에 따라서만 행위해야 한다. 하지만 이 준칙 또한 양면성을 지닌다. 한편으로 이 준칙은 오직 우리가 영향력을 발휘할 수 있는 범위 안에서만 행위하고 세계가 우리의 욕구와 같지 않을 경우에는 한걸음 물러나 평온함을 유지하라고 충고한다. 이런 충고에는 분명히 세상을 손쉽게 살아가라는 내용이 포함된다. 우리가 실천적 결정에 직면하는 순간은 우리가 할 수 있는 일과 그렇지 않은 일 사이의 경계가 모호한 경우일 때가 흔하다. 하지만 다른 한편으로 데카르트는 우리의 능력 안에 속하는 유일한 것은 바로 우리의 자유의지라고 생각한다. 그의 주장에 따르면 우리가 자유의지를 지닌다는 점을 이해하는 것은 그 의지를 잘 사용하는 것이 무엇인지를 이해하는 것이고, 자유의지를 잘 사용하는 것은 적절한 사고의 방법, 곧 준칙들 자체의 기초가 되는 것과 같은 방법을 사용하는 것과 다르지 않다. 데카르트는 설령 우리의 추론이 불완전한 것은 피할수 없는 일이라 할지라도 우리의 이성을 올바르게 인도함으로써 올바른 판단을 내릴 수 있다고 생각한다.

데카르트의 임시 도덕을 이런 방식으로 이해하는 것은 다소 독특한 네 번째 준칙을 — 곧 철학을 직업으로 선택하라는 준칙을 — 설명하는 데도 도움이 된다. 데카르트는 이를 개인적인 선택으로 제시하지만 그가 이렇게 하는 데는 다소 솔직하지 못한 면도 있는 듯하다. 그에게, 아마 거의 모든 사람에게도 철학이란 기꺼이 합리성을 추구하는 것, 곧 우리의 자유를 실현하고 덕의 본성을 드러내는 근거를 추구하는 것임에 틀림없다. (이에 관한 더욱 상세한 논의는 Beyssade 2001 및 Cottingham 1998 참조.) 설령 다른 어떤 직업을 선택하더라도 우리 모두는 『방법서설』에 등장하는 가르침을 제대로 배움으로써 철학자가 될수 있을 것이다.

데카르트의 도덕철학과 그의 인식론 및 형이상학의 관계

데카르트의 임시 도덕에 대한 여러 해석은 그의 이론철학과 실천철학 사이의 관계를 어떻게 설정하는가와 밀접하게 관련된다. 표준적인 해석은 임시 도덕이 데카르트의 형이상학 및 인식론과 일치하지 않는다고 가정한다. 임시도덕이 일종의 미봉책인 한 그것은 데카르트의 형이상학에 의존할 수 없다. 그의 형이상학은 아직 완성되지 않았고 형성되는 과정에 있기 때문이다. 하지만 최근에 이와는 다른 해석이 계속 등장했는데 이는 임시 도덕을 데카르트의 다른 저술과의 맥락 안에서 조망하면서 그가 실천철학에 관한 자신의 견해를 오랫동안 일관되게 유지했다고 주장한다. 그렇다면 이런 일관성은 데카르트의 이론철학과 실천철학 사이의 관계에 대해 새로운 질문을 던지게 만든다.

앞서 언급했듯이 『철학의 원리』 프랑스어 판 서문에서 나무의 비유를 들어 철학의 서로 다른 분과 사이의 관계를 설명한다. 이에 따르면 나무의 뿌리는 형이상학, 줄기는 자연학 또는 자연철학에 해당한다. 이 두 분과가 확고하게 자리 잡으면 역학, 의학, 도덕학이 가지로 성장하여 번성한다. 이 비유를 통해 데카르트는 철학의 여러 영역이 서로 밀접하게 관련된다는 점을 분명히 드러낸다. 하지만 어떻게 관련되는가? 표준적인 해석은 임시 도덕이 완전한 도덕 체계라는 점은 부정하지만 형이상학에서 자연학이 도출되고, 자연학에서 진정한 도덕이 도출된다는 점은 인정한다. 달리 말하면 데카르트가 도덕을 자연철학으로부터 도출될 수 있는 것으로 여겼다는 견해를 강력히 유지하려는 듯이 보인다. 하지만 이는 나무의 비유가 포함한 핵심적인 특징을 무시하는 것이다. 나무는 생명체이므로 스스로 성장하고 재생한다. 따라서 나무의 뿌리가 줄기를, 또 줄기가 가지를 지지하는 것이 분명한 사실일지라도 가지 또한 열매를 맺게 만들며 열매는 다시 땅을 비옥하게 만들고 땅에 씨를 뿌린다. 나무의 이런 특징에 주목하면 형이상학과 도덕 사이의 관계는 단순한 한쪽에서 다른 쪽이 도출되는 추론적 관계보다 훨씬 복잡한 것임이 드러난다.

로디스-레위(Rodis-Lewis, 1987)는 데카르트가 사용한 générosité ("관대함"(generosity), 데카르트가 다소 고풍적인 "원대함"(magnanimity)보다 즐겨 사용하는 용어인데)이라는 용어가 — 이는 우리가 자유의지를 지니며 그것을 잘 사용할 수 있다는 인식으로서 데카르트는 이를 모든 덕들의 핵심으로 여기는데 — 그의 형이상학에서도 중요한 위치를 차지하며 제4성찰에서 데카르트가 도달한, 오류를 피하는 방법에서도 필수적인 요소가 된다고 주장한다. 이런 주장이 옳다면 데카르트의 형이상학 및 인식론과 그의 윤리학 사이에는 밀접한 상호관련이 성립하게 된다. 그에게 이론철학과 실천철학은 서로 분리된 두 영역이 아니라 믿음과 행위 모두에서 충분한 근거에 도달하기 위한 방법을 고수함으로써 우리의 자유의지를 잘 사용하는 일을 공유하는, 서로 밀접하게 관련된 것이다. 이런 방법이 우리가 행하는 일련의 사고를, 곧 우리가 **인간으로서** 행하는 사고를 적절하게 배열하는 일을 포함한다는 점은 지적할 만하다. 데카르트는 사고하는 인간이 또한 감정을 느끼는 존재임을 인정하는데, 이론적 맥락에서든 아니면 실천적 맥락에서든 올바른 추론은 정념들을 잘 조절하는 것을 포함한다. (Shapiro 2005 및 1999 참조.)

참고문헌

제일 뒤의 * 표시는 특히 중요한 참고문헌임을 나타낸다.

Beyssade, J.-M. 2001 "Sur les 'trois ou quatre maximes' de la morale par provosion," in *Descartes au fil de l'ordre*. Paris: Presses Universitaires de France, 237-57.

Charron, P. 1986 [1601/1604]. *De la sagesse*. Paris: Librairie Arthème Fayard. (원전은 1601년에 초판이, 1604년에 개정판이 출판되었다.)

Cimakasky, J. and R. Polansky. 2012. "Descartes's Provisional Morality," *Pacific Philosophical Quarterly*, 93, 253-72.

Cottingham, J. 1998. *Philosophy and Good Life: Reason and the Passions in Greek, Cartesian and Psychoanalytic Ethics*. Cambridge University Press.

Descartes, R. 1984-1991. *Philosophical Writings of René Descartes*. 3 vols. Ed. J. Cottingham, R. Stoothoff and D. Murdoch with A. Kenny for vol. 3. Cambridge University Press.

Descartes, R. 1989. *Passions of the Soul*. Ed. and trans. S. Voss. Indianapolis, IN: Hackett Publishing.

Descartes, R. 1996. *Œuvres*. 11 vols. Ed. C. Adam and P. Tannery. Paris: Vrin.

Du Vair, Guillaume. 1945 [1600]. *De la sainte philosophie: philosophie morale des stoïques*. Paris: Vrin.

Gilson, E. 1976. *Discourse de la méthode, texte et commentaire*. Paris: Vrin.

Grotius, H. 1962 [1625]. *De jure belli ac pacis* [*On the Law of War and Peace*]. Trans. Francis Kelsey and Arthur Boak. Indianapolis, IN: Bobbs-Merrill.

LeDoeuff, M. 1989. "Red Ink on the Margins," in *The Philosophical Imaginary*. Trans. C. Gordon. Stanford University Press.

Levi, Anthony. 1964. *French Moralists: The Theory of the Passions 1585-1649*. Oxford: Clarendon Press.

Marshall, John. 1998. *Descartes's Moral Theory*. Ithaca, NY: Cornell University Press.

Marshall, John. 2003. "Descartes's *Morale par Provision*," in B. Williston and A. Gombay (eds.), *Passion and Virtue in Descartes*. Amherst, NY: Humanity Books.

Morgan, Vance. 1993. *Foundations of Cartesian Ethics*. Atlantic Highlands, NJ: Humanities Press.

Namaan-Zauderer, Noa. 2010. *Descartes's Deontological Turn: Reason, Will and Virtue in the Later Writings*. Cambridge University Press.

Princess Elisabeth of Bohemia and René Descartes. 2007. *The Correspondence of Princess Elisabeth of Bohemia and René Descartes*. Ed. and trans. L. Shapiro. University of Chicago Press.

Rodis-Lewis, Geneviève. 1998 [1957]. *La morale de Descartes*. [Descartes's Moral Philosophy.] Paris: Presses Universitaires de France.

Rodis-Lewis, Geneviève. 1987. "Le denier fruit de la métaphysique cartésienne: la générosité," *Etudes Philosophiques*, 1, 43–54.

Rutherford, Donald. 2004. "Descartes vis-à-vis Seneca," in S. Strange and J. Zupko (eds.), *Stoicism: Traditions and Transformations*. Cambridge University Press, 177–97.

Rutherford, Donald. 2008. "Descartes' Ethics," in E. Zalta (ed.), *Stanford Encyclopedia of Philosophy*: http://plato.stanford.edu/entries/descartes-ethics/ (substantive revision 1 December 2008).

Shapiro, Lisa. 1999. "Cartesian Generosity," in T. Aho and M. Yrjönsuuri (eds.), *Norms and Modes of Thinking in Descartes*. Acta Philosophica Fennica, 64, 249–75.

Shapiro, Lisa. 2005. "What are the Passions Doing in the Meditations?," in J. Jenkins, J. Whiting and C. Williams (eds.), *Persons and Passions: Essays in Honor of Annette Baier*. Notre Dame, IN: University of Notre Dame Press, 14–33.

Shapiro, Lisa. 2010. "Descartes's Ethics," in J. Broughton and J. Carriero (eds.), *A Companion to Descartes*. Oxford: Blackwell.*

18장

홉스

S. A. 로이드(S. A. Lloyd)

영국 철학자 홉스(Thomas Hobbes, 1588-1679)는 절대주의 정치철학을 주장한 것으로 가장 유명한데, 이에 따르면 모든 국민은 통치자가 자기보존과 영원한 구원을 직접 위협하는 경우를 제외하고는 제한될 수 없고 분할될 수 없는 통치자의 권위와 명령에 복종해야 한다. 이런 정치철학은 이전의 자연법 전통을 근본적으로 수정한 그의 도덕철학에 근거한다.[1] 공동체를 형성해 함께 살아

---

[1] '도덕철학'이라는 용어를 통해 나는 옳음, 선, 덕 등의 관념에 어느 정도 일관적인 도식을 부여하고, 이런 관념들과 인간의 행위 동기 사이의 관계에 대한 설명을 비롯해 이런 도식을 정당화하려는 시도를 포함하는 체계를 의미한다. 아리스토텔레스, 칸트, 벤담 등은 내가 사용하는 의미에서 도덕철학을 제시했다고 할 수 있다. 롤스(Rawls)는 이런 체계들을 서로 비교하는 탐구를 '도덕 이론'이라고 부르면서 이를 이런 체계들의 일반적이고 추상적인 특성을 이해하려는 시도인 '도덕철학'의 한 분과로 여긴다.

가는 사람들이 서로에게 행하는 행위를 규제해야 한다는 기본적인 도덕적 요구는 다른 도움이 없이도 본성적 이성을 발휘하기만 하면 발견되는 일련의 자연법을 통해 표현되는데 자연법은 상호성이라는 가장 중요한 규범적 이상을 드러낸다. 상호성이라는 핵심적 요구를 적용하면 정부에 복종해야 할 의무가 등장하며, 정부의 권위와 한계가 모두 규정된다. 홉스의 도덕철학은 이런 정치 이론을 정당화하기 위해, 곧 오직 이런 목적에 필요한 한에서만 전개되지만 당시 상황에 비추어 볼 때 매우 독창적인 관점을 드러내며, 이에 대한 몇몇 해석은 오늘날에도 상당한 매력을 유지한다.

홉스에 따르면 '자연법은 불변하고 영원하다. … 그리고 자연법에 대한 학문이야 말로 진정하고 유일한 도덕철학이다. … 따라서 자연법에 대한 진정한 이론이야 말로 진정한 도덕철학이다'(『리바이어던』 XV.38-40).[2] 홉스의 도덕철학을 어떻게 이해해야 하는가에 대한 학자들 사이의 의견 불일치는 곧 자연법의 지위와 홉스가 자연법을 이성의 원리로 이끌어내는 방식에 대한 해석의 불일치에 집중된다. 자연법은 단지 행위자에게 자신의 생명을 보존할 최선의 방법을 제시하는, 타산적인 권고에 지나지 않는가? 자연법은 예외를 허용하지 않는, 규칙-이기주의적인 도덕 원리인가? 아니면 자연법은 신의 명령으로서 신이 그것을 명령했다는 사실에 의존해 도덕적 지위를 확보하는가? 또 아니면

---

[2] 홉스는 정치철학을 여러 저술을 통해 다양한 형태로 제시했는데 이런 저술들에는 1650년에 출판한 『법의 원리』(The Elements of Law, Natural and Politic, 이 책의 인용 출처는 부, 장, 문단번호로 표시, 이 책은 또한 『인간본성론』(Human Nature)과 『정치체론』(De corpore politico)이라는 제목으로도 출판됨), 『시민론』(De cive, 1642, 이 책의 인용출처는 장과 문단번호로 표시, 이 책의 영어판은 『정부와 사회의 철학적 기초』(Philosophical Rudiments Concerning Government and Society)라는 제목으로 1651년 출판됨), 1651년 출판한 『리바이어던』(Leviathan, 마찬가지로 장과 문단번호로 표시, 라틴어판은 1668년 출판) 등이 포함된다.

자연법은 모든 이성적 행위자가 지닌 필연적인 욕구, 곧 자신의 능력을 효과적으로 발휘할 수 있는 환경을 안전하게 보존하려는 욕구로부터 도출된, 인간이 형성한 공동체를 유지하기 위한 규칙인가?[3] 나는 이 글에서 홉스가 자연법의 권위를 인간의 실천적 행위 능력을 근거로 삼아 이끌어낸다는, 이른바 구성주의적인 설명을 제시하려 하며 자연법의

---

[3] 홉스가 자연법을 이끌어낸 의도를 둘러싼 해석은 큰 틀에서 보면 세 유형으로, 곧 의무에 기초한 것과 욕구에 기초한 것 그리고 정의(定義)에 기초한 것으로 나뉜다. 홉스가 의무에 기초해 자연법을 도출했다는 견해는 자연법이 신의 명령이라는 해석을 포함한다(Hood 1964; Martinich 1992; Taylor 1965; Warrender 1957). 이 견해는 홉스의 자연법이 지닌 규범성을 신이 우리에게 내린, 그것에 복종하라는 명령에서 기인하는 것으로 여긴다. 이런 해석을 지지하는 일부 학자들은 홉스의 도덕 이론이 그의 심리학 이론과는 무관하며 엄격한 의무론에 속한다고 주장한다. 이성적으로 요구되는 목적에 기초한 해석은(Gert 2001) 자연법을 이성 자체가 우리에게 부과한, 자기보존의 의무로부터 이끌어내는데 이에 따르면 자연법은 요구되는 목적을 구체적으로 제시할 뿐만 아니라 우리의 특유한 목적에 대한 수단까지도 발견하게 해준다. 홉스가 욕구에 기초해 자연법을 이끌어내었다는 견해는 자연법의 조항들이 평화 획득을 위한 필수적인 수단을 제공한다고 여기는데 이에 따르면 자연법은 결국 개인의 자기보존이라는 목적을 위한 필수적인 수단으로써 도구적으로 욕구된다(Curley 1994; Gauthier 1969; Hampton 1986). Kavka 1986에 등장하는, 욕구에 기초한 도출 방식을 다소 변형한 규칙-이기주의에 근거한 해석은 홉스가 자기보존을 확보하는 최선의 전략은 설령 어떤 특수한 경우에는 자연법을 위반하는 것이 개인에게 이익이 되는 듯이 보인다 할지라도 항상 자연법에 따르는 것임을, 최소한 자연법을 수용하고 따르려고 노력하는 것임을 보임으로써 자연법을 정당화하려 했다고 주장한다. 정의에 기초한 해석은 오직 홉스의 이론에 등장하는 정의와 전제들을 분석함으로써 자연법을 이끌어내려 한다. 이 해석은 홉스가 '기하학적' 방법을 언급했는데 이는 모든 진정한 지식은 단어의 올바른 정의로부터 올바른 추론을 진행함으로써 성립함을 의미한다고 여긴다. 이런 해석을 지지하는 학자들 중 일부는 자연법에 대한 홉스의 정의로부터 자연법을 이끌어내려 하며(Deigh 1996; McNeilly 1968), 다른 일부는 홉스가 이성적 행위자로서의 인간에 대한 정의로부터 자연법을 이끌어내었다고 생각한다(Lloyd 2009). 홉스의 도덕철학과 관련해 논쟁의 대상이 되는 또 다른 주제는 도덕적 동기의 문제이다. 만일 자연법이 단지 개인의 타산적인 행위를 위한 지침에 지나지 않는다면 동기의 근원은 개인의 보존 또는 이익을 위한 이기적인 욕구일 것이다. 만일 자연법이 신의 명령이라면 신의 의지에 따르려는 욕구 또는 신의 처벌에 대한 두려움이 동기가 될 것이다. 또한 만일 자연법이 개인들 사이의 행위를 합리적으로 강제하기 위한 것이라면 이를 준수하려는 동기는 이성적 행위자로서의 자기 자신을 다른 사람들에게 제대로 인정받으려는 욕구가 될 것이다.

내용에 대해서도 마찬가지의 설명을 시도하려 한다. 홉스의 이론은 자연법의 근거를 제공하는 방식과 자연법의 구체적 내용을 명시하는 방식 그리고 자연법과 실정법 사이의 관계를 규정하는 방식 등에서 다른 자연법 이론들과 큰 차이를 보인다. 홉스에 따르면 자연법은 '겉으로 드러나지 않지만' 그 자체가 요구하는 바만을 해석하더라도 실정법을 존중할 것을 우리에게 명령한다.

도덕 규범이 필요한 근거

도덕 규범의 필요성, 결국 정치적 규제의 필요성은 결국 인간들이 거의 모든 문제에 걸쳐 서로 다른 개인적 판단을 내리는 불일치를 보인다는 사실에서 비롯된다. 사람들은 무엇을 행해야 하는지, 그들에게 무엇이 좋고 나쁜지 또는 옳고 그른지, 무엇이 공평하고 정의롭고 사악한지뿐만 아니라 어떤 명예가 마땅한지, 자신들을 통치하는 최선의 방법이 무엇인지, 참된 종교는 무엇을 필요로 하는지 등의 거의 모든 문제에 대해 일치된 의견을 보이지 않는다. 개인들 사이의 이런 불일치에 대해 홉스는 다양한 방식으로 설명한다. 우리의 개인적 판단이 서로 다르다는 사실은 우리의 성장과정이나 경험, 체격, 취향과 관심, 교육과 가치 등이 다르다는 점을 반영한다. 우리가 세운 계획이 서로 충돌하지 않는데도 효과적으로 협력하는 데 실패함으로써 우리는 서로를 방해하기도 한다. 홉스의 관찰에 따르면 개미나 꿀벌 같은 '본성적으로 사회를 형성하는' 동물과는 달리 인간은 같은 종에 속하는 다른 존재들과 상호작용을 주고받으면서 안정된 조화를 누리지 못한다. 따라서 사람들은 행위를 인도하기 위한 도덕 규범과 이런 규범을 해석하고 적용하는 과정에서 발생하는 논쟁을 해결하기 위한 공적인 권위 모두를 필요로 한다. 사람들 사이에 만연한 불일치 때문에 각 개인이 자신의 판단에 따라 자기규율을 하는 일이 보편화된 상황은 악명 높은 '자연 상태'로 귀결된다. 이런 상태에서는 해소 불가능한 영속적인 대립이 발생하므로 함께 살아가는 사람들은 혼란에 빠지고 심지어 비참한 상황에 이르게 된다.

홉스는 정치적 저술 전반에 걸쳐 사람들이 제각각 자신이 좋아하는 바를 선으로, 싫어하는 바를 악으로 부른다는 점을 강조한다. 우리는 이런 용어들이 행위나 대상, 사건의 상태가 지닌 독립적인 속성을 표현하는 듯이 여기지만 사실 이들은 우리 자신의 태도를 드러낼 뿐이다. 하지만 본성상 우리가 좋아하는 바와 싫어하는 바는 다른 사람과 다를 수밖에 없으므로 선악에 대한 판단 또한 다를 수밖에 없다. 이런 근거에서 홉스는 건전한 도덕적 논증은 무엇이 선인가에 대한 주장에서 출발해서는 아무 성과도 거둘 수 없다고 주장한다. '선'이라는 용어는 어떤 확정된 보편적인 의미를 지니지 않기 때문이다. 더욱이 사람들이 사실상 이런 용어를 자신들의 선호와 혐오를 표현하는 데 사용한다 할지라도 홉스는 이렇게 사용하는 것 또한 부적절하다고 생각한다. 그는 고대 그리스의 여러 학파들이 아무런 성과도 거두지 못했다고 비난하는데 그 이유 중 일부는 다음과 같다.

그들의 도덕철학은 그들 자신의 정념을 서술한 것에 지나지 않는다. 시민 정부가 없을 경우 행위의 규칙은 자연법이다. 정부가 있을 경우에는 시민법이 행위의 규칙이다. 곧 시민법이 정직과 부정직, 정의와 불의, 그리고 전반적으로 선과 악을 결정한다. 그러나 그들은 자신들이 좋아하는 것과 싫어하는 것을 선악의 기준으로 삼았다. 취향은 사람에 따라 크게 다르기 때문에 이를 통해서는 어떤 일반적인 합의에도 결코 도달할 수 없다. 각자가 제멋대로 자신의 눈에 좋게 보이는 것에 따라 행위하기 시작하면 국가(commonwealth)는 붕괴되고 만다. (『리바이어던』 XLVI.11)

자신의 선호와 혐오라는 정서를 선과 악의 기준으로 여기는 존재는 오직 인간뿐인데 이는 잘못이며 단지 잘못에 그치지 않고 사회적 파탄으로 이어진다. 각자가 자신의 개인적인 판단에 따라 자신을 규율하는 상황을 홉스는 단순한 자연 상태라고 부르는데 이런 상태는 해소될 수 없는 대립과 불안정을 낳을 것이 명백하므로 각자가 어떤 계획을 세우든 간에 어느 누구도 이를 실현할 수 있으리라고 합리적으로 기대할 수 없다. 사람들 사이의 불협화음은 서로의 행위를 방해하기에 충분하므로 어느 누구도 자신의 목적을 추구하는 데 필요한 물질적 자원을 획득하고 방해받지 않는 활동을 유지하리라 확신할 수 없다. 따라서 인간의 삶이 번영하려면 각자가 개인적인 판단에 따라 행위하는 상황을 막아야 한다. 홉스에 따르면 인간은 정의상 합리적 행위자이다. 합리적인 동시에 행위자로서 인간은 자신의 행위가 효과적이기를 원할 수밖에 없다. 이는 필수적인 욕구이다 — 이런 필수적 욕구를 대신할 수 있는 유일한 것, 곧 부와 자신의 신체 보존을 향한 욕구와 대비되는 것으로 많은 사람들이 더욱 중요하게 여기는 것의 예로는 명예의 추구, 영원한 구원 또는 가족과 국가의 안녕 등을 들 수 있다. 이런 비참한 자연 상태는 정확히 개인의 욕구를 선악의 기분으로 삼는 상태이며, 바로 이 때문에 자연 상태는 비참해진다.

홉스는 각 개인이 자신의 선호와 혐오를 선악의 기준으로 고집하는 것을 일종의 지나친 오만 또는 교만(hubris)으로 규정한다. 그가 안정된 국가를 형성하는 방법을 다룬 저술에 '리바이어던'이라는 제목을 붙인 까닭은 성서의 욥기에 등장하는 리바이어던이 '모든 교만한 자들에게 군림하는 왕'으로 묘사되기 때문이다. 홉스는 특히 신이 무엇을 원하는지, 무엇이 정의롭고 정당하고 사악한지 등에 대한 개인적인 판단이 사회 질서를 가장 크게 어지럽힌다고 (영국 내전 당시 실제로 그랬듯이) 생각한다. 이런 문제들에 대한 자신의 판단을 강요하기 위해 시민 정부에 대항해 기꺼이 무기를 드는 사람은 자신과 다른 판단을 내리는 어느 누구보다도 자신이 이런 문제들에 대해 더 잘 안다고 확신함에 틀림없다. 홉스는 이렇게 자기 자신의 의견이 다른 사람의 의견보다 우월하다고 생각하는, 교만에 찬 자기 과신은 신도 강력히 비난한다고 주장하면서 이런 사실은 성서의 욥기뿐만 아니라 창세기에서도 잘 드러난다고 생각한다. 신은 지식의 나무 열매를 따먹은 후 신이 그들에게 어울린다고 생각하고 창조한 벌거벗은 모습을 스스로 부끄럽게 여기는 아담과 이브에게 화를 내는데 그 까닭은 바로 그들이 자신들의 기준으로 선악을 판단했기 때문이다.

자연법으로서의 상호성

이제 직접적인 정서는 도덕적 기준을 제공할 수 없다는 점이 드러났다. 하지만 인간이 조화로운 삶을 살려면 이성을 통해 발견되는 자연법이 필요한데 자연법은 '평화롭고, 사회적이며, 안락한 삶을' 위한 규칙들을 명령한다(『리바이어던』 XV.40). 상호성은 다양한 자연법들의 공통적인 핵심에 해당한다. 적극적인 원리로 표현하면 자연법은 다른 사람들이 우리에게 해주기를 원하는 모든 것을 우리 또한 다른 사람들에게도 해주어야 한다는 것과 다른 사람들을 우리 자신처럼 사랑할 것을 명령한다. 홉스에 따르면 '네 이웃을 너 자신처럼 사랑하라는 것은 … 이성적 본성 자체가 처음부터 지니는 자연법으로서'(『철학적 기초』 XVII.8), 사랑이라는 일종의 감정을 경험하기보다는 요구되는 유형의 사랑을 행동으로 옮길 것을 규정한다. '우리 이웃을 우리 자신처럼 사랑하라는 것은 바로 우리 자신이 인정받기를 원하듯이 우리 이웃도 인정해야 함을 의미할 따름이다'(『철학적 기초』 IV.12). 또한 '이렇게 하는 것은 우리가 … 우리 이웃을 우리 자신이 누리는 모든 권리와 특권을 지닐만한 존재로 존중하는 것이다. … [우리는] 겸손하고, 온화하고, 평등에 만족해야 한다'(『법의 원리』 I.V.6). 소극적인 원리로 표현할 경우 홉스의 자연법은 우리가 자신에게 행하려 하지 않을 바를 다른 사람에게 행하는 것을 금지하는 방식으로 상호성의 요구를 다양하게 정식화한다. 곧 다른 사람이 우리 자신에게 행할 경우 우리가 부당하다고 여길 바를 다른 사람에게 행하지 말 것, 우리가 시인하지 않을 행위를 다른 사람에게 행하지 말 것, 우리가 다른 모든 사람에게 부여하는 데 동의하지 않을 권리를 우리 자신에게 부여하지 말 것, 우리가 다른 사람에게 금지할 바를 우리 자신에게 허용하지 말 것 등을 규정한다.

그렇다면 상호성은 우리들 각각이 우리 자신에게 적용하는 일련의 기준을 일관성 있게 모든 사람에게도 적용해야 한다는 점과 우리가 다른 사람에게 적용하는 판단 기준으로부터 우리 자신을 예외로 여겨서는 안 된다는 점을 요구한다. 홉스는 인간은 본성상 이성적 행위자라는 공리로부터 등장하는 이성의 정리로서 상호성을 이끌어낸다. 이성적이라는 것은 우리의 행위를 정당화하는 근거를 제시하는 것인데, 무언가를 우리 자신의 행위를 정당화하는 근거로 제시한다는 것은 곧 다른 사정이 같다면 다른 사람들의 유사한 행위를 정당화하는 것과 동일한 근거를 우리가 받아들이는 것을 의미한다. 우리는 어떤 행위를 수행하는 행위자를 비난할 근거가 없는 경우 그의 행위를 이성에 반하는 것으로 여기지 않는다. 따라서 우리가 다른 사람이 어떤 행위를 하는 것을 비난하면서 우리 자신이 그런 행위를 한다면 우리는 이성에 반하여 행위하는 셈이 된다. 그렇다면 인간의 이성적 본성은 우리에게 상호성에 따라 행위할 의무를 부과한다.

상호성은 우리의 행위가 자연법과 일치하는지를 판별할 수 있는 기준을 제공한다. 곧 행위자가 자신이 수행하기로 한 행위의 목적을 스스로 받아들인다고 상상할 수 있는지 그리고 이런 관점에서 자신의 행위를 비합리적인 것으로 비난할 수 있는지를 검토하도록 인도한다.

> 내가 하려 하는 행위가 자연법에 반하는지 그렇지 않은지를 바로 알 수 있는 손쉬운 규칙이 있다. … [말하자면] **그것은 우리가 어떤 행위를 하려 하는 상대방의 위치에 우리 자신을 대입해 보고 또 반대로 그를 우리의 위치에 대입해 상상해 보는 것이다.** (『법의 원리』I.IV.9)

> 여기서 곧바로 그를 현실에 직면해 느꼈던 동요에서 벗어나게 하고 이제 다른 차원에서 그를 설득하는 규칙이 등장하는데 이 규칙은 쉬울 뿐만 아니라 오래 전부터 널리 알려진 것이기도 하다. 이 규칙은 quod tibi fieri non vis, alteri ne feceris, 곧 **네가 너 자신에게 하지 않을 바를 다른 사람에게 행하지 말라**는 것이다. (『시민론』3.26)

자연 상태에서 정치 사회로

홉스는 이 전통적인 도덕원리가 정부의 체제에 복종할 의무를 포함한다는 점을 보이기 위해 노력한다. 홉스의 주장대로 각 개인이 사적인 판단을 내리는 상황이 모든 사람들을 위험과 혼란에 빠뜨린다면 이성적 행위자는 이런 상황에서 벗어나기를 원할 것이다. 이런 행위자의 관점에서 가장 바람직한 것은 개인적 판단을 내릴 자신의 권리는 유지하면서 다른 사람들에게는 그들의 권리를 포기하라고 요구하는 상황일 것이다. 하지만 상호성은 이런 식의 비대칭적인 해결책을 거부한다. 그 대신 각자가 사적인 판단에 따라 행위할 보편적 권리를 축소하여 몇몇 문제들을 사적인 판단의 권한 밖에 놓인 것으로 여기고 이들에 대해서는 공적인 판단의 중재에 복종하는 것이 해결책으로 부각된다. 통치권/정부/정치 체제는 공적인 판단을 내릴 수 있는 가장 기본적인 조직으로서 공적 판단에 의해 사람들의 행위를 효과적으로 규제하기 위한 권력을 지닌다. 따라서 상호성에 호소할 경우 이성은 정부에 복종할 것을 요구한다.

만일 우리가 자연 상태에서 다른 사람들이 서로 동등한 조건으로 정부에 복종하지 않는 것을 비난할 만한 일로 여긴다면 상호성에 따라 우리 자신도 기꺼이 다른 사람들과 더불어 공적인 체제에 합류해야 한다. 곧 평화와 방어를 보장하기 위해 필요하다고 생각되는 한 사적인 판단의 권리를 공적인 체제에 양도하고, 우리가 다른 사람들에게 허용할 수 있는 것과 동일한 수준으로 사적 판단의 자유를 누리는 것에 만족해야 한다. 이것이 바로 홉스가 두 번째 자연법에서 요구하는 바이기도 하다. '인간은 평화와 자기 방어가 보장되는 한 그리고 다른 사람들도 다 같이 그렇게 하는 한, 모든 것에 대한 자신의 권리를 기꺼이 포기하고 자신이 다른 사람들에게 허용한 만큼의 자유를 다른 사람들에 대해 갖는 것으로 만족해야 한다'(『리바이어던』 XIV.5).

이미 자신들을 보호하는 데 효과적인 정부의 통치 아래 살고 있는 사람들에게 홉스는 상호성 자체가 제공하는 단순한 근거에 기초해 정치적 복종의 의무를 주장할 수 있게 된다. 통치자에게 복종하지 않는다면 현재 우리가 누리는 안전을 보호받을 수 없으므로 다른 사람들이 통치자에게 복종할 의무를 면제받을 수 없다고 주장한다면 상호성에 따라 우리 또한 그런 의무를 정당하게 면제받을 수 없다. 일반적으로 우리 자신은 통치자에게 복종하지 않으면서 다른 동료 시민들이 복종함으로써 얻는 이익에 편승하는 것은 상호성이 요구하는 바에 반하므로 오직 대칭적인 행위만이 허용되며 누군가가 다른 사람들의 협력에 무임승차하는 비대칭적 질서는 결코 용인될 수 없다. 모든 사람이 모든 문제에 대해 판사와 배심원이 될 권리가 당연시되는 자연 상태는 상호성의 개념이 낳는 가능성 중 하나이다. 또한 모두가 각자의 사적 판단을 대신하는 공적 판단에 다함께 복종하는 것 또한 상호성의 개념에 따르는 또 다른 가능성이다. 상호성의 정리가 허용하지 않는 바는 단지 일부만이 자신의 권리를 유지하면서 다른 사람들의 권리는 인정하지 않는 비대칭적인 상황이다.

추상적인 상호성이 요구하는 바는 일상적으로 이루어지는 사회적 상호 활동에 적용될 경우 구체적인 당위의 원리들을 낳는데 (『리바이어던』의 XIV, XV장과 검토 및 결론에서 제시되듯이) 이들은 다음과 같이 요약된다. 우선 상호성은 다음의 것들을 요구한다.

1. 다른 사람들과 기꺼이 평화를 유지하기 위한 노력
2. 우리의 자연권 중 일부를 자진해서 상호 포기
3. 타당한 계약의 준수
4. 은혜를 베푼 사람들에 대한 감사
5. 다른 사람들의 요구와 이익 수용
6. 이전의 잘못을 뉘우치고 그런 일을 반복하지 않겠다고 약속하는

사람들에 대한 용서

9. 다른 사람들을 본성상 우리와 동등한 존재로 인정

11. 재판의 판결에서 공평성 유지

12. 분할할 수 없는 자원의 공동 사용

13. 공동으로 사용할 수 없는 것들은 교대로 사용 또는 추첨으로 할
    당

14. 재화를 자연적 추첨에 의해 할당할 경우 장자상속 또는 선점의
    인정

15. 평화를 중재하는 사람의 안전한 활동 보장

16. 중재자의 판결에 복종

19. 사실적 다툼을 판결할 경우 증인 채택

20. 모든 사람은 평화로울 때 자신을 보호해준 권력이 전쟁을 치를
    경우 최선을 다해 그 권력을 보호해야 함

그리고 상호성은 다음의 것들을 **금지한다**.

7. 복수 차원의 처벌

8. 다른 사람들에 대한 증오 또는 경멸의 표현

10. 자신의 권리는 주장하면서 다른 사람들의 동등한 권리를 부정

17. 자기 자신과 관련된 사건에 스스로 판사가 됨

18. 편파적인 중재자의 채택

이런 자연법들은 오직 '대중들', 곧 단체로 함께 살아가며 그들의 행
위가 이웃에게 이익이나 손해를 낳기도 하는 사람들의 행동에만 적용
된다. 홉스는 개인 차원에서 자기 자신과 관련된 악덕들, 예를 들면 폭

식이나 과음을 금지하는 이성의 다른 규칙들도 있을 수 있다는 점을 암시하지만 이들을 자연법에 관한 논의에 포함시키지는 않는데 그 이유를 다음과 같이 설명한다. '자연법들이 그렇게 불리는 까닭은 자연적 이성의 명령이며 또한 도덕법칙이기 때문이다. 그들은 사람들이 다른 사람들을 대할 때의 태도나 대화 방법과 관련된다'(『정치체론』 V.1). 따라서 그는 공동체 안에서 평화롭고, 사교적이고, 안락한 삶을 위한 규칙들만을 자연법에 포함시킨다.

자연법은 일련의 자연적 의무들, 곧 우리가 그것들에 따르는 데 동의하거나 약속했다는 사실과 무관하게 우리에게 적용되는 의무들을 구체적으로 제시한다. 은혜를 베푼 사람에게 감사하지 않거나 편파적이고 불공정한 판결을 내리는 행위 등은 우리가 감사하고 불편부당하고 공정하게 행위하겠다는 데 동의했든 그렇지 않든 간에 항상 비난받을 만한 것이다. 홉스는 심지어 전쟁 중이라도 이유 없이 잔인한 행위를 하는 것은 자연법에 의해 금지된다고 지적한다. 우리가 이전에 그런 잔인한 행위를 하지 말아야 한다는 어떤 의무에도 결코 동의하지 않았다 할지라도 이것이 그런 행위를 도덕적으로 옹호하는 설명이 될 수 없음은 명백하다. 자연법이 일련의 '영원불변하는' 의무들을 구체적으로 명시하며 오직 어린아이나 미친 사람 또는 이성적 능력이 부족한 사람만이 이런 의무를 면제받을 수 있다 할지라도 다른 사람은 아무도 이를 수행하지 않는데 오직 우리만이 이를 수행한다면 이는 우리를 파멸에 이르게 할 것이므로 홉스는 우리만 일방적으로 의무를 수행하지는 않아도 된다고 주장한다. 자연법은 외형상 극단적인 경우를 무시하지는 않는다. 예를 들면 자연법은 다른 사람들 중 아무도 도덕이 요구하는 바를 준수하지 않는데 우리가 그들의 이익을 위해 자신을 희생하는 것을 거부한다고 해서 다른 사람들이 우리를 비난하는 것은 비합리적이라는 우리의 판단을 지지한다. 그 이유를 홉스는 다음과 같이 설명한다.

> 이런 자연법들은 … 일부만 지키고 다른 일부는 지키지 않는 경우에는 지키는 사람을 지키지 않는 사람의 먹잇감으로 삼고, 선한 사람을 악한 사람의 공격에 무방비 상태로 내버려두며 또한 선한 사람을 돕는 일을 비난하게 만든다. … 따라서 이성과 자연법, 특히 이런 자연법의 구체적인 조항들은 다음과 같은 것을 일반적으로 명령한다. **자연법의 구체적인 조항들은 반드시 지켜야 한다. 지키지 않을 경우 우리에게 어떤 불편함을 끼치기 때문이 아니라 자연법의 준수를 소홀히 하는 사람들을 향해 우리는 그것을 지킨다는 사실을 분명히 드러낼 수 있다는 우리 자신의 판단 때문이다.** (『법의 원리』 I.IV.10)

홉스의 이론은 이기주의와 완전한 일반성 사이에 최소한의 도덕적 중재자로 약한 상호성과 보편성의 관점을 부과하여 행위를 정당화하며, 합리적이고 이성적인 강제를 산출한다. 또한 그의 이론은 개인이 어떤 행위에 대해 드러내는 태도가 일관성을 유지해야 함을 주장한다. 만일 다른 사람들이 행할 경우 비난받을 만한 행위를 우리 스스로 행한다면 이런 행위가 아무리 우리의 목적에 크게 기여한다 할지라도 우리는 이성에 반하여 행위하는 셈이 된다. 물론 우리는 다른 사람들이 그들 자신에게 손해가 되는 듯이 보이는 비합리적 행위를 하는 것을 비난할 수 있다. 그런데 우리가 그런 행위를 모방한다면 이는 이성에 반하는 일이다. 또한 다른 사람에게 유해한 영향을 미칠 수 있는 행위의 영역, 곧 자연법이 작용하는 영역에서 우리가 다른 사람에게 사악하고, 부당하고, 무자비한 행위를 한다면 우리 자신이 그런 잘못된 행위에 가담함으로써 불합리하게 행위하는 셈이 된다. 따라서 홉스가 말하는 이성에 반하는 행위의 개념에는 비이성적인 것과 불합리한 것이 모두 폭넓게 포함된다.

홉스의 관점 이론은 개인적인 판단의 차이가 도덕적 의무와 관련해 그리 큰 차이를 낳지 않는다는 점을 암시한다. 홉스가 '자연법에 속하는 경우'라고(『법의 원리』, 헌정사) 부른 바는 상호성이라는 판정 기준을 구체적인 행위에 적용하는 경우를 의미한다. 자기 자신이 게으르면서 다른 사람의 게으름을 비난하는 사람은 그릇되게 행위한 것인 반면 이런 비판을 하지 않는 게으름뱅이는 그런 잘못을 저지르지 않는다. 서로 다른 종교 사이의 결혼이나 고리대금업, 도박 등을 비난하는 사람은 스스로 그런 일을 해서는 안 된다는 도덕적 요구를 받게 되는 반면 이런 비난을 하지 않는 사람은 그런 요구를 받지 않는다. 자연법의 지배를 받는 유형의 행위는 모두에게 작용하는 사회적 환경에 핵심적인 영향을 미친다. 자연법의 규범을 위반하는 사람은 모두에게 비난을 받으리라고 생각되므로 모든 사람은 자연법을 준수하지 않을 수 없다. 하지만 어떤 종교의 선교사는 자신의 전도 행위가 진정한 종교를 가르치는 것으로 여기는 반면 그가 전도의 대상으로 삼는 사람들은 그것을 진정한 종교를 타락시키는 것으로 여기는 경우와 같이 올바른 행위 유형을 설하면서는 의견의 불일치가 발생하기도 한다. 이런 경우 자연법은 우리가 논쟁을 판결하면서 가장 추상적이지 않은, **다툼의 여지가 없는** 논증적 기술을 채택할 것을 요구한다. 홉스는 다른 나라의 종교를 바꾸려는 선교 활동을 비난한다. 왜냐하면 선교를 하는 사람은 '다른 나라에서 온 사람이 자신의 종교를 바꾸려고 하는 일을 허용하지 않을 것이면서 자신은 다른 곳의 종교를 바꾸려 하기' 때문이다(『리바이어던』 XXVII.4).

통치자와 시민의 도덕적 의무

홉스는 자연법에 호소해 정부에 복종할 의무를 확립할 뿐만 아니라 정부와 시민의 의무도 규정한다. 홉스가 자연법을 적용하는 가장 중요한 경우는 이를 통치자의 행위에 적용하는 것인데 이를 통해 그는 정부 운영의 규범을 산출한다. 통치자는 모든 자연법을 준수해야 하는데, 자연법은 신성한 것이므로 어떤 개인이나 국가도 이를 바꾸거나 폐기할 수 없기 때문이다(『리바이어던』 XXIX.9). 예를 들면 공평은 '자연법의 계율이기 때문에 통치자로부터 최하층의 백성에 이르기까지'(『리바이어던』 XXX.15) 모두에게 똑같이 적용되어야 한다. 공평이 백성과 통치자에게 요구하는 바를 해석하면서 통치자가 최종의 권위를 지닌다는 점은 사실이다. 하지만 이런 사실이 통치자가 생각하는 바가 곧 공평임을 의미하지는 않는다. '재판관이든 통치자든 누구나 공평을 판단하면서 잘못을 범하기도 한다'(『리바이어던』 XXVI.24). 통치자도 잘못을 저지르지만 자연법에 대한 그의 해석과 적용은 상당한 권위를 지닌 것으로 여겨진다. 오직 신만이 통치자의 잘못에 대해 책임을 물을 수 있다. 놀랍게도 자연법은 그 자체의 내용을 해석하고 집행하기 위해 공공의 정치적 권위에 복종할 것을 명령한다. 홉스의 자연법은 이와 같이 사람들에게 정치적 권위에 복종할 것을 명령하고, 설령 사람들이 자연법을 해석해 명시한다 할지라도 실정법에 권위를 부여함으로써 자신의 모습을 지워나간다.

통치자의 도덕적 의무는 그의 직무를 통해 구체적으로 드러난다. 홉스는 다음과 같이 말한다. '통치자의 직무는 … 사람들의 안전을 확보하는 것이다. 이는 자연법에 의해 그에게 부과된 의무이므로 그는 자연법의 창조자인 신에 대해서만, 오직 신에 대해서만 책임을 진다. 여기서 말하는 안전은 생명의 보존은 물론 삶의 다른 모든 만족, 곧 모든 사람이 국가에 위험이나 해악을 가하지 않고 합법적으로 일함으로써 스스로 얻을 수 있는 모든 만족을 의미한다'(『리바이어던』 XXX.1). 홉스는 『시민론』에서는 다음과 같이 주장한다. '시민들이 현실의 삶에서 얻을 수 있는 이익은 네 종류로 분류된다. 1. 외부 적들로부터 보호받음. 2. 거주지에서 평화를 누림. 3. 공공의 안전과 조화를 이루는 한에서 부를 축적함. 4. 해악을 낳지 않는 자유를 누림'(XIII.6).

해악을 낳지 않는 자유에는 '매매의 자유, 상호 계약의 자유, 주거와 식사 및 직업 선택의 자유, 자녀를 자신의 뜻에 따라 교육할 자유 등이'(『리바이어던』 XXI.6) 포함된다. 홉스는 타당한 계약이 이전에는 도덕과 무관했던 행위를 이제는 도덕적으로 요구되거나 금지되는 것으로 만들 수 있다고 생각한다. 또한 제3의 자연법은 타당한 계약을 위반하는 일을 금지하기 때문에 같은 행위를 행하더라도 어떤 사람은 비난받지 않는 반면 다른 사람은 비난받게 된다. 예를 들면 자원 입대한 사람은 두려움 때문에 전장에서 도망쳐서는 안 된다는 의무를 지게 된다(만일 그렇게 한다면 그는 비난받을 것이다). 하지만 어떤 계약 또는 개인적인 약속은 공공선에 부정적인 영향을 미치므로 규제되어야 한다. 홉스는 이런 계약의 예로 사적인 파벌을 형성하거나 후손들의 지능을 떨어뜨리는 근친혼 등을 든다.

'해악을 낳지 않는 자유'와 별도로 자연법은 통치자에게 복종하지 않아도 되는 특별한 경우들을 제시하는데 홉스는 이를 '백성의 진정한 자유'라고 부른다. 앞서 『리바이어던』의 XXI장에서 논의되었듯이 이는 타당한 계약을 통해서도 양도될 수 없는 권리에 속한다. 이런 권리를 지키기 위해 행위할 경우 백성들은 비난받지 않는다. 설령 통치자가 이런 권리를 통해 보장되는 이익을 위협하는 행위를 정당하게 명령한다하더라도 백성들은 이런 명령을 정당하게 거부할 수 있다. 자살이나 자해를 하라는 명령, 생명 보존을 위한 필수품을 끊으라는 명령, 우리 자신이나 우리가 사랑하는 사람을 고소하라는 명령, 부당한 처벌에 대해서도 저항하지 말라는 명령 등이 이에 속한다. 이런 유형의 자유는 상당한 해악을 낳을 수 있는 듯이 보이지만 홉스는 이를 인정하는 것이 공공의 안전을 위협하지는 않는다고 주장하면서 두 가지 이유를 든다. 첫째, 예를 들어 백성이 자기 자신을 처형하라는 명령에 따르는 일은 공공의 안전에 결코 필요하지 않다. 이는 다른 사람을 처형하라는 통치자의 명령을 수행하는 것과 전혀 다른 문제이기 때문이다. 둘째, 사실상 개인이 그런 명령에 따를 가능성이 없기 때문에 그런 명령을 수행할 의무는 실천적으로 중요하지 않다. 설령 백성들이 자신의 진정한 자유를 스스로 폐기할 수 있다 할지라도 공공선을 증진하는 통치자의 능력은 이에 좌우되지 않으므로 백성들은 그렇게 할 필요가 없다.

홉스는 자연법 아래서 교리와 종교를 규제함으로써 공동선을 산출하는 것 또한 통치자의 의무 중 일부라고 주장한다. 이를 통해 통치자는 백성들이 도덕적, 종교적 믿음이나 개인적 양심을 내세워 시민적 복종의 의무를 거부하는 잘못된 생각을 갖지 않도록 인도해야 한다. '독약과도 같은 선동적인 교리에' 맞서기 위해 교육 체계를 갖추는 일은 무엇보다 중요하다. 통치자의 권력은 궁극적으로 통치자의 권리에 대한 백성들의 여론에, 특히 통치자의 명령을 준수하도록 강요당하는 사람들의 의견에 의존하기 때문이다. 홉스는 필요한 교육을 완수하기 위해 대학에서 『리바이어던』을 가르침으로써 강의를 통해 핵심 내용을 일반인들에게 전파해야 한다고 주장한다.

마지막으로 홉스는 다음과 같이 말한다. '영원한 선이 일시적인 선보다 낫다는 점은 분명하기 때문에 통치권 아래 놓인 사람들은 자연법에

따라 모든 것을 계속 확립해 나갈 의무를 지닌다. … 더욱이 이들은 참
된 길이 앞에 놓여있다고 믿어야 한다. 그렇게 하지 않는다면 이들이
[사람들의 선을 위해] 최고의 노력을 다했다고 말하기는 어려울 것이
다'(『법의 원리』 II.IX.2). 하지만 이로부터 도덕이 통치자가 백성들에
게 직업이나 종교적 관행을 명령해야 한다는 점을 요구한다는 사실이
필연적으로 도출되지는 않는다. 신앙의 자유에 따른 양심적인 믿음은
이런 강요를 규탄할 것이기 때문이다. 더 나아가 통치자는 백성들이 현
세를 넘어서서 내세에도 행복을 누리는 데 도움이 된다고 생각되는 모
든 방법을 동원할 것을 요구받는다. 또한 통치자는 자연법의 상호성 요
구가 개인적인 종교적 양심을 주장하는 백성들을 비난하는 일을 금지
한다는 점을 충분히 인정해야 한다. '잘못된 믿음 때문에 큰 위험에 빠
지고 싶은 사람은 아무도 없으며, 자기 판단에 따르다가 자신의 영혼을
위태롭게 만들고 싶은 사람 또한 아무도 없다. 하지만 자신의 운명에
대해 가장 관심이 큰 사람은 다름 아닌 자기 자신이 아니겠는가?'(『리
바이어던』 XLVI.37).

참고문헌

제일 뒤의 * 표시는 특히 중요한 참고문헌임을 나타낸다.

Curley, E. (1994) "Introduction to Hobbes's Leviathan," in E. Curley
    (ed.), *Leviathan*, Indianapolis: Hackett Publishing Company, Inc.
Deigh, John (1996) "Reason and Ethics in Hobbes's Leviathan," *Journal
    of the History of Philosophy* 34: 33–60.*
Gauthier, D. (1969) *The Logic of 'Leviathan': The Moral and Political
    Theory of Thomas Hobbes*, Oxford: Clarendon Press.
Gert, Bernard (2001) "Hobbes on Reason," *Pacific Philosophical
    Quarterly* 82: 243–57.

Hampton, Jean (1986) *Hobbes and the Social Contract Tradition*, Cambridge University Press.

Hood, F.C. (1964) *The Divine Politics of Thomas Hobbes*, Oxford: Clarendon Press.

Kavka, Gregory S. (1986) *Hobbesian Moral and Political Theory*, Princeton University Press.

Lloyd, S.A. (2009) *Morality in the Philosophy of Thomas Hobbes: Cases in the Law of Nature*, Cambridge University Press.*

Martinich, A.P. (1992) *The Two Gods of Leviathan: Thomas Hobbes on Religion and Politics*, Cambridge University Press.

Martinich, A.P. (2005) *Hobbes*, New York: Routledge.

McNeilly, F.S. (1968) *The Anatomy of Leviathan*, London: Macmillan.

Taylor, A.E. (1965) "The Ethical Doctrine of Hobbes," in K.C. Brown (ed.), *Hobbes Studies*, Oxford: Blackwell.*

Warrender, H. (1957) *The Political Philosophy of Hobbes: His Theory of Obligation*, Oxford: Clarendon Press.

19장

케임브리지 플라톤주의자들

사라 허튼(Sarah Hutton)

하지만 덕은 주인이 없어서 저마다 그것을 귀하게 여기는가 아니면 대수롭지 않게 여기는가에 따라 그것을 더 갖게 되거나 덜 갖게 된다. 이는 그렇게 선택한 사람의 몫이지 신을 탓할 일이 아니다. (플라톤 『국가』 10.617e)[1]

케임브리지 플라톤주의자들의 도덕철학은 데카르트와 홉스, 로크 그리고 자연법 이론이 주도했던 17세기에 영국의 윤리적 사고에서 독특한 흐름을 형성한다.[2] 선이 모든 것에 본래 내재하며, 선은 이성적으로

---

[1] Plato 2013.
[2] 이 글에서 나는 '윤리학'과 '도덕철학'이라는 용어를 같은 의미로 사용한다. 이는 케임브리지 플라톤주의자들 자신이 이 두 용어를 같은 의미로 사용한 데 따른 것이다. 이런

파악될 수 있다는 생각을 바탕으로 케임브리지 플라톤주의자들은 선의 본질과 이에 대한 인식, 도덕적 책임과 도덕적 자율 등에 관해 논의함으로써 이성적인 동시에 실천적인 윤리학의 전개에 기여한다.

케임브리지 플라톤주의자들에 속하는 주요 인물로는 위치코트(Benjamin Whichcote, 1609-1683), 스테리(Peter Sterry, 1613-1672), 스미스(John Smith, 1618-1652), 컬버웰(Nathaniel Culverwell, 1619-1651), 모어(Henry More, 1614-1687), 커드워스(Ralph Cudworth, 1617-1688) 등을 들 수 있다. 하지만 스미스와 커드워스는 윤리학을 다룬 체계적 저술을 남기지 않았다. 스미스의 『담화 선집』(*Select Discourses*)은 그가 행한 설교를 사후에 편집한 책이며, 위치코트의 도덕적 견해 또한 그의 설교와 이를 발췌, 요약한 '개념집'(select notions)에 등장한다. 스테리와 커드워스는 생전에 윤리학을 다룬 어떤 책도 출판하지 않았다. 스테리의 『자유의지에 관한 담화』(*A Discourse of the Freedom of the Will*, 1675)는 미완성으로 남았으며, 커드워스의 대표적인 윤리학 저술 『영원불변하는 도덕에 관한 논고』(*Treatise of the Eternal and Immutable Morality*)와 『자유의지 논고』(*Treatise of Freewill*)는 사후에 (각각 1731년과 1838년에) 처음 출판되었다. 또한 커드워스의 윤리학 저술 중 일부는 지금까지도 출판되지 않은 채 남아있다.[3] 하지만 그의 윤리적 견해 중 일부는 그가 행한

사실은 윤리학을 다룬 모어의 저서 제목 『윤리학 편람, 도덕철학에 대한 완벽한 해명』(*Enchiridion ethicum, præcipua moralis philosophiæ rudimenta complectens*, 1668)에서도 잘 드러난다. 이 책의 영어 번역본은 1690년 『덕에 관한 설명』(*An Account of Virtue*)이라는 제목으로 출판되었다.

[3] Cudworth 1838과 1996은 모두 British Library MS Additional, 4978을 복원한 것이다. 또한 자유와 필연성을 다룬 미출판 원고의 문서번호는 MSs Additional 4979-82이다.

설교, 특히 1647년 하원에서 행한 유명한 설교와 그의 저서 『우주의 진정한 지적 체계』(*True Intellectual System of the Universe*, 1678; 이하 『체계』로 약칭)를 통해 드러난다. 모어의 윤리학 저술인 『윤리학편람』(1668)의 영역본은 1690년 『덕에 관한 설명』이라는 제목으로 출판되었다. 이 글에서 나는 도덕철학을 나름대로 가장 완전하게 전개했다고 생각되는 세 인물, 곧 컬버웰과 모어 그리고 커드워스에 초점을 맞추려 한다. 이들에게서는 케임브리지 플라톤주의자들을 특징짓는 공통적 특성과 개별적인 변주 모두를 찾아볼 수 있다.

케임브리지 플라톤주의자들은 많은 견해와 사상을 공유했지만 하나의 동일한 주장을 한결같이 지지하지는 않았다. 이들 모두의 공통점 중하나는 신학적 문제들이 철학에 상당한 영향을 미친다는 사실에 폭넓게 동의한 것이었다. 이들의 윤리학에서는 이론적인, 실천적인 관점 모두에서 도덕이론과 종교적 원리들이 겹치는 부분이 상당히 넓게 발견된다. 이들의 신학적 태도 중 핵심 요소는 칼뱅식의(Calvinist) 주의주의에 반대하면서 플라톤의 영향을 받은 교부철학자 오리게네스(Origen)를 수용했다는 점이다. 이들의 신학과 윤리학의 핵심은 주의주의와 결정론 비판이라는 한 점으로 수렴된다. 기독교 철학자로서 이들은 도덕철학을 기독교의 교리의 가장 중요한 부분으로 여겼다. 하지만 이들의 태도는 편협하지도 독단적이지도 않았다. 당시의 일반적인 분위기와는 상당히 달리 이들은 종교의 도덕적 내용을 크게 강조했으며, 어떤 점에서는 종교와 도덕을 거의 동일시했다. 위치코트의 표현에 따르면 '도덕은 … 모든 종교에서 20분의 19를 차지한다.'[4] 이들의 종교적 개방성은 다른 신앙을 지닌 사람들에게까지 확장된다. 다시 한 번 위치

---

4) Whichcote, *Moral and Religious Aphorisms*, in Patrides 1969: 332.

코트를 인용하면 '이교도의 선한 본성이 기독교도의 극단적인 광신보다 신에 더욱 가깝다.'[5] 기독교 사상가로서 이들은 신학적 교리와 기독교의 기본 요소, 특히 복음이 전하는 사랑을 서로 분리하는 문제에 관심을 보였고 자신들이 이런 작업을 수행했다고 여겼다. 이들이 주의주의에 도덕적으로 반대한 까닭은 이 이론이 도덕원리들을 임의적인 것으로 만들어버려 도덕의 기초를 서서히 무너뜨리고 결국 개인의 도덕적 책임을 약화시키기 때문이다. 더욱 나쁜 점은 극단적 주의주의의 논리에 따라 신의 의지는 전혀 아무런 구속도 받지 않는다고 여길 경우 이는 신을 잠재적인 악의 창조자로 만든다는 사실이다. 신의 의지의 우선성과 전능함을 고집하는 주의주의자들과는 달리 케임브리지 플라톤주의자들은 신의 선함을 강조함으로써 진정한 기독교도가 행해야 할 행위를 되살리려 했다. 이를 위해 이들은 예정은총설을 덜 강조하면서 신앙 문제의 인도자로서 이성의 가치를 높이 평가하고 자유의지를 중요시했다. 인간이 스스로 자신을 인도할 수 있는 능력을 지닌다는 데 대한 이들의 믿음은 이들의 인간학과 윤리학에서 가장 중요한 요소로 작용한다. 이들의 신학에서 드러나는 오리게네스적인 경향은 플라톤주의와 기독교 신앙이 양립할 수 있는 근거를 제공한다.

케임브리지를 중심으로 활동한 이들 철학자들은 '플라톤주의자'로 알려졌는데 이런 명칭은 다소 오해의 소지가 있다. 이들이 플라톤과 플로티노스(Plotinus)로부터 영향을 받았음은 의심의 여지가 없지만 플라톤주의는 이들이 관심을 보였던 다양한 철학 조류들 중 하나에 지나지 않는다. 이들이 도덕철학을 형성하는 과정에는 플라톤주의와 더불어 스토아주의, 데카르트주의도 매우 중요한 역할을 했으며, 또한 부정

---

5) Whichcote, *Aphorisms*, in Taliaferro and Tepley 2004: 135.

적인 의미에서는 홉스주의와 에피쿠로스주의도 상당한 영향을 미쳤다. 케임브리지 플라톤주의자들은 르네상스 인문주의의 전통을 이어받아 그 안에서 탐구를 진행한, 곧 고대와 당시의 철학이 제기한 도전과 가능성들에 적극적으로 대응하려 한 철학자들이었다. 일반적으로 말해 이들은 스콜라철학의 전통을 거부하면서 고대와 근대철학의 더욱 광범위한 영역을 탐구했다고 할 수 있다. 스코틀랜드 계몽주의 철학자들과 마찬가지로 이들은 대부분 학구적인 분위기에 둘러싸여 살면서 활동했다. 이 결과 이들의 사상은 물론 정도의 차이가 있지만 이들이 당시 대학을 주도했던 스콜라철학적인 아리스토텔레스주의에 친숙했음을 드러낸다. 예를 들면 이들은 수아레스(Francisco Suarez) 같은 근대 스콜라철학자가 일으킨 논쟁을 잘 알고 있었다. 이들이 처음부터 홉스에 반대하려는 의도에서 윤리적 관점을 형성한 것은 아니었지만 이들의 여러 논점은 이들이 홉스 철학에서 기인한 것으로 여겼던 무신론, 결정론, 이기주의와 윤리적 상대주의에 대항하는 과정에서 형성되었다. 이들은 홉스주의를 데카르트주의의 유행과 에피쿠로스주의의 부활로부터 등장한 폭넓은 철학적 주제들을 극단적인 형태로 요약한 것으로 여겼다. 이들은 홉스주의의 핵심을 인과 결정론의 모델을 선택하고 최종 원인의 존재를 부정하는 기계론적 철학으로 간주하면서 이런 철학은 인간을 자동기계로 환원하고 목적을 추구하는 능동적 행위의 가능성을 손상함으로써 도덕을 부정할 위험을 지닌다고 생각했다. 더 나아가 쾌락을 우리의 유일한 목적으로 규정하고 자기애 또는 자기이익을 인간 행위의 근본적인 동기로 여기는 에피쿠로스적인 주장의 부활은 도덕의 근본 원리를 무너뜨릴 지경에 이르렀다. 이런 도전에 직면해 케임브리지 플라톤주의자들은 도덕을 '수학 못지않게 논증적인'[6] 학문으로 여기

---

[6] More 1668: 6.

는 새로운 생각을 받아들였다. 이들은 또한 데카르트의 정념 이론을 수용하고, 행복을 쾌락과 연결함으로써 에피쿠로스의 윤리적 견해를 다소 수정했다.

케임브리지 플라톤주의자들이 윤리학에 관해 논의하면서 문체나 내용상의 변화를 불러왔다면 그들 모두에게 공통되는 핵심 요소로 윤리학에 플라톤적인 기초를 도입한 점을 지적할 수 있다. 이들은 불변하는 선의 원리가 진정으로 실재하며, 이 원리에 대한 인식은 우리의 정신이 신의 속성을 '분유'함으로써 이루어진다고 주장했다. 신은 본질상 선하므로 선은 신이 창조한 모든 것 안에 내재한다. 커드워스의 표현에 따르면 '선이나 정의 또는 올바름은 모든 것 자체 안에 본래 갖추어져 있다.'[7] 도덕 원리들은 이성을 통해 인식되며, 모든 사람들이 알 수 있다. 하지만 케임브리지 플라톤주의자들은 단지 선에 대한 지식만으로는 도덕적 행위를 보장하기에 불충분하다는 점을 인정하므로 도덕적 나약함에 대한 설명도 덧붙이지 않을 수 없었다. 이들은 이성적으로 증명 가능한 윤리학을 강력히 원했지만 도덕적으로 행위하기 위해 우리가 선의 개념을 추구할 수 있고 또 그것에 따라 행위할 수 있어야만 한다는 점을 인정했다. 선에 대한 지식을 얻기는 결코 쉬운 일이 아니지만 우리는 자신의 행위가 선을 향하도록 자유롭게 선택할 수 있어야 한다. 도덕적 행위의 기초는 인간 본성에 속한 두 가지의 본질적 속성, 곧 이성과 자유의지이다. 따라서 케임브리지 플라톤주의자들의 윤리 이론 중 중요한 부분은 이들이 자유의지의 개념을 발전시킨 점과 이와 더불

---

7) 『체계』, 897. 하지만 케임브리지 플라톤주의자들이 플라톤주의의 여러 요소들을, 특히 상기설이나 영혼의 선재설(pre-existence) 등을 아무 비판 없이 받아들인 것은 아니었다. 컬버웰은 플라톤의 이런 이론을 비판함으로써 그와 케임브리지 플라톤주의자들 사이의 관계를 오해하게 만들었고, 몇몇 연구자들은 컬버웰이 이 그룹의 구성원이라는 사실을 부정하기도 했다.

어 도덕 심리학에 주목한 점이다. 가장 단순하게 말한다면 이들의 심리학적 주장은 정서적인 이성, 곧 감정의 영향을 받기도 하는 이성 개념에 의존한다. 하지만 커드워스와 모어는 더욱 정교한 형태의 심리학을 전개했는데 스토아철학과 플로티노스에 의지해 자기결정 또는 자기 자신에 대해 지니는 능력으로서의 의지 개념을 형성하면서 이 능력을 자기규율(autexousion), 자신에게 달려있는 바(eph' hêmin) 또는 자기통제(hêgemonikon) 등의 다양한 용어를 사용해 표현했다.

컬버웰

컬버웰은 자연법을 윤리학의 기초로 삼았다는 점에서 케임브리지의 임마누엘 칼리지에 속했던 다른 동료들과 차이를 보이면서도 이를 제외한 폭넓은 논점을 그들과 공유했다. 여러 동료들과 마찬가지로 그 또한 반주의주의자였으며, 도덕의 기초가 이성이라는 점에 동의했다. 그의 저서 『자연의 빛에 관한 우아하고 학술적인 논고』(*Elegant and Learned Discourse of the Light of Nature*, 1652)는 그의 사후에 출판되었다. 이 책에는 그가 자연법 이론을 홉스식으로 사용한 것을 비판하려 했음을 암시하는 내용은 등장하지 않는다. 컬버웰은 케임브리지 플라톤주의자들 중 자연법을 근거로 도덕을 논의하려 했던 유일한 인물이지만 그렇다고 그가 자연법에 관해 논의한 유일한 인물은 아니다. 다른 케임브리지 플라톤주의자들도 자연법이 올바른 이성에 기초하며, 인간의 영혼에 본래 갖추어져 있다는 자연법 학자들의 주장에 분명히 동의한다. 하지만 이들은 이성과 선이 자연법 입법자의 의지 또는 명령과 어떤 관계를 지니는가에 대해서는 의견을 달리한다. 케임브리지 플라톤주의자들은 선이 인간 본성에 이미 내재하므로 모든 법에 앞서며, 옳고 그름은 어떤 법을 통해서도 규정될 수 없다고 생각한다. 예를 들면 커드워스는 도덕적 선과 악이 '법 또는 명령에 의해 성립하는 단정적이고 실정적인 것'임을 부정하면서 선과 악은 사물의 본성에 내재하는, '자연적으로'(phusei) 성립하는 것이라고 주장한다. 모어 또한 이런 견해에 동의한다. '자체의 본성상 옳지 못한 것은 어떤 외부적인 고려를 통해서도 결코 옳은 것이 될 수 없다.'[8] 선은 그 자체로 힘을 지니므로 어떤 법을 통해서 우리에게 선을 추구하라는 의무를 부과할 필요가 없다. 이와 유사한 태도로 위치코트도 '도덕법칙은 설령 의지를 제재하지 않더라도 그 자체로 성립하는 법칙이며, 그것의 필연성은 사물 자체로부터 생겨난다'고 말한다.[9] 하지만 이들은 몇몇 대목에서 선과 법 사이의 관계에 대해 논의한다. 예를 들면 모어는 '자연적으로 옳은 것'과 '법적으로 옳은 것'을 구별하지만 자연적으로 옳은 것은 '어떤 법과 관련되지 않고서는 … 항상 명확하게 알려지지 않기도 한다는' 점을 인정한다.[10] 커드워스는 『영원불변하는 도덕에 관한 논고』에서 홉스를 비판하면서 법과 의지 그리고 선 사이의 관계를 상당히 길게 논의한다. 여기서 그는 합법적인 통치자는 자연적 정의에 의존해 '명령의 자유'를 지닌다는 사실 때문에 실정법은 인간에게 의무를 부과한다는 사실을 인정한다. 하지만 그런 통치자가 '자연이 그에게 설정한 경계를 넘어설 경우 … 그의 명령은 더 이상 의무를 낳지 않는다.'[11]

컬버웰은 『자연의 빛에 관한 논고』에서 인간 본성의 고유한 특징에

---

[8] More 1690: 116.

[9] Whichcote, *Moral and Religious Aphorisms*, printed in Patrides 1969: 329.

[10] More 1690: 112.

[11] Cudworth 1996: 21.

해당하는 이성의 본질과 이성을 통해 인간이 도덕에 접근할 수 있다는 사실에 관해 상당히 길게 논의한다. 그는 다른 케임브리지 플라톤주의자들과 마찬가지로 선이 사물의 본성에 내재하며, 우리는 선을 자유롭게 선택할 수 있다는 점에 동의한다. 이성적 존재는 '자유를 누릴 능력을 지니며 이를 더욱 확장해 예컨대 각자 자신의 행복을 기꺼이 추구할 능력을 지닌다.'[12] 컬버웰과 다른 케임브리지 플라톤주의자들 사이의 차이는 주로 신의 의지와 신의 선함 사이의 관계에 대한 주의주의자와 주지주의자의 견해 차이 중 어떤 지점을 선택하는가라는 문제 및 이런 신 중심의 질서에서 인간 이성의 역할을 어떻게 보는가라는 문제와 관련된다. 『논고』의 서문에서 컬버웰은 자신의 목표가 '요즘 다소 나약한 사람들이 자주 의존하는 정념 및 편견에서 벗어나 종교 문제에서 이성의 사용을 정당화하는 것'이라고 밝힌다. 컬버웰은 신을 '모든 것을 다 아는, 가장 지적인 존재'로 여기면서[13] 이성은 신과 인간 사이의 소통에서 가장 중요한 수단의 역할을 한다고 주장한다. 그는 또한 우리의 이성이 신의 신성한 지혜를 신의 섭리라는 확고한 질서로 드러내는 외부 세계에 대한 경험으로부터 큰 도움을 받는다고 생각한다. 컬버웰은 모든 인간의 정신이 이성과 도덕의 '결코 지울 수 없는 명확한 원리들을' 갖추고 있다고 주장하지만[14] 이런 원리들이 영혼 창조의 순간부터 '내재하거나' 성립한다는 점은 부정한다. 그는 이런 견해를 플라톤의 영혼 선재설과 관련된 것으로 여기면서 이에 대해 매우 비판적인 태도를 보인다. 그의 저서 제목에 등장하는 '자연의 빛'은 인간 이성을 의미하는데 그는 이를 '신이 준 촛불'이라고 부르기도 한다. 신이 인간의 영혼에

---

12) Culverwell 1652: 59.

13) 같은 책, 114.

14) 같은 책, 55.

부여한 '지적인 등불'은 인간으로 하여금 우리의 마음 안에 쓰인 자연법 또는 규범(nomos graphos)을 이해할 수 있도록 하는 정신적 성향이다. 따라서 심지어 계시의 혜택을 받지 못한 사람조차도 자연법을 쉽게 깨달을 수 있다 — 여기서 컬버웰은 수많은 이교도 철학자들이 신의 선택을 받지 못했음에도 많은 기독교인들보다 훨씬 더 나은 삶을 살았다는 위치코트의 견해를 받아들인다. 컬버웰은 선이 모든 사물에 내재하며, 도덕 원리들이 신의 의지에 의존하지 않는다는 견해를 내세웠지만 동시에 법이 없이는 의무가 존재하지 않으며 도덕적 의무는 오직 법에 의해서만 부과된다는 견해를 유지했다.[15] 따라서 컬버웰은 이성과 자유의지가 도덕법칙과 그것을 준수할 의무를 인식하기 위한 전제조건이라고 주장했지만 도덕적 의무가 입법의 능력을 요구한다고 보았다는 점에서 그의 관점은 컴벌랜드나 수아레스와 더욱 가깝다. 이런 점에서 그는 이성주의와 주의주의 사이의 균형을 유지하려 했다고 할 수 있다.[16]

모어

모어의 윤리학은 그가 수용했던 오리게네스주의의 색채를 띤다. 오리게네스주의를 거부했던 커드워스나 컬버웰과는 달리 모어는 신체의

---

15) 같은 책, 34, 68-9.

16) Haakonssen 1996 참조. 컬버웰이 자주 인용하는 대표적인 저서로는 수아레스의 『입법자인 신에 관하여』(*De deo legislatore*), 셀던(John Selden)의 저술, 자연법 이론의 고전인 그로티우스의 『전쟁과 평화의 법』 등을 들 수 있다. 하지만 그는 고대 철학도 폭넓게 인용하며 데카르트, 처베리의 허버트(Herbert of Cherbury), 베이컨뿐만 아니라 아고스티노 스테우코(Agostino Steuco)의 『영원의 철학에 관하여』(*De perenni philosophia*, 1540)에 대해서도 잘 알고 있었다.

생명 이전에 영혼이 미리 존재한다는 주장을 굳게 믿었다. 그리고 이런 주장은 특히 오리게네스와 밀접하게 연결된다. 모어가 이런 주장을 받아들인 근거는 두 가지 면에서 그의 윤리학과 관련된다. 첫 번째로 영혼이 선재한다는 이론은 신의 선함을 정당화한다. 이 이론은 아무 죄가 없는 듯이 보이는 사람들이 겪는 고통과 처벌을 이들이 영혼의 선재 상태에서 지은 죄에 대한 처벌로 설명하기 때문이다. 두 번째로 영혼의 선재 이론은 신의 선함을 극대화한다. 태초에 신은 모든 영혼을 창조함으로써 선한 피조물들의 수를 최대한 늘여 놓았으며 이를 통해 자신이 덕을 발휘할 수 있는 상황 또한 창조했다. 하지만 최대한의 선은 단지 가능성으로만 존재한다. 영혼은 태초부터 선과 악을 자유롭게 선택해 추구할 수 있도록 창조되었기 때문이다.[17]

이런 형이상학적 주제를 논외로 하면 무어 인간학의 근본 원리는 인간이 자유의지를 지닌다는 것이다. 그는 자유의지를 자기통제 또는 자기결정의 원리로 여기면서 커드워스와 마찬가지로 이를 자기규율이라는 용어로 표현한다. 이 원리가 맨 처음 등장한 저서는 모어가 홉스를 반박하기 위해서 쓴 『영혼의 불멸성에 관하여』(*Of the Immortality of the Soul*, 1659)이다. 여기서 모어는 의지가 본질상 외부의 자극에 대한 수동적인 반응에 지나지 않는다는 홉스의 견해에 맞서 '**영혼은 지성뿐만 아니라 의지도 부여받은 존재**로서 … 결코 외부로부터의 영향에 의해 **필연적으로** 결정되지 않는다고' 주장한다. 이런 주장을 증명하기 위해 그는 정신이 자신의 활동을 스스로 통제한다는 점을 내세운다. 정신은 외부의 대상들로부터 받아들인 상들을 '자기 마음대로 자극하거나 변형하고 순서를 바꾸어 놓기도 한다.' 따라서 정신의 활동은 의지

---

17) 『영혼의 불멸성에 관하여』, 12-14장, More 1662.

와 선택 능력을 발휘하는, '자의적인 행위'이다. '우리 자신이 지닌 이런 자유는' 도덕적 갈등 상황에서, '특히 우리가 다른 더 나은 것을 행할수 있었음에도 선을 거부하고 악을 선택하는' 경우에 가장 분명하게 드러난다. 이런 증명은 정신이 자기인식을 경험한다는 사실에 기초하며따라서 자기의식을 전제한다. 정신은 어떤 행위를 선택하거나 거부하는 자신의 능력을 인식하며 따라서 우리가 지금과는 다르게 행위할 수도 있었음을 인식하기 때문이다. '우리는 자신 안에서 그리스인들이 자기규율이라고 또는 우리 자신에 대한 능력이라고 불렀던 바를 의식한다.'[18]

모어가 자신의 도덕철학을 가장 완전하게 다룬 내용은 일종의 윤리학 지침서인 『윤리학 편람』(1668)에 등장한다. 이 저서에서는 스토아학파, 플라톤, 데카르트 그리고 심지어 아리스토텔레스적인 요소까지도 혼합되어 새로운 종합에 이르는 것을 확인할 수 있는데 이런 시도는특히 후에 섀프츠베리가 도덕감의 개념을 형성하는 데 큰 영향을 미쳤다. 모어 자신의 언급에 따르면 이 책을 쓴 목적은 인간의 삶을 교정하기 위해서(Humanae nimirum vitae emendatio)이다. 모어는 윤리학이라는 고전적인 용어를 삶을 행복하게 잘 사는 기술(ars bene beateque vivere)로 정의하고, 행복은 덕의 발휘에서 생겨난다고 주장한다. 또한 그는 덕이 일종의 극단으로서(이를 통해 그는 덕을 양극단사이의 중용으로 설명하는 아리스토텔레스의 견해를 명백히 거부한다), 인간이 지닌 신의 형상이라고 생각한다. 그는 자신의 책에서 행복에 대한 지식과 우리가 그것을 얻을 수 있는 방법을 고찰하고, 오직 이성만으로는 사람들에게 덕이 있는 행위를 할 동기를 제공하기 어렵다

---

18) 같은 책, More 1662: 70-3.

는 문제점을 지적한다.

　모어는 올바른 이성의 가장 중요한 역할이 우리가 선을 인식하는 방법을 알려주는 것이라고 생각한다. 올바른 이성은 '신의 정신 안에 새겨진 영원한 이성 또는 법칙을 복사하거나 모사한 것이다.' 그리고 높은 덕은 '올바른 이성이 최선으로 여기는 바를 끊임없이 추구하는 것이다.' 모어는 또한 이성적 논증을 통해 도덕의 원리들을 증명하려고 했다. 『윤리학 편람』 4장에서 선에 대한 지식을 논의하면서 그는 무려 25개에 이르는 명제 또는 '도덕의 사고 원리들(noêmata)'을 우리가 선에 대한 지식에 이르는 방법에 대한 이성적 논증의 기초로 제시한다. 이런 명제들은 윤리학의 모든 원리를 요약해서 제시한다 — 예를 들면 '선은 생명과 지각 능력을 지닌 모든 존재에게 기분 좋고, 즐거움을 주고, 적합한 것이다'가 이런 명제에 속한다.

　모어는 우리가 올바른 이성을 발휘함으로써 선을 인식할 수 있으며, '도덕적 선은 지적인 동시에 신성한 것'이라고[19] 주장하면서도 덕을 단순한 이론이나 계율을 ('정의(定義)나 구분을') 통해 가르칠 수는 없다고 생각한다. 덕은 '영혼의 지적 능력'이므로 덕을 실천하며 사는 것은 곧 선을 적극적으로 추구함을 의미한다. 따라서 도덕적 행위자는 자신을 인도할 능력을 갖추어야 한다. 그는 『영혼의 불멸성에 관하여』에서 홉스를 비판하면서 자신이 생각하는 자유의지의 개념이 곧 자기규율 또는 '우리 자신에 따라 행위할 능력을 지니는 것'을[20] 의미한다고 직접 분명히 언급한다.

　모어는 윤리학과 도덕적 행위가 이성적임을 강조하지만 동시에 그의

---

[19] More, 1690: 28.
[20] 같은 책, 175, 176.

도덕철학에서는 쾌락주의적 요소도 발견된다. 왜냐하면 그는 행복을 덕을 느낌으로써 얻는 쾌감으로 정의하기 때문이다. 하지만 이런 쾌감은 이성이 아니라 그가 '도덕적 감각의(boniform)[21] 능력'이라고 부르는 것을 통해 감지되는데 그는 이 능력을 '영혼의 능력 중 가장 고상하고 신성한 능력'으로 묘사한다. 따라서 행복은 바로 이 '도덕적 감각의 능력'에 위치하는데 이 능력은 일종의 감각을 통해 자신의 역할을 수행한다. 우리는 이런 감각을 느낌으로써 덕을 인식한다 — 모어는 이를 선을 '음미하는' 것이라고 표현한다. 선이 이성을 통해서 뿐만 아니라 어떤 방식으로든 감각을 통해서도 파악될 수 있다는 모어의 생각은 그의 윤리 이론의 또 다른 특징과 연결되는데 그것은 곧 그가 정념에 중요한 역할을 부여한다는 점이다. 17세기의 상황에 비추어보면 이는 그의 도덕철학이 지닌 근대적 특성을 잘 드러내며 그가 데카르트로부터 큰 영향을 받았음을 반영하기도 한다. 모어는 정념을 영혼에 이롭거나 해로운 영향을 미치는 신체의 현상이라고 생각한다. 정념은 이성을 무력하게 함으로써 영혼을 불안정하게 만들 능력을 지닌다. 모어는 정념이 '신체의 인상인데, 정신의 눈을 멀게 하기에 충분한 힘을 지닌다'고 말한다.[22] 하지만 덕 또는 '영혼의 내적 능력'에 의해 올바르게 조절되고 인도됨으로써 정념은 정신을 정화하거나 맑게 하는 데 또는 어떤 대상을 향한 영혼의 애정을 고무하는 데 도움이 된다. 따라서 정념은 '영혼이 지닌 가장 확실하고 확고한 보물이며, 정념이 없다면 우리의 영혼은 대상과 관련을 맺을 수 없을 것이다. 달리 말하면 대상을 우리의 감각

---

[21] [옮긴이 주] boniform은 지금은 거의 사용되지 않는 고어로서 '도덕적 탁월성에 대해 민감하게 반응하는'이라는 의미를 지닌다. 따라서 이를 '도덕적 감각의'로 번역했다.

[22] 같은 책, 33.

및 삶과 서로 결합할 수 없을 것이다.'[23] 모어의 『윤리학 편람』은 사실상 개별적 정념에 대한 설명이 대부분을 차지한다. 그가 제시한 정념들의 목록은 데카르트로부터 인용한 것이지만 그는 데카르트와는 달리 정념들을 크게 네 종류로, 곧 칭찬, 사랑과 미움, 탐욕 그리고 기쁨과 슬픔으로 분류한다.

커드워스

커드워스는 전통적으로 윤리적 이성주의자로 여겨지며, 윤리학사에서도 그렇게 분류된다.[24] 이는 커드워스가 출판한 도덕철학 저술 중 가장 중요한 『영원불변하는 도덕에 관한 논고』에 의존하는 한 옳은 주장이다. 이 책에서 그는 경험과 무관한 기초에 근거해 실재하며 불변하는 도덕 원리들이 존재한다고 주장하기 때문이다. 하지만 이 『논고』에는 커드워스의 윤리학 중 일부만이 등장하며, 그의 견해는 '자유와 필연성'을 다룬 세 편의 논문에서 더욱 발전된 모습으로 드러난다. 이 세 편의 논문 중 두 편은 아직까지도 출판되지 않았으며 '자유의지에 관하여'라는 제목이 붙은 한 편의 논문도 19세기에 이르러서야 출판되었다.[25] 이 세 편의 논문에서 논의되는 핵심 주제는 커드워스가 생각한 자유의지의 개념, 더욱 정확히 말하면 도덕심리학을 통해 지지되는 자기결정의 능력이다.

---

23) 같은 책, 39.

24) Selby-Bigge 1897.

25) 위의 각주 3) 참조.

『자유의지 논고』가 출판되기 이전까지 커드워스의 윤리적 견해는 주로 그가 출판한 설교집과 그의 대표적 저술『우주의 진정한 지적 체계』(1678)의 여기저기에 흩어져 있는 논의를 통해서 동시대인들에게 알려졌을 것이다.『체계』는 원래 그가 생전에 출판하지 못한 윤리적 저술들에서 논의한 주제들까지도 포함하는, 방대한 저술의 첫 부분으로 계획된 것이었다. 사실『체계』에서는 그의 다른 윤리적 저술에까지도 적용되는 원리들이 확립된다. 이 저술에서 커드워스는 신 자신 안에 속하는 선과 정의의 영원불변하는 특성의 근거를 제시하며, 정신과 개념적 실재들이 자연의 질서 중 첫 번째 위치를 차지한다고 주장한다. 커드워스는 데카르트와 마찬가지로 신은 '절대적으로 완전한 존재'라고 생각하며, 또한 플라톤과 마찬가지로 신은 '선의 이데아 또는 본질 자체'라고 (여기서 커드워스는『국가』 6권에서 플라톤이 한 말을 그대로 인용하는데[26]) 생각한다. 이로부터 신은 모든 것들을 '자신의 본성에 (자신의 본질인 선함과 지혜에) 따라, 곧 가능한 최선의 유형과 방식에 따라 전체의 선을 위해 창조한다'는 사실이 도출된다. 따라서 신은 가능한 최선의 세계를 만드는 건축가인 동시에 그런 세계의 원형이다. 선은 모든 것의 (창조의) 본성에 내재하며, 본질적인 선은 영원불변한다. 커드워스는 신의 존재와 본성으로부터 도덕 원리뿐만 아니라 도덕적 행위의 기초까지도 이끌어낸다. 그는 도덕적 행위에는 책임이 뒤따른다고 주장하기 때문이다. 자신의 행위에 대해 책임질 수 있기 위해 도덕적 행위자는 자유롭게 행위해야 하며, 또한 행위의 자유는 행위자가 그런 행위 능력을 지녀야 함을 요구한다. 이런 근본적인 윤리학의 원리를 통해 커드워스는 자신이『체계』에서 내세우는 '지적 체계'를 구성한다. 이 책

---

26)『체계』, 204.

의 서문에서 그는 '진정한' 체계가 다음과 같은 기본 요소로 구성된다고 말한다.

> 무엇보다도 우선 … 모든 것을 주재하는, 전능한 지성적 존재가 있어야 한다. 둘째, 본질상 선하고 정의로운 이런 신의 본성 안에 속하는 무언가로서 영원불변하는 정의와 이에 반대되는 불의가 있어야 하는데 이들은 단지 임의적인 의지나 법칙 또는 명령에 의해서 정해지는 것이 아니다. 마지막으로 우리 자신에게 달려있는 무언가 또는 우리를 자신이 행하는 행위의 원리 또는 주인이 되게 함으로써 우리의 행위에 책임을 지도록 만드는 무언가가 존재해야 한다.[27]

따라서 선은 본성상 절대적이며, 도덕적 책임은 창조의 구조 안에 이미 포함되어 있다. 더욱이 선을 행하는 일은 수동적이 아니라 능동적인 것이다. 도덕적 행위는 외부적 강제에 의해 행해지는 것이 아니다. 만일 그렇다면 도덕적 책임이 사라지고 말 것이다. 행위의 자유는 윤리적 행위의 본질이다. 선을 행하는 일은 능동적이고 내적인 자기결정의 능력을 필요로 한다. 따라서 자유의지는 우리가 현재 행하는 바와 다르게 행위할 가능성뿐만 아니라 우리가 선택한 행위 유형을 적극적으로 추구할 수 있는 능력도 함축한다. 커드워스의 도덕적 이성주의는 일종의 도덕심리학에 의해 지지되는데 그의 도덕심리학은 『자유의지 논고』에서는 단지 대체적인 윤곽만이 논의되기 시작할 뿐이며, 그가 정신과 도덕적 행위의 본성을 분석한 논문 '자유와 필연성'에서 더욱 상세히 다루어진다. 여기서 드러나는 대표적인 특징은 그가 의지를 자기결정의

---

[27] Cudworth, 『체계』, sig. A3v. 커드워스의 철학에 대한 고전적인 연구로는 Passmore 1951 참조.

능력으로 재규정하면서 이를 자기통제 또는 자기규율이라고 부른다는 점이다. 영혼을 지배하는 이 원리는 영혼의 다양한 기능을 하나로 통합하여 조절함으로써 전통적으로 서로 분리된 것으로 여겨져 온 능력들을 한데 연결하는 역할을 한다. 곧 자기통제는 영혼의 상위 능력을 (의지와 이성을) 하위의 동물적 욕구 능력과 결합함으로써 스콜라철학에서 익숙했던 의지와 지성의 분리와 데카르트주의의 특징인 정신과 신체의 분리를 다시 넘어서서 이들을 다시 연결한다. 도덕적 책임은 바로 여기에 위치하는데 그 까닭은 다음과 같다.

> 자기통제는 우리 자신 전반에 대한 능력, 곧 무언가를 원하거나 원하지 않음으로써 결국 우리 자신을 더욱 선하거나 악하게 결정하는 능력을 부여하기 때문이다. 따라서 자기통제는 칭찬과 비난, 시인과 부인의 기초가 되며, 인과응보 또는 보상과 처벌이라는 보복적 정의가 적용되는 대상이 된다.[28]

우리 자신을 선을 향하도록 인도하거나 선에서 멀어지게 하는 능력으로서 자기통제는 '우리 자신을 위로 끌어올리는 동시에 아래로 끌어내리는 능력이기도 하다.'

케임브리지 플라톤주의자들이 미친 영향

17세기에 케임브리지 플라톤주의자들 중 특히 컬버웰과 모어의 저술이 가장 널리 읽혔다 — 컬버웰의 『자연의 빛에 관한 우아하고 학술적

---

28) Cudworth 1996: 185.

인 논고』(1652)는 모두 네 차례나 다시 인쇄되었는데 그 중 두 판은 옥스퍼드에서 간행되었다.[29] 모어의 『윤리학 편람』(1668)은 잉글랜드와 스코틀랜드에서 교과서로 사용되었다. 모어의 도덕적 공리들은 1690년 티렐(James Tyrell)이 컴벌랜드(Richard Cumberland)의 『자연법에 관하여』(*De legibus naturae*)를 요약해 『자연법에 관한 간략한 논의』(*A Brief Disquisition of the Laws of Nature*)라는 제목으로 출판한 책에 부록으로 등장한다. 하지만 큰 틀에서 보면 케임브리지 플라톤주의자들의 주장을 통틀어 가장 오랫동안 큰 영향을 미친 것은 커드워스의 도덕철학이다. 그러나 앞서 지적했듯이 커드워스는 윤리학을 다룬 저술들을 생전에 출판하지 않았기 때문에 그가 남긴 유산에 대한 평가는 다소 복잡하다. 이 결과 그의 윤리 사상에 대한 평가는 시기에 따라 서로 다른 모습을 드러낸다. 그를 도덕적 이성주의자로 여기는 현대의 관점은 주로 『영원불변하는 도덕에 관한 논고』를 근거로 삼는데, 이런 관점은 스코틀랜드 계몽주의 철학자들 사이에서 벌어진 이성주의-정서주의 논쟁을 통해 형성되었다. 이 논쟁에서 커드워스는 허치슨(Francis Hutcheson)이나 섀프츠베리(Shaftesbury)의 주장에 반대했던 클라크(Samuel Clarke)와 유사한 입장을 취한 인물로 여겨졌다. 커드워스의 『논고』로부터 가장 큰 영향을 받은 철학자는 프라이스(Richard Price)였는데 이 점은 프라이스의 저서 『도덕의 주요 문제에 대한 검토』(*A Review of the Principal Questions in Morals*, 1757)에서 잘 드러난다. 커드워스의 (당시까지 알려지지 않았던) 필사본이 발견되면서 그가 섀프츠베리를 통해 도덕적 정서주의에 영향을 미쳤을 수도

---

[29] 컬버웰의 『자연의 빛에 관한 우아하고 학술적인 논고』는 1654년과 1661년에는 런던에서, 1659년과 1669년에는 옥스퍼드에서 출판되었다.

있다는 주장이 제기되었다.[30] 또한 1733년 예나(Jena)에서 출판된 모스하임(Mosheim)의 라틴어 번역본을 통해 칸트가 커드워스의 『논고』를 접했을 가능성도 있는데 이는 아직 검증되지 않은 주장이다.[31]

참고문헌

제일 뒤의 * 표시는 특히 중요한 참고문헌임을 나타낸다.

Cudworth, Ralph 1678. *The True Intellectual System of the Universe.* London.

Cudworth, Ralph 1838. *A Treatise of Freewill*, ed. J. Allen. London.

Cudworth, Ralph 1996. *A Treatise concerning Eternal and Immutable Morality; with A Treatise of Freewill*, ed. S. Hutton. Cambridge University Press.

Culverwell, Nathaniel 1652. *An Elegant and Learned Discourse of the Light of Nature.* London.

Cumberland, Richard 2005. *A Treatise of the Light of Nature*, trans. John Maxwell, ed. Jon Parkin. Indianapolis, IN: Liberty Fund.

Darwall, Stephen 1995. *The British Moralists and the Internal 'Ought', 1640-1740.* Cambridge University Press.*

Gill, Michael B. 2004. 'Rationalism, Sentimentalism, and Ralph Cudworth', *Hume Studies*, 30: 149-81.*

Gill, Michael B. 2010. 'From Cambridge Platonism to Scottish Sentimentalism', *The Journal of Scottish Philosophy*, 8: 13-31.*

Haakonssen, Knud 1996. *Natural Law and Moral Philosophy from Grotius to the Scottish Enlightenment.* Cambridge University Press.

Hutton, Sarah 2012. 'From Cudworth to Hume: Cambridge Platonism

---

30) Passmore 1951; Gill 2004.

31) 모스하임(Johan Lorenz Mosheim)은 자신이 라틴어로 번역한 『체계』의 출판을 미루었는데 이는 『논고』의 번역과 함께 출판하기 위해서였다. Cudworth 1996의 편집자 서문 참조.

and the Scottish Enlightenment', *Canadian Journal of Philosophy*, 42, Iss. Sup. 1, 8–26.*

More, Henry, 1662. *A Collection of Several Philosophical Writings*. London.

More, Henry, 1668. *A Divine Dialogues*. London.

More, Henry 1690. *An Account of Virtue*. London [English translation of Enchiridion ethicum, præcipua moralis philosophiæ rudimenta complectens, 1668].

Passmore, J.A. 1951. *Ralph Cudworth. An Interpretation*. Cambridge University Press.

Patrides, C.A. (ed.) 1969. *The Cambridge Platonists*. Cambridge University Press.

Plato 2013. *Republic*, ed. and trans. Chris Emlyn-Jones and William Preddy. Cambridge, MA: Harvard University Press.

Selby-Bigge, L.A. (ed.) 1897. *British Moralists, Being Selections from Writers Principally of the Eighteenth Century*. Oxford: Clarendon Press.

Sterry, Peter 1675. *A Discourse of the Freedom of the Will*. London.

Taliaferro, Charles and Alison Tepley (eds.) 2004. *Cambridge Platonist Spirituality*. New York: Paulist Press.

Tyrell, James 1690. *A Brief Disquisition of the Laws of Nature*. London.

*20*장

벨

장 뤽 솔레르(Jean Luc Solère)

      벨(Pierre Bayle)은 도덕철학을 다룬 체계적인 저술을 쓰지는 않았지만 주요 저술 전반에 걸쳐 도덕과 윤리에 대해 깊은 관심을 드러낸다.

쾌락

    벨이 아르노(Antoine Arnauld)와 말브랑슈(Nicolas Male-branche) 사이의 의견 대립에 개입한 때로부터 논의를 시작하는 편이 좋을 듯하다. 아르노는 말브랑슈가 다음과 같은 점을 보이는 것을 저술의 목표로 삼는다고 여겼다. '쾌락은 선이므로 누구든 그것을 즐기는 사람을 행복하게 만든다. 따라서 쾌락을 즐기는 사람은 최대한 즐기려 하기 마련이다'(『진리의 탐구』, 4: 10) — 여기에는 모든 종류의 쾌락이, 심지어 감각적 쾌락도 포함된다. 벨은 말브랑슈를 지지하면서 그의 이 언급은 자명한 진리라고 말한다.[1] 하지만 이전 철학자들은 이것이 명확한 진리임을 인정하지 않았고 — 오히려 정반대로 생각했다. 더욱이 아르노는 쾌락에 몰두하는 삶을 사는 방탕한 사람들은 그들 자신의 믿음과는 반대로 행복한 것이 아니라 정반대로 비참하다고 주장함으로써 소크라테스와 스토아학파가 빠졌던 고전적인 역설을 그대로 따른다. 이런 말브랑슈와 벨의 주장은 당시 등장했던 신스토아학파에 반대하고 가상디(Pierre Gassendi)가 부활시켰던 에피쿠로스주의에 동조하는 반응의 맥락에서 이해되어야 한다. 가상디는 쾌락주의가 결코 우리는 비도덕적인 삶으로 인도하지 않음을 보였던 대표적 인물이었다. 더욱이 상위의 쾌락을 추구해야 한다는 에피쿠로스주의의 주장은 당시 널리 퍼져있었던 아우구스티누스적인 견해, 곧 타락한 인간 본성은 은총을 받지 못한 상태에서는 오직 육체적 탐욕의 지배를 받을 수밖에 없다는 견해와도 조화를 이룰 수 있었다.[2] 하지만 말브랑슈와 벨 중 어느 누구도 에피쿠로스주의 윤리학을 지지하지는 않으며, 이들이 감각적 쾌락에 탐닉하는 삶을 추천한 것은 더더욱 아니다. 이들은 현재의 쾌락이 우리를 행복하게 만든다는 점을 받아들인 후 곧바로 다음과 같은 경고를 덧붙인다. 쾌락을 누리는 것이 항상 이익이 되지는 않으며 때로는 고통을 견디는 것이 이익이 되기도 한다. 신은 부당한 쾌락을 처벌하며

---

[1] *Nouvelles de la République des Lettres*, August 1685, in Bayle 1964-1990=Œuvres diverses (OD), 1: 348a.

[2] 벨은 스토아학파보다는 에피쿠로스의 사상이 현재 우리의 상황에 훨씬 더 잘 적용될 수 있다고 지적한다(*Nouvelles* ⋯, January 1686, *OD* 1: 475b).

경건한 마음으로 견디는 고통을 영원한 쾌락으로 보상한다. 쾌락의 추구가 도덕을 느슨하게 만드는 계기는 결코 아니다. 하지만 이런 경고 자체는 명백히 에피쿠로스주의의 관점을 반영하며, 쾌락의 계산법에 이르는 듯하다. 플라톤, 아리스토텔레스, 스토아학파 등이 내세운 고전적인 행복주의는 행복 추구가 영혼을 이끄는 가장 중요한 원동력이라는 점을 인정하는 동시에 행복이 어떤 종류의 쾌락으로부터도 등장하지 않으며 오직 우리의 진정한 선에 의해 형성된다고 주장한다. 말브랑슈와 벨의 쾌락주의는 외관상의 행복과 진정한 행복 사이의 구별을 부정함으로써 고전적인 행복주의에 반대한다. 오직 작은 쾌락과 큰 쾌락, 순간적인 쾌락과 지속적인 쾌락 사이의 구별이 있을 뿐이다. 그리고 은총은 그 자체로 신성한 쾌락이다.

아르노가 벨에 반대하면서 옹호하려 했던 고전적 행복주의는 특히 감각적 쾌락과 관련해 다음과 같이 주장한다. 각 계층의 존재들은 자신의 본성에 따른 궁극 목적을 지니는데 이 목적은 또한 어떤 계층에 속한 존재에게 일종의 규범으로 작용한다. 우리의 진정한 선과 의무는 궁극 목적에 도달하는 것, 곧 이성과 자유의지를 통해 규정되는 인간 본성의 잠재성을 실현하는 것이다. 감각적 쾌락들은 우리의 신체 또는 인간이라는 종을 유지하는 수단에 지나지 않는다. 따라서 이런 쾌락을 최종의 목표로 삼는 것은 근본적인 도덕적 무질서일 뿐이다.

하지만 벨은 이런 목적들 사이의 계층적 체계를 거부한다.[3] 쾌락의 범주는 모두 같은 성질을 지닌다. 육체적 쾌락과 신성한 쾌락은 본성상 동일하다. 그 원인이 무엇이든 간에 쾌락은 항상 영혼을 변형하는 것이기 때문이다. 벨은 영혼과 신체가 아무런 상호작용도 전혀 주고받지 않

---

[3] *Réponse de l'auteur des Nouvelles* ⋯, *OD* 1: 454a-455b.

는다는 말브랑슈의 견해를 이런 주장의 근거로 삼는다. 벨은 어떤 쾌락은 육체에 속하므로 본성상 정신적 쾌락보다 하위의 것이라는 믿음은 정신과 육체라는 두 실체를 제대로 구별하지 못한 결과라고 주장한다. 사실상 육체에는 정신적인 요소는 아무것도 없다. 육체는 순전히 연장성만을 지니며 기계론에 따를 뿐이다. 모든 감각은 정신적인 사건으로서 영혼의 변형이 일어나는 것이다. 따라서 본질상 '육체적인' 쾌락은 성립할 수 없다. 모든 쾌락은 '정신적인' 것이다. 더욱이 육체는 정신에 영향을 미치지 않으므로 육체는 정신에 아무런 느낌도 산출할 수 없다. 육체가 변형되는 것을 기회로 삼아 정신을 직접 변형해 정신이 어떤 느낌을 경험하도록 만드는 존재는 바로 신이다. 따라서 어떤 경우든 오직 신만이 유일한 작용인이므로 작용인으로서의 신을 고려할 경우 모든 쾌락은 오직 '정신적'일 뿐이다. 쾌락은 오직 기회 원인과 관련되므로 어쨌든 정신적이라고 말할 수 있다. 그리고 바로 이것이 이론상 어떤 쾌락도 우리를 영원히 행복하게 만들 수 없는 까닭이기도 하다. 신은 무엇이 무엇의 기회 원인이 될지를 자유롭게 선택한다. 따라서 만일 신이 우리가 현재 초콜릿을 먹는 기회에 경험하는 쾌락을 자신의 본질을 통해 내세에서의 쾌락과 연결했다면 현재의 쾌락이 영원으로 이어져 우리의 지복이 될 것이다. 에피쿠로스적인 용어로 표현하면 신은 동적인 쾌락을 정적인 쾌락으로 변형할 수 있다. 감각적 쾌락이 죄에 속하는 까닭은 신이 그것을 금지했기 때문이지 그것이 죄에 속하기 때문에 신이 그것을 금지한 것은 아니다. 우리가 방탕한 사람들에게 경고할 수 있는 까닭 또한 감각적 쾌락이 비참한 결과를 낳기 때문이지 그런 쾌락이 그들을 행복하게 만들지 않기 때문이 아니다.

하지만 내세에서의 심판과 처벌을 두려워하지 않는 무신론자에게는 무어라 말할 것인가? 이런 사실은 무신론자에게는 지금 당장 그를 행복하게 만드는 것이면 무엇이든 탐닉하라는 규칙 이외에는 어떤 도덕도 없음을 의미하는가?

덕을 지닌 무신론자

벨의 가장 유명하고 도발적인 주장은 무신론자도 덕을 지닐 수 있다는 것이다.[4] 벨 이전에는 무신론자가 된다는 것은 곧 자신의 충동 중 어떤 것도 억제할 아무 근거가 없음을 의미하는 것이었다. 따라서 무신론자는 결코 도덕적일 수 없었으며 사실상 악마와 같은 존재로 여겨졌다.

하지만 벨은 구원의 희망 또는 지옥의 공포가 명목상 기독교도인 대부분의 사람들이 다양한 죄를 범하는 것을 막지 못한다고 반박한다. 이런 사실은 신앙과 교리가 우리의 행위에 거의 아무런 영향도 미치지 않음을 증명한다.[5] 우리는 어떤 추상적 개념에 의해서가 아니라 주어진 상황에서 어떤 대상을 원하거나 피하려는 특수한 판단의 결과로 일련의 행위를 선택한다. 일반적으로 이런 판단은 해야 할 바와 하지 말아야 할 바에 대한 우리의 이론적인 견해가 아니라 현 상황에서 무엇이 우리에게 더 큰 쾌락을 주는가에 따라서 이루어진다. 곧 현재 우리를 지배하는 정념이나 우리의 성향 또는 습관에 따르기 마련이다. 사실상 이성이 우리 행위의 원인인 경우는 거의 없다. 흄을 떠올리게 만드는 표현을 사용해 벨은 단순한 정신적 표상들은 정념에 반대되는 작용을 하기

---

4) 이런 주장이 무신론을 지지하는 직접적인 근거 중 일부에 해당하지는 않는다. 벨이 이런 주장을 편 까닭은 우상 숭배와 무신론이라는 두 개의 악 중에 우상숭배가 더 나쁘다는 자신의 생각을 옹호하기 위해서였다.

5) *Pensées diverses sur la comète* [=*PD*] §§134-6 (*OD* 3: 87-8).

에는 무력할 뿐이라고 설명한다. 예를 들면 신의 노여움이라는 관념은 진정한 두려움의 감정과는 전혀 다른 것이므로 우리의 폭력적인 욕구를 결코 꺾을 수 없다.[6]

인간이 행위하면서 자신의 원리들을 지키는 경우는 거의 없으며 특히 종교적 신앙이 죄를 저지할 가능성은 거의 없으므로 그런 신앙이 없는 사람이라고 해서 정념이 제멋대로 날뛰도록 내버려두지는 않을 듯하다. 악을 향한 성향은 신의 존재를 부정하는 데서가 아니라 철저히 타락한 인간의 본성에 기인한다. 인간 본성은 후에 칸트가 지적한 대로 구부러져 쓸모없는 나무와 같다.[7] 덕을 갖춘 삶을 사는 데 신앙인이 무신론자보다 더 유리하지도 않다. 예를 들어 이런 삶의 결정적인 요소가 개인의 성격이라면 차분하고 침착한 성향을 타고난 무신론자가 육체적 쾌락이나 분노 등의 성향을 지닌 신앙인에 비해 죄를 저지를 가능성이 훨씬 낮은 것이 당연하다.

하지만 이에 대해 다음과 같은 반박이 등장할지도 모른다. 비록 명목상의 기독교인들이 실제로 그리스도의 가르침에 따르지 않는 것이 사실이라 할지라도 기독교 사회가 (또는 다른 종교적 사회가) 유지되는 까닭은 일련의 가치와 맹세가 사회적 결속을 강화하기 때문이다. 이와는 반대로 ― 벨 이전의 많은 학자들이 굳게 믿었듯이 ― 무신론자가 사회를 이루는 일은 불가능하다. 무신론자의 사회는 바로 붕괴하고 말 것이다. 그런 사회에는 노골적인 이기주의를 억제할 방안이 없으므로 구성원들이 서로 격렬한 싸움에 빠지고 말 것이다.

하지만 벨은 당시 상식으로 여겨졌던 생각, 곧 이른바 '이교도들의

---

[6] *Continuation des Pensées diverses* [=*CPD*] §139 (*OD* 3: 388a).

[7] *CPD* §23 (*OD* 3: 220a).

덕'은 신에 대한 사랑이 아니라 교만에 근거하므로 사실상 '그럴 듯해보이는 죄'에 지나지 않는다는 아우구스티누스의 주장을 교묘하게 이용한다. 왜 이교도들은 고대 로마인들과 같은 방식으로 행위할 수 없다는 것인가? 그들도 명예나 조국에 대한 사랑에 기초해 영웅적인 행위를 하고 자기희생을 실천한다. 물론 모든 이교도들이 이렇게 행위하지는 않는다. 엄격한 법이 그렇게 하기를 강요했을 수도 있다. 하지만 기독교 사회도 이와 똑같지 않는가?[8]

이에 더해 모든 사회적 상호관계에서 중요하게 작용하는 요소가 있는데 그것은 바로 다른 사람들의 의견이다. 우리는 다른 사람들이 우리를 좋아하기를 바란다. 왜 여성들은 일반적으로 성 윤리를 위반할 가능성이 더 낮은가? 벨에 따르면 진정으로 신앙심이 깊은 소수를 제외하고는 성적 충동이 약하기 때문이 아니라 남성이 여성에게 부과한, 정조를 지켜야 한다는 법칙에 얽매이기 때문이다.[9] 만일 여성들이 성적 욕구를 마음대로 충족해도 전혀 나쁜 평판을 받지 않는다면 여성들도 남성들만큼이나 방탕한 생활을 할 것이다. 따라서 나쁜 평판에 대한 두려움이 정숙한 생활을 하는 잠재적 이유임에 틀림없다. 마찬가지로 만일 남성들이 정숙한 생활을 하는 것을 적에게 맞서 도망치지 않는 것만큼이나 명예로운 일로 여긴다면 남성들도 바람을 피우는 일이 훨씬 줄어들 것이다. 이런 동기는 종교적 감정과는 아무 상관이 없다. 왜 이런 동기가 무신론자에게는 같은 결과를 낳지 않겠는가? 무신론자들에게는 쾌락의 추구가 그들 행위의 궁극적인 원인으로 작용한다고 말들 하는데 이는 신앙인들에 대해서도 똑같이 참이다. 다른 사람들로부터 존경받는 것

---

8) *PD* §146 (*OD* 3: 94).
9) *PD* §162 (*OD* 3: 104).

또한 일종의 쾌락임이 분명하며, 이는 문명화된 상호작용을 낳는다. 니콜(Pierre Nicole)과 라 로슈푸코(François de La Rochefoucauld)가 제시한 '심층 심리학'에서 드러나듯이 우리는 자기이익을 예의바름이나 이타적 행위, 겸손 등으로 가장함으로써 오히려 자기이익을 극대화하려 한다.

따라서 무신론자들 사이에서도 법적 처벌과 다른 사람들의 비난에 대한 두려움, 다른 사람들의 칭찬에 대한 열망 등이 충분히 '억제력을 지닌 원리'로 작용한다. 이런 요소들은 무신론자들의 사회에도 종교적 사회와 마찬가지의 결과를 낳으므로 신앙과 무관하게 (가끔은 신앙과 반대로) 작용한다고 볼 수 있다. 그렇다면 무신론자들의 사회는 신앙인들의 사회보다 결코 악하지 않다. 벨의 지적에 따르면 진정한 기독교인들이 만든 사회는 사실상 유지될 수 없다. 엄격한 복음주의 윤리는 외부의 공격에 맞서 자신을 방어하는 것조차 금지하기 때문이다. 하지만 그는 이른바 기독교 국가들의 운명을 염려할 필요는 없다고 냉소적으로 덧붙인다. 인간 '자연'의 규칙들이 이런 국가를 지배하기 때문이다. 자기이익의 유혹과 지칠 줄 모르는 공격성이 이런 국가를 번성하게 만든다.[10] 마치 맨더빌의 『꿀벌의 우화』을 연상하게 만드는 태도로 벨은 심지어 몇몇 악덕들조차 공공의 번영에 도움이 된다고 지적한다 — 예를 들면 사치품에 대한 욕구가 돈을 돌게 만들고 장인들에게 일감을 제공한다.

벨은 이런 도발적인 주장을 더욱 확대해나간다. 그는 무신론자도 자기이익이라는 동기를 넘어서서 도덕적 정의를 (스토아학파가 말하는 옳음을), 곧 무언가가 유용하거나 쾌락을 주기 때문이 아니라 그 자체

---

10) *CPD* §124-5 (*OD* 3: 360b-362b).

로 옳기 때문에 그것을 행해야 한다는 사실을 통찰할 수 있다고 주장한다.[11] 당시 이런 생각은 정의상 무신론자는 모든 도덕적 가치의 기초가 신이라는 점을 인식할 수 없고 따라서 모든 가치를 파악할 수 없다는 근거에서 자주 강력히 거부되었던 바이기도 하다. 하지만 벨은 철학적 소양을 타고난 사람이라면 무신론자라고 할지라도 도덕적 구별을 (선과 악, 정의와 불의 등의 구별을) 얼마든지 할 수 있으리라고 생각한다. 이런 구별은 사물의 본질에 속하는 것이기 때문이다. 유신론의 형이상학에 따르면 신은 현존하는 존재들을 창조하지만 본질은 창조하지 않는다(이를 통해 벨은 신이 '영원한 진리들을 창조한다'는 데카르트의 주장을 거부한다). 본질은 신의 선택과 무관하게 그 자체로 존재한다. 따라서 사고하지 않는 자연이 모든 것을 생산한다고 주장하는 철저한 유물론자조차도 존재들의 속성을 비교해 사각형과 원을 구별하는 것과 마찬가지 방식으로 거짓말과 참말, 감사와 배은망덕 등을 서로 구별할 수 있다. 더욱이 이들도 도덕적 가치가 우리에게 의무를 부과한다는 사실을 인식한다. 이런 사실은 논리학의 법칙에 따르는 것과 같은 차원에 속하기 때문이다. 추론 규칙들이 그 자체로 필연적이듯이 의지의 규칙들도, 예를 들면 인간은 이성과 일치하는 것을 원해야 한다는 가장 일반적인 규칙 등도 그렇게 성립한다. 이런 규칙은 이성적 존재인 우리의 본성에 해당하기 때문이다. 우리가 사고하면서 논리학의 규칙에 따르지 않는 것이 일종의 결함이듯이 의지의 이런 규칙에 따르지 않으면서 무언가를 원하는 것 또한 일종의 결함이다. 무신론자도 논리학 규칙들의 필연성을 발견할 수 있다면 왜 그들 또한 윤리학 법칙들의 필연성을 발견할 수 없겠는가? 왜 그들 또한 우리는 약속을 지켜야 한다든지 우

---

11) *CPD* §151-2 (*OD* 3: 405-10).

리에게 은혜를 베푼 사람에게는 감사를 표시해야 한다는 등의 법칙들을, 곧 객관적 의무들을 인식하지 못하겠는가?

도덕적 의무가 법이 부과하는 제재 및 보상이 아니라 오직 이성의 사실이라면 의무를 자율이라는 칸트적 언어로 번역하려는 마음이 든다. 따라서 벨이 아르노와의 논쟁에서 방탕한 자들에 대해 언급한 표현은 도덕에 관한 것이 아니라 종교적 설득이 타율적 수사법을 사용한다는 점에 관한 것으로 보아야 한다. 어쩌면 행복의 약속과 처벌의 두려움에 관심을 보이지 않는 무신론자가 도덕적 정의에 대해 더욱 순수한 견해를 지닐지도 모른다.[12]

하지만 무신론자가 도덕법칙을 안다고 해서 곧 그들이 윤리적인 삶을 사는 것은 아니다. 벨에 따르면 인간이 자신의 원리들을 지키면서 행위하는 경우는 무척 드물기 때문에 설령 무신론자들이 덕에 관한 모든 것을 안다 할지라도 그들 또한 다른 사람들과 마찬가지로 대부분의 경우 덕을 실천하기보다는 자신들을 지배하는 어떤 정념이나 특수한 쾌락에 따라 행위하는 데 그친다. 그들의 행위가 외형적으로 도덕적 기준과 일치한다 할지라도 그들이 그렇게 행위하는 까닭은 앞서 살펴보았듯이 다른 사람에게 보답받기 위해서이거나 다른 사람의 평판에 신경 쓰기 때문일 수도 있다. 아니면 그런 행위는 순전히 우연의 결과일지도 모른다. 만일 어떤 무신론자가 육체적 쾌락을 멀리하는 기질을 타고나 덕을 행하는 데서 즐거움을 느낀다면 그는 덕을 갖춘 사람이 될 것이고 만일 그런 기질을 타고나지 않았다면 덕을 갖추지 못한 사람이 될 것이다.[13] 이는 오늘날 '도덕적 우연'(moral luck)이라고 불리는 문

---

[12] *CPD* §91 (*OD* 3: 317b).
[13] *CPD* §150 (*OD* 3: 404b-405a).

제와 관련된다. 하지만 이런 종류의 우연은 무척 드물다. 벨은 덕을 갖춘 무신론자의 구체적인 예로 에피쿠로스, 바니니(Vanini), 스피노자 그리고 훨씬 이전에 살았던 중국의 유학자들과 불교 승려 등의 모범적인 삶을 손꼽지만 이런 목록은 그리 길지 않다. 더욱이 무신론자들이 도덕적 기준에 관해 명확한 견해를 지니고, 오직 어떤 행위가 옳다는 이유로 그런 행위에 따른다 할지라도 그들의 의도는 칸트적인 의미에서 '순수하지는' 않다. 벨은 그들의 올바름이 자기애의 규칙에 대한 예외라고 생각하지 않는다 — 사실상 그것은 세련된 자기애에 속한다. 이런 무신론자들은 외부적 동기가 없이도 무엇이 옳고 그른가에 따라 행위할 수 있지만 자신이 그른 것이 아니라 옳은 것을 선택함으로써 강건한 성품을 지녔음을 스스로 증명했다는 내적인 만족 때문에 그렇게 행위하는지도 모른다. '자기 자신에 대해 만족하는 것만큼 달콤한 것은 없다.'[14] 이런 미묘하지만 강렬한 쾌락이 그들 행위의 궁극 목적이다. 따라서 덕을 갖춘 무신론자의 옳은 행위는 다른 사람들로부터 존경받는 즐거움과 무관하게 도덕법칙과 일치할지는 몰라도 그들의 자기이익과 전혀 상관이 없다고 말할 수는 없다.

오직 신에 대한 사랑에서 하는 행위만이 순수하게 도덕적(벨의 표현에 따르면 '가장 아름다운 도덕'[15])이다. 하지만 이는 신의 은총을 필요로 한다. 사실 벨은 우리 의지의 동기가 오직 두 가지라고 — 곧 은총과 자기애라고[16] — 말하면서 전통적인, 아우구스티누스적인 구별을 받아들이는 듯이 보인다. 아우구스티누스에 따르면 두 세계가 존재하는데

---

14) *CPD* §153 (*OD* 3: 413a). §152, 각주 *r* (410b) 참조.

15) *CPD* §153 (*OD* 3: 412b, 각주 *o*).

16) *CPD* §153 (*OD* 3: 411a).

하나는 은총에 의해 새로 태어나고, 신국에 속하는, 사랑에 의해 통치되는 진정한 기독교인들의 나라이며 다른 하나는 다른 모든 인간들이 속한, 자기애의 법칙에 따르는 지상의 나라이다. 하지만 지상의 나라가 그릇된 정도에는 상대적인 차이가 존재한다. 지상의 나라에 속한 모든 사람들은 은총의 빛을 받지 못했다는 점에서는 동일하지만 그들 중 몇몇은 다른 사람들보다 덜 사악한데 그 까닭은 종교 때문이 아니다. 그들의 개인적인 정념의 차이 (어떤 사람은 다른 사람의 칭찬을 좋아하는 반면 어떤 사람은 칭찬이나 존경보다 감각적 쾌락을 선호하는 등의 차이) 또는 평정한 삶을 추구하는 타고난 성향 등이 이런 결과를 낳는다. 당시 벨의 이론이 충격적으로 받아들여졌던 까닭은 오직 이성에 따라 행위하는, 훌륭한 본성을 갖춘 무신론자가 단지 처벌을 두려워해 죄를 짓지 않으려는 평범한 신앙인보다 훨씬 더 윤리적일 수 있음을 긍정했기 때문이다.

도덕과 신

방금 살펴본 대로 벨은 많은 이론적 문제와 관련해서는 회의주의자에 가깝지만 윤리적으로는 이성주의자이다. 우리의 이성은 원죄 때문에 정념을 통제할 능력을 잃었지만 '자연의 빛'은 적어도 영원한 도덕 법칙과 관련하는 한 결코 우리를 저버리지 않는다.

하지만 우리가 이성을 통해 아는 바는 계시를 통해 드러나는 신의 작용과 일치하지는 않는다. 이런 대립이 발생하는 까닭은 신이 우리에게 이른바 신의 의지에 비추어봤을 때 우연적인 것이 아니라 신 자신에게도 참인 도덕적 진리를 깨달을 수 있도록 우리를 인도하는 이성을 부여했기 때문이다. 그렇다면 신은 이런 진리의 제한을 받지 않는가? 사실 신은 완전히 비도덕적으로 보이기도 한다 ― 이는 당시 매우 충격적으로 받아들여졌던 벨의 또 다른 주장이기도 하다. 성경에는 신을 매우 잔인한 존재로 보이게 하는 수많은 이야기가 등장하지만 대표적인 것 하나만 손꼽으면 아담과 이브의 타락을 들 수 있다. 여러 신학자들은 이 이야기를 신이 창조한 세계에 악이 존재하는 근거를 설명하는 데 사용해왔다. 신이 전적으로 자비롭고 전지전능하다면 역병이나 지진, 연쇄 살인범, 전쟁 등과 같은 악이 어떻게 존재할 수 있는가? 이에 대한 흔한 대답은 신으로부터 자유의지를 부여받은 아담과 이브가 신에게 복종하지 않음으로써 세상에 악이 등장했다는 것이다. 원죄는 오직 이 둘의 책임인데, 이들이 저지른 최초의 악한 행위로부터 인간이 범하는 모든 악(도덕적 악)과 견뎌내야 하는 악(자연적 악)이 생겨났다. 하지만 벨은 이런 식의 설명을 단호히 거부한다. 자유의지는 신이 인간에게 부여한 최고의 선물임에 분명하지만 신은 무한히 완전한 존재로서 인간들의 의지 작용을 포함한 모든 사건을 미리 알 수 있다. 그렇다면 신은 아담과 이브가 자유의지를 잘못 사용하리라는 점도 미리 알았음에 틀림없다. 상식적으로 생각할 때 우리가 누군가에게 선물을 주려하는데 그가 그 선물을 그 자신이나 다른 사람에게 해로운 방식으로 사용하리라는 점을 미리 안다면 그 선물을 주지 않는 것이 당연하며, 그런데도 선물을 준다면 우리는 그가 낳은 나쁜 결과에 대해 마땅히 도덕적 책임을 져야 할 것이다. 그를 사랑해서 선물을 주는 우리의 행위 자체 또한 문제가 될 것이다. 몇 가지 독특한 비유를 더 든 후에 벨은 신이 앞으로 어떤 일이 일어날지를 알면서도 그런 일을 허용할 수 있었다고 주장하는 모든 근거들을 강력히 거부한다. 신이 자신의 용서와 구원을 드러내기 위해서 그랬다고? 어떤 사람이 구덩이에 빠지지 않도록 미리 막는 것이 그를 구덩이에 빠지게 만든 후 한 시간 지나서 구하는 것보다 훨씬 선한 행위라는 점을 누구나 인정할 것이다. 신이 자신의 영광을 보이기 위해서 그랬다고? 그렇다면 신은 자녀들이 위험한 곳에서 놀다가 다리가 부러지도록 내버려둔 후 다리를 치료하는 자신의 기술을 과시하는 외과의사와 같은 존재가 될 것이다. 아담과 이브의 자유를 침해하지 않기 위해서 그랬다고? 그렇다면 신은 어떤 파티에서 마약 밀매가 이루어지는데 십대의 딸들이 거기에 가담하리라는 사실을 알면서도 파티에 가는 것을 허락한 후 '그들에게 올바른 태도를 훈계했고 그렇게 하지 않으면 의절하겠다고 경고했다는 정도로 만족하는' 어머니와 같은 존재가 될 것이다.[17] (벨의 예를 현대적으로 조금 변형했다.) 간단히 말해 인간의 지식에 비추어 볼 때 신의 행위는 우리의 도덕적 신념에 완전히 위배된다. 이성이 도덕의 공리로 분명히 알려주는 바에 따르면 어떤 악을 막을 수 있는 사람이 그렇게 하지 않을 경우 그는 악에 대해 반드시 책임을 져야 한다.

따라서 예지와 전능함이라는 신의 속성을 결합하면 신이 아담과 이브가 죄를 저지르는 것을 허용했지만 그들이 실제로 저지른 죄에 대한 책임은 신에게 없다는 주장은 궤변에 지나지 않는다. 신의 행위에서는 어떤 선도 찾아볼 수 없는 듯하다. 아담과 이브가 타락한 결과 이후의 모든 인간들이 지상에서 무한한 고통을 겪으며 이들 중 대부분은 영원한 처벌을 받기 때문이다. 설령 이런 악으로부터 더욱 큰 선이 등장한다 할지라도 그 부담이 너무 크므로 자유롭게 무언가를 창조할 수도, 창조하지 않을 수도 있었던 신은 이런 방식의 창조를 하지 않았어야 했다. 악의 존재는 신이 선택한 것임에 분명하며, 신은 인간과 마찬가지

---

17) Bayle 1995, article "Pauliciens," remark E and F.

로 죄의 창조자이다. 따라서 신은 비도덕적인 존재인 듯이 보인다.

벨은 이런 결론을 지지하는가? 나는 여기서 그가 무신론자라는 논쟁을 다루지는 않으려 한다. 나는 단지 루터와 칼뱅 또한 인간 이성의 기준으로 볼 때 신은 잔인하고 정의롭지 않다고 말했다는 점만을 지적하려 한다. 이 문제에 대한 이들의 해결책은 겉으로 드러나는 모든 현상에 맞서 신앙인들은 오직 믿음을 통해 신이 선하고 정의롭다는 점을 받아들인다는 것이다. 칼뱅주의 교육을 받았던 벨은 이런 관점을 철학적인 것으로 전환해 우리가 계시를 통해 얻은 선한 신의 모습 중 일부는 우리가 이성적으로, '상식적으로' 생각하는 선의 특성을 (예를 들면 용서와 같은 것을) 포함하지만 다른 일부는 상식적인 차원의 선을 (예를 들면 가능한 한 악을 막는 것을) 포함하지 않는다고 설명한다.[18] 더욱이 우리는 우리가 지닌 선의 개념과 조화를 이룰 수 없는 행위가 (예를 들면 무죄한 사람을 죽이라고 명령하는 행위가) 어떻게 신의 선함과 조화를 이룰 수 있는지를 전혀 알지 못한다. 하지만 무한과 유한 사이의 불균형을 전제할 때 우리는 신과 신의 속성에 대해 단지 '불완전하고 혼란스러운' 관념을 지닐 뿐이다. 우리는 (신의 본질과 동일한) 신의 선함뿐만이 아니라 선함과 다른 속성들 (예를 들면 정의) 사이의 관련도 제대로 파악할 수는 없으므로 우리가 알지 못하는 신의 선함이라는 특성이 결국 존재하는지 그렇지 않은지, 신의 어떤 행위가 그의 선함과 분명히 조화를 이룰 수 있는지 그렇지 않은지 등을 결코 확신할 수 없다. 우리는 그저 신의 모든 행위와 신이 일으킨 사건들이 어떤 방식으로 맞물려 전능하고 완전한 존재의 차원에서는 가치를 지닌다고 전제할 뿐 결코 이들을 이해할 수는 없다. 신이 절대적으로 완전한 존재라는 전제

---

[18] *Entretiens de Maxime et de Thémiste* I, 1, 2, 7장 (*OD* 4: 7b, 11b, 21a).

에 기초한 일종의 이성적 신앙을 통해 우리는 신이 행하는 모든 일은 선하다는 결론이 참임을 믿을 수 있지만 신이 어떤 종류의 도덕을 채택하는지는 알 수 없다. 벨은 강력한 이성주의 윤리를 지지하지만 우리가 이성을 통해 파악할 수 있는 원리들은 전체 진리의 일부에 지나지 않는다는 점도 인정하는 듯하다. 하지만 우리는 신이 우리의 이성을 통해 접근하는 것을 허용한 진리들을 제대로 준수해야 하며 상상력을 동원해 이들을 마음대로 보충한다든지 변경하려 해서는 안 된다. 우리가 지켜야 하는 법칙들을 계속 상기시키는 것이 바로 양심의 역할이다.

양심과 관용

본질상 신과 동일하다고 여겨지는 일련의 도덕적 진리들이 '영원법'으로 알려지는데 이로부터 다시 '자연법'이라고 불리는, 인간에게 적용되는 일련의 의무들이 도출된다. 우리의 실천이성은 실천 원리들을, 곧 자연법에 포함된 윤리학의 기본 공리들을 파악할 경우에는 '양지'(syn-deresis)라고 불린다. 또한 실천적 추론을 수행할 경우에는, 곧 원리들을 우리가 직면하는 구체적인 상황에 적용해 이런 행위를 행해야 한다는 명령을 제시하는 경우에는 '양심'이라고 불린다.[19] 이런 명령은 궁극적으로 신의 영원법으로부터 직접 도출되므로 이를 명령한 존재는 바로 신이다. 따라서 우리 자신의 양심에 따르지 않는다면 신을 경멸하는 수준에 이르게 된다. 바로 이 때문에 우리가 항상 자신의 양심에 따라야 한다는 것이 도덕의 최고 원리가 된다. 이 기준은 설령 우리의 실천적 판단이 옳지 않을 경우에도, 달리 말해 우리가 행위를 이끌어내는

---

[19] *Systema totius philosophiae* (*OD* 4: 259-62).

과정에서 잘못을 저지른다 할지라도 그대로 유지된다. 잘못에 빠진 양심이 명령하는 바도 여전히 우리의 의무인데 그 까닭은 도덕법칙이 명령하는 듯이 보이는 바를 의도적으로 무시하는 것은 이 명령이 사실일 경우와 마찬가지로 신을 경멸하는 일이기 때문이다.[20]

따라서 우리의 양심에 거슬러 행위하는 것은 어떤 경우든 양심에 따라 행위하는 것보다 나쁘다. 설령 우리의 양심이 잘못에 빠져 우리가 행하는 바가 사실상 그릇된 것일 경우에도 그렇다. 누군가가 우리 집 문을 두드리며 자선기금을 모금하는데 내가 그를 사기꾼으로 오해하는 경우를 생각해보자.[21] 내 양심은 그에게 돈을 주지 말라고 말한다. 그 돈을 실제로 어려움을 겪는 사람들을 돕는 데 쓰는 편이 더 나을 것이기 때문이다. 내가 이런 양심의 명령에 따를 뿐만 아니라 더 나아가 사기꾼처럼 보이는 그 사람을 한 대 때림으로써 본때를 보여줘야 하는 의무가 내게 주어진다는 잘못된 생각을 한다고 가정해보자. 나의 이런 행위는 명백히 악하다. 우리는 어느 누구를 향해서도 폭력을 휘둘러서는 안 되기 때문이다. 반면 내가 소심함을 극복하지 못하고 양심에 거슬러 그 사람에게 돈을 주는 경우를 생각해보자. 나의 행위는 어쨌든 가난한 사람에게 도움이 될 것이다. 하지만 후자의 행위는 전자의 행위보다 도덕적으로 더 나쁘다. 후자의 행위에서는 어떤 도덕적 선도 발견할 수 없기 때문이다. 그 행위에서는 정신적 판단의 선도 ('이 사람은 사기꾼이다'라는 판단은 거짓이므로), 의지작용의 선도 (양심을 거스른 행위이므로), 신체적 사건으로서의 행위가 지닌 선도 (지폐를 건네는 것은 기계도 할 수 있는 일이므로) 발견되지 않는다. 가난한 사람에게 도움

---

20) *Commentaire philosophique sur ces paroles de Jésus-Christ, Contrains-les d'entrer* ⋯ [=*CP*] II.9 (*OD* 2: 432b).

21) *CP* II.8 (*OD* 2: 423a-b) 참조.

이 된다는 사실이 그 행위에 어떤 윤리적 가치도 부여하지 않는다. 이 결과는 의도된 것이 아니기 때문이다. 양심의 의지작용에 거슬러 행해진 그른 행위는 (예를 들면 그 사람을 사기꾼으로 여겨 그를 때리는 것이 나쁘다는 사실을 알면서도 그렇게 행위하는 것은) 더욱 나쁜 행위이다. 반면 첫 번째 경우 그를 때리는 행위는 객관적으로 나쁘지만 적어도 이 경우 선한 요소가 한 가지는 발견된다. 곧 그 행위는 양심에 따른 것이라는 점이다. (하지만 이런 사실이 그 행위를 덕이 있는 것으로 만들지는 못한다. 오직 양심에 비추어 객관적으로 선한 행위만이 윤리적인 행위의 자격을 갖춘다.)

양심의 원리는 종교적 관용의 영역에서 (이는 17세기 말 새롭게 등장한 경향이었는데) 주목할 만한 성과를 낳는다. 우리의 양심에 따르지 않는 것은 비도덕적이므로 사람들에게 자신의 양심이 명령하는 바를 행하지 말라고 — 곧 비도덕적으로 행위하라고 — 강요하는 것 또한 비도덕적이다.[22] 따라서 누가 어떤 종파를 믿던지 간섭하지 말아야 한다. 벨은 관용을 주장하면서 상대주의를 기초로 삼지 않는다. 어쩌면 하나의 신앙만이 참이고 다른 모든 신앙은 거짓일 수도 있기 때문이다. 하지만 잘못에 빠진 이성도 올바른 이성과 똑같은 정도로 우리에게 의무를 부과한다. 따라서 설령 이교도들이 잘못 인도되었다 할지라도 그들이 자신의 양심에 따르지 않도록 만드는 것은 사태를 더욱 악화할 뿐이다. 더욱이 우리가 어떤 잘못을 피할 수 있을 경우에만 그런 잘못을 비난할 수 있다. 예를 들면 우리가 태만함이나 정념이 우리를 망치도록

---

[22] *CP* I.6 (*OD* 2: 384b). 앞서 '덕을 지닌 무신론자'라는 절에서 살펴본 바대로 벨이 *PD*에서 언급한 내용을 전제할 때 양심적인 신앙인은 지극히 소수에 지나지 않음이 분명하다. 하지만 바로 인간의 도덕은 매우 나약하기 때문에 사람들이 유혹에 빠지지 않도록 만드는 것이 중요하다.

내버려두는 경우가 이에 속한다. 하지만 도덕적 진리를 알지 못하는 것은 결코 피할 수 없는 일이다. 벨이 말브랑슈의 표현을 빌려 말하듯이 도덕적 진리에는 자연의 빛에 주의를 기울이는 사람만이 접근할 수 있기 때문이다.[23] 이런 진리는 명석 판명한 개념들로 구성된다. 하지만 종교적 교리들은 그 자체로는 도덕적 진리와 같은 수준의 명확함을 주장할 수 없다. 신과 관련되는 바는 대부분 이성을 통해서는 접근할 수 없다. 따라서 종교적 영역에서의 잘못은 피할 수 없는 일이며, 진리를 진지하게 추구하지만 그것을 발견하는 데 실패한 이교도는 얼마든지 용서받을 수 있다.[24] 신이 보기에 중요한 것은 행위의 정당함(올바른 행위)이지 정통설(올바른 믿음)이 아니다.[25] 무신론자의 경우에서 드러나듯이 이론적인 잘못이 반드시 비도덕적인 행위를 함축하지는 않는다. 따라서 이교는 악의 원인이 아니며, 이교도도 얼마든지 선한 사람일 수 있다.

참고문헌

제일 뒤의 * 표시는 특히 중요한 참고문헌임을 나타낸다.

Bayle, Pierre 1964-1990 (reprint). *Œuvres Diverses*. Hildesheim, Georg Olms.

Bayle, Pierre 1995 (reprint). *Dictionnaire Historique et Critique*, 5th edn. Geneva, Slatkin.

Labrousse, Elisabeth 1963. *Pierre Bayle*. The Hague, M. Nijhoff.*

Solère, Jean-Luc 1995. "Tout plaisir rend-il heureux? Une querelle entre Arnauld, Malebranche et Bayle," *Chroniques de Port-Royal*,

---

[23] *CP* I.1 (*OD* 2: 368b).

[24] *CP* II.10 (*OD* 2: 439a-440b, 442a-b).

[25] *CP* II. 10 (OD 2 : 436a-438b).

44: 351-79.*

Solère, Jean-Luc 2010. "Scepticisme, métaphysique et morale: le cas Bayle," in Bost, H. and McKenna, A. (eds.), *Les "Eclaircissements" de Bayle*. Paris, Honoré Champion, 499-524.*

Solère, Jean-Luc 2016. "The Coherence of Bayle's Theory of Toleration," *Journal of the History of Philosophy*, 54/1: 21-46.*

21장

라이프니츠

그레고리 브라운(Gregory Brown)

큰 틀에서 볼 때 라이프니츠의 도덕 철학은 모든 의도적인 행위는 행위자 자신이 선이라고 인식한 바를 실현하기 위해 행해진다는 그의 심리학적 가정과 우리는 다른 사람들의 선을 그 자체로 추구해야 한다는 정의(正義)의 요구를 조화시키려는 의도에서 전개된다. 이 글에서 나는 우선 라이프니츠가 초기 저술인 『법학 교육의 새로운 방법』(*Nova methodus discendae docendaeque jurisprudentiae*, 1667; 이하 『새로운 방법』으로 약칭)에서 권리와 의무를 이끌어내는 과정을 간략히 살펴본 후 무엇이 우리를 행위하게 만드는지, 무엇이 우리를 정의롭게 행위하게 만드는지 그리고 무엇이 우리에게 정의롭게 행위할 의무를 부과하는지에 대한 그의 설명을 검토하려 한다. 그리고 마지막 부분에서는 그가 공평한 사랑이라는 이론을

통해 어떻게 자신의 심리학적 가정과 정의의 요구를 조화시키는지를
밝히려 한다.

『새로운 방법』에서 전개되는 권리와 의무의 도출 그리고 '세 단계의 자연권'

자신의 도덕철학과[1] 자연법을 체계적으로 다룬 초기 저술 『새로운 방법』 중 2부 14절에서 라이프니츠는 '여러 개념들 자체에 대한 정의(定義)로부터 [법학을 가르치고 배우기 위한] 건전한 방법을 이끌어 낼 것을' 제안한 후 이로부터 여섯 절에 걸쳐 모든 이성적 존재에게 적용되는 일련의 권리와 의무를 이끌어낸다. 그는 법학을 '정의롭거나 정의롭지 못하다고 여겨지는 한에서 행위를 다루는 학문'으로 정의한 후 '정의와 […] 불의는 그 무엇이든 대중에게 이롭거나 해로운 것을 의미한다'고 덧붙인다(A. VI. 1: 300). 또한 §14[a]에서 그는 '도덕은 … 곧 행위의 정의 또는 불의는 결국 이전의 행위로부터 어떤 새로운 행위를 산출하기 위해 행위하는 개인의 성질에서 등장하는데 이 성격은 **도덕적 성질**이라고 불린다.' 뒤이어 라이프니츠는 '하지만 사실상 행위를 낳는 진정한 성질은 두 가지인데 하나는 행위 능력[potentia agendi]이며, 다른 하나는 행위의 필연성[necessitas agendi]이다. 따라서 도덕적 능력은 **권리**[Jus]로, 도덕적 필연성은 **의무**[Obligatio]로 불린다'고 주장한다

---

[1] 내가 여기서 '도덕철학'이라는 용어를 사용한 까닭은 『새로운 방법』에서 라이프니츠가 정의(正義)를 '대중에게 … 유용한 모든 것'으로, '도덕'(moralitas)을 '정의'(Justitia)로 정의하기 때문이다(A. VI. 1: 300, 301). 인용출처를 표시하면서 사용된 저술의 생략형은 이 장의 끝부분에서 밝혔다. 모든 번역은 나 자신이 한 것이지만 표준판 영어 번역본이 있을 경우에는 그것에 따르기도 했다.

(A.VI.1: 301). 그는 계속해서 자유(libertas), 능력(facultas), 권위(potestas)에 대한 권리를 이끌어낸 후 이에 대응하는 것으로 다른 사람의 자유, 능력, 권위를 방해하지 않을 의무를 언급한다. 이런 도출 과정은 19절에서 마무리되는데 여기서 그는 이전의 여섯 절을 정리하면서 '마침내 이런 방식으로 우리는 모든 권리의 최고 근원을 이끌어내었다'고 말한다(A.VI.1: 304).

『새로운 방법』 73-5절에서 라이프니츠는 '세 단계의 자연권'을 이끌어내려는 시도를 이어나가는데 단계가 높아질수록 완전성의 정도가 더욱 커진다고 주장한다. 이 세 단계는 '엄격한 권리(Jus strictum), 평등권(aequitas) 그리고 존중받을 권리(pietas)'이다(A.VI.1: 343). 라이프니츠는 이 세 단계의 권리 또는 정의가 유스티니아누스(Justinian)의 『법학제요』(Institutes) 첫머리에 등장하는, 법과 관련된 세 격언(juris precepta), 곧 '다른 사람을 해치지 말라'(alterum non laedere), '각자에게 자신의 몫을 주라'(suum cuique tribuere) 그리고 '명예롭게 살라'(honeste vivere)는(『법학제요』 I.i.3) 법의 격언에 대응한다고 주장한다. 73절에서 라이프니츠는 다음과 같이 말한다.

> **엄격한** 또는 **순수한 권리**는 이런 용어 자체의 정의로부터 도출되며, 제대로 판단한다면 다름 아닌 전쟁과 평화의 권리를 의미한다. … 이로부터 순수한 자연권의 고유한 명령은 다른 사람에게 전쟁의 권리를 부여하지 않으려면 **다른 사람을 해치지 말라는** 것이라는 점이 분명히 드러난다. (A.VI.1: 343)

따라서 엄격한 권리는 라이프니츠가 앞서 17절에서 권리 자체를 이끌어내면서 언급했던 바와 관련되는데 여기서 그는 '완벽한 자연 상태에서 **피해**가 발생할 경우 손해를 당한 쪽은 ⋯ 사회의 규약을 위반하면서 공격을 가한 쪽에 대해 전쟁을 일으킬 수 있는 권리를 지닌다'고 주장했다(A.VI.1: 303).

74절에서 라이프니츠는 '**평등권** 또는 형평권, 곧 둘 이상에 대해 적용되는 비율 또는 비례는 조화 또는 일치로 구성되는데, 이는 내게 손해를 입힌 사람에 대해 내가 곧바로 상호 파괴와 대량 살육의 전쟁을 개시하는 것이 아니라 손해의 배상을 청구할 것을 권고한다. 이는 또한 너 자신이 원하지 않는 바를 다른 사람에게 행하지 말라는 원리도 포함한다. ⋯ 따라서 이는 각자에게 자신의 **몫**을 주라는 명령으로 표현된다'(A.VI.1: 344).

75절에서 라이프니츠는 '존중받을 권리는 ⋯ 자연권의 세 번째 단계로서 다른 권리들에게 영향을 미쳐 완전성을 부여한다'고 말한다(A.VI.1: 344). 그리고 존중받을 권리가 어떻게 이런 작용을 하는지를 간략히 밝힌다.

> 엄격한 권리와 평등권이 물리적으로 결속되지 않을 때마다 신이 부가적 존재로 등장해 전체에게, 곧 인류와 세계에게 이로운 모든 것을 개인에 대해서도 이로운 것으로 만든다. 따라서 모든 명예로운 것은 이로우며 모든 비천한 것은 해롭다. 신은 자신의 지혜에 근거해 정의로운 자에 대한 보상과 정의롭지 못한 자에 대한 처벌을 마련해 놓았다. 신이 전능함을 근거로 이루려는 바는 바로 이런 것이다. (A.VI.1: 344)

따라서 존중받을 권리는 '물리적 결속'이 제대로 작용하지 않을 경우에도 정의롭게 행위할 동기를 제공함으로써 엄격한 권리와 평등권을 완성한다. 하지만 이런 결속이 무엇이며, 어떤 조건 아래에서 제대로 작용하지 않는지는 라이프니츠의 후기 저술에서 드러난다.

무엇이 우리를 행위하게 만드는가?

『형이상학 논고』(*Discours de Métaphysique*)에서 라이프니츠는 현실 세계가 신이 선택한 두 원리에 기초하는데 '신이 자유롭게 결정한 첫 번째 원리는 항상 가장 완전한 바만을 행하겠다는 것이며, 두 번째 원리는 (첫 번째 원리의 결과로서) 인간의 본성과 관련해 인간이 (비록 자발적으로 그렇게 하지만) 항상 자신에게 최선으로 여겨지는 바만을 행하도록 만든다는 것이다'(A.VI.4: 1548/AG.46). 따라서 '의지의 대상은 명백히 선으로 보이는 바이며, 우리는 이것 이외의 다른 어떤 것도 원하지 않는다.' 라이프니츠는 이것이 '가장 오래된 동시에 일반적인 이론'이라고 주장한다(A.VI.4: 1380). 따라서 의지가 행위를 숙고하려면 무언가가 선하다는 판단이 전제되어야 하는데, 이는 그가 일찍이 『새로운 방법』에서 '영혼의 모든 활동은 일종의 사고이며, 무언가를 원하는 것조차도 사물의 선에 대해 숙고하는 것 이외의 다른 것이 아니라고'[2] 말했을 때 분명히 주장한 바였다. 그리고 다른 많은 대목을 통해 라이프니츠가 우리를 움직인다고 생각한 선이 곧 우리 자신이 선이라고 지각한 바라는 점이 명확히 드러난다. 그는 『자연법의 요소』(*Elementa juris naturalis*) 중 네 번째 주석에서 다음과 같이 말한다.

---

[2] A.VI.1: 284/L.88. 후에(1697-1700년경에) 이 대목을 수정하면서 덧붙인 주석에서 라이프니츠는 '무언가를 원하는 것은 바로 사고를 통해 무언가를 얻으려고 노력하는 것, 곧 사고를 통해 선하다고 지각된 무언가를 얻으려고 노력하는 것일 뿐이라고' 말한다 (A.VI.1: 284 Z.4-6 D/L.91; A.VI.4: 1412 참조).

분별력은 우리 자신의 선과 분리될 수 없다. 누가 어떻게 이와 반대되는 말을 할지라도 그것은 공허하고 그 사람의 실제 행위와 상반될 뿐이다. 사람들은 자기 자신의 선을 추구하는 행위를 제외하고는 아무것도 의도적으로 행하지 않는다. 우리는 심지어 우리가 사랑하는 사람들의 선을 추구할 경우조차도 우리가 그들의 행복에서 얻는, 우리 자신의 쾌락을 위해 행위하기 때문이다. (A.VI.1: 461/L.134; A. II.3: 369/W.565; Preface Mantissa/L.424 참조)

라이프니츠는 『변신론』(*Theodicy*) 289절에서 '사실을 말하자면 우리는 자신을 기쁘게 하는 것만을 원한다고'(G.6: 289/H.303) 선언하며, 『신인간지성론』(*Nouveaux essais*)에서는 '우리에게 쾌락이나 고통을 줄 수 있는 대상과 관련해 우리의 모든 행위는 쾌락을 증진하는 방향을 취하며, 모든 정념은 고통을 증진하는 방향을 취한다고'(A. VI.6: 210/RB.210) 말함으로써 행위 동기의 측면에서 쾌락주의의 관점을 드러낸다. 하지만 그는 선을 다양한 방식으로 정의한다. 때로 그는 선을 '쾌락에 기여하는 바'로(A.VI.4: 1358; A.VI.4: 303, 1412, 1419, 2760, 2773, 2810 참조) 정의하기도 하고 '[피조물의] 슬픔보다는 기쁨에 더 크게 기여하는 바'로(A.VI.4: 2761) 정의하기도 한다. 그리고 1701년에서 1705년경에 쓴 저술에서는 '각자의 선은 그 자신의 행복에 기여하는 바'라고(Gr.667) 말한다. 하지만 그는 또한 '선'을 '완전성에 기여하는 바'로(A.VI.4: 405), '진정한 선'을 '지성을 지닌 실체의 완전성에 도움이 되는 바'로(M.48/R.50), '전체의 선'을 '사람들의 완전성을 증진하는 바'로(K.10: 11/R.105) 정의한다. 이런 서로 다른 의미의 '선'은 쾌락에 대한 그의 정의, 곧 '완전성의 지각'이라는 (A.VI.4: 2803/W.568; A.VI.6: 194/RB.194; A.VI.4: 2810 참조) 정의와 밀접히 관련된다. 따라서 '지성을 지닌 실체의 완전성에 도움이 되는 바'는 또한 그의 쾌락에도 기여한다. 선은 쾌락에 기여하는 바이지만 모든 쾌락이 선은 아니다. 어떤 쾌락은, 특히 육체적 쾌락은 자주 고통으로 이어지기 때문이다. 무엇이 한 개인의 행복에 기여하는지를 결정하는 것은 올바른 이성의 임무인데 여기서 행복은 '지속적인 기쁨'을(A.Ⅵ.6: 90/RB.90; A.Ⅵ.6: 189-90/RB.189-90 참조) 의미한다. 하지만 라이프니츠는 자주 우리의 행복을 구성하는 바가 우리 자신의 완전성이라고 ― 특히 지성과 의지의 완전성이라고 ― 주장한다. 정신의 완전성은 우리가 얻는 최고의 쾌락을 제공하는 안정적이고 지속적인 근원이기 때문이다. '행복은 정신의 완전성으로 구성된다.'[3] 앞으로 살펴보게 되듯이 라이프니츠는 다른 사람들의 선, 곧 그들의 행복 또는 완전성은 우리가 그 자체로 욕구할 수 있는 바라고 생각한다. 이는 우리 자신에게 직접 쾌락을 불러일으키는 요소이기 때문이다. 어쩌면 우리에게 더욱 익숙할지도 모를 여러 철학자들과는 달리 라이프니츠는 그 자체로 욕구되는 무언가가 우리 자신의 선에 대한 관심과 무관하게 욕구된다고 주장하지 않는다. 그리고 앞으로 보게 되듯이 이 점은 그가 자신의 이기주의 심리학적 가정과 우리가 다른 사람들의 선을 그 자체로 욕구할 수 있으며, 또 도덕적으로 그렇게 해야만 한다는 믿음을 조화시키는 데 핵심적인 요소로 작용한다.

---

[3] A.Ⅵ.4: 1992/L.279. 라이프니츠가 생각한 쾌락, 행복, 완전성 사이의 관계에 대한 더욱 상세한 설명은 Brown 2011, 특히 286-303 참조.

무엇이 우리를 올바르게 행위하도록 만드는가? ____

우리가 자연법에 따라 최선으로 — 특히 우리 자신에게 최선으로 — 보이는 바를 선택하지 않을 수 없다는[4] 라이프니츠의 견해를 전제할 때 우리 자신에게 최선의 이익으로 보이는 바를 행하는 한 우리가 올바르게 행위하도록 인도된다는 점은 분명하다.

『푸펜도르프의 원리에 대한 의견』(*Monita quaedam ad Samuelis Puffendorfii principia*)에서 라이프니츠는 다음과 같이 말한다.

> 그로티우스는 만에 하나 신이 존재하지 않는다는 점을 인정하더라도 — 이는 결코 인정될 수 없는 점이지만 — 또는 잠시 동안 신의 존재를 논외로 하더라도 어떤 자연적 의무[naturalem obligationem]가 존재하리라는 점을 제대로 지적했다. 우리 자신의 보존과 이익에 대한 관심은 분명히 우리가 다른 사람들에게 많은 일들을 행할 것을 요구한다. 이는 심지어 홉스조차도 어느 정도 지적했던 바이다. 도둑들도 서로 협력한다는 사실은 이런 의무의 결속력[obligationis vinculum]을 확인해주는 예이다. 다른 사람들에게 대항하기 위해서라도 그들은 서로 간에 일종의 의무감을 키워나가지 않을 수 없다. 하지만

---

4) 하지만 이런 행위 자체는 라이프니츠적인 의미에서 우연적이다. 그것은 가정적으로만, 곧 신의 자유로운 두 번째 명령을 가정할 경우에만 필연적이기 때문이다. 라이프니츠는 다음과 같이 말한다.

> 사건은 자신을 필연적으로 만드는 요소를 포함하지 않으며, 그것과 전혀 다른 사건이 대신 일어날 수 있었다는 상상을 가로막는 요소 또한 전혀 포함하지 않는다. 그리고 원인과 결과의 연결에 대해서 말하자면 내가 방금 설명한 대로 이 연결은 자유로운 행위자가 단지 그것에 이끌리도록 만들 뿐 그것을 강요하지는 않는다. 따라서 이 연결은 외부적인 어떤 것, 곧 더욱 우세한 경향이 항상 이긴다는 준칙 자체를 더하지 않는다면 가정적인 필연성조차도 산출하지 않는다. (G.6: 131-2/H.152)

내가 앞서 지적했듯이 오직 이 점에서 자연법을 이끌어낸다면 그것은 불완전할 것이다. (Du.IV.3: 279-80/R.71; Du.IV.3: 281/R.73 참조)

이와 유사하게 『정의의 공통 개념에 대한 성찰』(*Mèditation sur la notion commune de la justice*)에서도 정의(正義)를 현자의 자비로 정의한 후 다음과 같은 언급을 더한다.

우리 자신의 선에 대한 지식인 지혜는 우리를 정의로, 말하자면 다른 사람의 선을 합당하게 향상시키는 것에로 인도한다. 우리는 이미 이에 대한 이유 한 가지를 제시했는데 그것은 우리가 이렇게 행하지 않는다면 해를 입을지도 모른다는 두려움이다. 하지만 다른 사람들도 우리에게 이와 같이 행하리라는 희망도 존재한다. (M.58-9/R.57; M.55/R.54 참조)

그렇다면 『성찰』에서 라이프니츠가 오직 각 개인이 지닌 자신의 선에 대한 관심에만 호소함으로써 세 단계의 권리를 이끌어내더라도 이는 놀라운 일이 아니다(M.55-9/R.54-7 참조). 하지만 그가 오직 '우리 자신의 보존과 이익에 대한 관심'에 기초한 자연법이 불완전하다고 주장하는 까닭은 그런 자연법이 진정한 구속력을 지니지 못하기 때문이 아니라 오히려 그가 『신인간지성론』에서 언급했던 다음과 같은 지적 때문이다. '가장 올바른 것이 곧 가장 유용한 것이라고 결코 주장할 수 없을 듯한 몇몇 경우들이 존재한다. 따라서 덕과 정의의 의무들을[obligations] 절대적인 구속력을 지니도록[indispensables] 만드는 것은 오직 신과 불멸성에 대한 고려이다'(A.VI.4: 201/RB.201).

여기서 라이프니츠는 다음과 같은 두 종류의 경우를 생각한다. (1) 사람들이 자신의 이익을 추구하기 위해 엄격한 법이나 관습이 요구하는 바를 위반하더라도 붙잡히지 않으리라고 생각하는 경우와(예를 들면 A.II.1; M.60/R.58; Du.4:227/R.67-8 참조), (2) 한 사람이 명예를 걸고 공공의 선을 추구하기 위해 심지어 자신의 생명을 포함한 모든 것을 희생하는 경우가 있다(A.VI.1: 431; Du.IV.3: 276-7/R.67-8; G.3: 388/R.173). 첫 번째 경우와 관련해서는 먼 훗날 내세에서 받을 처벌에 대한 두려움이 '덕과 정의의 의무를 절대적인 구속력을 지닌 것으로' 만든다고 말할 수 있다. 두 번째 경우와 관련해서는 마찬가지로 내세에서 받을 보상이 공공선을 위한 가장 극단적인 희생을 '위대한 어리석음[splendida stultuitia]'을 범했다는 비난을 피하도록 받지 않도록 만든다고 할 수 있다(Du.IV.3: 277/R.67).

무엇이 우리를 올바르게 행위하도록 만드는가와 관련해 엄격한 법과 관습이 부과하는 물리적 또는 자연적 구속력은 오직 우리 자신의 복지 및 행복에 대한 관심과 연결된다. 하지만 라이프니츠는 『항목 1. 정의와 법에 관하여』(Titulus 1. de justitia et jure)라는 글에서 '우리를 올바르게 행위하도록 만드는 … 세 가지 원리'를 구체적으로 명시한다.

첫 번째는 개인의 이익이다. 곧 우리가 아무에게도 해를 입히지 않는다는, 달리 말하면 우리가 어느 누구에게도 해를 입히지 않음으로써 다른 사람도 우리에게 해를 입히지 않게 한다는 원리이다. 그렇다면 우리는 최선을 다해 누구라도 도와야 한다. 이렇게 해서 생겨난 공동선은 우리에게 되돌아오기 때문이다. 두 번째는 인간성과 명예이다. … 사실 인간성은 모든 사람이 타고나는 것으로서 이로부터 양심의 가책이 생겨난다. 악하게 행위하는 사람은 자신에 대해 만족하지 못하고 내부에서 일종의 고통과 아픔을 느낀다는 사실이 양심의 존재를 잘 드러낸다. 그가 받는 이런 처벌은 자연스러운 것이다. **세 번째** 원리는 바로 종교이다. 사실 많은 사람들이 인간성과 양심의 자극에 둔감해져 오직 개인의 이익만을 앞세우기도 하는데 이렇게 하고도 벌을 받지 않을 희망이 있다면 사람들은 다른 사람으로부터 충분히 보호받을 수 없다. 이런 이유로 가장 완전한 자연법의 근거는 전지전능한 실체인 신의 숭배하는 것에서 찾아야 한다. 어느 누구도 신에게서 벗어나거나 피할 수는 없기 때문이다. 신의 수준에서는 유용한 것과 명예로운 것이 동일하며, 죄를 지으면 반드시 처벌이 뒤따르며, 그 어떤 명예로운 행위도 헛되지 않다. (A.VI.4: 2778-9)

라이프니츠는 『신인간지성론』에서 '오직 신과 불멸성에 대한 고려가 덕과 정의의 의무를 절대적인 구속력을 지닌 것으로 만든다고' 말하는데 이는 우리 자신의 복지와 행복에 대한 관심이 우리에게 올바르게 행위할 동기를 제공할 뿐만 아니라 올바르게 행위할 의무도 부여한다는 점을 암시한다.[5] 다월(Stephen Darwall)은 '홉스는 "의무"를 개인이 권리를 포기함으로써 들어가게 되는 상태로 여겼으므로 행위자가 어떤 행위가 피할 수 없는 목적을 이루기 위해 필수적이라는 이유에서 그 행위를 행할 의무를 진다고 말하고 싶지 않았던 듯하다고' 지적한다. 하지만 그는 또한 홉스가 '자연법이 바로 이런 근거에서 의무로 부과된다고 기꺼이 말한다는 점도' 지적한다. 이어서 그는 다음과 같은 언급을 덧붙인다.

---

[5] A.VI.6: 96/RB.96 참조. '모든 죄는 반드시 벌하고 모든 선한 행위는 반드시 보상하는 신이 만에 하나라도 존재하지 않는다면 우리가 반드시 의무로 받아들여야 하는 계율이 거의 존재하기 어렵다는 점에 나는 동의한다.'

17세기로 접어들면서 … 많은 영국 도덕철학자들은 이렇게 사고하고 말하는 방식이 적절하고 익숙하다고 생각하게 된 듯하다. 이들은 자주 우리에게 덕을 갖추어야 할 의무가 있는가라는 질문을 던짐으로써 왜 도덕적이어야 하는가라는 질문을 제기했다. 또한 이들은 자주 행위자 자신의 이익 추구가 모든 이성적 인간이 추구하는 목적이라는 점을 당연시하면서 덕이 있는 삶이 행위자의 이익에 가장 크게 도움이 되는지 그렇지 않은지를 밝힘으로써 이 질문에 대한 대답을 찾으려 했다.[6]

비록 라이프니츠는 자연법을 경험과 무관한 영역으로 여겼으며, 『새로운 방법』에서 '사물 자체에 대한 정의(定義)로부터' 모든 이성적 존재에게 적용되는 많은 권리와 의무를 이끌어내려고 시도했지만 그럼에도 그는 덕을 갖추어야 할 의무와 관련해 많은 면에서 다월이 언급한 여러 영국 도덕철학자와 같은 생각을 드러낸다.

무엇이 우리를 올바르게 행위할 의무를 부과하는가?

『자연법의 요소』 중 첫 번째 주석의 맨 처음 문단에서 라이프니츠는 네덜란드의 위대한 자연법학자 그로티우스(Hugo Grotius)가 『전쟁과 평화의 법』(*De jure belli ac pacis*)의 서언에서 언급한 바에 대해 다음과 같은 주석을 단다.

---

[6] Darwall 1995: 80.

그로티우스는 서언에서 카르네아데스(Carneades)를 정의(正義)는 아무것도 아니거나 가장 어리석은 것이라고 주장한 인물로 소개한다. 카르네아데스는 정의를 다른 사람에게는 이익이 되는 반면 자신에게 는 손해가 되는 것으로 여겼기 때문이다. 그로티우스는 정의가 다른 사람에게는 이익이 되는 반면 자신에게는 손해가 되기 때문에 어리석 은 것이라는 사실을 부정한다. **하지만 나는** 정의가 어리석은 것이라 는 점을, 더 넓은 범위에서 보면 어리석은 것은 아니라 할지라도 최소 한 아무것도 아니라는 점을 **조금도 의심하지 않는다**. 내가 구구절절 말하듯이 자신의 이익을 소홀히 생각하는 것은 (자신의 이익이 무엇 인지 제대로 몰라서 소홀히 하는 경우뿐만 아니라 무엇인지 알면서도 이를 추구하는 행위에 주의를 기울이지 않는 것도) 그저 어리석은 일 이기 때문이다. 키케로는 명예를 추구하려면 이익을 배제해야 한다는 생각을 부정했는데 그의 주장은 옳다. (A.VI.1: 431)

또한 라이프니츠는 위의 글과 거의 같은 시기에 쓴, 콘링(Herman Conring)에게 보낸 1670년 1월 23일자 편지에서 이런 주장을 반복한 다. 하지만 카르네아데스뿐만 아니라 홉스의 주장도 인정하는 듯한 방 향으로 나아간다.

나는 카르네아데스와 마찬가지로 (홉스 또한 이에 동의하는데) 우리 자신의 이익이 (현재의 이익이든 미래의 이익이든 간에) 배제된 정의 는 가장 어리석은 것이라고 생각한다. 덕을 오직 그 자체로 실천해야 한다는 스토아학파와 사두개파(Sadducees)의 오만한 주장은 인간 본성과 동떨어진 것이기 때문이다. 따라서 모든 정의로운 것은 개인 에게도 이익이 되어야 한다. (A.II.1: 47)

『자연법의 요소』에서 탐구를 시작하면서부터 라이프니츠는 정의가 개인에게 이익이 되지 않는 듯이 보이는데도 한 개인이 정의롭게 행위하는 것이 어떻게 합리적일 수 있는가라는 질문에 큰 관심을 보였다. 그리고 이미 출발점에서부터 그가 카르네아데스와 홉스의 주장을 받아들여 합리적인 개인이라면 어느 누구도 의도적으로 자신의 이익에 반대되게 행위하지는 않으리라는 견해에 동의한다는 점이 명확하게 드러난다. 하지만 의도적이고 자발적인 행위에 대한 라이프니츠의 설명과 — 곧 자연법에 따르면 어느 누구도 자신의 선을 추구하는 경우가 아니고서는 의도적으로 행위할 수 없다는 설명과 — '해야만 함'은 '할 수 있음'을 함축한다는 주장을 전제할 때 라이프니츠는 '할 수 있음'이라는 용어를 매우 강력한 의미로 사용하면서 어느 누구도 자기 자신의 이익을 추구하는 경우가 아니고서는 어떤 행위를 의무로 받아들일 수 없다는 견해를 지지한다. 한 개인은 자신의 이익을 가장 크게 증진하는 것이 무엇인가에 대한 판단에 따라 자신이 도덕적으로 무엇을 행해야만 하는가를 결정한다. 그런 판단은 어떤 행위를 결정하는 데도 필수적이기 때문이다. 따라서 의무의 동기는 의무 자체 안에 내재한다. 우리를 행위하도록 이끌지 못하는 것은 우리에게 의무를 부과할 수도 없기 때문이다. 또한 라이프니츠가 우리를 올바르게 행위하도록 이끈다고 생각했던 세 원리 모두에는 설령 단지 양심의 가책을 피하기 위해서일지라도 우리 자신의 선에 대한 관심이 포함된다는 점을 이미 지적했다.[7] 따

---

[7] 존스(Christopher Johns)는 최근 발표한 두 논문에서 대다수 학자들의 주장과는 반대로 라이프니츠의 도덕 이론이 사실상 의무론적 이론이며, 어떤 형태의 결과론적 이론보다 칸트의 도덕 이론과 더 많은 공통점을 지닌다는 주장을 확립하려 한다. 그는 라이프니츠가 이성적 존재는 그 자체로 '자연적인 욕구나 원인들과 무관하게' 행위할 능력을 지닌다는 견해를 드러내며(Johns 2009: 559; Johns 2006/2007: 139 참조), 라이프니츠에게 의무란 동기와 무관하게 확립되는 것이라고 주장한다. 더욱이 그는 라이프니츠

라서 『자연법의 요소』 중 네 번째 주석에서 라이프니츠는 다음과 같이
말한다.

어느 누구라도 자신의 손해를 의무로 부과 받을 수는 없으며 더 나아
가 자신의 선 이외의 다른 어떤 것도 의무로 부과 받을 수 없다. 정의
란 분별력 있는 사람이 충분히 받아들일 수 있는 것이어야 하기 때문
이다. 또한 그런 사람을 그 자신에게 이익이 된다는 것 이외의 다른
근거를 들어 설득하는 일은 아예 불가능하므로 모든 의무는 반드시
유용해야만 한다. 따라서 우리는 이렇게 생각하는 사람들의 공통적인
견해로부터 두 가지 명제를 이끌어내는데 첫 번째는 모든 필연적인
것은 정의롭다는 것이며, 두 번째는 모든 의무는 (불의는) 유용하다는
(손해를 낳는다는) 것이다. (A.VI.1: 462/L.134)

또한 『자연법의 요소』 중 여섯 번째 주석에서 라이프니츠는 다음과
같이 말한다.

가 '합리적인 자기이익보다는 오히려 법칙의 힘을 동기로 삼는 것을 도덕적 강건함(덕)
의 특징으로' 여긴다고 주장한다(Johns 2009: 574). 하지만 이런 견해는 내가 이 장에
서 적절히 제시하려 하는, 라이프니츠의 실제 주장과는 상당히 동떨어진 것이다. 특히
라이프니츠가 덕이 있는 행위는 '법칙의 힘을 동기로 삼는다고' 생각했다는 주장은 내
가 위에서 논의한, 라이프니츠가 '우리를 올바르게 행위하도록 만드는 … 세 가지 원리'
를 구체적으로 제시한 대목에 비추어보면 결코 받아들일 수 없는 것이다. 세 원리 모두
에서 그는 자기이익이라는 동기를 강조하며, 원리 중 어떤 것에서도 자신의 선에 대한
관심과 전혀 무관한 '법칙의 힘'과 조금이라도 관련되는 내용을 찾을 수 없다. 존스의
해석은 대부분 라이프니츠의 초기 저술 『새로운 방법』에 등장하는, 라이프니츠가 푸펜
도르프의 저술에서 받아들인 여러 이론들을 무비판적으로 해석한 결과이며, 푸펜도르
프 자신은 신이나 인간이 내리는 처벌에 대한 두려움이 없다면 어떤 의무도 존재할 수
없다고 생각했다는 사실을 무시하고 있다(예를 들면 『보편법학요론』(*Elementorum
jurisprudentiae universalis libri duo*) 1권, 정의 12, §16 참조; 또한 Darwall 2012,
특히 230-7 및 Schneewind 1998: 134-8 참조). 또한 존스는 라이프니츠가 원숙기에
제시한 행위 이론도 크게 잘못 해석하고 있다. 여기서 이런 점들을 더욱 깊이 논의하기
에는 공간이 부족하므로 나는 이를 Brown 2016에서 더욱 상세히 다루었다.

선한 사람이 행하는 불의는 불합리한 것으로서 일종의 모순을 함축한다. 따라서 그로티우스는 권리와 의무를 도덕적 성질이라고 부른다. 이 말은 이들이 선한 사람의 속성이라는 의미로 이해되어야 한다. (A.VI.1: 480-1)

하지만 만일 권리와 의무가 선한 사람의 속성이라면 오직 선한 사람만이 실제로 덕을 갖출 의무를 지닐 수 있는 듯이 보인다. 라이프니츠가 다른 곳에서 말한 바는 이런 인상을 더욱 강하게 심어주는 듯하다. 예를 들면 그는 '의무란 … 선한 사람으로 불리기를 원하는 자에게 확실히 부과되는 도덕적 필연성'이라고 말한다(A.VI.4: 2850). 하지만 더욱 정확한 견해는 다음의 대목에서 드러난다.

권리는 일종의 능력이며, 의무는 정의를 실현하려는 사람에게 할당되거나 부과되는 필연성이다. 의무는 또한 손해를 입지 않으려는 사람에게도 적용될 수 있다. 현명한 사람이라면 누구나 이미 이해하듯이 그리고 현명하지 못한 사람이라면 자신의 불행을 통해서 배울 수 있듯이 현자는 경건함이나 정의, 겸손함에 어긋나는 행위를 아예 행할 수가 없다. 그런 행위는 선한 도덕에 반대되고, 한마디로 행해져서는 안 될 것이기 때문이다. 그런 행위와는 정반대로 덕을 추구하고 칭찬받아 마땅한 행위, 특히 경건함을 기르는 행위는 모든 사람에게 가장 유용한 것이기도 하다. (M.2)

실제로 정의로운 사람뿐만 아니라 겉으로만 정의로운 사람에게도 의무는 성립하며, 이들 모두에게 의무는 그들 자신의 선에 대한 관심으로부터 등장한다. 하지만 진정으로 정의로운 사람은 정의로운 행위 자체에서 자신의 선을 발견하는 반면 겉으로만 정의로운 사람은 외부의 보상을 받고 처벌을 피할 희망이 있을 경우에만 정의롭게 행위한다.

현자들의 관점에서 보면 종교와 명예, 덕에 대한 사랑 등은 모두 같은 것이다. 그들은 행복하게 사는 것이 곧 완전성에 이르려고 노력하고, 본성의 인도에 따르며, 전체를 향한 최선의 방식을 선택하고, 모든 것을 창조한 최고의 존재가 드러내는 섭리가 최선의 길을 제시한다고 확신하는 것임을 알기 때문이다. 이제 이런 사람은 다른 무엇보다도 신을 사랑하는 일이 필요함을 깨닫는다. 더욱이 그는 안정되고 행복한 삶을 누리지 않을 수 없다. 그는 신을 사랑함으로써 모든 것이 선하게 변화하며, 선한 사람은 마침내 신의 친구가 된다는 점을 알기 때문이다. 따라서 그는 보상과 처벌에 좌우되지 않으며 마치 덕이 베푸는 뜻밖의 선물과도 같은 행복을 기꺼이 누린다. 아니 마음에 큰 즐거움을 주는, 현자가 도달한 덕 자체가 곧 덕에 대한 보상이라고 여긴다. 설령 진정한 지혜에 도달하지 못한 사람이라 할지라도 종교적 믿음을 통해 자신의 명예를 어느 정도 높일 수 있다. (A.VI.4: 2779-80)

겉으로만 선한 사람은 오직 외부의 보상과 처벌의 회피를 위해서만 정의의 요구에 따라 행위하므로 진정으로 선하지는 않다. 그 또한 비록 잘못된 동기에서이기는 하지만 정의롭게 행위하므로 종교는 ─ 신에 대한 두려움은 ─ '그의 명예를 어느 정도 높이는 데 기여한다.' 하지만 라이프니츠는 다시 한 번 다음과 같이 말한다.

최고의 존재가 내리는 보상의 희망이나 처벌의 두려움 때문이 아니라 정신의 성향에 의해 덕이 있게 행위하는 사람이야말로 진정으로 정의롭게 행위하는 사람이다. 그는 신의 정의를 인간의 관점에서 모방한, 최선의 방식으로 정의롭게 행위하는 사람이기 때문이다. 이제 신과 이웃을 사랑해서 선을 행하는 사람은 자신의 행위 자체에서 즐거움을 느끼므로 (이것이 바로 사랑의 본질이므로) 다른 어떤 동기나 최고 존재의 명령 등을 필요로 하지 않는다. 이런 사람에 대해서는 정의로운 사람이 되기 위한 법칙을 확립할 필요조차 없다고 말할 수 있다. 이런 주장에 대해 오직 법칙이나 강제가 정의를 규정한다는 근거에서 매우 광범위한 반박이 제기될지도 모른다. 하지만 이런 반박은 정신이 위와 같은 완전성의 수준에 도달하지 못한 사람은 오직 보상의 희망이나 처벌의 두려움에 의해서만 의무를 인식한다는[obligari] 사실을 당연시함으로써만 성립한다. 그런 사람은 특히 죽은 후에도 벗어날 수 없는 신의 응보와 징벌을 기대함으로써 법칙과 형평성을 준수해야 할 절대적이고 보편적으로 타당한 필연성을 발견하게 된다.[8]

보상을 바라고 처벌을 피하기 위해 행위하는 사람과는 달리 진정으로 정의로운 사람은 일종의 사랑을 동기로 삼아 행위하는데 이는 또한 그가 느끼는 즐거움의 원천이기도 하다.

공평한 사랑

『자연법의 요소』 중 네 번째 주석에서 라이프니츠는 '어느 누구도 자신의 선을 추구하는 것 이외에는 아무것도 의도적으로 행하지 않는다'

---

[8] Du.IV.3: 280-1/R.72; M.60-3/R.57-9 참조. 여기서 라이프니츠가 정의로운 사람과 그렇지 못한 사람의 동기를 서로 대비한다는 점은 주목할 만하다. 그는 정의롭지 못한 사람은 보상의 희망과 처벌의 두려움이라는 동기에 의해 의무를 지게 된다고 말하는데, 이는 정의로운 사람은 정의롭게 행위하는 데서 얻는 즐거움을 동기로 삼아 의무를 지게 된다는 점을 명백히 암시한다. 동기와 의무 사이의 연결점에 대해서는 또한 M.60, 64/ R.58, 60, Du.IV.3: 279-80/ R.71 참조.

는 이전의 주장을 다시 언급한 후 다음과 같은 질문을 던진다. '그런데 이제 우리가 다른 사람들의 선까지도 오직 우리 자신의 [propter nostrum] 선을 위해 원한다는 점을 거부한다는 사실에 비추어 볼 때 어떻게 이런 견해가 내가 앞에서 말한 바, 곧 우리는 우리 자신의 선에 근거하지 [boni nostri causa] 않고서는 아무것도 원하지 않는다는 주장과 조화를 이룰 수 있는가?'[9] 이 질문에 대한 그의 대답은 다음과 같다. '이런 일은 명백히 이전에는 사람들이 거의 주목하지 않았던 어떤 원리에 의해서 일어나는데, 이 원리는 신학뿐만 아니라 진정한 법학에도 큰 도움이 될 것이다. 의심의 여지없이 이 문제는 전적으로 사랑의 본질과 관련된다'(A.VI.1: 463-4/L.136). 또한 『영원한 법 제도의 출발점』(Initium institutionum juris perpetui)이라는 저술에서 다음과 같이 지적한다.

> 법학, 곧 자유와 의무에 관한 학문 또는 어떤 제시된 경우 또는 사실을 다루는 학문은 분별력을 필요로 한다. 법학이 실용적인 것임에도 내가 그것을 학문이라고 부르는 까닭은 법학의 모든 명제들이 오직 선한 사람이 내리는 정의(定義)로부터 논증될 수 있으며 귀납이나 사례에 의존하지 않기 때문이다. 물론 그런 명제들은 다양한 법들 사이의 조화를 통해, 분별력을 갖춘 사람들이 글로 쓰거나 또는 쓰지 않은 합의를 통해 또는 사람들이 공통적으로 내는 목소리를 통해 매우 명확하게 드러나기도 하며 심지어 논증의 능력이 부족한 사람들의 저술을 통해 확인되기도 한다. (M.1-2)

---

9) 라이프니츠가 일종의 전문 용어로 사용한 'boni nostri causa'와 'propter nostrum [bonum]'에 관한 더욱 상세한 논의는 Brown 2011, 특히 279 이하 참조.

법학이 오직 선한 사람들이 내리는 정의로부터 논증될 수 있는 까닭은, 『자연법의 요소』 중 다섯 번째와 여섯 번째 주석에서 드러나듯이 라이프니츠가 선한 사람을 '누구든 모든 사람들을 사랑하는 사람'으로 정의하기 때문이다(A.VI.1: 466, 481). 또한 그는 '우리는 그들의 행복이 우리를 즐겁게 만드는 사람들을 사랑한다'고 말한 후 '이런 정의로부터 신학과 도덕[re morali]의 매우 아름다운, 수많은 중요한 정리들이 도출될 수 있다'고 지적한다(A.VI.1: 482).

어쩌면 라이프니츠가 사랑에 대한 정의로부터 도출된다고 생각한 가장 중요한 정리는 우리가 다른 사람들의 선을 그 자체로 추구할 수 있으며, 추구해야 한다는 것인 듯하다. 『자연법의 요소』 중 네 번째 주석에서 라이프니츠는 다음과 같이 말한다.

> 우리는 다른 사람들의 선을 두 가지 방식으로 원할 수 있다. 하나는 그것을 우리 자신을 위해[propter nostrum] 원하는 것이며, 다른 하나는 마치 그것이 우리의 선인 듯이[quasi nostrum] 원하는 것이다. 전자는 타산적인 사람의 방식이며, 후자는 사랑하는 사람의 방식이다. 전자는 주인이 하인을 사랑하는 방식이며, 후자는 아버지가 아들을 사랑하는 방식이다. 또한 전자는 어려움에 빠진 사람이 자신을 도와주는 기관을 대하는 방식이며, 후자는 사랑에 빠진 사람이 연인을 대하는 방식이다. 전자는 다른 사람들의 선이 아닌 다른 무언가를 바라는 경우이며, 후자는 다른 사람들의 선 자체를 바라는 방식이다. 하지만 여기서 어떻게 다른 사람들의 선을 우리 자신의 선과 동일하게 여길 수 있는가, 결국 그것을 우리 자신을 위해 추구하는 것이 아닌가라는 질문이 등장할 수 있다. 왜냐하면 다른 사람들의 선은 어떤 다른 방식으로, 곧 일종의 수단으로서는 우리 자신의 선일 수 있을지 몰라도 그 자체가 우리의 목적일 수는 없기 때문이다. 하지만 사실은 이와

정반대이다. 앞의 질문에 대해 나는 다음과 같이 대답한다. 다른 사람들의 선은 우리에게 즐거움을 주기 때문에 목적으로서도 우리 자신의 선일 수 있고 그 자체로 추구될 수 있다. 나는 우리에게 즐거움을 주는 모든 것들은 그 자체로 추구되며, 그 자체로 추구되는 것은 무엇이든지 즐거움을 준다고 생각한다. 다른 것들은 즐거움을 주는 것들을 위해 추구된다. 곧 즐거움을 주는 것들을 얼마나 산출하며, 유지하며, 그와 반대되는 것들을 얼마나 제거하는지에 따라 추구된다. (A.VI.1: 464/L.136)

뒤이어 그는 다음과 같은 결론을 내린다. '따라서 정의란 분별력을 갖추고 (또는 더욱 큰 고통의 원인을 낳지 않는 한에서) 다른 사람들을 사랑하는 (또는 다른 사람들의 선을 추구하고 다른 사람들의 선 자체를 보고 기뻐하는) 습관이라고 할 수 있다'(A.VI.1: 465). 라이프니츠가 『자연법의 요소』 중 다섯 번째 주석에서 여러 정리들을 이끌어내는 과정을 보면 그는 선한 사람과 사랑에 대한 정의(定義)에서 시작해 거의 두 페이지에 걸쳐 정의(正義) 및 사랑과 관련되는 정리들을 다룬다. 여기서 그는 '모든 정의로운 것들은 결국 모든 사람을 사랑하는 경우를 통해 파악된다'는 데서 출발해 '누군가를 (또는 어느 누구든) 사랑하는 데 필요하지 않은 것은 무엇이든 간에 의무가 아니라는' 것으로 끝맺는다(A.VI.1: 472, 473).

라이프니츠는 우리로 하여금 다른 사람들의 선을 그 자체로 추구하도록 만드는 사랑을 '공평한 사랑'(disinterested love)이라고 부르면서, '진정으로 공평하게 사랑하는 것은 곧 대상의 완전성 또는 행복에서 즐거움을 발견하도록 우리를 이끄는 것일 따름'이라고 말한다(A.II.3: 441/W.566). 라이프니츠의 견해에 따르면 우리의 즐거움은 사실 우리 자신의 완전성이 증가하는 것을 깨닫는 데서 등장하는데,[10] 이는 또한 우리가 어떤 방식으로든 우리 자신에게 전달될 수 있는 다른 것들의 완전성을 지각하거나 파악한 결과로 생겨난다. 이에 대해 다음과 같은 예를 들 수 있다.

> **즐거움은 어떤 완전성을 느끼는 것인데**, 즐거움을 낳는 완전성은 우리 자신에게서 뿐만 아니라 다른 것에서도 발견된다. 우리 자신이 완전성을 의식할 때 이런 지식 자체가 우리 안의 어떤 완전성을 자극하게 된다. 완전성에 대한 표상 또한 일종의 완전성이기 때문이다. 이것이 바로 우리가 더욱 큰 완전성을 지니는 대상과 익숙해지는 일이 바람직한 까닭이다. 그리고 우리가 즐거움을 얻는 것을 방해하는 증오와 질투를 피하는 일 또한 필요하다. (Gr.582; G.7: 86/L.425 참조)

우리로 하여금 우리가 사랑하는 사람들에게 도움이 되는 행위를 보고 즐거움을 느끼게 만드는 것이 바로 **공평한** 사랑의 본질이다. 진정으로 덕을 갖춘 사람은 신의 완전성에서 즐거움을 느낀다. 그런 사람은 자신이 사랑하는 존재를 인식한 후 그의 완전성을 보존하고 확장하도록 이끌리기 때문이다. 또한 그는 도덕적 덕을 발휘함으로써 자신의 의지 자체의 완전성도 상승시키며, 이렇게 도덕적 완전성이 상승함을 인식함으로써 즐거움을 느낀다. 그가 도움을 베푸는 사람들의 완전성이 상승하면 이 또한 그들에게 즐거움을 낳는데 이런 즐거움이 그에게도 전해진다. 따라서 그는 그들을 더욱 사랑하게 되며 그들에게 더욱 큰 도움을 베풀게 된다. 이와 마찬가지로 도움을 받는 사람들도 자신의 완전성이 상승하는 것을 인식하고 이로부터 즐거움을 느낀다. 그리고 이

---

[10] 예를 들면 A.VI.4: 2760, 2849, 2871 참조.

들도 도움을 주는 사람을 당연히 사랑하게 되고 그의 완전성을 전달받고 이에 고무되어 결국 그에게 도움을 주려는 성향을 지니게 되며 자신들이 사랑하는 다른 사람들도 돕게 된다. 이를 통해 그들은 결국 자신 안에서 신의 완전성을 인식하는 수준에 이르게 된다. 공평한 사랑을 실천하는 사람들로 이루어진 공동체야 말로 라이프니츠가 생각한 도덕적 이상이다. 그런 공동체는 계속 다른 사람에게 전달되는 본성을 지닌 완전성 자체와 이로부터 등장하는 사랑에 기초해 끊임없이 더욱 큰 완전성을 향해 나아가기 때문이다. 각자의 완전성은 다른 사람의 완전성에 의해 강화되고 상승되므로 전체의 완전성은 각자의 완전성을 구성하는 요소가 된다.[11]

라이프니츠에 따르면 '내가 보기에 지혜란 다름 아닌 행복에 관한 학문이다. … 나 지산의 선에 대한 지식인 지혜는 우리를 정의로, 곧 다른 사람들의 선을 합당하게 증진하는 데로 이끈다'(M.54, 58/R. 54, 57; A.II.3: 441/W.567 참조). 그리고 『자연법의 요소』 중 네 번째 주석에서 라이프니츠는 법학에 대해 논의하면서도 이런 방식을 도입한다.

> 이제 개인들이 행복해지려면 왜 모든 사람들의 선을 산출해야 하는지를 곰곰이 생각해 이런 선이 결국 그들 자신에게 되돌아온다는 사실을 보이는 것만으로도 법학의 씨를 뿌리기에 충분하다고 생각한다. 이런 사실을 보이는 것은 곧 법과 형평성을 구성하는 요소를 공표하는 것이기도 하다. 이제 우리는 이를 천상의 축복과 더불어 실현해나가려 한다. (A.VI.1: 460/L.133)

---

11) 따라서 라이프니츠는 '탁월한 사람 및 대상들과 밀접한 관계를 유지하는 사람은 이 결과로 더욱 탁월한 사람이 된다는 사실을 조금도 의심할 수 없다'고 지적한다(G.7: 86/ L.425).

현자는 다른 사람들의 행복이 자신의 행복을 구성하는 요소임을 안다. 현명하고 진정으로 정의로운 사람은 다른 사람들의 선에서 자신의 선을 발견하며, 그는 본성적으로 다른 사람들의 선을 그 자체로 추구할 의무를 받아들인다. '도덕은 올바른 이성이나 분별력 또는 자기 자신의 선에 대한 배려를 자신의 본성으로 만드는 것이다'(Gr.721). 그리고 앞서 살펴본 바대로 라이프니츠는 '신과 이웃에 대한 사랑에서 선을 행하는 사람은 그런 행위 자체에서 즐거움을 발견하며 (이것이 바로 사랑의 본성이므로) 다른 어떤 동기도 필요로 하지 않는다'(Du.IV.3: 280-1/ R.72). 라이프니츠는 학자이며 시인인 니케즈(Claude Nicaise)에게 보낸 1698년 5월 14일자 편지에서 다음과 같이 말한다.

> 나는 [사랑에 대한] 정의를 내가 쓴 (*Codex diplomaticus juris gentium*)의 서문에서 설명했는데 … 그 까닭은 내가 **정의**(正義)에 대한 정의(定義)를 필요로 했기 때문입니다. 나는 정의가 지혜를 통해 조절되는 자선(charity) 이외의 다른 어떤 것도 아니라고 생각합니다. 이제 자선은 보편적 자비심(benevolence)이고, **자비심**은 사랑하는 습관이므로 사랑에 대한 정의가 필요합니다. 또한 **사랑한다는** 것은 우리가 사랑하는 대상을 행복하게 만드는 것에서 즐거움을 느끼는 감정이며, (정의의 규칙을 형성하는) **지혜**란 행복에 관한 학문일 따름이므로 나는 이런 분석을 통해 행복이 정의의 기초임을 보였다고 생각합니다. 또한 아직 다른 사람들이 적절히 밝히지 못했던 바, 곧 법학의 진정한 구성 요소를 제시하려는 사람은 행복에 관한 학문을 확립하는 데서 시작해야 한다는 점을 보였다고도 생각합니다. 하지만 이런 학문은 아직 확립되지 못한 듯합니다. 도덕철학에 관한 책들은 최고로 선한 존재가 내리는 축복에 관한 논의로 가득 차있지만 내가 지적한 바도 포함되어야 한다고 생각합니다. (A.II.3: 441/W.567)

결국 라이프니츠가 자연법과 도덕의 진정한 기초로 여긴 것은 공평한 사랑과 그것이 산출하는 행복이라고 할 수 있다.

저술의 생략형

A   German Academy of Sciences (ed.) *G.W. Leibniz: Sämtliche Schriften und Briefe*. Berlin: Akademie Verlag, 1923-. 부, 권, 면수로 인용출처를 표시함.

AG   Ariew, R., and Garber, D. (eds. and trans.) *G.W. Leibniz: Philosophical Essays*. Indianapolis, Ind.: Hackett, 1989.

Du   Dutens, L.L. (ed.) *G.G. Leibnitii Opera Omnia*, 6 vols. Geneva, 1768. 권, (필요한 경우) 부, 면수로 인용출처를 표시함.

G   Gerhardt, C.I. (ed.) *Die Philosophischen Schriften von Leibniz*, 7 vols. Berlin: Weidmann, 1875-1890; reprinted Hildesheim: Georg Olms, 1971. 권, 면수로 인용출처를 표시함.

Gr   Grua, G. (ed.) *G.W. Leibniz: Textes inédits d'après des manuscrits de la Bibliothèque provincial d'Hanovre*. Paris: Presses Universitaires de France, 1948.

H   Huggard, E.M. (trans.) *G.W. Leibniz: Theodicy: Essays on the Goodness of God, the Freedom of Man, and the Origin of Evil*. LaSalle, Ill.: Open Court, 1985.

K	Klopp, O. (ed.) *Die Werke von Leibniz*, erste Reihe, eleven vols. Hannover: Klindwort, 1864–1884. Vols. 7–11 reprinted Hildesheim: Georg Olms, 1970–1973. 권, 면수로 인용출처를 표시함.
L	Loemker, L.E. (ed. and trans.) *G.W. Leibniz: Philosophical Papers and Letters*, 2nd edn. Dordrecht: Reidel, 1969.
M	Mollat, G. (ed.) *Mittheilungen aus Leibnizens ungedruckten Schriften*. Leipzig: H. Haessel, 1893.
Mantissa	Leibniz, G.W. *Mantissa codicis juris genium diplomatici*. Hannover, 1700.
R	Riley, P. (ed. and trans.) *The Political Writings of Leibniz*. Cambridge University Press, 1972.
RB	Remnant, P., and Bennett, J. (eds. and trans.) *G.W. Leibniz: New Essays on Human Understanding*. Cambridge University Press, 1981.
W	Wiener, P.P. (ed. and trans.) *Leibniz: Selections*. New York: Scribner's and Sons, 1951.

참고문헌

제일 뒤의 * 표시는 특히 중요한 참고문헌임을 나타낸다.

Brown, Gregory 1995. 'Leibniz's Moral Philosophy', in Jolley 1995: 411–41.*

Brown, Gregory 2016. 'Leibniz on the Ground of Moral Normativity and Obligation', *The Leibniz Review* 26: 11–62.*

Brown, Gregory 2011. 'Disinterested Love: Understanding Leibniz's Reconciliation of Self- and Other-Regarding Motives', *British Journal for the History of Philosophy* 19: 265–303.*

Darwall, Stephen 1995. *The British Moralists and the Internal 'Ought'*. Cambridge University Press.

Darwall, Stephen 2012. 'Pufendorf on Morality, Sociability, and Moral Powers', *Journal of the History of Philosophy* 50: 213–38.

Hostler, John 1975. *Leibniz's Moral Philosophy*. London: Duckworth.*

Johns, Christopher 2006/2007. 'Deontic Foundations in Leibniz's Practical Philosophy', *Studia Leibnitiana* 38/39: 131–55.

Johns, Christopher 2009. 'The Grounds of Right and Obligation in Leibniz and Hobbes', *The Review of Metaphysics* 62: 551–74.

Jolley, Nicholas 1995. *The Cambridge Companion to Leibniz*. Cambridge University Press.

Schneewind, J.B. 1998. *The Invention of Autonomy*. Cambridge University Press.

22장

스피노자

스티븐 내들러(Steven Nadler)

스피노자(Benedictus/Baruch/
Bento de Spinoza, 1632-1677)는 대표적인 철학 저술 『에티카』
(*Ethica*)에서 신과 자연을 동일시하고, 전체 자연을 관통하는 엄격한
인과적 결정론을 옹호하고, 인간의 정신과 신체가 '하나의 동일한 것'
인데 단지 자연의 서로 다른 '속성'(곧 사고와 연장성) 아래서 고려된
것에 지나지 않는다는 주장을 편 것으로 유명하다. 하지만 이 책에 등
장하는 형이상학과 인식론적 주제에만 집중한다면 이는 이성을 적절히
사용하고 덕을 발휘하는 데 기초하는 인간의 자유와 행복에 대해 설명
하려는 스피노자의 근본 의도를 잘못 파악하는 일이 될 것이다.[1]

---

[1] 특히 도덕철학자로서의 스피노자를 다룬 연구로는 Curley 1973, Garber 2004, Garrett 1996, LeBuffe 2010, Kisner 2011, Kisner and Youpa 2014에 수록된 논문들, Matheron 1971, Miller 2005 등을 들 수 있다.

이기주의

인간 본성의 형이상학적, 인식론적 기초를 설명하고 난 후 『에티카』의 3부에서 스피노자는 자신이 '활동 역량[potentia agendi]' 또는 '존재하려는 힘'[vis existendi]이라고 번갈아 부르는 바에로 주의를 돌린다. 자연의 모든 개체는 하나의 동일한, 무한한 역량인 신 또는 자연을 부분적으로 또한 제한적으로 표현한다. 모든 개별적인 정신은 사고를 통해 신 또는 자연의 무한한 역량을 유한하게 표현한다. 마찬가지로 모든 개별적인 물체는 질료와 운동을 통해 신 또는 자연의 무한한 역량을 유한하게 표현한다. 각각의 개체를 구성하는, 이렇게 표현되는 역량의 유한한 양을 스피노자는 코나투스(conatus)라고 부르는데 이 용어는 노력, 경향 또는 추구 등으로 다양하게 번역될 수 있다.

모든 특수한 개체에서 이렇게 유한하게 규정되는 역량은 자기 자신을 보존하려는 노력으로 나타난다. 스피노자는 '각각의 개체는 자신의 역량을 통해 가능한 한 자신의 존재를 보존하려고 노력한다고'(IIIp6) 말한다.[2] 모든 것은 ― 정신이든 물체든 간에 ― 현존하려는 일종의 관성을 지니는데 이런 관성을 통해 자신을 파괴하고 약화시키려는 또는 더욱 나쁘게 변화시키려는 모든 시도에 저항할 뿐만 아니라 자신의 보존에 도움이 되는 것을 적극적으로 추구하기도 한다. 스피노자 도덕 심리학의 핵심에는 코나투스라는 형이상학적 개념이 놓여있다.

스피노자는 정서 또는 감정을 일반적으로 코나투스에서 일어나는 변화로, 곧 개체가 지닌 활동 역량이 더욱 큰 상태에서 작은 상태로 또는

---

[2] 『에티카』에서 인용한 부분은 널리 사용되는 표준적인 방식에 따라 부(로마숫자), 정의(def), 정리(p), 증명(dem), 주석(s), 따름정리(c)로 출처를 표시했다. 또한 스피노자 저술 편집본의 경우 G는 Spinoza 1925, C는 Spinoza 1984를 나타낸다.

이와는 반대로 이행하는 것이라고 정의한다. 수동적 정서 또는 정념은 개체의 역량이 어떤 외부적인 원인에 의해 이행되는 것을 의미한다. 예를 들면 기쁨(laetitia)은 활동 역량이 더욱 큰 상태로 이행하는 것이며 슬픔(tristitia)은 활동 역량이 더욱 작은 상태로 이행하는 것인데, 이들은 모두 어떤 대상에 의해서 발생된다. 코나투스 또는 역량의 이런 변화는 행위자가 행하려는 것들의 근본적인 동기를 제공하는 기초로 작용한다. 행위자가 추구하거나 회피하려는 것들, 그의 행위 선택이나 무엇이 좋고 나쁜가에 대한 판단 등은 모두 기쁨과 슬픔, 사랑과 미움, 쾌락과 고통에 의해서, 달리 말하면 자신의 존재를 보존하려는 노력이 다양하게 변형됨으로써 이루어진다. 우리는 무언가를 사랑하기 때문에 그것을 원하고 추구하며, 그것이 우리의 능력을 향상시킨다는 점과 그런 방식을 알기 때문에 그것을 사랑한다. '우리는 우리에게 기쁨을 낳으리라고 생각되는 모든 것을 실현하려고 노력한다. 이와 반대로 우리에게 슬픔을 낳으리라고 생각되는 모든 것을 회피하거나 파괴하려고 노력한다'(IIIp28). 달리 표현하면 우리는 우리의 행복을 증진하리라고 생각되는 것들을 항상 그리고 필연적으로 욕구하며 그것을 얻기 위해 노력한다. 그렇다면 스피노자의 관점에서 인간은 철저히 이기적인 (또는 쾌락주의적인) 행위자이다.[3]

선

스피노자는 『에티카』의 4부를 가장 기본적인 윤리적 개념들, 곧 선과

---

[3] 의식적인 동기에 관한 스피노자의 견해가 일종의 이기주의 또는 쾌락주의를 통해 가장 잘 설명될 수 있는가라는 문제는 LeBuffe 2010: 128-36에서 논의된다.

악 및 완전함과 불완전함에 관해 고찰하는 머리말로 시작한다. 그는 이런 용어들이 사물의 절대적이고 고유한 특성, 곧 다른 무엇과도 (특히 행위자로서의 인간과) 무관하게 그것이 지니는 속성을 지시하지는 않는다고 주장한다. 이런 주장은 그 무엇도 다른 것과의 관계를 생각하지 않고 오직 그 자체로만 고려한다면 최소한 규범적인 의미에서는 선하지도 악하지도, 완전하지도 불완전하지도 않다는 스피노자의 자연주의로부터 도출된다. 존재하는 모든 것은 그저 존재할 뿐이다. 더 이상 덧붙일 말이 없다!

'선'과 '악'(그리고 '완전함'과 '불완전함')이 고유한, 세계와 무관한 어떤 특성을 나타내지 않는다면 이런 용어들은 규범적인 의미에서 사물들이 어떤 정해진 전형 또는 모범과 어느 정도 일치하는지를 평가하는 기준과 관련될 뿐이다. 이런 사실을 가장 명확하게 드러내는 경우는 인공물에 대한 평가이다. 예를 들면 어떤 건물은 건축가가 처음에 생각했던 개념과 어느 정도 일치하는가에 따라 더욱 또는 덜 완전하다고 여겨지므로 이 개념은 완성된 결과물을 평가하는 기준으로 사용된다. 이런 평가의 습관은 인간이 자연 안에 있는 여러 종류의 것들에 대해 보편 관념을 형성할 경우 자연의 대상에까지 확장된다. 예를 들면 우리는 경험을 통해 말(馬) 또는 나무에 대한 어떤 이상적인 모델을 형성한다. 우리는 이런 모델과 얼마나 일치하는가에 따라 특정한 말이나 나무를 '완전하거나' 아니면 '불완전하다고' 부르는데 이 모델은 우리가 제멋대로 만들어낸, 임의로 채택한 것에 지나지 않는다.

이와 동일한 분석을 '선'과 '악'에도 적용할 수 있다. 이런 가치 평가적인 용어는 마찬가지로 하나의 대상이 어떤 기준 또는 모델과 어떤 관계를 맺는가라는 맥락에서 이해되어야 한다. 무언가가 어떤 목적에 대한 효과적인 수단으로 작용할 때 그것은 선한(좋은) 것이 된다. 더욱 상세히 말하면 모든 개인은 본성적으로 그리고 필연적으로 자신의 역량을 극대화하려고 노력하므로 그 개인에게 자신의 행복을 증진하고 자신을 어떤 정해진 이상에 더욱 가까이 다가가도록 만드는 듯이 보이는 것은 '선'으로 규정된다. 반면 한 개인의 역량이나 행복으로 인식되는 바를 방해하는 것은 '악' 또는 '나쁨'으로 여겨진다. 이 결과 '선'과 '악은' '완전함'이나 '불완전함'과 마찬가지로 순전히 상대적인 (곧 어떤 개인이 지닌 이익의 개념에 따라 좌우된다는 의미에서 상대적인) 것이 되며, 우리는 한 개인에게 선한 것이 다른 개인에게는 선하지 않은 경우를 수없이 발견한다(IV, 머리말, G 2:208/C 1:545).

그렇다면 한 개인이 얼마나 완전한가 또는 무언가가 어떤 개인에게 '선한가' 그렇지 않은가를 규정하는 데 흔히 사용되는 이런 기준 또는 모델 자체는 매우 주관적인 듯이 보인다. 이상적인 나무 또는 이상적인 인간에 대해 한 개인이 형성하는 개념은 다른 개인이 형성하는 개념과 얼마든지 다를 수 있다. 그들의 경험이 서로 다르고, 그들이 추상적인 일반 관념을 형성하는 근거로 사용하는 개별적인 요소들뿐만 아니라 그들이 개념을 형성하면서 주목하는 개별적인 요소들의 특징 또한 서로 다르기 때문이다. 이런 관점에서 보면 '선'은 누군가의 이익을 증진한다고 '여겨지는 바'를 지시한다고 보는 것이 적절하며, 우리가 이상적인 삶이라고 생각하며 우리 자신에게 이익이 된다고 믿는 바를 전제한 후 이에 (그런 이상에 대한 수단으로) 도움이 된다고 여겨지는 무언가를 '선'으로 규정하는 것이 사실인 듯하다. 하지만 이런 것들에 대한 우리의 믿음이 참이라는 보장이 없으며, 더 나아가 우리의 믿음을 다른 사람들이 공유한다고 생각할 근거도 전혀 없다. 사실 기준이나 모델의 형성 자체가 한 개인의 지극히 특수한 욕구에 크게 의존하므로 무엇이 선하고 완전한가에 대한 판단 또한 개인의 욕구에 의존하지 않을 수 없다.

만일 이것이 스피노자가 '선'과 '악'에 관해 말한 바 전부라면 그는 가장 중요한 도덕적 용어를 주관주의적으로 해석했다는 부담을 질 수밖에 없다. 하지만 그는 '선'과 '악'이 세계의 실재하는 고유한 특성을 의미하지는 않지만 이런 상대주의적인 의미를 포기하지 않으면서도 '우리는 이런 용어를 유지해야 한다고' 지적한다. 스피노자는 이들이 맥락에 따라 상대적일 수 있지만 동시에 더욱 객관주의적인 의미도 지닐 수 있다고 생각하기 때문이다. 스피노자는 사실상 객관적인 기준으로 사용되는 구체적인 이상이 존재하며, 이런 기준에 따라 다양한 것들을 인간에게 진정으로 '선하다고' 판단할 수 있다고 믿는다. 따라서 인간 본성의 완전성을 객관적으로 드러내는, 특정한 종류의 개인과 삶이 존재한다.

> 우리는 인간 본성의 모범이라고 볼 수 있는 것을 인간의 이상으로 만들기를 원하므로 내가 앞서 보였던 의미를 지니는 용어들을[선과 악을] 유지하는 것이 유용하리라 생각된다. 따라서 나는 지금부터 우리 자신 앞에 놓인 인간 본성의 모범에 더욱 가까이 다가갈 수 있는 수단이 된다고 우리가 확실하게 인식하는 것을 선으로 이해하려 한다. 반면 우리가 이 모범과 같이 되는 일을 방해한다고 확실히 인식되는 것을 악으로 이해하려 한다. 다음으로 우리는 사람들이 이 모범에 더욱 다가갔는가 아니면 덜 다가갔는가에 따라 더욱 완전하다거나 덜 완전하다고 말하려 한다. (IV, 머리말, G 2:208/C 1:545)

이는 '선'과 '악'이 상대적인 용어가 아니라는 점을 의미하지는 않는다. 그 어떤 것도 어떤 기준이나 모델과 비교하거나 유용성을 따지지 않고 그 자체만으로 고려한다면 선도 악도 아니라는 점은 여전히 사실이다. 하지만 '선'과 '악'이 단지 제멋대로 형성된 개념이나 기준에 따라 상대적으로 정해진 것이라는 주관주의적 주장은 이제 더욱 객관적인, 형이상학적 근거에 기초한 모델로 대체된다. 이제 '선'은 '인간을 진정한 인간성의 더욱 완전한 표본에 더욱 가깝게 만드는 데 유용한 것'을 의미한다.[4] 인간성의 더욱 완전한 표본은 한 인간으로서 자신을 보존하는 역량을 극대화하는 또는 인간의 능동성을 극대화하는 개인을 의미한다. 곧 무언가가 한 개인의 코나투스가 증대되는 데 진정으로 기여할 경우 그것은 '선하다.'

따라서 스피노자는 4부에서 '선'을 '우리에게 유용하다고 우리가 확실히 인식하는 것'으로(IVdef1), '악'을 '어떤 선을 소유하는 것을 방해한다고 우리가 확실하게 인식하는 것'으로(IVdef2) 정의한다. 이런 정의는 또한 그가 IVp14에서 그저 '선과 악에 대한 하찮은 인식'과(예를 들면 IVp8 참조) 반대되는 '선과 악에 대한 참된 인식'을 언급하기 시작하면서 염두에 둔 바이기도 하다. 전자의 인식은 우리의 능력 중 어떤 일부분을 상승하게 만드는 무언가에 대한 우리의 정서적인 인식을 의미한다. 예를 들면 어떤 것은 즐거움과 쾌락의 근원이 되기 때문에 '선하다고' 판단된다. 하지만 이런 판단은 자주 오직 정념에 근거하므로 사물과 우리 자신에 대한 부적합한 지식을 기초로 형성된다. 반면 '선과 악에 대한 참된 인식'은 우리가 이성적으로 인식한 바로서 — 그저 우연한 경험이 아니라 적합한 관념으로부터 도출된 인식으로서, 단지 무언가가 우연히 (근시안적인 관점에서) 우리의 신체와 정신에 긍정적인 방식으로 미친 영향이 아니라 우리의 지성에 기초한다. 따라서 이런 인식은 더욱 완전하고 본질적인 방식으로 한 개인에게 이익이 되는

---

4) Miller (2005)는 스피노자가 상황과 관련된 상대적 가치와 상황과 무관한 상대적 가치를 구별했음을 올바르게 지적한다.

바, 곧 그를 온전한 개체로서 진정으로 더욱 강력한 상태로 인도하는 바에 기초한다. 이런 두 인식의 차이를 스피노자는 IVp35에 대한 증명에서 다음과 같이 요약한다. '우리가 이성의 명령에 따라 선 또는 악이라고 판단하는 것은 선 또는 악임에 틀림없다.'

덕

행위자의 역량 또는 노력은 우연적인 감각 경험이나 상상에 (또는 '부적합한 관념'에) 의해 인도되기도 하고 지식에 ('적합한 관념'에) 의해 인도되기도 한다. 한 개인의 코나투스 또는 욕구가 감각과 상상에 의해 인도될 경우 그는 잘못된 기초에 근거해 오직 스스로 자신에게 좋다고 믿는 바만을 추구한다. 반면 코나투스가 지식에 의해 인도될 경우 그는 자신의 활동 역량을 **실제로** 증가시키는 것들을 어김없이 안정적으로 행한다.

스피노자는 IVdef8에서 덕을 우선 역량으로 정의한다. 하지만 IVp18s에서는 — '덕은 본성에 따라 행위하는 것'이라는 고대 스토아 학파의 주장을 강하게 떠올리게 만들면서 — '덕은 … 오직 우리 자신이 지닌 본성의 법칙으로부터 행위하는 것'이라고 말한다. 그런데 모든 존재의 본성은 곧 자신의 코나투스 또는 자신의 존재를 계속 유지하려는 노력이다. 따라서 모든 존재의 본성이 지닌 법칙은 자신의 존재를 보존하기 위해 노력할 것을 명령한다. 이를 통해 스피노자는 '덕의 기초는 자기 자신의 존재를 보존하려는 노력, 오직 그것뿐'이라고 결론짓는다. 더욱 정확히 말하면 덕이 있는 개인은 자신이 지닌 본성의 법칙에 적절히 따름으로써 자신의 존재를 보존하기 위해 행위하는 사람이다. 달리 말하면 덕은 자신의 역량을 발휘하는 것일 뿐만 아니라 자신의 보존에 **성공하도록** 노력하는 것이다(IVp20dem). 반면에 덕 또는 역량이 부족한 사람은 '자신의 외부에 있는 것들이 자신을 인도하도록 내버려 두는, 곧 그 자체로 고려된 자신의 본성이 요구하는 바가 아니라 흔히 볼 수 있는 외부의 것들이 요구하는 바가 자신의 행위를 규정하도록 허용하는 사람이다'(IVp37s1).

이제 '자기 자신의 본성의 법칙에 따르는 것'과 '자기 자신의 이익을 추구하기 위한 노력'이 실제로 무엇을 의미하며 한 개인이 이런 개념을 어떻게 자신의 삶에서 실현할 수 있는지를 구체적으로 밝히면서 스피노자는 도덕적 이성주의를 분명히 드러낸다. 스피노자는 '자기 자신의 본성에 따르는 삶을' '이성의 인도에 따르는 삶'과 동일시한다. 자신의 본성에 따르는 삶을 살아가는 사람은 외부의 것들이 자신에게 영향을 미치지 않고 오직 자신의 본성 안에 적합한 원인을 지니는 것만이 자신에게 영향을 미치도록 하기 때문이다. 달리 말하면 그는 수동적이지 않고 능동적일 경우에만 자신의 본성에 따르는 삶을 살아간다. 또한 인간은 자신의 적합한 관념들에 따를 경우에만, 곧 부적합한 관념이나 정념들이 아니라 사물에 대한 이성적 지식에 따를 경우에만 능동적이 된다 — **영향을 받는** 것이 아니라 적극적으로 **작용하게** 된다.

이성의 인도는 스피노자가 (IVp18에서) '이성의 명령[dictamana rationis]'라고 부른 것을 통해 구체화된다. 이런 이성의 명령은 개인의 코나투스에 근거하며, 본성적 노력을 명제의 형식으로 표현해 해명한 것이라 할 수 있다. 이 명령은 다음과 같은 것들을 요구한다.

모든 사람은 자신을 사랑하며, 자신에게 진정으로 유용한 것으로서의 자신의 이익을 추구해야 한다. 인간을 실제로 더욱 큰 완전성으로 인

도하는 것을 원해야 하며, 모든 사람이 할 수 있는 한 자신의 존재를
보존하기 위해 노력해야 한다. (IVp18s)

더욱 중요한 것은 이성이 우리가 이런 공통적 목적을 실현할 수 있는
방법까지도 제공한다는 점이다. 이성은 개인의 특수성과 무관하게 보
편적이고 객관적으로 명령한다.

이성이 요구하는 첫 번째 것은 '우리가 덕을 오직 그 자체를 위해 원
해야 하며, 덕보다 우리에게 더 좋거나 유용한 것은 아무것도 없음을'
인정해야 한다는 것이다. 이성은 또한 우리가 '우리 외부에 있지만 우
리에게 유용한 많은 것들을' 소유하기 위해 노력해야 함도 명령한다
(IVp18s). 달리 말하면 스피노자의 덕은 우리를 세계로부터 물러나는
금욕적 삶이 아니라 오히려 세계 안에서 많은 식견을 갖추고 성공적으
로 살아가는, 이를 위해 여러 가지 것들을 효과적으로 사용하는 삶으로
인도한다. 덕이 있는 사람은 무엇이 자신을 **진정으로** 행복으로 이끌고
무엇이 그렇게 하지 않는지를 제대로 알 수 있다. 덕이 있는 사람은 무
엇이 자신에게 최선의 이익이 되는지를 정확히 구별하며, 자신의 보존
역량에 가장 크게 도움이 되는 바를 능동적으로 원하고 추구한다. 달리
말하면 그는 무엇이 진정한 선이며 무엇을 위해 노력해야 하는지를 제
대로 인식한다.

더욱이 이성적 존재에게 진정으로 선한 것은 지식이라는 사실이 밝
혀진다. 특히 이성이 인도하는 사람은 스피노자가 '적합한 관념'이라고
부르는 것을 추구하는데 이는 자연 자체에 대한 더욱 깊은 이해, 무엇
보다도 자연 안에서 자신이 차지하는 위치에 대한 이해를 의미한다. 이
런 이성적 지식은 모든 것들이 필연적으로 일어남을, 곧 그 어떤 신체
적, 정신적 사건이든 간에 '존재하는 원인과 그것이 산출한 결과 사이

의 무한한 연쇄에 의해 결정된다는' 사실을 알려준다. 이런 이해는 결국 정념과 그것이 우리의 삶에 낳는 혼란을 완화하는 것으로 이어진다. 스피노자는 '정신이 모든 것을 필연적인 것으로 이해하는 한 정신은 정서에 대해 더욱 큰 힘을 발휘하며, 정서의 영향을 덜 받는다고'(Vp6) 주장한다. 어떤 사람이 무언가가 필연적이라는 점을 깨닫게 되면 그는 그것에 의해 덜 동요되기 때문이다. 무언가를 얻거나 잃는 일이 자신의 의지에 달린 것이 아니라 무한히 많은 인과적 요소에 의해 필연적으로 결정된다는 점을 알게 되면 그의 욕구나 분노, 희망이나 공포는 점차 사라진다.

스피노자는 인간의 모든 정서가 최소한 정념인 한 끊임없이 우리 외부의 것들을 향하며, 이 때문에 외부의 것들과 그들의 성향이 우리에게 다양한 영향을 미친다는 점을 보였다. 우리는 정념과 욕구에 의해 자극되어 우리에게 기쁨 또는 슬픔을 준다고 여겨지는 것들을 추구하거나 회피한다. 이렇게 동요되는 삶은 곧 예속[servitus]일 뿐이다. 그는 쉽게 변하므로 우리가 잠시 소유할 때조차도 결코 완전히 우리의 역량 아래 둘 수 없는 것을 지나치게 사랑하여 고통을 겪는 일은 일종의 질병이라고 말한다.

> 마음의 질병과 불행은 특히 끊임없이 변하기 쉽고 우리가 결코 완전히 소유할 수 없는 것에 대한 지나친 사랑에서 비롯된다. 왜냐하면 어느 누구도 자신이 사랑하지 않는 것에 대해 불안해하거나 걱정하지 않으며 또한 아무도 완전히 소유할 수 없는 것을 사랑하는 경우가 아니라면 악행을 저지르고 의심하고 적의를 품는 일을 하지는 않기 때문이다. (Vp20s)

반면 모든 것이 필연적임을 깨달은 사람은, 특히 자신이 소중하게 여기는 대상을 얻거나 잃는 일이 자신의 통제 아래 있지 않다는 사실을 깨달은 사람은 그것을 얻거나 잃었을 때 감정의 지배를 덜 받게 된다. 우리는 모든 물체와 그것의 상태 그리고 다양한 관계들이 — 우리 자신의 신체 상태까지 포함해 — 물질의 본질과 물리학의 보편 법칙으로부터 필연적으로 도출된다는 사실을 안다. 또한 우리는 정신의 모든 속성까지 포함해 모든 관념들이 사고의 본질과 그것의 보편 법칙으로부터 필연적으로 도출된다는 사실도 안다. 이런 수준의 이해에 이르면 우리는 우리가 걸어가는 길에 자연이 베풀거나 빼앗는 것을 통제할 수 없음을 깨닫고, 이 결과 우리는 앞으로 일어날 일을 두고 더 이상 근심하지 않으며 소유한 바를 잃더라도 더 이상 집착하거나 낙담하지 않게 된다.

> 모든 것이 필연적이라는 이런 인식이 우리가 더욱 뚜렷하고 생생하게 상상하는 개별적인 것들에게도 더욱 분명히 적용된다면 정서를 지배하는 정신의 능력 또한 더욱 커질 것인데, 이는 경험 자체가 입증하는 바이다. 우리는 어떤 좋은 것을 잃었을 때 느낀 슬픔이 우리가 그것을 어떤 식으로도 지킬 수 없었다는 점을 깨닫자마자 완화됨을 인식한다. (Vp6s)

모든 것이 필연적임을 깨달은 사람은 어떤 일이든 평정심을 지나고 대할 것이며, 과거와 현재, 미래의 사건들로부터 서로 다른 방식으로 과도하고 비이성적으로 영향을 받지 않을 것이다. 그는 자제심과 평온한 마음으로 난폭한 운명의 돌팔매와 화살을 견딜 것이다(G 2:136/C 1:490). 이를 통해 얻는 삶은 더욱 평온할 것이며, 정념이 일으키는 갑작스러운 혼란 때문에 방해받지 않을 것이다. 덕이 있는 사람, 곧 '자연의 질서'에 따르는 사람은 '마음의 진정한 평화'를 경험한다(Vp42s). 반면 무지한 사람은 '외부의 원인들에 의해 다양한 방식으로 혼란에 빠진다.' 덕이 있는 사람은 행복, 지복, 심지어 '구원'이라고 부를 수 있는 수준에 이르게 된다.

다른 사람들을 대하는 방식

일상적인 의미에서 윤리학은 우리 자신의 자기보존이나 자기발전, 행복만을 다루지는 않는다. 설령 우리가 자기이익이라는 동기에 의해 행위한다는 점이 사실로 밝혀진다 할지라도 윤리학에는 우리가 다른 사람들을 어떻게 대해야 하는가에 내용도 당연히 포함된다. 스피노자의 이기주의는 — 다른 모든 이기주의와 마찬가지로 — 우리가 다른 사람들의 행복을 목표 삼는 행위가 어떻게 우리 자신의 이익에 기여하는가를 의식적으로 고려하지 않으면서도 그런 행위를 하는 것을 분명히 허용한다. 스피노자는 이타적인 행위가 존재하며 또 존재할 수 있다는 점을 부정하지 않는다. 그가 거부해야 하는 바는 오직 그런 행위가 이타적인 동기에서 행해진다는 점이다.

이기주의에 기초한 윤리학이 다른 사람들을 대하는 방식을 윤리적 기준을 통과할 수 있도록 제시하는 방법 중 하나는 바로 황금률에서 드러난다. '다른 사람들이 네게 해주기를 바라는 방식대로 다른 사람을 대하라.' 이기주의적인 동기를 지닌 행위자가 다른 사람들에게 자비를 베푸는 행위를 하도록 이끌리는 까닭은 이렇게 행위할 경우 다른 사람들도 이에 보답해 그에게 자비를 베풀 가능성이 높다고 생각하기 때문이다.

하지만 『에티카』에 등장하는 덕이 있는 사람은 단지 배려 깊은 자신의 행위를 통해 다른 사람들의 선의지를 이끌어내는 정도로 만족하지 않는다. 이성의 인도에 따르는 그는 그저 사회에서 상호작용을 주고받아야 하는 다른 사람들의 행위를 개선하는 수준에 그치지 않는다. 오히려 그는 다른 개인들 자체와 그들의 성격을 변화시키려 한다. 스피노자가 생각하는 덕이 있는 사람은 다른 사람들도 덕이 있는 개인으로 만들려고 하며, 자신과 더불어 살아가야 하는 사람들을 개선하려 한다. 달리 말하면 그는 다른 사람들을 자신과 같은 사람으로 만들려 한다.

스피노자가 다른 사람들을 향해 덕이 있는 행위를 베풀어야 한다는 전통적인 생각에 이를 수 있는 또 다른 방식 중 하나는 상상력과 우연한 경험의 결과로 생겨난 부적합한 관념으로부터 비롯된다. 사랑이 수동적 정서로 이해될 경우 스피노자는 이를 '외부적 원인의 관념을 동반하는 기쁨'으로(IIIp13s) 정의한다. 곧 우리는 자신의 역량을 증가시키는 외부의 대상을 사랑한다. 이어서 스피노자는 우리가 우리를 사랑한다고 생각하는 사람들뿐만 아니라 우리에게 기쁨을 주는 사람들, 곧 우리가 사랑하는 사람들에게도 이익을 주려고 노력한다는 점을 증명한다(IIIp39). 하지만 다른 사람들을 배려하고 자비를 베푸는 이런 행위는 정념에 근거하는데, 행위자가 자신의 외부에 있는 다른 사람들과 사물로부터 영향을 받는 한 정념은 윤리적 행위의 기초로서 매우 불안정하고 예측할 수 없는 것에 그친다. 이와 동일한 생각을 동정심에서 다른 사람에게 자비를 베푸는 사람에게도 적용할 수 있다. 그 사람의 코나투스와 욕구가 사랑과 미움 또는 동정심이라는 정념에 의해 좌우되는 한 그는 덕이 아니라 예속의 상태에 놓이게 된다. 그의 행위는 그가 진정한 선으로 인식하는 바가 아니라 쾌락 및 고통과 더불어 우연히 그에게 정서적 영향을 미친 바가 명령한 것이 되고 만다(IVp37s1).

정념은 진정한 덕을 갖춘 이성적인 사람이 다른 사람들을 자비롭고 윤리적인 방식으로 대하는 근거일 수 없다. 그런 사람은 정념적인 사랑이나 보답의 기대, 상대방에게 비참한 대우를 받으리라는 두려움, 공감, 동정심 또는 위협 때문에 다른 사람들의 행복을 배려하는 것이 결코 아니다. 그는 오직 이성이 그렇게 명령하기 때문에 그렇게 할 뿐이다(IVp50s).

스피노자는 4부 IVp31에서 '어떤 사물은 우리의 본성과 일치하는 한에서 필연적으로 선하다'고 주장함으로써 자비심에 대한 논의를 시작한다. 나의 본성과 일치하는 사물은 나에게 선한데 그 까닭은 그것이 나의 본성을 보존하는 데 필연적으로 도움이 될 것이기 때문이다. 나의 본성을 공유하는 사물 또한 다른 모든 것과 마찬가지로 자기 자신의 본성을 보존하려고 노력할 것이다. 그런데 그것의 본성은 나의 본성과 유사하므로 그것은 필연적으로 나의 본성을 보존하려고 노력할 것이다. 스피노자는 여기에 '어떤 사물이 우리의 본성과 일치하면 할수록 그것은 우리에게 더욱 유용하고 선하게 될 것'이라는 점을 덧붙인다. 여기서 그의 강조점은 본질상 본성이 서로 일치하는 것들은 각자에게 모두 선하며, 필연적으로 각자의 번영에 기여한다는 것이다.

이제 스피노자는 우리 자신의 존재를 보존하는 데 최선은 우리의 본성을 공유하는 무언가와 — 곧 우리 자신과 매우 유사한 다른 사람과 — 결합하는 것이라고 결론짓는다. 따라서 이성적으로 행위하는 — 덕을 갖추고 이성의 명령에 따라 행위하는 — 사람은 다른 사람들의 본성을 자신의 본성과 더욱 유사하게 만들기 위해 그들의 덕과 이성을 증진하는 방식으로 행위할 것이다. 곧 그는 다른 사람들의 코나투스와 활동 역량을 증가시키고 (이렇게 하는 것이 곧 덕이므로) 이를 통해 그들의 삶을 향상시키는 방식으로 그들을 대할 것이다. 그가 이렇게 하는 까닭은 이기적인 동기를 지닌 행위자로서 이렇게 하는 것이 그 자신에게도 이익이 된다는 점을 오직 이성을 통해 인식하기 때문이다.

하지만 다른 사람들이 자신들의 삶을 향상시키고 덕과 이성의 삶을 향해 나아가도록 (이를 통해 우리 자신과 더욱 유사하게 되도록) 돕는 것이 정확히 어떻게 우리 자신의 행복을 증진하는가?

이에 대한 대답은 상당히 직설적으로 양과 관련되는 듯이 보인다. 기본적으로 두 사람이 한 사람보다는 낫다. 특히 이 둘이 무엇이 선이고 무엇이 악인가라는 중요한 문제에 대해 일치된 의견을 보일 경우에는 더욱 그렇다.

> 예를 들어 본성이 완전히 동일한 두 개체가 서로 결합한다면 이들은 하나의 개체보다 두 배나 많은 역량을 지닌 개체를 형성한다. 따라서 인간에게는 인간보다 더 유익한 것이 없다. 내가 말하듯이 인간이 자신의 존재를 보존하는 데 가장 도움이 되는 것은 모든 사람이 모든 것에서 일치하여 모든 사람의 정신과 신체가 하나가 되어 말하자면 하나의 정신과 하나의 신체를 형성하고, 모든 사람이 함께 가능한 한 자신의 존재를 보존하기 위해 노력하며 모두에게 공통된 이익을 스스로 추구하는 것이다. (IVp18s)

여기서 스피노자는 두 사람이 하나의 동일한 역량을 강화할 수 (두 배로 만들 수) 있다고 주장하는 듯이 보인다. 동일한 본성을 지닌, 따라서 동일한 목표를 (곧 본성의 보존을) 위해 노력하는 두 개체는 이런 목표를 위한 활동 역량과 그 목표를 성공적으로 성취할 가능성을 증가시킬 것이다.

물론 인간들은 서로 같지 **않**으면서도 서로의 기술과 능력을 보완하는 한 ─ 특히 사회에서 ─ 서로에게 유용하다. 하지만 스피노자의 더욱 깊은 관점에서 보면 인간들은 오직 그들의 본성이 서로 일치하고 세계에 대한 공통의 목표와 시각을 공유할 경우에만 서로에게 선하고 유용하다. 우리를 서로 분리하고 서로 맞서게 만드는 것은 우리의 공통성이 아니라 차이와 특수성이다. 그리고 우리를 서로 구별하게 만드는 가장 큰 요인은 바로 정념이다. 우리 사이의 가장 큰 차이와 불일치는 바로 우리가 사물들을 지각하고 느끼는 방식이다(IVp33). 인간들 사이의 불화는 우리가 부적합한 관념에 의해 사물들의 가치를 판단한다는 기본적인 사실과 이를 바탕으로 사물에 대한 정념적 욕구를 지닌다는 사실, 곧 모든 사람들이 소유물을 공평하게 공유하지 못한다는 점에 기초한다. 정념적인 욕구는 매우 자주 단지 몇 사람만 얻을 수 있는, 유한하고 변하기 쉬운 재화를 향하므로 이런 욕구는 (따라서 욕구의 소유자들도) 흔히 충돌하기 마련이다(IVp34d).

다른 한편으로 이성에 따르는 덕이 있는 사람들은 '본성이 서로 일치한다'(IVp35). 이 주장은 소극적 의미와 적극적 의미 모두로 이해되어야 한다. 소극적인 의미에서 이런 사람들의 본성이 일치하는 까닭은 인간에게 공통적인 바를 넘어서서 차이를 만드는 요소가 ─ 곧 정념이 ─ 이들에게서 사라지기 때문이다. 하지만 더욱 중요한 적극적 의미에서 이성에 따라 사는 사람들은 동일한 것에 가치를 부여하고 동일한 선을 추구한다. 정념 때문에 서로 경쟁하는 경우와는 달리 덕이 있는 이성적인 사람들이 가치를 부여하고 추구하는 선은 유한한 재화가 아니라 영원불변하고 모두가 공평하게 공유할 수 있는 무언가, 곧 지식이다.

IVp36: 덕을 추구하는 사람들의 최고선은 모두에게 공통되며, 모두가 그것을 공평하게 누릴 수 있다.

증명: 덕에 따라 행위하는 것은 이성의 인도에 따라 행위하는 것이다(IVp24에 의해). 그리고 우리가 이성에 따라 추구하는 바는 오직 지식이다(IVp26에 의해). 따라서 (IVp28에 의해) 덕을 추구하는 사람들의 최고선은 신을 인식하는 것이다. 그리고 (IIp47과 IIp47s에 의해) 이런 선은 모든 사람에게 공통되며, 모든 사람이 동일한 본성을 지니는 한 모두가 공평하게 지닐 수 있다. 증명 끝.

한 사람이 이성에 의해 인도되는 한 그는 오직 자신의 본성에, 곧 인간 본성에 진정으로 선한 것만을 행한다. 하지만 이 본성은 정확히 그가 다른 모든 사람들과 공유하는 것이기도 하다. 따라서 이성적인 사람이 추구하는 바는 단지 그에게 뿐만 아니라 모든 인간에게 선하다. 이성적인 다른 사람 또한 그 자신의 본성을 증진하기 위해 적절히 노력한다. 그런데 그의 본성은 **나의** 본성이기도 하다. 따라서 이성적인 다른 사람은 궁극적으로 나의 증진을 위해 노력하는데 이것이 바로 스피노자가 주장하는 바이다. '사람들은 이성의 인도에 따라 살아가는 한 오직 인간 본성에 대해, 따라서 각 개인에 대해 선한 것들만을, 곧 (IVp31c에 의해) 각 개인의 본성과 일치하는 것들만을 행한다'(IVp35d).

이성적인 사람은 모든 사람에 대해 선한, 진정한 선을 추구하며 인간의 자기보존 노력에 도움을 주는 방식으로 행위한다. 이것이 바로 스피노자가 '인간에게 이성의 인도에 따라 살아가는 인간보다 더욱 유익한 개체는 자연 안에는 없으며'(IVp35c1) '인간은 각자가 [이성의 인도에 따라] 자신에게 유익한 것을 가장 많이 추구할 때 서로에게 가장 유용하다'고(IVp35c2) 결론짓는 이유이다. 덕이 있는 사람은 자신의 주변에 덕이 있는, 곧 이성적인 다른 사람들이 많을 경우 삶을 더욱 잘 살수 있다는 사실을 안다. 이들 모두는 같은 것을, 곧 인간의 진정한 선을 — 지식과 이해를 — 극대화하는 것과 자신들의 공통적인 본성을 완성하는 것을 추구한다. 따라서 덕이 있는 사람은 자신의 행위를 통해다른 사람들이 이성적인 덕을 지니는 상태에 도달할 수 있도록 돕는다. 곧 그는 다른 사람들을 향해 자비와 관대함, 정의, 자선을 베푼다. 그리고 그는 심지어 해로운 정념 때문에 가장 크게 동요하는 사람을 향해서도 — 어쩌면 특히 이런 사람을 향해서 — 마찬가지로 행위한다. '이성의 인도에 따라 살아가는 사람은 할 수 있는 한 다른 사람이 자신을 향해 드러내는 증오와 분노, 경멸을 사랑과 관대함으로 되갚으려고 노력한다'(IVp46).

이런 언급은 다른 사람들을 향한 자비라는 이성적인 덕이 이기주의에 근거한다는 스피노자의 핵심 주장과 다른 사람들의 삶을 증진하도록 노력해야 한다는 주장의 결론인 듯이 보인다. 하지만 덕이 있는 다른 사람이 나에게 유용하다는 사실은 그가 추구하는 것들이 인간 본성에 대해 선하므로 모든 사람에 대해서도 선하며 따라서 나에게도 선하다는 일반적인 (어쩌면 오히려 공허하다고 말할 수도 있는) 형이상학적 사실을 넘어서는 듯하다. 따라서 스피노자는 덕과 다른 사람들의 상승 그리고 내가 나 자신을 위해 다른 사람들의 상승을 증진함으로써 얻는 나의 행복 사이의 연결에 대한 설명을 다음과 같이 덧붙인다.

첫째, 이성이 인도하는 사람은 자기보존을 위한 나 자신의 이성적 노력에 도움이 되는데 그 까닭은 그가 시기, 질투, 증오 등의 해롭고 불화를 일으킬 뿐인 정념에서 벗어나 있기 때문이다 — 만일 그가 이런 정서들을 지닌다면 그는 나의 노력을 방해할 것이다. 더욱이 이성이 인도하는 사람은 나 자신과 마찬가지로 유한하지 않은 선을 (곧 지식과 행복을) 얻기 위해 노력할 것이므로 그는 나의 계획에 **긍정적인 도움을 줄 가**능성이 높다. 특히 그는 내가 이성적이 될수록 불화를 일으키는 정념들로부터 더욱 멀리 벗어나며 따라서 **그에게도** 더욱 크게 도움이 되리라는 사실을 분명하게 깨닫는다. 그렇다면 그가 더욱 나은 삶을 영위하도록 내가 그를 돕는 일은 이에 보답해 그도 나를 적극적으로 도우리라는 점에서 실제로 큰 의미를 지니게 된다. 하지만 이렇게 하는 까닭은 그와 내가 모두 상대방에 대한 선의지를 지니기 때문이 아니라 이것이 모두의 자기이익을 계발하는 데 기여하기 때문이다. 곧 그를 나의 활동 역량이 증가하도록 돕는 것이 그 자신에게도 가장 큰 이익이 된다는 것을 충분히 깨닫는 종류의 사람으로 만드는 것이 내게도 가장 큰 자기이익을 낳는다고 할 수 있다.

둘째, 스피노자는 또한 나의 주변에 이성적이고 덕이 있는 사람들이 많은 것이 이성에 따라 살아가려는, 따라서 나의 완전성을 추구하려는 나 자신의 욕구를 적극적으로 강화하는 데 크게 기여하며, 이성적인 사람이라면 누구든지 이를 좋은 일로 여긴다고 생각하는 듯하다. 스피노자는 정서를 분석하면서 '우리 자신이 사랑하거나 욕구하거나 증오하는 무언가를 다른 어떤 사람이 사랑하거나 욕구하거나 증오하는 일을 상상할 경우 이로 인해 우리는 그것을 한층 더 지속적으로 사랑하거나 욕구하거나 증오하게 될 것'이라고(IIIp31) 말한다. 다른 누군가가 덕을 사랑하고 지식을 원하는 것을 보면 나 또한 덕과 지식을 더욱 사랑하고 원하게 된다. 따라서 덕을 사랑하고 지식을 원하는 다른 사람들을 곁에 두는 것은 나와 나의 이익에 도움이 된다.[5]

---

5) 이런 주장에 대한 분석은 Della Rocca 2004 참조.

누군가가 자신을 위해 원하고 사랑하는 선을 다른 사람도 사랑하는 것을 보면 그는 그것을 더욱 깊이 사랑하게 될 것이다(IIIp31에 의해). 따라서 그는(IIIp31c에 의해) 다른 사람들도 자신과 같은 것을 사랑하도록 만들기 위해 노력할 것이다. 그리고 이 선은 모든 사람에게 공통적이며(IVp36에 의해) 또한 모든 사람이 그것을 누릴 수 있으므로 그는 (같은 이유로) 모든 사람이 그것을 누리도록 만들기 위해 노력할 것이다. (IVp37d2)

마지막으로 우리 자신과 유사한 존재가 증진되는 것을 — 곧 다른 사람이 덕을 통해 진정한 기쁨을 경험하는 것을 (또는 그의 활동 역량이 증가하는 것을) — 보는 일은 우리로 하여금 공감적 기쁨을 느끼게 하고 우리의 역량 또한 유사하게 증가하는 원인을 제공한다. '우리가 우리와 유사한 무언가에 대해 아무런 정서를 지니지 않았더라도 그것이 어떤 정서에 의해 영향을 받는 것을 보게 되면 이로 인해 우리 또한 유사한 정서에 의해 영향을 받게 된다'(IIIp27). 따라서 다시 한 번 덕이 있는 다른 사람들의 존재는 나 자신에게 선이 됨을 확인할 수 있다.

이런 모든 주장의 결론은 이성이 인도하는, 무엇이 자신에게 진정으로 최선의 이익이 되는지를 아는 사람은 다른 사람들도 자신과 같은 이성적 완전성의 수준에 이르도록 만들기 위해 노력한다는 것이다. 곧 이성적인 사람이 드러내는, 다른 사람들을 향한 자비심은 단지 그들과 주고받는 행위에서 배려와 관용을 실천하는 정도에 그치지 않는다. 덕이 있는 또는 이성적 자비심은 그저 더불어 살아가는 사람들의 결점을 참고 견디는 수동적인 태도에 머물지 않는다. 또한 그것은 단순히 전통적인 의미에서 자유방임적이고 가치중립적인 관대함, 곧 다른 사람들이 좋다고 생각하여 (이런 생각이 옳든 그르든 간에) 추구하는 것을 제공함으로써 그들의 목표와 계획이 무엇이든 그것을 성취하도록 돕는 유형의 행위도 아니다. 덕이 있는 이성적인 사람은 오히려 다른 사람들이 이성에 의해 인도되고 참된 선인 지식을 추구하도록 만들기 위한 단계를 밟아나가며 이에 적극적으로 관여한다. 이렇게 함으로써 다른 사람들이 그에게 미치는 효용을 극대화할 수 있고 이는 자신의 완전성을 향한 그의 노력에도 도움이 되기 때문이다. '덕을 추구하는 사람은 누구든지 그가 자신을 위해 원하는 선을 다른 사람들을 위해서도 원한다'(IVp37). 달리 말하면 덕이 있는 이성적인 사람은 다른 사람들도 덕이 있고 이성적이 되도록 하는 방식으로 행위한다. 곧 그는 그들이 이성적인 삶을 영위하도록 그들을 돕는 방식으로 행위한다. 하지만 덕이 있고 이성적이 되는 것이 그들에게도 최선의 이익이 되므로 결국 이성이 인도하는 사람은 설령 이타적이 아니라 이기적인 동기에 따르더라도 다른 사람들의 이익을 증진하기 위해 노력하며, 그들에게 진정한 이익을 낳는 방식으로 행위하는 셈이 된다.

'이성의 인도에 따라 삶을 영위함으로써 우리 안에 생겨나는, 선을 행하려는 욕구를 나는 도의심[pietas]이라고 부른다'(IVp37s1). 스피노자의 특유한 의미에서 덕이 있는 사람은 전통적으로 '덕들'로 ― 윤리적인, 사회적인 덕들로 ― 여겨지는 성격적 특성과 행위 방식들 또한 드러내기 마련인데 단지 자기이익을 이성적으로 추구하려는 본성에 따라 그렇게 할 뿐이다. '이성의 인도에 따르는 사람은 강건한 성격을 드러낸다.' 그는 '아무도 미워하지 않고, 아무에게도 화내지 않으며, 아무도 질투하지 않고, 아무에게도 격분하지 않고, 아무도 경멸하지 않고, 결코 오만하지 않다.' 그는 '자신이 불쾌하고 악하다고 여기는 모든 것들, 더욱이 그르고, 가혹하고, 정의롭지 못하고, 불명예스럽게 보이는 모든 것들을' 피하려고 노력한다(IVp73s).

정리하면 스피노자의 견해는 이성적 이기주의가 사실상 다른 사람들의 행복을 난폭하게 짓밟는 것이 아니라 오히려 최고의 윤리적인 행위를 낳는다는 것으로 요약된다. 스피노자가 주장하듯이 '나는 이 원리가 — 곧 누구나 자신의 이익을 추구해야 한다는 원리가 — 덕과 도덕이 아니라 비도덕의 기초라고 생각하는 사람들의 주의를 끌기 위해 지금까지의 논의를 전개했다'(IVp18s).[6] 스피노자가 생각하는 덕이 있는 사람은 다른 사람들을 향해 그저 친절하고 배려하는 행위를 하는 사람이 아니다. 그는 그저 그들에게 사랑으로 대응하거나 연민과 공감, 상호존중에 대한 희망 등에서 그들을 바람직한 방식으로 대우하는 사람이 아니다. 스피노자가 『에티카』의 2부 끝부분에서 표현하듯이 그의 '이론은 … [각자가] 연약한 동정이나 편파성 또는 미신에서가 아니라 오직 이성의 인도에 따라 시간과 여건이 허락하는 한 이웃을 도와야 한다는 점을 가르침으로써 사회적 삶에 기여한다'(IIp39s). 덕이 있는 사람은 자신의 행위를 통해 마치 소크라테스처럼 다른 사람들을 개선하고, 더욱 덕이 있게 만들며 그래서 더욱 행복하게 만들려 한다.

참고문헌

제일 뒤의 * 표시는 특히 중요한 참고문헌임을 나타낸다.

Bennett, Jonathan 1984, *A Study of Spinoza's Ethics* (Indianapolis: Hackett Publishing).

Curley, Edwin 1973, 'Spinoza's Moral Philosophy', in Spinoza: *A Collection of Critical Essays*, ed. Marjorie Grene (Notre Dame: University of Notre Dame Press), 354–76.

---

[6] Bennett (1984)는 『에티카』의 이런 정리에 공감하지 못하는 학자 중 한 사람이다. '스피노자는 모든 사람이 협력하는 도덕으로 나아가려는 자신의 여정에서 단계마다 실패를 거듭한다'(306).

Curley, Edwin 1988, *Behind the Geometric Method* (Princeton University Press).

Della Rocca, Michael 2004, 'Egoism and the Imitation of the Affects in Spinoza', in *Spinoza on Reason and the Free Man*, ed. Yirmiyahu Yovel and Gideon Segal (New York: Little Room Press), 123–48.

Garber, Daniel 2004, 'Dr. Fischelson's Dilemma: Spinoza on Freedom and Sociability', in *Spinoza on Reason and the Free Man*, ed. Yirmiyahu Yovel and Gideon Segal (New York: Little Room Press), 183–208.

Garrett, Don 1996, 'Spinoza's Ethical Theory', in *The Cambridge Companion to Spinoza*, ed. Don Garrett (Cambridge University Press), 267–314.

Kisner, Matthew J. 2011, *Spinoza on Human Freedom: Reason, Autonomy and the Good Life* (Cambridge University Press).

Kisner, Matthew J. and Andrew Youpa, eds. 2014, *Essays on Spinoza's Ethical Theory* (Oxford University Press).*

LeBuffe, Michael 2010, *From Bondage to Freedom: Spinoza on Human Excellence* (Oxford and New York: Oxford University Press).*

Matheron, Alexandre 1971, *Individu et communauté chez Spinoza* (Paris: Editions de Minuit).

Miller, Jon 2005, 'Spinoza's Axiology', *Oxford Studies in Early Modern Philosophy* 2: 149–72.

Nadler, Steven 2014, 'The Lives of Others: Spinoza on Benevolence as a Rational Virtue', in *Essays on Spinoza's Ethical Theory*, ed. Matthew Kisner and Andrew Youpa (Oxford University Press), 41–56.

Spinoza, Baruch 1925, *Spinoza Opera*, ed. Carl Gebhardt, 5 vols. (Heidelberg: Carl Winters Universitaetsbuchandlung)

Spinoza, Baruch 1984, *The Collected Works of Spinoza*, trans. Edwin Curley, vol.1, (Princeton University Press).

23장

파스칼

데스몬드 M. 클라크(Desmond M. Clarke)

본성은 타락했다.[1]

　그리 길지 않은 삶을(1623-1662) 사는 동안 파스칼은 대기의 압력을 증명하기 위한 몇 편의 짧은 실험 보고서와 처음에는 익명으로 출판했지만 후에 『시골 친구에게 보내는 편지』(*Provincial Letters*, 1656-57, 이하 『편지』로 약칭)로 널리 알려진 편지들만을 출판했을 뿐이다.

---

[1]　파스칼의 저술을 인용할 경우 Pascal(2000)에 따라 권수와 면수를 표시했다. 『팡세』의 경우에는 이 책에 표시된 단편의 번호도 밝혔다. 이 인용구는 『팡세』 중 한 묶음의 제목인데 이에 묶음에 속하는 단편은 등장하지 않는다(2: 615). 하지만 이와 동일한 내용이 단편 4(2: 544), 단편 395(2: 675), 단편 436(2: 709)에도 등장한다. 『팡세』의 단편번호는 편집본에 따라 서로 다른데 대부분의 판본에는 브룽슈빅(Brunschvicg), 라퓨마(Lafuma), 셀리에(Sellier) 판의 단편번호를 대조한 표가 등장한다.

하지만 복수자로서의 신의 개념, 아담의 죄 때문에 타락한 인간 본성에 관한 아우구스티누스적인 주제들, 예정 은총과 지옥에 떨어짐의 신학 그리고 우주의 무한한 공간과 시간 안에 존재하는 인간의 나약함과 유한함에 대한 강력한 의식 등과 감정적으로, 지적으로 끊임없이 분투하는 한 사람을 생생하게 묘사한 그의 또 다른 원고들은 사후에 출판되었다. 특히 파스칼이 기독교를 옹호하기 위해 쓴 단편과 주석들을 모은 원고는 1670년 『팡세』(Pensées)라는 제목으로 출판되었는데 여기에는 폭넓은 주제에 대한 논증의 개요와 비판적인 언급들이 등장한다. 하지만 파스칼 자신의 견해가 무엇인지는 불명확한 경우가 많으며, 그의 원고를 모아서 편집한 과정을 보면 그가 원고를 쓴 순서조차도 제대로 확인하기 어렵다. 어떤 의미에서 우리는 그가 어떤 주장을 긍정하고 부정했는지 항상 분명히 알지는 못한 채 그저 그가 1650년대에 무엇에 대해 생각했는지를 짐작할 뿐이다. 따라서 그가 『팡세』에서 제시한, 예리하고 간결한 문구를 통해 요약한 견해가 진정으로 그가 지지한 바인지 아니면 단지 일종의 지적 유희로 언급한 바인지를 결정하기 위해서는 자주 그의 다른 저술들을 참조해야 한다.

이런 해석상의 문제는 파스칼의 도덕 이론을 검토할 경우에도 마찬가지로 제기된다. 그는 철학적 윤리학을 다룬 저술을 단 한 권도 출판하지 않았기 때문이다. 하지만 그가 남긴 유고에서 몇몇 논의들이 상당히 일관된 형태로 등장하므로 이들이 심사숙고를 거친 그의 의견을 반영한다고 보아도 좋을 듯하다. 특히 그가 삶의 마지막 시기에 반복해서 논의하는 대표적인 주제로는 그가 아우구스티누스에게서 빌려온, 도덕적 의사결정에 대한 신학적 해석을 꼽을 수 있다.

도덕법칙과 부패한 인간 본성

『편지』에서 파스칼은 인간의 행위 중 일부는 의심의 여지없이 비도덕적이라고 가정하며 이런 주장을 거듭한다. 그는 예수회 신부들에게 쓴 열네 번째 편지에서 다음과 같이 말한다.

> 신부님들은 많은 경우에 살인이 허용될 수 있다고 여기시는데 이는 신부님들이 신의 법칙을 잊어버리고 자연의 빛도 꺼버렸다는 사실을 드러내므로 이제 저는 종교와 상식의 가장 단순한 원리로 돌아갈 필요가 있다고 생각합니다. 한 개인에게는 다른 개인의 생명에 대한 권리가 없다는 생각보다 더 자연스러운 것이 있을까요? 성 크리소스토모스(Saint Chrysostom)는 '우리가 이 사실을 스스로 알게 되므로 신은 살인하지 말라는 계명을 세우면서 살인이 악하기 때문이라는 점을 덧붙이지 않았다. … 법은 우리가 이미 이 자연의 진리를 배웠다는 점을 가정한다'고 말합니다.[2]

같은 편지에서 파스칼은 사형제도가 '모든 시대, 모든 장소에서 받아들여진 공공의 안녕과 안전의 원칙에 의해서만 정당화되는데, 세계의 모든 입법자들은 신성하든 세속적이든 간에 이 원칙에 기초해 법을 세웠습니다. 심지어 이교도들조차도 이 규칙에 예외를 두지 않았습니

---

[2] Pascal (1967) 207 (2000, 1: 735). 이하 『편지』에서 인용한 대목은 모두 크레일스하이머(Krailsheimer)의 번역(1967)에 따랐으며, 파스칼의 원전(2000) 면수도 함께 표시했다. 번역을 수정한 경우에는 '번역 수정'이라고 밝혔다. 위의 인용문에서 성 크리소스토모스를 인용한 대목은 Homily XII, Migne (1862), vol. 49:131에 등장하는데 여기서 크리소스토모스는 신이 인간을 창조하면서 '자연법'을 심어 놓았으므로 자연법은 '양심'을 통해 알려진다고 말한다.

다…'라고 주장한다.[3] 그는 '신과 인간 본성 그리고 교회'를 다룬 열다섯 번째 편지에서도[4] 이와 유사한 태도를 보이면서 파리의 판사 드 몽루즈(Monsieur de Montrouge)의 판결에 찬성한다. 판사는 절도 혐의로 기소된 한 고용인이 임금을 제대로 받지 못할 경우 고용주의 돈을 훔쳐도 된다고 말한 고해 신부의 충고에 따랐을 뿐이라고 주장하면서 자신을 변호했지만 이를 받아들이지 않았다. 판사는 이런 식의 변호는 '불법적이고 사악할 뿐만 아니라 자연법, 신의 법, 인간의 법을 모두 위반한 것'이라고 주장했다.[5] 파스칼 또한 1658년에 세속화한 파리의 성직자들을 위해서 소책자 형식으로 출판한 『파리 성직자들을 위한 사실』(Factum for the Curés of Paris)에서 이와 유사하게 은연중에 자연법에 호소한다. '이교도나 야만인들 사이에서도 근거 없는 비방이 무고죄가 아니라는 이유에서 금지되지 않은 곳은 없으며, 단지 자신의 명예를 지키기 위해 이웃을 죽이는 일이 허용되는 곳도 없다.'[6] 자연법에 대한 이런 언급은 그 법이 무엇을 요구하는지 그리고 사람들이 자연법의 조항을 어떻게 알게 되는지를 이해할 수 있다는 점을 전제로 한다.[7]

예수회 학자들의 결의론(casuistry, 決疑論)에 대한 파스칼의 가장 강력한 비판은 인간 행위의 '의도를 조절해' 그 행위의 도덕적 특성을 변화시킬 수 있다는 그들의 주장에 초점을 맞춘다. 그는 예수회를 대변하는 대화 상대방이 '행위의 목적으로 허용될 수 있는 바를 이것저것

---

3) 『편지』, 209 (1: 737).

4) 같은 책, 232 (1: 757).

5) 같은 책, 100 (1: 646).

6) *Écrits des curés de Paris: Factum* (1: 842).

7) 자신도 자연이라는 용어를 사용하면서도 파스칼은 '자연법'을 그의 논적들이 스콜라 철학적인 구별을 위해 악용하는 생소한 단어 중 하나로 여긴다. 『편지』, 186 (1: 717).

내세움으로써 의도를 조절하는 방법을' 예시한다고 생각한다.[8] 예수회 학자들은 오직 어떤 행위의 외형만을 고려하는 판사의 관점과 '의도를 우선시하는' 결의론자의 관점을 구별한다.[9] 만일 '의도가 … 행위의 질을 결정한다면' 그리고 예수회 성직자들이 어떤 금지된 행위가 발생하는 것을 막을 수 없다면, 그들은 적어도 그 행위의 의도를 정화함으로써 그 행위의 목적 또한 정화하고 이를 통해 그 행위의 악을 바로잡을 수 있다고 주장했다.[10] 다음과 같은 많은 예들이 있다. 우리는 복수라는 동기에서 다른 사람들 죽여서는 안 되며 이는 당연히 불법이다. 하지만 명예를 지키기 위해 다른 사람을 죽이는 일은 허용되기도 한다. 또한 우리는 오직 결투를 하려는 의도에서 결투를 벌여서는 안 된다(이는 비도덕적인 일이다). 하지만 명예를 지키기 위해 결투가 예정된 장소에 등장하는 일은 허용된다. 그것은 오직 자신의 명예가 도전받을 때 자신을 보호하기 위해 들판으로 걸어나가는 일에 지나지 않기 때문이다. 심지어 내면적인 제한 조건을 덧붙이면 지킬 의도가 없는 약속도 할 수 있으며, 고리대금 금지법을 어기지 않고도 빌려준 돈의 이자를 받을 수 있다. 겉으로 드러나는 행위의 도덕적 특성, 심지어 우리가 하는 말의 의미까지도 행위자의 순전히 정신적이고 내면적인 사고 활동에 따라 근본적으로 변화할 수 있다.

『편지』에서 파스칼은 의도에 기초한, 예수회 학자들의 이런 도덕적 행위 이론에 대한 대안을 구체적으로 명시하지는 않지만, '이러한 이상한 탈선에 의해 기독교 도덕 전체가 뒤집힌다'고 주장하면서 다음과 같이 말한다.

---

8) 1: 649.

9) 1: 656.

10) 1: 679, 649.

의도를 어떤 식으로 조절하더라도 중상모략을 정당화할 수는 없으며, 설령 전 세계를 기독교로 개종하는 일이 걸려있다 할지라도 무고한 사람들의 명성을 훼손하는 것은 허용되지 않습니다. 왜냐하면 최대한의 선을 실현하기 위해서라도 최소한의 악을 저질러서는 안 되기 때문입니다.[11]

이런 의도의 도덕을 한결같이 비난하는 파스칼의 태도는 그가 인간의 행위는 그것이 낳는 결과나 그것을 수행하는 데 동반되는 행위자의 정신적인 활동과 무관하게 객관적인 도덕적 특성을 지닌다고 생각했음을 암시한다. 따라서 그는 어떻게 객관적인 도덕적 진리가 알려질 수 있는지를 설명할 필요가 있었다. 그는 진리 발견의 잠재적 방법 중 도덕적 결의론자들에게 자문을 구하는 것은 성공의 가능성이 가장 낮다고 생각했다.

파스칼은 예수회 학자들의 '개연적 의견 이론'(또는 개연론, probabilism)을 그것에 의존하는 도덕 원리만큼이나 받아들일 수 없는 것으로 여긴다. 사실 양심 또는 도덕적 숙고를 인도하는 원리로서의 개연론은 수학적 확률론에 기인한 것이 아니지만 파스칼도 최소한 한 번은 이 둘 사이의 연결점을 언급한다.[12] 개연론에 따르면 '어떤 의견은 상당히 중요한 근거에 기초할 때 개연성이 높다고 불리거나' 또는 '널리 알려진 학자가 인정하는 것은 무엇이든 우리의 양심 안에서 개연성이 높고 안전한 것으로 여겨진다.'[13] 따라서 서로 모순되는 의견들도 모두 개연성이 높은 것으로 수용될 수 있으며, 심지어 어떤 유명한 학자가 어떤

---

11) 1: 703-4. 마지막 구절은 로마인에게 보낸 편지 3장 8절을 떠올리게 한다.

12) 『확률론』('La doctrine de la probabilité') (1: 732).

13) 『편지』, 82 (1: 631); 204 (1: 732).

대안을 추천하는가에 따라 우리가 개연적인 많은 대안들 중에 가장 개연성이 낮은 것에 따르는 경우도 발생한다.[14] 파스칼은 이런 식의 상대주의를 단호히 거부하며, 재판에서 판사가 개연적인 의견을 불법 행위에 대한 처벌을 면제하는 근거로 수용해서는 안 된다고 지적한다. 이를 통해 그는 도덕법칙이 어떤 종류의 인간 행위를 금지하는 실정법과 유사한 것으로 이해되어야 한다는 점을 암시한다. 어떤 행위는 불법적이고 비도덕적인데 학자들의 의견이 행위의 지위를 바꾸지는 못한다 그리고 이는 행위의 목적을 정신적인 과정을 통해 허용 가능한 다른 것으로 대체한다고 해서 비도덕적인 행위의 허용 불가능성이 바뀌지 않는 것과 마찬가지이다.

개연론을 거부한 후 파스칼은 자신이 믿음의 신뢰할 만한 근거로 여기는 오직 세 가지, 곧 종교적 신앙과 이성 그리고 감각으로 되돌아간다. 그는 감각의 진실성에 대한 확신을 바탕으로 교황 인노켄티우스 10세에 의해 이단으로 정죄된[15] 다섯 명제가 그것의 저자로 지목된 얀세니우스(Cornelius Jansen)의 저술에 등장하지 않는다는 유명한 주장을 펼쳤다. 파스칼은 가톨릭교도들이 무엇을 믿어야 하는지를 결정하는 교황의 권위를 부정하지는 않았지만, 사실의 문제는 교황을 포함한 어떤 권위에 호소해서도 결정될 수 없다고 주장했다.

그렇다면 우리가 사실에 관한 진리를 어떻게 배울 수 있겠습니까? 신부님, 그런 진리는 우리의 눈에서 옵니다. 이성이 자연적이고 이해할

---

14) 열세 번째 편지, '어떤 의견의 개연성이 그것과 반대되는 의견의 개연성을 제거하지는 못한다. … 덜 개연적이고 덜 확실한 의견에 따르는 일이 허용되듯이 더 개연적이고 더 확실한 의견을 무시하는 일 또한 허용된다.' 『편지』, 204-5 (1: 733).

15) 교황의 정죄 교서, *Cum occasione*, 1658년 5월 31일.

수 있는 것들의 재판관이고, 신앙이 초자연적이고 계시된 것들의 재
판관이듯이 눈은 사실적 진리의 정당한 재판관입니다.[16]

그는 이를 '우리 지식의 원리들'이라고 부르면서, 교황이 정죄한 명
제들이 얀세니우스의 책에 등장하는지 그렇지 않은지를 확인하는 유일
한 방법은 실제로 그 책을 검사하는 것뿐이라고 주장한다. '사실의 문
제는 오직 감각을 통해서만 증명되기 때문입니다.'[17] 그는 사실적 주장
을 어떻게 결정해야 하는가에 관한 이런 일반 규칙을 갈릴레오(Galil-
eo)의 정죄를 예로 들면서 상당히 도전적으로 언급한다.

신부님은 로마로부터 지구가 움직인다는 갈릴레오의 견해는 정죄되
었으니 그의 견해에 반대하라는 칙령을 받으셨겠지만 이 또한 헛된
일입니다. 그런 칙령이 지구가 정지해 있다는 사실을 증명하지는 못
합니다. 우리가 일관된 관찰을 통해 공전하는 것이 지구라는 사실을
알게 되었다면 이 세계의 어느 누구도 지구의 공전을 막을 수 없으며
지구와 더불어 우리 자신이 공전하는 일도 막을 수 없습니다.[18]

파스칼이 감각에 호소해 자연법의 도덕 원리들을 발견하는 데까지
이를 수는 없었지만 어떤 행위가, 예를 들면 살인이 보편적으로 금지되
어야 한다는 그의 주장은 분명히 사실의 영역을 (또는 이른바 사실로

---

16) 『편지』, 294 (1: 810), 번역 수정.
17) 1: 813. 네 번째 편지에 등장하는 다음 대목을 참조. 죄를 짓도록 유혹받는 존재의 경험
과 관련해 파스칼은 다음과 같은 질문을 던진다. '우리는 이렇게 명확한 사실을 증명하
기 위해 성서에 호소해야 합니까? 이는 신앙이나 추론의 문제가 아닙니다. 이는 사실의
문제입니다. 우리는 이를 보고, 인식하고, 감각합니다'(1: 619).
18) 1: 813.

여겨지는 많은 요소를) 포함한다. 하지만 근대 인간학에서 경험적인 증거는 그가 현재 맥락에서 의존하는 '사실들'을 확인해 주지는 않는다. 따라서 우리는 파스칼이 감각에 호소했다기보다는 당시 결의론자들과의 논쟁에서 이기기 위해 자신의 목적에 맞는 보편적 도덕 관습에 대한 주장을 다양한 문화에 투영했다고 결론지어야 한다. 하지만 설령 경험적 증거가 그의 사실적 주장을 지지하더라도 이른바 보편적 규범이 우리에게 의무로 부과되는 특성을 지닌다는 점은 아직 확립되지 않았다. 따라서 보편적 관습을 도덕 원리로 전환하기 위해 파스칼은 이성 또는 신앙에 호소해야 한다.

파스칼은 인간 본성이 타락했다고 설명함으로써 두 선택지 중 이성을 배제한다.[19] 그는 『팡세』에서 인간의 지적 능력에 대해 일관되게 부정적으로 평가한다. '자연법이 존재함은 의심의 여지가 없다. 하지만 그럴듯해 보이는 이성 자체가 타락함으로써 모든 것을 타락시켰다.'[20] 그는 자연법을 위반하는 경우의 예로 어떤 두 사람이 각자 다른 나라의 시민인데 오직 두 나라가 전쟁 중이라는 이유로 한 사람이 다른 사람을 죽이는 일을 든다. '나는 상대방과 싸울 생각이 전혀 없는데도 단지 그가 바다 건너 다른 나라에 살고 그의 나라와 내가 속한 나라가 서로 전쟁 중이라는 이유만으로 그가 나를 죽여도 된다는 것만큼 어리석은 일이 어디 있겠는가?'[21] 본성의 타락은 이성을 통해서도 어느 정도 이해할 수 있지만 궁극적으로 그것은 종교적 신앙에 기초한다.

---

[19] 베어드(Baird, 1975)는 다음과 같이 주장한다. 파스칼의 세 단계 이론과 점진적으로 한 단계에서 다음 단계로 넘어가는 일이 불가능하다는 주장에 따르면 본성의 단계와 우리가 이성을 통해 본성에 관해 알 수 있는 바는 본질상 은총에 의존하는 도덕을 결코 지지할 수 없다.

[20] 단편 56 (2: 560).

[21] 같은 곳.

나의 관점에서 볼 때 기독교가 인간 본성이 타락해 신으로부터 멀어졌다는 원리를 밝혀주었을 때, 이 진리의 본질을 어디서나 볼 수 있도록 우리의 눈을 열어주었다는 점을 인정한다. 왜냐하면 자연은 인간 내부와 외부 모두에서 우리가 잃어버린 신과 타락한 인간 본성을 보여주기 때문이다.[22]

따라서 종교적 신앙은 인간 본성의 타락과 도덕법칙을 확인하는 우리의 지적 능력이 제한적임을 드러낸다. 아퀴나스는 자연법에 대해 설명하면서 자연법의 제1원리가 이성을 통해 발견될 수 있다고 주장했다. 이와는 대조적으로 파스칼은 인간의 타락을 너무나 확신했으므로 자연법을 신으로부터 유래한 도덕적 질서의 어렴풋한 그림자로 이해했던 듯하다. 인간은 타락하기 이전에는 이런 도덕적 질서에 접근할 수 있었지만 이제는 오직 계시를 통해서만 제대로 인식할 수 있다고 보았다.

『팡세』에는 인간의 비참함과 타락을 다룬 대목이 거듭 반복되는데, 파스칼은 인간의 이런 상황을 아담이 지은 죄의 탓으로 돌린다. 그가 이를 사실의 문제로 여겼음은 분명한데 그는 우리가 원죄를 이해할 수 없다는 점을 거의 즐기는 듯하다.

그러나 우리의 지식에서 가장 멀리 떨어진 신비, 곧 원죄의 계승이라는 신비가 없이는 우리가 우리 자신에 대해 어떤 지식도 가질 수 없다는 점은 놀라운 일이다. 최초의 인간이 지은 죄가 죄의 원천에서 멀리 떨어져 있어 죄에 가담할 수 없을 듯이 보이는 사람을 죄인으로 만들었다고 말하는 것은 우리의 이성을 가장 충격에 빠뜨리는 일임에 틀

---

22) 단편 436 (2: 709).

림없기 때문이다. 우리에게 원죄는 불가능할 뿐만 아니라 부당한 것으로 보인다. 자신의 의지로 죄를 지을 수 없는 아기들을 그들이 태어나기 6천 년 전에 저질러진, 그들이 거의 관여하지 않은 죄를 빌미로 영원히 저주하는 것보다 우리의 비천한 정의의 법칙에 더 어긋나는 일이 대체 무엇이 있겠는가?[23]

파스칼은 원죄를 설명하거나 이성적으로 이해하려 하지 않는다. 그는 심지어 원죄를 신 존재의 불가해성과 같은 수준의 것으로 여긴다.

'신이 존재한다는 것도 존재하지 않는다는 것도 이해할 수 없다. … 원죄가 존재한다는 것도 존재하지 않는다는 것도 이해할 수 없다.'[24]

파스칼의 기독교 구원론 해석에서 새로운 것은 없지만, 원죄가 낳은 결과의 범위와 깊이에 대한 그의 평가와 많은 인간 고통의 책임을 에덴동산에서 일어난 하나의 신화적 사건에 돌린 점은 예외라 할 수 있다. 그는 또한 자신이 묘사한, 인간 본성의 비참함의 정도와 범위가 그 근원에 대한 자신의 신학적 해석을 독립적으로 확인해 준다고 가정하는 듯이 보인다. '본성이 타락했음은 본성 자체를 통해서 [알려진다]. 구원자가 있음은 성서를 통해서 [알려진다].'[25] 인간 본성 타락의 실재성은 거의 자명하다. 그리고 원죄의 교리는 만일 그것이 없다면 자명하지만 이해할 수 없는 것에 그쳤을 이 실재성에 의미를 부여한다.

그렇다면 아담의 죄 때문에 인간 이성은 도덕법칙을 분별하는 임무에 부적합한 것으로 드러난다. 도덕법칙은 결국 오직 그리스도에 의한 계시를 통해 밝혀진다. 파스칼은 1658년에 쓴 '오직 신의 권위만을 원

---

23) 단편 122 (2: 581-2).

24) 단편 665 (2: 816).

25) 단편 4 (2: 544).

리로 삼아야 하는 진정한 도덕'에 관한 글에서 자신의 주장을 예수회 결의론자들의 주장과 대비하면서 — 만일 결의론자들이 성공을 거둔다면 — '신의 법이 파괴되고 오직 본성적 이성만이 우리의 모든 행위를 인도하게 될 것'이라고 말한다.[26] 이와 같은 맥락에서 그는 '본성적 이성만이' 우리의 양심을 인도할 수 있다는 주장 또한 거부한다. 왜냐하면 논적들이 주장하듯이 동일한 본성적 이성이 군주의 경우에는 누구를 합법적으로 죽일지를 결정하게 만들기 때문이다.[27] 파스칼은 설령 군주라 할지라도 정의를 스스로 결정하거나 단지 이성에 의지해 사형을 명령할 수는 없다고 생각한다. 그런 결정은 오직 신만이 내리는 것이며, 이를 실행할 권한만을 군주에게 위임했을 뿐이다.

설령 아담이 결코 죄를 짓지 않았고 따라서 인간의 본성이 여전히 신이 창조했을 때처럼 흠 없는 상태에 있어서 우리를 속이는 지적, 감정적 약점과 이기심이 전혀 생기지 않는다 할지라도 파스칼은 자신이 의지하는 무조건적인 도덕 원리의 유일한 근원을 여전히 인간의 창조자인 신의 권한 아래 두는 듯이 보인다. 이런 설명에 따르면 신이 처음에 인간의 본성을 창조한 후 임의로 도덕적 명령을 내렸으므로 명령이 현재와는 다를 수도 있었다고 생각할 필요가 없다. 신이 인간을 창조하고 인간에게 부여한 본성에 따라 인간에게 무엇이 선이고 악인지를 결정했다고 보아야 한다. 파스칼이 이런 신의 결정을 하나의 창조로 이해했든 아니면 두 개의 창조로 이해했든 간에, 일부 도덕 원리를 인간이 거의 보편적으로 인식한다는 사실은 신의 명령이 인간의 타락으로 인해 완전히 가려지지는 않았음을 반영한다.[28] 이런 정도의 불명확성을 고려

---

26) 2: 834, 839.

27) 2: 840.

28) 아퀴나스가 선택한 표현에 따르면 자연법은 인간의 이성이 신의 법에 제한적으로 참여함을 나타낸다. 『신학대전』, IaIIae, q. 91, a. 4.

할 때 우리에게 도덕적으로 요구되는 것이 무엇인지 알려고 한다면 성경에 계시된 계명들을 참고하고 그들의 명확하게 규정하는 바를 철저히 준수할 수밖에 없다[29].

도덕적 행위자: 본성과 은총

파스칼이 포르루아얄(Port-Royal)의 학자들을 대신해 종교 논쟁에 끊임없이 참여한 목적 중 하나는 비도덕적인 행동의 자발성을 명확히 하고, 자신이 추구했던 높은 이상을 충족하지 못한 행위자들에게 비난이나 칭찬을 어느 정도 돌려야 하는지를 규명하는 것이었다. 그는 아리스토텔레스에게서 유래한, 자발성에 대한 전통적 분석을 채택한 것으로 보이며 동시에 아우구스티누스에게서 비롯된 본성과 은총에 대한 해석을 변함없이 옹호했다.

열네 번째 편지에서 예수회의 관점을 대변하는 신부는 행위자가 자신이 하는 행위가 비도덕적이라는 것을 알고 있으며, 그런 지식에 동반되는 도덕적으로 행위하라는 영감에 거슬러 행위하기로 결정할 경우에만 비도덕적으로 행위하는 것이라고 주장한다. 죄와 연결해 표현하면 이는 '신이 우리가 어떤 행위을 하기 전에 그 행위에 내포된 악에 대한 지식과 그것을 피하려는 동기를 제공하는 영감을 부여하지 않으면 그

---

[29] 아퀴나스는 자연법에서 성서의 법에로의 이행을 논의하면서 타락 이전의 인간 본성과 신약성서에서 신의 법이 완전히 계시된 상태 사이에 여러 중간 단계를 있는 듯이 설명한다. 아퀴나스는 구약성서의 법을 '자연법이 죄의 확산으로 이성에 의해 흐려지기 시작한 시기에 이성의 결함'을 보완하기 위해 임시로 계시된 것으로 여긴다. 『신학대전』, IaIIae, q. 98, a. 6. 파스칼 또한 열네 번째 편지에서 신약성서에서 명시된 살인 금지가 구약의 금지 조항을 확인해 준다고 주장한다.

행위를 죄로 간주할 수 없다'는 것을 의미한다.[30] 이 원리를 지지하기 위해 신부는 아리스토텔레스가 시도한, 자발적 행위와 비자발적 행위 사이의 구별에 호소하여 '어떤 행위가 비자발적이라면 그 행위를 비난할 수 없다'고 주장한다.[31] '자발적임'의 정의에 대한 이어지는 논쟁에서 파스칼은 『니코마코스 윤리학』 3권 1장에 호소하는데, 여기서 아리스토텔레스는 어떤 행위를 비자발적으로 만드는 무지의 종류를 밝힌다.

> 어떤 사람이 자신에게 유익한 것을 모른다고 해서 … 곧 그의 행위가 비자발적이라고 할 수는 없다. 합리적 선택 안에 있는 무지는 비자발성의 원인이 아니기 (오히려 사악함의 원인이기) 때문이다. 또한 보편적인 것에 대한 무지가 (사람들은 이런 것에 대한 무지 때문에 비난받게 되는데) 아니라 개별적인 것들에 대한 무지 — 곧 행위가 성립하는 상황과 행위와 관련되는 것들에 대한 무지가 비자발성의 원인이기 때문이다. 이런 것들을 모르는 사람이 비자발적으로 행위하는 것이므로 이들에 대한 연민과 용서가 허용된다.[32]

파스칼은 도덕법칙에 대한 무지는 우리의 행위에 대한 책임을 면제하지 않지만, 행위가 수행되는 상황과 관련된 개별적인 사실에 대한 무지는 자발성이 없음을 의미할 수 있다고 결론짓는다. 예를 들면 어떤 사람이 앞에 놓인 액체가 독이라는 사실을 모르고 그것을 포도주라고 잘못 생각하는 경우나 앞에 있는 사람이 자신의 아버지라는 사실을 모

---

[30] 『편지』, 62 (1: 614-15), 번역 수정.

[31] 같은 책, 70 (1: 622).

[32] Aristotle (2000), 1110b28-1111a2. 이 대목에 대한 주석으로는 Meyer (2011), 171-6 참조.

르고 적이라고 착각하는 경우 등이 이에 속한다. 개별적 사실에 대한 이런 종류의 잘못된 믿음은 우리의 행위를 비자발적으로 만들 수 있다.

파스칼은 이런 해석을 지지하려면 자신이 가장 좋아하는 신학자인 아우구스티누스의 설명을 따르는 편이 아리스토텔레스의 설명을 따르는 편보다 더욱 안전하리라고 제안하면서, 아우구스티누스의 『재고록』(*Retractions*) 1권의 한 대목을 인용한다.

> 무지 때문에 죄를 짓는 사람은 죄짓기를 원해서 죄를 짓는 것은 아니지만 오직 그런 행위를 하려고 하기 때문에 그렇게 하는 것이다. 따라서 이런 무지의 죄조차도 그것을 저지르는 사람의 의지에 의해 저질러질 수밖에 없으며, 그의 의지가 죄 자체가 아닌 행위를 향하고 있더라도 마찬가지이다. 그렇지만 그의 행위가 여전히 죄가 되는 까닭은 해서는 안 되는 행위를 한 것만으로도 충분하기 때문이다.[33]

이런 설명에 따르면 행위자가 자발적으로 신의 명령을 따르지 않을 경우 그의 행위는 비도덕적이다. 이런 자발적인 비도덕적 행위는 인간 본성의 타락이 원인일 수 있으며, 이는 결국 원죄로 인한 도덕적 타성을 극복하는 데 신의 특별한 지원이 필요함을 의미한다.

은총의 필요성과 관련된 이 문제는 17세기 다양한 기독교 교파 내 신학자들 사이에서 극도로 격렬한 논쟁의 초점이 되었다. 이 문제는 죄를

---

33) 『편지』, 73 (1: 624), 번역 수정. 아우구스티누스의 원문은 다음과 같다. 'Nam et qui nesciens peccavit, non incongruenter nolens pessasse dici potest, …Quia voluit ergo fecit, etiamsi non quia voluit peccavit, nesciens peccatum esse quod fecit. Ita nec tale peccatum sine voluntate esse potuit, sed voluntate facti non voluntate peccati, quod tamen factum peccatum fuit; hoc enim factum est quod fieri non debuit'(Augustine (1984), 47).

지은 아담의 자유와 아담이 지은 죄의 결과로부터 인간을 구원하는 신의 자유(따라서 '은총'이 결코 아담의 죄에 대한 책임을 상속받은 사람들이 정당하게 요구하거나 신이 그들에게 빚진 것이 되지 않도록) 그리고 이 은총을 받은 사람들이 원죄의 결과를 극복하는 데 필요한 도움을 받아들이거나 거부할 수 있는 자유에 대한 여러 세기에 걸친 교리적 결정들에서 비롯되었다. 밀접하게 관련된 행위자들의 서로 대립하는 듯이 보이는 자유와 별도로 파스칼은 이런 개념적 혼란의 또 다른 차원을 다루어야 한다. 그는 신이 제공한 은총의 효력 또는 적절성의 문제 — 곧 신이 아담의 죄 때문에 발생한 인간의 손상과 관련해 무력하지 않게 보이도록 하는 문제와 전통적으로 신의 속성으로 여겨지는 예지의 문제 — 곧 (인간의 관점에서 보면) 인간인 행위자가 그 어떤 행위도 하기 전에 신이 이미 누가 구원받고 누가 저주받을지 결정한 듯이 보이는 문제를 해결해야 한다.

'해야만 함은 할 수 있음을 함축한다'는 원리는 이 논쟁에 포함된 철학적 문제의 핵심을 드러낸다. 신의 명령에 적용될 때 이 원리는 신의 명령을 받은 사람들이 그것에 따를 수 있는 능력을 지닌다는 점을 의미한다. 1547년 열린 트렌토 공의회(Council of Trent) 6분과는 '신은 불가능한 일을 명령하지 않으며', 따라서 '은총을 통해 죄 사함을 받고 다시 태어난 사람조차도 신의 명령에 따를 능력이 없다고' 믿는 사람들은 정죄되어야 한다고 결정했다.[34] 하지만 이런 결정에 대한 주석에서 파스칼은 '가능성과 능력 사이에는 어떤 필연적 연결도 없으며, 누군가에게 우연히 일어날 수 있는 모든 일이 항상 그 사람의 능력 안에 있는

---

[34] Tanner (1990), 2: 675, 680. 이에 대한 파스칼의 주석은 『은총론』(*Écrits sur la grâce*), 2: 211-87 참조.

것은 아니라고' 주장한다.[35] 그는 자신이 삶 대부분 동안 병마에 시달린 것을 예로 든다. 누군가가 60세까지 사는 것이 가능하지만 그것을 실현 하는 일은 그의 능력 범위 밖에 있다. 이와 마찬가지로 '가능하다'는 단 어는 인간이 신의 명령에 따르는 것이 가능하지만, 그것을 실행하는 데 필요한 은총이 모든 사람에게 제공되지는 않기 때문에 인간이 그렇게 하지 못할 수도 있다는 주장이 모순이 아니라는 방식으로 이해될 수 있 다. 이런 주장은 파스칼이 신학적 의미에서 '구원받지' 못한 도덕적 행 위자를 어떻게 생각하는가라는 의문을 불러일으킨다.

파스칼이 신의 명령에 따르는 것이 신이 자유롭게 구원을 위해 필요 한 은총을 내린 사람들에게만 가능하다고 가정했다는 점은 거의 의심 의 여지가 없다. 열일곱 번째 편지에서 파스칼은 자신이 포르루아얄의 은둔자였던 적이 결코 없으며, 자신의 유일하게 헌신한 대상은 오직 가 톨릭교회라고 주장한다.

> … 나는 지상에서 오직 로마 가톨릭교회에만 헌신하며, 그 교회의 최 고 수장인 교황과 함께 살고 죽기를 원합니다. 나는 그 교회 밖에서는 구원이 없다고 분명히 확신합니다.[36]

구원을 위해서는 교회의 신자가 되는 것이 반드시 필요하다는 이런 전통적인 생각은 원죄에 관한 파스칼의 신학에서 비롯된다. 그는 『은총 론』에서 '신은 아담과 죄 없는 인간들에게 계명을 이행하는 데 필요한 은총을 베풀지 않고서는 그들에게 계명을 정당하게 부과할 수 없었을

---

35) 『은총론』, 2: 240.
36) 『편지』, 260-1 (1: 781), 번역 수정. 은둔자는 포르루아얄에서 청빈과 금욕의 삶을 살았 던 사람들을 의미한다. 이런 움직임은 자주 얀센주의와 연결되었다.

것'이라고 주장한다.'[37] 따라서 신은 아담에게 도덕법칙을 준수하는 데 필요한 모든 것을 부여었고, 아담은 자신의 '자유 의지'로 신의 명령을 완전히 따를 수 있었다. 그러나 아담이 죄를 지은 후 인류 전체가 타락하게 되었다. 이 결과 이제 세 종류의 사람들이 존재한다. 곧 '한번도 신앙을 얻지 못한 사람들, 신앙을 얻었지만 그것을 유지하지 못하고 죽을 때에 죄의 상태에 있는 사람들, 그리고 믿음을 얻고 사랑으로 끝까지 인내하며 죽음을 맞이하는 사람들이' 존재한다.[38] 비록 파스칼은 신이 모든 사람에게 아담의 죄에 대한 책임을 지우는 것이 이해할 수 없고 또 명백히 부당하다는 점을 인정했지만 그는 '해야만 함은 할 수 있음을 함축한다'는 원리를 효과적으로 거부했다. 이른바 '저주받은' 많은 사람들에게도 신의 명령을 지킬 도덕적 의무가 있지만 그들은 그것을 지킬 수 없기 때문이다. 신은 그들에게 신의 명령을 따르기 위해 필요한 수단을 주지 않기로 자유롭게 결정했다. '인간이 타락한 상태에서는 신이 인류 전체를 정당하게 저주할 수 있으며, 지금도 태어나면서 세례를 통해 그런 상태에서 구원받지 못하는 사람들은 저주받는 상태에 놓여있다.'[39]

그런데 소수의 사람들, 곧 세례를 받고 죽을 때까지 덕을 갖춘 삶을 지속하는 사람들은 어떻게 신의 특별한 도움이 없이는 따를 수 없는 절대적인 신성한 명령을 성공적으로 따를 수 있는지에 대한 의문은 여전히 남게 된다. 파스칼이 옹호한 얀센주의 관점은 당시 도미니크 수도회와 예수회가 각각 두 스페인 신학자 몰리나(Luis de Molina, 1535-

---

37) 『은총론』, 2: 287.

38) 같은 책, 2: 262.

39) 같은 책, 2: 261.

1600)와 바녜스(Domingo Báñez, 1528-1604)의 이름을 내세워 가르친, 은총에 대한 두 가지 다른 견해에 반대되는 것이었다.[40] 파스칼은 전문 신학자는 아니었다. 그는 스콜라철학을 교육받지 않았으며, 위와 같은 논쟁의 수많은 세부 사항에 대해 그가 지닌 지식은 주로 아르노를 비롯한 얀센주의 운동의 주요 구성원들과의 토론을 통해 간접적으로 얻은 듯이 보인다. 하지만 이런 지적인 약점에도 파스칼은 어떻게 신의 절대적인 자유와 예지가 인간의 행위를 도덕적으로 평가하기 위해 자신이 전제했던 일종의 자발성과 양립할 수 있는지를 설명하려고 애썼다. 그가 『은총론』에서 표현하듯이 이 문제는 '어떤 사람은 구원받고 다른 사람은 저주받는 일이 신이 이를 원한다는 사실로부터 생겨나는지 아니면 사람들이 이를 원한다는 사실로부터 생겨나는지를 밝히는 것이다.'[41]

파스칼은 타락 이전의 아담은 '선과 악을 똑같이 향할 수 있는 자유 의지'를 가진 존재로 묘사하며, 선을 선택할 수 있는 충분한 은총을 받았다고 설명한다. 신은 '아담에게 충분한 은총을 주었다. 이는 [도덕법칙의] 계명을 준수하고 의로운 삶을 사는 데 다른 어떤 것도 필요하지 않은 충분한 은총이었다.'[42] 하지만 타락 이후 모든 인간의 자유 의지는 탐욕에 의해 약해졌고 선과 악에 대한 이해는 무뎌졌다.

---

[40] 몰리나가 미래에 일어날 사건을 미리 아는 신의 예지를 인정하지만 여전히 인간의 자유를 보호하기 위해 의존했던 신적 중간 지식이라는 개념은 Adams (1997)과 Freddoso (1988)에서 논의된다. 또한 칼뱅주의 내에서도 서로 대립하는 신학적 견해들이 있었지만 이에 대해서는 위의 본문에서 언급하지 않았다.

[41] 『은총론』, 2: 259.

[42] 같은 책, 2: 287-8.

자유 의지는 여전히 선과 악을 향한 성향을 모두 지니지만 다음과 같은 차이가 있다. 아담의 경우 악에 대한 성향이 없었고 선을 아는 것만으로도 그가 선을 따르는 데 충분했지만, 이제 탐욕의 결과 악은 강한 매력과 달콤함을 지니게 되어 자유 의지는 마치 악이 선인 듯이 저절로 악으로 향하게 되며, 악을 자발적으로 매우 자유롭고 기쁘게 선택하게 된다. 악 속에서 행복을 발견하기 때문이다.[43]

이런 대비는 아담이 타락 이전에는 선과 악을 향한 성향을 '동등하게' 지님으로써 무관심성의 자유를 누렸지만, 타락 이후에는 모든 인간이 악을 향한 확실한 성향을 지니게 되었음을 암시한다. 하지만 물론 파스칼은 타락 이후에도 의지가 '자발적으로' 행위한다고 생각한다. 악이 지니는 이런 매력을 상쇄하기 위해 신이 내리는 '치료적 은총'은 인간이 선을 향할 때 보상을 제공하지만, 이런 은총은 오직 세례를 받은 사람들에게만 주어진다.

> … 은총은 … 오직 신의 법칙에 대해 달콤함과 기쁨을 느끼는 것이다 … 이런 기쁨은 육체의 정욕과 같을 뿐만 아니라 그것을 넘어서며, 정욕이 악을 통해 의지에게 제공하는 것보다 더 큰 기쁨을 선을 통해 의지에게 부여한다. 따라서 자유 의지는 … 오직 신의 법칙에서 더 많은 만족을 발견하고 그곳에서 행복과 기쁨을 경험하기 때문에 신의 법칙을 확실히 선택한다.[44]

---

43) 같은 책, 2: 289.

44) 같은 책, 2: 289-90. '확실히'(infallibly)라는 단어는 신의 은총이 확실한 효과를 지닌다는 점을 묘사하기 위해 290면에서 두 번이나 사용된다.

선을 선택하는 일이 자유롭게 이루어진다는 데 대한 이런 설명은 『팡세』의 단편 90의 내용과도 일치한다. 이 단편에서 파스칼은 행위자의 내부와 외부 요소들을 반영해 자발적 행위와 비자발적 행위를 구별하는 아리스토텔레스의 견해를 채택한다. '정욕과 [외부의] 힘은 우리의 모든 행위의 근원이다. 정욕은 자발적 행위의, 힘은 비자발적 행위의 원인이다.'[45] 이런 정의에 따르면 의지의 선택에 영향을 미치는 요인이 행위자 내부에 있는 한 의지의 선택은 자유롭다. 따라서 아담의 의지가 악에 이끌렸을 때 그의 의지는 자유로웠다. 마찬가지로 신의 은총으로 구원받은 사람들의 의지가 선에 이끌릴 때 그들의 의지 또한 자유롭다.

> … 신이 이런 은총을 기꺼이 내리는 사람들은 자유 의지를 통해 자발적으로 피조물보다 신을 확실히 더 선호하게 된다. 이 때문에 자유 의지가 이런 은총을 통해 자발적으로 그런 선택을 내리거나 … 아니면 은총이 자유 의지를 이런 상태로 이끈다고 말해도 무방하다 …[46]

파스칼에 따르면 확실히 효력을 발휘하는 신의 도움을 계속해서 받아들이는 사람들은 '자신의 선택과 자유 의지의 움직임에 의해 자발적이고 자유롭게' 선한 쪽으로 나아가며 자신의 정욕을 극복한다.[47]

도덕적 의사결정에 대한 파스칼의 신학적 해석 — 곧 에덴동산에서 인간 본성이 타락했는데, 이에 분노하고 격분한 신이 자유롭게 개입해 인간 본성을 부분적으로 회복시켰다는 신화적 설명을 — 제쳐둔다면[48]

---

45) 단편 90 (2: 570).

46) 『은총론』, 2: 291.

47) 같은 곳.

48) 파스칼은 '인간 중 대부분이 신의 정당한 분노와 격분의 대상'이라고 여긴다(2: 261).

그의 도덕 이론은 도덕적으로 허용되지 않는 것의 매력이 선의 매력을 압도하는 성향을 지닌다고 생각하는, 인간 심리에 대한 비관적인 관점을 채택한다. 그는 도덕적으로 요구되는 것들이 거의 의심의 여지가 없다는 점을 인정하며, 심지어 이교도들도 본성적 이성의 제한된 빛을 통해 도덕의 가장 기본적인 원리들을(물론 이들은 신의 명령에서 기원하지만) 알고 있다고 가정한다. 따라서 도덕적 삶은 우리를 도덕적으로 행위하도록 인도하는 덕들을 습득하고 공고히 하기 위한 끊임없는 투쟁이거나, 신학적 언어로 표현하면 육체의 정욕과 효력 있는 신의 은총 사이의 투쟁이다. 이런 내부적 투쟁이 결과적으로 자발적인 행위를 만들어내는데, 그 까닭은 자발적인 행위가 외부의 결정 요인이 아니라 행위자의 숙고에서 비롯되기 때문이다.

돌이켜보면 파스칼이 얀센주의를 옹호하면서 사용한 수사학적 기술, 절대적인 확신 그리고 끊임없는 열정이 궁극적으로 확실한 종교적 신념의 의존하지만 동시에 철학적 변호도 필요로 하는 그의 윤리학의 참모습을 가린 것에 대해 누군가는 유감스럽게 생각할지도 모른다. 『팡세』에는 인간을 '생각하는 갈대'라고 표현한 유명한 구절이 등장하지만, 파스칼의 도덕 이론은 신앙과 비교했을 때 이성이 결코 신뢰할 수 없는 것이라는 그리고 은총이 없다면 인간에게는 도덕법칙을 발견하거나 실행할 수 없는 능력이 전혀 없다는 그의 생각을 반영한다.[49]

---

49) 단편 104 (2: 574).

참고문헌

제일 뒤의 * 표시는 특히 중요한 참고문헌임을 나타낸다.

Adams, R.M. 1997. 'Middle Knowledge and the Problem of Evil', *American Philosophical Quarterly*, 14, 109–17.

Aristotle 2000. *The Nicomachean Ethics*, trans. Roger Crisp. Cambridge University Press.

Augustine, Saint 1968. *The Retractions*, trans. Mary I. Bogen. Fathers of the Church, vol. 60. Washington, DC: Catholic University of America Press.

Augustine, Saint 1984. *Retractionum Libri II*, ed. A. Mutzenbecher. Corpus Christianorum, Series Latina, vol. 57. Turnhout: Brepols.

Baird, A.W.S. 1975. *Studies in Pascal's Ethics*. The Hague: Nijhoff.

Freddoso, F. 1988. *On Divine Foreknowledge*. Ithaca, NY: Cornell University Press.

Meyer, Susan Sauvé 2011. *Aristotle on Moral Responsibility*. Oxford University Press.

Migne, J.-P., ed. 1862. *Patrologia Graeca*, vol. 49. Paris.

Pascal, Blaise 1967. *The Provincial Letters*, trans. A.J. Krailsheimer. London: Penguin.

Pascal, Blaise 2000. *Œuvres complètes*, ed. Michel Le Guern. 2 vols. Paris: Gallimard.

Tanner, Norman P.1990. *Decrees of the Ecumenical Councils*, 2 vols. London: Sheed & Ward.

24장

로크와 버틀러

스티븐 다월(Stephen Darwall)

언뜻 보기에 로크(John Locke)와 버틀러(Joseph Butler) 주교의 도덕철학은 더 이상 극명할 수 없을 정도로 서로 대립되는 듯하다. '고대의' 이론은 덕이 도덕적 행위자 내부의 자질로부터 자연스럽게 등장하며, 이런 자연적 목적 또는 선을 실현하는 것이 덕이라는 의미에서 덕과 우리의 본성이 일치한다고 여기는데 버틀러는 자신을 이런 이론의 옹호자로 여겼다.[1] 이와는 대조적으로 로크는 도덕이 최고의 권위를 지닌 신의 명령을 통해 외부로부터 피조물들에게 부과되는데, 홉스가 주장한 만인 대 만인의 전쟁 상태가 아니라

---

[1] 이런 의미에서 버틀러를 어윈(Irwin, 2008)이 묘사한 유형의 '아리스토텔레스적인 자연주의' 전통을 이어받은 인물로 생각할 수 있을 듯하다. 버틀러에 대한 어윈의 논의는 vol. 2: 539-57 참조.

면 비록 서로에게 호의적이 아닌 상황에서도 이 명령을 스스로 발견할 수 있으리라고 보았다.

이는 로크의 정치철학을 통해 이미 익숙한 주제이다. 로크는 자연 상태가 전쟁 상태가 아니라 자연권이 통용되는 상태라고 여기지만 사회적 권위를 지닌 공통의 재판관이 없으므로 겪는 상호 불이익은 모든 사람이 상호 계약을 맺고 국가를 형성하기에 충분한 근거를 제공한다고 생각한다.

이런 생각은 그의 정치철학뿐만 아니라 도덕철학의 주제이기도 하다. 법적 권리와 마찬가지로 자연권과 의무 또한 어떤 권위를 통해서 확립되지만 이와 관련되는 권위는 결코 인간이 지닌 권위가 아니라 오직 신이 자신의 명령을 통해 발휘하는 최고의 권위이다. 신의 명령은 로크의 정치철학에서 사회계약을 맺도록 이끄는 기능과 역할을 하는데 그의 도덕철학에서도 이와 유사한 — 곧 신의 명령은 인간을 모두에게 더욱 나쁜 상황에서 구원하는 — 역할을 한다. 인간의 행위 동기는 궁극적으로 이기적이므로 신은 인간에게 상호 이익이 되는 방식으로 행위할 것을 명령하고 자신의 명령을 외부적 제재의 근거로 삼도록 인도함으로써 인간들이 대립과 혼란에서 벗어날 수 있도록 만든다. 세속의 입법자들과 마찬가지로 신은 이기적이고 제재를 싫어하는 인간의 행위 동기를 활용해 사람들이 본성과는 달리 상호 이익을 낳는 방식으로 행위하도록 유도한다.

버틀러의 관점에서 보면 로크의 모든 주장은 사실과 동떨어진 것에 불과하다. 버틀러는 모든 인간 행위를 이기적인 동기의 결과로 여기는 심리적 이기주의를 강력하게 '반박한' 것으로 가장 유명하다. 버틀러가 보기에 인간은 신의 처벌을 두려워해서가 아니라 자비심에서 또는 더욱 중요하게 도덕적 양심에 따라 상호 이익을 위해 올바르게 행위할 수 있는 존재이다. 더 나아가 버틀러는 도덕이 원리상 도덕적 행위자의 외부로부터, 심지어 신의 명령에 의해서조차 부과될 수 있는 무언가가 결코 아니라고 믿는다.

진정한 도덕법칙은 무엇이든 간에 궁극적으로 도덕적 행위자 자신에 근거해야 한다. 버틀러는 가장 유명한 설교인 '인간 본성에 관하여'에서 신의 율법을 명확히 알지 못하는 '이방인들도' 본성에 따라서 율법이 명하는 것을 실행한다면 '그들 자신이 율법의' 역할을 한다는 바오로(St Paul)의 말을 자신의 주장에 대한 결정적인 근거로 제시한다. 버틀러 윤리학의 핵심 주장은 오직 도덕적 행위자가 자신의 내부에 '최고 권위의' 원리, 곧 '자기 자신에 대해 법칙'이 되는(Pr.29)[2] 양심을 지닐 경우에만 도덕이 가능하다는 것이다. 이런 도덕적 행위자가 없다면 도덕 자체가 불가능할 것이다.

반면 로크는 순전히 도덕적 행위에만 초점을 맞춘다. 사실상 그에게 '도덕적 선과 악은 … 오직 우리의 자발적인 행위가 어떤 법칙과 일치하는가 그렇지 않은가의 문제일 뿐이다'(『지성론』, 351).[3] 이런 방식으로 덕 또는 도덕적 선은 사실상 옳은 행위로, 곧 우리가 왜 그 행위를 행하는가와 무관하게 우리가 행해야 하는 바로 환원된다. 이와는 대조적으로 버틀러는 도덕적 행위자의 실천적 추론에서 드러나는 도덕적 행위의 근거에 더욱 큰 관심을 보인다. 어떤 행위가 덕이 있는가 그렇지 않은가는 행위자가 실제로 행하는 바가 아니라 그렇게 행위하는 근거에 의존한다.

---

[2] Butler 1983 참조. 버틀러의 서문(Pr.로 약칭)과 설교 및 문단 번호는 본문 중에 괄호로 표시했다.

[3] Locke 1975 참조. 이 저술의 인용출처는 면수를 본문 중에 괄호로 표시했다 — 이하 이 저술은 『지성론』으로 약칭한다(후반부는 옮긴이의 첨가).

더 나아가 버틀러는 진정한 덕은 오직 우리를 도덕적 행위자로 만드는 능력, 곧 우리 자신의 양심에 따라 행위를 인도할 경우에만 실현된다고 주장한다. 하지만 로크의 관점에서 보면 인간의 행위 동기 중 양심과 같은 근원은 존재하지 않는다. 중요한 것은 오직 우리의 행위가 어떤 법칙과, 신이 권위와 더불어 내린 명령과 일치하는지 여부이며 신의 명령에 따르는 일은 신의 처벌에 대한 두려움 때문에 가능해진다.

이런 근본적인 차이가 분명히 존재하지만 로크와 버틀러 사이에는 중요한 공통점도 발견된다. 가장 중요한 것으로 둘 모두는 고대 그리스 윤리학뿐만 아니라 아퀴나스로부터 비롯된 고전적인 자연법 전통과도 결별을 선언한 근대 도덕철학자라는 점을 들 수 있다. 이와 관련해 다양한 측면의 논의가 있지만 로크와 버틀러가 모두 좋음과는 다른 어떤 규범적 기준을 — 곧 도덕적 옳음을 — 제공하기 위한 도덕의 개념을 발전시키고 옹호한다는 점이 매우 중요하다. 이 둘 모두는 앤스컴(Anscombe)이 '근대 도덕철학'이라는 제목의 유명한 논문에서 비판했던 바로 그런 의미의 '근대 도덕철학'을 추구했다.[4]

고대와 근대 윤리학 사이의 차이로 여겨지는 바는 어떤 결과를 낳는가? 앤스컴은 '도덕적 책무와 도덕적 의무라는, 따라서 무엇이 도덕적으로 옳고 그른가에 대한 또는 도덕적 의미의 '당위'에 대한 '근대적' 개념은' 고대의 윤리적 사고에서는 등장하지 않는다고 주장한다.[5] 고대 그리스 윤리학에서 사용되었던 좋음의 개념과는 달리 근대적 개념은 법적인 관념을 근거로, 특히 의무, 처벌 가능성, 유죄 등의 '법적인' 관념을 근거로 형성되었다(30-1). 여기서 핵심은 근대적 관점이 도덕적인

---

4) Anscombe 1998 참조.
5) Anscombe 1998: 26. 이하 이 저술의 인용출처는 본문 중에 괄호로 표시했다.

것과 법적인 것을 구별하지 않는다는 점이 아니라, 오히려 개념상 특정 지역이나 나라의 법률 또는 심지어 국제법과도 다른 어떤 특유한 종류의 법을 도입한다는 점이다. 로크의 경우를 예로 들면 도덕은 신이 창조한 법에 의해 구성된다.

고대의 윤리적 사고에서도 당연히 법적인 개념들이 사용되지만 이들은 대부분 정치사상과 관련될 뿐 개인의 행위를 평가하는 근본적인 규범적 기준으로 채용되지는 않는다. 예를 들어 플라톤의 대화편 『국가』에서 소크라테스는 '왜 정의로워야 하는가?'라는 글라우콘과 아데이만토스의 질문에 답하면서 정의가 인간이 본래 갖추고 있는 **좋음**과 영혼의 조화를 실현하기 때문이라고 주장한다. 시지윅도 이와 같은 점을 지적한다.

> 플라톤주의와 스토아주의 그리고 그리스의 도덕철학 일반에서는 오직 한 가지의 규제 또는 통제 능력만이 이성이라는 — 이성의 규제를 어떻게 이해하든 간에 — 이름으로 인정된다. 반면 근대의 윤리적 관점에서는 두 종류의 능력이 — 곧 보편적 이성과 이기적 이성 또는 양심과 자기애가 — 발견된다는 점이 그 자체로 명확하게 드러난다.[6]

앤스컴과 마찬가지로 시지윅도 근대의 윤리적 사고에서 '양심'이 본질상 책무, '의무', 옳음 등과 더불어 '거의 법적인 개념'으로 여겨진다는 점을 강조한다.[7] 이런 시지윅의 주장을 고대인들은 좋음이라는 오직 하나의 근본적인 규범적 또는 윤리적 기준만을 인정하지만 근대의 윤

---

6) Sidgwick 1964: 198.
7) Sidgwick 1967: 106.

리적 사고에서는 두 가지 기준, 곧 좋음과 옳음이 인정된다는 말로 표현할 수 있다.

아퀴나스로부터 비롯된 고전적인 자연법 전통 또한 당연히 도덕적 옳음의 개념을 사용하지만 이 개념을 근본적인 규범적 기준으로 사용하지 않으며 특별히 법적인 의미에서 의무를 부과하는 것으로 여기지도 않는다. 아퀴나스에게 자연법은 이성적 본성 때문에 자연법에 따르거나 그것을 무시하기도 하는 인간이 파악할 수 있는 '영원한 법' ― 모든 존재 안에 내재하는, 일종의 목적론적이고 완성주의적인 기준 ― 이다. 따라서 자연법이 요구하는 바는 행위자의 선을 실현하는 것과 다르지 않다. 이 둘은 궁극적으로 동일한 기준이다.

로크와 버틀러는 바로 이런 전통적인 자연법 이론의 근본적인 주장에 동의하지 않는다. 로크의 저술 『자연법론』(*Essay on the Law of Nature*) 8장의 제목은 '각 개인 자신의 이익이 자연법의 기초인가? 그렇지 않다'이다. 그리고 버틀러의 도덕심리학에서 양심과 자기애는 서로 독립적인 두 '원리'로 작용한다.

더욱이 옳음과 의무라는 근대적 관념은 도덕적 조언 또는 '충고'와 도덕이 요구하는 바 또는 '명령' 사이의 구별에 의존하는데 이는 수아레스가 아퀴나스의 자연법 이론에 반대하면서 처음 제시했던 구별이기도 하다. 진정한 의무를 부과하는 법은 단지 각자 자신에게 이익이 되는 행위를 하라는 충고나 조언이 아니다. 그것은 어떤 행위를 요구하며, 관련되는 사람들에게 법에 따라 행위할 책임을 부과한다. 수아레스는 아퀴나스의 자연법 이론이 본질상 의무론적이고 법률적인 이런 측면을 제대로 설명하지 못한다고 비판한다. 그 어떤 타산적인 충고도 의무를 부과하는 도덕의 특징적인 힘을 제대로 설명하지 못한다는 생각

은 그로티우스로부터 전개된 근대 도덕철학의 핵심 주장 중 하나이다.[8]

두 번째로 로크와 버틀러는 비록 서로 다른 방식을 취하지만 근대 초 윤리적 사고의 또 다른 핵심 개념인 **자율**의 개념을 발전시켰다. 우리는 이미 도덕과 도덕적 행위가 '자신에게 법칙이 되는' 개인의 존재를 포함한다는 버틀러의 주장에서 자율의 개념을 어렴풋하게나마 발견했다. 버틀러는 도덕적인 덕이 무엇보다도 자신의 양심적인 판단에 따라 행위를 결정함으로써 한 개인을 도덕적 행위자로 만들어주는 능력을 탁월하게 발휘함으로써 성립한다고 생각한다. 또한 자율은 버틀러와는 전혀 다른 방식이기는 하지만 로크의 도덕철학에서도 중요한 역할을 한다는 점이 드러난다.

로크는 버틀러가 생각한 방식으로 자율이 성립할 수 있다는 가능성 자체를 부정한다. 한편으로 도덕법칙은 인간 외부에서 신이 부과한 것이기 때문이며, 다른 한편으로 버틀러가 생각하는 양심은 인간 행위의 동기로 가능하지 않기 때문이다. 하지만 동시에 로크는 도덕이 사실상 어떤 형태의 자율에 의존한다고 생각한다. 만일 인간에게 자신의 실천적 추론을 통해 도덕법칙에 따를 것을 내부적으로 결정할 수 있는 능력이 없다면 신은 인간에게 행위의 책임을 묻기 어려울 것이다. 이 문제를 해결하기 위해 로크는 신이 인간에게 일종의 자율 또는 '자유'를, 곧 당장 눈앞의 욕구에서 한걸음 물러나 욕구를 '보류하고' 자신의 목표를 반성적으로 고찰한 후에 장기적인 선이나 쾌락을 고려한 판단을 내림으로써 무엇이 도덕적으로 옳은지를 스스로 결정할 수 있는 능력을 부여했다고 주장한다(『지성론』, 263).

따라서 로크와 버틀러는 모두 도덕적 옳음을 좋음과 구별하고, 자율

---

8) 이런 생각을 옹호하는 근거로는 Darwall 2012 참조.

을 포함하는 옳음과 조화를 이루는 여러 주장들을 전개한다. 버틀러는 도덕적 행위자가 자기 자신의 도덕 판단을 통해 양심적인 결정을 내림으로써 도덕적으로 행위한다고 생각한다. 로크는 이런 일은 불가능하지만 인간인 행위자가 무엇이 도덕적으로 옳은지를 스스로, 자율적으로 결정할 수 있으며 당연히 결정할 수 있어야만 한다고 생각한다. 로크는 버틀러 못지않게 도덕적 옳음과 좋음의 관념이 근본적으로 서로 구별된다고 생각하면서도 도덕이 (신의 제재 때문에) 자신의 좋음을 추구할 근거를 지니는 인간 행위자에 의존하며 또한 인간은 이런 근거에 의해 도덕적으로 옳은 바를 행위할 것을 스스로 결정할 수 있다고 주장한다.

로크

이제 로크와 버틀러 윤리학의 주요 내용을 살펴보려 하는데 우선 로크로부터 논의를 시작해보자. 로크의 도덕철학은 대체로 그로티우스의 『전쟁과 평화의 법』(1625)에서[9] 비롯된 근대 자연법 전통의 틀 안에 속한다. 오늘날 사람들은 로크의 정치철학, 특히 그의 『통치론』(*Second Treatise of Government*)에 등장하는 내용을 훨씬 더 잘 알고 있다. 여기서 그는 자연권 이론을 바탕으로 각 개인을 보호하기 위해 사회계약을 통한 상호 동의에 의해 등장하는 국가를 정당화한다. 로크의 정치사상은 17세기와 18세기에 걸쳐 커다란 영향력을 발휘했다 — 미국 독립선언서에 등장하는 '생명과 자유, 행복 추구의 양도할 수 없는 권리'

---

[9] Grotius 2005.

라는 문구는 로크의 주장을 그대로 반영한 것이다. 로크는 국가가 '생명, 자유 그리고 자산'을 포함하는 '재산권'을 보호하기 위해 존재한다고 주장한다.[10] 로크의 정치사상은 오늘날에도 여전히 상당한 설득력을 지닌다.

로크의 도덕철학은 비교적 덜 알려졌지만 그의 유명한 정치사상을 떠받치는 데 반드시 필요한 기초로 작용한다. 그렇다면 그의 윤리학이 근본적으로 법적인 요소와, 곧 자연법과 관련되는 것은 우연이 아니다. 그의 윤리학에 대한 논의를 시작하는 흥미로운 방법은 『지성론』에 등장하는 인격 동일성에 관한 논의를 검토하는 것이다. 로크는 물체의 동일성과는 반대로 인격의 동일성은 인격이 무엇인지를 이해하지 못하면 제대로 파악할 수 없다고 생각한다. 로크는 '인격이란 행위 및 그것의 공적과 관련되는 법적인 또는 법률적인 용어'라고 말한다(『지성론』, 346). 행위에 '책임질 수' 있기 위해 우리는 '과거의 행위를 여전히 자신의 것으로 여기고 자신의 탓으로 돌릴 수 있어야 하며 이를 통해 법을 인식할 수 있어야 한다'(『지성론』, 346). 달리 말하면 인격의 개념 자체가 법과 관련되는 것이다. 법과 관련된다는 것은 행위를 자신의 것으로 여기고 자신의 탓으로 돌림으로써 법의 준수 여부에 대해 책임을 진다는 의미이다.

로크는 『자연법론』에서 자신의 자연법 이론을 처음 제시하는데[11] 여기서 그는 인간이 최고의 권위를 지닌 신으로부터 등장한 자연법의 구속을 받지 않을 수 없다고 주장한다.

---

[10] Locke 1988: 323.

[11] Locke 1954. 로크는 이 저술을 1660년대에 썼지만 생전에 출판하지는 않았다. 이하 이 저술의 인용출처는 본문 중에 괄호로 표시했다.

법이 필요로 하는 모든 것은 자연법에서 발견된다. 무엇보다도 우선 자연법은 최고의 의지가 내린 명령이기 때문인데 이 사실이 법을 구성하는 형식적 원인을 제공한다. … 둘째, 자연법은 무엇을 행해야 하고 행해서는 안 되는지를 규정하는데 이는 법의 적절한 역할에 해당한다. 셋째, 자연법은 그 자체 안에 의무를 형성하는 데 필요한 모든 것을 포함하므로 모든 사람에 대해 구속력을 지닌다. (111-13)

우리는 경험을 통해 인간이 신의 창조 능력에 의해 존재하게 되었음을 인식하므로 '인간보다 더욱 강력하고 현명한 다른 어떤 행위자가 존재하며, 그의 의지에 따라 우리가 세계에 등장하여 살아가다가 사라진다는 사실 또한 인식한다'(153). 따라서 '감각이 제공하는 증거에 기초해 이성은 최고의 권능을 지닌 무언가가 존재한다는 점을 단호히 주장하는데 우리는 신이라고 불리는 이 존재에 따르는 것이 합당하다'(153-5).

여기서 로크가 신이 지닌 최고의 권위를 최고의 권능으로 축소하지 않는다는 점이 중요하다. 오히려 신의 권능과 권위가 함께 신에게 통치권을 부여하며, 이를 통해 인간에게 단지 어떤 행위를 무리하게 강요하는 것이 아니라 의무로 부과한다. 로크는 '모든 의무는 우리의 정신 자체에 일종의 구속을 부과하는데, 우리는 처벌의 두려움 때문이 아니라 무엇이 옳은지를 이성적으로 파악함으로써 우리 자신을 의무 아래 두게 된다'(183).

로크는 몇몇 신학적인 주의주의자들과는 달리 도덕이 신의 임의적인 의지로부터 등장한다고 주장하지 않는다. 아퀴나스나 수아레스와 마찬가지로 그는 '법이 이성적인 한 법과 인간의 본성 사이에는 어떤 조화가' 존재해야 한다고 생각한다(104). 신은 자비로운 지혜를 통해 우리에게 상호 이익이 되는 방식으로 행위할 것을 명령한다. 반면 아퀴나스나 수아레스와는 달리 로크는 법이 오직 우리에게 자신의 이익을 위해 행위할 것을 명령한다고 생각하지 않는다. 왜냐하면 로크는 이들과는 달리 개인의 이익이 자연스럽게 조화를 이루리라고 믿지 않기 때문이다. 개인의 이익은 때로 상충한다. 만일 신의 명령이 단지 우리에게 자신의 이익을 개별적으로 추구할 것을 명령한다면 모두가 신의 명령을 따른다 해도 이것이 상호 이익을 낳지 못할 수도 있다. 따라서 이와는 반대로 로크는 다음과 같이 말한다. '수많은 덕들 그리고 이들 중 최선은 바로 우리 자신에게 손해가 되더라도 다른 사람에게 이익이 되는 바를 행하는 것이다'(207). '각 개인 자신의 이익은 결코 자연법의 기초가 될 수 없다'(205).

로크가 신의 명령을 매우 폭넓은 집단행동 문제(collective action problem) 또는 '죄수의 딜레마'를 해결하기 위해 도입했다고 보는 것도 크게 틀린 일은 아니다. 자연법은 사람들이 집단적으로 자기이익에 따라 행위하는 것이 서로에게 불이익이 될 경우 사람들에게 자기이익이 아니라 상호 이익이 되는 행위를 하라고 명령하는 역할을 한다. 하지만 비록 신이 내린 명령의 정당성과 의무를 부과하는 능력 그리고 '우리의 정신 자체에 일종의 구속을 부과하는 법'이 자기이익과 무관하다 할지라도 로크는 버틀러와는 정반대로 인간에게 자기이익이라는 동기가 작용하지 않는다면 자신이 도덕적으로 옳다고 판단하는 바에 따라 행위를 인도할 수 없다고 생각한다. 이 점은 『지성론』에서 가장 명확하게 드러나는데 여기서 로크는 신의 제재가 담당하는 역할은 올바른 행위를 하도록 만드는 동기를 제공하는 것이라고 분명히 말한다. '내세에서까지도 무한한 무게로 지속되는 보상과 처벌을 통해 [법을] 지키도록 만드는 신의 권능은 … 도덕적 엄정함의 진정한 시금석이다'(352). 심지어 『자연법론』에서도 로크는 '처벌을 제외하면 법은 어떤 목적도 없다'고 말한다(173).

로크는 어떤 행위가 도덕적으로 옳거나 의무라는 판단은 동기로 작용할 수 없다고 생각한다. 행위자로서 인간은 오직 자신이 쾌락이나 좋음이라고 생각하는 바에 따라 움직일 뿐이다.

> 어떤 사람이 행위를 통해 얻게 되는 또는 행위의 결과로 예상하는 쾌락이 사실상 그 자체로 그의 의지를 움직이기에 적절한 좋음이다. 쾌락에 대한 도덕 판단 또한 쾌락을 그 자체로 선하지 않거나 악하다고 여기지는 않으며, 의지가 어떤 방식으로 움직이든 간에 쾌락과 고통이 행위 자체에 동반되거나 행위의 결과로 예상된다는 점을 부정할 수 없다. 하지만 도덕적 청렴 및 부패와 결부된 신의 보상 및 처벌이 적절한 동기로 작용한다는 점에서 분명히 알 수 있듯이 도덕적 청렴이 그 자체로 선하며, 도덕적 부패가 악하다는 점은 더 이상 말할 필요가 없다.[12]

자연법이 어떤 '목적'을 향하도록 만들기 위해 신은 영원한 제재를 통해 인간에게 자연법에 따를 동기를 부여했음에 틀림없다.

도덕적 의무와 동기 사이의 연결을 끊은 로크의 시도는 불만스럽게 보일지도 모른다 — 버틀러에게는 틀림없이 그렇게 보일 것이다. 하지만 로크의 생각은 특히 근대적인 사고방식과 매우 잘 들어맞는다. 근대적 관점에서 도덕은 개인들의 이익이 자연스럽게 조화를 이룰 수 없거나 아니면 최소한 그렇게 인식될 수 없는 데서 발생하는 문제에 대한

---

[12] 이 내용은 로크의 옥스퍼드대학교 보들리언 도서관의 러블레이스 컬렉션에 소장된 로크의 비망록에서 인용했다(문서번호 MS C28, fol. 114).

해결책으로 등장한다. 도덕의 명령은 규범적인 면에서 이익과 분명히 구별되지만 개인들이 모두 도덕에 따라 행위한다면 상호 이익을 실현할 수 있을 것이다. 하지만 인간은 아무 다른 동기가 없이 직접 도덕적으로 행위할 수는 없다. 따라서 신은 도덕이 지닌 특별한 권위의 근거를 제공할 뿐만 아니라 영원한 제재를 통해 인간에게 도덕적으로 행위할 동기 또한 부여한다.

하지만 로크는 『지성론』의 재판을 쓰면서 위와 같은 자신의 제안이 너무 간소해 보일지도 모른다고 생각한 듯하다. 설령 인간에게 자연법에 따를 '책임'이 있더라도 이런 사실을 인식하고 자신의 행위를 스스로 결정할 능력이 없다면 인간의 장기적인 이익이 인간을 옳은 행위로 인도하기 위한 신의 제재와 일치한다는 것만으로는 충분하지 않을 것이다. 로크는 이 점을 『지성론』의 훨씬 뒷부분에서 추가한 삼단논법 추론의 예를 통해 다음과 같이 표현한다. '자유'와 '자기결정'이 가능한 상황이다. 그러면 악행을 저지른 사람은 '달리 행위할 수도 있었을 것이다.' 그러므로 신의 제재는 '정당한 처벌'에 이를 수 있다(『지성론』, 673).

후에 버틀러는 이런 사실이 도덕적 행위자가 **양심**을 통해 스스로 도덕적으로 행위할 것을 결정할 수 있는 능력을 지닌다는 점을 보여준다고 주장하지만 로크는 그렇게 생각하지 않는다. 오직 자신의 이익을 추구하려는 생각이 행위의 동기를 제공할 뿐, 의무에 대한 생각은 동기로 작용하지 않는다. 하지만 로크는 이와 관련해 『지성론』의 재판에서 한 가지 문제를 지적한다. 곧 그가 이전에 생각했던 바와 달리 행위자는 자신에게 최대의 이익으로 인식되는 바가 아니라 현재의 가장 강력한 욕구에 따라, '현재의 가장 큰 불편함'에 따라(『지성론』, 254) 행위한다는 것이다. 올바르게 행위하는 것이 장기적인 전망에서 우리에게 최선이라는 점을 알면서도 우리는 가장 강력한 현재의 욕구에 따라, 예를 들면 눈앞의 어떤 이익에 의해 자극되어 그릇되게 행위한다. 올바르게 행위하도록 결정할 수 있기 위해 우리에게는 **우리 스스로** 현재의 강력한 욕구를 장기적인 이익으로 인식되는 바로 전환할 수 있는 방법이 필요하다.

그리고 여기서 로크가 계속 주장하려 하는 바는 바로 우리가 '모든 자유의 근원'으로 작용하는, 일종의 숙고 능력을 지닌다는 점이다(『지성론』, 263). '대부분의 경우' 우리는 자신을 가장 강력하게 '압박하는' 불편함을 해소하기 위해 행위하지만 '항상 그렇기만 한 것은 아니다'(『지성론』, 263).

> 왜냐하면 경험상 분명히 드러나듯이 마음은 대부분의 경우 자신의 욕구들 중 하나를 실행하고 만족시키는 것을 유보할 힘을 지니며, 욕구를 하나씩 유보해 결국 모든 욕구의 실행과 만족을 유보할 수 있기 때문이다. 다시 말해 마음은 욕구들의 대상을 숙고하고 욕구들을 모든 면에서 검토하고 또 욕구들을 서로 비교할 수 있는 자유를 지닌다. 바로 이 점에서 인간은 자유롭다. 그리고 이런 자유를 사용하지 않는 데서 우리가 삶을 영위하고 행복을 추구하는 과정에서 저지르는 온갖 다양한 형태의 오류와 실수, 잘못이 발생한다. (『지성론』, 263)

이 능력, 곧 자기반성을 거쳐 욕구에서 한걸음 물러나고 숙고를 통해 강력한 욕구를 억누름으로써 스스로 '책임지는 방식으로' 행위를 결정하는 능력은 바로 현대의 철학자들이 자율이라고 부르는 것이다. 따라서 로크를 '법에 따를 능력을 지님으로써' 스스로 자신의 행위에 책임지는 도덕적 개인의 개념을 뒷받침하는 자율적 행위자라는 개념을 발전시킨 인물로 특징짓는 것은 충분히 정당하다고 할 수 있다.

버틀러

로크의 정치철학은 이후 큰 영향을 미쳤지만 그의 윤리학은 그렇지 못한 반면 버틀러의 윤리학은 상당히 깊은 영향력을 계속 발휘했다. 버틀러는 흄과 허치슨, 아담 스미스 등에게 결정적인 영향을 미쳤으며, 그의 『설교집』은 19세기 영국에서 다른 어떤 윤리학 저술보다도 자주 출판되었다.[13] 시지윅의 『윤리학의 방법』에는 버틀러를 인용한 대목이 수없이 등장하며, 시지윅의 유명한 '실천이성의 이원성'은 버틀러가 시도한 '보편적 이성'과 '이기적 이성' 사이의 대립을 요약해서 제시한 것인데 시지윅은 버틀러의 용어를 그대로 사용해 이 두 종류의 이성을 각각 '양심'과 '자기애'로 부르기도 한다.[14]

훨씬 후에 등장한 분석 윤리학 또한 버틀러로부터 큰 도움을 받았다. 버틀러는 민감하고 중요한 구별의 대가였다. 무어(G. E. Moore)는 버틀러가 『설교집』의 서문에서 언급한 '모든 것은 그 자체이며, 다른 것이 아니다'라는(『설교집』, Pr.40) 말을 20세기 분석 윤리학의 새로운 길을 연 저술 『윤리학 원리』의 표지에 등장하는 경구로 사용했다.[15] 버틀러가 시도한 '단순한 힘과 권위' 사이의 구별은(『설교집』, II.8) 시지윅의 비규범적인 '윤리적 판단'과 규범적인 '윤리적 판단' 사이의 구별뿐만 아니라 자연주의적 속성과 환원 불가능한 선을 대비한 무어의 주장까지도 예견한 것으로 보인다.[16] 마지막으로 무어의 '이상적 공리주의'를 — 무엇보다도 '옳은 행위를 옳게 만드는' 결과를 선으로 여기는 주

---

13) Schneewind 1977: 7 참조.

14) Sidgwick 1967: 373-407. Sidgwick 1964: 198.

15) 크립키(Saul Kripke) 또한 이 말을 인용한다. Kripke 1981: 94.

16) Sidgwick 1967: 23-38 및 Moore 1993: 53-88.

장을— 반박한, 로스(W. D. Ross)의 유명한 '의무론적' 관점 또한 버틀러가 『덕에 관한 논고』(*Dissertation Concerning Virtue*)에서 '덕이 자비심으로 환원될 수 있다는' 허치슨의 주장에 반대한 내용과 밀접한 관련성을 지닌다. 여기서 버틀러는 로스의 주장을 예견한 듯이 '우리는 거짓과 이유 없는 폭력 그리고 불의를 비난하며, 다른 사람들에 대한 호의를 동반한 자비심을 칭찬한다. 다른 모든 것을 떠나 어떤 행위가 행복 또는 불행 중 어떤 쪽을 산출할 가능성이 더 높아 보이는가에 따라 그렇게 판단한다고' 말한다.[17]

버틀러는 현재 그의 정교하고 체계적인 도덕 심리학, 인간 정신의 '조직' 또는 '구성' 안에서 작용하는 서로 다른 동기에 대한 치밀한 분석 그리고 이런 동기들이 도덕적 행위자 안에서 어떻게 함께 조화를 이룰 수 있는가에 대해, 곧 행위자가 다양한 동기들을 어떻게 조화롭게 받아들여 자신의 도덕적 행위를 스스로 결정할 수 있는가에 대해 많은 시사점을 던지는 강력한 견해 등과 관련해 가장 자주 논의된다. 하지만 버틀러의 가장 중요한 주장은 도덕적 행위를 스스로 결정하고 구성할 수 있는 이런 능력이 바로 도덕의 성립 가능성에 필수적이라는 점을 지적한 것인 듯하다.

버틀러의 삶에서 사실상 도덕철학에 몰두한 시간이 무척 짧았다는 사실은 선뜻 납득하기 어렵다. 흄이 버틀러를 '새로운 기반 위에서 인간에 대한 학문을 다루기 시작한 최근 영국 철학자들' 중 한 사람으로 손꼽았을 때 그는 주로 버틀러가 런던의 롤스 교회에서 행한 몇 번의 감명 깊은 설교와 이들 중 일부를 모아 1726년에 출판한 설교집을 바탕으로 버틀러를 평가했다.[18] 이 설교집에 실린 다른 글들도, 예를 들면

---

17) *Dissertation*, para. 8, in Butler 1983.

18) Hume 2000: 5 참조.

분노와 자기기만에 관한 글도 계속 관심의 대상이 되지만 버틀러의 핵심적인 윤리 사상은 주로 다섯 편의 설교, 곧 인간의 본성 및 양심이 소유한 최고의 권위를 다룬 세 편과 '네 이웃을 사랑하라'는 내용을 다룬 두 편 그리고 덕에 관한 짧은 글 또는 '논고'를 중심으로 전개된다. 버틀러의 또 다른 유일한 철학적 저술은 상당히 방대한 분량의 『자연 종교와 계시 종교의 유비』(Analogy Concerning Religion, Natural and Revealed, 1736)인데, 여기서 그는 계시 종교가 당시 유행한 실험적인 자연철학과 충분히 조화를 이룰 수 있다고 주장했다. 버틀러는 영국 성공회의 신부로, 후에는 주교로 재직하면서 대부분의 시간을 교회 관련 일을 하는 데 몰두했다.

버틀러에 따르면 인간의 정신 조직은 일부는 '사적'이어서 우리 자신의 개인적인 이익을 추구하며 다른 일부는 '공적'이어서 다른 사람들의 이익을 추구하는 다양하고 특수한 '정념과 정서들'로 이루어지는데 전자는 자기애에, 후자는 자비심에 기초한다고 구별할 수 있다. 버틀러는 다양한 욕구와 감정, 태도 등을 이들이 '의도하는 서로 다른 목적에 따라' 주의 깊게 구별하는데, 현재의 우리라면 이들을 특히 '무엇에 대한 것'과 '무엇을 위한 것'으로 부를 수 있을 듯하다. 예를 들면 '다른 사람들로부터 존경받으려는 욕구, 다른 사람들에 대한 경멸이나 존경, 이익에 대한 애착과는 구별되는 사회에 대한 사랑, 악행을 통해 거둔 성공에 대한 분개 등은' 모두 자주 우리를 다른 사람들의 이익을 추구하도록 인도한다는 의미에서 '공적인 정서 또는 정념들이다.' 하지만 이들은 모두 자비심과는 다른 목적을 추구한다. 이들 중 어떤 것도 다른 사람들의 이익을 직접 목표삼지는 않는다(『설교집』, II.7). 이와 마찬가지로 배고픔과 같은 '사적' 정념들도 우리 자신에게 이익이 되기는 하지만 자기애와는 달리 배고픔의 목적은 우리 자신의 이익 자체를 직접 추구하는 것이 아니다.

버틀러의 분석에 따르면 자비심과 자기애는 다른 공적, 사적 정념이나 정서와는 다른데 그 까닭은 일차적이 아니라 이차적인 상태의 동기이기 때문이다. 버틀러가 심리적 이기주의에 반대하는 핵심 근거는 '이익이나 행복의 개념 자체가 이차적인 동기이며, 욕구와 애정은 자신의 대상을 향유한다'는(『설교집』, Pr.37) 사실이다. 모든 행위가 행위자 자신의 이익을 향한 욕구를 동기로 삼지는 않는다고 여길 수 있는 까닭은 이런 욕구의 목적이 행위자의 다른 어떤 욕구를 만족시키는 것이기 때문이다. 따라서 행복은 오직 행위자가 다른 어떤 일차적인 욕구를 지닐 경우에만 성립할 수 있음이 당연하다. 우리의 유일한 욕구가 우리 자신의 행복을 향한 욕구라는 것은 한마디로 말이 안 된다. 그리고 오직 자기반성적인 존재만이 (자비심에 근거한) 다른 사람의 복지나 행복이든 아니면 (자기애에 근거한) 자기 자신의 복지나 행복이든 간에 이들을 상상하고 욕구할 수 있다.

버틀러는 모든 행위는 쾌락 추구를 위해 행해진다는 심리적 쾌락주의에 대해서도 이와 관련되는 유사한 점을 지적한다. 모든 '특수한 욕구와 정념들은 이들로부터 생겨나는 쾌락과 구별되는' 특수한 목적을 지니는데 만일 우리가 그런 목적 자체를 좋아하거나 즐겁다고 생각하지 않는다면 '이런 쾌락이 존재하지 않을 것이다.'[19] 만일 우리가 돌멩이를 삼키는 것보다 맛있는 음식을 먹는 것을 좋아하지 않는다면 '어떤 것보다 다른 것에서, 곧 돌멩이를 삼키는 것보다 맛있는 음식을 먹는 데서 즐거움이나 기쁨을 느끼지 않을 것이다'(『설교집』, IV.6). 더욱이 원리상 다른 사람의 이익은 다른 어떤 것보다도 인간이 원하는 목적일

---

19) 물론 이런 의도적인 목적은 당연히 경험적인 것이다.

수 있다. 버틀러는 인간이 다른 사람들의 행복을 원하고 그들의 기쁨과 슬픔에 의해 직접 영향을 받는다는 명제가 경험적 증거를 통해 강력히 지지된다고 주장한다.

자비심과 자기애는 각각 위에서 설명한 특수한 공적 욕구 및 사적 욕구와 유사하지만 정당화의 근거에서 그런 것이 아니라 행위자가 일차적인 욕구와 반성적인 거리를 두고 이차적인 동기의 근원으로 삼을 수 있어야 한다는 의미에서 그렇다. 자비심과 자기애는 이런 방식에서 반성적이기도 하지만 동시에 버틀러가 '반성의 원리'라고 부르는 것과는 구별된다.

> 인간은 반성의 원리를 지니는데 이를 통해 사람들은 자신의 행위를 구별해 시인하고 부인한다. 우리는 분명히 자신의 본성에 대해 반성할 수 있도록 창조된 피조물이다. 따라서 우리의 정신은 자신 안에서 일어나는 일이나 자신의 성향, 혐오나 애정 같은 정념, 정념과 관련되는 대상이나 정념의 정도 그리고 정념의 결과 등장하는 다양한 행위 등을 관찰할 수 있다. 이런 과정을 통해 정신은 어떤 것은 시인하고 다른 것은 부인한다. 또한 우리가 시인도 부인도 하지 않는 제삼의 것들도 있는데 이들은 전혀 무관한 것이라고 할 수 있다. 인간이 지닌 원리, 곧 우리가 이를 통해 자신의 심정이나 성품, 행위를 시인하거나 부인하는 원리는 바로 양심이다. (『설교집』, I.8)

양심은 인간의 정신적 조직 또는 구성에서 '전체를 관리하고 감독하는' 특별한 역할을 한다. 우리가 양심을 지니기 때문에 '우리의 정신적 구성은 우리 자신의 능력 안에 놓이게 된다. 양심이 우리를 좌우하기 때문에 우리는 양심에 어긋나거나 위배되는 모든 것에 대해 책임을 져야 한다'(『설교집』, Pr.14). '인간이 도덕적 행위자가 되고, 자기 자신에 대해 법칙이 되는 것은 바로 인간이 본성적으로 지닌 양심을 통해서이다'(『설교집』, II.8).

버틀러는 자기애와 양심이 특수한 정념이나 정서와 충돌할 경우 행위자는 자기애나 양심에 따라 행위해야 한다는 의미에서 이들이 '상위의' 원리라고 주장한다. 이를 현대적인 용어로 표현한다면 도덕적 옳음과 행위자 자신의 선이 특수한 정념에서 등장하거나 이런 정념과 연관된 어떤 것보다도 규범적으로 더욱 비중 있는 행위 근거를 제공한다고 말할 수 있다. 설교 중 한 대목에서 버틀러는 실제로 '합리적 자기애와 양심은 인간 본성 안에서 가장 중요한 또는 상위의 원리라는' 명예를 공유한다고 말한다. 또한 이 대목을 보고 시지윅은 자신이 주장한 '실천이성의 이원성'이 버틀러에 근원을 두고 있음을 인정했다(『설교집』, III.9).

하지만 버틀러는 '판단과 지시 그리고 관리 감독은' 양심 개념의 본질에 해당하지만 자기애의 경우는 그렇지 않다고 분명히 주장한다. '우리는 이런 요소들을 도입하지 않고는 양심이라는 능력의 개념을 형성할 수 없다. 이들은 양심 개념의, 곧 양심이라는 능력 자체의 구성 요소이다. 인간 본성의 조직과 구성에서 전체를 관장하고 통제하는 것은 바로 양심의 일에 속한다'(『설교집』, II.14).

자기애는 자기 반성적이고 특수한 욕구나 정서보다는 '상위의' 능력이지만 이들과 마찬가지로 일종의 욕구임이 분명하다. 버틀러는 자기애가 '자신의 행복을 향한 [개인의] 일반적인 욕구'라고 말한다(『설교집』, IV.5). 자기애와는 달리 양심은 규범적인 판단 능력이다. 양심은 무엇보다도 자기애가 특수한 욕구들보다 상위에 속한다는 점을 판단할 수 있게 해준다. 반면 자기애는 스스로 판단을 내릴 수 없다. 오직 양심이라는 '반성의 원리만이' 판단을 내릴 수 있다.

버틀러는 우리가 항상 양심에 따라야 하는가라는 질문이 상당히 민감한 것으로 보인다는 점을 인정하면서『설교집 II』에서 이에 답하려고 노력한다. 부분적으로 그는 양심의 **역할**이 관리 감독하는 것임이 분명하므로 우리가 양심에 따라야 하는 것이 바로 신의 명백한 의도라고 주장한다. 하지만 이런 주장은 결국 신이 우리가 양심에 따르기를 원하므로 그렇게 해야 한다는 로크의 견해나 규범성이 궁극적으로 선에 근거한다는 고대 행복주의자의 견해 또는 이 둘이 결합된 형태의 것과 유사한 것이 될 위험성을 지닌다.

이보다 흥미로운 해석은 '선험적'이라고 불릴 수 있는 것으로서 이에 따르면 양심을 지니고 양심에 권위를 부여하는 것은 곧 도덕적 행위자가 되는 가능성 자체를 부여하는 것이라 할 수 있다. 이와 관련해 버틀러는 다음과 같이 말한다.

> 인간이 도덕적 행위자가 되고, 자기 자신에 대해 법칙이 되는 것은 바로 인간이 본성적으로 지닌 양심이라는 능력을 통해서이다. 나는 이 능력이 단지 마음 안에 있는 원리, 곧 다른 능력들과 마찬가지로 어떤 영향력을 지니는 것이라고 생각하지 않는다. 양심은 그 유형과 본성상 다른 모든 능력 위에 군림하는 최고의 능력으로 여겨져야 한다. 그리고 양심은 이렇게 함으로써 자신의 권위를 확보한다. (『설교집』, II.8).

진정한 도덕적 행위자가 되기 위해 우리는 다양한 행위 동기에서 한 걸음 물러나 자신이 행위의 근거로 삼을 만한 규범적 판단을 내릴 수 있어야 하며 또한 이런 판단에 따라 행위할 수 있어야 한다. 우리 자신이 무언가를 행해야겠다는 판단을 내릴 경우 우리는 물론 자신의 판단이 진정 옳은가라는 질문을 던질 수 있고, 이런 의미에서 자신의 판단을 의문시할 수 있다. 하지만 우리의 판단이 옳다고 확신한다면 우리가 자신의 판단에 따라 행위해야 하는가 그렇지 않은가라는 민감한 질문은 더 이상 등장하지 않는다. 버틀러의 용어로 표현하면 우리는 자신의 반성적 원리 또는 양심이 지닌 '최고의 권위'를 전제해야 하며, 이를 통해 모든 것을 주의 깊게 숙고해야 한다.

버틀러의 『설교집』이 윤리학사에 큰 영향을 미친 수많은 다른 견해들도 포함하는 귀중한 문헌이라는 점은 이미 충분히 증명되었다. 예를 들면 버틀러는 시지윅이 지적한 '이기적 쾌락주의의 역설', 곧 우리는 자주 자신의 목적과 이익을 직접 목표삼지 않을 경우에 오히려 이들을 가장 잘 성취할 수 있다는 주장의[20] 근거를 제공한다. 버틀러의 언급에 따르면 '무언가를 즐기려면 그것에 얽매이지 않는 것이 반드시 필요하다. 어떤 사람이 무엇을 자신의 이익으로 여기든 간에 오직 그것에만 눈을 고정해 지나치게 몰두한다면 그는 자유롭고 열린 마음을 지닌 다른 사람들이 발견할 수 있는, 큰 기쁨을 주는 주변의 많은 것들에 제대로 주의를 기울일 없을 것이다'(『설교집』, IV.9). 이와 다소 유사하게 버틀러는 인간의 행복을 가능한 최대한으로 추구하려는 신의 욕구 또한 인간에게 오직 결과에 기초해 행위를 시인하는 행위 공리주의적인 양심보다는 오히려 의무론적인 양심을 부여함으로써 가장 잘 실현되리라고 주장한다.

만일 인간 본성의 창조자가 오직 행복의 산출만을 자신의 목적으로 내세웠다면 그의 도덕적 특성은 단지 자비심에 지나지 않을 것이다.

---

[20] Sidgwick 1967: 136.

하지만 우리의 창조자는 그렇게 하지 않았다. 이런 전제를 받아들일 경우 그가 우리에게 … 거짓이나 이유 없는 폭력, 불의 등을 비난하는 능력을 부여한 유일한 근거는 인간의 본성을 단지 일반적인 자비심이라는 성격으로 형성하기보다는 이런 방식으로 구성한다면 인간이 행복 이상의 것을 산출할 수 있으리라는 점을 예견했기 때문이다.[21]

하지만 버틀러의 사상 중 가장 큰 영향을 미친 것은 결국 도덕과 도덕적 행위자의 개념 사이의 상호의존성을 밝힌 것과 행위자가 자신을 능력을 탁월하게 발휘함으로써 도덕적 행위지가 된다는 점을 통해 도덕의 구성이 어떻게 도덕적 행위자의 자기구성에 의존하는가를 분명히 드러낸 점이라고 할 수 있다.

참고문헌

제일 뒤의 * 표시는 특히 중요한 참고문헌임을 나타낸다.

Anscombe, G. E. M. 1998. "Modern Moral Philosophy", in *Virtue Ethics*, ed. Roger Crisp and Michael Slote. Oxford University Press, pp. 26-44.

Butler, Joseph 1983. *Five Sermons, Preached at the Rolls Chapel and a Dissertation upon the Nature of Virtue*, ed. Stephen L. Darwall. Indianapolis, IN: Hackett Publishing Inc.

Darwall, Stephen 2012. "Grotius at the Creation of Modern Moral Philosophy", in *Archiv für Geschichte der Philosophie* 94: 296-325.

Grotius, Hugo 2005. *The Rights of War and Peace*, 3 vols., ed. Richard Tuck. Indianapolis, IN: Liberty Fund.

Hume David 2000. *A Treatise of Human Nature*, ed. David Fate Norton and Mary J. Norton. Oxford University Press.

---

[21] *Dissertation*, para. 8, in Butler 1983.

Irwin, Terence 2008. *The Development of Ethics*. Oxford University Press.*

Kripke, Saul 1981. *Naming and Necessity*. Malden, MA: Blackwell Publishing.

Locke, John 1954. *Essays of the Law of Nature*, ed. with an intro. by W. von Leyden. Oxford University Press.

Locke, John 1975. *An Essay Concerning Human Understanding*, ed. by Peter H. Nidditch. Oxford University Press.

Locke, John 1988. *Second Treatise of Government, in Two Treatises of Government*, ed. Peter Laslett. Cambridge University Press.

Moore, G.E. 1993. *Principia Ethica*, ed. with an intro. by Thomas Baldwin. Cambridge University Press.

Schneewind, Jerome B. 1977. *Sidgwick's Ethics and Victorian Moral Philosophy*. Oxford University Press.

Sidgwick, Henry 1964. *Outlines of the History of Ethics for English Readers*, with an additional chapter by Alban G. Widgery. Boston, MA: Beacon Press.

Sidgwick, Henry 1967. *The Methods of Ethics*, 7th edn. London: Macmillan.

25장

샤프츠베리, 허치슨 그리고 도덕감

제임스 해리스(James A. Harris)

1897년 셀비-비그(L. A. Selby-Bigge)는 『영국 도덕철학자들: 18세기 주요 학자들의 저술 선집』(*British Moralists: Being Selections from Writers Principally of the Eighteenth Century*)을 출판했다. 이 책은 두 권으로 구성되는데 한 권은 '정서주의 학파를 대표하는 세 학자 — 샤프츠베리, 허치슨, 버틀러와 아담 스미스, 벤담의 주요 저술'을 포함하며, 다른 한 권은 '주지주의 학파를 대표하는 클라크와 발가이, 프라이스와 더불어 커드워스, 울러스턴의 저술 그리고 특별히 발가이의 저술 초록을 부록으로' 실었다(Selby-Bigge 1897, vol. 1: vi).[1] 셀비-비그가 이 책의 서문에

---

[1] 흄이 제외된 이유는 셀비-비그가 이 저술을 출판하기 직전에 흄의 『논고』(1888)와 『탐구』(1893)를 편집해 출판했기 때문이다.

서 밝히듯이 이 두 학파는 '주로 도덕적 특성을 지각하는 능력으로 감정을 채택하는가 아니면 이성을 채택하는가에 따라 구별되는데 양쪽 모두 일상적인 감정 또는 이성의 개념과 동일하지 않은, 특이한 개념을 주장하는 듯하다'(xxviii). 하지만 셀비-비그가 명확히 지적하듯이 두 학파 사이의 대립은 18세기 영국 철학계의 당면 문제가 아니었다. 달리 말하면 이들 사이의 대립이 이후 전개된 실재론자와 반실재론자 또는 인지주의자와 비인지주의자 사이의 대립을 예견하는 전초전의 성격을 띤 것은 아니었다. 정서주의자와 주지주의자 모두는 자신들이 홉스가 처음 제기했고 이어서 맨더빌이 다시 제기한 문제, 곧 덕과 악덕 사이의 구별이 실제로 존재하는가라는 문제를 더욱 중요하게 여겨야 한다는 점에 동의했다. 홉스와 맨더빌은 도덕적 구별이 순전히 인위적인데, 이런 구별은 국가에 의해 정당성이 확립되거나(홉스) 아니면 교활한 '정치가들이' 만들어낸 것이므로(맨더빌) 도덕은 순전히 임의적인 관행의 문제이고, 우리가 도덕적이어야 하는 이유와 예의 바르게 행위해야 할 이유 또는 유행에 따라야 할 이유 사이에는 아무런 차이도 없다고 주장했다. 정서주의자와 주지주의자들은 모두 홉스와 맨더빌의 이런 주장이 심각하게, 매우 위험한 방식으로 잘못된 것이라고 생각했다. 이들은 단지 홉스와 맨더빌이 잘못되었음을 보이는 최선의 수단이 무엇인가에 대해서만 의견의 불일치를 보였다. 셀비-비그의 표현을 빌리면 '정서주의자는 덕이 실재하며 그 자체로 추구할 만한 가치가 있다는 점을 보이는 것이 최선의 수단이라고 여긴 반면 주지주의자는 덕과 그것을 향한 동기가 단순히 쾌락과 고통에 대한 동물적인 경험으로 환원될 수 없다는 점을 보이는 것이 최선의 수단이라고 생각했다'(xxviii). 이 장의 주요 주제는 섀프츠베리와 허치슨이 덕의 실재성과 본질적 가치를 주장하기 위해 제시한 이론에서 '도덕감'(moral sense)이라는 개념이 어떤 역할을 하는지를 살펴보는 것이다.

도덕감 이론의 근원

17세기 후반 많은 학자들은 홉스가 제기한 문제에 대한 최선의 대응책은 도덕 원리가 결코 인간이 만들어낸 인위적인 관행이 아니라 논리학이나 수학의 원리와 같이 필연적으로 참인 이성의 원리임을 보이는 것이라고 생각했다. 이런 유형의 사고 중 가장 큰 영향을 미친 것은 푸펜도르프의 이론인데, 그에 따르면 도덕 규칙은 신성한 법칙 부여자가 규정한 것이지만 동시에 인간이 지닌 사회성의 근본 원리로부터 도출 가능한 것이기도 하다. 물론 푸펜도르프의 도덕도 어떤 의미에서, 곧 통치자의 통치 행위는 아니지만 신이 관여하는 부분을 제외하고 나면 순수한 의지의 행위를 궁극적인 근원으로 삼는다는 점에서 홉스의 도덕과 마찬가지로 관행적이라는 주장을 펼 수도 있다. 하지만 푸펜도르프는 신의 명령이 지닌 구속력이 오직 신의 전능함에 기초한다는 점을 거부했다. 신은 인간을 사회적으로 만들 의무가 없었지만 그렇게 만들었으므로 우리는 이런 신의 창조에 복종함으로써 신에게 감사를 표시해야 한다. 로크는 푸펜도르프의 주장을 받아들여 도덕은 본유적이 아닐지는 몰라도 실정법에 대한 고려와 전혀 무관하게 증명 가능한 영역으로 여겼다. 평범한 도덕적 행위자는 도덕의 이성적 체계의 내용 전체를 파악하지 못할 수도 있다. 그는 가끔 오류에 빠지기도 하지만 나름대로의 방식으로 어떤 도덕적 결론 확신하고 자신이 따라야 하는 법칙을 인식할 수 있는 추론 능력을 지닌다. 로크는 우리가 자율적인 도덕적 추론과 결별하게 되는 지점이 곧 쾌락과 고통의 관념을 지니는 순간이라고 주장한다. 우리가 도달하는 결론은 곧 무엇이 우리에게 최대한의 쾌락과 고통을 주는가에 대한 결론이다 ─ 그리고 천국과 지옥에 관한 성서의 계시가 분명히 알려주듯이 신의 명령에 따르는 것이 항상 우리에게 이익이 된다. 그런데 여기서 다시 한 번 신의 의지로부터 등장한 것으로 여겨지는 도덕법칙이 궁극적으로 임의적이 아닌가라는 우려가 제기된다. 로크는 신이 전능할 뿐만 아니라 선하다는 점을 증명할 수 있다고 확신했지만 이런 증명이 어떤 방식으로 이루어지는지는 명확히 밝히지 않았다. 이 결과 케임브리지의 목사였던 버넷(Thomas Burnet)은 로크가 '모든 것을 법칙 부여자의 의지와 권능으로 해결하려 한다'고 보았다. 버넷은 로크의 『지성론』에 대해 1697년 출판한 일련의 '논평들'에서 '법칙 부여자의 의지는 어떤 규칙도 동반하지 않는가? 그리고 신의 의지에 대해 규칙이 되는 것이 우리의 의지에 대해서는 규칙이 되지 않는다면 과연 어떤 것이 근본이 되는 규칙인가?'라고 묻는다(Burnet 1989: 25).

케임브리지 플라톤주의자들의 후예에 속하는 버넷은 선과 악, 덕과 악덕 사이에는 로크적인 이성이 제공하는 것 이상으로 '더욱 불변적인 구별이' 성립한다고 주장한다. 그는 다음과 같이 선언한다.

> 나는 다음과 같은 점을 확신한다. 예를 들면 보은과 배은망덕, 충성과 배신, 정의와 불의 등등 사이의 구별은 어떤 추론에 의지하지 않고도 곧바로 감지되며 또한 내가 장미를 볼 때와 선인장을 볼 때 느끼는 차이만큼이나 감각적으로 강력하게 느껴진다. 따라서 이런 구별은 우리가 앞선 증명이나 가정의 도움을 받아 어떤 정리를 인식하는 방식으로 이루어지는 것이 아니라 우리의 정념이 무언가를 느끼는 경우나 우스운 사건이나 대상을 보고 웃음을 터뜨리는 경우처럼 거의 동시에 이루어진다. (25)

버넷은 1697년과 1699년에 로크에 대한 논평을 계속 출판하는데 여기서 그는 옳고 그름을 구별하는 우리의 의식이 이성과 무관하거나 이성에 앞선다는 자신의 주장을 거듭 강조한다. 그의 주장에 따르면 이런 '본성적 양심' 또는 '내적인 감각'은 '자연적인 선과 악 — 곧 쾌락과 고통, 이익과 손실 등의' 개념과 무관하게 작용한다. 하지만 이런 주장이 본유적 관념과 원리에 강력히 반대하는 로크의 견해를 위반하는 것은 아니며 우리가 반성을 거치지 않고도 맛과 냄새, 소리 등을 구별할 수 있음을 의미하는 것은 더욱 아니다. 마치 맛과 냄새, 소리의 자연적인 '쾌적함'과 '거북함'이 자연적인 선호와 혐오를 산출하듯이 도덕감 또한 '우리 행위의 동인 또는 동기'로 인정되어야 한다(25). 도덕감에 의해 유발된 행위를 쾌락주의적인 자기애의 관점에서 설명할 필요는 없다. 또한 자연법칙이나 신이 부여한 법칙은 덕을 정의하는 데는 필수적일지 몰라도 도덕감을 설명하기 위해 법칙에 대한 의식을 동원할 필요도 없다. 버넷은 결국 로크가 홉스의 견해를 필요 이상으로 인정했다는 입장을 보이면서 로크와는 다른 유형의 대응이 가능하다고 주장한다.

섀프츠베리

케임브리지 플라톤주의를 수용한 또 다른 인물인 섀프츠베리(Anthony Ashley Cooper, third earl of Shaftesbury) 또한 이런 의견을 드러낸다.[2] 섀프츠베리는 로크가 도덕을 '오직 법칙과 의지에 의존

---

2) 카시러(Ernst Cassirer)가 주장하듯이 섀프츠베리는 '[케임브리지 플라톤주의자들의] 다소 현학적인 겉모습을 넘어서서 도덕과 종교에 관한 그들의 핵심적인 이론을 가장 순수한 형태로 표현한 인물이다'(Cassirer 1953: 161).

하는 것으로' 만들었다고 생각한다. 따라서 로크의 철학에서는 '옳음과 그름, 덕과 악덕 중 어떤 것도 그 자체로 성립할 수 없다. 더욱이 이들의 어떤 흔적이나 관념도 본성상 인간의 마음에 각인될 수 없게 된다'(Shaftesbury 1716: 40-1). 버넷과 마찬가지로 섀프츠베리도 로크와는 반대로 인간이 옳고 그름을 자연스럽게 감각할 수 있음을 당연한 일로 여긴다. 『인간, 관습, 의견, 시대의 특성』(Characteristicks of Men, Manners, Opinions, Times) 중 일부로 1711년 출판한 '덕 또는 공적에 관한 탐구'(An Inquiry concerning Virtue, or Merit)에서[3] 섀프츠베리는 우선 이런 감각을 행위자의 내부에서 '반성적으로' 행위를 인도하는 동기라고 설명한다. 이 감각은 동정심, 친절함, 감사 등의 정서를 '신선하게 선호하는 대상'으로, 이와 반대되는 정서를 '혐오하는 대상'으로 만든다(Shaftesbury 2001, vol. 2: 16). 섀프츠베리는 이런 '선호'가 이런 정서의 장점, 곧 칭찬받을 만한 가치를 의식함으로써 생겨난다고 말한다. 그렇다면 우리가 의도적으로 다른 사람에게 손해를 끼칠 때 우리 자신에 대해 느끼는 '혐오는 그런 손해에 대한 걱정과 두려움을 낳지 않을 수 없는데' 이런 걱정과 두려움은 우리가 처벌받아 마땅하다는 점을 인식하는 데서 등장한다. 따라서 옳고 그름에 대한 자연스러운 감각은 '부정과 그름에 대한 진정한 반감 또는 혐오 그리고 공평함과 옳음에 대한 진정한 애정 또는 사랑 자체와 이들이 드러내는 자연적 아름다움과 가치를 통해 형성됨에 틀림없다'(24-5). 섀프츠베리는 홉스와 로크의 이기주의를 거부하면서 인간 본성은 자기애에 더해 다른 사람들의 이익, 더 나아가 인류 전체의 이익에 대해 관심을 갖게 만드는 애정을 명백히 포함한다고 주장한다. 그는 이를 '본성적'

---

[3] 1699년 톨랜드(John Toland)는 '탐구'를 비공식적으로 출판했다.

애정이라고 부른다. 그리고 한 행위자의 도덕적 선함은 본성적 애정과 '자기애' 사이의 올바른 균형에 놓여있다고 생각한다. 하지만 덕은 우리가 지니는 정서의 상태 이상의 무언가를 포함한다. 그의 표현에 따르면 덕은 '단순한 선함'과는 다른 무언가이다(16). 우리는 의식적이고 반성적으로 자신의 동기들을 인식하고, 그 중에서 선한 바를 시인하고 악한 바를 부인할 경우에만 덕이 있다고 불릴 수 있다. 덕은 선과 구별되는 것으로서 '옳고 그름이라는 도덕적 대상을 향한 이성적 피조물의 어떤 올바른 성향 또는 균형 잡힌 애정'이라고 할 수 있다(23).

'탐구'에서 섀프츠베리의 주요 관심사는 덕과 종교 사이의 관계이다. 그가 제기하는 질문은 덕이 반드시 종교적 믿음을 포함하는가 그렇지 않은가, 곧 '무신론자가 덕을 갖추는 일 또는 진정으로 높은 수준의 정직함과 공적을 공유하는 일이 불가능하다고 말할 수 있는가'이다(4). 섀프츠베리는 설령 신이 직접 처벌과 보상을 내린다 할지라도 처벌의 두려움과 보상의 기대에 사로잡혀 사는 삶에서는 조금의 덕도 발견할 수 없다고 단호히 주장한다. 이런 삶을 사는 사람이 도덕법칙에 완벽하게 따른다 하더라도 그의 선함은 단지 노예와 같은 것에 지나지 않으며, '채찍질에 길들여져 사고를 일으키지 않고 착하게 살아가는 원숭이와'(32) 아무 차이가 없다. 따라서 신의 처벌과 보상을 도덕의 기초로 삼는 로크의 견해는 통치자의 의지를 도덕의 근거로 여기는 홉스의 견해만큼이나 사악한 것에 지나지 않는다. 섀프츠베리에 따르면 옳고 그름에 대한 본성적 감각은 종교적 믿음과 무관하게 작용한다. 이 감각은 신앙인과 마찬가지로 무신론자에게도 똑같이 작용한다. 섀프츠베리는 베일의 견해를 받아들여 '타락한 종교나 미신은' 무신론보다 훨씬 더 옳고 그름에 대한 감각을 손상할 위험이 크다고 주장한다(27). '탐구' 2부에서 섀프츠베리는 많은 동시대인들과는 달리 덕이 있는 사람은 현세의 삶을 자기혐오 또는 자기부정의 삶으로 여겨야 한다고 생각할 이유가 전혀 없다는 논증을 통해 덕이 종교적 기초를 필요로 한다는 견해에 반대하는 자신의 주장을 완성한다. 우리의 정서 또는 정념이 옳고 그름에 대한 우리의 감각과 충돌한다는 주장은 사실이 아니다. 이익과 의무가 양립할 수 없다는 주장 또한 사실이 아니다. 그렇게 생각하는 것은 행복의 본질을 오해한 결과이다. 섀프츠베리에 따르면 행복은 본성적인 또는 '공적이거나 사회적인' 정서의 만족 중 가장 순수하고 가장 충분한 형태를 의미한다. '탐구' 중 가장 긴 절에서 섀프츠베리는 '얼마나 많은 본성적 정서들이 우월한 것으로 작용하는지, 이런 정서는 어떻게 우리와 내부에서 결합되어 우리 본성의 일부가 되는지, 이런 정서는 우리의 다른 정념들과 어떻게 혼합되는지 그리고 우리 자신의 행복과 즐거움이 직접 의존하는, 정서의 규칙적인 운동과 진행이 얼마나 중요한지를' 명확히 밝히려고 노력한다(80).[4]

섀프츠베리의 이런 주장이 결국 도덕과 종교를 결합하려는 로크의 방식에 반대하기 위한 것이라는 더욱 넓은 맥락에서 이해되어야 한다는 점은 상당히 중요하다. 또한 이런 주장은 내세에서라면 몰라도 현세에서는 덕이 있는 사람이 결코 진정한 행복을 누릴 수 없다고 생각하는 사람들에 대한 대답이기도 하다. 하지만 이는 왜 우리가 악덕보다 덕을 갖추어야 하는지를 의심스럽게 여기면서 그 근거를 묻는 도덕적 회의주의자에 대한 대답은 아닌 듯하다. 섀프츠베리는 스토아학파로부터 큰 영향을 받았는데 여기에는 덕이 선을 그 자체로 사랑하는 것이지 단지 선이 가져다주는 행복 때문에 선을 사랑하는 것이 아니라는 주장도

---

4) 하지만 섀프츠베리는 사실상 덕을 간접적으로 지원하는 데 (자연) 종교가 중요한 역할을 한다는 점을 인정한다. Shaftesbury 2001, vol. 2: 33-44 참조.

포함된다. 덕은 분명히 현세에서 우리에게 행복을 가져다주지만 섀프츠베리는 이를 명확히 드러내는 방식으로 독자들에게 덕을 권장하지는 않는다. 옳고 그름에 대한 감각이 제대로 작동한다면 이런 주장은 아예 필요하지도 않다. 앞서 지적한 대로 섀프츠베리는 옳고 그름에 대한 감각을 '그 자체로, 선의 자연적인 아름다움과 가치 때문에' 선을 사랑하는 것으로 특징짓는다. 섀프츠베리는 매우 자주 덕을 일종의 아름다움, 곧 인간 본성의 여러 부분들을 '비교하고, 배열하고, 판단하는 데서' 발견되는 아름다움으로 묘사한다(16). 섀프츠베리에 따르면 인간의 마음은 '부드럽고 거친 정서를, 쾌적하고 불쾌한 정서를 느낀다. 그리고 마치 모든 음악 작품이나 감각 가능한 것들의 외부적인 형태 또는 표상에서처럼 부당함이나 정당함 또는 조화나 부조화의 정서를 발견한다'(17). 여기서 섀프츠베리의 표현은 다소 애매하지만 그는 도덕적 아름다움이 고유한 속성이고 인간이 객관적으로 지니는 특성이라는 점을 분명히 주장하는 듯하다. 섀프츠베리는 다른 대목에서 세계 전체의 아름다움이 각 부분들의 배열과 비례, 조화에 놓여있다는 생각을 분명히 드러낸다.[5] 섀프츠베리는 도덕감을 인간이 자신을 더욱 큰 전체를 구성하는 한 요소로 인식하는 수단으로 이해하는 듯하다. 하지만 '옳고 그름에 대한 본성적 감각'이라는 다소 불명확한 개념을 인식론이나 형이상학적으로 엄밀하게 해명하는 것이 '탐구'에서 섀프츠베리의 계획은 아니다. 그는 그릇된 철학이나 신학에 사로잡힌 사람이 아니라면 누구나 자신이 의미하는 바를 정확히 알 수 있으리라는 점을 암시한다.

---

[5] 'The Moralists', Shaftesbury 2001, vol. 2, 특히 II부, IV절에 등장하는 테오클레스(Theocles)의 발언 (159-66) 참조.

허치슨

　1723년 판『꿀벌의 우화』에서 추가한 '사회의 본성에 대한 탐구'에서 맨더빌은 모든 인간이 덕의 본성을 파악하고, 덕과 악덕을 구별하는 하나의 공통된 감각을 지닌다는 사실을 회의한다. 그가 이렇게 회의하는 까닭은 단순히 그런 감각이 존재한다고 믿을 만한 근거가 경험을 통해서는 전혀 주어지지 않기 때문이다. 도덕의 기준은 태도나 관습만큼이나 — 더 나아가 아름다움의 개념만큼이나 — 크게 다르다. 맨더빌이 지적하듯이 '기독교도들은 여러 명의 부인을 두는 일을 혐오하지만 … 이슬람교도들에게 일부다처제는 전혀 이상한 일이 아니다. 사람들은 유아기부터 무언가를 배우고 그것의 노예가 되어 살아간다. 그리고 관습의 힘은 사람들의 본성을 제멋대로 뒤틀고 동시에 사람들의 태도가 관습을 모방하도록 만든다. 따라서 배운 바와 관습 둘 중에 어떤 것이 사람들에게 더 큰 영향을 미치는지를 알기란 매우 어렵다'(Mandeville 1988, vol. 1: 330). 그 자체로 선한 것과 아름다운 것을 추구하기 위해 스토아학파가 내세우는 공정함과 정직함 또한 '우리가 거의 의존할 수 없는, 아무 가망이 없는 헛된 방법보다 별로 낳을 것이 없다'(331). 허치슨(Francis Hutcheson)은 1725년 첫 번째 저술『아름다움 및 덕의 관념의 기원에 관한 탐구』(*An Inquiry into the Original of Our Ideas of Beauty and Virtue*)를 출판하면서 속표지에 자신의 책이 섀프츠베리의 원리들을 설명하고, 맨더빌에 맞서 이들을 옹호하기 위한 것이라는 문구를 넣어 광고했다. 하지만 이후에 출판된 판들의 속표지에서는 섀프츠베리를 설명하고 옹호한다는 대목이 사라졌는데 그 까닭은 아마도 허치슨이 옳고 그름을 파악하는 본성적 감각을 회의하는 맨더빌에 대한 자신의 대응이 로크와 홉스에 대한 섀프츠베리의 대응과는 다르다는 점을 깨달았기 때문인 듯하다. 덕에 대한 감각이 본성적임을 주장하면서 허치슨은 덕과 이성 사이에 중요한 연결이 성립한다는 생각을 단호히 거부하는 방향을 취한다. 그가 주요 공격 대상으로 삼는 바는 도덕 판단이 — 로크가 주장하듯이 — 무엇이 우리 자신에게 장기적인 이익이 되는가에 대한 판단이라는 견해이다. 하지만 그는 또한 덕을 정의하면서 어떤 종류든 간에 반성적 사고가 개입할 공간이 존재한다는 견해에 대해서도 적대적이다. 『탐구』에서 그는 '덕의 근원은 본능일지도 모른다'고 주장하면서 '나는 몇몇 학자들이 본능 또는 정념에서 생겨난 바는 덕일 수 없다고 생각하는 이유를 모르겠다'고 말한다 (Hutcheson 2008: 133). 그는 이렇게 말하면서 당연히 덕과 '단순한 선함'을 구별한 섀프츠베리의 주장을 염두에 두는 듯하다. 1728년에 출판한 『도덕감 예증』(*Illustrations upon the Moral Sense*)에서 그는 섀프츠베리의 이런 구별을 명확하게 비판한다. '어떤 학자들은 공적이 행위자가 친절한 정서 이외에도 도덕감을 지니며, 자신의 덕에 대해 숙고하며, 덕에서 기쁨을 느낀다는 점을 전제한다고 주장한다. 하지만 이는 공적이 동반하는 쾌락에 집착하기로 선택하는 것일 뿐이다.' 이런 언급에 덧붙여 그는 각주를 통해 독자들에게 섀프츠베리의 '탐구 1부'를 — 이는 아마 1권을 의미하는 듯한데 — 참고하라고 말한다. 이어서 허치슨은 '우리는 공적이라는 단어의 사용을 놓고 논쟁을 벌일 필요는 없다. 행위자가 심사숙고를 거치지 않고 행하더라도 그의 관대한 행위를 우리가 칭찬한다는 점은 분명하다'고 주장한다(Hutcheson 2002: 186).[6]

---

[6] 하지만 허치슨은 이런 숙고가 '행위자의 성격에 매우 중요한 안전장치로' 작용한다는 점은 인정한다.

샤프츠베리는 옳고 그름에 대한 본성적 감각을 설명하면서 이를 행위자가 행위 동기를 자신 안에서 의식한다는 사실로부터 이끌어낸 반면 허치슨은 다른 사람들의 행위를 판단하는 삼인칭 관망자의 시점을 중요시한다. 그는 우리가 어떤 행위자에 대해 칭찬하는 바는 바로 그의 자비심, 곧 다른 사람들의 이익을 위한 행위이며, 비난하는 바는 그의 악의, 곧 다른 사람들에게 손해를 끼치는 행위이다. '덕 또는 도덕적 선에 대한 우리 관념의 기원에 관한 탐구'(Hutcheson 2008의 2부에 해당하는)의 전반부에서 허치슨은 자비심이 우리의 본성에 부합한다는 점을 설명하고, 모든 인간 행위가 이기적이라는 맨더빌의 거듭된 주장을 반박한다. 그리고 '탐구'의 후반부에서는 도덕감, 곧 자비로운 행위가 우리 자신에게 어떤 이익을 낳는가를 전혀 고려하지 않고도 그런 행위를 보고 직접 즐거움을 느끼는 감각이 존재한다는 점을 증명한다. 버넷이 로크 이론의 문제점을 지적한 경우와 마찬가지로 허치슨의 경우에도 도덕 판단의 직접성이 중요한 역할을 한다. 그는 칭찬과 비난이 무언가가 우리에게 장기적인 이익이 되는지 그렇지 않은지에 대한, 때로 매우 복잡할 수밖에 없는 판단을 필요로 한다는 생각을 몹시 경멸한다.

관대함이나 신앙심, 인간애, 감사하는 마음 등을 칭찬하기 위해 컴벌랜드나 푸펜도르프가 말한 반성 작용이 반드시 필요한가? 또한 잔인함이나 배반, 배은망덕 등이 악하다는 점을 오직 추론을 통해서만 충분히 파악할 수 있는가? 우리는 전자에 속하는 것들을 보자마자 어떤 반성을 거치지 않고도 거의 순간적으로 칭찬하고, 사랑하고, 모방하려 들지 않는가? 마찬가지로 후자에 속하는 것들을 곧바로 증오하고, 경멸하고, 혐오하게 되지 않는가? 만일 덕의 감각이 그런 형이상학적 반성의 능력에 국한될 정도로 폭이 좁은 것이라면 이는 인류에게 매우 불행한 일일 것이다. (Hutcheson 2008: 94)

허치슨은 우리가 현재 우리의 상황에 어떤 영향도 미치지 않는 행위들에 대해서도 도덕 판단을 내린다는 사실을 경험을 통해 익숙하게 알 수 있다는 점을 독자들에게 상기시킨다. 우리는 역사책에서 읽은 인물이나 멀리 떨어진 다른 지역에 사는 사람도 얼마든지 칭찬하거나 비난한다. 이런 행위들이 인류 전체의 이익에 기여한다는 사실로부터 우리가 사실상 어떤 사소한 방식으로라도 그런 행위들로부터 이익을 얻는다는 결론을 이끌어낼 수 있다는 점이 참인 듯이 보이기도 한다. 하지만 이는 오직 도덕감이 어떻게 작용하는지에 대한 설명이 존재할 수 있다는 점을 보이는 데 그칠 뿐이다. 이런 주장이 우리 자신의 이익과 손실에 대한 무의식적인 계산이 항상 도덕 판단에 앞서 이루어진다는 생각을 정당화하지는 못한다.

허치슨은 섀프츠베리와 마찬가지로 도덕감이 종교적 신앙과 직접 연결되지는 않는다는 점을 강조한다. 그는 『탐구』에서 다음과 같이 말한다. '신에 대해 어떤 의견도 지니지 않는 수많은 사람들도 내세의 보상과 전혀 무관하게 명예, 신뢰, 관대함, 정의 등을 높이 평가하며, 내세의 처벌과 전혀 무관하게 배신, 잔인함, 불의 등을 혐오한다'(96).[7] 이런 생각 때문에 허치슨은 클라크(John Clarke of Hull) 같은 인물과 대립하게 되었는데, 클라크는 홉스나 맨더빌의 회의주의에 노출된 일반인들은 덕을 유지하기 위해 내세의 보상과 처벌에 대한 믿음을 필요로 한다고 주장했다(Clarke 1726: 41-111). 다른 학자들은 허치슨이

---

7) 하지만 섀프츠베리와 마찬가지로 허치슨도 종교적 믿음이 도덕을 지지하는 데 중요한 역할을 한다고 생각한다. Harris 2008 참조.

도덕감과 이성적 능력 사이의 연결을 끊어버렸다는 점을 들어 그를 공격했다. 이런 비판을 제기한 대표적인 인물은 버넷(Gilbert Burnet, 그는 조지 1세의 왕실 목사였는데 그와 이름이 똑같은, 역사가인 동시에 솔즈베리의 주교였던 아버지의 둘째 아들이었다)인데 허치슨은 그의 비판에 맞서 『도덕감 예증』(Hutcheson 2002)을 썼다. 1725년 런던 저널(*The London Journal*)에 출판한 편지에서 버넷은 허치슨이 도덕적 선과 악 사이의 구별 자체를 모호하게 만들었으며 이 결과 우리가 도덕적 선과 악을 인식하는 일 또한 어렵게 만들었다고 주장했다. 버넷에 따르면 선과 악은 우리에게 어떤 종류의 쾌락과 고통을 주는 것으로 정의될 수 없는데 그 까닭은 이런 방식의 정의는 만일 우리의 도덕감이 서로 다르게 작동한다면 선과 악 또한 서로 다르게 규정되리라는 점을 함축하기 때문이다. 달리 표현하면 허치슨은 맨더빌에 반대하는 방식, 곧 도덕적 선과 악 사이의 구별이 분명히 실재함을 보이는 방식을 발견하는 데 실패했다. 이런 방식은 도덕적 쾌락과 고통을 옳음과 그름 또는 적절함과 부적절함이라고 여겼던 허치슨의 주장에서 벗어나 덕에 어떤 불변적인 요소가 포함된다는 점을 허용할 경우에만 발견될 것이다. 버넷에 따르면 이런 불변적인 규칙은 오직 이성을 통해 참과 거짓 사이의 구별을 인식할 경우에만 제시될 수 있다. 그는 도덕감이 느끼는 쾌락과 고통은 '단지 우리가 이성에 따라 옳거나 그르다고 판단한 바를 발견한 결과에 지나지 않는다'고 주장한다. 왜냐하면 '우리는 무언가가 아름답거나 우리를 즐겁게 만들기 때문에 그것이 참이거나 옳다고 여기는 것이 아니라 무언가가 참이거나 옳기 때문에 그것이 아름답거나 우리를 즐겁게 만든다고 여기기 때문이다'(G. Burnet 1735: 12). 사실 아름다움이나 즐거움에 대한 감각은 자주 참이나 옳음을 인식하기에 앞서 갑자기 나타나기도 한다. 하지만 우리가 반성 작용을 통해 우리의 다른 감각이 잘못되었음을 발견하듯이 아름다움과 즐거움에 대한 감각 또한 잘못되었음을 발견하는 일이 자주 일어난다.

하지만 허치슨은 이런 유형의 반박을 불편하게 여기지 않았다. 이런 반박에 대한 그의 대답은 오히려 버넷이 덕과 악덕 사이의 진정한 차이를 제대로 보이지 못한다는 것이었다. 도덕적 문제에 접해 왜 이런 판단을 내리고 이렇게 행위하는가라는 질문을 받고 이에 대해 가능한 한 궁극적인 대답을 하라는 요구를 받는다면 우리는 우리가 선택한 유형의 행위가 우리를 즐겁게 하는 반면 다른 유형의 행위는 그렇게 하지 않는다는 식의 대답을 할 수 밖에 없을 것이다. 그렇다면 허치슨이『예증』에서 말하듯이 '행위의 정당화 근거는 도덕감을 전제한다' (Hutcheson 2002: 145). 우리는 공공의 이익을 증진하는 행위를 칭찬한다. 왜 그렇게 하는가? 신이 우리가 그렇게 하기를 원하기 때문이라고 답할 수 있다. 왜 신이 우리에게 원하는 행위를 하는 것이 선한가? 신은 우리에게 은혜를 베푸는 자이기 때문이다. 왜 은혜를 베푸는 자의 의지에 따르는 것이 선한가? 허치슨은 '바로 이 지점에서 우리는 감각으로 되돌아가야 한다'고 주장한다(같은 곳). 우리는 신을 도입하는 대신 공공의 이익을 증진하는 행위가 모두를 행복하게 만드는 최선이기 때문에 그런 행위를 칭찬한다고 말할 수도 있다. 하지만 여기서 '최선' 은 무엇을 의미하는가? 이에 대해 '최선'은 '도덕적으로 최선'을 의미한다고 답한다면 순환 논증에 휘말리게 된다. 아니면 모두가 행복한 상태와 관련한 최선은 최고로 행복한 상태라고 답할 수도 있다. 허치슨은 만일 후자의 대답을 선택한다면 다시 '누구에 대한 최고의 행복인가, 개인에 대한 것인가 아니면 체계 전체에 대한 것인가'라는 질문에 직면할 것이라고 말한다. 최고의 행복이 각각의 모든 개인에 대한 것이라고 대답한다면 이는 도덕적 시인을 고유한 옳음 자체와 관련해서가 아니라 개인의 사적인 행복을 증진하는 것과 관련해 설명하는 것임이 분명하다. 반면 최고의 행복이 체계 전체의 행복이라고 답한다면 이는 다시 우리를 왜 체계 전체의 행복을 도덕적 선으로 여겨야하는가라는 질문에 직면하게 만드는데, 허치슨은 여기서 또다시 '우리는 일종의 감각 또는 정서로 되돌아갈 수밖에 없다'고 주장한다(145-6).

『예증』에서 허치슨은 버넷의 비판에 답할 뿐만 아니라 발가이, 클라크, 울러스턴 등의 다른 이성주의자 또는 '주지주의자들'에 대해서도 대응한다. 허치슨은 도덕적 능력을 일종의 감각으로 설명하는 것이 결코 덕과 악덕 사이의 진정한 구별을 포기하는 것이 아니라고 강력히 주장한다. 그는 섀프츠베리와 마찬가지로 도덕적 선과 악 사이의 구별이 교묘한 책략과 사회적 관행에 지나지 않는다는 맨더빌식의 주장에 맞서 오직 선 자체에 대한 스토아학파적인 개념을 회복하려고 애썼다. 1729년 허치슨은 글래스고대학의 도덕철학 교수직을 받아들여 더블린을 떠나 글래스고로 이주하자마자 또 다른 싸움에 뛰어들었는데 이번에는 전통에 얽매여 극단적인 주의주의를 주장하는 스코틀랜드 칼뱅주의 신학자들이 논적이었다. 허치슨은 섀프츠베리와 마찬가지로 신이 창조한 이 세계의 선을 각 부분이 더욱 큰 유기적 전체와 적절하게 어울려 조화를 이루는 문제로 이해한다. 하지만 허치슨은 섀프츠베리와는 달리 전체 체계를 고유한 아름다움과 관련해서가 아니라 행복을 최대화하는 방식의 관련해서 특징짓는다. 이 세계에서 명백히 드러나는 선과 세계를 창조하고 존재하도록 유지하는 신의 선함은 허치슨이 마지막으로 출판한 저술, 곧 사후에 출판한 『도덕철학의 체계』(System of Moral Philosophy)에서 다룬 주요 주제였다.[8] 『체계』에서 도덕감

---

8) Moore 2000 참조.

은 신의 섭리와 목적을 실현하기 위한 필수적인 수단으로 묘사된다. 그의 주장에 따르면 '이런 특별한 도덕적 능력을 고려하지 않을 경우 인간은 그렇게 다양한 감각을 부여받았지만 자주 서로 충돌하는 욕구 때문에 어떤 질서나 규칙적이고 일관된 목표도 지니지 못하는 혼란스러운 존재에 그칠 것이다. 오직 도덕감을 통해 모든 것이 조화를 이룰 수 있고, 모든 능력을 모아 한 방향으로 나갈 수 있고, 서로 간에 다툼도 사라지게 된다'(Hutcheson 1755, vol. 1: 74). 도덕감의 권위와 신뢰성은 그것이 개인의 영혼에서는 물론 사람들 사이의 사회적, 정치적 관계에서 질서와 조화 그리고 행복을 실현하는 방법을 알려준다는 사실을 통해서 잘 드러난다.

허치슨 이후의 정서주의

허치슨이 이후 영국의 도덕철학에 미친 영향에 대해서 수많은 평가가 이루어졌다. 그는 '스코틀랜드 계몽주의의 아버지'로 불린다.[9] 그의 전기를 쓴 한 학자는 그를 더욱 넓은 의미에서 영국 '계몽주의의 선두 주자'로 여긴다.[10] 이성주의에 반대하는 그의 주장이 흄에게 큰 영향을 미쳤음은 분명하다. 흄의 『논고』 중 '도덕적 구별은 이성으로부터 유래하지 않는다'는 제목의 절은 사실 허치슨이 이미 주장했던 바를 요약한 것에 지나지 않는다. 애덤 스미스는 『도덕감정론』에서 도덕에 대한 정서주의적 접근을 채택하는 근거를 상세히 밝힐 필요가 없다고 생각했다. 하지만 흄과 스미스 중 어느 누구도 허치슨식의 도덕감이 존재한다

---

9) Campbell 1982 참조.
10) Scott 1900, 13장 참조.

는 사실을 인정하지는 않았다. 그 대신 둘은 모두 공감을 도덕 판단의 원천으로 여기면서, 이렇게 공감을 내세우는 편이 허치슨이 제시한 것보다 도덕적 능력을 더욱 직접 정당화하는 방법이라고 주장했다. 달리 말하면 공감 이론을 지지하기 위해 신의 섭리를 도입할 필요가 없다는 것이다. 공감 능력은 그 자체만으로 자신이 시인 받을 만한 가치가 있다는 점을 보일 수 있는 반면 도덕감은 그렇게 하지 못한다. 흄은『논고』 3권 '결론'에서 다음과 같이 지적한다. '도덕감을 인간 본성의 원초적 직감 중 하나로 여기려는 사람은 덕의 원인을 충분한 권위와 더불어 옹호할 수 있을지 모른다. 하지만 이런 감각을 인류에 대한 폭넓은 공감으로 설명하는 사람이 누리는 장점을 소유하지는 못한다. 도덕감 이론의 체계에 따르면 오직 덕뿐만 아니라 덕에 대한 감각도 시인해야만 한다. 다시 그런 감각뿐만 아니라 감각이 도출되는 원리도 시인해야만 한다'(Hume 1978: 470). 스미스도 허치슨을 비판하면서 정확히 이와 동일한 점을 지적한다. 스미스에 따르면 도덕감 이론의 가장 심각한 결함은 허치슨도 인정하듯이 도덕감 자체를 시인할 수 없다는 점이다. 반면 공감 이론에서는 이런 사실이 충분히 수용되고 설명된다(Smith 1982: 321-7 참조).

따라서 허치슨이 이성주의를 비판한 대목을 인용한 흄의 언급, 곧 '도덕은 … 판단되기보다는 느껴진다고 말하는 편이 더욱 적절하다'는 (Hume 1978: 470) 언급을 근거로 흄이 도덕감을 요청한 허치슨의 이론을 있는 그대로 받아들인 것으로 여겨서는 안 된다. 흄은 반성 능력을 통해 곰곰이 생각하지 않고도 인간 본성이 저절로 모든 경우에서 덕과 악덕을 구별할 수 있다는 주장에 대해 회의적인 태도를 보인다. 흄은 본성적이라는 말을 교육과 사회화 이전의 원래 상태를 의미하는 것으로 해석하는 한 허치슨이 인정했던 바와는 달리 도덕에서 본성적인 것은 거의 없다고 주장한다. 이어서 흄은 '덕은 본성적인 것과 동일하며, 악덕은 본성적이 아닌 것과 동일하다고 주장하는 체계보다 덜 철학적인 것은 없다'고(475) 선언함으로써 명백히 허치슨에 대해 — 또한 섀프츠베리에 대해서도 — 반대하는 입장을 드러낸다. 잉글랜드의 정서주의자들도 도덕을 설명하는 데 특별한 도덕감이 과연 필요한지를 의문시했다. 게이(John Gay)는 킹(William King)의 저서 『악의 근원에 관하여』(De origine mali)를 로(Edmund Law)가 영어로 번역해 1731년 출판한 책의 앞에 덧붙인 '덕 또는 도덕의 근본 원리에 관한 예비적 고찰'에서 허치슨의 이론을 '매듭을 풀기보다는 아예 잘라내 버리는' 경우로 비유하면서 거부한다. 게이에 따르면 우리가 지니는 도덕적 관념의 근원은 신비적인 제6감각을 도입하지 않고도 설명될 수 있다. 도덕적 시인의 궁극적 근거는 이성적인 자기애지만 관념의 연상 작용이 낳은 시인과 부인을 습관적으로 적용하다보면 특수한 행위들이 시인되는 이유는 자주 모호해지기도 한다(Gay 1731: 특히 pp. xiii-xv, xxx-xxxiii). 게이는 하틀리(David Hartley)에게 큰 영향을 미쳤고, 다시 하틀리는 벤담에게 큰 영향을 미쳤다.[11] 셀비-비그가 영국의 '정서주의' 도덕 사상으로 규정한 조류의 역사 전반을 살펴보면 특별한 도덕감이 존재한다고 여겼던 이론은 사실상 그리 큰 중요성이나 영향력을 발휘하지 못했음을 알 수 있다. 그리고 셀비-비그가 '정서주의 학파의 또 다른 중요 인물'로 여겼던 버틀러가 섀프츠베리나 허치슨보다 이후 도덕철학의 발전에 더욱 큰 영향을 미쳤음이 드러난다. 하지만 버틀러에 대해서는 이 책의 다른 장에서 다루어질 것이다.

---

[11] Halévy 1934: 6-9 참조.

참고문헌

제일 뒤의 * 표시는 특히 중요한 참고문헌임을 나타낸다.

Burnet, Gilbert 1735. *Letters Between the Late Mr. Gilbert Burnet and Mr. Hutcheson* [sic] *Concerning the True Foundation of Moral Goodness*. London.

Burnet, Thomas 1989. *Remarks on John Locke*. Ed. George Watson. Doncaster: Brynmill Press.

Campbell, T. D. 1982. 'Francis Hutcheson: "Father" of the Scottish Enlightenment', in R. H. Campbell and Andrew S. Skinner (eds.), *The Origins and Nature of the Scottish Enlightenment*. Edinburgh: John Donald, pp. 167-85.

Cassirer, Ernst 1953. *The Platonic Renaissance in England*. Trans. James P. Pettegrove. Edinburgh: Nelson.

Clarke, John [1726]. *The Foundation of Morality in Theory and Practice Considered*. York.

Darwall, Stephen 1995. *The British Moralists and the Internal 'Ought': 1640–1740*. Cambridge University Press.*

Gay, John 1731. 'Preliminary Dissertation Concerning the Fundamental Principle of Virtue or Morality', in William King, *An Essay on the Origin of Evil*, trans. Edmund Law. London, pp. xi-xxxiii.

Gill, Michael B. 2006. *The British Moralists on Human Nature and the Birth of Secular Ethics*. Cambridge University Press.*

Halévy, Elie 1934. *The Growth of Philosophic Radicalism*. Trans. Mary Morris. London: Faber.

Harris, James A. 2008. 'Religion in Hutcheson's Moral Philosophy', *Journal of the History of Philosophy* 46: 205–22.

Hume, David 1978. *A Treatise of Human Nature*, ed. L.A. Selby-Bigge, rev. P.H. Nidditch. Oxford: Clarendon Press.

Hutcheson, Francis 1755. *A System of Moral Philosophy*. Glasgow and London. 2 vols.

Hutcheson, Francis 2002. *An Essay on the Nature and Conduct of the Passions and Affections, with Illustrations on the Moral Sense*, ed. Aaron Garrett. Indianapolis, IN: Liberty Fund.

Hutcheson, Francis 2008. *An Inquiry into the Original of Our Ideas of Beauty and Virtue*, ed. W. Leidhold. Revised edn. Indianapolis, IN: Liberty Fund.

Mandeville, Bernard 1988. *The Fable of the Bees: or, Private Vices, Publick Benefits*, ed. F.B. Kaye. Indianapolis, IN: Liberty Fund. 2 vols.

Moore, James 2000. 'Hutcheson's Theodicy: The Argument and the Contexts of A System of Moral Philosophy', in Paul Wood (ed.), *The Scottish Enlightenment: Essays in Reinterpretation*. University of Rochester Press, pp. 239–66.

Scott, William Robert 1900. *Francis Hutcheson: His Life, Teaching and Position in the History of Philosophy*. Cambridge University Press.

Selby-Bigge, L.A. (ed.) 1897. *British Moralists: Being Selections from Writers Principally of the Eighteenth Century*. Oxford: Clarendon Press. 2 vols.

[Shaftesbury, Anthony Ashley Cooper, third earl of] 1716. *Several Letters Written by a Noble Lord to a Young Man at the University*. London.

Shaftesbury, Anthony Ashley Cooper, third earl of 2001. *Characteristicks of Men, Manners, Opinions, Times*, ed. Douglas Den Uyl. Indianapolis, IN: Liberty Fund. 3 vols.

Smith, Adam 1982. *The Theory of Moral Sentiments*, ed. D.D. Raphael and A.L. Macfie. Indianapolis, IN: Liberty Fund.

Yaffe, Gideon 2002. 'Earl of Shaftesbury', in Steven Nadler (ed.), *A Companion to Early Modern Philosophy*. Malden, MA: Wiley-Blackwell, pp. 425–36.*

26장

흄

폴 가이어(Paul Guyer)

흄의 인간학 그리고 도덕철학의 목표

흄은 도덕철학을 자신의 이론철학과 마찬가지로 원래 포괄적인 '인간학', 곧 '인간 지성의 범위 및 능력과 더불어 … 우리가 사용하는 관념들의 본성 그리고 추론 과정에서 수행하는 작용을' 완벽하게 인식하기 위한 학문의 일부로 여겼는데 그는 이런 인간학이 '경험과 관찰에' 확고하게 기초해야 한다고 생각했다. 그의 견해에 따르면 '심지어 수학과 자연철학, 자연 종교까지도' 인간학을 근거로 삼아야 하며, '논리학, 도덕, 비평, 정치학을 비롯해 인간 본성과 더욱 밀접하게 관련된 다른 모든 학문들' 또한 반드시 그래야 한다. 따라서 '논리학의 유일한 목적은 우리의 추론 능력의 원리들과 작용 및 우리가 지니는 관념들의 본성을 설명하는 것이다. 도덕과 비평은 우리의 취미와 정서를 다룬다. 그리고 정치학은 인간을 서로 결합해 사회를 이루는, 곧 서로 의존하는 존재로 여긴다.'[1] 그렇다면 인간학과 관련한 흄의 가장 중요한 주장은 전통적으로 이성에 기초한 것으로 여겨졌던 원리들, 예를 들면 모든 사건에는 원인이 있다는 원리뿐만 아니라 도덕과 정치학의 원리들도 이성이 아니라 오직 '정서'에, 곧 습관과 상상이라는 장치를 통해 경험에서 산출되는 감정에 기초한다는 점이다.

이를 바탕으로 스미스(Norman Kemp Smith)는 흄이 도덕 원리들에 대한 정서주의적 설명을 계기로 삼아 자신의 '인간학' 전체를 전개하려 했으며, 정서주의적 방법을 이론적 원리들에도 적용하려 했다고 주장하기에 이르렀다.[2] 하지만 흄이 자신의 방법을 『논고』 1권에서 '논리학'에 적용한 방식과 『논고』 2권과 3권에서 '도덕'에 적용한 방식, 이후 이를 더욱 발전시켜 1751년 출판한 『도덕 원리 탐구』(*Enquiry Concerning the Principles of Morals*)에서[3] 적용한 방식 사이에는 결정적인 차이가 있다. 흄은 자신의 방법을 인과성의 원리와 같은 이론적인 원리에 적용할 때는 현실적인 문제를 고려하지 않은 반면(『논고』, 1.4.7.9, p. 175) 우리의 가장 기본적인 도덕 원리가 오직 우리 자신의 자연스러운 정서, 곧 우리 자신과 다른 사람에게 쾌적하고 유용하게 느

---

1) 흄, 『인간 본성 논고』(*A Treatise of Human Nature*, 2007b). 이 편집본에서 『논고』의 본문은 1권에 수록되었으며, 2권에는 편집 관련 자료들만이 등장하므로 인용 출처를 표시하면서 '1권'은 생략했다. 위의 인용문은 머리말, 문단 4, 5와 7, p. 4에 등장한다. 이하 이 저술을 『논고』로 약칭하고 권, 부, 절, 문단, 페이지 수를 표시했다.

2) Smith 1941 참조.

3) 흄, 『도덕 원리 탐구』(1998). 이 저술은 『도덕』으로 약칭하고 절 또는 부록의 번호, 절을 세분한 경우에는 세부 번호, 문단 번호, 페이지 수 순서로 인용 출처를 표시했다. 『인간 지성 탐구』(*An Enquiry Concerning Human Understanding*, 2000; 이하 『탐구』로 약칭) 또한 이런 방식으로 인용 출처를 밝혔다.

껴지는 행위와 특성은 시인하고 이와 반대되는 것들은 부인하는 정서에 기초해 권위를 지니게 된다는 점을 깨달은 후에는 한편으로 홉스적인 자기이익의 윤리를 공격하고 다른 한편으로 '수도원에서나 통할 모든 덕들을' — 곧 '금욕, 단식, 참회, 고행, 자기 부정, 자기 비하, 침묵, 고독 등을' 비판하려는 의도를 분명하게 드러낸다. 그는 특히 후자의 덕들을 인간의 자연스러운 정서가 아니라 '위선과 거짓 종교의 망상과 겉치레에' 기초한 것이라고 강력히 비난한다(『도덕』, 9.1.3, p. 73).[4] 인간의 자연스러운 정서는 어떤 성질의 소유자 자신 또는 그 소유자로부터 영향을 받는 다른 사람들 그리고 더욱 자주 양자 모두에게 쾌적하고 유용함을 낳는 성질만을 시인한다(『도덕』, 9.1.6, p. 75). 인간학과 도덕에 관한 흄의 이런 주장은 이미 동시대 학자들에게 상당히 알려졌으므로 그가 『논고』를 출판한 후 에든버러 대학의 도덕철학 교수로 지원한 것은 전혀 놀라운 일이 아니다. 그는 후에 글래스고 대학의 비슷한 교수직을 얻기 위해 지원했지만 당시 대학을 통제했던 장로 교회와 시의회 위원들의 반대로 자리를 얻지 못했다.[5]

'도덕적 차이는 이성이 아니라 도덕감에 근거한다'_

흄은 자신의 도덕 이론을 『논고』의 3권(1739-40)에서 전개한다. 여

---

4) 흄은 『탐구』에서 덕을 쾌적한 것과 자신에게 유용한 것 그리고 다른 사람에게 유용한 것으로 분류하는 방식을 전제한다(2절 및 5-8절). 하지만 이런 분류는 『논고』에서 이미 도입된다(3.3.1.27-30, pp. 376-7).

5) 이 이야기에 관해서는 Ernest Campbell Mossner 1954: 153-62 및 240-56 참조. 흄이 제시한 '덕들의 목록'은 상당히 혁신적이며 '청교도가 확립한 바를 뒤집어엎으려는 젊은이의 반란'을 보여준다는 평을 들었는데 Baier 1991, 특히 9장에서는 이 점이 매우 강조된다(이 인용문은 p. 203에 등장한다).

기서 그는 우선 현재 우리라면 메타 윤리라고 부를 만한 이론을 제시하고 그 다음에 이런 이론에 근거한 규범 윤리를 내세운다. 흄의 메타 윤리 중 핵심은 로크로부터 물려받은 경험론과 결합된 그의 이성 개념이다. 그가 수용한 경험론의 핵심은 그가 '복사(copy) 원리'라고 부른 것, 곧 우리 마음의 내용은 오직 외부 및 내부의 상태에 대한 근원적 '인상들'과 이런 인상들을 복사한 '관념들'로 구성된다는 가정이다. 이런 관념들을 이에 대응되는 인상들과의 근원적인 맥락과 분리해서 고려할 경우 관념들은 우리가 원래 경험하지 않은 방식으로 결합될 수도 있다. 하지만 우리가 관념들 자체를 처음부터 스스로 만들어낼 수는 없다. 물론 흄은 이에 대한 예외로 이른바 '파란색 색조에서 어느 하나가 사라진' 경우의 예를 든다. 이를 통해 흄은 이전에 충분히 경험된 연속적인 인상에서 어느 하나가 빠졌을 경우 우리의 마음이 관념을 만들어내어 그 간격을 메꿀 수도 있음을 암시한다.[6] 흄이 생각하는 이성의 능력은 관념들 사이의 동일성이나 차이를 인식하거나 관념들 사이의 '철학적 관계', 곧 유사성, 동일성, 공간적 근접성과 시간적 연속성, 양이나 모순 등을 인식하는 것으로 한정된다(『논고』, 1.1.5.1-9, pp. 14-15). 반면 관념들 사이의 더 이상의 관계, 말하자면 '자연적' 관계를 인식하는 일은 이성보다는 경험에 의존한다. 가장 분명히 드러나는 자연적 관계는 바로 인과성이다(『논고』, 1.3.2.4, p. 53). 현존 또한 또 다른 자연적 관계로 보일 듯하지만 흄은 우리의 관념에 대응되는 (외부의) 대상이 현존한다는 판단을 우리의 관념이 그런 대상에 의해서 야기된다는 판단과 동일시하므로 현존을 분리해서 따로 다룰 필요를 느끼지 않는다

---

6) '복사 원리' 일반에 관해서는 『논고』, 1.1.1.1-5, pp. 7-8; 파란색 색조에서 하나가 빠진 경우에 관해서는 『논고』, 1.1.1.10, pp. 9-10 참조.

(특히 『탐구』, 4.1.4, p. 25 참조). 1748년 『탐구』에서 흄은 철학적 관계와 자연적 관계 사이의 구별을 '관념들의 관계'와 '사실의 문제' 사이의 구별로 대체한다(특히 『탐구』, 4.1.1, p. 24). 하지만 핵심 논점은 그대로 유지된다. 곧 후에 칸트가 사용한 표현을 빌리면 이성은 오직 분석 판단만을 내릴 수 있으며 종합 판단은 — 예를 들면 어떤 관념이 현존하는 대상에 대응된다는 판단이나 어떤 대상의 현재 상태가 다른 상태로부터 야기되었거나 다른 상태를 야기할 것이라는 인과적 판단 등은 — 오직 경험으로부터 생겨난다는 것이다. 이런 가정에 기초해 흄은 우리의 인과적 추론에서 드러나는 비이성적 특성을 분석하고 진단한다. 우선 외부적 대상에 대한 우리의 인상은 연속성과 근접성은 포함하지만 우리는 인상으로부터 어떤 필연성을 복사해서 이끌어낼 수는 없으므로 이성은 '상황 C에 뒤이어 상황 E가 반드시 발생한다는' 형식의, 서로 관련되는 대상의 복합 관념에 포함되는 필연성에 근거한 어떤 인과적 추론도 형성할 수 없다(『논고』, 1.3.2.12, p. 55). 따라서 인과성은 단지 일종의 '사고 습관'이거나 아니면 경험에 의존할 수밖에 없다. 하지만 경험은 오직 유한한 수의 과거 인상 만으로 구성되므로 미래도 과거와 유사하리라는 가정을 도입하지 않고서는 미래에 무슨 일이 일어날지에 관한 어떤 추론도 정당화할 수 없다. 하지만 단지 이성만으로는 이런 가정을 결코 보증할 수 없다. — 이 가정을 부정하더라도 자기모순이 발생하지 않으며, 어떤 다른 '철학적' 관계에 위배되지도 않는다. 또한 이 가정은 경험을 통해서도 보증되지 않는다. 경험에 의존하면 이 가정은 순환논증에 빠진다. 곧 이런 가정을 도입하지 않는다면 경험은 단지 과거에 비추어 미래도 과거와 유사했다는 점을 증명하는 데 그친다(『논고』, 1.3.6.4-11, pp. 62-4; 『탐구』, 4.2.16-21, pp. 30-2). 따라서 흄은 외부 세계와 우리의 행위에 관해 우리가 지니는 지식의

유일한 기초로 작용하는 인과적 추론은 과거 경험에 근거해 선명한 관념을 형성하려는 우리 마음의 성향에 지나지 않는다고 결론짓는다(『논고』, 1.3.7.5, pp. 67; 『탐구』, 5.1.8, pp. 39; 5.2.11-13, pp. 40-1). 인과적 추론에 관한 흄의 견해는 물론 그 자체로 우리의 마음이 어떻게 믿음을 형성하도록 이끌리는지에 대한 견해이며, 마음이 과거에 작용했던 것과 같은 방식으로 미래에도 작용할 것이라는 가정에 의존한다. 따라서 흄은 자신의 설명을 인과성에 대한 '회의주의적 의심'에 대한 '회의주의적 해결책'이라고 부른다. 하지만 이런 설명 중 어떤 것도 인과적 믿음에 기초한 우리의 실천이 비이성적임을, 곧 일상적인 의미에서 부당하다는 점을 의미하지는 않는다. 정반대로 흄은 인과성에 대한 회의에 근거해 우리의 실천을 바꾸려는 시도가 오히려 부당하다고 주장한다. '나는 나의 감각과 지성에 복종함으로써 자연의 흐름에 따라야 한다'(『논고』, 1.4.7.10, p. 175).

도덕 원리들이 이성이 아니라 도덕감으로부터 도출된다는 흄의 주장은 이런 원리들이 관념의 분석이나 관념 사이의 철학적 관계가 아니라 오직 감정의 작용으로부터, 이 경우에는 인간의 다양한 특성을 드러내는 행위에 대한 자연스러운 시인과 부인의 감정으로부터 등장한다는 주장과 맥을 같이한다. 달리 표현하면 흄이 1751년에 출판한 『도덕』에서 말하듯이 도덕의 기초는 다름 아닌 '정서', 곧 '인류의 행복에 즐거워하고, 불행에 분노하는 감정'이다(『도덕』, 부록 1.4. p. 84). 여기서 흄은 자신의 관점을 이성주의 도덕철학자들과 대비하여 제시한다. 흄에 따르면 이성주의자는 '덕은 오직 이성에 따르는 것이며, 모든 것에는 그것에 영원히 적절한 바와 부적절한 바가 있는데 이는 모든 이성적 존재에 대해서도 마찬가지이며, 옳고 그름의 불변하는 기준이 … 의무를 부과한다고 생각한다. 그리고 이런 적절함과 부적절함, 따라서 이런 의무는 오직 관념에 의해 인식된다고 주장한다'(『논고』, 3.1.1.4, p. 294). 흄은 클라크(Samuel Clarke)나 울러스턴(William Wollaston) 같은 이성주의자에게서 비롯된 이런 견해를 공격한다. 하지만 이 정도에 그치지 않고 더욱 유명한 인물, 곧 17세기 후반 케임브리지 플라톤주의자들의 대표격이었던 커드워스(Ralph Cudworth)를 비판하기에 이른다. 그의 저서 『영원불변하는 도덕에 관한 논고』(*Treatise Concerning Eternal and Immutable Morality*)는 그가 죽은 후인 1731년 출판되었는데 이 때는 흄이 『논고』를 쓰기 시작한 시기이기도 하다.[7] 흄의 주장은 다음과 같이 전개된다. '도덕'의 원리는 '행위와 감정에 영향을 미쳐 어떤 행위를 산출하거나 금지한다.' 하지만 철학적 관계를 인식하는 역할만을 제한적으로 수행하는 '이성은 이런 특수한 일을 하는 데는 전혀 무력하며, 우리의 행위와 감정에 어떤 영향도 미칠수 없다.' 따라서 도덕 원리는 이성 대신 우리에게 자연스럽게 발생하는 '정념 또는 정서'에 기초해야 하며, 정서가 우리를 행위하도록 만든다는 점은 자명하다. 흄은 우리가 행위를 결정하는 과정에서 적절한 정서와 결합한 이성이 부수적인 역할을 할 수 있음을 인정한다. 우리 정념의 '적절한 대상'이 실제로 존재하는지를, 곧 정념이 생겨나 행위가 요구되는 상황이 실제로 우리가 생각하는 상황인지를 그리고 '우리가 정념을 행위로 옮기는 수단을 제공하는 원인과 결과 사이의 연결을' 확보할 수 있는지를, 곧 우리가 정념이 지시하는 행위를 효과적으로 행할수 있는지를 알려주는 것은 바로 이성이기 때문이다(『논고』, 3.1.1.12, p. 295). 이렇게 확장된 의미의 이성은 이전에는 오직 경험에 의존하는 것으로 여겨졌던 존재 판단과 인과적 추론을 형성할 능력을 지니지만

---

7) Cudworth 1996.

이런 이성도 그 자체만으로는 여전히 행위를 산출하지 못한다.[8] 흄은 이런 일은 오직 정념 또는 정서만이 할 수 있다고 주장한다.

흄은 도덕이 행위에 영향을 미침에 틀림없다는 전제를 증명하려 하지 않는다. 그는 이 전제가 너무나 명확해서 증명할 필요가 없다고 생각한다. 하지만 그는 오직 이성만으로는 우리를 행위하게 만들 수 없다는 자신의 주장을 증명하는 데는 무척 공을 들인다. 『논고』 2권에서 그는 어떤 대상이 '우리에게 낳을 불쾌감을 피하고 만족감을 받아들이도록 만듦으로써' 우리를 행위하게 만드는 것은 바로 '그 대상이 낳을 고통과 쾌락의 전망'이라고 주장한다. 뒤이어 그는 이성은, 설령 인과적 연결을 발견하는 능력을 포함하는 넓은 의미로 해석하더라도 어떤 대상이 우리에게 쾌락과 고통을 주는지를 발견할 수 있을 뿐, 무엇이 그 대상을 쾌락과 고통을 일으키도록 만드는지는 발견할 수 없다고 말한다. 어떤 대상에 대해서는 쾌락으로, 다른 대상에 대해서는 고통으로 반응하도록 이끄는 것은 오직 우리의 본성적인 성향이다. 바로 이런 맥락에서 흄은 자신의 유명한 주장을 언급한다. 곧 '이성은 정념의 노예일 뿐이고 또 단지 노예일 뿐이어야 하며, 정념에 봉사하고 복종하는 것 이외의 다른 어떤 직무를 탐내어서도 안 된다'(『논고』, 2.3.3.3-4, p. 266). 다소 과장된 이 말이 의미하는 바는 넓은 의미에서의 추론이 우리에게 쾌락을 얻고 고통을 피할 방법을 알려줄 수는 있지만 우리가 무엇을 행해야 하는지를 알려주지는 않는다는 것이다 — 오직 우리 자신의

---

8) 흄은 자주 행위가 순전히 욕구라는 동기에 의해서만 행해지며, 이성은 단지 욕구에 의해 형성된 목적을 위한 수단만을 규정한다고 주장한 것으로 여겨진다. 코혼(Rachel Cohon)은 흄의 설명에 따르면 행위는 사실상 욕구와 그것을 만족시키는 수단에 대한 믿음을 동기로 삼아 행해진다고 주장했다. Cohon 2008, 2-3장 참조. 만일 그렇다면 욕구의 발생이 없이는 이와 관련된 믿음도 형성되지 않을 것이다. 믿음만으로는 욕구를 산출할 수 없기 때문이다.

정서에 대한 경험만이 이런 일을 할 수 있다. (위의 언급 중 '노예일 뿐이어야 한다'는 말은 이성이 무언가를 할 수 없는데 그런 능력을 찾으려는 시도는 노력의 낭비에 지나지 않음을 의미함에 틀림없다.)

『논고』 3권에서 흄은 이성을 통해 인식되는 유형의 관계는 우리를 행위하도록 만들 수 없다는 주장을 추가한다. 이 주장은 사실 허치슨(Francis Hutcheson)이 1728년에 출판한 저술 『도덕감 예증』(*Illustrations upon the Moral Sense*)에서 내세운 바를 이어받은 것이다. 이 저술에서 허치슨은 '우리는 본능에 앞선 어떤 **추론**이 없이도 본능에 따라 여러 목적을 욕구하도록 결정되며, 이성은 단지 우리의 **목적**을 이루기 위한 수단을 발견하는 데 사용된다고' 말하며[9], 이를 통해 클라크와 울러스턴의 견해에 반대한다. 울러스턴은 비도덕적인 행위가 그른 까닭은 그것이 그 자체로 거짓이거나 거짓을 옳기기 때문이라고 주장했는데 이런 주장은 손쉽게 반박된다. 이성이 진리를 판별하는 능력임은 분명하고, 이성은 오직 진리를 분별하고 전파하는 데만 관심을 보인다고 할 수도 있다. 하지만 비도덕적 행위가 그른 까닭이 오직 거짓을 옳기기 때문이라면 다음과 같은 경우 나는 전혀 거짓을 옳기지 않으면서도 비도덕적 행위를 저지를 수 있다. 예를 들어 '내가 이웃 사람의 아내와 … 우리 집에서 바람을 피우면서 우리 집 창문을 닫는 예방 조치를 취한다면 그녀가 내 아내라는 거짓을 전하지 않고도'(『논고』, 3.1.1.16, 각주, p. 297) 나는 얼마든지 비도덕적 행위를 할 수 있다.

---

[9] Hutcheson 2002, I절, p. 148. 울러스턴에 반대하는 허치슨의 논증은 이 저술의 III절 '덕의 관념에 따른 진리가 중요하다는 울러스턴의 견해 검토'에, 클라크를 비롯해 '적합성'을 주장하는 철학자들에 반대하는 논증은 II절 '덕과 악덕의 특징, 행위의 적합성과 부적합성에 관하여'에 등장한다. 흄은 허치슨에게 영향을 받았음을 인정하지 않았지만 어쩌면 흄의 이런 태도가 그가 도덕철학 교수직에 지원했을 때 적합성을 주장하는 철학자들이 냉담한 반응을 보였던 이유 중 하나로 볼 수도 있지 않겠는가?

흄이 적절하게 가정하듯이 이런 행위는 거짓이 아니라 실상이 제대로 알려지더라도 우리에게 **혐오감을** 불러일으킨다. 더욱 일반적으로 '이런 변덕스러운 체계는 … 다른 어떤 행위가 낳는 도덕적 미덕이나 타락과 관련해서도 왜 진실은 덕이 있고 거짓은 사악한지 그 이유를 설명해야 하는 어려움을 우리에게 부과한다'(같은 곳). 설령 모든 악덕을 거짓으로 환원할 수 있다 할지라도 여전히 우리는 진실을 칭찬하고 거짓을 비난하는 기본적인 태도가 이성이 아니라 정서로부터 등장한다는 점을 전제해야 한다.

도덕이 적합함과 부적합함이라는 어떤 영원불변하는 관계에 기초하며, 이런 관계는 오직 이성만이 판별할 수 있다는 클라크의 견해를 반박하는 흄의 논증은 그리 깔끔하지는 않지만 여전히 상당히 예리하다. 흄은 예를 들어 존속 살해가 그른 까닭이 오직 자녀가 부모를 죽이는 관계 때문이라면 '부모 나무의 꼭대기에서 자라나 결국 부모 나무를 말라 죽게 만드는 어린 나무 또한 인간의 존속 살해와 마찬가지로 몹시 끔찍하고 부자연스럽다고' 여겨야 한다 — 하지만 우리는 명백히 그렇게 생각하지 않는다. 오직 이성을 통해 판단하는 한 두 경우에서 부모와 죽임 사이의 관계는 정확히 일치한다. 따라서 이런 두 가지 행위에서 '도덕적 특성들이 단지 이성에 의해 발견되지 않음에 틀림없다'(『논고』, 3.1.1.24, p. 300). 오히려 우리는 인간의 존속 살해와 나무의 존속 살해에 대해 서로 다르게 **느낀다고** 보아야 한다. 이 두 관계가 서로 같지 않다는 반박, 곧 인간의 존속 살해는 의도적이고 자발적인 반면 나무의 경우는 그렇지 않다는 반박에 대해 흄은 '같은 관계가 서로 다른 원인을 지니기도 하지만 이 두 관계는 서로 같은 것으로 여겨진다는' 다소 약한 대답을 한다(같은 곳). 하지만 그의 더욱 깊은 생각은 대상들의 관계만으로는, 설령 그것이 자발적인 의도에 따른 행위라 할지라도 덕이나 악덕을 형성하지 못한다는 점이다. 곧 우리는 '우리가 자신의 가슴 속으로 주의를 돌려 어떤 행위를 향해 생겨나는 부인이라는 정서를 발견하기 이전에는' 어떤 행위나 특성을 그르다고 규정해서는 안 되는데 이는 옳은 행위의 경우에도 마찬가지이다(『논고』, 3.1.1.26, p. 301). 흄은 '도덕은 과학이 대상으로 삼는 그 어떤 관계를 통해서도, 지성에 의해서 발견되는 그 어떤 **사실의 문제**를 통해서도 형성되지 않는다'고 말함으로써 자신의 결론을 처음으로 분명히 밝힌다. 하지만 곧바로 이런 주장을 수정해 '도덕은 사실의 문제이다. 하지만 이는 이성이 아니라 감정의 대상'이라고 말한다(같은 곳). 흄에 따르면 도덕은 사실에 근거하는데, 우리가 지니는 시인과 부인이라는 감정에 관한 사실에 근거할 뿐 다른 모든 종류의 사실과는 무관하다. 이런 점은 흄의 유명한 언급, 곧 '지금까지 내가 접한 모든 도덕 체계에서 "이다와 아니다"에서 "해야만 한다와 해서는 안 된다"에로의 이행이 제대로 설명되지 않은 채 부지불식간에 이루어졌다'는(『논고』, 3.1.1.27, p. 302) 언급에서도 질 드러난다. 여기서 흄이 의미한 바는 '당위'가 '존재'로부터 결코 도출될 수 없다는 점이 아니라 당위가 올바른 종류의 '존재'로부터, 곧 오직 시인과 부인이라는 인간의 감정과 관련된 사실로부터 도출되어야 하며 인간의 감정과 무관한 추상적 관계를 다루는 다른 어떤 사실로부터도 도출되어서는 안 된다는 점이다.

우리의 도덕 원리들이 이성에 기초하지 않는다고 주장한 다음에 흄은 왜 이와 반대되는 견해가 지금까지 그렇게 널리 퍼졌는지에 대한 이유를 설명한다. 그에 따르면 이성은 '침착하고 평온하게' 작용하는 것으로 여겨져 왔다. 우리의 도덕 원리가 의존하는 정서는 '자비심, … 삶에 대한 애정, 아이들에 대한 친절함, 그리고 심지어 부당한 불의에 대한 분노 등인데' 이들 또한 침착하고 평온하게 작용하는, 폭력적이기보다는 평온한 정념들이다. 따라서 우리는 이들이 정서가 아니라 '이성의 결정이며, 참과 거짓을 판단하는 능력과 … 정확히 같은 능력에서 유래한 것으로' 오해하기 쉽다(『논고』, 2.3.3.8, p. 268). 하지만 이들은 결코 이성에서 유래한 것이 아니다. 흄의 메타 윤리로부터 규범 윤리로 눈을 돌려보면 침착함과 평온함에 대한 그의 관심이 그저 이성과 관련한 오해를 설명하는 수준에 그치지 않음을 발견한다. 사실 침착함과 평온함은 흄이 제시한 덕의 목록 중 매우 높은 위치를 차지한다. 따라서 침착함과 평온함을 긍정하는 우리의 일반적인 정서가 그 자체로 도덕원리의 기초를 제공하는 정서 중 하나라고 할 수 있다.

흄의 메타 윤리가 이성의 개념을 너무 좁게, 곧 단지 참과 거짓 그리고 추상적인 관계만을 판별하는 능력으로 제한한다는 비판은 충분히 논쟁거리가 될 만하다. 예를 들면 칸트는 이성을 **보편화 가능성**의 능력으로 여기며, 『도덕형이상학 정초』에서 도덕의 근본 원리는 우리가 선택한 행위의 준칙을 보편화하라는 요구, 곧 다른 모든 사람이 그것에 따라 행위하기를 우리가 기꺼이 원할 수 있는 준칙에 따라 행위하라는 것일 뿐이라고 주장한다. 하지만 칸트조차도 우리가 왜 이런 근본 원리에 대해 의무감을 느끼는지를 설명하려면 이성에 대한 또는 이성적임에 대한 관심을 지녀야 한다고 강요받는 듯이 보인다. 그리고 이런 관심이 건전하고 성숙한 사람이 자신만을 위한 예외를 만들거나 다른 사람에게는 자유를 부여하지 않으면서 자신만 그것을 누리려고 하는 것에 대한 본성적인 혐오 이상의 무언가라도 의미하는지는 최소한 명확하지 않다. 따라서 흄의 정서주의 관점이 이성 및 이성의 능력에 대한 더욱 칸트적인 개념에 의해 즉각 반박된다고 보기는 어렵다.

흄의 규범 윤리: 자연적인 덕들

이제 흄의 메타 윤리에서 눈을 돌려 그의 규범 윤리, 곧 그가 제시한 덕의 목록을 살펴보려 한다. 그의 도덕철학이 지닌 개혁적인, 어쩌면 반항적인 특성이 명확하게 드러나는 것은 바로 이 대목이기 때문이다.

흄은 덕을 두 종류로, 곧 '자연적인' 덕과 '인위적인' 덕으로 나눈다. 전자는 '다른 사람이나 그 개인 자신에게 유용한 것 또는 다른 사람이나 그 자신에게 유쾌한 것으로 자연스럽게 여겨지는' 마음의 성질 또는 특성이다(『논고』, 3.3.1.30, p. 377). 후자는 정의의 덕으로 요약되는 것으로서 오직 어떤 사회적 관행과 제도를 전제할 경우에만 의미를 지니고 우리의 시인을 얻는 행위 또는 정서의 유형이다. 하지만 자연적인 덕과 인위적 덕의 구별은 오해를 일으키기도 한다. 인간이 정의로운 제도나 정서를 발전시키는 것은 지극히 자연스러운 일이기 때문이다. 재산권에 관한 법률이나 제도뿐만 아니라 이런 제도를 지지하는 행위를 시인하고 손상하는 행위를 부인하는 관행은 순전한 자연 상태에서는 존재하지 않지만 사회가 성립되고 발전하면 모든 사회에서 자연스러운 것으로, 더 나아가 필수적인 것으로 변한다. 가족 또한 자연 상태에서는 존재하지 않지만 사회가 성립되면 모든 인간의 생존에 절대적으로 필요한 제도로 바뀐다.[10] 더욱이 『논고』와 『도덕』 모두에서 흄은 자연적인 덕을 설명하기에 앞서 정의라는 인위적인 덕을 먼저 설명한다. 정의는 우리 자신과 다른 사람 모두에게 유용한 덕으로 이해되는데, 그 까닭은 정의가 우리 자신과 다른 사람 모두에게 유쾌한 것이기 때문이다. 따라서 덕들에 대한 흄의 접근 방식은 그가 제시한 설명 순서를 뒤

---

10) 자연적인 덕과 인위적 덕을 구별하는 흄의 견해가 지닌 난점에 대해서는 특히 Whelan 1985, 4장 참조.

집어 자연적인 덕을 먼저 살펴볼 때 더욱 잘 파악된다. 그리고 흄이 당시의 기독교가 내세운 '수도사에게나 어울리는' 덕을 분명히 거부한 것도 바로 자연적인 덕에 관한 설명을 통해서이다.

흄은 자연적인 덕을 자신과 다른 사람, 유쾌한 것과 유용한 것이라는 두 가지 기준에 따라 모두 네 종류로 나누는데 이 또한 오해의 소지가 있다. 같은 덕이 서로 다른 종류로 분류되는 일이 자주 일어나기 때문이다. 흄이 제시한 자연적인 덕의 목록을 살펴보면 이런 문제점이 발견된다. 『도덕』에서 그는 자신에게 유용한 성질로부터 논의를 시작하는데 여기에는 분별력, 근면, 검소, 강인한 정신력, 훌륭한 기억력 등이 포함된다(『도덕』, 6.1.8-19, p. 49-52). 그런데 이들은 분명히 자신뿐만 아니라 다른 사람에게도 유용하다. '우리 자신에게 곧바로 유쾌한 성질로는 쾌활함, 기백과 위엄을 갖춘 성품, 자신 때문에 생겨난 일에 대한 적절한 감각, 용기 그리고 무엇보다도 고통과 슬픔, 불안, 여러 불운의 엄습을 이겨내고 흔들리지 않는 철학적 **평정심을**' 손꼽을 수 있다(『도덕』, 7.1-16, p. 59-63). 평정심은 운명이 우리를 어떤 길로 인도하더라도 만족할 수 있도록 해준다. 이런 평정심이 스토아학파적인 덕임은 당연하다 ― 흄은 이에 대해 설명하면서 에픽테토스(Epictetus)를 직접 언급하기도 한다. 또한 흄은 평정심을 현세의 불행이 내세에서 축복을 통해 보상될 수 있으리라는 기독교적인 개념에 대한 명확한 대안으로 내세운다. 흄은 행복의 필요조건으로 오직 현세의 불행에 직면해서도 평온함을 유지하는 태도를 든다.[11] '다른 사람에게 곧바로 유쾌한' 성질에는 '훌륭한 태도와 예의 바름', '재치와 재간', '겸손과 겸양' 등이 속하며 동시에 '고상한 자부심과 기백', '품위와 청렴'도 여기에 포

---

[11] 이와 유사하게 절제의 중요성을 강조하는 흄의 견해는 Jones 1982: 149-60.

함된다(『도덕』, 8.1-12, pp. 67-70). 반면 다른 사람에게 유용한 성질은 (허치슨이 말한) '자비심'이라는 용어로 요약되는 것으로서 '선의와 인간애, 우정과 감사, 자연적 애정과 공공심 또는 사람들에 대한 다정한 공감과 인류에 대한 아낌없는 관심에서 나오는 모든 것을' 포함한다(『도덕』, 2.1.5, p. 9). 물론 다른 사람에게 유용하거나 유쾌한 것은 자신에게도 유용하거나 유쾌할 수 있다.

하지만 이렇게 자연적인 덕들이 서로 겹친다는 사실이 흄을 반박하는 근거가 될 수는 없다. 오히려 반대로 이는 무엇이 삶을 유쾌하게 만들고 어떤 덕이 유쾌한 삶을 가능하게 하는지에 대한 그의 생각이 개인적 차원과 사회적 차원을 모두 포괄한다는 점을 보여준다. 평정심은 우리가 고립된 삶도 만족스럽게 살 수 있도록 해준다. 하지만 우리의 삶 전반에서 더욱 큰 기쁨은 우리의 행복을 다른 사람들과 나누고 또한 그들의 행복을 우리도 함께 하는 데서 온다.

흄의 규범 윤리: 정의라는 인위적인 덕

정의와 관련된 핵심 주장은 그것이 우리 자신과 다른 사람 모두에게 유용한 덕이라는 점이며, 따라서 우리 자신에게 유용함과 다른 사람에게 유용함 사이의 경계가 그리 엄격하지 않다는 점을 깨닫기만 하면 자연적인 덕들의 구분에 대한 흄의 견해가 여기서도 계속 유지됨을 알 수 있다. 또한 정의의 유용성을 깨닫기만 하면 우리는 정의가 요구하는 바와 일치하는 행위에 대해 시인의 감정을 느끼게 된다. 따라서 유용한 것과 곧바로 유쾌함을 주는 것 사이의 구별도 모호해짐을 발견한다. 정의에 대한 흄의 설명을 살펴보기에 앞서 지적해야 할 논점이 한 가지 있다. 자연적인 덕을 설명하면서 흄은 '오직 어떤 성질이나 성격을 드러내는' 개별적인 행위에 대해서만 반응할 필요가 있다고 주장한다. 왜냐하면 '일정하게 유지되는 원리로부터 등장하지 않은 개별적인 행위는 사랑이나 미움, 오만과 비하 등에 아무런 영향도 미치지 않고, 따라서 도덕의 영역에서 전혀 고려할 필요가 없기 때문이다'(『논고』, 3.3.1.4, p. 367). 달리 말하면 우리는 일상에서 분리된 각각의 행위에 기초해 우리 자신이나 다른 사람을 판단하지 않으며 그렇게 해서도 안 된다. 그런 행위는 우연적인 것으로서 개인의 진정한 성격을 드러내지 않을 수도 있기 때문이다. 하지만 행위에 대한 우리의 관심이 항상 단지 인식적인 것이라거나 우리는 개인의 성격을 드러내는 행위에만 관심을 보인다거나 우리의 진정한 관심은 행위나 그것이 낳는 결과가 아니라 오직 행위에서 드러나는 개인의 성격에 대한 관심뿐이라는 주장이 결코 흄의 견해일 수는 없다. 오히려 우리가 개인의 성격적 특성에 근거한 자비심을 시인하는 까닭은 그것이 다른 사람의 상황을 개선하는 행위를 산출하는 성향을 지니기 때문이다. 우리는 강한 의미의 정의를 훨씬 더 명확하게 시인하는데 그 까닭은 그것이 유용한 행위를 산출하는 성향을 지니기 때문이다. 어떤 개별적인 행위를 분리해서 고려할 경우, 예를 들어 어떤 가난한 사람이 돈을 더욱 요긴하게 쓸 수 있는데도 그 돈이 부자에게 빌린 것이라면 반드시 갚아야 하는 경우처럼 그 행위는 유용하지 않을 수도 있다. 하지만 빚을 졌을 경우 갚아야 한다는 행위의 유형은 일반적으로 유용하다. 예를 들어 '내가 어려움에 처한 사람을 도울 때 나의 자연적인 인간애가 동기로 작용하는데,' 나의 자선 행위는 그에게 도움이 되며 어떤 특별한 관행이나 제도의 존재를 전제하지 않더라도 도덕적 시인을 받는다. 하지만 내가 돈이 별로 필요하지 않은 부자에게 빚을 갚는 경우 나의 행위는 당장 그에게 유용하지는 않지만 빚을 지면 갚아야 한다는 관행이 일반적으로 유용하기 때문에 나의 행위는 시인의 대상이 된다. 이런 행위와 그것에 대한 시인은 일반적인 관행이 없다면 부자연스럽게 보일 수도 있다. 바로 이 때문에 이런 덕은 '인위적'이다. 하지만 앞서 언급했듯이 이런 관행을 발전시키고 이를 지지하는 행위에 대해 시인의 감정을 드러내는 일은 인간에게 지극히 자연스러운 것이다.

따라서 정의에 대한 흄의 설명은 이 덕이 지니는 사회적 유용성과 그것이 자연적인 것으로 진화하는 과정에 대한 설명인데, 이런 자연적 진화는 정의가 시인과 부인의 적절한 정서를 동반하게 됨을 의미한다. 흄은 두 사람이 배를 타고 노를 젓는 간단한 예를 들어 설명한다. 그들이 협력하지 않을 때보다 협력할 때 배가 더 빨리 나아간다는 점을 깨닫는 데 그리 오랜 시간이 걸리지 않는다. 따라서 '둘 사이의 어떤 약속이나 사전 계약이 없이도 두 사람은 노를 함께 열심히 젓는 협력의 합의 또는 관행을 형성한다'(『논고』, 3.2.2.10, p. 315). 이 때 각자는 자신이 맡은 바를 열심히 행하는 것이 자신에게 이익이 되리라는 인식뿐만 아니라 상대방에 대한 자연스러운 공감을 통해 상대방도 열심히 노를 저으리라고 기대하게 된다 ― 특히 공감의 개념은 정의라는 인위적인 덕이 오직 자기 이익에 기초해서만 형성된다고 생각할 근거가 없음을 보여준다. 사람들은 노동과 재화의 교환에 대해서도 자연스럽게 이와 같은 인식을 하게 된다. '만일 상대방 밭의 옥수수는 다 익었는데 내 밭의 옥수수는 내일 익게 된다면 오늘은 내가 상대방 밭에서 일을 하고 내일은 상대방이 내 밭에서 일을 하는 것이 모두에게 이익이 되리라는 사실을' 둘 모두가 알게 된다(『논고』, 3.2.5.8, p. 334). 그리고 우리 각자이 사유 재산에 대해 권리가 있다면 '상대방도 나에게 같은 방식으로 행위하는 한에서 상대방이 소유한 재화에 손을 대지 않는 것이 나에게도 이익이 될 것이다'(『논고』, 3.2.2.10, p. 315). 노동 계약과 사유 재산은 순전한 자연 상태에서는 존재하지 않는다. 하지만 인간이 이런 제도를 확립하고 이에 따르는 방식으로 행위함으로써 얻는 이익을 발견하는 일은 어렵지 않다. 설령 개별적인 경우를 놓고 보면, 앞서 예를 들었듯이 돈에 관심이 없는 부자에게 빚을 갚아야 하는 경우처럼 그런 행위의 수행을 지지할 만한 근거가 별로 없다 할지라도 제도 자체는 유용함이 명백하다.

정의로운 제도의 원천 및 그런 제도를 지지하는 관행에 따르는 일 자체는 흄에게 별다른 문제를 일으키지 않는 듯하다. 그가 직면한 더욱 큰 문제는 어떻게 이런 관행을 준수하거나 위반하는 행위에 대해 우리가 자연적인 덕과 악덕을 향해 지니는 것과 같은 종류의 시인과 부인이라는 정서를 드러낼 수 있는가이다. 이에 대해 흄은 인간의 가장 자연적인 제도인 가족에 관한 이야기로 대답을 시도한다. '서로 다른 성 사이의 순전히 자연스러운 욕망에' 이끌려 남성과 여성은 성행위를 하고 이 결과 자녀를 얻게 되는데, '공동의 자녀에 대한 관심은 부모 사이의 새로운 결속력을' 낳는다. 부모는 자연스럽게 자녀에 대한 그리고 자녀의 양육과 관련해 서로에 대한 의무를 받아들이며, 다시 자연스럽게 이런 의무의 완수에 대해 시인, 위반에 대해 부인의 감정을 느끼게 된다. 자녀들 또한 자연스럽게 부모와 서로 간에 대해 애정을 느낀다. 하지만 동시에 자녀들은 제한된 자원을 놓고 서로 경쟁할 수밖에 없는데 부모의 도움으로 자연스럽게 충돌을 피하는 규칙을 도입하게 된다. '이후에 습관과 관습이 자녀들의 부드러운 마음에 작용해 그들의 결속을 방해하는 모난 성격과 비뚤어진 감정을 제거함으로써 그들이 사회로부터 얻을 수 있는 이점을 깨닫도록 만들고 사회에 적절히 적응하도록 이끈다'(『논고』, 3.2.2.4, p. 312). 하지만 자녀들은 서로를 향해 자연스러운 애정을 지니므로 자신의 복지뿐만 아니라 형제자매의 복지에 대해서도 자연스럽게 도덕적 시인을 느끼며, 가족 안에서 자연스럽게 작용하는 정의의 규칙에 따르는 일을 도덕적 정서와 더불어 지지한다. 흄은 이후 사람들이 가족을 넘어서서 더욱 넓은 사회에서도 정의의 관행에 따름으로써 이익을 얻을 수 있다는 사실을 깨닫게 되고, 정의에 대한 도덕적 정서 또한 자연스럽게 생겨난다고 주장한다.

흄의 이런 이야기가 모든 세대, 모든 가족에게 적용되어야 하는지는 그리 명확하지 않다. 어쩌면 개체의 발생이 계통의 발생을 반복하는지도 모르며 협력의 이익에 대한 일부 학습은 인류 또는 인류 이전의 영장류 또는 원시인의 초기 역사에서 이루어진 후 유전자로 암호화되어 이후 세대에게 전해졌는지도 모른다. 또한 흄이 시인과 부인의 자연스러운 정서가 정의라는 인위적인 덕과 어떻게 결부되는지를 반드시 설명할 필요가 있는지도 의문스럽다. 앞서 설명했듯이 자기 이익과 더불어 공감이 자연스럽게 발생한다는 사실은 왜 우리가 정의의 관행과 제도 아래서 우리 자신이 어떻게 행위하는지 뿐만 아니라 다른 사람들이 왜 그리고 어떻게 행위하는지에 대해 관심을 가지는 이유를 설명하기에 충분할 듯하다. 어쨌든 분명한 바는 정의라는 인위적인 덕에 대한 흄의 설명이 그 자체로 자연주의적이라는 점이다. 따라서 정의에 대한 설명은 자연적인 덕들에 대한 설명의 대체물이 아니라 그런 설명의 한 부분으로 여겨져야 한다.

참고문헌

제일 뒤의 * 표시는 특히 중요한 참고문헌임을 나타낸다.

Árdall, Páll S. 1967. *Passion and Value in Hume's Treatise*. Edinburgh University Press.

Baier, Annette C. 1991. *A Progress of Sentiments*: *Reflections on Hume's Treatise*. Cambridge, Mass.: Harvard University Press.

Baier, Annette C. 2010. *The Cautious Jealous Virtue*: *Hume on Justice*. Cambridge, Mass.: Harvard University Press.

Baillie, James 2000. *Routledge Philosophy Guidebook to Hume on Morality*. London: Routledge.*

Botros, Sophie 2006. *Hume, Reason and Morality*: *A Legacy of Contradiction*. London: Routledge.

Bricke, John 1996. *Mind and Morality*: *An Examination of Hume's Moral Psychology*. Oxford University Press.

Cohon, Rachel 2008. *Hume's Morality*: *Feeling and Fabrication*. Oxford University Press.

Costelloe, Timothy M. 2007. *Aesthetics and Morals in the Philosophy of David Hume*. London: Routledge.

Cudworth, Ralph 1996. *A Treatise Concerning Eternal and Immutable Morality, with A Treatise of Freewill*, edited by Sarah Hutton. Cambridge University Press.

Hardin, Russell 2007. *David Hume*: *Moral and Political Theorist*. Oxford University Press.

Harris, James A. 2015. *Hume*: *An Intellectual Biography*. Cambridge University Press.

Hume, David 1932. *The Letters of David Hume*, edited by J.Y.T. Grief. 2 vols. Oxford: Clarendon Press.

Hume, David 1954. *New Letters of David Hume*, edited by Raymond Klibansky and Ernest Campbell Mossner. Oxford University Press.

Hume, David 1976. *The Natural History of Religion* and *Dialogues concerning Natural Religion*, edited by A. Wayne Colver and John Valdimir Price. Oxford: Clarendon Press.

Hume, David 1983. *The History of England*, with a foreword by William B. Todd. 6 vols. Indianapolis, Ind.: Liberty Fund.

Hume, David 1987. *Essays Moral, Political, and Literary*, edited by Eugene F. Miller. Revised edn. Indianapolis, Ind.: Liberty Fund.

Hume, David 1998. *An Enquiry concerning the Principles of Morals*, edited by Tom L. Beauchamp. Oxford: Clarendon Press.

Hume, David 2000. *An Enquiry concerning Human Understanding*, edited by Tom L. Beauchamp. Oxford: Clarendon Press.

Hume, David 2007a. *A Dissertation on the Passions* and *The Natural History of Religions*, edited by Tom L. Beauchamp. Oxford: Clarendon Press.

Hume, David 2007b. *A Treatise of Human Nature*, edited by David Fate Norton and Mary J. Norton. 2 vols. Oxford: Clarendon Press.

Hutcheson, Francis 2002. *An Essay on the Nature and Conduct of the Passions and Affections, with Illustrations on the Moral Sense*, ed. Aaron Garrett. Indianapolis, Ind.: Liberty Fund.

Jones, Peter 1982. *Hume's Sentiments: Their Ciceronian and French Context*. Edinburgh University Press.

Mackie, John L. 1980. *Hume's Moral Theory*. London: Routledge & Kegan Paul.

Mercer, Philip 1972. *Sympathy and Ethics: A Study of the Relationship between Sympathy and Morality with special reference to Hume's Treatise*. Oxford: Clarendon Press.

Miller, David 1981. *Philosophy and Ideology in Hume's Political Thought*. Oxford: Clarendon Press.

Mossner, Ernest Campbell 1954. *The Life of David Hume*. Austin, Tex: University of Texas Press.

Norton, David Fate 1982. *David Hume: Common-Sense Moralist, Sceptical Metaphysician*. Princeton University Press.

Passmore, John A. 1952. *Hume's Intentions*. Cambridge University Press.

Radcliffe, Elizabeth S. (ed.) 2008. *A Companion to Hume*. Oxford: Blackwell.

Russell, Paul 1995. *Freedom and Moral Sentiment: Hume's Way of Naturalizing Responsibility*. New York: Oxford University Press.

Russell, Paul (ed.) 2016. *The Oxford Handbook of Hume*. Oxford University Press.

Smith, Norman Kemp 1941. *The Philosophy of David Hume: A Critical Study of its Origins and Central Doctrines*. London: Macmillan.

Stroud, Barry 1977. *Hume*. London: Routledge & Kegan Paul.

Whelan, Frederick G. 1985. *Order and Artifice in Hume's Political Philosophy*. Princeton University Press.

27장

스미스와 벤담

크레이그 스미스(Craig Smith)

아담 스미스(Adam Smith)와 벤담 (Jeremy Bentham)은 도덕철학사에서 다소 특이한 인물이라고 할 수 있다. 이들은 모두 순수 철학보다는 정치경제학과 법학의 영역에서 명성이 높다는 점에서 특이하다. 하지만 이들은 또한 도덕철학사를 다루는 대학 강의에서 항상 중요한 위치를 차지한다. 벤담은 도덕철학 강의 계획서에서 통상 완전한 형태의 고전적 공리주의를 제시한 인물로 등장하며 또한 밀(John Stuart Mill)로 하여금 공리주의에 대해 더욱 복잡한 형태의 설명을 시도하도록 인도한 계기를 제공한 인물로 묘사된다. 스미스는 주로 『국부론』(*Wealth of Nations*)과 『도덕감정론』(*Theory of Moral Sentiments*)의 저자로 유명한데 도덕철학자들은 최근까지도 후자의 저서를 거의 주목하지 않았다.

이 글에서 나의 목적은 세 가지이다. 첫째, 나는 스미스와 벤담의 핵심 사상을 제시하려 한다. 둘째, 이들의 사상이 도덕철학과 공공 정책 사이의 관계를 발전시키는 데 크게 기여했다는 점을 밝히려 한다. 셋째, 처벌의 정당화라는 문제와 관련해 이들의 사상이 서로 뚜렷하게 구별된다는 점을 보이려 한다. 이 두 사상가는 각각 상대방의 저술에 대해 잘 알고 있었다. 벤담은 스미스의 경제학 저술들을 크게 칭찬했지만 『고리대금 옹호』(*Defence of Usury*, 1787)에서 이자율과 관련해 스미스와는 다른 의견을 보인다. 스미스는 『국부론』에서 정부가 개인이 설립한 은행의 이율을 규제하는 것이 합당하다고 주장했다. 지나치게 높은 이자율은 '방탕한 자들과 투기꾼들을'[1] 부추겨 위험한 투자를 하게 만들고 결국 경제적으로 불안정한 상황을 만들 것이기 때문이다. 이에 맞서 벤담은 오히려 스미스가 제시한 근거를 바탕으로 자유 변동 이율을 옹호했다. 곧 벤담은 스미스가 시장의 가격 결정 능력을 신뢰하고 개인들이 자신의 최대 이익을 위해 행위한다는 점을 수용했다고 전제할 때 정부보다 시장이 이율을 훨씬 더 효과적으로 조절하리라고 기대할 만한 충분한 근거가 존재한다고 생각했다. 이 점은 흔히 대중적인 풍자만화 등에서 묘사되는 것과는 달리 스미스가 경솔하게 자유방임 경제를 옹호한 인물이 아니었으며, 벤담 또한 국가 개혁에 초점을 맞추면서도 개인의 자유를 매우 높은 수준으로 지지했다는 더욱 중요한 사실을 잘 보여주는 대표적인 예이기도 하다.

이들 둘은 또한 동일한 철학적 전통을 공유했다. 둘은 모두 맨더빌의 저술과 스미스의 스승인 허치슨이 맨더빌을 비판한 방식에서 큰 영향을 받았다. 하지만 스미스와 벤담은 허치슨의 사상을 서로 다른 방식으

---

[1] Smith 1976a: 357.

로 발전시켰다. 스미스는 독특한 도덕감이 존재한다는 생각을 거부했지만 허치슨 사상의 특징에 해당하는 정서주의와 사회성 및 공감에 대한 관심은 받아들였다. 이와는 달리 벤담은 '최대다수의 최대행복'[2] 개념을 발전시켰으며 허치슨이 연구를 시작했던 주제, 곧 윤리적 원리들을 정치 활동에 적용하는 문제에 관심을 보였다. 이들 두 사상가는 또한 흄에게서 큰 영향을 받았다. 스미스는 분명히 자신이 흄의 '인간학' 전통을 수용했다고 여겼으며 흄의 방법론과 인과성에 대한 설명에 의지했다. 하지만 도덕철학의 영역에서 흄과 스미스는 많은 중요한 문제들과 관련해 — 특히 도덕 및 정치적 결정 과정에서 공리의 역할과 관련해 — 서로 다른 견해를 보인다. 또한 벤담이 흄의 저술을 읽은 뒤 설명과 정당화 원리로서 공리의 잠재성을 발견하고 '내 눈에서 비늘이 떨어져나갔다'고[3] 주장한 사실도 유명하다.

도덕감정론

스미스가 도덕철학에 기여한 바는 주로 『도덕감정론』에[4] 등장한다. 이 저술은 1759년 처음 출판된 후 몇 차례 개정되면서 1790년 스미스가 세상을 떠날 때까지 계속 출판되었다. 『감정론』은 무엇보다 스미스가 당시의 도덕철학을 상당히 불만스럽게 여겼음을 드러낸다. 스미스 자신이 내세운 『감정론』의 임무는 인간의 도덕적 경험을 체계적으로 설명하는 것이었는데 이 결과 그는 다른 어떤 영국 철학자보다도 더욱

---

[2] Hutcheson 2004: 125.

[3] Bentham 1948a: 36.

[4] Smith 1976b, 이하 『감정론』으로 약칭.

상세한 도덕심리학을 제시하게 되었다. 그의 설명이 성공적인 까닭은 일상적인 도덕 판단의 구체적인 예와 정교하면서도 일관되게 일치하기 때문이다. 스미스의 목표는 우리의 도덕적 경험에 대해 이전 학자들의 시도보다 만족스러운 설명을 제시하는 것인데 이를 위해 그는 우리가 실제로 도덕 판단을 어떻게 경험하는지를 더욱 정확히 설명하려 한다. 맨더빌의 주장이 부적절한 까닭은 그가 오직 자기이익에만 초점을 맞추어 자비심을 제대로 설명하지 못하는 동시에 덕과 악덕에 대해서는 불필요할 정도로 엄격한 태도를 취하기 때문이다. 허치슨이 실패한 까닭은 그가 현실적인 정서적 반응에 초점을 맞추어 덕이 일종의 자기중심적 행위라는 사실을 인정하기보다는 도덕감이라는 불확실한 인식 능력에 의지해 보편적 자비심에 대한 비현실적인 주장을 전개하기 때문이다. 앞서 지적했듯이 도덕 판단에 관한 흄의 설명은 공리에 지나치게 큰 중요성을 부여하는 문제점을 드러낸다. 이와 관련해 스미스는 공리가 정의를 실현하기 위한 사회적 제도의 진화를 설명하는 데는 도움이 되지만 현실적인 도덕 판단의 심리를 정확히 반영하지는 못한다고 주장한다. 도덕적 경험에 대한 정확한 설명은 자기이익과 자비심, 공리가 차지하는 위치를 제대로 제시할 수 있어야 하며, 이들 중 어느 하나로 다른 것들을 설명하려 해서는 안 된다.『감정론』7부에서 스미스는 고대와 근대의 여러 도덕철학 학파들을 상세히 검토하고 이들이 어떻게 도덕 판단의 중요한 측면을 포착하는 데 실패했는지를 분석한다 ― 이는 스미스 자신이『감정론』1-6부에 걸쳐 제시한, 인간의 도덕적 경험에 관한 설명이 다른 학파들의 주장에 비해 우월하다는 점을 암시하기도 한다.

허치슨이나 흄과 마찬가지로 스미스는 도덕적 이성주의를 거부하고 도덕적 정서 개념에 기초해, 특히 사회성을 지닌 인간은 동류의식(fellow-feeling)을 지닐 수 있다는 사실에 근거해 자신의 이론을 전개한다. 그리고 이로부터 그는 자신의 핵심 개념인 공감을 이끌어낸다. 스미스가 말하는 공감이란 다른 사람의 어떤 정서에 대해서도 동료 의식을 경험하는 능력을 의미한다. 우리를 다른 사람의 상황에 대입해 그런 상황에서 발생하는 감정적인 반응을 예측하는 일은 상상력의 산물이다. 어쩌면 스미스에게 훨씬 더 중요한 사실은 상상적 공감을 향한 충동은 너무나 기본적인 우리의 본성이므로 이를 확보하기 위해 무언가를 느끼는 행위자를 실제로 관찰할 필요가 없다는 점인 듯하다. 심지어 우리는 만일 우리가 죽게 되어 더 이상 삶을 영위할 수 없다면 무엇을 잃을 것인가를 상상함으로써 죽은 사람에 대해서도 공감을 느낀다.

스미스는 우리가 다른 사람들에 대해 공감한다는 사실을 발견할 때 일종의 쾌락을 얻는다고 주장한다. 상호 공감에서 얻는 이런 종류의 쾌락은 우리가 다른 사람의 감정에 이입할 수 있는 모든 경우에 적용된다. 이는 곧 우리가 어떤 동류의식을 느끼든 간에 이로부터 공감적 쾌락이 발생함을 의미한다. 공감적 쾌락은 원래의 감정이 쾌락을 주기 때문에 발생하는 것이 아니라 다른 사람의 감정에 공감하는 동시에 발생한다. 이런 상호 공감을 향한 욕구는 그 자체로 인간의 본성적 사회성의 기초로 작용하며, 우리로 하여금 도덕적 행위를 하도록 만드는 동기가 된다. 선과 악, 옳음과 그름에 관한 생각은 현실적인 행위자가 현실적인 사회적 환경 안에서 경험하는 도덕 판단의 산물이다. 우리는 자신이 상호 공감에서 쾌락을 발견하고, 다른 사람들도 이와 같은 감정을 경험한다는 사실을 잘 알고 있으므로 이 점을 고려해 자신의 감정을 드러내도록 인도된다. 이 결과 상상을 통해 우리가 처한 상황에 이입할 수 있는 관망자는 우리가 보이는 감정적 반응의 기초를 재현할 수 있다. 하지만 이런 재현은 '그런 감정을 직접 느끼는 당사자'가 경험하는 것보다는 강도가 약하다.[5] 이 결과 당사자는 자기 통제를 통해 자신의 감정적인 반응을 조절하여 그 강도를 관찰자의 수준에 더 가깝게 낮추려고 할 것이다. 이런 일이 일어나면 우리는 적절성의 개념 — 곧 반응이 적절하다고 시인하는 개념이 등장함을 깨닫는다.

도덕 판단은 행위자의 반응이 적절한지를 평가하는 것이다. 스미스의 유명한 언급에 따르면 사회는 '거울'이며,[6] 우리는 오직 우리의 행위에 대한 다른 행위자들의 반응을 고려하고 주의를 기울일 수 있기 때문에 도덕적으로 성찰하고 반성하는 존재가 된다. 우리는 한 개인이 행하는 행위의 장단점을 평가할 때 우리가 그 사람의 처지에 놓인다면 무엇을 할 것인지와 그들이 실제로 행하는 바를 상상을 통해 비교한다. 이 과정의 일부로 우리는 개인으로서의 그들을 평가한다 — 곧 우리는 그들을 평가하는데 이런 평가의 일부는 그들의 동기를 우리의 상상을 통해 재구성함으로써 이루어진다. 우리는 그들의 행위를 시인할 경우 그들을 칭찬하며, 부인할 경우 그들을 비난한다. 하지만 여기서 스미스의 설명이 지닌 또 다른 핵심적인 특징이 드러난다 — 곧 우리의 평가에서 감정적인 요소가 큰 부분을 차지하기 때문에 우리는 상상적인 수준에서 뿐만 아니라 감정적인 수준에서도 상대방의 상황에 이입하게 된다. 달리 말해 상대방을 시인할 때 우리는 그 개인에 대해 호의적인 감정을 느끼고, 상대방을 부인할 때 분노를 느낀다 — 그리고 이런 분노는 그의 행위에 의해 나쁜 영향을 받는 사람들을 떠올릴 때 더욱 커진다. 그리고 스미스는 이를 처벌을 설명하는 근거로 사용한다. 처벌의 욕구는 우리가 부인하는 행위로부터 영향을 받는 사람들을 대신한 '공감적 분노'

---

5) 같은 책, 10.
6) 같은 책, 110.

의 결과이다.[7] 스미스의 설명은 이 과정이 복잡한 상상적 판단을 포함할 수 있음을 허용한다. 이 과정에서 중요한 것은 공과에 대한 평가, 곧 우리 자신이 행위자가 의도했다고 또는 행위의 결과에 대해 책임이 있다고 생각하는 바에 대한 평가이다. 그의 설명은 판단하려는 충동, 처벌하려는 욕구 그리고 드물게는 보상의 욕구를 도덕적 경험의 핵심으로 여기는, 정서에 기초한 응보주의이다.

이 과정은 두 가지 우연적인 특징에 의해 영향을 받는다. 첫 번째는 우리를 관찰하는 사람들과 우리가 이미 가지고 있는 관계이다. 만일 행위자가 우리에게 알려져 있고, 우리에게 호의적이라면, 관찰자들은 우리의 감정 표현에 더 많은 자유를 기꺼이 허용할 것이다. 두 번째로, 우리에게 호의적인 관찰자는 우리에 대해 더 많이 알 수 있으므로 우리의 상황에 대한 더 상세한 지식에 접근할 수 있고 따라서 더욱 정확한 상상적 공감을 형성할 수 있다. 이 두 가지 경우 모두에서 스미스는 지식과 감정적 애착이 우리를 더욱 가까운 사람들의 운명에 대해 더욱 많은 관심을 갖게 만든다는 '공감의 범위'[8] 개념을 언급한다. 하지만 우리는 또한 공평한 관망자의 판단, 곧 우리와 덜 친숙하며 따라서 감정적 시인에 덜 좌우되는 개인의 판단도 받아들이지 않을 수 없다. 이런 상황에서 우리는 다른 사람들의 승인을 받으려 하는 욕구와 그것이 불러올 공감적인 쾌락을 유지하면서도 우리의 행위에 대해 공평한 관망자가 어떻게 생각할지를 상상하는 상상적 반성을 한다. 이를 통해 우리는 편견과 개인적 성향을 걸러내고 자기 통제의 덕을 실천할 수 있게 된다. 우리는 이를 배움으로써 이런 방식으로 생각하는 것에 익숙해지고, 스

---

[7] 같은 책, 76.

[8] Forman Barzilai 2010.

미스가 '내면의 인간'(man within)이라고 부르는[9], 우리 자신의 마음 속에 존재하는 공평한 관망자를 발전시킨다. 이런 관점은 도덕 판단과 관련해 여러 이점을 제공한다. 첫째, 이는 우리가 행위하기에 앞서 자신의 행위를 판단할 수 있는, 곧 그 행위가 공평한 관망자도 적절하게 여길 수 있는 것인지를 검토하는 기회를 제공한다. 둘째, 이는 또한 외부의 관찰자가 가질 수 있는 것보다 더욱 많은 감정, 사고 과정 및 동기에 대한 지식과 더불어 우리의 행위을 판단할 수 있게 해준다. 그리고 이런 결론은 스미스의 설명에서 다음 단계로 이어진다.

우리는 다른 사람의 행위가 칭찬하거나 비난할 만한 가치를 지닌다고 생각하는 한에서 그것을 시인하거나 부인한다. 하지만 우리의 내면에 존재하는 공평한 관망자가 도입되면서 우리는 자신의 행위도 칭찬할 만한 또는 비난할 만한 가치가 있는 것인지를 평가한다. 스미스는 이를 활용해 양심에 대해 단순한 관습주의를 넘어서는 설명을 시도하려 한다. 지금까지 논의된 내용에 대해 어쩌면 누군가는 스미스가 그저 우리가 살아가는 사회의 일반적 관행에서 비롯된 도덕적 경험의 내용 이상의 어떤 것도 포함하지 않는, 사회화에 관한 사실 기술적 설명을 제공했을 뿐이라고 우려할지도 모른다. 하지만 공평한 관망자의 개념이 도입됨으로써 우리는 자신의 행위와 동기를 판단하며, 실제로 칭찬이 뒤따르지 않더라도 행위나 동기가 칭찬할 만한 것인지를 고려하고, 우리 자신의 진정한 동기와 실제 외부의 관망자가 내리는 판단의 적절성을 모두 평가할 수 있게 된다. 이를 통해 우리는 필요할 경우 동료들의 판단을 거부하는 어려운 결정을 내리기도 한다. 이 결과 동료들에게서 배척당하는 대가를 치를 수도 있지만 이는 스미스가 도덕적 태도의

---

[9] Smith 1976b: 130.

변화를 설명하는 과정의 일부를 형성한다. 도덕적 태도는 시간이 지나면서 먼저 일부 사람들이, 그 다음에는 다른 사람들이 현재의 합의를 거부하고 새로운 형태의 행위를 시인하면서 변화한다. 이 과정이 여전히 정서적 상상력의 반영이며, 스미스의 관점에서 볼 때 '추론' 과정이 아님을 여기서 다시 한 번 강조할 필요가 있다.

도덕 규칙은 그 자체로 상상적이고 정서적인 반성을 통해 특징지어지는 사회화 과정에서 등장하는 습관화된 행위 규범이다. 스미스는 이런 방식의 설명 때문에 자신이 상대주의라는 잠재적인 비난을 받을 수도 있다는 점을 잘 알고 있었다. 또한 그는 다양한 도덕적 신념 체계가 존재할 수 있으며 그것들이 사회의 경제적 상황에 의해 큰 차이를 보일 수 있다는 점을 인정하면서도 이를 그리 큰 문제로 여기지 않았다. 그가 이렇게 생각한 주요 근거는 두 가지이다. 첫째, 그는 보편적인 인간 본성이 존재한다고 믿었으며 도덕적 신념의 다양성은 그것이 특수한 상황에 적응한 결과라고 생각했다. 그는 또한 사회와 경제 발전의 유사한 단계에 있는 사회들은 유사한 문제를 겪게 되며, 이는 도덕적 반응을 요구한다고 믿었다. 따라서 그는 자신의 비교 법학과 맥을 같이 하는 일종의 비교 윤리학이 성립할 수 있는 근거가 필요하다고 생각했다. 서로 다른 유형의 사회는 서로 다른 점을 강조하는 도덕규범을 지니는데, 이런 사실을 수용하지 못하는 도덕 심리학에 대한 서술적인 설명은 실패할 수밖에 없다. 둘째, 스미스는 어떤 사회의 성립에 필수적인 특정 제도와 신념이 — 주로 재산과 개인의 보호와 관련된 — 있다고 주장했다. 이는 스미스가 생각한 정의의 문제를 통해서 드러나며, 비교 사회과학을 통해 검토할 경우 정치적 도덕의 기초에 대한 설명을 제공한다. 도덕적 경험의 다른 요소들은 정의보다 확실한 평가가 어려우므로 이들은 더 큰 정밀성을 도입할 수 있는 개인적 판단의 수준에서 더 잘 이해되며, 공감적 상호작용의 과정을 통해 적절한 적합성에 대한 판단을 제공할 수 있다. 이를 통해 스미스는 정의와 자비를 구별한다. 전통적인 법학적 구별에 따라 그는 정의를 정부의 통치 행위를 통해 강요할 수 있는 것으로 본다. 그 까닭은 우리가 불의에 대해 공감적 분노를 느끼는 반면 자비는 우리의 찬사를 받지만 자비의 부재에 대해서 우리는 불의와 같은 정도의 분노를 느끼지는 않기 때문이다.

앞서 지적한 대로 스미스는 도덕적 신념의 발전이 주로 공리를 통해서 전개된다는 흄의 견해에 동의하지 않는다. 널리 알려진 대로 흄은 정의가 정치적 안정의 유용성, 곧 벤담이 사용한 엄격한 쾌락주의적 의미가 아니라 더욱 일반적인 의미의 '유용성'을 점진적으로 수용한 결과이며, 공공선에 대한 공감의 발전으로부터 비롯된 것이라고 주장했다.[10] 스미스는 이런 견해를 거부한다. 그가 이렇게 한 근거는 경험적 관찰이다. 곧 우리는 정의의 증진에 따른 유용성을 평가하기에 앞서 불의를 부인한다는 것이다. 스미스에게 유용성은 '부차적인 사고'이다[11] ─ 이는 철학자들이 사회적 관행을 설명하기 위해 사후에 사용하는 장치이지, 도덕적 신념을 갖기 시작하고 습관화하는 행위자들의 인식 과정 중 일부가 아니다. 이와 유사하게 스미스는 불의를 처벌하려는 욕구 또한 처벌의 유용성에 대한 어떤 평가보다도 먼저 등장한다고 주장한다. 그는 자신의 이런 설명이 도덕적 경험의 발생을 '추측한 역사'에서 더욱 정확한 심리학적 사실을 제공한다고 생각한다. 물론 유용성은 우리의 도덕적 경험에서 중요한 역할을 차지하지만 이 역할은 행위자들의 사고 과정보다는 철학자들의 이론적 고찰에서 비롯된다. 이 점을

---

10) Hume 1976: 499-500.
11) Smith 1976b: 20.

파악하는 일은 중요하다. 많은 사람들이 스미스가 『국부론』에서 전개한 주장이 자기 이익과 유용성 계산에 근거한 도덕을 지지한다고 가정하기 때문이다. 하지만 이런 가정은 사실과 거리가 멀다. 스미스는 자기 이익이 인간 삶에서 강력한 동기로 작용함을 인정하며, 또한 자기 이익이 공감에서 비롯된 도덕적 규범에 의해 적절히 제한될 때 그것이 신중함이라는 유용한 덕으로 형성된다고 주장한다. 유용성 또한 스미스의 사상에서 계속 다시 등장한다. 캠벨(Campbell)과 로스(Ross)가 지적하듯이 스미스는 실제 정책 토론에 참여할 때 자주 유용성에 호소한다. 이에 근거해 이들은 스미스를 '관조적' 또는 '조직적' 공리주의자로 여긴다. 하지만 그는 현실적 도덕 판단의 심리에 대해 공감이 만족스러운 설명을 제공하지 못한다고 생각하는 한에서만 철학적 추상화 작업을 통해 유용성에 호소한다.[12]

벤담

벤담이 제시한 여러 기법을 비판적으로 평가하면서 밀(John Stuart Mill)은 자신의 솔직한 의견을 밝힌다. 벤담은 '위대한 철학자는 아니었지만 그 대신 본질상 실천적인 마음과 더불어 비판적인 능력을 갖춘, 위대한 질문자 또는 위대한 전복자였다.'[13] 과거 도덕 철학자들의 가르침을 분석하고 흡수하려는 스미스의 시도와는 대조적으로 벤담은 다른 철학적 접근법에 전혀 관여하지 않으려 했으며, 자신의 철학 이외의 다른 대안들에 대해 대체로 무시하는 태도를 보였다. 벤담이 출판한 저술

---

12) Campbell and Ross 1981.

13) Mill 1974: 2-5.

중 그의 생전에 가장 널리 읽히고 이후 철학자들이 자주 언급한 것으로는 『정부에 관한 단상』(*The Fragment on Government*, 1776), 『도덕과 입법의 원리 서설』(*An Introduction to the Principles of Morals and Legislation*, 1780/1789), 『고리대금 옹호』(*In Defence of Usury*, 1787), 『무정부주의적 오류』(*Anarchical Fallacies*, 1796/1834) 등이 있다.

『단상』에서 벤담은 당시 큰 영향을 미쳤던 법학자 블랙스톤(William Blackstone)의 견해를 거부한다. 블랙스톤은 자신의 저서 『영국법 주해』(*Commentaries on the Laws of England*, 1767)에서 영국 헌법이 군주정, 귀족정, 민주정의 최고 장점을 모아 이들 사이에 균형을 이루도록 역사적으로 진화했다고 여기면서, 개혁은 헌법이 이런 균형을 위협하므로 위험하다고 주장했다. 또한 영국의 법은 판례에 기초하므로 법을 정당화하려면 이전 판사들의 지혜를 되돌아볼 필요가 있다고 말했다. 벤담은 18세기 영국법의 기원이 불가사의하며 본질 또한 체계가 없다고 여기면서 이를 공격하는 것으로 자신의 법학을 전개한다. 그의 목표는 성문화한 법전 편찬을 통해 명확성을 도입하는 것이었지만, 그 배후에는 개혁을 이끌 과학적 법학을 창조하려는 더 큰 계획이 있었다. 이와 관련해 그는 법의 모호성을 제거하기 위해 분명한 언어와 엄격하게 정의된 개념의 사용에 특히 주의를 기울였다. 그는 자신의 '법적 허구' 이론을 통해 법적 논의에서 사용되는 전통적인 용어들이 (권리, 권위, 권력 등이) 맹목적인 전제에 기초해 형성되었음을 밝히면서 이들을 폐기하려 했다. 그는 이런 분석을 통해 법적인 언어에서 수사와 모호성을 배제하려 했다.

이런 과학적 법학의 기초는 결과주의 윤리학의 수용과 심리적 쾌락주의의 체계적 전개였는데 벤담은 이를 법률 제정과 형벌 정책 모두의 지침으로 삼았다. 그가 『서설』에서 제시한 비판 중 일부는 블랙스톤이 로크를 통해 수용한 사회계약론을 대상으로 삼았다. 하지만 『오류』에서는 오늘날까지도 계속 논의되는 자연권을 공격한다. 벤담에 따르면 자연권 따위는 존재하지 않는다. 권리는 오직 법적 질서의 한계 안에서만 존재하는 법적 허구이다. 자연법 이론들은 앞뒤가 맞지 않는 무의미한 것에 지나지 않으며, 단지 이를 주장하는 사람들의 선호를 수사적으로 포장하여 반대 의견을 억누르려는 수단에 불과하다. 불가침의 자연권이란 '과장된 헛소리'일[14] 뿐이며, 판사들의 실제 판결에서 아무런 역할도 하지 않는다. 벤담에 따르면 권리의 성격과 범위를 규정하는 일은 정치 행위이며, 법적인 영역 안에서 사용되는 엄밀한 용어를 통해 정의되는 주권자의 법적 권위에 의존한다.

벤담은 이와 유사한 논증을 규범적 도덕철학을 탐구하려는 기존의 모든 시도에도 적용한다.[15] 도덕감, 상식, 자연권, 올바른 이성, 신의 의지 등등에 호소하는 모든 주장은 단지 수사학적 독단에 지나지 않는다. 이들은 모두 어떤 철학자가 자신이 선호하는 관점을 지지하고 반대자들을 몰아세우기 위해 만들어낸 언어적 수사일 뿐이다. 이는 과학의 시대에 어울리지 않는, 도덕적 추론을 전개하는 최악의 방법이다. 그의 철학적, 법학적 비판의 핵심을 이루는 것은 개념적 언어를 제멋대로 사용하는 일에 대한 거부감이다.

벤담은 『서설』의 첫머리를 다음의 유명한 선언과 더불어 시작한다.

---

14) Bentham 2001: 405.

15) Bentham 1948b: 140-3.

자연은 인류를 고통과 쾌락이라는 최고의 두 주인의 지배 아래 두었
다. 우리가 무엇을 행할지를 결정할 뿐만 아니라 무엇을 행해야 하는
지를 지시해주는 것은 오직 고통과 쾌락뿐이다. 한편으로는 옳음과
그름의 기준이, 다른 한편으로는 원인과 결과의 연쇄가 이 둘의 왕좌
에 달려있다.[16]

이로부터 벤담은 '옳음'과 '그름'이라는 단어는 오직 공리주의 원리
에 따라, 곧 고통을 능가하는 쾌락의 총량을 증가시키는 것은 무엇이든
옳고 이런 총량을 감소시키는 것은 무엇이든 그르다는 원리에 따라 사
용될 경우에만 진정한 의미를 지니게 된다고 주장한다. 벤담에게 공리
는 규범적인 기준일 뿐만 아니라 심리적 동기로도 작용하며, 이를 통해
그는 자신의 사상 전반을 인도하는 대표적인 원리, 곧 최대 행복의 원
리에 이르게 된다. '옳고 그름의 기준은 최대 다수의 최대 행복이다.'[17]
벤담이 도덕적 동기 부여나 도덕 판단의 다른 잠재적 고려 사항들을 무
시하는 것처럼 보이는 모습은 밀과 그 이후 많은 철학자들이 벤담을 특
별히 '편협한' 철학자로 여기게 만드는 원인을 제공한다.[18] 하지만 최근
에 특히 라이언스(David Lyons, 1991)나 로젠(Frederick Rosen,
2006)이 시도한 원전 해석에 따르면 벤담이 최대 행복의 원리를 윤리
학의 근거로 제시하면서 내세운 강력한 주장들은 실제로 주석과 앞뒤
내용을 통해 매우 주의 깊게 정당화됨을 잊어서는 안 된다. 예를 들면
벤담은 우리가 추구하는 많은 부수적인 원리들이 있으며, 우리의 행위
에 대한 훨씬 더 복잡한 동기들이 많다는 점을 충분히 인정한다. 하지

---

[16] 같은 책, 125.
[17] Bentham 1948a: 3.
[18] Mill 1974: 17.

만 그의 핵심 요지는 이런 동기와 원리들이 공리의 원리가 없다면 본질적으로 공약 불가능하다는 것이다. 따라서 우리는 그가 체계적인 도덕적 논의를 가능하게 하는 공통 분모로서 최대 행복의 원리를 강조한다는 점을 알게 된다. 마찬가지로 법학의 목적은 개인들이 최대 다수의 최대 행복을 증진하는 행위 방식을 따르도록 인도하는 규칙과 경로를 제공하는 것이다. 하지만 이 경우에도 최대 행복의 원리가 '모든 도덕 판단이나 모든 입법 또는 사법 절차 이전에 형식적으로 적용될 것'이라고 기대해서는 안 된다.[19]

대신 벤담은 자신이 영국의 법학과 정치를 체계적으로 개혁하려는 계획에 참여한다고 생각했으며, 최대 행복의 원리를 조직 원칙으로 받아들임으로써 법적인 분쟁을 해결하고 정책 시행을 인도할 수 있는 객관적인 외부 기준을 제공할 수 있다고 생각했다. 더욱이 최대 행복 원리의 보편성은 모든 기존의 법률 체계를 이론적으로 평가할 수 있는 보편적 법학의 길을 열어준다. 벤담은 자신의 관점을 일반적으로 설명하면서 행위의 결과를 어떻게 평가할지를 제시하고, 이를 통해 그 행위가 옳은지 그른지를 결정하는 방법을 제공하려 한다. 그에 따르면 우리는 우리가 행한 행위의 영향을 받는 모든 사람의 쾌락과 고통을 고려해야하며, 이는 모든 사람에게 평등한 기준으로 적용되어야 한다. 영향을 받는 각 개인이 평등하게 고려되어야 하며, 그의 행복 수준에 미치는 영향이 계산에 포함되어야 한다. 하지만 이는 매우 엉성한 도덕 심리학이 결코 아니며, 오히려 결과주의적 관점에서 인간 행위를 고찰하려는 훨씬 더 정교한 시도의 기초를 제공한다.

벤담이 대학의 학부 도덕철학 강의에서 논의될 때 그는 자주 밀이

---

19) Bentham 1948b: 117.

『공리주의』에서 논의한, 상위의 쾌락과 하위의 쾌락 사이의 구별을 허용하지 않은 철학자로 언급된다. 벤담의 다음과 같은 주장이 가장 자주 인용된다. '쾌락의 양이 동일하다면 어린아이의 놀이도 시와 같은 정도로 좋다.'[20] 하지만 이런 명백히 저급한 관찰은 벤담의 공리 측정 시도에 포함된 섬세한 노력을 가리고 있다. 이 예가 법학이 아닌 미학에서 끌어온 것이라는 사실을 제쳐놓더라도 우리는 벤담이 쾌락 계산의 어려움을 잘 알고 있었다는 사실을 여러 곳에서 발견한다. 『서설』에서 벤담은 4장과 5장에 걸쳐 쾌락과 고통의 유형 및 측정 방법을 분류하는 데 몰두하고 양적인 분석의 필요성을 주장한다. 그가 행복의 요소를 강도, 지속성, 확실성/불확실성, 근접성/원격성, 다산성(한계 효용), 순수성 그리고 범위로 제시한 것은 모든 쾌락의 공통된 특성을 비교할 수 있는 수단을 제공하기 위함이다. 따라서 '쾌락의 양이 동일하다'는 언급은 어린아이의 놀이와 시가 이런 원리에 따라 유사하게 양적으로 측정되었다는 점을 전제한다. 문제는 벤담이 모든 쾌락이 동일하다고 주장한 것이 아니라, 오히려 각 개인이 자신의 쾌락에 대한 최고의 판단자라는 그의 민주적인 견해였다. 그가 고리대금을 제한해야 한다는 스미스의 주장에 반대하면서 말했듯이 '아무리 단순한 사람이라도 완전한 백치가 아닌 한, 입법자가 … 그를 위해 내린 판단보다 더 근거 없는 판단을 내리는 개인은 없다.'[21]

벤담의 후기 정치 사상에서 민주주의는 정부가 모든 사람의 이익을 위해 법을 제정하고 부패의 위험을 줄이도록 보장하는 제도로 여겨진다. 통치자들은 국민에게 의존해야 하므로 국민의 이익을 위해 행위할

---

[20] Mill 1974: 36.
[21] Bentham 1952-3: 140.

수밖에 없다. 벤담은 이런 견해를 각 개인이 자신의 행복을 결정하는데 가장 적합한 위치에 있다는 관점과 결합한다. 따라서 밀이 어린아이의 놀이와 시를 예로 들면서 벤담을 비판한 대목이 진정으로 의미하는 바는 자주 인용되는 밀의 언급, 곧 불만에 찬 소크라테스가 만족한 바보보다 더 낫다는 주장이나 『공리주의』에서 상위의 쾌락과 하위의 쾌락을 구별하면서 도입한 다소 약한 엘리트주의에 있는 것이 아니라 오히려 밀이 『대의정부론』에서 내세운 강경한 부권주의에 놓여있는데, 여기서 밀은 고등 교육을 받은 엘리트들에게 특별한 정치적 영향력을 부여해야 한다고 주장한다. 여기서 우리는 밀과 벤담의 견해가 처음 보기보다 훨씬 가까워지는 것을 발견한다. 벤담 또한 입법 과정에서 높은 교육을 받고 많은 경험을 쌓은 사람들의 지혜가 필요하다는 점을 충분히 인정하기 때문이다.

벤담이 제시한 쾌락과 고통의 구성 요소들은 정부가 법적 질서를 설계할 수 있게 하는 행복 계산의 일부를 형성하며, 개인 구성원들이 얻는 행복의 총합으로 이해되는 사회적 행복을 보장하기 위한 네 가지 부수적 목표, 곧 안전, 지속, 풍요, 평등을 증진하기 위한 것이다. 벤담의 견해에 따르면 오직 이것만이 정부를 정당화하는 근거이다. '정부의 임무는 처벌과 보상을 통해 사회의 행복을 증진하는 것이다.'[22] 『서설』에서 벤담은 이를 법의 영역에서 다룰 사안들과 형벌 체계가 이에 어떻게 대응해야 하는지를 분석하는 기초로 여긴다. 모든 처벌은 고통을 포함하는데 오직 더욱 큰 악을 배제하기 위해서만 허용될 수 있다. 쾌락과 고통의 균형은 적절한 처벌의 기준을 제공한다. 따라서 처벌이 '부적절한' 경우도 얼마든지 있다. 어떤 행위가 다른 사람에게 아무런 영향도

---

[22] Bentham 1948b: 189.

미치지 않거나 처벌이 미래의 악행을 저지하지 못해 더욱 큰 해악을 낳는 경우가 이에 해당한다.[23] 이 때문에 벤담이 교도소의 개혁에 큰 관심을 갖게 되었고, 처벌에 대한 두려움을 통해 수감자들을 처벌하고 교화하기 위한 '과학적' 교도소인 파놉티콘(Panopticon)을 설계하게 되었음은 널리 알려져 있다.

이런 벤담의 주장은 다시 그의 설명에 대한 더욱 심각한 철학적 우려를 낳는다. 『서설』에서 최대 행복의 원리를 처음 도입한 대목을 보면 그 또한 밀과 마찬가지로 자연주의적 오류를 범했다는 비판을 받을 수 있을 듯하다. 하지만 앞서 살펴보았듯이 그는 이런 비판을 대체로 논점을 벗어난 것으로 여긴다 — 그는 그저 우리가 행위하는 일반적인 방식(쾌락주의적 이기주의)이 우연히 의미 있는 도덕적 논증(윤리적 공리주의)을 제공하는, 유일하게 가능한 철학적 특성과 일치하게 된 것일 뿐이라고 생각한다. 더욱 어려운 문제는 이들 둘 사이의 연결점을 설명하는 것이다. 쾌락주의적 이기주의자인 개인들이 왜 최대 행복의 원리에 따라 행위할 것인가? 스미스에게서 발견되는 도덕적 정서나 공감을 (벤담은 이에 대해 논의하면서 이들은 너무 약한 개념이라서 제대로 작용할 수 없다고 무시한다) 도입하지 않는다면 벤담의 이론은 기본 구조에서 이미 연결고리를 잃게 되는 듯하다. 이 문제의 해결책 중 하나는 벤담이 개인의 이익과 공공의 이익이 마법처럼 일치하는, 다소 거친 이익 일치 논증을 채용한다고 보는 것이다. 하지만 입법이 오직 타산성에 근거한다는 벤담의 주장에 비추어볼 때 이런 해결책은 결코 성공할 수 없다. 또한 그가 공공을 위한 정치 활동의 가능성 자체를 부정한다는 것

---

23) 또한 벤담이 『서설』에서 의도, 죄책감, 비난 및 책임 등에 대해 상당 부분을 할애해 상세히 논의함으로써 결과주의적 법학이 무고한 사람의 처벌을 허용할 수 있다는 일반적인 비판을 완화하려고 했다는 점은 지적할 만한 가치가 있다.

도 해결책이 될 수 없다. 그 자신이 생애 대부분을 이런 활동에 바쳤기 때문이다. 대신 우리가 벤담에게서 얻을 수 있는 바는 대의 민주주의 체제의 등장 이유에 대한 설명이다. 이 체제는 입법자들의 정치적 동기와 책임성을 보장하는 동시에 그들이 최대 다수의 최대 행복을 증진하는 방향으로 개인의 행위를 유도하는 법률을 만들도록 인도한다.

처벌

지금까지의 논의를 명확히 하기 위해 스미스와 벤담이 채택한, 법학에 대한 전혀 다른 접근 방식을 검토하고 철학과 공공 정책 사이의 관계에 대한 이 둘의 태도를 각각 살펴보려 한다. 스미스의 설명은 사회적으로 진화한 행위 규범의 체계 안에서 정서적인 분노로부터 등장한 처벌의 욕구를 추적하는 방식을 택한다. 도덕 심리학에 대한 사실 기술적 접근 방식과 일치하게 스미스의 법학은 역사 중심적인 것으로서, 특정한 문화적, 경제적 환경에서 기본적인 법적 개념이 등장하고 발전한 과정에 대한 개념적 분석에 중심을 둔다. 개혁에 대한 그의 태도는 점진주의적인데, 이는 법이 도덕처럼 그것이 존재하는 사회와 함께 진화한다는 그의 믿음에 근거한다. 개혁은 신중하고 점진적이어야 하며, 기존의 법적 규정에서 발생하는 문제에 대응하는 방식으로 이루어져야 한다. 반면 벤담은 공감이 법학의 적절한 기초가 될 수 없다고 생각한다. 그의 지적에 따르면 공감적 분노는 '엄격한 쪽으로 치우치기' 쉽고[24] 사소한 범죄에 대해 가혹한 처벌을 초래할 수 있다. 공감은 합리적인 법률 체계를 구축하기 위한 신뢰할 만한 분석 원칙을 제공하지 않는다.

24) Bentham 1948b: 143.

그는 처벌은 오직 공리 계산에 비추어 합리적으로 평가될 수 있다고 생각한다. 공감은 처벌을 어떻게 활용할지를 결정하면서 개인의 기분과 뿌리 깊은 편견에 의존할 여지가 너무나 크다. 벤담에게 개혁이란 최대 행복의 원리에 기초한, 합리적으로 구성된 법전과 기존 법 질서를 비교하고 평가하는 것을 의미한다. 그는 이것을 과학적 법학의 유일하게 확고한 기초로 여긴다.

우리는 스미스와 벤담이 도덕철학의 영역에서 다소 불편한 위치를 차지하고 있음을 지적하면서 논의를 시작했다. 하지만 공공 정책과 철학을 연결하는 지점에서 이 둘의 영향력은 점점 커지고 있다. 벤담의 공리주의는 레이어드(Layard) 등이 시도한, 공공 정책에 '행복'이 미치는 영향에 대한 연구를 통해 부활하는 모습을 보인다.[25] 한편 스미스는 도덕 심리학에 대한 관심이 점차 증가하고, 다월(Stephen Darwall), 하만(Gilbert Harman), 센(Amartya Sen) 등의 연구에서 공평한 관찰자 개념이 중요시되면서 철학사에서 자신의 위치를 천천히 회복하고 있다. 스미스와 벤담 모두 철학자들이 더욱 진지하게 연구할 가치와 필요가 있는 인물로 생각된다.

참고문헌

제일 뒤의 * 표시는 특히 중요한 참고문헌임을 나타낸다.

Bentham, J. 1948a. 'Fragment on Government', in W. Harrison (ed.), *A Fragment on Government and An Introduction to the Principles of Morals and Legislation*, Oxford, Basil Blackwell, pp. 1–112.

Bentham, J. 1948b. 'An Introduction to the Principles of Morals and Legislation', in W. Harrison (ed.), *A Fragment on Government*

25) Layard 2005.

and An Introduction to the Principles of Morals and Legislation, Oxford, Basil Blackwell, pp. 113–435.

Bentham, J. 1952–3. 'Defence of Usury', in W. Stark (ed.), *Jeremy Bentham's Economic Writings*, 3 vols. London, George Allen & Unwin, vol. 1.

Bentham, J. 2001. 'Anarchical Fallacies', in R. Harrison (ed.), *Bentham: Selected Writings on Utilitarianism*, Ware, Wordsworth Editions, pp. 381–459.

Campbell, T.D. and Ross, I.S. 1981. 'The Utilitarianism of Adam Smith's Policy Advice', *Journal of the History of Ideas*, 42.1, 73–92.

Forman Barzilai, F. 2010. *Adam Smith and the Circles of Sympathy: Cosmopolitanism and Moral Theory*, Cambridge University Press.

Hume, D. 1976. *A Treatise of Human Nature*, L.A. Selby-Bigge (ed.), P.H. Nidditch (rev.), Oxford, Clarendon Press.

Hutcheson, F. 2004. *An Inquiry into the Original of Our Ideas of Beauty and Virtue*, W. Leidhold (ed.), Indianapolis, IN, Liberty Fund.

Layard, R. 2005. *Happiness: Lessons from a New Science*, Harmondsworth, Penguin.

Lyons, D. 1991. *In the Interests of the Governed: A Study in Bentham's Philosophy of Utility and Law*, Oxford, Clarendon Press.*

Mill, J.S. 1974. 'Bentham', in B. Parekh (ed.), *Jeremy Bentham: Ten Critical Essays*, London, Frank Cass, pp. 1–40.

Phillipson, N. 2010. *Adam Smith: An Enlightened Life*, London, Allen Lane.*

Rosen, F. 2006. *Classical Utilitarianism from Hume to Mill*, London, Routledge.

Schofield, P. 2009. *Utility and Democracy: The Political Thought of Jeremy Bentham*, Oxford University Press.*

Smith, A. 1976a. *An Inquiry into the Nature and Causes of the Wealth of Nations*, R.H. Campbell & A.S. Skinner (eds.), 2 vols., Oxford University Press, vol. 1.

Smith, A. 1976b. *The Theory of Moral Sentiments*, D.D. Raphael & A.L. Macfie (eds.), Oxford University Press.

찾아보기

ㄴ

ㄷ

ㄹ

엮은이

사샤 골롭(Sacha Golob)

런던 킹스 칼리지 철학과 교수이며, 철학과 시각 예술 연구소 소장이다. *Heidegger on Concepts, Freedom and Normativity* (Cambridge, 2014)의 저자이며, 프랑스와 독일 철학사 및 심리철학 분야의 많은 논문을 발표했다.

옌스 팀머만(Jens Timmermann)

세인트 앤드루스 대학교 철학과 교수이다. *Kant's 'Critique of Practical Reason': A Critical Guide* (Cambridge, 2010)와 *Immanuel Kant: Groundwork of the Metaphysics of Morals* (Cambridge, 2011)의 공동 편집자이다.

옮긴이

김성호

고려대학교 대학원에서 철학 박사 학위를 받았으며, 고려대학교와 강원대학교에서 철학사 및 윤리학 관련 강의를 한다. 또한 철학 번역에도 관심이 있어 계속 여러 책을 번역 중이다. 대표적인 번역서로는 R.L. 애링턴의 『서양윤리학사』(서광사), J.B. 슈니윈드의 『근대 도덕철학의 역사』(나남) 등이 있다.